Treasures for Scholars Worldwide

張美蘭 編

哈佛燕京圖書館書目叢刊第十六種

美國哈佛大學
哈佛燕京圖書館藏
晚清民國間新教傳教士
中文譯著目録提要

Descriptive Catalogue of Chinese Works
by Protestant Missionaries from Late Qing Dynasty to
Chinese Republican Period in the Harvard-Yenching Library,
Harvard University, U.S.A.

GUANGXI NORMAL UNIVERSITY PRESS
廣西師範大學出版社
·桂林·

圖書在版編目（CIP）數據

美國哈佛大學哈佛燕京圖書館藏晚清民國間新教傳教
士中文譯著目錄提要 / 張美蘭編 . —桂林：廣西師範大
學出版社，2013.5
　ISBN 978-7-5495-3662-7

　Ⅰ．①美… Ⅱ．①張… Ⅲ．①圖書目錄－中國－清後
期②圖書目錄－中國－民國　Ⅳ．①Z812.6

　中國版本圖書館 CIP 數據核字（2013）第 082568 號

廣西師範大學出版社出版發行

（廣西桂林市中華路 22 號　郵政編碼：541001　）
　網址：http://www.bbtpress.com

出版人：何林夏
全國新華書店經銷
廣西民族印刷包裝集團有限公司印刷
(廣西南寧市高新區高新三路 1 號　郵政編碼：530007)
開本：787 mm×1 092 mm　1/16
印張：43　　字數：890 千字
2013 年 5 月第 1 版　　2013 年 5 月第 1 次印刷
定價：398.00 元
如發現印裝質量問題，影響閱讀，請與印刷廠聯繫調換。

前　言

　　18、19 世紀轉折期,隨着歐洲工業革命的發生和發展,基督教的一大派別——新教(Protestantism),開始進入一個新階段。此時,英國浸禮佈道會、英國倫敦佈道會、美國美以美會、美國長老會等,也相繼建立了自己的傳教組織。基督新教各佈道會都把中國作爲重要對象,紛紛派遣傳教士來華,企望傳行中國。

　　1807 年 9 月,英國人馬禮遜抵達廣州,揭開了新教在華傳播的序幕。作爲一名傳教士,他對新教在華傳播的影響,鮮有其他傳教士能够與之比肩。伴隨着西方殖民主義在華不斷擴張,西方在中國沿海的貿易活動日漸增長。在此後 20 年間,歐美新教各會來華傳教士數量不斷增加,慢慢形成一種勢力。美國傳教委員會的傳教士們,在他們雇傭的中國教師和皈依基督教新教的中國文人的幫助下,步傳奇傳教士馬禮遜等人之後塵,也開始了在華傳教活動。

　　1842 年以前,清政府禁止外國傳教士在華活動,傳教士只能將基地設在南洋等地。馬禮遜、米憐、麥都思、雅裨理等先後在馬六甲、巴達維亞、新加坡、澳門等地傳教,穿梭于廣州、香港等地之間。因南洋群島等與中國大陸水天遥隔,往來不便,對中國内地的影響有限。在廣州期間,他們的傳教士身份比較隱秘,如馬禮遜服務於東印度公司,美國傳教士裨治文爲在廣州的外國商人和海員佈道。馬禮遜、米憐、麥都思等在廣州和南洋長期堅持傳教活動,爲新教在華傳播的先驅。

　　在 1842 年《南京條約》、1844 年《黄埔條約》、1858 年《天津條約》和 1860 年《北京條約》等不平等條約陸續簽訂之後,清政府被迫對基督教實行弛禁政策。西方傳教士獲得在中國傳教的宗教特權。隨着香港割讓、五口開埠通商,歐美傳教士們將活動的基地從南洋遷到通商五口,很快恢復了在中國的活動,積極擴充勢力。在華新教傳教士將福音宣教活動作爲首要工作,主要採取了以下措施:(1)建立教堂,開辦學校,在每個主要的傳教站開辦一所初等學校,目的是將學生培養成基督徒;通過辦醫院、佈道事工加大宣教途徑。(2)修訂《聖經》中文譯本,編寫傳教小冊子,廣爲散發;成立出版機構(華美書局、花華書院),加速福音書的翻譯出版以及宣教刊物小冊子的出版。(3)語言符號本土化,創制各種方言的羅馬字拼音系統,加速教徒的識字效率。(4)傳播西學。

在傳道過程中,著述的影響最爲長久。已經慕道的,有書扶助以解釋《聖經》,可以培養道心。未曾入道的,看《勸世良言》可以引導入門。翻譯和出版書籍,出版教會刊物和内部讀物,將語言文字符號本土羅馬字母化,是新教傳教士傳教傳道的重要途徑。在華新教傳教士一直致力於《聖經》翻譯,並爲傳道著書立説,產生了一批中文著作。早期,以出版基督教義、教禮、教史、教詩等爲主,占總數的80%左右。後期,天文、地理、歷史、經濟、風俗、道德、語言等類出版物逐漸增多,約占20%。時至今日,這些著作已成爲那個時代的傳教士留給人類的一筆豐富的文化遺產。

這批新教傳教士中文著作主要藏于海外,尤以英(主要藏在英國大不列顛圖書館、牛津大學圖書館)、美(主要藏在哈佛大學燕京圖書館和國會圖書館)兩國居多。這大約是因爲,當時各國來華傳教士中,以英美人士爲多,他們把自己的著作交給所屬的教會存檔,得以保存至今。哈佛大學燕京圖書館所藏新教傳教士中文著作,有近千種,包括翻譯和中文論著、期刊、字典等。其中,少部分在海外的印度、新加坡、馬六甲、倫敦、橫濱、波士頓出版,大部分在中國的廣東、汕頭、福州、廈門、寧波、上海、漢口、北京、天津及葡占澳門等地出版。

“公理會”是美國首個向中國派遣傳教士的組織。1810 年,“公理宗牧師聯合會”成立了歷史上的第一個海外傳道部——美國公理會海外傳道部(American Board of Commissioners of Foreign Missions, ABCFM),中譯名“公理會”、“美部會”或“綱紀慎會”。1830 年,“美部會”的兩位傳教士裨治文和艾貝爾(David Abeel)抵達廣州,開始學習漢語。此後,相繼有大批傳教士被派往中國各地。從 19 世紀初到 20 世紀 20 年代,美國公理會搜集了大量由基督教傳教士撰寫編印的各種宗教宣傳品和其他讀物,以及翻譯的中文著作,將它們運回位於波士頓的辦事處。1949 年和 1962 年,這些文獻分兩次捐獻給了哈佛大學,手稿和中文圖書分別由霍頓圖書館(Houghton Rare Book Library)和哈佛燕京學社保存,部分散存在哈佛大學外德納圖書館(Widener Library)。圖書的出版時間大約在 1810 至 1927 年間,也有少數出版於 20 世紀 30 年代以後。它們種數多、品質高,集中反映了早期基督教中文書籍的面貌。

從漢語譯本語體角度看,這批資料大致分爲三類:文言譯本(深文理譯本 High Wenli Version);半文半白譯本(淺文理譯本 Easy Wenli Version, Sample Wenli

Version）；口語體譯本，含官話譯本（Mandarin Version）、方言譯本（Colloquial Version）、土白譯本。文字形式有方塊漢字譯本、方塊方言漢字譯本、各地教會方言羅馬字譯本、國語注音字母譯本等。

《聖經》中譯本是新教傳教士中文譯著的主要組成部分，僅燕京圖書館收藏的《聖經》全譯本和《聖經》選譯本就有 200 多種。

深文理譯本有：馬士曼譯本（Marshman's Version）中之單行本《若翰所書之福音》（1813 年，藏于 Houghton Rare Book Library），馬禮遜譯本（Morrison's Version）之《聖經》全本（1823/1825 年，藏於 Houghton Rare Book Library 和燕京圖書館），郭實臘譯本（Medhurst's Version），委辦譯本（或代表譯本）（Delegates' Version），裨治文譯本（Bridgman's Version），高德譯本（Goddard's Version），麥都思譯本（Medhurst's Version，1850 年，漢英雙語，藏於 Widener Library）。

淺文理譯本有：楊格非譯本（Griffith John Version），包約翰、白漢理譯本（Burdon and Blodget Version），施約瑟譯本（Schereschewsky Wenli Version）。

北京官話本（Peking Colloquial Version），官話和合譯本（Union Mandarin Version）。

各地教會方言土話譯本及方言羅馬字譯本。方言譯本如下。

吳方言：上海土白譯本（漢字譯本和羅馬字譯本），寧波土白譯本（漢字譯本和羅馬字譯本），台州土白譯本，杭州話譯本（藏於 Widener Library），溫州話譯本（藏於 Widener Library）。

閩方言：福州土白榕腔譯本（漢字譯本和羅馬字譯本），廈門土白譯本（漢字譯本和羅馬字譯本），邵武土白譯本（漢字譯本和羅馬字譯本），汕頭土白譯本（漢字譯本和羅馬字譯本），興化土白譯本（羅馬字譯本），海南土白譯本（羅馬字譯本，藏於 Widener Library），建寧話譯本（羅馬字譯本，藏於 Widener Library）。

粵方言：廣州土白譯本（羅馬字譯本和漢字譯本），新會話譯本，順德話譯本（英文爲主，含中文注），客家土白譯本（羅馬字譯本和漢字譯本）。

還有漢英雙語譯本、粵英雙語譯本、國語注音字母譯本，以及少數民族語言的蒙文譯本、滿文譯本。

對於這批新教傳教士文獻，哈佛學者在 1960 年代已開始關注。首先要提及的代表人物是哈佛大學費正清教授。他積極支援這批資料的整理工作。1977 年，華盛頓州普吉特桑德大學的蘇珊娜·巴尼特，組織一批學者到哈佛大學研究這批資料，並於 1978 年舉行專題學術討論會，會議論文由巴尼特和費正清編集出版，題名爲《基督教在中國——早期新教傳教士作品研究》。在該書序言中，費正清教授專題介紹了 338 名 19 世紀新教傳教先驅用漢語爲中國人所撰寫的作品的内容，這個名單是偉烈亞力在 1867 年列出的。

哈佛大學另一位著名教授韓南先生不僅關注這批資料，還利用這批資料進行專題研究,撰寫了論文《中國 19 世紀的傳教士小說》,開啟了新教傳教士小說研究的新領域,對漢語基督教文獻的寫作過程進行過深入的探討。

劉廣京教授在哈佛大學工作期間,對這批資料進行了仔細的辨析,確定了每本書的作者和出版方面的詳細信息。1975 年,哈佛燕京圖書館開始整理這些書籍。賴永祥先生(John Yung-hsiang Lai)對全部圖書進行著錄,製成檢索目錄,還將所有書名的目錄卡複印成書,書名爲《新教傳教士的中文著作目錄》(Catalog of Protestant Missionary Works in Chinese,索書號爲 Ref BR 1285/Z99/H37/1980x)。荷蘭國際文獻公司(Inter Documentation Company,IDC)出版了一套題爲《中國與基督教傳教士——早期傳教士漢語著作集》(China and Protestant missions〔microform〕: a collection of their earliest missionary works in Chinese. / compiled by John Yung-Hsiang Lai, Harvard-Yenching Library, Harvard University)的縮微平片,收書 708 種。現在全部書稿存放於燕京圖書館的善本書室(Rare Books),只能閱讀,不能外借和複印。

燕京圖書館收藏的早期中文基督教書籍,具有集中、全面、類型齊全的特點,反映了新教傳教士在華傳教活動和譯經活動的主要面貌。中國學者趙曉陽先生曾撰文介紹哈佛燕京圖書館收藏的漢語《聖經》譯本,在學界和網上廣爲流傳。在現任燕京圖書館館長鄭炯文先生的積極推動下,這批資料的進一步整理和重新出版的工作,正在緊鑼密鼓地進行。這是嘉惠學界和圖書館界的善舉。

這部《美國哈佛大學哈佛燕京圖書館藏晚清民國間新教傳教士中文譯著目錄提要》,是《哈佛燕京圖書館書目叢刊》之第十六種。清末至民國時期新教傳教士有關啟蒙類、辯論類、刊物類、報紙類、教科書類、翻譯類等各類出版物,含連續刊印的期刊雜志和縮微資料,均予以收錄。書目以哈佛燕京圖書館 USMARC 著錄爲依據,將材料大致分爲 10 類。

【A】基督教總類 Christianity in General,如《真道問答淺解》(1829 年)、《耶穌教要旨》(培端,1863 年)、經教辯論、基督教禮拜儀式、教理問答、教規紀律等。

【B】聖經 Bible,如《耶穌基利士督我主救者新遺詔書》(1813 年)、《舊約六經新解》(1927 年)、《古時如氏亞國歷代略傳》、《聖人約翰天啟之傳》(1836 年)、《聖經擇要》(1869 年)等。《新約》、《舊約》的翻譯本,含方言譯本、文選、注解、普及型讀物和教會教科書。版本齊全,僅燕京圖書館就存有 246 種。另外燕京圖書館藏有聖經蒙文譯本 18 種、滿文譯本 3 種;哈佛霍頓圖書館藏有聖經漢語譯本 13 種,其中有最早的"二馬"譯本(馬士曼《若翰所書之福音》1813 年,馬禮遜《神天上帝啟示新遺詔書》1823 年、《神天上帝啟示舊遺詔書》1825 年);哈佛外德納圖書館藏有漢語羅馬字以及漢英雙語聖經譯本 16 種,其中有 1850 年麥都思譯本。共計 296 種。這些比較客觀地展示了《聖經》在中國傳播和翻譯的歷史。

【C】神學著作 Theological，如《天道溯原》（丁韙良 1872 年）、《神道要論》（1910年）。

【D】禮儀著作 Ritual，Liturgy and Missionary，如《榕腔神詩》（1865 年）、《聖詩樂譜》（1906 年）等贊美詩、祈禱文。

【E】教會史和傳記 Church Histories and Biographies，如《基督教入華》（1895 年）、《永息教案策》（1898 年）以及聖經歷史小説、聖經人物小説等。

【F】歷史和地理 History and Geography，如《地球説略》（1855 年）、《萬國通鑒》（1882 年）等。

【G】人文 Humanities，含翻譯西方的文學作品、創作宗教説教小説等基督教刊物、報紙等，如《天路歷程》（1856 年）、《性海淵源》（1893 年）、《儒教衍義》（1895 年）。

【H】社會科學 Social Sciences，如《醒世要言》（1838 年）、《理財學》（1902 年）、《支那人之氣質》（1903 年）等。

【I】科學和技術 Science and Technology，如《格物入門》（丁韙良 1868 年）、《微積淵源》（1874 年）、《西學啟蒙》（艾約瑟 1898 年）、《航海簡法》等。西學包括光學、地理學、理財學、格物入門、化學、電學等。

【J】生理學、心理學和醫學 Physiology and Medicine，如《全體闡微》（柯爲良 1881 年）、《身理啟蒙》（1898 年）等。

荷蘭國際文獻公司（IDC）出版的《中國與基督教傳教士——早期傳教士漢語著作集》縮微平片，也是分爲"A、B、C、D、E、F、G、H、I、J"十大類來標示文獻的號碼，世界有許多圖書館購買這套縮微資料。因此，這部《美國哈佛大學哈佛燕京圖書館藏晚清民國間新教傳教士中文譯著目録提要》在每條目書名後，標出了該書在縮微平片上的具體分類代號。

TA 是燕京圖書館爲這些文獻特設的索書號，T 代表豐富内容的收藏（treasure room items），A 代表美國公理會（ABCFM）。

本書以 TA 爲主綫。出版年代在 1930 年以後的，收録時用單星號（＊）標示説明。

在哈佛大學霍頓圖書館（Houghton Rare Book Library），藏有基督教傳教士翻譯的中文聖經和編印的中文（含方言羅馬字）讀物 18 種，包括最早的《聖經》中文全譯本"二馬譯本"。本書將其列爲附録一。

哈佛大學外德納圖書館（Widener Library）藏傳教士聖經類等著作 19 種，其中有漢英雙語資料多種，尤以麥都思 1850 年的中文聖經譯本（An inquiry into the proper mode of translating Ruach and Pneuma in the Chinese version of the Scriptures（聖經）/ by W. H. Medhurst（Widener 1285.46））最爲珍貴。本書將這 19 種著作列爲附録二。

哈佛大學燕京圖書館收藏的滿文聖經譯本（3 種）、蒙文聖經譯本（18 種），作爲本書附録三。

19 世紀以來出版的新教傳教士作品目録,已有不少,常見的有幾種。

(1)偉烈亞力(Alexander Wylie,1815—1887)編撰的《新教徒傳教士來華記録,出版物清單,死者訃聞,附詳盡索引》(Memorials of Protestant Missionaries to the Chinese: Giving a List of Their Publications, and Obituary Notices of the Deceased, with Copious Indexes. Shanghai: American Presbyterian Mission Press 1867)。他 1847 年來華,最初在墨海書館任職,後在江南製造局翻譯館、格致書院、大英聖公會等處工作。該目録是 1800 年到 1867 年之間所有來華新教傳教士的傳記資料的彙集,按每個傳教士來華年代的先後順序編排。每篇傳記由兩個部分組成。前一個部分是傳教士的小傳,敘述其生平與主要活動;後一個部分是該傳教士的中、外文著作目録,附有簡要的内容介紹。共收録來華基督教傳教士 338 位。附人名、著作分類索引。這是一部重要的宗教、歷史研究工具書,已有中文譯本(《1867 年以前來華基督教傳教士列傳及著作目録》,倪文君譯,廣西師範大學出版社,2011)。

(2)約翰·默多克(John Murdoch)的《中國基督教印刷品報告,附出版物一覽表》(1882 年)。

(3)1917 年英牧師雷振華(George A. Clayton)用中文撰寫的《基督聖教出版各書目彙纂》,該書收有書目 3500 多種。(詳見本書 TA 1975.4 13,C-0157 A49)

(4)Catalogue of the China Agency American Bible Society Chinese scriptures(大美國聖經會目録) 1921,Catalogue of Chinese scriptures published and for sale by the China Agency of the American Bible Society, Rev. G. Carleton Lacy, Agency secretary. 共記載 390 種《聖經》各種版本或單行本的出版情況,分文言、淺文理、委辦本、方言版本,含其版式、紙張、價格等信息,共 27 頁。可以從一個側面瞭解 1921 年大美國聖經會《聖經》文獻的出版發行情況。(詳見本書 TA 1977.04 03 (1921),C-0234 B20)。

(5)聖書公會目録 Price list of scriptures published and for sale by the China Agency of the British & Foreign Bible Society. 漢字英文對照,是英國聖書公會的書目和價格表。上海:聖經公會 1921。

(6)1922 年協和書局圖書目録(詳見本書 TA 1975.4 39,C-0159 A51)。

(7)1922 年廣學會(書目),以英文爲主(詳見本書 TA 1975.4 47 (1922),C-0162 A54)。

(8)1923 年基督教書目摘録(詳見本書 TA 1975.4 39 (1923),C-0160 A52)。

(9)1933 年廣協書局編《中華基督教文字索引 華英合璧》(詳見本書 TA 1975.4 14,C-0158 A50)。

我編纂的這部《美國哈佛大學哈佛燕京圖書館藏晚清民國間新教傳教士中文譯

著目錄提要》,是在劉廣京、賴永祥等人的著作基礎上進行的。本書目利用了《新教傳教士的中文著作目録》、《美國哈佛大學哈佛燕京圖書館藏民國時期圖書總目》(《哈佛燕京圖書館書目叢刊》第十四種)中確定的每本書作者的信息,以及這些書目在偉烈亞力(Alexander Wylie)《新教徒傳教士來華記録,出版物清單,死者訃聞,附詳盡索引》中的詳細信息。原計劃一一核對哈佛卡片中 Wylie(偉烈亞力)所著録的頁碼數,與它們在倪文君譯本中所對應的頁碼,終因時間關係,未能實現。

在編纂本書的過程中,我主要貫徹了以下幾個思路:

(1)在哈佛大學圖書館系統書目資料庫中,選取以"TA"爲開頭的中文善本圖書排序,設立條目,經過著録編輯之後,形成專書。

(2)本書目各條目著録内容以中文爲主,包括索書號 TA Number、題名、Hollis Number、FC Number、出版地、出版社、刊印時間、版次、内容、版式、著譯者(作者)等。

(3)從藏本入手,對原書基本特徵做較爲詳細的描述,儘量揭示内容,指出要旨與價值,介紹著者,間或考證版本、版刻源流以及存藏情況。

(4)儘可能揭示版本信息。如每篇書志詳細記録了書名、卷數、撰著者、校勘者、版本、册數、行款、牌記、字體、版框高廣、序跋、題識、刻工、鈐印、裝幀等。

(5)對《聖經》類同一内容的揭示,本書目或直録原書各標籤題或篇名,或詳引原書序跋文示,以揭示同一書的不同版本之間的關係,便於比較研究。

(6)擇要介紹作者生平,詳細介紹著作情況。在部分著録中,對校刊者或序跋者做了簡單介紹。

本書既爲研究者提供了查詢信息,也提供了新材料。其價值主要有以下幾個方面:

(一)比較客觀地揭示了傳教士的傳教策略及其對近代中國的影響。

19 世紀的中國,清政府認爲傳教是從事顛覆活動的一種手段而採取禁教政策,普通民衆也拒絶接受外國人的存在和外來思想。早期傳教士的中文譯著常常引用儒家經典之名詞術語,甚至化名含"德"類之詞以取得信任。如:米憐(有時用化名"博愛者")、麥都思(有時用化名"尚德者")、科力(David Collie,化名"種德者")、郭士立(Charles F. A. Cützlaff,化名"愛漢者")。新教傳教士的這些著作爲我們提供了一條新的分析路綫,我們從中可以看出基督教傳教士是如何用傳教的語言出版其福音書以及進步思想的。更爲重要的是,它們表現了在中國這個特别的國度的傳教方法。有些傳教士還掌握了一些漢語寫作技巧,用以翻譯經文、撰寫説教文,並且傳播他們通過自己國内的開明教育所獲得的西方文明中的世俗知識。哈佛大學燕京圖書館的該項藏書着重揭示了這一過程。它將爲研究中國近代史提供更豐富的史料。

傳教士們的漢語水準並不高深,但是他們的著作卻使受過教育的中國人有機會瞭解那些不同尋常的知識。令人驚奇的是,這些著作中所用的術語很多都來自佛教和道教等哲學文獻。這些著作也具有獨特的文獻價值。作者們用可讀性很強的方言記錄了各種人的價值觀、信仰和日常生活,以及基督教的仁慈、救世思想和西方各國的政治制度。在翻閱本書時,您可能會注意到新教傳教士的作品在西學傳播、雜志印行等方面有特點。

(二)書目表明,新教傳教士的作品主要集中在中國沿海地區特別是通商口岸地區。

基督教傳教士在中國傳教以東南沿海各通商口岸爲傳教中心。通過 1842 年《南京條約》、1844 年《黃埔條約》、1858 年《天津條約》、1860 年《北京條約》,西方傳教士在中國傳教得到宗教特權。通商五口正式開埠的時間依次是:

廣州,1843 年(道光二十三年)7 月 27 日;

廈門,1843 年(道光二十三年)11 月 2 日;

上海,1843 年(道光二十三年)11 月 17 日;

寧波,1844 年(道光二十四年)1 月 1 日;

福州,1844 年(道光二十四年)7 月 3 日。

尤其在第一次鴉片戰爭之後,五大通商口岸放寬了對傳教士的限制,英美各派教會紛紛向中國各地派遣傳教士。爲了更好地傳教,傳教士們懷着對宗教的熱忱,比較熟練地掌握了所在地的方言,甚至借鑒西方人類學、語言學的方法調查各種漢語方言,分別以拉丁文羅馬字、各地方言口語俗字等語言形式翻譯了大量《聖經》文獻,編寫方言啟蒙課本和其他方言學著作,供當地教徒和其他傳教士使用,著述豐厚往往令人驚歎。他們撰寫了一批方言詞典,收羅廣泛,描寫細緻。由此產生了一批各種方言漢字羅馬字拼音文本。

方言著作是地域傳道的一種媒介。19 世紀來華傳教士對於漢語方言的研究一開始就站在一個比較高的起點上。他們使用西方語言科學的方法記錄分析和描寫漢語方言,提供的自然口語的準確度較同時代其他文獻資料高,即這些方言原始文獻不論是在數量上還是在準確度、科學性方面都大大超越了國人的著述,比同期國內的其他材料如地方志、方言文學作品更優。這些文獻可以説是具有科學意義的現代漢語方言學開端,是我們認識一百多年前漢語方言的語言面貌和書寫傳統的最直接和最重要的材料,是地理語言學、歷史語言學、社會語言學、語言類型學、中國地域文化等領域研究的重要基礎資料,對研究近代漢語方言史、漢語方言學史、中文拼音方案的雛形、英漢翻譯策略都有很高的價值。漢語方言既是地區的地域交際工具,同時又是地方文化的第一載體。方言文化是民族文化的重要組成部分。中國方言文化作爲中華民族傳統文化的組成部分,它不僅反映了方言文化的發展史,還涉及不同地域的文化變遷和交流史。漢語歷史是由諸多豐富多彩的方言彙聚而成。方言作爲古漢語的"活化石"，承載着豐厚的民族文化，其間的民俗文化一部分是通過國人口耳相傳得以保存，而另一部分或者消失或通過書面文獻得以留其遺跡，因此方言書面文獻不僅可以印證民俗文化，而且可以揭示現今消失的民俗文化，這對於中華民族文化生態的保護，有着十分積極的作用。

　　這些通商口岸都是東南各方言地區的代表城市。哈佛大學館藏的這批文獻正好充分説明了方言在通商口岸民間中西文化對話中所起的重要作用。根據統計，這些方言著作基本內容以基督教義的《新約》、《舊約》、教禮、教史、教詩（贊美詩）等爲主（85%），少數是語言（方言語音、詞典、語法等）、天文、地理（國內外地理）、歷史、數學（西算）、化學、風俗、啓蒙教材、地方報刊等（15%）。廣州、上海、福建等地區有《天路歷程》等早期翻譯小説的方言本，還有聖經的英漢對照、聖經英語與廣東話對照、英漢詞典、上海話的法漢字典等。這些都是滿足不同傳教士和受衆群體而編撰的。偉烈亞力《1867 年以前來華基督教傳教士列傳及著作目録》中所整理書目並未包含大部分哈佛燕京圖書館所藏文本，可見材料的珍貴。

　　晚清來華傳播新教，有主要活動在華南沿海廣州與廈門的美部會，以福州爲重點的美以美會，活動中心在上海的倫敦會與監理會，傳教據點一度在寧波的長老會，主要活動在香港、後從廣東發展到山東等地的浸禮會，活躍在長江中下游城市及周邊地區的聖公會等。因而，可以通過不同地區不同教派傳教策略看他們在早期漢譯《聖經》中語言翻譯策略以及他們對各地民俗文化的認同程度，同時可供重點探討通商口岸民間的中西文化對話策略和地域特點。哈佛燕京圖書館所藏的這批文獻，大多數正是出於美國公理會之手，其中一大部分來自福州分會，福州榕腔作品佔有相當數量。

　　這些地區圖書出版的繁榮、活躍與傳教士活動的特點有關。鴉片戰争前多集中在南洋或香港、澳門，如新加坡堅夏書院、馬六甲英華書院、香港英華書院、英國倫敦傳道會、上海墨海書館（後被美華書館取代）、澳門美華聖經書房，鴉片戰争後在通商口岸地區集中在幾家：寧波花華書局、福州亞比絲喜美總會美華書局、上海美華書館（1860 遷上海）。19 世紀後期還有 The Fukuin Printing（橫濱）、北京燈市口美華書館、北京華北書會、通州文奎齋、漢鎮英漢書館、江南製造總局。據熊月之先生考證：從 1844 年到 1860 年，傳教士在寧波出版的西書，確切可考的有 106 種，其中屬於基督教義、教禮、教史、教詩的 86 種；屬於天文、地理、歷史、經濟、風俗、道德、語言等方面的，有 20 種。這從一個側面揭示了中國近代出版業的發展面貌。從中我們可以瞭解到美華書館的歷史變遷。1845 年，美國長老會傳教士將原設澳門的印刷所遷至寧波，定名"華花聖經書房"，同年 9 月 1 日正式投入使用，1860 年遷滬後易名美華書館。

（三）這本書目揭示出，新教傳教士的出版物創造了諸多第一。

第一種地方報紙。《中外新報》(Chinese and Foreign Gazette)於 1854 年 5 月 11 日在寧波創刊，爲中文雜志型半月刊，1856 年（咸豐六年）後改爲月刊，1861 年停刊。1858 年傳入日本，譯成日文後改稱《官版中外新報》，在日本約發行四年，共翻刻十三冊。現今日本國會圖書館收藏有十一冊。這份近代寧波最早的中文雜志在國內已經失存，燕京圖書館存有一部分。

第一份兒童報紙。《小孩月報》于清同治十三年在福州創刊（普洛姆夫人和胡巴爾夫人創辦，1874）。由美國教會學校主辦，爲我國最早的兒童報刊，被譽爲近代"啟蒙第一報"。(TA 9200 73 The Child's Paper)

第一本鉛字活版印刷的漢語書籍。馬士曼《若翰所書之福音》於 1813 年在印度塞蘭坡出版。這是第一本鉛字活版漢語書籍，比國內早了 9 年，在漢語印刷出版史上具有重要的意義。

第一部公開發行的傳教士中文小說。《張遠兩友相論》最早採用中國章回小說對話體的形式闡釋基督教，並經多次改寫、修訂。出版地包括馬六甲、香港、上海、寧波、福州、北京等，約有 30 多個版本。哈佛藏有 9 個版本，其中 1849、1854、1875、1906 年四種版本，爲其所獨有。

最早的《新約》"馬禮遜中文譯本"。1813 年馬禮遜依據希臘文翻譯完《新約全書》，取名《耶穌基利士督我主救者新遺詔書》，一函八卷在廣州出版，至今保存尚好。

最貴重的《新約》。1894 年，爲慶祝慈禧太后六十歲大壽，一萬名女基督徒集資印製了活版"君王版"《新約全書》（上海美華書館）。爲了保證中譯文的準確性，還專門聘請參與了"代表本"聖經翻譯的中國人王韜和《字林滬報》主筆兼廣學會最知名中文編輯蔡爾康擔任顧問。由於該書流傳數量極少，極爲珍貴。

此外，一批西方科技名著在近代科學在中國的傳播史上創造了以下紀錄：《代數學》(1859 年)，第一部符號代數學譯著；《代微積拾級》(1859 年)，第一部微積分學譯著；《重學》(1858 年)，第一部力學譯著；《植物學》(1859 年)，第一部植物學譯作；《談天》(1859 年)，第一部近代天文學譯作；《光論》和《光學圖説》，最早的光學譯作；《聲論》，最早的聲學譯作；《六合叢談》(1857 年)，可稱近代科技期刊的雛形；《格致新學提綱》，最早的科學發現年表譯本。

（四）這本書目表明，新教傳教士的作品透露出晚清至民國年間的中國近代史諸面向。

比如，傳教士與近代中國基督教歷史；直接佈道與間接策略：從宣講教義、歌頌上帝、發佈傳單、廣送宗教圖書、建立教堂，到辦教育、建醫院、辦報紙等，不斷擴大基督教文化的市場；傳教士傳道與近代教會學校概況與早期教育史；教會學校教材與近代教科書;傳教士早期書刊發行出版與中國報刊編輯史、出版史、印刷史,等等。

唱贊美詩是基督教禮儀的重要内容,也是教會活動和教會學校日常生活的組成部分。這本書目涉及贊美詩(含樂譜)在中西音樂交流史上的媒介作用,贊美詩、祈禱文與近現代散文的發展,基督教版本《三字經》、章回体基督教小説反映出的傳教士傳播策略中的中西文化交融元素,傳播西方先進的科技文化與西學東漸,等等。這些作品從一個側面反映了近代中國豐富多彩的社會生活,具有極高的史料價值。

(五)透過傳教士譯著和文稿,大量新詞新語成爲漢語詞彙的一部分。

這些文獻將物理、化學、代數、微積分、重學、植物學、天文學、光學、聲學、解剖學、教育等新興學科新興技術的語彙,翻譯成漢語術語。以"西方法律術語"爲例,傳教士中文刊物和譯著如《東西洋考每月統記傳》、《教會新報》、《中西聞見録》、《格致彙編》、《萬國公報》、《萬國公法》等,將許多西方法律概念翻譯成漢語法律術語。

西語原文	傳教士使用	國人曾沿用	現存術語
Capias	憲票	逮捕狀	逮捕證
Company	公班衙　公司	公司	公司
Constitution	國憲	國憲　憲法	憲法
Consul	管事　領事	領事	領事
Court	法院	法院　裁判所	法院
Customhouse	海關	海關	海關
Duty	關稅	關稅	關稅
International law	萬國公律　各國律例	萬國公法	國際法
Judge	臬司　公師　法師	法官	法官
Juror	副審良民　批判士	陪審員	陪審員
Lawyer	律師	律師	律師
Natural law	性法	自然法	自然法
Regime	政體	政體	政體
Right	應當　道理　權利	權利	權利
Sovereignty	主權	主權	主權

(六)這本書目,反映了哈佛燕京圖書館館藏新教傳教士中文著作的個性特點。

哈佛燕京圖書館館藏資料,反映了美國在華傳教以福州爲重鎮的地域特點及其早期特色。通過大量福州方言著作及其内容可以看到美國傳教士在華開辦男童女童神學校(如福州英華學校),成立美華書局,出版教會學校教材及化學、西算等西學教材,創辦《閩省會報》(前身爲《郇山使者》,此爲福建歷史上第一份中文報刊,亦是中國教會最早的報紙)、《華美報》等地方刊物,大量翻譯福州土話的《新約》、《舊約》等土字和羅馬字著作。

　　須要説明的是，在華新教傳教士的許多著作，如傳教士編寫的方言教材、方言雙語詞典等，如 R. S. Maclay（麥利和）和 C. C. Baldwin（摩憐）《福州方言拼音字典》（1870年）、《榕腔初學撮要》（1871 年）、An English-Chinese Dictionary of the Foochow Dialect（《英華福州方言詞典》1891 年）等，哈佛燕京圖書館並没有將它們放在 TA 系列裡。由於時間關係，這次未能收集進來，希望以後有機會彌補。

參考文獻

宫宏宇：《美國哈佛－燕京圖書館收藏的中文基督教新教贊美詩集縮微膠捲資料初探》，《黄鐘》2011 年第 4 期。

韓南、姚達兑：《漢語基督教文獻：寫作的過程》，《中國文學研究》2012 年第 1 期。

李提摩太：《親歷晚清四十五年——李提摩太在華回憶録》，天津人民出版社，2006 年。

林海、符致興等譯：《費正清集》，天津人民出版社，1992 年。

偉烈亞力著，倪文君譯：《1867 年以前來華基督教傳教士列傳及著作目録》，廣西師範大學出版社，2011 年。

王振忠：《方言、宗教文化與晚清地方社會——以美國哈佛大學燕京圖書館所藏“榕腔”文獻爲中心》，《社會科學》2009 年第 6 期。

吴義雄：《在宗教與世俗之間：基督教新教傳教士在華南沿海的早期活動研究》，廣東教育出版社，2000 年。

熊月之：《西學東漸與晚清社會》，上海人民出版社，1994 年

趙曉陽：《哈佛燕京圖書館收藏的漢語〈聖經〉譯本》，上海圖書館《歷史文獻》第 8 期。

愛默蕾大學圖書館善本部整理，王國華編譯：《美國愛默蕾大學圖書館藏來華傳教士檔案使用指南》，廣西師範大學出版社，2008 年。

凡　例

（一）美國哈佛大學哈佛燕京圖書館是西方世界中最大的東亞圖書館之一。本書爲美國哈佛大學哈佛燕京圖書館藏晚清民國間新教傳教士中文譯著共 786 種書志的提要。另附有 Houghton Rare Book Library、Widener Library 等藏同類譯著 58 種的提要。

（二）本書目依據哈佛大學圖書館系統書目資料庫中的中文善本圖書"TA"設立條目，因每條書目對應唯一的 TA，按 TA 在哈佛燕京圖書分類號（Harvard-Yenching Call Number）順序排列，故書目中没有任何重複的條目，以 TA 排序保證了紙本書目與網上書目資料的對應關係。在 Harvard-Yenching Call Number TA 排序中所對應 Hollis Number 不完全是一對一的。有些臨近的 TA 是同一版本不同年代的兩個不同印本，卻同一個 Hollis Number；有些 TA 是同一版本，因内容被分成不同的類，構成不同的 TA 順序號，卻是同一個 Hollis Number。這就是我們按照 TA 排序，不按 Hollis Number 排序的原因。因著録的少數同一版本作品既有總集同時又收有子分冊，故書目中有少數條目之間有包含關係。如同一版本的《新約》、《舊約》及其各單行本；美華書局《小説集》及其各個單篇。

本目録依哈佛燕京圖書分類綱目編制，各大類中的條目按索書號中的哈佛燕京圖書分類號（Harvard-Yenching Call Number）TA 順序排列；没有哈佛燕京圖書分類號的條目，參考其它圖書館著録進行排列。附録一、附録二中 Houghton Rare Book Library

和 Widener Library 館藏的部分譯著分別以該圖書館的索書號順序排列。

該書輯錄的索書號,以“TA”開頭的爲中文善本圖書,以“FC”開頭的爲縮微資料。

各條目順序爲:TA(Harvard-Yenching Rare Book TA 中文善本圖書,如:TA 859 49)→書名→如有縮微號碼則順加縮微號(Harvard-Yenching Microfiche 縮微平片號 C→數字→A/B/C/D/E/F/G/H/I/J Microfiche, 如:C-0634 G6)

接下來爲:HOLLIS Number→Microfilm FC 號→Film Mas 號。

如該書已成爲網上電子書,提供查閱網址,如:http://nrs. harvard. edu/urn-3: FHCL:3442767

(三)本書目主要收集 19 世紀末至 20 世紀 30 年代西方新教傳教士的漢文譯著,同時爲了保持 TA 的一致性,我們對哈佛燕京圖書館收藏的少數與新教相關 1930 年代以後的資料也著錄了,在條目前加 * 號標示。如:＊【34】TA 1975. 1 8400 谷聲(油印本,山西太谷公理會 1938 年)、＊【42】TA 1975. 8 3874 基督教與近代中國(顧長聲 1996)。燕京圖書館還收錄了幾本與新教傳教士著作無關的著作,如【704】《集新堂三字經集註》,【709】《開闢衍繹》,都在 TA 欄目中,以“▲”標示以區別。

另外,燕京圖書館還收藏了部分臺灣影印出版的新教傳教士中文譯著,雖爲後期影印材料,足以彌補收藏之不足,我們著錄時,在書目前加“#”號標示。如#【276】TA 1977 1853x 舊遺詔聖書・新遺詔聖書(太平天國叢書) C-0242 B29。

(四)從藏本入手,詳盡著錄每種書的特徵。

(1)哈佛大學新教傳教士資料曾經有劉廣京教授、賴永祥先生兩位專家整理過。本書在他們研究的基礎上更加詳細地揭示書之內容版本,儘可能精審確鑿,對讀者更加適用。

(2)本書目各條目著錄內容以中文爲主,包括:索書號 TA Number、題名、Hollis Number、FC Number、出版地、出版社、刊印時間、版次、內容、版式、著譯者(作者及其國別)等。原文獻刊印時間一般採用西方西元紀年(耶穌教紀年)和東方紀年。封面與扉頁及版權頁上所注明的時間有兩種形式,宗教的味道很明顯。

(3)每篇書志除對原書基本特徵做詳細的描述外,更注重揭示一書內容,指出要旨與價值,介紹著者簡歷,注重對版本及版刻源流的考證以及存藏情況的介紹。

(4)爲瞭解一書之面貌,鑒定一本書版本相關資料,將儘可能地揭示資料的信息。如都較詳細記錄了一書之書名、卷數、撰著者、校勘者、版本、冊數、行款、牌記、字體、版框高廣、序跋、題識、刻工、鈐印、裝幀等。如：【43】TA 1977.1 0821 舊約六經新解（1927）C-0237 B23，有中華民國十六年七月六日夏禮賢（George W. Hollister）序於興化道學校的《舊約六經新解·序》（3 頁）講説該書信息："本書是由我所著興化羅文，由鄭佑菴譯爲國語，經上海中華基金教文社總幹事沈嗣莊先生校閲一回，至於其他工作陳竹安少秋陳翊韓等亦幫助。實在給他們道謝。"可見傳教士中文譯著中中國人的參與。

（5）從藏本入手，詳盡著録每種書的特徵，注重對一書内容與價值的揭示，注重對版本及版刻源流的考證，從而爲讀者區別文獻内容及認識一書的學術價值與版本價值提供依據。同時，沿用燕京圖書館原有卡片中的信息，如：cf. Wylie. Memorials，p. 202. "European Chinese Almanac" by Rev. Justus Doolittle. Wylie（偉烈亞力）所著之書已經有中文譯本於 2011 年在廣西師範大學出版社出版，可以參閲。

（6）對一書内容的揭示，本書或直録原書各標籤題名或篇名以説明，或詳引原書序跋文以揭示，揭示同一書的不同版本之間的關係，以方便讀者比較研究。隨文增加了編者"【按】"一欄。

（7）作者簡歷，與一書内容及成書經過等密切相關。本書對各作者生平擇其要而述之，對其著作情況也有詳細介紹。同時部分書志中對該書的校刊者或序跋者也作簡單介紹，力求從不同的角度，給讀者以更多的更全面的信息，以便讀者更深入地瞭解原書。

（五）有關文獻的内容簡介也選用了部分學界的研究信息，不一一注明出處，在此説明，一併感謝。

由於時間關係，本書原設計的"題名索引和著者索引"未能完成，煩請讀者通過書目目録獲取信息。

目　録

附録一　霍頓圖書館（Houghton Rare Book Library）藏新教傳教士中文譯著（18 種）

【1】Houghton f Typ 883. 13. 2105 Bible. N. T. John ／ 若翰所書之福音（The Gospel of

正 文

第二分冊:經學不厭精(卷一下)(小篆體)

扉頁:經學不厭精

　　　　光緒二十二年丙申　上海美華書館擺印

正文:《十三經考證》卷下,凡十二章(按:實際上是"十一章")。

半頁,框 12.5×19cm,9 行,行 21 字,白口,四周雙邊,單黑魚尾,版心上鐫書名"經學不厭精",中鐫卷下及章數,下鐫頁碼,p.71-174。

第三分冊:經學不厭精(卷二天)(小篆體)

扉頁:經學不厭精

　　　　光緒二十二年丙申　上海美華書館擺印

《經學不厭精》第二卷目錄

　　　　十三經考理天卷(凡十章)

　　　　十三經考理地卷(凡十章)

　　　　十三經考理人卷(凡二十四章)

正文:《十三經考理天卷》(凡十章),p.1-67。

半頁,框 12.5×19cm,9 行,行 21 字,白口,四周雙邊,單黑魚尾,版心上鐫書名"經學不厭精",中鐫卷名"十三經考理天卷"及章數,下鐫頁碼,共 67 頁。

第四分冊:經學不厭精(卷二地)(小篆體)

扉頁:經學不厭精

　　　　光緒二十二年丙申　上海美華書館擺印

正文:《十三經考理地卷》(凡十章),p.1-88。

半頁,12.5×19cm,9 行,行 21 字,白口,四周雙邊,單黑魚尾,版心上鐫書名"經學不厭精",中鐫卷名"十三經考理地卷"及章數,下鐫頁碼,共 88 頁。

第五分冊:經學不厭精(卷二人上)(小篆體)

扉頁:經學不厭精

　　　　光緒二十二年丙申　上海美華書館擺印

正文:《十三經考理人卷》(二十四章之前十二章),p.1-73。

半頁,框 12.5×19cm,9 行,行 21 字,白口,四周雙邊,單黑魚尾,版心上鐫書名"經學不厭精",中鐫卷名"十三經考理人卷"及章數,下鐫頁碼,共 73 頁。

第六分冊:經學不厭精(卷二人下)(小篆體)

扉頁:經學不厭精

　　　　光緒二十二年丙申　上海美華書館擺印

正文:《十三經考理人卷》(十三章至二十四章),p.74-137。

半頁,框 12.5×19cm,9 行,行 21 字,白口,四周雙邊,單黑魚尾,版心上鐫書名"經學不厭精",中鐫卷名"十三經考理人卷"及章數,下鐫頁碼,p.74-137。

卷末附有《花之安叢書》(花氏書目,上海美華書館),共 2 頁。

【作者】花之安(Ernst Faber,1839—1899),德國新教傳教士,一個多產作家。他以"文字傳教"爲工作重點,一方面用中文寫作了若干宗教宣傳品和介紹西方文化的讀物;另一方面,他也有意識地研究中國,把中國的各方面情況和他自己的認識介紹到西方社會。著有《自西徂東》等,被譽爲"19世紀最高深的漢學家"。然而他的著作明顯帶有宗教偏見和西方文化優越論的傾向。他在中國從事傳教活動達35年之久,死於青島。

【2】TA 157 26.1 **性海淵源(花之安著)** C-0629 G1

008110012

封面:性海淵源

扉頁:救主一千八百九十三年　上海廣學會印(右)

性海淵源(中)

大清光緒十九年歲次癸巳　上海美華書館鉛印(左)

大德國花之安《性海淵源序》,共1頁。

性海淵源目錄:

經書類篇　子思類篇　告子原篇　淮南子類篇　揚子類篇　王充類篇　皮日休周子語錄　李子語錄　程子類篇　劉子類篇　吳子類篇　孔子類篇　孟子類篇　荀子類篇　董子原篇　班固原篇　韓文公原篇　無能子　邵子語錄　張子類篇　朱子性理　陳子類篇　玉山講義　許子語錄　湛子類篇　程瑤田　附釋教論性　王子語錄　汪子類篇　總論

半頁,框11.5×19.5cm,13行,行30字,白口,四周雙邊,單黑魚尾,版心上鐫書名"性海淵源",中鐫篇名,下鐫頁碼,共78頁。

在該書中,花之安對運用不同中文詞語翻譯"God"這一問題提出了自己的看法:"我儕所稱上帝,與道家之稱上帝不同,與儒家之稱皇祖父爲上帝亦異,中文'上帝'二字,無一定稱謂,我儕專指大主宰而言,故聖經不泛稱天而必稱天父,所以示區別焉。"該書還有其他版本,如廣學會1898年版。

【3】TA 180.5 08.1 **三字經(美華書院刷印 1883)**

009514333

封面:耶穌降世一千八百八十三年

三字經

歲次癸未　京都燈市口美華書院刷印

《三字經》共六章。

第一章　獨一神

起頭時　一真神　造天地　又造人　六日後　神歇息　他祝福　安息日真神主　是個靈　永遠活　最聰明　神榮光　大明亮　並沒有　形和像

他寶座　天上頭　他腳凳　是地球　終日夜　往下看　他眼睛　永不倦
從上古　到如今　萬代人　在他心　神監察　人性情　連隱意　也都明
天地間　大主宰　管束人　各處在　神顯出　大哀憐　他律法　聖完全
窮苦人　他照顧　愛孤兒　恤寡婦　神全能　普保佑　靠賴他　必得救
神立約　無更改　常存留　到萬載　天和地　終必廢　神之言　原實在
神獨一　無比對　眾善德　都全備　千百代　億萬人　將要來　拜真神

第二章　人犯罪

真神主　用土塵　造出來　頭一人　吹生氣　鼻孔裡　有魂靈　永不死
又造女　配與他　有夫妻　算一家　這二人　名甚嘉　曰亞當　曰夏娃
神立園　名埃田　人居住　福完全　看守園　常修理　身作工　心歡喜
起頭人　乃完全　望長壽　神面前　園當中　神禁住　分善惡　一棵樹
吃那果　失性命　終必死　神說定　有魔鬼　借蛇身　進園去　誘惑人
說那果　食無妨　你爲何　不去嘗　有死罪　誰能知　你放心　來食之
食此果　必聰明　心眼開　像神靈　兇惡鬼　這樣論　來哄騙　起頭人
說謊話　人倒聽　神命令　不肯憑　兩個人　心迷惑　違法度　都去吃
可惜阿　我始祖　從魔鬼　逆天主　食以後　心有愧　怕見主　便躲避
這一罪　累萬代　傳子孫　罪尚在　性本善　變爲惡　神厭棄　鬼喜樂
好像人　服了毒　就爛壞　全骨肉　一犯罪　背主命　全毀壞　人本性
後代人　隨私欲　忘天主　從世俗　天福氣　算白望　地財寶　多添上
爲身體　時常憂　神好處　不肯求　馬牛羊　死以後　活潑氣　再沒有
人不然　身體壞　有魂靈　常常在　真道理　不肯聽　到永遠　苦不停

第三章　救世主

真神主　看衆人　陷八罪　將沉淪　因可憐　世界上　無救主　無指望
將最愛　獨生子　降世間　替人死　天榮光　他離開　人當中　生出來
雖是神　極尊貴　卻與人　成同類　名耶穌　大愛惜　救百姓　離惡逆
獨有他　完全好　各國人　及不了　言有力　事真奇　困苦民　都就伊
他開口　鬼怕懼　各樣病　得全愈　叫聾子　耳能聽　叫瞎子　眼能明
使啞巴　能開口　使瘸子　能行走　命風海　都平靜　人已死　叫得醒
真道理　他傳開　天堂路　顯出來　聖律法　全都遵　眾善德　存在心
無奈人　多不信　生嫉妒　心剛硬　兇惡類　將耶穌　釘十架　害無辜
他身體　無價寶　受人辱　竟死了　可惜阿　至高主　因爲我　大受苦
主原來　願舍己　贖人罪　甘受死　死後葬　墳墓裡　門徒憂　仇敵喜
主未死　預先說　第三日　必復活　三日至　墳墓開　主果然　活起來
那仇敵　都驚惶　主權勢　不可當　門徒見　甚稀奇　心歡樂　迎接伊
四十日　在眼前　主顯現　後升天　稱贊主　爲罪人　立大功　開天門

他現今	坐寶位	宰天地	管萬類	爾世人	有罪孽	當懊悔	就耶穌
爾困苦	心抱愧	言一主	能安慰	爾不肯	信救主	到萬年	永受苦
有日光	眼睛閉	人一生	黑暗裡	有好藥	人不吃	自受害	性命失

第四章　人歸主

人悔改	信耶穌	必得救	免罪孽	悔改心	須真誠	發於言	見於行
想前非	當痛恨	神面前	當憂悶	看罪孽	最羞辱	必受刑	下地獄
信耶穌	釘十架	流寶血	贖罪價	靠着他	大愛惜	肯赦免	我惡逆
真道理	最愛聽	聖法度	時刻憑	他在天	作中保	神面前	轉祈禱
我求告	日日獻	因耶穌	得應驗	情願主	常照顧	管束我	領我路
賜聖靈	重生我	能自新	結善果	照耀我	用真光	常引導	賜平康
邪念頭	無纏擾	便分明	歹和好	惡心腸	洗乾淨	自奮勉	立善行
神美意	多愛憐	叫罪人	得完全	因設立	三法則	施洪恩	加善德
宣福音	讀聖經	行聖禮	毋稍停	宣福音	勸世人	懊悔罪	得主恩
讀聖經	可察問	神奧意	人本分	行聖禮	爲表明	主感動	人性情
有洗禮	得八門	有聖餐	養靈魂	教門人	信心定	當至死	遵主命

第五章　論死後

世上人	在天下	都必死	連小大	譬如債	必清了	譬如房	必坍倒
有來世	將臨到	顯出來	神榮耀	像閃電	主忽來	帶無數	聖天差
雲當中	顯威勢	各族類	都畏避	吹號筒	大聲音	廣招聚	萬萬人
各墳墓	都崩開	衆死人	活起來	見主威	人駭異	山驚動	海飛去
公義主	大動氣	捲起天	燒毀地	世界上	最體面	到那日	成卑賤
錢財多	全無用	救靈魂	算貴重	主必定	將各人	件件事	審問真
人爲善	升上天	永享福	神面前	人爲惡	定罪名	地獄裡	永受刑
兒女歹	父母好	受報應	無顛倒	爹娘惡	必受咒	兒女善	必得救
主審斷	世界上	最公平	無兩樣	一時間	受審判	到永遠	不更換

第六章　勸孩童

爾小孩	嫩心腸	聽主道	不可忘	當懼怕	當信愛	當恭敬	當求拜
當受恩	深且重	當感謝	當贊頌	各樣罪	當承認	心有惡	當怨恨
因耶穌	流寶血	求赦免	你罪孽	更求主	賜聖靈	感化你	心重生
棄掉惡	生出善	成聖德	快樂滿	當終身	跟隨主	當耐心	受勞苦
臨死時	將靈魂	交耶穌	永收存	死以後	得完全	享永福	神面前

卷末有"三字經終"之語。

封底還有廣告告知:如有願問書中之道者可以到京都、天津、通州、張家口、保定、山東數處耶穌堂得到。(1頁)

半頁,框8.7×13.1cm,9行,行四句,分六章,白口,四周雙邊,版心鐫書名"三字經",中鎸章次,共 15 頁。

　　【按】這本《三字經》内容同"【577】TA 1980.5 08 三字經(美華書院 1875)C-0147 A38"那本,唯一的區別就是在行距上有所增減,導致頁碼有異。

【4】TA 859 49 註釋校正華英四書(1862—1911) C-0634 G6

　　008474625

　　封面:華英四書

　　　　　上海商務印書館印行

　　扉頁:註釋校正華英四書

　　　　　顧鹿署

　　四書即《論語》、《大學》、《中庸》、《孟子》。

　　《論語》p.1-218,《大學》p.219-245,《中庸》p.246-298,《孟子》p.299-378。

　　每頁分三部分:上半部分漢字原文,中間英文依句對譯,下半部分爲特殊字詞的英文注解。是早期英漢對照本的四書。

　　單頁,20.4×12.5cm,漢字部分或 10 行,或 9 行,行字數不定,其餘爲英文句子或英文注文,頁面注四書之書名及相應之英文名,共 378 頁。

　　商務印書館編譯、排印。

　　【作者】理雅各(James Legge,1815—1897);辜鴻銘(1857.7—1928.4)。

【5】TA 1524 6623 大同學(器德著) C-0682 H27

　　007735728　FC9266　Film Mas 35737

　　扉頁:西曆一千八百九十九年(右)

　　　　　大同學(中)

　　　　　光緒二十五年歲次己亥　初次開印計二千本(左)

　　《大同學節譯本自序》,西曆一千八百九十九年五月英國李提摩太菩岳氏序於廣學會之寓樓。

　　《大同學節譯本目録》:

　　　　　第一章　今世景象

　　　　　第二章　進境

　　　　　第三章　相争相逢之理

　　　　　第四章　人世第一大事

　　　　　第五章　大道關係於興世

　　　　　第六章　泰西教化上

　　　　　第七章　泰西教化下

　　　　　第八章　今世養民策

第九章　教化本於道心非出於學術

第十章　總結

器德著,李提摩太節譯,蔡爾康纂述。半頁,框 18×12cm,10 行,行 24 字,白口,四周雙邊,單黑魚尾,版心上鎸書名"大同學",中鎸章數及章名,下鎸頁碼,共 68 頁。

後附附表四(5 頁):

附表一　婚嫁年歲勻計

附表二　各業嫁娶實年

附表三　美國生齒

附表四　法國生齒

附表之後還有"告白"(廣學會書目)2 頁。

全書共 75 頁。

【作者】(英)器德(Benjamin Kidd,1858—1916);李提摩太(Timothy Richard),英國浸禮會傳教士;蔡爾康纂述。

另有標題:Abridged translation of:Social evolution

【6】TA 1682.5 19 辨孝論(福州太平街福音堂 1871) C-0466 C89

008110045

《辨孝論》(Pëen heaou lun),福州太平街福音堂,同治十年(1871)。

半頁,14cm,白口,四周單邊,單黑魚尾,版心上鎸書名"辨孝論",下注頁碼,共 10 頁,文言文。

首句爲:"嘗聞水無源則竭盡,木無根則枯,人無本則不立。孝爲百行之本,故孝道尚焉。……"

這是在 1858 年版本基礎上的一個修訂本,專題談論"孝"。

Pen note added on cover:Nature of filial piety.

cf. Wylie. Memorials. p.203.

【修訂者】盧公明(J. Doolittle,1824—1880),美國美部會傳教士、漢學家。他於 1850 年來華從事傳教工作 20 餘載。主要活動區域爲福建福州地區,參與了美部會在福州的開創性工作。創辦了格致中學、文山女中,出版了第一部系統介紹中國人社會生活的著作《中國人的社會生活》(Social Life of the Chinese),編撰了中英文字典《英華萃林韻府》(Vocabulary and Hand-Book of the Chinese Language),曾在天津、上海等地工作,並到過北京、香港、廣州等地參觀考察。曾擔任洋行翻譯和教會刊物編輯等。

【7】TA 1682.5 36 廣孝集(夏察理編) C-0467 C90

008110249

《廣孝集》,福州南臺救主堂印,美華書局活板,光緒七年(1882)。

有福州居士陳修靈序(1 頁)。正文有:廣孝歸宗論(英國韋廉臣)p.2、辨孝論(德國羅教士)p.3-6、野客問難記(英國麥教士)p.7-13、祀先辨謬(美國倪維思)p.14-17、闢人言奉教無父母之妄(夏察理)p.17-19。文言文。

半頁,17cm,白口,四周單邊,單黑魚尾,版心上鎸書名"廣孝集",下注頁碼,共 19 頁。

【編者】夏察理(C. Hartwell,1825—1905),福州美部會會督,也是位語言學家,福州語書籍的翻譯者和寫作者。提議使用福州話羅馬字。除了傳播福音之外,他還將四分之一的新約和三字經翻譯爲福州話,編寫各種書籍和小冊子(包括《福州方言詞典》第二版)。哈佛燕京圖書館藏夏察理氏編福音蒙書有 1893 年夏察理氏著《真理三字經》(福州土腔)、《聖教便覽五字經》等。

【8】TA 1682.5 94 廣孝歸宗録 C-0468 C91

008124146

一張紙,框 30×31cm,1 頁,28 行,行 24 字。句首曰:"人皆知孝以事親,次次皆第一要事。孔子曰:孝,德之本也。誠哉是言! 蓋爲孝子則必知忠以事君,敬以事上。……"文言文。福州出版。

Pencil note added:On being filial to parents and to God.

1882 年《廣孝集》註明《廣孝歸宗録》的著者爲韋廉臣。

【作者】韋廉臣(Alexander Williamson),1829—1890。

【9】TA 1682.5 99 人當有孝順父母之實(厦門 1847) C-0469 C92

008110253

一張紙,26×44cm,橫標題"耶穌教之道",竪標題"人當有孝順父母之實"。33 行,行 18 字。末句有:"爲人子者,誠不忘父母之深恩,可將父母生平之善狀詳著於族譜,俾後世子孫有志於述志繼事者,可瞭然於心目也。"落款爲:"夏門丁未刻"。丁未即 1847 年。

【按】該篇之縮微資料與《辨孝論》、《廣孝集》、《廣孝歸宗論》同片。

【10】TA 1687 54 美醫家道德主義條例 C-0793 J22

008110058　(排印本,破損較重)

《美醫家道德主義條例》(Principles of medical ethics),盈亨利譯,北通縣陳桂清筆述。共三章:第一章醫士對於病人有何等責務(4 段),第二章醫士對於他醫宜有何等舉動(6 節),第三章成全公益之責務,共 24 頁。英漢雙語對照(Chinese and English)。

濟南博醫會,出版年代不詳。内容涉及醫德(Medical ethics)。Issued by the Publication Committee, Medical Missionary Association of China, printed by the Peking Gazatte Press.

【作者】盈亨利(James Henry Ingram),1858—1934。

【譯者】陳桂清。

【11】TA 1739.3 50 破除迷信叢書十集之兩種 C-0474 C97

008110254

《破除迷信叢書十集》,李幹忱編,羅運炎校閱,上海:美以美會全國書報部,民國十二年(1923)。

有民國十二年三月五日《破除迷信叢書》之羅運炎《序》(2 頁)、《目錄》p.3-6。

《破除迷信叢書十集》有:1.風水;2.卜筮;3.相術;4.星術;5.成仙;6.成佛;7.妖異;8.左道;9.邪説;10.多神。

燕京圖書館實藏有兩集:第一集《風水》,14cm,78 頁;第二集《卜筮》,14cm,74 頁。燕京圖書館卡片題名著錄有誤,實爲"破除迷信叢書十集之兩種"。

【按】此書編目還見於:Harvard-Yenching Library Chinese Republican Period (1911—1949) Digitization Project 之中。

這是中國人的作品,非傳教士作品,但收在 TA 中,是教會出版社出版的。李幹忱、羅運炎是民國時期比較關注社會問題的人士。繼《破除迷信叢書十集》之後,李幹忱還出版了《破除迷信全書》(1924);羅運炎的《中國鴉片問題》系統地探討了民國時期全國的鴉片問題,是研究民國鴉片史的必讀書。

【12】TA 1739.81 99 十駁五辯歌(福州土話) C-0473 C96

008110525 (福州土話)

封面:同治十三年(右)

　　　十駁五辯歌(中)

　　　福州太平街福音堂印(左)

正文爲福州土話,分別闡述了"十駁五辯":一駁降乩、二駁神媽神公、三駁拍落僮、四駁恰十保、五駁犯邪、六駁禁忌、七駁燒紙箱、八駁過關、九駁普度、十駁搬藥師;一辯卜卦、二辯看命、三辯看相、四辯擇日、五辯風水。以七言詩歌的形式,每個話題占一頁,20 句(15×20,共 300 句)。

半頁,框 12.4×8.1cm,10 行,行 2 句,句 7 字,白口,四周雙邊,單黑魚尾,版心上鐫書名"十駁五辯歌",下鐫頁碼,共 8 頁。每頁最右邊 1 行(不在 10 行内)書歌名。

【13】TA 1795.1 0271 育德月刊(1924,兩期)

009443810

《育德月刊》,No.1-2,育德月刊社編輯,天津:中華基督教會,1924 年。

育德月刊(第一期)

(封面)育德月刊(第一期)民國十三年三月五日(中華郵政特准掛號認爲新聞紙類)

(反面)要目:

　　　宣言 p.1-5　本刊發刊之旨

談道 p.1-3　宗教是什麽

特載 p.1-8　馮軍參觀記

記錄 p.1-12　倉門口會堂執事部會議

新聞 p.1-12

雜俎 p.1-10

隨感 p.1-16

封底有《本刊啟事》:這一期是創刊號。編輯及發行部均附設在天津鼓樓東中華基督教會內。

13×19cm,16 行,行 39 字,頁上鎸刊名"育德月刊"及欄目名。每個欄目單獨成頁編碼。共 66 頁。

育德月刊(第二期)

(封面)育德月刊(第二期)(中華郵政特准掛號認爲新聞紙類)

(反面)本期目錄:社論、論著、講演、特載、新聞、隨感等欄目。

封底有《本刊招登廣告》、《本刊啟事》,編輯部信息:《育德月刊》第二期,中華民國十三年主後一千九百二十四年四月十五日出版,編輯及發行部均附設在天津鼓樓東中華基督教會內。

12.5×18.2cm,14 行,行 39 字,頁上鎸刊名"育德月刊",版心上鎸欄目名,共 60 頁。

INTERNET LINK:http://nrs. harvard. edu/urn-3:FHCL:3353790

Harvard-Yenching Library Chinese Republican Period (1911—1949) Digitization Project.

【作者】育德月刊社。育德中學有一個鉛印刊物,名稱就叫《育德月刊》。民國二十年(1931)十一月一日第一期改本名爲《育德雙周》,後內容以校聞爲主,仍有一定篇幅的文章論述抗日救亡、抵制日貨、青年出路等問題,研究教育改革與民族復興,還刊載關於法律、經濟、婚姻制度、文學等方面論文和科學常識,並選登學生課業作品。

【14】TA 1795.1 5442 **中華基督教公理會聯會月刊**(Vol.2,第 4—8 期,5 冊)

009443418

封面(已經遺失)

扉頁:中華基督教公理會聯會月刊(左)

共有 5 冊。

(1)中華基督教公理會聯會月刊　第二卷　第四期

中華基督教公理會聯會月刊(左,竪排)

一九二八年四月三十日發行　中華郵政特准掛號認爲新聞紙類(右,小字竪排)

二卷　四期　目錄(講壇、著譯、法律常識、農業常識、會務紀實、傳記、科學常識、衛生常識、通訊、專載、教會新聞、副刊)(中,竪排)

有 1928 年京兆衆議會撮影及編輯部啟:"本刊自本期起,將文藝雜碎兩欄特闢爲'副刊',專容學術論文、詩歌、小説、新書批評及介紹等項文字⋯⋯"從中可見《中華基督教公理會聯會月刊》在第二卷四期已有"副刊"專欄了。

封底:華北公理會出版部小書叢

編輯者:霍希三

發行者:華北公理會出版部

發行所:北京燈市口公理會

22.5×15.2cm,15 行(上下二部分),行 44 字,頁面上橫寫提要,正文竪排,版心上鎸"月刊"二字,下鎸頁碼,共 24 頁。後另有《副刊》,共 6 頁。

(2)中華基督教公理會聯會月刊　第二卷　第五期

中華基督教公理會聯會月刊(左,竪排)

二卷　五期　目録(啟事、講壇、著譯、法律常識、農業常識、插畫、會務紀實、傳記、科學常識(照像)、婦女須知、專載、教會新聞、副刊)(中,竪排)

華北公理會出版部《出版部啟事》:"華北公理會聯會董事部於 5 月 9 日在通縣證道堂舉行第十四次年會:每次出版一千本,供各衆議會職員閱讀。需款頗巨⋯⋯本部兹先將各衆議會擔任款項之數目披露。計開:汾州 200 本,60 元;太谷 90 本,30 元;京兆 180 本,54 元;保定 120 本,36 元;天津 60 本,18 元;德州 120 本,36 元;臨清 60 本,18 元。"

通過這則啟事,可以清楚知道華北公理會所管轄的區域有:汾州、太谷、京兆、保定、天津、德州、臨清。

封底:華北公理會出版部小書叢

中華基督教公理會聯會月刊　第二卷　第五期

編輯者:霍希三

發行者:華北公理會出版部

發行所:北京燈市口公理會

22.5×15.2cm,15 行(上下二部分),行 44 字,白口,頁面上橫寫提要,下鎸頁碼,共 34 頁。後另有《副刊》,共 6 頁。

(3)中華基督教公理會聯會月刊　第二卷　第六期

中華基督教公理會聯會月刊(左,竪排)

二卷　六期　目録(啟事、介紹字畫、講壇、著譯、會務紀實、通訊、法律常識、科學常識、專載、教會新聞、副刊)(中,竪排)

一九二八年　月　日

封底:華北公理會出版部小書叢

中華基督教公理會聯會月刊　第二卷　第六期

編輯者:霍希三

發行者:華北公理會出版部

發行所:北京燈市口公理會

22.5×15.2cm,15 行(上下二部分),行 44 字,白口,四周,頁面上横寫提要,下鐫頁碼,共 28 頁。後另有《副刊》,共 8 頁。

(4)中華基督教公理會聯會月刊　第二卷　第七期

二卷七期目録,一九二七年九月三十日,中華郵政特准掛號認爲新聞紙類(按:"一九二七年"應爲"一九二八年")

中華基督教公理會聯會月刊(左,竪排)

二卷　七期　目録(職員題名、插畫、講壇、會務紀實、通訊、常識、專載、教會新聞、奉贈書籍、副刊)(中,竪排)

封底:華北公理會出版部小書叢

中華基督教公理會聯會月刊　第二卷　第七期

編輯者:霍希三

發行者:華北公理會出版部

發行所:北京燈市口公理會

22.5×15.2cm,15 行(上下二部分),行 44 字,白口,四周,頁面上横寫提要,下鐫頁碼,共 35 頁。後另有《副刊》,共 5 頁。

(5)中華基督教公理會聯會月刊　第二卷　第八期

二卷八期目録,一九二七年十月三十日,中華郵政特准掛號認爲新聞紙類(按:"一九二七年"應爲"一九二八年")

中華基督教公理會聯會月刊(左,竪排)

二卷　八期　目録(職員名題、講壇、譯著、會務紀實、通訊、常識、專載、教會新聞、副刊)(中,竪排)

封底:華北公理會出版部小書叢

中華基督教公理會聯會月刊　第二卷　第五期

編輯者:霍希三

發行者:華北公理會出版部

發行所:北京燈市口公理會

22.5×15.2cm,15 行(上下二部分),行 44 字,白口,四周,頁面上横寫提要,下鐫頁碼,共 34 頁。後另有《副刊》,共 6 頁。

【編輯者】霍希三。

【按】《華北公理會聯會月刊》,又名《華北公理會月刊》,北京圖書館藏有霍希三編《華北公理會月刊》的縮微膠捲(北京:全國圖書館文獻縮微中心,1991)。

＊【15】TA 1795.1 7580 **閩中會訊**(1950)

009443310

《閩中會訊》Vol.1 No.1–3,中華基督教會閩中協會,1950 年。

（1）TA 1795.1 7580 Vol. 1 No. 1

封面上半部分（橫排加竪排）：

　　閩中會訊（橫排）

　　中華基督教會閩中協會辦事處編印　　福州花園路二十九號（橫排）

　　第一卷第一期　一九五〇年三月出版（竪排）

封面下半部分：發刊詞

正文（竪排）：我們教會的指望、轉載《蘇聯的宗教和教會》、協會動態、長樂區會、永泰區會、福州區會等。

封底有編者的話、第一卷第一期目錄。

26×18.2cm，每頁分上中下三欄，共32行，每欄行20字，共爲60字，頁上標示頁碼，連同封面共22頁。

（2）TA 1795.1 7580 Vol. 1 No. 2-3

封面：閩中會訊（橫排）

　　中華基督教會閩中協會辦事處編印　　福州花園路二十九號（橫排）

　　第一卷第二、三期　一九五〇年五月出版（竪排）

正文（竪排）：基督教與新時代、福州區各堂會事工及婦女事業概況、院校簡訊、教會短波、新書介紹等。

封底有第一卷第二、三期目錄。

26×18.2cm，每頁分上中下三欄，共32行，每欄行20字，共爲60字，頁下標示頁碼，連同封面，共12頁。

【作者】福州中華基督教會閩中協會。

【16】TA 1795.1 7582（2 v.）　閩中會刊（1932—1933）

009443309

《閩中會刊》，第15、18册，福州：中華基督教會閩中協會，1932—1933年。

第十五册

封面（竪排）：

　　閩中會刊

　　民國二十一年四月第十五册

目錄（15項內容）。

正文內容涉及明天不要疲倦、國際主義與世界和平、譯詩一束、福州區堂會主日學之活動、傳教堂會員家庭祈禱會定期表、福州區春季區會的概況、閩中協會1932年全會預算、協會1932年預算、福州區會1932年人員及其預算、永泰區1932年預算、長樂區會1932年人員及其預算等。

整本册子25×18cm，版心上鐫刊名"閩中會刊"，正文連同表格，共40頁。

第十八冊

封面（竪排）：

閩中會刊

民國二十二年二月第十八冊

目錄（年會專號，29 項內容）。

正文內容涉及基督教教義、年會秩序、年會委員、年會議會紀錄、福州區婦女學校報告、福州區幼稚園報告、福州區聖教醫院報告、長樂區佈道事業報告、長樂區婦女佈道事業報告、長樂區幼稚園報告、永泰區幼稚園報告、協會 1931 年度中學校統計表、協會 1931 年度小學暨幼稚園統計表等。

整本冊子 25×18cm，版心上鐫刊名“閩中會刊”，正文連同表格，共 70 頁。

INTERNET LINK：http://nrs.harvard.edu/urn-3：FHCL：3353788

http://purl.oclc.org/DLF/benchrepro0212

【作者】中華基督教會閩中協會。

【17】TA 1798.4 54 上帝生日之論 C-0470 C93

008124148　　FC8179　　Film Mas 32077　　（淺文言）

封面（已破損）：

孟子云齋戒沐浴則可以祀上帝

上帝生日之論

尚德纂　新嘉坡堅夏書院藏板

半頁，框 10×16.5cm，9 行，行 26 字，白口，四周雙邊，單黑魚尾，版心上鐫書名“特選撮要”，中鐫篇名“論上帝生日”，下鐫頁碼和“卷二”，共 4 頁。

三月初三日上帝生日，唐人題緣奉獻祭祀以求保佑，本文則論其情由，講其來歷。

強調天上本有一個上帝，爲天地人物之大主宰者，而其外總無有之，並非爲殺豬者可封做上帝也。勿奉事此物，否認中國人所敬奉之上帝，而要只敬一真神，所造天地萬物者，又依靠耶穌所能救世者，則日可平安而死後有福焉。

【按】本篇原刊登在《特選撮要》上，cf. Wylie. Memorials. p. 32.

【作者】尚德（Walter Henry Medhurst），1796—1857。

【18】TA 1798.5 54 媽祖婆生日之論 C-0471 C94

008124150　　FC8169　　Film Mas 32083

封面：子曰獲罪於天無所禱也

媽祖婆生日之論

尚德纂　新嘉坡堅夏書院藏板

正文從三月三日媽祖婆生日行船人、過海人皆奉祀媽祖婆以求保佑説起，對此進行論議,辨明道理。講述媽祖婆的故事,被信奉爲神的緣故,申辯不可以媽祖婆爲神,不可奉祀她。可托仗神天望求保佑,行船之時可得平安,信仗耶穌可得永福。

半頁,框 10.2×16.5cm,9 行,行 26 字,四周雙邊,單黑魚尾,版心上鎸"特選撮要",中鎸"媽祖婆生日之論",共 5 頁。

Pen note added on cover: Birth of Tien hou, queen of heaven.

【按】該篇原刊於《特選撮要》,cf. Wylie. Memorials. p. 29. Ma-tsu(Goddess)。

關於媽祖信仰研究,近代當推尚德《媽祖婆生日之論》(新加坡:堅夏書院);Walter Henry Medhurst 著的《媽祖婆論》,盧公明(Justus Doolittle)修訂翻譯成福州平話,福州:亞比絲喜美總會,1855 年。(參見【498】TA 1980.2 19 媽祖婆論)

【作者】尚德(Walter Henry Medhurst),1796—1857。

【19】TA 1975.1 342 察世俗每月統記傳(月刊,7 種) C-0176 A75

008464829　FC8603　Film Mas 32703

《察世俗每月統記傳》卷一至卷七,嘉慶乙亥(1815)七月至道光壬午(1822)二月在嗎咭呷出版。

燕京圖書館所藏分整卷和單行本兩種:含卷一嘉慶乙亥年全卷、卷二嘉慶丙子年全卷,其餘爲 5 個單行本。

(1)嘉庆乙亥年全卷(1815)

子曰多聞擇其善者而從之(右)

察世俗每月統記傳(中)

博愛者纂(左)

序(共 3 頁):

此書乃每月初日傳數篇。

察世俗書之每篇必不可長,不可難明……若傳正道,則世間多有用處。

善書乃成德之好辦法也。

《察世俗卷一》目録,共 1 頁。

正文内容涉及"忤逆子悔改孝順"、"立義館告帖"等共 15 個部分。

卷首忤逆子悔改孝順(七月)p.1-3;

立義館告帖 p.4-5,篇末有"嘉慶二十年六月日愚弟米憐字具"之語;

神理(八月)p.6-7;

神理(續上月講 九月)p.11-12;

解信耶穌論 p.13;

論不可拜假神 p.14-17;

神理(續上月講 十月)p.18-22;

古王審明論 p.23-24;

神理(續上月 十一月)p. 25–26；

神理(續上月 十二月)p. 29–30；

古今聖史記 第一回論天地萬物之受造 p. 27–28；

年終論 p. 31–33；

卷末有米憐告白的《告帖》1 頁。

半頁,框 8.7×14cm,7 行,行 20 字,白口,四周雙邊,單黑魚尾,版心上鐫書名"察世俗",下鐫頁碼,共 33 頁。另有最後一頁《告帖》。

【按】據説大英博物館所藏缺《察世俗每月統記傳》卷一嘉慶乙亥年全卷,因此哈佛燕京圖書館所藏嘉慶乙亥年全卷很珍貴。《察世俗每月統記傳》卷一有《古今聖史紀》第一回。學界有文據大英博物館所藏認爲:《察世俗每月統記傳》從卷二開始連載的篇幅最長的《古今聖史紀》演述《聖經》中的《創世記》的故事,共分兩卷,每卷分回標目。這個觀點不正確,其實第一卷已有第一回"論天地萬物之受造"。

(2)嘉庆丁丑年四月(單行本)

子曰多聞擇其善者而從之

察世俗每月統記傳

博愛者纂

卷首題目"萬人有罪論"。

萬人有罪論 p. 123–126。

天文(續上年十月)第六回論月 p. 127–128。

半頁,框 8×14cm,8 行,行 20 字,白口,四周雙邊,單黑魚尾,版心上鐫書名"察世俗",中鐫章名,下鐫頁碼和"卷三"。

(3)道光壬午年　月(缺文,不知为几月)(單行本)

子曰多聞擇其善者而從之(右)

察世俗每月統記傳(中)

博愛者纂(左)

第一章　聖書卷分論・舊遺詔書卷分論(將舊遺詔書所載內容概括爲 16 條)(p. 8–12),共 5 頁。

第二章　信愛遵致常生(p. 13)。

第三章　神天以耶穌要復和世界人於己(p. 14–15)。

第四章　論上年嗎啦呷濟困疾會事由(p. 15–17),共 3 頁。

計開:記載辛巳年樂助者、領濟者人數及名單,存有生放銀兩,獲得捐助銀子數等(2 頁)。

半頁,框 9.5×8cm,9 行,行 24 字,白口,四周雙邊,單黑魚尾,版心上鐫書名"察世俗",中鐫章名,下鐫頁碼和"卷七"。

(4)道光辛巳年二月(單行本)

子曰多聞擇其善者而從之(右)

察世俗每月統記傳（中）

博愛者纂（左）

正文有兩部分：

一、《全地萬國紀略》（續上月）論南亞默利加之列國（p. 6-9），共 4 頁。

二、嗎嘮·父子親·夫婦順·奢侈·雜句（p. 10-13），共 4 頁。

半頁，框 12.2×9.5cm，9 行，行 24 字（注文則雙行小字，18 行，行 24 字），白口，四周雙邊，單黑魚尾，版心上鐫書名"察世俗"，中鐫章名"論南亞默利加之列國"，下鐫頁碼和卷名。

（5）嘉庆丙子年全卷

子曰多聞擇其善者而從之（右）

察世俗每月統記傳（中）

博愛者纂（左）

《察世俗卷二目録》，共 1 頁。

正文有論萬物受造之次序、神理、進小門走窄路解論等共 16 方面的内容。篇名下標注了月份，説明是按月份出版的。如謊語之罪論（閏六月）p. 71-75，上古規矩（七月）p. 76-83，天文地理論（八九月）p. 84-96/p. 1-13（p. 1-13 爲八九月單行本的頁碼）。

其中《神理》（續二月）"論神爲純靈之道"（五月）p. 60-66 是五月份出版的，《古今聖史記》（續三月）第四回"論人初先得罪神"（六月）p. 67-70 是六月份出版的，而在六月的單行本中篇名略加修飾。

半頁，框 13.7×8.2cm，8 行，行 20 字，白口，四周雙邊，單黑魚尾，版心上鐫書名"察世俗"，下鐫頁碼，共 104 頁。另有最後一頁《告帖》。

（6）嘉庆丙子年五月（單行本）

嘉慶丙子年五月的單行本就是《察世俗每月統記傳·嘉慶丙子年全卷》中《神理》（續二月）論神爲純靈之道（五月）p. 60-66。有單獨的封面：

嘉慶丙子年五月

子曰多聞擇其善者而從之（右）

察世俗每月統記傳（中）

博愛者纂（左）

半頁，框 13.7×8.2cm，8 行，行 20 字[引經處大字（空間相對於兩行小字），行 20 字]，白口，四周雙邊，單黑魚尾，版心上鐫書名"察世俗"，下鐫頁碼（p. 60-66）。

（7）嘉庆丙子年六月（單行本）

該單行本是《察世俗每月統記傳·嘉慶丙子年全卷》中的《古今聖史記》（續三月）第四回"論人初先得罪神"（六月）p. 67-70，而在單行本中略加修飾篇名爲："《天地萬物之始論》（續三月）論人初先得罪神"。有單獨的封面：

嘉慶丙子年六月

子曰多聞擇其善者而從之（右）

察世俗每月統記傳（中）

博愛者纂（左）

半頁，框 13.7×8.2cm，8 行，行 20 字，白口，四周雙邊，單黑魚尾，版心上鐫書名“察世俗”，下鐫頁碼（p.67—70）。

【《察世俗每月統記傳》】《察世俗每月統記傳》（Chinese Monthly Magazine）嘉慶乙亥年七月（1815 年 8 月）創刊於馬六甲，月刊，是世界上第一份中文近代報刊，也是中國新聞報刊史上的第一份中文期刊，其封面左下角印“博愛者纂”，實際上主要由米憐（William Milne，1785—1822）負責辦刊事務。其他撰稿者還包括馬禮遜、麥都思、梁發等。道光元年（1821），因米憐病重，《察世俗每月統記傳》停刊，歷時 7 年，共出 7 卷。

《察世俗每月統記傳》每期 6 至 7 頁（1 張兩面），每期初印 500 冊，第五期起印 1000 冊，後增至 2000 冊。免費贈閱，傳佈於南洋群島、泰國、越南等東南亞華人聚居區，亦時有傳入中國境內。

宋莉華曾專文介紹《察世俗每月統記傳》的文學特點，指出：該刊以傳教爲宗旨，絕大部分内容是闡述基督教教義，宣傳上帝的全德全能，勸人分辨是非善惡，介紹《聖經》等；其次是宣講中國傳統倫理道德；再次是介紹天文學等科學知識；後期增辟專欄，介紹世界各國概況，增加了時事政治新聞報導和通俗易懂的插圖等。語言風格生動平易，通俗易懂。創造了“孔孟加耶穌”的對華宣傳模式。每期封面都印有《論語》語録，如“子曰多聞擇其善者而從之”等，落款是“博愛者撰”，但刊物的内容與儒學毫不相關。爲了適合中國人的閱讀習慣，雜志採用中國書本式雕版印刷，形狀類似中國的綫裝書。文體多樣，既有千字以上的長篇論説、幾百字的短論和三言兩語的雜句，有故事、寓言、七言詩，也有書信和編者按。没有新聞專欄，只在第二期登載過一篇題爲《月食》的預告性新聞，是中文近代報刊上的第一條消息。該刊的傳教文章大量引用中國儒家語録，以增加親近感和説服力，並採用對話、講故事的方式，以求更易於被讀者接受。天文地理等介紹科學知識的文章，配有插圖，生動易懂。

《察世俗》在中文近代報刊上的新聞之最：最早的預告性新聞《月蝕》；最早的廣告《告帖》；最早的新聞圖畫《事逗娘娘懸人環運圖》。

這本以“神理”爲主的宗教刊物，表現出世俗讀物的某些特徵。在知識的普及、經典史傳的通俗化方面下了功夫。“欲使本報隨時改良，以引起讀者之興味”。

《察世俗每月統記傳》連載篇幅最長的《古今聖史紀》演述《聖經》中的《創世記》的故事，共分兩卷，每卷分回標目。

《察世俗每月統記傳》以卷三《張遠兩友相論》的連載爲界限，前後風格有所差別，之前以“論”爲主，之後增強了敘事性和可讀性。以《察世俗每月統記傳》曾刊登的傳教文章《張遠兩友相論》爲例，據 1833 年 10 月裨治文的報告稱，這本宗教小冊子發行數達 5 萬冊，遍及中國沿海各省以及東南亞、暹羅、朝鮮等地，影響之廣泛可想而知。卷五、卷六、卷七分別從《伊索寓言》中選了短小精悍趣味生動的寓言和小故事,如"貪之害説"、"負恩之表"、"蛤蟆之喻"、"驢之喻"、"羊過橋之比如"。另外還有一些小小説,如卷六的"諂媚"、卷七"受施者"、"服氣"、"聖人如士田之年譜行狀"、"亞百拉罕覺悟"等。《察世俗》停刊之後,其所刊載的傳教文章,後來都作爲單行本出版,並廣泛發行。

1821 年《察世俗每月統記傳》停刊。1823—1826 年,英國傳教士麥都思模仿續辦了《特選撮要每月紀傳》,兩種刊物内容、風格、外型形式一致,每月一期,每年一卷,内容爲宗教、時事、歷史以及雜俎等。

【編撰者】博愛者,即米憐(William Milne,1785—1822)。

【20】TA 1975.1 0581 **廣東公理會年報**(1909—1949) C-0189 A89

008254991　FC8157　Film Mas 32091

【按】《廣東公理會年報》(1909—1949),燕京圖書館只存其第 3 期民國元年(1911)、第 7 期民國四年(1915)兩份。

(1)TA 1975.1 0581 (3) **綱紀慎會年報(文言)**

封面:天道主義　耶穌降生一千九百一十一年(右)

　　　綱紀慎會年報　第三期(中)

　　　人道主義　黄帝紀元四千六百零九年(左)

封面反面:

　　　本報職員

　　　集稿員　新甯　譚袞卿

　　　　　　　開平　梁式伊

　　　　　　　開平　梁秉彝

　　　編輯人　張真英

　　　督印兼理財　趙子良

　　　每冊價　銀壹毫五仙

　　　羊城十八甫星導書樓

　　　本報總代理處

卷首有孫逸仙像及香山黄傑安撰寫的孫逸仙介紹:漢族奇英、教會巨靈、天道人道、壹體發明。

目録共 2 頁,主要欄目有:賀年小啟、弁言、論著、傳記、廣東綱紀慎會一覽表、各堂機會、教會新聞、雜録、小説、説林。

20.7×13cm,14 行,行 32 字,白口,頁上鎸報名"綱紀慎會年報",版心上鎸各欄目名,下鎸頁碼,共 73 頁。封底爲廣告。

【按】《綱紀慎會年報》由廣東綱紀慎會發行,後改名爲《廣東公理會年報》。

（2）TA 1975.1 0581（7）**廣東公理會年報**

封面：主曆一千九百十五年　中華民國四年（右）

　　　廣東公理會年報（中）

　　　第七期（左）

封面下半部分：

　　　靈糧　天國　降臨

封面反面：

　　　本報職員

　　　編輯員　黃傑安

　　　督印員　李守仁

　　　理財員　趙子良

　　　集稿員　朱裘鼎

　　　總代理處　省城十八甫星導書樓

　　　價目　每本銀壹毫

《目錄》共 2 頁，主要欄目有：弁言、論叢、經筵講章、息勞録、教會新聞、雜俎、啟事。

卷首有《香山城公理會簡史》和香山城公理會福音堂照片。

21.5×15cm，10 行，行 33 字，白口，頁上鎸刊名“廣東公理會年報”，版心上鎸各欄目名，下鎸頁碼，共 100 頁。p.97-100 附錯誤表。

【按】這份材料對瞭解 1915 年廣東公理會的活動及其歷史面貌有很大的幫助。

【作者】廣東公理會。

【21】TA 1975.1 0830 **六合叢談**（1857—1861）**第拾壹號** C-0180 A80

　　008254999

《六合叢談》，第 11 號，咸豐丁巳年（1857）十一月，上海墨海書館。

扉頁：咸豐丁巳年十月朔日　第拾壹號（右）

　　　六合叢談（中）

　　　江蘇松江上海墨海書館印（左）

扉頁反面爲英文目録。

《第十一號目録》，共 1 頁。

頁右下角書：在香港英華書院及寧波江北岸盧家祠堂巴先生處發售，每本例取紙墨錢十二文。

首頁爲“十月曆”，解説內容有：總論耶穌之道、真道實證、西國天學源流、西學説、泰西近事述略、英格致大公會會議、加林部傳教記、新出書籍、進口貨單、出口貨單、船單等。

半頁，框 11.5×15.2cm，14 行，行 28 字，白口，四周雙邊，單黑魚尾，版心上鎸書名“六合叢談”，中鎸所屬目録及各篇之篇名，下鎸頁碼和“一卷十一號”，共 15 頁。

【按】《六合叢談》是由墨海書館發行的綜合性雜志,也是近代上海的第一份綜合雜志。1857 年 1 月 26 日創刊,爲月刊,由偉烈亞力(Alexander Wylie)主編,1858 年出至第 2號停刊,共出版 15 期。内容有科學、文學、新聞、宗教、上海進出口貨單等。這份雜志雖然是傳教士所辦,但綜合 15 期内容來看,宗教内容並不占主要部分,而大量的是科學知識。韋廉臣是《六合叢談》的撰稿人之一,他爲該刊撰寫了一些傳播科學以及傳播宗教的文章。例如:《真道實證》是韋廉臣爲《六合叢談》所寫的傳教性質的長篇文章,連載於《六合叢談》的第 2 期至第 11 期上。這篇文章借傳播科學來傳教,所介紹的科學知識最後總要歸於上帝的創造,有很多宗教性的説教。韋廉臣後來在該文的基礎上將其拓展爲《格物探原》一書。

【22】TA 1975.1 2351 **特選撮要每月紀傳**(1825) C-0177 A76

008255008

封面:道光乙酉年十一月

　　　子曰亦各言其志也已矣(右)

　　　特選撮要每月紀傳(中)

　　　尚德者纂(左)

半頁,框 16.7×10.1cm,9 行,行 26 字,白口,四周雙邊,單黑魚尾,版心上鐫書名"特選撮要",中鐫章名,下鐫頁碼和卷數。

【主編】麥都思(Walter Henry Medhurst,1796—1857),倫敦差會傳教士。1817 年奉派東使,次年經印度轉抵麻六甲,協助米憐從事英華書院教學和印刷出版工作。1818 年 8 月至次年 2 月,米憐到廣州期間曾由他代管《察世俗每月統記傳》編輯事務。1823 年 7 月他在巴達維亞(Batavia,今雅加達)創辦《特選撮要每月紀傳》,1826 年停刊。1829 年秋遷至新加坡,曾代爲管理《東西洋考每月統記傳》的後期工作。1842 年麥都思在上海開設了近代印刷史上著名的"墨海書館"。早期基督教的幾種中文期刊,麥都思都曾參與。

《特選撮要每月紀傳》創刊號《序言》云:"夫從前到現今,已有七年,在嗎啦呷曾印一本書出來,大有益於世,因多論各樣道理。惜哉作文者,一位老先生,仁愛之人,已過世了,故不復得印其書也,此書名《察世俗每月統記傳》。但雖然不復印此《察世俗》書,在彼處地方,還有幾樣勸世文書再印出來的,又可復送於人看。且弟勸君等細看此各書,察其道理,免老兄費了許多心血,作文而流傳無用也。夫如是,弟要成老兄之德業,繼修其功,而作文印書亦欲利及後世也,又稱使人有所感發其善心,而過去其人欲也。弟如今繼續此《察世俗》書,則易其書名,且叫做《特選撮要每月紀傳》,此書名雖改,而理仍舊矣。"

【23】TA 1975.1 2351.1 **特選撮要**(期刊,1823) C-0177 A77

008213670

《特選撮要》,選集,4 卷,尚德者纂。

扉頁是一張地圖,前半頁是咬𠺕吧地圖,後半頁中國往吧地總圖。

特點是文短,講道理通俗易懂。題材主要包括《聖經》中的小故事、通過神天顯聖勸人通道以及教人報恩、仁愛、寬容等道德訓誡。形象生動的短篇小故事、軼事佔據了《特選撮要每月紀傳》的重要篇幅,堪稱其特色。其篇目如下:《亞勒大門特之死》、《一生諸事比終日之路》、《感神恩》、《水手悔罪》、《天理無不公道》、《天理無不明》等。

咬𠺕吧總論,共 17 回。

《咬𠺕吧總論》,作者麥都思,仿照《察世俗每月統記傳》,採用章回小説分回的體例,詳細介紹了爪哇島的歷史、風俗、民情、物産、山川、氣候等。如"呼名"開篇:"附在中國之西南邊,過天海,約四千餘里,有一個海峽,名曰'咬𠺕吧'。"論及天氣:"其天氣太熱,如中國夏天一般。"提到當地水果:"吧地幾樣果子與中國所出之物多有不同。"

半頁,框 16.7x10.1cm,9 行,行 26 字,白口,四周雙邊,單黑魚尾,版心上鎸書名"特選撮要",中鎸章名"咬𠺕吧總論"及回數,下鎸頁碼和"卷一",共 82 頁。

普度施食之論,共 7 頁。

亞勒大門特之死(p.21-23),共 3 頁。

一生諸事比終日之路(p.29-30),共 2 頁。

論死之情形(p.34),共 1 頁。

感神恩(p.35 部分),共 1 頁。

水手悔罪(p.36-37 部分),共 2 頁。

信者托仗神天(p.42-43 部分),共 2 頁。

天理無不公道(p.48),共 1 頁。

天理無不明(p.49),共 1 頁。

上爲卷一,半頁,框 16.7×10.1cm,9 行,行 26 字,白口,四周雙邊,單黑魚尾,版心上鎸書名"特選撮要",中鎸章名,下鎸頁碼和"卷一"。

論聖書之貴(p.5-6 部分),共 2 頁。

論神主常近保助(p.6),共 1 頁。

論貧人若色弗(p.18-19),共 2 頁。

欽天監以天球受教(p.49),共 1 頁。

天意要緊(p.50),共 1 頁。

夫婦相愛(p.74),共 1 頁。

母善教子(p.75),共 1 頁。

異國之偶像(p.56),共 1 頁。

上爲卷二,半頁,框 16.7×10.1cm,9 行,行 26 字,白口,四周雙邊,單黑魚尾,版心上鎸書名"特選撮要",中鎸章名,下鎸頁碼和"卷二"。

惡有惡報(p.11),共 1 頁。

太遲(p.12),共 1 頁。

清明扫墓之論(p.1–6),共 6 頁。

英吉利王之仁(p.17),共 1 頁。

馬亦知仁(p.18),共 1 頁。

老臣得賞(p.42),共 1 頁。

巡市行仁(p.43),共 1 頁。

和尚受教(p.68),共 1 頁。

愛之在心(p.69),共 1 頁。

婦救其夫(p.74),共 1 頁。

烏人相愛(p.75),共 1 頁。

上爲卷三,半頁,框 16.7×10.1cm,9 行,行 26 字,白口,四周雙邊,單黑魚尾,版心上鐫書名“特選撮要”,中鐫章名,下鐫頁碼和“卷三”。

黑人大量(p.5),共 1 頁。

良心自責(p.6),共 1 頁。

神天主意(p.6),共 1 頁。

媽祖婆生日之論(p.1–5),5 頁。

賊首懷仁、有勇且忠,共 1 頁。

好友答恩,共 1 頁。

上爲卷四,半頁,框 16.7×10.1cm,9 行,行 26 字,白口,四周雙邊,單黑魚尾,版心上鐫書名“特選撮要”,中鐫章名,下鐫頁碼和“卷四”。

《特選撮要》(期刊)1823 年(共 4 卷),1823—1926 年在 Batavia(巴達維亞)出版。

本選集收有《咬嚼吧總論》、《普度施食之論》、《清明掃墓之論》、《媽祖婆生日之論》等多篇,這些短篇後來被單篇刊登或另成集。

cf. Wylie. Memorials. p.28.

【作者】麥都思(Medhurst)、沃爾特亨利(Walter Henry,1796—1857)等。

*【24】TA 1975.1 3242 崇道季刊(汾阳崇道神學院 1934)

009441159

《崇道季刊》,第一卷第二期(秋季號),民國二十三年(1934)九月出版。

這是一本基督教刊物,崇道季刊社,編輯者:馮健菴;發行者:崇道神學院;分發者:周紹光;北平協和印刷局(東廠胡同,電話東局 4566 號)。宣稱旨在闡揚基督教教義,探討其對復興中華的意義;刊登有關平民教育、宣導社會教育及“生計教育”、師生勞作等方面的調查報告及文藝作品,報導該院院聞及基督教團體的情況。

欄目有:言論、講壇、崇拜、宗教教育、平民教育、農業如種棉花常識、副業、農村、衛生、家庭(家庭教育)、工藝、院務、學生園地、文藝。並登有一篇《讀〈崇道季刊〉創刊號的感想》的文章,看來本刊的實用性還是得到廣泛的贊同。

　　刊物宗旨是本基督教的精神復興農村、建設教會,刊物的文字以適合農民閱讀之通俗文字爲主。

　　講壇欄目主要用白話講聖經中先知的故事,如阿摩司、何西亞、以賽亞、彌迦、耶利米、以西結。崇拜欄目主要是學生習作園地,如第二期的祈禱文:新年禱文、婦女節禱文、兒童節禱文、清明節禱文、殉難節禱文、復活節禱文、勞工節禱文、農民節禱文、國恥禱文、聖靈節禱文、感恩節禱文、耶誕節禱文。

　　18×26cm,目録 2 頁,全書共 56 頁。

　　【按】北京大學數字圖書館有藏 V.1,No.1(1934?)—V.4,No.1(1937)。

【25】TA 1975.1 3604 福音新報(福州土話,共 9 期)

010359058

(1)封面:

福音新報(頁面上)

乙亥二月(左)

第二號(右)

諸娘仔伺候娘奶犯病(頁面下)

福州美華書局印

15.5×22.5cm,15 行,行 34 字,白口,四周雙邊,單黑魚尾,版心上鎸書名"福音新報",下鎸頁碼,共 4 頁。

(2)封面:

福音新報(頁面上)

乙亥五月(左)

第五號(右)

設館增花(頁面下)

福州美華書局印

15.5×22.5cm,15 行,行 34 字,白口,四周雙邊,單黑魚尾,版心上鎸書名"福音新報",下鎸頁碼,共 4 頁。

(3)封面:

福音新報(頁面上)

乙亥六月(左)

第六號(右)

羊仔伓服牧羊仏其管束(頁面下)

福州美華書局印

15.5×22.5cm,15 行,行 34 字,白口,四周雙邊,單黑魚尾,版心上鎸書名"福音新報",下鎸頁碼,共 4 頁。

（4）封面：

福音新報（頁面上）

乙亥七月（左）

第七號（右）

論百鴿鳥（頁面下）

福州美華書局印

15.5×22.5cm,15 行,行 34 字,白口,四周雙邊,單黑魚尾,版心上鐫書名"福音新報",下鐫頁碼,共 4 頁。

（5）封面：

福音新報（頁面上）

乙亥八月（左）

第八號（右）

伲仔上桅尾其代（頁面下）

福州美華書局印

15.5×22.5cm,15 行,行 34 字,白口,四周雙邊,單黑魚尾,版心上鐫書名"福音新報",下鐫頁碼,共 4 頁。

（6）封面：

福音新報（頁面上）

乙亥九月（左）

第九號（右）

耶穌祝福伲仔（頁面下）

福州美華書局印

15.5×22.5cm,15 行,行 34 字,白口,四周雙邊,單黑魚尾,版心上鐫書名"福音新報",下鐫頁碼,共 4 頁。

（7）封面：

福音新報（頁面上）

乙亥十月（左）

第十號（右）

媽教女孫做針黹其代（頁面下）

福州美華書局印

15.5×22.5cm,15 行,行 34 字,白口,四周雙邊,單黑魚尾,版心上鐫書名"福音新報",下鐫頁碼,共 4 頁。

（8）封面：

福音新報（頁面上）

乙亥十一月（左）

第十一號(右)

飲水知源(頁面下)

福州美華書局印

15.5×22.5cm,15 行,行 34 字,白口,四周雙邊,單黑魚尾,版心上鎸書名"福音新報",下鎸頁碼,共 4 頁。

(9)封面:

福音新報(頁面上)

丙子正月(左)

第十三號(右)

仁愛齊友(頁面下)

福州美華書局印

15.5×22.5cm,15 行,行 34 字,白口,四周雙邊,單黑魚尾,版心上鎸書名"福音新報",下鎸頁碼,共 4 頁。

【按】這是研究福州土話和當時社會面貌的好材料。

【26】TA 1975.1 4174 華北月報(期刊,共 28 卷) C-0187 A87

008460597　FC3970(N)　FC8192　Film Mas 32071　(官話)

藏有光緒十七至十九年(1891 年 9 月創刊至 1893 年 9 月)的合訂本(1—24 卷),還有 1895 年第 9 卷,1896 年第 6、8 卷,1898 年第 7 卷。共 28 卷。

扉頁:Hua Pei Yueh Pao

North China Church News

A Monthly Magazine

Published by the North China Tract Society

Printed at the American Board Press

Rev. Wiliams. Ament, Editor

(1)第 1 期,封面(中文竪排):

救主降世一千八百九十一年　此報每月出印一卷　按年十二卷爲一本　每本價洋銀三毛　合當十大錢三吊　合製錢六百文　如一人買四本者價洋銀一元(右)

華北月報(中)

光緒十七年歲次辛卯　華北書會印發(左)

封二:英文和中文目錄,採用橫排,中西合璧。既有中文的"華北月報"和拼音,又有英文的"刊名、編輯發行者和印刷者",表明分別是華北書會和美國公理會:

Hua Pei Yueh Pao

North China Church News Vol. I. September 1891. No. 1

Contents(13 項,略)

Children's Department (2 項,略)

Published by the North China Tract Society

Printed at the American Board Press

有創刊號《序言》:"華北書會司事人等恭請中西諸位牧師教友閱看新報啟:現今中國新報甚多,凡于世道人心有益者,無不隨時登記,傳示各方。而北京各教會獨未有新報傳佈,以致彼此情形俱未能周知。故本書會總董及司事諸人共同商議,皆願將教中有益之事著爲新報,以廣見聞。報中首列教會經歷之事,次則勸懲之言,又次則教中雜事,如記名、施洗、講論、辯駁、掌故,俱可按月集録,登諸報章,俾知各會興盛光景。"

以下分別是中文、英文目録:

上諭選録

景君實録

論亞非利加之陋俗

論月亮

萬里長城考

論冀州倫敦教事

每禮拜禱告會

北京美以美教會年會紀事

匯文書院術藝館記

廣東長老會簡明清單

福建美以美教會簡明清單

論浸禮會在印度大興

孩童入道傳

黑人爲奴

創刊號呼籲牧師和教友投稿:"但一己之知識有限,衆人之聞見易周,特請諸位牧師教友先生時賜高論,以資勸化。或講今述古,發明聖道,可以啟悟人心;或悔罪遷善,彰顯救恩,足以警戒愚蒙。唯是屬詞論事,文字不必高深,而喻意勸人,事蹟務求淺顯,庶使閱報諸公學問不拘淺深,開卷即能暢曉。從此各教會或遠或近,聲氣俱可相通,情意庶無間阻,聯衆會爲一體,宣聖教于各方。此皆由救主愛世之滋培,亦聊以盡吾等傳道之職分。"

【按】此爲卷一目録樣板,該雜志此後各期目録略。該雜志每期 17 頁左右,約有 15 或 16 篇中文消息或文章;而且圖文並茂,不僅封底有耶穌傳教、各國教會建築等關於宗教的版畫,文章中也時常有動物、西洋人物的插圖。

11.5×19cm,20 行,行 43 字,白口,四周雙邊,頁上中鎸"華北月報",頁面左鎸頁碼,右鎸卷數。第 1 年第 1 卷共 16 頁。

(2)第 2 期,封面(中文):

救主降世一千八百九十一年(西十月第二卷) 此報每月出印一卷 按年十二卷爲一

本　每本價洋銀三毛　合當十大錢三吊　合製錢六百文　如一人買四本者價洋銀一元（右）

華北月報（中）

光緒十七年歲次辛卯　華北書會印發（左）

North China Church News Vol. I. October 1891. No. 2

【按】該雜志每月一卷,故出版日期隨着卷數增加而增加,如"救主降世一千八百九十一年 西十月第二卷"、"救主降世一千八百九十一年 西十一月第三卷",依此類推。第二年卷數也照上類推。又按:該雜志第 2 期開始,均注明發行卷號和西曆月份。

11.5×19cm,20 行,行 43 字,白口,四周雙邊,頁上中鐫"華北月報",頁面左鐫頁碼,右鐫卷數。第 1 年第 2 卷共 16 頁。

（3）封面（中文）：

救主降世一千八百九十一年（西十一月第三卷）　此報每月出印一卷　按年十二卷爲一本　每本價洋銀三毛　合當十大錢三吊　合製錢六百文　如一人買四本者價洋銀一元（右）

華北月報（中）

光緒十七年歲次辛卯　華北書會印發（左）

North China Church News Vol. I. November 1891. No. 3

11.5×19cm,20 行,行 43 字,白口,四周雙邊,頁上中鐫"華北月報",頁面左鐫頁碼,右鐫卷數。第 1 年第 3 卷共 17 頁。

（4）封面（中文）：

救主降世一千八百九十一年（第四卷）　此報每月出印一卷　按年十二卷爲一本　每本價洋銀三毛　合當十大錢三吊　合製錢六百文　如一人買四本者價洋銀一元（右）

華北月報（中）

光緒十七年歲次辛卯　華北書會印發（左）

North China Church News Vol. I. December 1891. No. 4

11.5×19cm,20 行,行 43 字,白口,四周雙邊,頁上中鐫"華北月報",頁面左鐫頁碼,右鐫卷數。第 1 年第 4 卷共 17 頁。

（5）封面（中文）：

救主降世一千八百九十二年（第五卷西正月）　此報每月出印一卷　按年十二卷爲一本　每本價洋銀三毛　合當十大錢三吊　合製錢六百文　如一人買四本者價洋銀一元（右）

華北月報（中）

光緒十七年歲次辛卯　華北書會印發（左）

North China Church News Vol. I. January 1892. No. 5

11.5×19cm,20 行,行 43 字,白口,四周雙邊,頁上中鐫"華北月報",頁面左鐫頁碼,右鎸卷數。第 1 年第 5 卷共 17 頁。

(6)**封面(中文)**：

救主降世一千八百九十二年(第六卷西二月) 此報每月出印一卷 按年十二卷爲一本 每本價洋銀三毛 合當十大錢三吊 合製錢六百文 如一人買四本者價洋銀一元(右)

華北月報(中)

光緒十八年正月 華北書會印發(左)

North China Church News Vol. I. February 1892. No. 6

11.5×19cm,20 行,行 43 字,白口,四周雙邊,頁上中鎸"華北月報",頁面左鎸頁碼,右鎸卷數。第 1 年第 6 卷共 17 頁。

(7)**封面(中文)**：

救主降世一千八百九十二年(第七卷西三月) 此報每月出印一卷 按年十二卷爲一本 每本價洋銀三毛 合當十大錢三吊 合製錢六百文 如一人買四本者價洋銀一元(右)

華北月報(中)

光緒十八年二月 華北書會印發(左)

North China Church News Vol. I. March 1892. No. 7

11.5×19cm,20 行,行 43 字,白口,四周雙邊,頁上中鎸"華北月報",頁面左鎸頁碼,右鎸卷數。第 1 年第 7 卷共 17 頁。

(8)**封面(中文)**：

救主降世一千八百九十二年(第八卷西四月) 此報每月出印一卷 按年十二卷爲一本 每本價洋銀三毛 合當十大錢三吊 合製錢六百文 如一人買四本者價洋銀一元(右)

華北月報(中)

光緒十八年三月 華北書會印發(左)

North China Church News Vol. I. April 1892. No. 8

11.5×19cm,20 行,行 43 字,白口,四周雙邊,頁上中鎸"華北月報",頁面左鎸頁碼,右鎸卷數。第 1 年第 8 卷共 17 頁。

(9)**封面(中文)**：

救主降世一千八百九十二年(第九卷西五月) 此報每月出印一卷 按年十二卷爲一本 每本價洋銀三毛 合當十大錢三吊 合製錢六百文 如一人買四本者價洋銀一元(右)

華北月報(中)

光緒十八年四月 華北書會印發(左)

North China Church News Vol. I. May 1892. No. 9

　　該期美以美會重申刊物宗旨："此報大旨,即欲將教會新聞,並教會各事,通知華北各教會,便其互相聯絡成爲一體。且報中亦非只論教中事,凡足以增長人之智慧,廣辟見聞者,悉可登録。故無論教内教外,皆可閲看。"

　　11.5×19cm,20 行,行 43 字,白口,四周雙邊,頁上中鎸"華北月報",頁面左鎸頁碼,右鎸卷數。第 1 年第 9 卷共 17 頁。

　　(10)封面(中文):

　　救主降世一千八百九十二年(第十卷西六月)　此報每月出印一卷　按年十二卷爲一本　每本價洋銀三毛　合當十大錢三吊　合製錢六百文　如一人買四本者價洋銀一元(右)

　　華北月報(中)

　　光緒十八年五月　華北書會印發(左)

　　North China Church News Vol. I. June 1892. No. 10

　　11.5×19cm,20 行,行 43 字,白口,四周雙邊,頁上中鎸"華北月報",頁面左鎸頁碼,右鎸卷數。第 1 年第 10 卷共 17 頁。

　　(11)封面(中文):

　　救主降世一千八百九十二年(第十一卷西曆七月)　此報每月出印一卷　按年十二卷爲一本　每本價洋銀三毛　合當十大錢三吊　合製錢六百文　如一人買四本者價洋銀一元(右)

　　華北月報(中)

　　光緒十八年六月　華北書會印發(左)

　　North China Church News Vol. I. July 1892. No. 11

　　11.5×19cm,20 行,行 43 字,白口,四周雙邊,頁上中鎸"華北月報",頁面左鎸頁碼,右鎸卷數。第 1 年第 11 卷共 17 頁。

　　(12)封面(中文):

　　救主降世一千八百九十二年(第十二卷西曆八月)　此報每月出印一卷　按年十二卷爲一本　每本價洋銀三毛　合當十大錢三吊　合製錢六百文　如一人買四本者價洋銀一元(右)

　　華北月報(中)

　　光緒十八年閏六月　華北書會印發(左)

　　North China Church News Vol. I. August 1892. No. 12

　　11.5×19cm,20 行,行 43 字,白口,四周雙邊,頁上中鎸"華北月報",頁面左鎸頁碼,右鎸卷數。第 1 年第 12 卷共 17 頁。

　　(13)封面(中文):

　　救主降世一千八百九十二年(第二年卷一西曆九月)　此報每月出印一卷　按年十二卷爲一本　每本價洋銀三毛　合當十大錢三吊　合製錢六百文　如一人買四本者價洋銀

一元(右)

　華北月報(中)

　光緒十八年七月　華北書會印發(左)

　North China Church News Vol. II. September 1892. No. 1

11.5×19cm,20 行,行 43 字,白口,四周雙邊,頁上中鐫"華北月報",頁面左鐫頁碼,右鐫卷數。第 2 年第 1 卷共 17 頁。

　(14)**封面(中文)**：

救主降世一千八百九十二年(第二年卷二西曆十月)　此報每月出印一卷　按年十二卷爲一本　每本價洋銀三毛　合當十大錢三吊　合製錢六百文　如一人買四本者價洋銀一元(右)

　華北月報(中)

　光緒十八年八月　華北書會印發(左)

　North China Church News Vol. II. October 1892. No. 2

11.5×19cm,20 行,行 43 字,白口,四周雙邊,頁上中鐫"華北月報",頁面左鐫頁碼,右鐫卷數。第 2 年第 2 卷共 17 頁。

　(15)**封面(中文)**：

救主降世一千八百九十二年(第二年卷三西曆十一月)　此報每月出印一卷　按年十二卷爲一本　每本價洋銀三毛　合當十大錢三吊　合製錢六百文　如一人買四本者價洋銀一元(右)

　華北月報(中)

　光緒十八年九月　華北書會印發(左)

　North China Church News Vol. II. November 1892. No. 3

11.5×19cm,20 行,行 43 字,白口,四周雙邊,頁上中鐫"華北月報",頁面左鐫頁碼,右鐫卷數。第 2 年第 3 卷共 17 頁。

　(16)**封面(中文)**：

救主降世一千八百九十二年(第二年卷四西曆十二月)　此報每月出印一卷　按年十二卷爲一本　每本價洋銀三毛　合當十大錢三吊　合製錢六百文　如一人買四本者價洋銀一元(右)

　華北月報(中)

　光緒十八年十月　華北書會印發(左)

　North China Church News Vol. II. December 1892. No. 4

11.5×19cm,20 行,行 43 字,白口,四周雙邊,頁上中鐫"華北月報",頁面左鐫頁碼,右鐫卷數。第 2 年第 4 卷共 17 頁。

　(17)**封面(中文)**：

救主降世一千八百九十三年(第二年卷五西曆正月)　此報每月出印一卷　按年十二

卷爲一本　每本價洋銀三毛　合當十大錢三吊　合製錢六百文　如一人買四本者價洋銀一元（右）

　　華北月報（中）

　　光緒十八年十一月　華北書會印發（左）

North China Church News Vol. II. January 1893. No. 5

　　11.5×19cm，20 行，行 43 字，白口，四周雙邊，頁上中鎸“華北月報”，頁面左鎸頁碼，右鎸卷數。第 2 年第 5 卷共 17 頁。

（18）封面（中文）：

　　救主降世一千八百九十三年（第二年卷六西曆二月）　此報每月出印一卷　按年十二卷爲一本　每本價洋銀三毛　合當十大錢三吊　合製錢六百文　如一人買四本者價洋銀一元（右）

　　華北月報（中）

　　光緒十八年十二月　華北書會印發（左）

North China Church News Vol. II. February 1893. No. 6

　　11.5×19cm，20 行，行 43 字，白口，四周雙邊，頁上中鎸“華北月報”，頁面左鎸頁碼，右鎸卷數。第 2 年第 6 卷共 16 頁。

（19）封面（中文）：

　　救主降世一千八百九十三年（第二年卷七西曆三月）　此報每月出印一卷　按年十二卷爲一本　每本價洋銀三毛　合當十大錢三吊　合製錢六百文　如一人買四本者價洋銀一元（右）

　　華北月報（中）

　　光緒十九年正月　華北書會印發（左）

North China Church News Vol. II. March 1893. No. 7

　　11.5×19cm，20 行，行 43 字，白口，四周雙邊，頁上中鎸“華北月報”，頁面左鎸頁碼，右鎸卷數。第 2 年第 7 卷共 17 頁。

（20）封面（中文）：

　　救主降世一千八百九十三年（第二年卷八西曆四月）　此報每月出印一卷　按年十二卷爲一本　每本價洋銀三毛　合當十大錢三吊　合製錢六百文　如一人買四本者價洋銀一元（右）

　　華北月報（中）

　　光緒十九年二月　華北書會印發（左）

North China Church News Vol. II. April 1893. No. 8

　　11.5×19cm，20 行，行 43 字，白口，四周雙邊，頁上中鎸“華北月報”，頁面左鎸頁碼，右鎸卷數。第 2 年第 8 卷共 17 頁。

(21)封面(中文):

救主降世一千八百九十三年(第二年卷九西曆五月) 此報每月出印一卷 按年十二卷爲一本 每本價洋銀三毛 合當十大錢三吊 合製錢六百文 如一人買四本者價洋銀一元(右)

華北月報(中)

光緒十九年三月 華北書會印發(左)

North China Church News Vol. II. May 1893. No. 9

11.5×19cm,20 行,行 43 字,白口,四周雙邊,頁上中鎸"華北月報",頁面左鎸頁碼,右鎸卷數。第 2 年第 9 卷共 16 頁。

(22)封面(中文):

救主降世一千八百九十三年(第二年卷十西曆六月) 此報每月出印一卷 按年十二卷爲一本 每本價洋銀三毛 合當十大錢三吊 合製錢六百文 如一人買四本者價洋銀一元(右)

華北月報(中)

光緒十九年四月 華北書會印發(左)

North China Church News Vol. II. June 1893. No. 10

11.5×19cm,20 行,行 43 字,白口,四周雙邊,頁上中鎸"華北月報",頁面左鎸頁碼,右鎸卷數。第 2 年第 10 卷共 17 頁。

(23)封面(中文):

救主降世一千八百九十三年(第二年卷十一西曆七月) 此報每月出印一卷 按年十二卷爲一本 每本價洋銀三毛 合當十大錢三吊 合製錢六百文 如一人買四本者價洋銀一元(右)

華北月報(中)

光緒十九年五月 華北書會印發(左)

North China Church News Vol. II. June 1893. No. 11

11.5×19cm,20 行,行 43 字,白口,四周雙邊,頁上中鎸"華北月報",頁面左鎸頁碼,右鎸卷數。第 2 年第 11 卷共 17 頁。

(24)封面(中文):

救主降世一千八百九十三年(第二年卷十二西曆八月) 此報每月出印一卷 按年十二卷爲一本 每本價洋銀三毛 合當十大錢三吊 合製錢六百文 如一人買四本者價洋銀一元(右)

華北月報(中)

光緒十九年六月 華北書會印發(左)

North China Church News Vol. II. July 1893. No. 12

11.5×19cm,20 行,行 43 字,白口,四周雙邊,頁上中鎸"華北月報",頁面左鎸頁碼,右鐫卷數。第 2 年第 12 卷共 16 頁。

（25）**封面（豎排）：**

救主降世一千八百九十五年　第四年卷九　西曆五月

此報每月出印一卷　按年十二卷爲一本

華北月報

光緒二十一年四月　華北書會印發

有英文：

Hua Bei Yueh Pao（North China Church News）May，1895 NO.9 VOL. Ⅳ

Contents

Published by the North China Tract Society

目錄：中日情形、信報之益、聚會指疵、平安滿足、主全爲我、論自立自養、興立新會、少年會之條規、論腰帶篇。

16×21cm，20 行，行 45 字，四周雙邊，頁上鐫刊名“華北月報第四年卷九”及頁數，共 17 頁。

（26）**封面（豎排）：**

救主降世一千八百九十六年　第五年卷六　西曆二月

此報每月出印一卷　按年十二卷爲一本

華北月報

光緒二十一年十二月　華北書會印發

有英文：

Hua Bei Yueh Pao（North China Church News）February，1896 NO.6 VOL. Ⅴ

Contents

Published by the North China Tract Society

目錄：凡事學習爲元首之基督論、舊餅新蒸、聖經賦、新聞六則、孩童入道傳。

16×21cm，20 行，行 45 字，四周雙邊，頁上鐫刊名“華北月報第四年卷九”及頁數，共 16 頁。

（27）**封面（豎排）：**

救主降世一千八百九十六年　第五年卷八　西曆四月

此報每月出印一卷　按年十二卷爲一本

華北月報

光緒二十二年二月　華北書會印發

有英文：

Hua Bei Yueh Pao（North China Church News）April，1896 NO.8 VOL. Ⅴ

Contents

Published by the North China Tract Society.

目録：用息教案策、急難檄文、論美國鐵路、聖經問答、舊餅新蒸、息訟論、新聞五則、孩童入道傳。

16×21cm，20 行，行 45 字，四周雙邊，頁上鐫刊名"華北月報第四年卷九"及頁數，共 16 頁。

(28)封面：

華北月報（竪排雙框）戊戌二月第七年卷七

救主降世一千八百九十八年　第七年卷七　西曆三月

此報每月出印一卷　按年十二卷爲一本

光緒二十四年三月　華北書會印發

有英文：

Hua Bei Yueh Pao（North China Church News）March，1898 NO.7 VOL. VII

Contents

Published by the North China Tract Society

主理人：芳泰瑞　副理人：李本根

目録：本報小啟、中西近聞、真寶論、安息日爲中華設立、除惡樹德、教子有方、三一總論、保全生命、地理説略、讀聖經課。

12.8×19.5cm，15 行，行 40 字，四周雙邊，單黑魚尾，版心上鐫刊名"華北月報"，中鐫"第七年卷七"，下鐫頁數及"戊戌正月"、"戊戌二月"，共 13 頁。

【按】該雜志每期印刷發行 800 冊，何時停刊不得而知，至少在 1898 年 3 月還存在。

【《華北月報》】基督教公理會 1891 年 9 月在北京創辦。其內容包括，有關總教會的消息，京津、山東、直隸、牛莊等地傳教狀況和受洗禮統計，教義和教會史，中西新聞等，也刊登如"纏足論"、"論風水"等評論文章，十分淺顯易懂，其最後是十分簡單的宗教故事，"字句極其淺近，此專爲教中幼年孩童而設，使其容易明白。又將拜日學課講説數段，以惠童蒙"。可見，其面對的是普通教民並傳教。

【27】TA 1975.1 4181 華北公理會月刊（1930）

009442314　（鉛印本臨清特號）

第四卷第七期

封面（竪排）：

　　民國十九年十月出版　中華郵局特准掛號認爲新聞紙類

　　華北公理會月刊（雲生題）

　　第四卷第七期臨清特號

目録：插圖（26 幅）、言論（8 篇）、證道（4 篇）、會務（10 篇）、歷略（5 篇）、傳記（1）、解經（1）、常識（1）、文苑（3）。

　　封底：華北公理會出版部現有書目

　　　　華北公理會月刊　第四卷第七期

出版者　華北公理會出版部

發行所　北平燈市口公理會

定價表

整本 14.5×22.5cm，每頁分上下兩部分，分別爲 19 行，行 22 字，共行 44 字，版心上鐫刊名"月刊"，下鐫頁數，正文 55 頁，封面、目録、插圖及封底 10 頁，共 65 頁，有臨清基督教公理會佈道區域圖一幅。

【28】TA 1975.1 4181.1 華北公理會月刊（第四卷第五期 1930）

009442317　（鉛印本）

無封面、目録。從内容看爲保定特號，卷首有保定私立同仁中學校校舍平面圖一幅、保定公理會五十周年大會攝影、保定公理會宣教區與美國最小省份的比較圖、校長楊繼宗先生小像等。

正文：

插圖(13 幅)、言論(2 篇)、證道(5 篇)、識字運動(2 篇)、會務、歷略等

封底：華北公理會出版部現有書目

　　　華北公理會月刊　第四卷第五期

　　　編輯者　霍希三

　　　出版者　華北公理會出版部

　　　發行所　北平燈市口公理會

　　　定價表

整本 14.5×22.5cm，每頁分上下兩部分，分別爲 19 行，行 22 字，共行 44 字，版心上鐫刊名"月刊"，下鐫頁數，正文 53 頁，插圖及封底 8 頁，共 61 頁，有保定私立同仁中學校校舍平面圖一幅。

【編輯者】霍希三。

【29】TA 1975.1 4181.2 華北公理會月刊（第八卷第十、十一期）

009442643　（排印本，1937 年）

封面（橫排+竪排）：

　　　華北公理會月刊　第八卷第十、十一期（橫排）

　　　本期要目(10 項，竪排)

　　　中華民國二十六年六月出版

卷首有《本刊暫行稿約》(10 項)。

卷首語，言論、消息(17 則)，北平區各教堂概況。

封底：本會經售書目（各種《頌主詩歌》、《譜天頌贊》）

　　　民國二十六年六月出版

　　　華北公理會月刊　第八卷第十、十一期

編輯者　靳文中

出版者　華北公理會著作委員會

發行所　華北公理會董事部

定價表

整本 15.2×23cm，23 行，行 52 字，正文 24 頁，另有《通縣證道堂一年中每星期日守禮拜之人數》表一張。

【30】TA 1975.1 4484 **華美報**（Hwa Mei Pao）C-188 A88

008633499　（美以美會報刊，月刊）

沒有封面。

《美華報》第二十七冊　光緒庚子年二月朔旦

教會報紙藉以發明真理，廣播福音。本美以美合衆會議特設是報，輯教門之要務，采列國之新聞，用以勸懲。月刊一次，題曰"華美報"，蓋取在華之美以美會所立，也係宗旨所望。

目録（20 項）：大清政典、安息要録、論龍、西事述新、教友訟案新例、福州藏書房啟……

福州美華書局刊發

反面有英文：

HWA MEI PAO　March, 1900　NO. 3

REV. M. C. Wilcox, PH. D, Editor

REV. Uong De Gi, Editor

Hwa Mei Pao；Chinese Christian advocate. Methodist Mission Press, Foochow.

有英文目録。

框 10.5×17.2cm，17 行，行 35 字，四周雙邊，單黑魚尾，版心上鎸刊名"華美報"，共 21 頁。

【編者】M. C. Wilcox

【31】TA 1975.1 4804 **教會新報** C-0182 A82

008255016　FC-M226　FC809-FC830

藏有 1869 年 9 月—10 月第 51—57 號、1869 年 11 月—1870 年 4 月第 63—81 號、1870 年 10 月第 101 號、1870 年 10 月第 105 號，共計 28 期。其中有 5 個單行本有重複的本子。

（1）封面（上下兩部分）

上半部分：

中國　教會新報

萬事皆載焉目見耳聞都長識　四方所觀者水流風佈共傳奇

上海八仙橋東　林華書院刊發

　　　　VOL. II NO. LI　September, 4th, 1869

　　　　卷二第五十一號,七月二十八日

　　下半部分目録(13 項):

　　　　舊約救摩西圖

　　　　中國東洋人到外國學習

　　　　前後比較教會人數清單

　　　　美國太平大會

　　　　中國數省近信

　　　　美華書館告白

　　　　醫藥良方

　　　　本書院謹啟

　　反面(英文):

　　　　VOL. II, NO. LI　September, 4th, 1869

　　　　Contents(13 項)

　　正文依次展開,封底有本書院謹啟及各類廣告。

　　半頁,13.2×20cm,17 行,行 40 字,四周雙邊,單黑魚尾,版心上鐫報刊名"教會新報",中鐫"卷二",p.1-5,共 5 頁。刊末有《美華書館告白》(1 頁)、《本書院告白》以及其他廣告(1 頁)。

　　(2)封面(上下两部分)

　　上半部分:

　　　　中國　教會新報

　　　　萬事皆載焉目見耳聞都長識　四方所觀者水流風佈共傳奇

　　　　上海八仙橋東　林華書院刊發

　　　　VOL. II NO. LII　September, 11th, 1869

　　　　卷二第五十二號,八月初六日

　　下半部分目録(11 項):

　　　　舊約書尼尼微太陽廟圖

　　　　外國新聞大略五則

　　　　中國東洋信息大略

　　　　海馬圖

　　　　美華書館告白

　　　　醫藥良方

　　　　本書院謹啟

　　反面(英文):

　　　　VOL. II NO. LII　September, 11th, 1869

Contents(11 項)

正文依次展開,封底有本書院謹啟及各類廣告。

半頁,13.2×20cm,17 行,行 40 字,四周雙邊,單黑魚尾,版心上鎸報刊名"教會新報",中鎸"卷二",p.6-10,共 5 頁。刊末有《美華書館告白》(1 頁)、《本書院告白》以及其他廣告(1 頁)。

(3)封面(上下两部分)

上半部分:

中國　教會新報

萬事皆載焉目見耳聞都長識　四方所觀者水流風佈共傳奇

上海八仙橋東　林華書院刊發

VOL. II NO. LIII　September, 18th, 1869

卷二第五十三號,八月十三日

下半部分目錄(10 項):

舊約書約翰説夢圖

外國新聞

醫院來歷

地球圖

美華書館告白

醫藥良方

反面(英文):

VOL. II NO. LIII　September, 18th, 1869

Contents(10 項)

正文依次展開,封底有本書院謹啟及各類廣告。

半頁,13.2×20cm,17 行,行 40 字,四周雙邊,單黑魚尾,版心上鎸報刊名"教會新報",中鎸"卷二",p.11-15,共 5 頁。刊末有《美華書館告白》(1 頁)、《本書院告白》以及其他廣告(1 頁)。

(4)封面(上下两部分)

上半部分:

中國　教會新報

萬事皆載焉目見耳聞都長識　四方所觀者水流風佈共傳奇

上海八仙橋東　林華書院刊發

VOL. II NO. LIV　September, 25th, 1869

卷二第五十四號,八月二十日

下半部分目錄(9 項):

舊約書大鬭戰殺坷利亞圖

　　　　中外信息

　　　　普育堂章程第二次

　　　　中國各處教會信息

　　　　狐圖

　　　　上海黃品三答路從周

　　　　美華書館告白

　　　　醫藥良方

　　反面(英文)：

　　　　VOL. II NO. LIV　　September, 25th, 1869

　　　　Contents(9 項)

　　正文依次展開,封底有本書院謹啟及各類廣告。

　　半頁,13.2×20cm,17 行,行40 字,四周雙邊,單黑魚尾,版心上鐫報刊名“教會新報”,中鐫“卷二”,p.16–20,共 5 頁。刊末有《美華書館告白》(1 頁)、《本書院告白》以及其他廣告(1 頁)。

(5)封面(上下兩部分)

　　上半部分：

　　　　中國　教會新報

　　　　萬事皆載焉目見耳聞都長識　四方所觀者水流風佈共傳奇

　　　　上海八仙橋東　林華書院刊發

　　　　VOL. II NO. LV　　October, 2d, 1869

　　　　卷二第五十五號,八月二十七日

　　下半部分目錄(11 項)：

　　　　舊約書挪亞築壇獻祭圖

　　　　中國各處新聞

　　　　外國新聞

　　　　各種告白

　　　　醫藥良方

　　反面(英文)：

　　　　VOL. II　NO. LV　October, 2d, 1869

　　　　Contents(11 項)

　　正文依次展開,封底有本書院謹啟及各類廣告。

　　半頁,13.2×20cm, 17 行,行40 字,四周雙邊,單黑魚尾,版心上鐫報刊名“教會新報”,中鐫“卷二”,p.21–25,共 5 頁。刊末有《美華書館告白》(1 頁)、《本書院告白》以及其他廣告(1 頁)。

(6)封面(上下两部分)

上半部分：

中國　教會新報

萬事皆載焉目見耳聞都長識　四方所觀者水流風佈共傳奇

上海八仙橋東　林華書院刊發

VOL. II NO. LVI　October, 9th, 1869

卷二第五十六號,九月初五日

下半部分目録(9 項)：

舊約書亞倫擲杖變蛇圖

普育堂章程第四次

善終紀録

粤婦一産五子

楊春芳勸戒鴉片煙詩

來爾鳥圖説

光論

本院書啟

美華書館告白

醫藥良方

反面(英文)：

VOL. II NO. LVI　October, 9th, 1869

Contents(9 項)

正文依次展開,封底有本書院謹啟及各類廣告。

半頁,13.2×20cm,17 行,行 40 字,四周雙邊,單黑魚尾,版心上鎸報刊名“教會新報”,中鎸“卷二”,p.26-30,共 5 頁。刊末有《美華書館告白》(1 頁)、《本書院告白》以及其他廣告(1 頁)。

(7)封面(上下两部分)

上半部分：

中國　教會新報

萬事皆載焉目見耳聞都長識　四方所觀者水流風佈共傳奇

上海八仙橋東　林華書院刊發

VOL. II NO. LVII　October, 16th, 1869

卷二第五十七號,九月初十二日

下半部分目録(9 項)：

舊約書淹埃及法老軍入海圖

普育堂章程第五次終

光論第二次終

埃及國圖

上海謠言辨

外國電報定價

中國信息

本院書啟

美華書館告白

醫藥良方

反面(英文):

VOL. II NO. LVII　October, 16th, 1869

Contents(9 項)

正文依次展開,封底有本書院謹啟及各類廣告。

半頁,13.2×20cm,17 行,行 40 字,四周雙邊,單黑魚尾,版心上鐫報刊名"教會新報",中鐫"卷二",p. 31-35,共 5 頁。刊末有《美華書館告白》(1 頁)、《本書院告白》以及其他廣告(1 頁)。

(8)封面(上下两部分)

上半部分:

中國　教會新報

教外教中會集一編真理悟　新言新事報傳千里好音多

上海八仙橋東　林華書院刊發

VOL. II NO. LXIII　November, 27th, 1869

卷二第六十三號,十月初二十四日

下半部分目録(11 項):

舊約書銅蛇懸竿圖

四省設甘捐分局

聖經十論

安徽外國牧師被掠

新來外國牧師

浙江長老會事略

本院書啟

美華書館告白

醫藥良方

反面(英文):

VOL. II NO. LXIII　November, 27th, 1869

Contents(11 項)

正文依次展開,封底有本書院謹啟及各類廣告。

半頁,13.2×20cm,17 行,行 40 字,四周雙邊,單黑魚尾,版心上鎸報刊名"教會新報",中鎸"卷二",p.61-65,共 5 頁。刊末有《美華書館告白》(1 頁)、《本書院告白》以及其他廣告(1 頁)。

(9)封面(上下两部分)

上半部分:

  中國 教會新報

  教外教中會集一編真理悟 新言新事報傳千里好音多

  上海八仙橋東 林華書院刊發

  VOL. II NO. LXIV December, 4th, 1869

  卷二第六十四號,十一月初二日

下半部分目録(8 項):

  新約書耶穌爲彼得濯足圖

  聖經濯足解

  聖經講義

  華英新約十五款

  通商章程十款

  安慶教會之變

  消變明教論

  本院書啟

  美華書館告白

  醫藥良方

反面(英文):

  VOL. II NO. LXIV December, 4th, 1869

  Contents(8 項)

正文依次展開,封底有本書院謹啟及各類廣告。

半頁,13.2×20cm,17 行,行 40 字,四周雙邊,單黑魚尾,版心上鎸報刊名"教會新報",中鎸"卷二",p.66-70,共 5 頁。刊末有《美華書館告白》(1 頁)、《本書院告白》以及其他廣告(1 頁)。

(10)封面(上下两部分)

上半部分:

  中國 教會新報

  教外教中會集一編真理悟 新言新事報傳千里好音多

  上海八仙橋東 林華書院刊發

  VOL. II NO. LXV December, 11th, 1869

卷二第六十五號,十一月初九日

下增部分目録(7 項,欄目大致同前)

反面(英文):

VOL. II NO. LXV　December, 11th, 1869

Contents(7 項)

正文依次展開,封底有本書院謹啟及各類廣告。

半頁,13.2×20cm,17 行,行 40 字,四周雙邊,單黑魚尾,版心上鎸報刊名"教會新報",中鎸"卷二",p.71–75,共 5 頁。刊末有《美華書館告白》(1 頁)、《本書院告白》以及其他廣告(1 頁)。

(11)封面(上下兩部分)

上半部分:

中國　教會新報

教外教中會集一編真理悟　新言新事報傳千里好音多

上海八仙橋東　林華書院刊發

VOL. II NO. LXVI　December, 18th, 1869

卷二第六十六卷,十一月十六日

下半部分目録(12 項,欄目大致同前)

反面(英文):

VOL. II NO. LXV　December, 11th, 1869

Contents(12 項)

正文依次展開,封底有本書院謹啟及各類廣告。

半頁,13.2×20cm,17 行,行 40 字,四周雙邊,單黑魚尾,版心上鎸報刊名"教會新報",中鎸"卷二",p.76–80,共 5 頁。刊末有《美華書館告白》(1 頁)、《本書院告白》以及其他廣告(1 頁)。

(12)封面(上下兩部分)

上半部分:

中國　教會新報

教外教中會集一編真理悟　新言新事報傳千里好音多

上海八仙橋東　林華書院刊發

VOL. II NO. LXVII　December, 25th, 1869

同治八年第六十七卷,十一月初二十三日

下半部分目録(7 項,欄目大致同前)

反面(英文):

VOL. II NO. LXVII　December, 25th, 1869

Contents(7 項)

正文依次展開,封底有本書院謹啟及各類廣告。

半頁,13.2×20cm,17 行,行 40 字,四周雙邊,單黑魚尾,版心上鎸報刊名"教會新報",中鎸"卷二",p.81-85,共 5 頁。刊末有《美華書館告白》(1 頁)、《本書院告白》以及其他廣告(1 頁)。

(13)封面(上下兩部分)

上半部分:

中國　教會新報

教外教中會集一編真理悟　新言新事報傳千里好音多

上海八仙橋東　林華書院刊發

VOL. II NO. LXVIII　January, 1th, 1870

同治八年第六十八卷,十一月三十日

下半部分目録(10 項,欄目大致同前)

反面(英文):

VOL. II NO. LXVIII　January, 1th, 1870

Contents(10 項)

正文依次展開,封底有本書院謹啟及各類廣告。

半頁,13.2×20cm,17 行,行 40 字,四周雙邊,單黑魚尾,版心上鎸報刊名"教會新報",中鎸"卷二",p.86-90,共 5 頁。刊末有《美華書館告白》(1 頁)、《本書院告白》以及其他廣告(1 頁)。

(14)封面(上下兩部分)

上半部分:

中國　教會新報

教外教中會集一編真理悟　新言新事報傳千里好音多

上海八仙橋東　林華書院刊發

VOL. II NO. LXIX　January, 8th, 1870

同治八年第六十九卷,十二月初七日

下半部分目録(7 項,欄目大致同前)

反面(英文):

VOL. II NO. LXIX　January, 8th, 1870

Contents(7 項)

正文依次展開,封底有本書院謹啟及各類廣告。

半頁,13.2×20cm,17 行,行 40 字,四周雙邊,單黑魚尾,版心上鎸報刊名"教會新報",中鎸"卷二",p.91-95,共 5 頁。刊末有《美華書館告白》(1 頁)、《本書院告白》以及其他廣告(1 頁)。

(15)封面(上下兩部分)

上半部分:

　　中國　教會新報

　　教外教中會集一編真理悟　　新言新事報傳千里好音多

　　上海八仙橋東　林華書院刊發

　　VOL. II NO. LXX　January, 15th, 1870

　　同治八年第七十卷,十二月十四日

下半部分目録(8 項,欄目大致同前)

反面(英文):

　　VOL. II NO. LXX　January, 15th, 1870

　　Contents(8 項)

正文依次展開,封底有本書院謹啓及各類廣告。

半頁,13.2×20cm,17 行,行 40 字,四周雙邊,單黑魚尾,版心上鎸報刊名"教會新報",中鎸"卷二",p. 96–100,共 5 頁。刊末有《美華書館告白》(1 頁)、《本書院告白》以及其他廣告(1 頁)。

(16)封面(上下兩部分)

上半部分:

　　中國　教會新報

　　教外教中會集一編真理悟　　新言新事報傳千里好音多

　　上海八仙橋東　林華書院刊發

　　VOL. II NO. LXXI　January, 22th, 1870

　　同治八年第七十一卷,十二月二十一日

下半部分目録(8 項,欄目大致同前)

反面(英文):

　　VOL. II NO. LXX　January, 15th, 1870

　　Contents(8 項)

正文依次展開,封底有本書院謹啓及各類廣告。

半頁,13.2×20cm,17 行,行 40 字,四周雙邊,單黑魚尾,版心上鎸報刊名"教會新報",中鎸"卷二",p. 101–105,共 5 頁。刊末有《美華書館告白》(1 頁)、《本書院告白》以及其他廣告(1 頁)。

(17)封面(上下兩部分)

上半部分:

　　中國　教會新報

　　教外教中會集一編真理悟　　新言新事報傳千里好音多

　　上海八仙橋東　林華書院刊發

VOL. II NO. LXXII　January, 29th, 1870

　同治八年第七十二卷,十二月二十八日

下半部分目録(10 項,欄目大致同前)

反面(英文):

　VOL. II NO. LXXII　January, 29th, 1870

　Contents(10 項)

正文依次展開,封底有本書院謹啟及各類廣告。

半頁,13.2×20cm,17 行,行 40 字,四周雙邊,單黑魚尾,版心上鎸報刊名"教會新報",p.106-110,共 5 頁。刊末有《美華書館告白》(1 頁)、《本書院告白》以及其他廣告(1 頁)。

【按】從第 72 卷開始就没有中鎸"卷二"之語。

(18)封面(上下两部分)

上半部分:

　中國　教會新報

　教外教中會集一编真理悟　新言新事報傳千里好音多

　上海八仙橋東　林華書院刊發

　VOL. II NO. LXXIII　February, 12th, 1870

　同治九年第七十三卷,正月十三日

下半部分目録(6 項,欄目大致同前)

反面(英文):

　VOL. II NO. LXXIII　February, 12th, 1870

　Contents(6 項)

正文依次展開,封底有本書院謹啟及各類廣告。

半頁,框 13.2×20cm,17 行,行 40 字,四周雙邊,單黑魚尾,版心上鎸報刊名"教會新報",p.111-115,共 5 頁。刊末有《美華書館告白》(1 頁)、《本書院告白》以及其他廣告(1 頁)。

(19)封面(上下两部分)

上半部分:

　中國　教會新報

　教外教中會集一编真理悟　新言新事報傳千里好音多

　上海八仙橋東　林華書院刊發

　VOL. II NO. LXXIV　February, 19th, 1870

　同治九年第七十四卷,正月二十日

下半部分目録(12 項,欄目大致同前)

反面(英文):

　VOL. II NO. LXXIV　February, 19th, 1870

　Contents(12 項)

正文依次展開,封底有本書院謹啟及各類廣告。

半頁,框 13.2×20cm,17 行,行 40 字,四周雙邊,單黑魚尾,版心上鐫報刊名"教會新報",p.116–120,共 5 頁。刊末有《美華書館告白》(1 頁)、《本書院告白》以及其他廣告(1 頁)。

(20)封面(上下兩部分)

上半部分:

　　中國　教會新報

　　教外教中會集一編真理悟　新言新事報傳千里好音多

　　上海八仙橋東　林華書院刊發

　　VOL. II NO. LXXV　February, 26th, 1870

　　同治九年第七十五卷,正月二十七日

下半部分目録(6 項,欄目大致同前)

反面(英文):

　　VOL. II NO. LXXV　February, 26th, 1870

　　Contents(6 項)

正文依次展開,封底有本書院謹啟及各類廣告。

半頁,框 13.2×20cm,17 行,行 40 字,四周雙邊,單黑魚尾,版心上鐫報刊名"教會新報",p.121–125,共 5 頁。刊末有《美華書館告白》(1 頁)、《本書院告白》以及其他廣告(1 頁)。

(21)封面(上下兩部分)

上半部分:

　　中國　教會新報

　　教外教中會集一編真理悟　新言新事報傳千里好音多

　　上海八仙橋東　林華書院刊發

　　VOL. II NO. LXXVI　March, 5th, 1870

　　同治九年第七十六卷,二月初四日

下半部分目録(6 項,欄目大致同前)

反面(英文):

　　VOL. II NO. LXXVI　March, 5th, 1870

　　Contents(6 項)

正文依次展開,封底有本書院謹啟及各類廣告。

半頁,框 13.2×20cm,17 行,行 40 字,四周雙邊,單黑魚尾,版心上鐫報刊名"教會新報",p.126–130,共 5 頁。刊末有《美華書館告白》(1 頁)、《本書院告白》以及其他廣告(1 頁)。

(22)封面(上下兩部分)

上半部分:

　　中國　教會新報

　　教外教中會集一編真理悟　新言新事報傳千里好音多

上海八仙橋東　林華書院刊發

VOL. II NO. LXXVII　March, 12th, 1870

同治九年第七十七卷,二月十一日

下半部分目録(8 項,欄目大致同前)

反面(英文):

VOL. II NO. LXXVII　March, 12th, 1870

Contents(8 項)

正文依次展開,封底有本書院謹啟及各類廣告。

半頁,框 13.2×20cm,17 行,行 40 字,四周雙邊,單黑魚尾,版心上鎸報刊名"教會新報",p. 131–135,共 5 頁。刊末有《美華書館告白》(1 頁)、《本書院告白》以及其他廣告(1 頁)。

(23)封面(上下两部分)

上半部分:

中國　教會新報

教外教中會集一編真理悟　新言新事報傳千里好音多

上海八仙橋東　林華書院刊發

VOL. II NO. LXXVIII　March, 19th, 1870

同治九年第七十八卷,二月十八日

下半部分目録(5 項,欄目大致同前)

反面(英文):

VOL. II NO. LXXVIII　March, 19th, 1870

Contents(5 項)

正文依次展開,封底有本書院謹啟及各類廣告。

半頁,框 13.2×20cm,17 行,行 40 字,四周雙邊,單黑魚尾,版心上鎸報刊名"教會新報",p. 136–140,共 5 頁。刊末有《美華書館告白》(1 頁)、《本書院告白》以及其他廣告(1 頁)。

(24)封面(上下两部分)

上半部分:

中國　教會新報

教外教中會集一編真理悟　新言新事報傳千里好音多

上海八仙橋東　林華書院刊發

VOL. II NO. LXXIX　March, 26th, 1870

同治九年第七十九卷,二月二十五日

下半部分目録(9 項,欄目大致同前)

反面(英文):

VOL. II NO. LXXIX　March, 26th, 1870

Contents(9 項)

正文依次展開,封底有本書院謹啟及各類廣告。

半頁,框13.2×20cm,17行,行40字,四周雙邊,單黑魚尾,版心上鎸報刊名"教會新報",p.141-145,共5頁。刊末有《美華書館告白》(1頁)、《本書院告白》以及其他廣告(1頁)。

(25)封面(上下兩部分)

上半部分:

中國　教會新報

教外教中會集一編真理悟　新言新事報傳千里好音多

上海八仙橋東　林華書院刊發

VOL. II NO. LXXX　April, 2th, 1870

同治九年第八十卷,三月初二日

下半部分目録(5項,欄目大致同前)

反面(英文):

VOL. II NO. LXXX　April, 2th, 1870

Contents(5項)

正文依次展開,封底有本書院謹啟及各類廣告。

半頁,框13.2×20cm,17行,行40字,四周雙邊,單黑魚尾,版心上鎸報刊名"教會新報",p.146-150,共5頁。刊末有《美華書館告白》(1頁)、《本書院告白》以及其他廣告(1頁)。

(26)封面(上下兩部分)

上半部分:

中國　教會新報

教外教中會集一編真理悟　新言新事報傳千里好音多

上海八仙橋東　林華書院刊發

VOL. II NO. LXXXI　April, 9th, 1870

同治九年第八十一卷,三月初九日

下半部分目録(5項,欄目大致同前)

反面(英文):

VOL. II NO. LXXXI　April, 9th, 1870

Contents(8項)

正文依次展開,封底有本書院謹啟及各類廣告。

半頁,框13.2×20cm,17行,行40字,四周雙邊,單黑魚尾,版心上鎸報刊名"教會新報",p.151-155,共5頁。刊末有《美華書館告白》(1頁)、《本書院告白》以及其他廣告(1頁)。

(27)封面(上下兩部分)

上半部分:

中國　教會新報

教外教中會集一編真理悟　新言新事報傳千里好音多

　　上海八仙橋東　林華書院刊發

　　VOL. III NO. CI　September, 3rd 1870

　　同治九年第一百零一卷,八月初八日

下半部分目録(10 項,欄目大致同前)

反面(英文):

　　VOL. III NO. CI　September, 3rd 1870

　　Contents(10 項)

正文依次展開,封底有本書院謹啟及各類廣告。

半頁,框 13.2×20cm,17 行,行 40 字,四周雙邊,單黑魚尾,版心上鎸報刊名"教會新報",p.1-5,共 5 頁。刊末有《美華書館告白》(1 頁)、《本書院告白》以及其他廣告(1 頁)。

【按】這個部分已經進入"卷三"了。

(28)封面(上下兩部分)

上半部分:

　　中國　教會新報

　　教外教中會集一編真理悟　新言新事報傳千里好音多

　　上海八仙橋東　林華書院刊發

　　VOL. III NO. CV　October, 1st 1870

　　同治九年第一百零五卷,九月初七日

下半部分目録(11 項,欄目大致同前)

反面(英文):

　　VOL. III NO. CV　October, 1st 1870

　　Contents(11 項)

正文依次展開,封底有本書院謹啟及各類廣告。

半頁,框 13.2×20cm,17 行,行 40 字,四周雙邊,單黑魚尾,版心上鎸報刊名"教會新報",p.21-25,共 5 頁。刊末有《美華書館告白》(1 頁)、《本書院告白》以及其他廣告(1 頁)。

【按】TA 1975.1 4804 (2 copies) V.1-5,這個文檔是《教會新報》的第 66 卷、68 卷、74 卷、77 卷、81 卷的原文。不單獨做文檔了,詳見上文。

【《中國教會新報》】(THE CHURCH NEWS)清同治七年七月十九日(1868 年 9 月 5 日)在上海創刊,早期爲週刊,主辦人是美國監理會傳教士林樂知,以林華書院的名義出版,由上海美華書館負責印刷。起初爲宗教性質刊物,林樂知在《中國教會新報》第一期上發表的《中國教會新報啟》云:"俾中國十八省教會中人,同氣連枝,共相親愛,每禮拜發給新聞一次,使共見共識,雖隔萬里之遠,如在咫尺之間,亦可傳到外國有中國人之處。"此時教會新報着重刊登闡釋教義的文章,以及溝通教徒教友情況的"各地教友來信"等。該報在創辦的第 3 年,內容開始涉及中國時政,刊登新聞材料增多。從第 202 期起,該報內容分"政事、教事、中外、雜事、格致"五類,教會內容僅占報紙1/5,成爲外國傳教士創辦的第一家走出教會圈子的華文報紙。《中國教會新報》發行至第 6 年 300 期時，因刊載的内容已不適用原報名，林樂知遂于清同治十三年七月二十五日（1874 年 9 月 5 日）第 301 期起改名爲《萬國公報》，從而擺脱宗教報紙的軌道。

　　《萬國公報》以大量篇幅介紹西學，介紹西方近代科學技術知識和成果。凡西方的物理、化學、數學、天文、地理、生物、醫學、製造、鐵路、輪舟、郵政、農業、漁業、開礦等新的理論、新的技術，林樂知都加以譯介，並配之以圖。歐美的一些近代科學家，如牛頓、達爾文、哥白尼等，《萬國公報》亦刊出了他們的傳記。

　　它刊載廣學會、京師同文館和江南製造局翻譯的西方科技著作，配合當時的洋務活動，廣泛宣傳介紹近代煤鐵開採和軍事生產技術，它還刊載不少自然科學的文章。如 1871 年 2—4 月刊載艾約瑟《格致新學提綱》，列舉 1543 年哥白尼《天體運行論》發表以來 300 年間西方科學的重大發現和發明。

　　《萬國公報》介紹了西方國家社會的歷史和政治制度，介紹美國、法國的總統選舉，英國的議會制度，歐美的教育制度、圖書館設置，還介紹中國留美學生，宣傳天賦人權説和西方民主政體。1899 年 2 月《萬國公報》還最早把馬克思以及他的《資本論》介紹到中國來。

　　《萬國公報》還提出各種涉及教育、經濟、政治等方面的改革主張。如西方的經濟學、貨幣理論、市場學、對外貿易、管理科學、教育制度、法學、圖書館學、政治學、議會知識等；在教育方面，主張創新式學校，採用新式學制，改革考試内容和考生出路問題等；在經濟方面，主張造機器、開礦、設商部、建銀行、行鈔法、舉辦郵政、獎勵發明、編制國家預算等；在政治方面，主張興民權、設議院等。該報第 121—123 期連續介紹了歐洲的“安民新學”（即社會主義）。

　　1894 年因《萬國公報》刊載甲午戰争消息和評論才引起大夫們和上層官吏的重視，銷路陡增。據統計，《萬國公報》的銷售量 1876 年爲 1800 份，1897 年增至 5000 份，到 1898 年維新運動高漲時激增至 38400 份。（顧長聲《傳教士與近代中國》，第 161 頁。）

　　【主編】林樂知（Young John Allen，1836—1907），美國人。

　　【按】哈佛大學燕京圖書館還藏有臺灣華文書局印行《教會新報》部分單行本的影印本 TA 1975.1 4804 b L(1)(2)(3)(4)(5)(6)《教會新報》和 TA 1975.1 4804 (0:1)《教會新報目録導要》等三本，可以作爲閲讀《教會新報》的輔助資料，具體如下：

　　#【31-1】TA 1975.1 4804 b 教會新報（v. 1—6 no. 1—300，1968 年影印）

　　008097222

　　《教會新報》，Sept. 1868—Aug. 1874，上海。

　　作爲“清末民初報刊叢編之三”，1968 年臺灣華文書局影印了清同治七年至同治十三年林樂知主編的《教會新報》（一二三四五六）六卷本，21cm，共 3367 頁。卷首有《本局編輯部影印〈教會新報〉、〈萬國公報〉緣起》。

　　＊【31-2】TA 1975.1 4804 (0:1) 教會新報目録導要 Research guide to the Chiao-hui Hsin-pao（The Church News）

005705486

《教會新報目録導要》Research guide to the Chiao-hui Hsin-pao（教會新報 the Church News）1868—1874, compiled by Adrian A. Bennett. Published：San Francisco：Chinese Materials Center, 1975 年. Author：Bennett, Adrian Arthur.

《教會新報目録導要》對第 1 期（1868 年 9 月 5 日）至第 300 期（1874 年 8 月 29 日）目録的内容一一作了介绍。27cm,342 頁。

【編者】Adrian Arthur Bennett。

*【31–3】TA 1975. 1 4804（0：2） 萬國公報目録導要 Research guide to the Wan Kuo Kung Pao（The Globe Magazine）

哈佛大學燕京圖書館另有《美國中文資料中心研究資料叢書》（2）《萬國公報目録導要》1976,有所有的目録彙編（西文、中文對應）。對 301 期（1874 年 9 月 5 日）至 749 期（1883 年 7 月 21 日）共 450 期的目録内容一一作了介绍。《萬國公報目録導要》1874—1883 /compiled by Adrian A. Bennett. San Francisco：Chinese Materials Center, 1976. xvi, 519 頁,27cm。

【32】TA 1975. 1 4804. 1 萬國公報 C–0183 A83

008521158　FC809　FC830

只有兩份：第七年三百十卷、第十四年三百六十五卷

（1）正面：（時間表達已經殘缺不清,目録清晰可見）

開卷有益（小篆）

萬國公報　東西半球地圖　九月二十九日（第七年三百十卷）

目録：

大清國《京報全録》八月二十九日至九月初六日四本

大日本國（新聞）

大英國（新聞）

大美國（新聞）

大德國（新聞）

大俄國（新聞）

大丹國（新聞）

大墨西哥國（新聞）

小吕宋國（新聞）

救世當然之理第九章

地理説略

金星過日

倫敦布匹行情

上海各貨行情

新舊各告白

銀洋市價

反面英文,得到的信息是:An Kwoh Kung Pau（Chinese loee magazine）devoted to the extension of knowledge relating to the history, civilization, politics religion science art industry and general progress of western countries.

No. 310　Sunday　OCT 7th, 1874

正文:依目錄內容進行。

半頁,框 14.5×21cm,25 行,行 52 字,四周雙邊,單黑魚尾,版心上鎸"萬國公報",中鎸各欄目之篇名,下鎸頁碼。p. 127–140。後附《倫敦布匹行情》、《上海各貨行情》、《新舊各告白》、《銀洋市價》（3 頁）共 12 頁。紙張尚好,內容保存完整。

(2)正面:(時間表達已經殘缺不清,目錄清晰可見)

開卷有益(小篆)

萬國公報　東西半球地圖（年代時間不清）　第十四年三百六十五卷

目錄:

近事要務十則

習西學不宜專事西文説

郭丹宣道記第一二章

粤督造士新章

崇事偶像之害第四段

……

大清國(新聞)

大法國(新聞)

大德國(新聞)

大奧國(新聞)

大俄國(新聞)

義大利(新聞)

西班牙(新聞)

土耳機(新聞)

雜事

本館主人告白

告白

本院告白

上海八仙橋林華書院

反面:告白(各種新出的新書)。

正文:依目録内容進行。

半頁,框 14.5×21cm,25 行,行 52 字,四周雙邊,單黑魚尾,版心上鎸"萬國公報",中鎸各欄目之篇名,下鎸頁碼,p.127-135。(紙張損失,内容殘缺。)

【《萬國公報》】原名《教會新報》(THE CHURCH NEWS,週刊),1868 年 9 月 5 日在上海創刊。1874 年 9 月 5 日,《教會新報》出至 301 期時改名爲《萬國公報》,仍爲週刊,報刊内容開始演變爲非宗教性質,出版至清光緒九年六月二十五日(1883 年 7 月 28 日)第 750 期時因經濟原因停刊。1889 年 2 月再度復刊後,成爲廣學會(CHRISTIAN LITERATURE SOCIETY FOR CHINA)的機關會報,同時改爲月刊,仍由林樂知主編,李提摩太和丁韙良等外籍傳教士也參與過編撰工作。在甲午戰争後每月銷售量約爲 4000 份。到 1906 年,"每年售出數盈四五萬","幾於四海風行",創下了早期中文報刊發行的最高記録。孫中山先生的第一篇重要政見文章、長達 7000 字的《上李傅相書》,便是發表在 1894 年 10 月和 11 月出版的《萬國公報》第 69、70 期上;最早的"馬克思"譯名,也是出現在 1899 年的《萬國公報》上。1894 年中日甲午戰争爆發後,《萬國公報》立即對戰况進行系統報導和剖析,刊載各國發佈的新聞。並從第 76 卷起,連載林樂知《追憶中東失和之先往來公牘》,從第 77 卷起開始連載林樂知長文《中東失和古今本末考》,一時洛陽紙貴。正是這些記載和評述,爲後人研究甲午戰争留下了大量第一手資料。

該報直至 1907 年因林樂知病逝而停刊,1907 年 5 月 30 日林樂知在上海病逝後,《萬國公報》也在 7 月終刊。前後出版達 34 年之久。

【按】附記"康有爲的《萬國公報》以及《中外紀聞》":

《萬國公報》所介紹的西方文化打開了晚清中國人的眼界。戊戌變法前後,傳教士在《萬國公報》上發表的大量鼓吹變法的文字,不僅深刻影響了維新派人士的思想,而且也是研究維新運動和戊戌變法的不可多得的史料。維新派康有爲、梁啟超、譚嗣同都受到一些影響。康有爲在"公車上書"之後不久,也創辦了一份報紙名爲《萬國公報》(因上海廣學會編的《萬國公報》在政府官僚中行銷有年,故襲用其名曰《萬國公報》,以利推廣)。《萬國公報》自 1895 年 8 月 17 日開始在北京正式刊行,爲雙日刊,每冊有編號,無出版年月。這是我國資産階級維新派出版的第一份報刊,康有爲、陳熾等負責籌募經費,康有爲的兩大弟子梁啟超、麥孟華擔任編輯。《萬國公報》每冊有論文一篇,長篇則分期連載,除轉載廣學會和其他報刊外,撰文未署名者,實際出於梁啟超、麥孟華之手。北京強學會成立以後,"先以報事爲主",由第 46 期開始把《萬國公報》改名爲《中外紀聞》,梁啟超、汪大燮爲主筆。

《中外紀聞》於 12 月 16 日正式刊行,雙日刊,木活字印刷,每冊注明出版年月,無編號,封面有紫紅色"中外紀聞"四字。《中外紀聞》發刊一個月零五天,即遭封禁,但"譯印西國格致有用之書",如《英國幅員考》、《西國鐵路考》、《地球奇妙論》等。《中外紀聞》是資産階級早期政治團體的機關刊物,它除選登"閣抄"、譯載新聞外,又載"格致有用之書",探討"萬國強弱之原",提出言政敷治的建議,在中國近代政治史、新聞史上有一定地位。

【33】TA 1975.1 7984 **閩省會報**(1874—1908) C-0184 A84

008255034

僅存兩份:(1)1875 年的第 14 卷;(2)1880 年的第 71 卷。

(1)TA 1975.1 7984(14)

封面分上下兩部分(竪排):

上半部分:

　　主降生一千八百七十五年印

　　真源契合聯三會 教澤流傳遍九州　閩省會報　大清光緒元年十一月初一日

下半部分:

　　目録(以社會新聞爲主、廣告):

　　布國安拿船案件、王撫台謝世、連日火災……本館告白

　　第十四卷　福州美華書局印

正文的欄目有:各國新聞、各會新聞、安立間會近報、美部會近報、美以美會近報、本館告白

半頁,框 11.5×20cm,18 行,行 40 字,白口,四周雙邊,單黑魚尾,版心上鎸報名"閩省會報",p.110–118,9 頁,連封面 10 頁。對瞭解 1875 年國內外尤其是福建教會的歷史和社會有用。

【按】關於"閩省會報"時代的考證,哈佛的這份 1875 年第 14 卷的材料至少説明一個年代特點。

(2)TA 1975.1 7984(71)

封面分上下兩部分(竪排):

上半部分:

　　主降生一千八百八十年印

　　閩省會報　大清光緒六年六月初一日

下半部分:

　　目録(以社會新聞爲主、廣告):

　　第七十一卷

　　風水論三則、建廣龍宫事、大田械鬥、建甯械鬥、福州水漲……入保險會人數

　　福州美華書局印

正文的欄目有:各國新聞、壽世新法、各會新聞

半頁,框 11.5×20cm,18 行,行 40 字,白口,四周雙邊,單黑魚尾,版心上鎸報名"閩省會報",p.546–554,9 頁,連封面 10 頁。

【按】很可惜只有兩份會報,其實是很有意義的報紙,尤其對研究地方文化有意義。

【《閩省會報》】《閩省會報》(1874—1908)是福州基督教新教美以美會創辦的一份中文月刊報紙,一份福州地方報紙,由美國傳教士主辦並主譯,每期 10 頁。它的前身是福州

美以美會創辦的《郇山使者》。據現有史料分析,目前還無法斷定該報具體的創辦日期,它前後延續了 20 多年。該報信息容量大、内容多、涉及面廣,包含國内新聞、國外新聞、閩台新聞、中外交涉、科技信息和教會消息等。它以編譯西學的形式刊登的國外各種新聞,其中大多數涉外編譯内容以外語原文或省外西報爲源頭,主要内容有:一、對歐洲各國局勢的報導;二、對美國的系統介紹;三、對新生事物的報導。而國内新聞也不乏翻譯的成分。

《閩省會報》是當時福建人瞭解國内外大事及其社會狀況的一面透視鏡。它在開拓閩人視野的同時,也造就了一批新聞人才。如信徒黄乃裳,他曾參與過《閩省會報》的籌辦,還擔任過主筆。19 世紀 90 年代後,他先後創辦了《福報》、《福建日報》、《左海公道報》等福建人獨立辦的報業並從事西學翻譯,其中《左海公道報》所設置的許多欄目能反映出受《閩省會報》影響的蛛絲馬跡,如其一主要欄目"譯談"就繼承了《閩省會報》編譯西學的傳統。(參見高黎平《晚清廈榕兩地美國傳教士西學翻譯之比較》,《寧德師專學報》2006 年第 1 期)

＊【34】TA 1975.1 8400 谷聲(油印本,山西太谷公理會)

009443273　(竪排)

The Taiku Voice

谷聲:第四十七期　民國二十七年十月(1938)

紅色封面:中華郵政特准掛號認爲新聞紙類

要目

一一工作

執行委員會通過議案摘要

救濟會花花絮絮

學道班概况

貝露學校概况

毓德學校概况

仁術醫院概况

東區堂會情况

西區堂會情况

退修會記略

華北公理會董事部表決案摘要

感恩禮拜盛况

事變後記事摘録

小消息

海外個人消息

封面的反面是本刊《啓事》:專爲宣傳基督救世福音,聯絡本會信徒互通聲氣;爲無定期刊物。

　　山西太谷公理會傳道區域：總會（太谷城内）、東區分會、西區分會

　　正文内容有"經訓、講臺、會務概況、節會記盛、雜俎"等欄目，涉及到"一一工作"、執行委員會通過議案摘要、救濟會花花絮絮、學道班概況、貝露學校概況、毓德學校概況、仁術醫院概況、東區堂會情況、西區堂會情況、退修會記略、華北公理會董事部表決案摘要、感恩禮拜盛況、事變後記事摘録、小消息、海外個人消息等方面的内容。

　　封底有《1938 年本會各堂會秋冬季工作日期一覽表》。

　　18.5×26.5cm，25 行，行 42 字，共 26 頁。

　　總主編：王時信；編輯者：谷聲社；校印者：王時信；發行者：基督教；印刷者：平民工廠。

【35】TA 1975.2 55 三寶仁會論 C-0529 D54

　　008124154　　FC8162　　Film Mas 32060

　　封面已經破損。根據記載是 1821 年在馬六甲出版。

　　正文首行：三寶仁會論

　　卷首談論人生在世有兩難：身之苦、心之愚。身如盒，心之靈魂如盒中之寶物，身之難人可救，神天爲萬仁萬善之源，不但救人之身，亦救人之靈。

　　文章介紹各仁會包括"遣教師公會、散勸世小書會、英番聖書會"，希求萬國萬種人都遵上帝神天之令，行乎正道。

　　半頁，框 9×12.5cm，8 行，22 字，四周雙邊，單黑魚尾，版心上鐫書名"三寶仁會論"，共32 頁。

　　【作者】威廉·米憐（William Milne，1785—1822），蘇格蘭人。16 歲時，悔改歸正，並參加附近的獨立教會。1812 年，倫敦差會派米憐東航，赴中國協助他們所派在華已經七年的宣教士羅柏·馬禮遜（Robert Morrison，1782—1834）。馬禮遜和米憐，於 1818 年創立第一所華人現代化的學校英華書院（Anglo-Chinese College），由米憐擔任院長，宗旨是"教導華人青年英文，向他們傳播基督教信仰，並教導宣教士等洋人通曉華文"。米憐帶上刻字工人梁發來到馬六甲，開始印刷所的建立和宗教宣傳，第一份中文近代報刊《察世俗每月統記傳》開始出現，任主編。1822 年病逝。

　　cf. Wylie. Memorials. p.18.

　　述遣教師公會 · 散勸世小書會 · 英番聖書會 London Missionary Society、London Religious Tract Society、British and Foreign Bible Society。

【36】TA 1975.4 13 基督聖教出版各書書目彙纂 C-0157 A49

　　008126444　　FC7767　　Film Mas 31703

　　扉頁：主曆一千九百十七年

　　　　基督聖教出版各書書目彙纂　　雷振華纂

漢口:聖教書局

卷首《條例》(五則)云英牧師雷振華用兩年時間調查書報編輯此書目,有 3500 多種。中華續行委辦會議決,派雷振華爲臨時幹事編訂者,1917 年雷振華將所調查的書名合成一書《基督教出版書目彙纂》。

總目:經部及類書、哲學、宗教、社會學、政治、科學、醫學、美術、文學語言學、歷史地理。

該書目在總目的基礎上,按七大因素:書名、體式(文言、官話、方言)、譯著人名、頁數、出版再版之年月次數、刊行會名、價格,一一介紹各書。框 12.5×21.2cm,竪排,17 行,共 206 頁。全書含《條例》、總目正文,共 219 頁。

教會人士贊賞"它與以前出版的目録有一個重要的差別,以前的目録是英文的,目録内刊登的書名中英文並列。最近這一部所引則分印中英文版兩種,英文版用英文説明,中文版用中文説明,内容完全一樣。這個辦法可使需要書籍的人直接檢查索引,不必通過宣教師介紹,以後所有的書目都應採用此法"。(宋莉華 2010:18)

封底:中華民國七年四月初版(封底殘缺)

【作者】雷振華(George A Clayton)。

INTERNET LINK:http://nrs. harvard. edu/urn-3:FHCL:3353766

http://purl. oclc. org/DLF/benchrepro0212

Harvard-Yenching Library Chinese Republican Period(1911—1949)Digitization Project.

【37】TA 1975.4 14 中華基督教文字索引華英合璧(廣協書局編) C-0158 A50

008126361　FC8178　Film Mas 32076

封面:中華

　　　基督教

　　　文字索引

　　　(華英合璧)

　　　A CLASSSIFIELD

　　　INDEX

　　　TO THE

　　　CHINESE LITERATURE

　　　OF THE

　　　PROTESTANT CHRISTIAN CHURCHES

　　　IN CHINA

卷首語(中英文),中文 3 頁,李紅梅(M. VERNE MCNEELY)撰。

卷首語有相應的英文(3 頁)。

差會或社團介紹(中英文 4 頁)、書鋪介紹(中英文,7 頁)(南通:三友書店、基督教益

群圖書館）

目録（中英文，2 頁）。

正文（中英文，按以下順序進行）：

普通文字類、哲學、宗教、社會學、言語學、自然科學、有用的藝術、美術、文學、歷史。

22.5×15cm，行有中英文對照，頁面下中鎸頁碼，共 260 頁。

《中華基督教文字索引》（華英合璧），廣協書局編，上海編者發行，1933 年。

書名下題：代中華基督教書報合會發行. 1 v.

Added title：A classified index to the Chinese literature of the Protestant Christian Churches in China. Published for the Christian Publishers' Association of China, by the Kwang Hsueh Publishing House, Shanghai.

Classified index to the Chinese literature of the Protestant Christian Churches in China.

【38】TA 1975. 4 39（1922）協和書局圖書目録 C-0159 A51

008124497

封面：CATALOGUE OF CHINESE BOOKS

SOLD BY THE MISSION BOOK COMPANY　　HEAD OFFICE 13 N. SZECHUEN ROAD, SHANGHAI

協和書局圖書目録（李亞東題）

總發行所　上海四川北路 13 號　中華民國十一年十月出版

夏令分銷處　江西牯嶺分局　南京北門橋　杭州里仁坊

October, 1922

扉頁：CATALOGUE OF THE MISSION BOOK CO.'S

Stocks of CHINESE Publications

Educational

Scientific

Evangelistic

Devotional

Medical

Theological

Branches at HANGCHOW, NANKING and KULING

OCTOBER, 1922

分類目録：

教會應用書籍：經課類（BIBLE STUDY）、聖經參考類、演講類、修養類、要道類、問答類、小學聖經課本（附孩童用書）、歷史類、各教參證類、傳記類、詩歌類、小説類、戲劇類、節制會應用書籍、節制會應用圖表、注音字書籍、回教用書、護教類、佈道小箋、宗教要道、單

張類、圖表類、雜著類、婦女青年會出版書籍

科學應用書籍：歷史類、傳記類、地理類、讀本類、數學類、理科類、天文類、教育類、法學經濟類、表圖類、字典類、語言類、醫藥類、雜著類、體學類、土白書籍類

以上爲 p.1-65，書目先列中文，次列英文名、作者、價格。

索引（p.66-88，全是英文）

卷首有英文的"NOTES"：函購書籍章程（16 則）

正文依目錄依次展開，p.1-65 爲教會應用書籍和科學應用書籍的書單，先列中文，次列英文名，作者，價格；p.66-88，爲英文索引。

整本書 13.5×19cm，從左向右橫排，頁 40 行，頁上有英文標示所列書單的類別，共 88 頁。

1922 年 10 月由上海四川北路總發行所發行。

【39】TA 1975.4 39（1923） 基督教書目摘録 C-0160 A52

008124499

《基督教書目摘録》，上海：協和書局，民國十二年（1923）。

封面（竪排）：

> 中華民國十二年十月印行
>
> 基督教書目摘録
>
> 協和書局發行

反面爲協和書局廣告："本局爲基督教文字發售機關，彙集諸書不下三千餘種，計分三十餘類。如行傳、經訓、經課、注釋、讀經、傳史、詩歌、小説、單張、圖表、地理讀本、數學、物理、化學、博物、工藝、生理、衞生、天文、教育、醫藥、字典、體育、雜著等等。"

正文：

修養類、參考類、神學類、教會史略類、各教參考類、牧師規法類、講解類、引證類、護教類、破迷類、傳記類、最近出版新書述略、宗教研究叢書四冊

封底附：遠地購書法

整本書 13.2×19.5cm，竪排，13 行，行 32 字，版心上鎸書名"基督教書目摘録"，下鎸頁碼，44 頁。

INTERNET LINK：http://nrs.harvard.edu/urn-3：FHCL：3442768

http://purl.oclc.org/DLF/benchrepro0212

Harvard-Yenching Library Chinese Republican Period（1911—1949）Digitization Project.

【40】TA 1975.4 47（1922） 廣學會（書目）C-0162 A54

008124500 （以英文爲主）

封面：LOOK OUT FOR OUR CALENDAR

廣學會

The Christian Literature Society for China

四川北路 143 號

1922 Catalogue of publications in Chinese and English.

Sole Agents for the Society，The Mission Book Company.

13 North SZECHUEN ROAD，SHANGHAI

All previous catalogues cancelled

反面有英文廣告。

卷首是英文 Notes 和 Index to catalogue。

正文是先列英文的書單，後列中文書名、作者及其頁碼、價格。

整本書 14.8×22.3cm，從左向右橫排，頁 42 行，頁上標示頁碼，共 37 頁。

還有一份材料（中英文 1923 年的書目介紹）：

C. L. S.

New Books not in Catalogue

Supplement NO. I

先列中文後列英文（2 頁）

Supplement NO. II，May，1923

Additional new books not in 1922 Catalogue of C. L. S. （4 頁）

Supplement NO. III，October，1923

Christian Literature Society for China New Books not in 1922 Catalogue（1 頁）

Christian Literature Society Five Colored Boxes Pastor's Flag Library，No. II（1 頁）

整本書 14.4×22.3cm，從左向右橫排，頁 32 行，頁上標示頁碼，共 37 頁。

#【40-1】TA 1975.6 66 中文聖經百科全書（增訂本之影印本） C-0236 B22

007763384

《聖經百科全書》（A Chinese Bible Encyclopedia），俄珥著。

初版刊於 1925 上海協和書局，增訂本（臺北：中華世界資料供應出版社，1976 年）增加中文筆畫索引（國語注音），加彩色新舊約時代地圖等。

【按】此非原本，僅是影印本，録入供參考。

【作者】俄珥（James Orr），1844—1913。

【41】TA 1975.5 4229 廣州基督教協和神學校章程（1922） C-0568 E39

008110526

封面（彩色）：

　　廣州協和神學校（聖經科）

扉頁:中華民國十一年　十二年

廣州基督教協和神學校章程

西曆一九二二年　一九二三年

有《協和學校的計劃》圖一幅,Union Theological College Paak Hok Tang, Canton, China View from the south-east。

有《協和教室之一——富利惇堂》、《體育部》等圖共 4 幅。

目録(11 項):

本校學期與假期表、董事部顧問部、教員部、宗旨、歷史、組織、建設、入校試驗規則、本校學生會、特别通告、聖經學校課程。

整本 13.8×20.8cm,13 行,行 34 字,豎排,共 31 頁。

廣州基督教協和神學校章程:民國十一年·十二年

INTERNET LINK:http://nrs. harvard. edu/urn-3:FHCL:3442767

http://purl. oclc. org/DLF/benchrepro0212

廣州協和神學校(聖經科)

Catalog of the Union Theological College in Canton. 協和神學校, Canton.

Harvard-Yenching Library Chinese Republican Period (1911—1949) Digitization Project.

*【42】TA 1975. 8 3874 基督教与近代中國(顧長聲 1996)

008268371　(手抄本)

封面:基督教與近代中國

顧長聲　著

扉頁:基督教與近代中國

顧長聲　著

手抄本

本書版權爲作者所有,不准翻印或引用

聯絡電話:美國　508-394-8161

封面插圖説明

左:西方列强策劃瓜分中國(一八九八年法國漫畫)

右:中國老百姓對内憂外患既憤慨又無奈

中:基督教堂在中國

扉頁反面有相應的英文。

Christanty and Modern China(1601—1995)(hand-written edition)

目録:共有十一章,加一附録。(3 頁)

有 1996 年 1 月作者寫的《基督教與近代中國·前言》:手抄本僅印若干册,分贈國内外一些主要圖書館和少數朋友。

本書爲《傳教士與近代中國》的姊妹篇。

本書所述上限與《傳教士與近代中國》相同，下限延伸至 1995 年止。並介紹了《容閎——向西方學習的先驅》、《從馬禮遜到司徒雷登》的基本内容。

正文 232 頁。

附録一：中國古代的基督教（1989 年的未刊稿）

附録二、三、四、五、六、七、八、九、十（p. 233–277）

28×21cm，26 行，行 28 字，頁上右角鎸頁碼，共 277 頁。

【43】TA 1977.1 0821 舊約六經新解（1927）C–0237 B23

007764461　（官話口語，新式標點）

封面：舊約六經新解

扉頁：A New Introduction to the Hexateuch

（Genesis, Exodus, Leviticus, Numbers, Deuteronomy, Joshua）

By George W. Hollister

Hinghwa Biblical School, Hinghwa, Fukien（興化道學校，興化福建）

Translated from the Hinghwa Romanized by Chen Tien Chia（鄭天嘉）

This book is intended primarily for preachers students, and who are troubled by problems arising from the first six books of the Old Testament.

反面：舊約六經新解，夏禮賢著，鄭天嘉譯

有中華民國十六年七月六日夏禮賢（George W. Hollister）序於興化道學校的《舊約六經新解·序》（3 頁）講説本書宗旨：意欲除去“六經”使人懷疑的問題。

本書是由我所著興化羅文，由鄭佑蓂譯爲國語，經上海中華基金教文社總幹事沈嗣莊先生校閱一回，至於其他工作陳竹、安少秋、陳翊韓等亦幫助。實在給他們道謝。

本書由美國我的至友前爲我的經學教授 Rollin H. Walker 捐助付印出版。所以那樣便宜發售，這是我向他很道謝的。

中華民國十六年七月六日夏禮賢 George W. Hollister）序於興化道學校。

有《舊約六經新解·目録》（2 頁），書分十三章並附録：

六經是《舊約》中的“創世記、出埃及、利未記、民數記、申命記、約書亞”，書中對《六經》的基礎、著作者、猶太人著書的方法、六經的具體内容分章分節一一解釋，是瞭解《六經》比較好的入門書，淺解易懂。最後一章第十三章反復説明本書的宗旨：以色列的經驗可比我們本國和個人的經驗；猶太人有分《舊約》爲律法、先知及他卷三卷，六經的前五經（創世記、出埃及、利未記、民數記、申命記）是律法的書，約書亞是先知的書；本書的目的是希望所討論的理，能够幫助人親近上帝，思慕他的旨意，愛人如己。（使用新式標點符號，正文共 565 頁。）

附録 p. 566–579。

末頁:中華民國十六年七月出版

　　著作者:George W. Hollister

　　譯述者:鄭天嘉

　　代印處:美興印書局

《舊約六經新解》,夏禮賢著、鄭天嘉譯述,1927 年上海協和書局鉛印;全書單頁竪排,13.5×21.5cm,12 行,行 32 字,版心上鎸書名"舊約六經新解",中鎸章次,共 579 頁。由夏禮賢將福建興化羅馬字翻譯爲漢字,作爲興化聖經學校的教本。

【作者】夏禮賢(George W. Hollister)、鄭天嘉。

【44】TA 1977.1 C1861 舊約全書(卷六至十七,1861)

009441247　(文言文,鉛印本,破損嚴重)

封面:辛酉即耶穌降世一千八百六十一年第六卷至十七卷

　　舊約全書

　　江蘇滬邑美華書局活字板

扉頁是《例言》,10 行,行 19 字。詳見"【45】TA 1977.1 C1863 舊約全書"之著録,此略。

　始用舊約全書第六卷

　第六卷　約書亞記　計二十四章 p.1–31

　第七卷　士師記　計二十一章 p.32–62

　卷首有例言及目録。詳見"【45】TA 1977.1 C1863,舊約全書",此略。

　第八卷　路得氏記　計四章 p.63–66(無《例言》)

　第九卷　撒母爾前書　計三十一章 p.67–108

　頁 67 與 68 之間專門有撒母爾前後二書《例言》。詳見"【45】TA 1977.1 C1863 舊約全書",此略。

　第十卷　撒母爾後書　計二十四章 p.109–142

　第十一卷　列王紀略上　計二十二章 p.143–182

　有《例言》。詳見"【45】TA 1977.1 C1863",此略。

　第十二卷　列王紀略下　計二十五章 p.183–221

　第十三卷　歷代志略上　計二十九章 p.222–260(有《例言》,略)

　第十四卷　歷代志略下　計三十六章 p.261–304

　第十五卷　以士喇書　計十章 p.305–317(有《例言》,略)

　第十六卷　尼希米記　計十三章 p.318–338(有《例言》,略)

　第十七卷　以士帖書　計十章 p.339–345(有《例言》,略)

【按】這些《例言》與 1863 年版、1864 年版同。

半頁,框 12×18.2cm,12 行,行 26 字,白口,四周雙邊,單黑魚尾,版心上鎸書名,中鎸章次。

　　【按】《舊約全書》(第二冊全冊、第三冊全冊、第四冊之卷六至卷十七,裨治文翻譯,江蘇滬邑美華書局活字板,1864)與《舊約全書》(之卷六至卷十七,1861)內容完全相同,《例言》相同,只是框式版式略有差異。當爲同一底本不同版本,但 1861 年的版本破損太厲害,1864 年的版本保存尚好。

【45】TA 1977. 1 C1863 舊約全書(全四冊,1863)C-0248 B35

008124504　FC4286　Film Mas 31925

此爲裨治文、克陛存舊約譯本,以四冊本的方式面世:第一冊(第一卷至第五卷)、第二冊(第六卷至第十七卷)、第三冊(第十八卷至第二十二卷)、第四冊(第二十三卷至第三十九卷)。可惜的是,裨治文和克陛存分別於 1861 年和 1862 年去世,他們都没能看到此譯本的出版。

第一分冊

封面:癸亥即耶穌降世一千八百六十三年(第一卷至第五卷)

　　　舊約全書

　　　江蘇滬邑美華書館活字板

半頁,框 12×18.2cm,12 行,行 26 字,白口,四周雙邊,單黑魚尾,版心上鎸書名,中鎸章次。

扉頁是《例言》(10 行,行 20 字):

是書乃聖書中之一。聖書者,神所啟示也,俾人明知真道。人欲究察生死之理、善惡之報、肉體與靈魂之別,及人生逝世後天國地獄之分、救靈之法,聖書而外,無論何書,皆不可得。是以普天下之人,必當詳察夫是書。

聖書原本乃猶太人所著,後泰西諸國,各以土音譯之。今乃譯以漢文。書中奧義,並不敢增減一字。悉照原本,亦不敢稍加潤色。無非曰譯者易也,易字畫而已,即語助亦循其文本譯出。惟不得以淺陋而藐視之。

聖書分而言之,則曰舊約、新約,以此二冊有先著後著,故有舊新之別,舊約一冊,在耶穌未臨世之先而著,新約一冊,在耶穌臨世升天之後而著。舊約末卷,與新約相間約五百年之久。著舊約新約之人,咸屬亞細亞大洲之猶太國。著舊約則用希伯來文字,新約則用希利尼文字。

舊約計三十九卷,著者凡二十餘人。首先創著者名摩西,中國商紀時人;最後繼續者名馬拉基,中國周紀時人,先後相間約千年。

新約計二十七卷,著者八人,皆救世主耶穌門徒,中國東漢紀時人。首先創著者名馬太,末後繼續者名約翰,先後相間不過數十年。

聖書雖出夫人手,必非自逞臆說,乃聖靈所感格而言之,故毫釐不爽,所表明者,真神及世人之道。神者靈也,惟一無二,其體一而有三位,曰父曰子曰聖靈,創造天地,轄天地凡所有之事，永遠不變，無始無終，無所不能，無所不在，無所不知。其聖義仁愛，皆無限量。凡生於世上者，不當盡心盡意愛敬而奉事之乎？

世人者神所造也，肉體雖有生有死，而靈魂永遠不滅。天下之人，雖億兆衆庶，而溯其本源，實出於一父一母。此父此母昔造成時其心盡善。後干神之法，而心變爲不善，故世人自有生而心已爲不善。所圖維者，恒惟作惡，是以應服神之震怒，受斯世之諸禍及地獄之永苦。

聖書悉言救人之法，人已陷罪，神愛而欲救之。則使其獨子耶穌臨世，死於十字架，代贖人罪，致人可免其應受之惡報，得享在天永遠之福，耶穌而外，無可依賴而得免地獄之永刑。舊約新約皆言耶穌之事，著舊約之預言者，感聖靈而先示耶穌臨世之事。是以耶穌未臨世之先，人亦必依賴耶穌而得救。

耶穌二字，係希伯來音，意謂救者。又稱基督，係希利尼音，意謂以香油受膏區別以任非常之職者。耶穌，神之子，即三位一體中之一，與神雖有父子聖靈之稱，實無大小先後之別。是以耶穌即神，而爲天地萬物之主宰，即舊約所稱耶和華是也，耶穌實神而臨世作人，代人受苦而死，死後復活升天，坐於神右，依聖書預言，必於所定之期，復臨夫世，使死者復活，天下歷代之萬民，死者生者，咸立於耶穌前以受審判。人由是而得先知之，不當驚畏而悔改乎？

第二分冊

封面:辛酉即耶穌降世一千八百六十一年（第六卷至第十七卷）

　　　　舊約全書

　　　　江蘇滬邑美華書館活字板

卷首亦載《例言》（略）

此書名曰士師記，士師即神所使爲以色列之宰者。以色列民違悖耶和華而拜假神，故耶和華使敵侵其國。民悔而耶和華使士師率民攻敵，救之出敵手。以色列無王而有士師爲其宰，其時約三百年，自耶穌降世先一千四百二十五年至一千一百二十五年，此書略記其事。目錄如左:

以色列侵迦南地之居民　第一章

有一天使來勸化以色列民悔拜假神之罪　第二章

士師救民于非利士人及摩押人之手　第三章以下

耶和華顯現于其田,遣之率三百人救民出米田人之手　第六章以下

亞庇米力殺其兄弟七十人,而自立爲王於示劍城　第九章

基列人耶弗大救民於亞捫人之手　第十一章以下

參孫由大力之人殺非利士人甚多　第十三章以下

但支派之人侵拉億地　第十七章以下

便雅憫支派獲罪於耶和華,以色列支派之餘侵其地大行殺戮以罰其罪　第十九章以下

第八卷　路得氏記　計四章 p.63-66(無《例言》)

第九卷　撒母耳前書　計三十一章 p.67-108,頁67與68之間專門有撒母耳前後二書《例言》:

此二編,載以色列國百五十年間之盛衰,即耶穌未降世之先一千一百七十年,迄今一千零二十年,乃紀撒母耳、掃羅、大辟三人治國之事。撒母耳之先,以色列國無王,乃爲神選之士師所轄。撒母耳爲士師時,民求撒母耳設一王,如列國然,耶和華雖不悅所請,乃命撒母耳允其所求,神遂選掃羅,而民立之爲王。掃羅所行皆背神之律法,耶和華故棄之,不容其後裔爲王,乃命撒母耳以膏膏大辟致其繼掃羅之位,掃羅知之,故欲謀殺大辟,然神保大辟之命,致不云亡,以其篤信耶和華,循其律法而行,故也。後書以編,悉云大辟在位時所作所遇之事也。大辟爲耶穌肉體之祖,故新約編內,稱耶穌爲大辟之裔云。

第十卷　撒母耳後書　計二十四章 p.109-142

第十一卷　列王紀略上　計二十二章 p.143-182,有《例言》:

是書載以色列國列王之事,故名《列王紀略》。其前卷述以色列國自大闢王推位時起至巴比倫王尼布甲尼撒毀耶路撒冷,遷以色列民于巴比倫時止。即耶穌未降世之先,一千有十五年,迄耶穌先八百八十九年,共約一百二十六年。其後卷由斯時起,迄耶穌先五百八十八年止,共約三百年。其間先後悉在中國周紀之時。初以色列無王,預言者撒母耳時,以色列民求立一王以治國,神乃先選掃羅,後選大闢及其後裔以治之,大闢乃耶穌肉體之祖也。大闢子所羅門王后,其國裂而爲二,一曰以色列,一曰猶太,夫猶太亦以色列之一支也。昔神遣諸預言者勸誡斯民,改惡從善,毋事僞神,奈以色列背逆神諭,歷犯戒條,故神使異邦人攻而擄之。先擄以色列民,遷之於異邦,被遷之後,一去無回。越時又擄猶太民,遷往之後,逾七十年,始返故國。詳閱此書知神爲以色列而顯其大能,有時以恩恤之,有時以罪罰之,由是書可知世上列國之事,或盛或衰,或興或敗,悉出夫神,然則人之於家於身,無不若是,今之與古,非亦毫無異耶。

第十二卷　列王紀略下　計二十五章 p.183-221

第十三卷　歷代志略上　計二十九章 p.222-260,有《例言》:

是書著時,在猶太人由巴比倫地得釋而歸故土之後。初猶太人爲巴比倫王擄往巴比倫地,約七十年神憐之,致巴比倫王釋之使歸。是書想爲士子以士喇所作其書之大略,惟

爲猶太諸支溯其本源,晰其世系,俾後人知耶穌出自何系,又述祭司及利未人供聖嗣中役事。分列班聯,致各守厥職,又志歷代猶太治國之大略,故曰歷代志略。詳閱是書,自始至末,凡奉事耶和華者之邦,神悉降之百祥;凡悖逆耶和華者之邦,神悉降之百殃。前車後鑒,可不慎歟!

上卷《目錄》:

下卷《目錄》:

…………

昔猶太國爲惡者多,行善者少,敬信耶和華之人殊不數覯,故耶和華震怒,使異邦人興師攻之,不改再攻之,再不改三攻之,大肆剝掠,徙其民至巴比倫地。當初攻之之時,早中國之周定王年間,次則約七年,又其次,則越十一年也。嗣是猶太人在巴比倫地,流離顛沛,良心復萌,悔其已作之罪,改其既往之過。敬信在天之神耶和華。耶和華憐其愁苦,嘉其自新,赦其往罪。因令巴西王古列出示曉諭,俾旋故土。其民人財貨器用牲畜之數,載在二章六十四節,時周景王年間也。所有羈留未歸者,後五十八年,耶和華復使巴西王亞達泄西出示曉諭,令歸,以士喇始興焉。以士喇係祭司長亞倫裔,亞倫乃摩西之兄。夫以士喇精習之士子也,譯即助者。以士喇既與群衆偕歸,因作是記,歷敘所以然之故,暨被攻被掠情形,以垂戒天下後世,使人各知遷善改過,敬信耶和華,庶不至遭此厄也。遭厄而能悔改敬信,耶和華亦必赦之、救之云爾。

當以士喇後之十餘年,在巴比倫亞達泄西王之二十年,有尼希米者,乃猶太人與被擄者,同居于巴比倫。時爲酒正之官,因聞猶太地,自遭遷播以來,黎庶艱辛,城垣頹廢,不覺憂形於色,會王問故,爰以欲往耶路撒冷禁食而禱告於天之神,神則感動聖靈。王乃使尼希米往,鳩工庀材,不辭勞瘁,竭慮殫精,重新故邑。當時有嫉其建立者,數欲害之,皆置不顧焉。故歷五十餘日,其工旋竣。民衆由是各居原地,人人一心,共思真道,並請祭司以士喇爲解律法之書,致其通曉大義,自承己罪。而尼希米始返於巴比倫焉。計自亞達泄西王之二十年,迄三十二年,尼希米爲猶太之方伯,共十二年云。後數年,尼希米再至耶路撒冷時,因多比之惡行,復爲定例,民乃清潔,於是猶太之地乃復興矣。是爲序。

第十七卷　以士帖書　計十章 p.337-345,有《例言》:

以士帖者,一名哈大沙,猶太便雅憫人,木底改叔亞庇孩之女也。幼時父母早喪,賴木底改撫之。既長貌美而豔,在亞哈隨魯王之三年,王后瓦實地以罪廢。以士帖被選入王宮,有寵王立之爲後,時有幸臣名哈曼者,木底改見之,數不拜,哈曼怒甚,在以士帖入王宮時,木底改嘗誡其勿以宗族告人,既而木底改自語衆,故哈曼知之,遂欲滅猶太人以泄忿。乃於十二年之正月,誣告猶太人之不法于王,且出己銀一千五百萬請王除之,王許。哈曼遂發書於各省,定於十二月之十三日同日滅猶太人,並擬將木底改懸之於木。木底改聞之,中心苦憂,亟求於以士帖,使之在王前救猶太人。以士帖不得已,乃違例見王,初,王有司門之二宦者謀害王,木底改知之,以狀聞王發其罪,致之死,記其事於國史,適王索史讀之,偶至斯事,因憶木底改之功,使哈曼賜以王之衣馬並爲其前導,以榮之。於是哈曼甚愧,會以士帖請王與哈曼同宴,遂乘間以仇讎告王,王怒,命懸哈曼於欲懸木底改之木以死,籍其家以賜以士帖,使木底改爲大於王室,且許其反哈曼之意,發書於各省之猶太人,使於敵人原定之日,盡一日,轉攻凡欲滅之之人,並盡懸哈曼之十子於木,於是猶太人始獲安矣。是爲序。

【按】1864年版本之《例言》同此。

第三分冊(重新分頁)(綫裝)

封面:癸亥即耶穌降世一千八百六十三年第十八卷至第二十二卷

　　　　舊約全書

　　　　江蘇滬邑美華書館活字板

冊首亦載《例言》,同第一冊。

接下來是各卷重新分頁。

第十八卷　約伯記　計四十二章 p.1-30

第十九卷　詩篇　計百五十篇 p.1-81

第二十卷　箴言　計三十一章 p.1-24

第二十一卷　傳道之書　計十二章 p.1-9

第二十二卷　雅歌　計八章 p.1-6

第四分冊(綫裝)

封面:癸亥即耶穌降世一千八百六十三年第二十三卷至第三十九卷

舊約全書

江蘇滬邑美華書館活字板

冊首亦載《例言》,同第一冊。

接下來是各卷重新分頁。

第二十三卷　以賽亞書　計六十六章 p. 1–65

第二十四卷　預言者耶利米記　計五十二章 p. 1–75

第二十五卷　耶利米哀歌　計五章 p. 1–5

第二十六卷　以西結默示書　計四十八章 p. 1–66

第二十七卷　但以理書　計十二章 p. 1–20

第二十八卷　何西書　計十四章 p. 1–10

第二十九卷　約耳書　計四章 p. 11–14

第三十卷　亞麼士書　計九章 p. 15–22

第三十一卷　阿巴底書　計一章 p. 23–23

第三十二卷　約拿書　計四章 p. 25–27

第三十三卷　米迦書　計七章 p. 28–33

第三十四卷　拿翁書　計三章 p. 34–36

第三十五卷　哈巴谷書　計三章 p. 37–39

第三十六卷　西番雅書　計三章 p. 40–42

第三十七卷　哈基書　計二章 p. 43–45

第三十八卷　撒加利亞書　計十四章 p. 45–56

第三十九卷　馬拉基書　計四章 p. 57–60

cf. Wylie. Memorials. p. 71. 1002 leaves.

【作者】裨治文(E. C. Bridgman,1801—1861),又名卑治文,美國人。1851 年,裨治文與美國長老會(American Presbyterian Mission)的宣教士克陛存(Michael S. Culbertson)合作,翻譯《舊約聖經》,同時參與委辦譯本《新約》的修訂工作。1859 年,在美國聖經公會的資助下,修訂後的《新約聖經》正式出版。

克陛存(Michael Simpson Culbertson,1819—1862),美國北長老會教士。1845 年來華後在寧波傳教。1851 年調往上海。1853 年繼伯駕醫生擔任美國公使馬沙利的中文秘書兼翻譯。其在華活動除前往太平天國搜集情報外,主要是與裨治文合譯《聖經》成中文。1863 年《舊約》(裨治文、克陛存),美國聖經會;1863 年《新約》(裨治文、克陛存),上海美華書局藏版。著有《花國的蒙昧——華北的宗教觀和民眾的迷信》(Darkness in the Flowery Land;or Religious Notions and Popular Superstitions in North China,1857,紐約)。1862 年死於上海。

【46】TA 1977.1 C1864 舊約全書(一函六冊,1864)

008965079　(鉛印本,裨治文本,文言)

半頁,框 23.5×13.2cm,11 行 30 字,白口,四周雙邊,單黑魚尾,版心上鎸書名,中鎸卷次。

封面:甲子即耶穌降世一千八百六十四年　舊約全書　江蘇滬邑美華書局活字板

扉頁是《例言》,14 行,行 33 字。見上篇"【45】TA 1997.1 C1863",此略。

第一分冊

第一卷　創世記　計五十章 p.1–47

第二卷　出埃及記　計四十章 p.48–89

第三卷　利未記　計二十七章 p.90–123

第四卷　民數紀略　計三十六章 p.124–172

第五卷　復傳律例書　計三十四章 p.173–214(按:有翻譯爲《申命記》)

第二分冊

冊首亦載《例言》。

第六卷　約書亞記　計二十四章 p.1–30

第七卷　士師記　計二十一章 p.31–59,卷首有《例言》及目錄(略)

第八卷　路得氏記　計四章 p.60–63(無《例言》)

第九卷　撒母爾前書　計三十一章 p.64–102,頁 63 與 64 之間專門有撒母爾前後二書《例言》(略)

第十卷　撒母爾後書　計二十四章 p.103–134

第三分冊(重新分頁)

第十一卷　列王紀略上　計二十二章 p.1–172(有《例言》,略)

第十二卷　列王紀略下　計二十五章 p.173–209

第十三卷　歷代志略上　計二十九章 p.210–246(有《例言》及目錄,略)

第十四卷　歷代志略下　計三十六章 p.247–288

第四分冊

第十五卷　以士喇書　計十章 p.289–301(有《例言》,略)

第十六卷　尼希米記　計十三章 p.302–319(有《例言》,略)

第十七卷　以士帖書　計十章 p.320–328(有《例言》,略)

(重新分頁)

第十八卷　約伯記　計四十二章 p.1–28

第十九卷　詩篇　計百五十篇 p.29–105

第二十卷　箴言　計三十一章 p.106–128

第二十一卷　傳道之書　計十二章 p.129–137

第二十二卷　雅歌　計八章 p.138–142

第五分冊(重新分頁)

冊首亦載《例言》,同第一冊。

接下來是各卷重新分頁:

第二十三卷　以賽亞書　計六十六章 p.1–62(以賽亞默示書)

第二十四卷　預言者耶利米記　計五十二章 p.63–133

第二十五卷　耶利米哀歌　計五章 p.134–138(耶利米哀歌書)

第六分冊

冊首亦載《例言》,同第一冊。

第二十六卷　以西結默示書　計四十八章 p.139–201

第二十七卷　但以理書　計十二章 p.202–220

第二十八卷　何西書　計十四章 p.221–230

第二十九卷　約耳書　計四章 p.231–234

第三十卷　亞摩士書　計九章 p.235–243

第三十一卷　阿巴底書　計一章 p.244

第三十二卷　約拿書　計四章 p.245–247

第三十三卷　米迦書　計七章 p.248–253

第三十四卷　拿翁書　計三章 p.254–256

第三十五卷　哈巴谷書　計三章 p.257–259

第三十六卷　西番雅書　計三章 p.260–262

第三十七卷　哈基書　計二章 p.263–264

第三十八卷　撒加利亞書　計十四章 p.265–275

第三十九卷　馬拉基書　計四章 p.276–279

【47】TA 1977.1 C1865 舊約全書(三卷,1865) C–0249 B36

008124505　(裨治文譯本)

《舊約全書》,上海美華書館藏板,同治四年(1865)。

共分三冊,合計 1352 頁:

v.1 創世記至士師記止(卷 1—7)

v.2 路得氏記至雅歌止(卷 8—22)

v.3 以賽亞至馬拉基止(卷 23—39)

cf. B. F. B. S. Historical catalogue. No. 2546.

The headlines give the name of the book in English, with chapter–number and page–numeral.

【作者】(1)裨治文(Elijah Coleman Bridgman),1801—1861。(2)克陛存(Michael Simpson Culbertson),1819—1862。

【48】TA 1977. 1 CA1894 Kū Iok Ê Sèng Keng(**舊約的聖經**) C-0381 B169

　　008126263　FC4296　FC-M1810　（廈門話羅馬字母）

　　Kū Iok Ê Sèng Keng,從深文理委辦本譯出,1894 年;1 卷,17cm,羅馬字。版式不同於1921 年的本子,就相同的《舊約》部分,實際注音符號完全相同。

　　扉頁:Kū-Iok Ê Sèng-Keng

　　　　　Chhòng-sè-kì(創世記)

　　　　　SÈNG-CHHEH KONG-HŌE OÁĒ PÁIN ÌN

　　　　　1894

　　扉頁反面:

　　　　　The book of Genesis. Amoy Dialect

　　　　　Printed by Waterlow & Sons Limited, London Wall, London, E. C.

　　沒有目錄,共 1725 頁:

　　Chhòng-sè-kì,p. 5-106

　　Chhut Ai-kìp-ki,p. 1-82

　　Lī-bī-kì,p. 1-58

　　Bin-sò kì-liòk,p. 1-86

　　Sin-bēng-kì,p. 5-81

　　Iok-su-a kì,p. 1-52

　　Sū-su-kì,p. 5-55

　　Lō-tek,p. 7

　　但是《路得記》很特別,有單獨的封面:

　　　　　Kū Iok Ê Sèng Keng

　　　　　Lō-tek

　　　　　SÈNG-CHHEH KONG-HŌE OÁĒ PÁIN ÌN 1882

　　封面的反面:

　　　　　The book of RUTH. Amoy Dialect

　　　　　London: Printed by Gilbert and Rivington Limited, 52, St. John's Square.

　　Sat-bó-ní Kì: Siōng-koàn,p. 1-68

　　Sat-bó-ní Kì: Hā-koàn,p. 1-59

　　Liát-ông Kì-liók: Siōng-koàn,p. 1-66

　　Liát-ông: Hā-koàn,p. 1-65

　　Lèk-tāi Chì-liòk Siōng-koàn,p. 5-65

　　Lèk-tāi Chì-liòk Hā-koàn,p. 69-139

　　但是《歷代紀略後書》很特別,有單獨的封面:

　　　　　Kū Iok Ê Sèng Keng

Lèk-tāi Chì-liòk Hā-koàn

SÈNG-CHHEH KONG-HŌE OÁĒ PÁÌN ÌN 1884

封面的反面：

The second book of Chronicles. Amoy Dialect

London：Printed by Gilbert and Rivington Limited，52，St. John's Square.

Ī-sū-lát，p. 5−26

Nî-hi-bí，p. 26−58

Í-sū-thiap，p. 58−72

Iok-pek，p. 1−57

Sì-phian，p. 1−148

Chim-giân，p. 1−50

Thoân-tō，p. 5−20

Ngá-ko，p. 21−31

Í-sài-a Ê Chhen，p. 1−109

Iâ-li-bí，p. 5−138

Í-se-kiat Ê Chhen，p. 1−100

Tàn-í-lí，p. 1−32

Hô-se，p. 33−50

Iok-jín，p. 50−56

A-mô-sū，p. 56−70

O-pa-tì，p. 70−72

Iok-ná，p. 73−76

Bí-ka，p. 77−87

Ná-ong，p. 88−92

Khap-pa-kok，p. 92−97

Se-hoan-ngá，p. 97−103

Hap-ki，p. 103−106

Sat-ka-lī-a，p. 106−126

Má-liáp-kì，p. 126−132

【按】與 1921 年的比較，1894 年的本子是按照節的順序，一節一節單獨成行排列的。按照書中的排列情況，可見儘管是 1894 年的本子，但它們各自的本子年代不一，有的是 1882 年的單行本文，有的是 1884 年的單行文本。

1894 年的本子標注簡單，1921 年的標注第一章等，但是核對了兩個《舊約》部分，羅馬字母符號基本是相同的。我們特地核對了 1882 年的《路得記》的注音符號，完全相同。可見 1921 年的《舊約》是將單行本合爲一大本。

　　1894 年的每頁左上方爲每頁開始的節數,右上方爲每頁終止的節數,中間爲篇名,按章的順序進行。每頁 34 行。頁面 11×17cm。

【49】TA 1977.1 CF1874 路得至詩篇 (福州美華書局印)

008124506　（上帝）

【按】其實已經分別包含在 B90、B91、B92、B93、B98、B99、B102 裡面了。

（1）路得記　1874.8 福州平話,共四章,僅八頁

封面:耶穌降世一千八百七十四年

　　　　路得記

　　　　同治十三年

　　　　福州美華書局印

路得記序:

　　路得記者書,是論摩押地其諸娘仅,路得其品行,俩者書所記其代,想是以利昧當士師前,毛筈久就務,大意專講,大闢先代其來歷,書中僅明指一隻拜苦薩其諸娘仅,由嫌以色列其摩押族禮出其後,做大闢大王其祖母,因伊全心藉耶和華,仰望以色列其上帝保護伊。

　　第一章 p. 2,第二章 p. 3,第三章 p. 5,第四章 p. 7-8。

　　半頁,框 12×20cm,10 行,行 22 字,白口,四周雙邊,單黑魚尾,版心上鐫書名,中鐫章次,共 8 頁。

【按】該本有單行本,也有縮微膠捲,見"C-0303 B91《路得記》(福州 1874)"。

（2）撒母耳前書　1875.65 光緒元年(1875),C-0304 B92 福州:美華書局印(福州土話)

　　　封面:耶穌降世一千八百七十五年

　　　　　撒母耳前書

　　　　　光緒元年

　　　　　福州美華書局印

撒母耳序(1 頁):

　　撒母耳前後兩書,元始俩一本,大略憑據撒母耳先知,寫前書一章至二十四章,其餘前後書是伽得共拿單二位先知寫其撒母耳前後書,是猶太國以色列族一百二十年其史記。就是自救主日,未降生以前一千一百三十五年至一千零十五年止,者書起頭論撒母耳出世,在以利當士師時候,以後記立希百來王其代,至終記大闢算民數其罪其刑罰。前書一章至四章,記以利士師其言行,五章至十二章,記撒母耳做士師其代,十三章至十五章記其掃羅做王,共掃羅坐位其代,十六章至三十一章兼記大闢早年,當苦連大闢其出處,著掃羅在世時候,俩所記大闢其言行,催大闢切從其心,大闢前是牧羊,當兵著詩,後做國王,蒙上帝選伊,賜伊才能,大膽救以色列族,僅用智慧教訓管理百姓。

　　共三十五章。半頁,框 12×20cm,10 行,行 22 字,白口,四周雙邊,單黑魚尾,版心上鐫

書名,中鐫章次,共 65 頁。

（3）撒母耳後書　光緒四年（1878）C-0305 B93 福州：美華書局印（福州土話）

封面：耶穌降世一千八百七十八年

　　　　撒母耳後書

　　　　光緒四年

　　　　福州美華書局印

撒母耳序（1 頁）：

耶穌聖教中各書,有稱上帝者,有稱天主者,有稱神者,有稱真神者,稱雖不一,而其所稱義統謂創造天地人物無始無終、無形無像、獨一無二大主宰。

耶穌聖教中各書,有謂神有謂靈,皆指人之魂靈而言,惟聖靈聖神是指三位一體即父子聖靈聖神而言。

半頁,框 12×20cm,10 行,行 22 字,白口,四周雙邊,單黑魚尾,版心上鐫書名,中鐫章次,共二十四章,52 頁。

（4）列王紀略上卷　榕腔 1879.62 光緒五年（1879）福州：美華書局印板（福州土話）,大美國聖經會鐫,共二十二章,62 頁,無序。

（5）列王紀略下卷　榕腔 1880.62 光緒六年（1880）福州：美華書局活板（福州土話）,共二十五章,62 頁,無序。

（6）歷代志略上卷　1881.61 光緒七年（1881）福州：美華書局活板（福州土話）,大美國聖經會鐫,半頁,框 12×20cm,10 行,行 22 字,白口,四周雙邊,單黑魚尾,版心上鐫書名,中鐫章次,共二十九章,61 頁。

（7）歷代志略下卷　1882.61 光緒八年（1882）福州：美華書局活板（福州土話）,半頁,框 12×20cm,10 行,行 22 字,白口,四周雙邊,單黑魚尾,版心上鐫書名,中鐫章次,共三十六章,71 頁。

（8）詩篇全書（收至第 77 篇 8 節）　1868.65 同治七年 福州：美華書局印。

有用福州土話寫的《詩篇序》1 頁。

詩的分類目錄 1 頁：

壹. 感恩詩；貳. 謝恩詩；叁. 頌贊詩；肆. 教訓詩；伍. 預言詩；陸. 史記詩

但是這也是一個不全的版本,只有 77 篇詩,收至第 77 篇 8 節。

每一篇詩先有小行字的解讀分析,分析大意等。原篇在後,大字排列。

福州土話《路得至詩篇》：路得記 1874.8 ｜ 撒母耳前書 1875.65 ｜ 撒母耳後書 1878.53 ｜ 列王紀略上卷　1879.62 ｜ 列王紀略下卷　1880.62 ｜ 歷代志略上卷　1881.61 ｜ 歷代志略下卷　1882.71 ｜ 詩篇全書（收至第 77 篇 8 節）　1868.65。

福州：美華書局印,同治七年—光緒八年（1868—1882）。

【按】對比《路得記》（1874）等與《舊約全書》（上海：美華書館,清同治三年（1864））中的第八卷《路得氏記》等相關的篇目,發現福州土話本完全是文言文本的一句一句對譯本子。

【50】TA 1977. 1 CF1906 Go iok ciong cu： Hok-ciu tu kiong **舊約全書（福州土話羅馬字母本** 1906） C-0272 B59

007764609

《舊約全書》（Go iok ciong cu： Hok-ciu tu kiong），福州羅馬字母本，1906 年。

封面：Go iok ciong cu

扉頁：Go iok ciong cu

　　　　Hok-ciu tu kiong（福州土腔）

　　　　Dai-ing Lieng Nguoi-guok Seng-cu huoi eng gi 1906

反面：British and Foreign Bible Society

　　　　Foochow colloquial Old Testament（564）

　　　　Foochow city

　　　　Printed at the Romanization Press

　　　　A. B. C. F. M

全書羅馬字，有《聖經全書目錄》，分別有《舊約》和《新約》羅馬字目錄和章次，1 頁。正文是《舊約》，直接從《創世記》開始。共 1132 頁。

框 12×18. 8cm，框內中分爲二，中間劃分區域以注經文出處（（5. 2＋1. 6＋5. 2）×18. 8cm），按序展開章節，橫排。頁上右左兩邊標示該頁章節起止節數，中鎸篇名。封面中鎸羅馬金字"Go iok cu"書名。相當精緻。

Cover and spine title： Go iok cu, Foochow colloquial Old Testament. Printed at the Romanized Press, A. B. C. F. M. with reference.

Bible E. T. Chinese. 1906. Foochow： British and Foreign Bible Society, 1906.

【按】這個版本有很多單行本：

（1）TA 1977. 21 CF1892 C-0284 B71 Chaung sie ge（《創世記》，《舊約》第一分冊內容），福州：（China： Mī buô huôi ēng，1892 福州榕腔拼音本）大英國聖經會，福州美華書局；132 頁，21. 5cm，羅馬字。

（2）TA 1977. 22 CF1893 B75 Chok Ai-gik（《出埃及記》，《舊約》第二分冊內容），福州：Romanized Press，1893，榕腔拼音本，108 頁，21. 5cm，羅馬字。

（3）TA 1977. 32 CF1892 C-0318 B106 Si pieng（《詩篇》） Hok-ciu tu kiong lo-ma ce. （China： s. n. ），1892. 福州：British and Foreign Bible society 大英國聖經會；194＋62 頁，共256 頁，羅馬字修訂。

（4）TA 1977. 37 CF1892 C-0323 B111 Cǐng Ngǒg（《箴言》），1892 年；62 頁，21. 5cm，羅馬字。

單行本的版式則框內中分爲二，各自左右兩邊有邊注，按序展開章節，橫排，但不單獨以"節"的數碼順序單獨成行。頁上右左兩邊標示章節起止節數,中鎸篇名,頁下標頁碼數,藍布封面。

【51】TA 1977. 1 CM1874 舊約全書（施約瑟 1874） C-0256 B43

008127417　FC4285　FC-M1216

封面:耶穌降世一千八百七十四年

　　　舊約全書

　　　歲次甲戌京都美華書院刷印

書内有《舊約全書目録》

扉頁是《例言》,已用"天主"不用"神",用"聖經"不用"聖書",用"豫先"不用"預先",用"官話"不用"漢文",12 行,行 23 字:

是書乃聖經。聖經者,天主所啟示也,俾人明知真道。人欲究察生死之理、善惡之報、肉體與靈魂之别,及人逝世後天國地獄之分、拯救靈魂之法,聖經而外,無論何書,皆不可得。是以普天下之人,必當詳察夫是經。

聖經原本乃猶太人所著,後泰西諸國,各以土音譯之。今乃譯之以官話。書中奧義,悉照原本,並不敢增减一字。無非曰譯者易也,易字畫而已。讀者勿以淺易而藐視之。

聖經分而言之,則曰舊約、新約,以此二册有先著後著,故有舊新之别,舊約一册,在耶穌未臨世之先而著,新約一册,在耶穌臨世升天之後而著。舊約末卷,與新約相間約五百年之久。著舊約新約之人,咸屬亞西亞大洲之猶太國。著舊約則用希伯來文字,新約則用希利尼文字。

舊約計三十九卷,著者凡二十余人。首先創著者名摩西,係中國商朝之時;最後繼續者名馬拉基,係中國東周之時,先後相間約千年。

新約計二十七卷,著者八人,皆救世主耶穌門徒,係中國東漢之時,首先創著者名馬太,末後繼續者名約翰,先後相間不過數十年。

聖經雖出人手,決非由於人意,乃人爲聖靈所感而言。故毫髮不爽,所表明者,皆真神與世人之道。神者靈也。獨一無二,其體一而有三位,曰父曰子曰聖靈,乃創造天地,轄管天地,萬物之真主,無形無像,無始無終,無所不在,無所不知,無所不能,永無更變。其聖義仁愛,皆無限量。凡生於世上者,不當盡心盡意愛敬而奉事之乎?

世人者,真主所造也,肉體雖有生有死,而靈魂永遠不滅。普天下人,雖然衆庶,而溯其本源,實出於一父一母。此父此母昔造成時其心盡善。後干天主之法,而心變爲不善,故人生於世心已不善。所圖維者,無非邪慝,是以應服天主震怒,受斯世諸禍及地獄之永苦。

聖經悉言救人之法,人已陷於罪孽,天主憐愛而欲救之。則使其獨子耶穌臨世,死於十字架,代贖人罪,致人得免應受之惡報,享在天永遠之福,耶穌而外,無可依賴而免地獄之永刑。舊約新約皆言耶穌之事,著舊約之預言者,感於聖靈豫示耶穌臨世之事。是以耶穌未臨世之先,人亦必依賴耶穌而得救。

耶穌二字,係希伯來音,意謂救者。又稱基督,基督係希利尼音,意謂受膏於膏,特任非常之職者。耶穌乃天主子,即三位一體中之一。雖有父子聖靈之稱,實無大小先後之別。是以耶穌即天主,而爲天地萬物之主宰,乃舊約所稱耶和華是也。耶穌臨世作人,代人受苦而死,死後復活升天,坐於天主之右,依聖經豫言,耶穌必於所定之期,復臨夫世,使天下萬代之死者復活,一同聽受審判,彼時耶穌必按公義定其永生永死之報,人由是而得先知之,不當驚畏而悔改乎?

這本書是官話,口語性強,但是還有比較多的書面語詞彙。

目錄:

以西結書計四十八章 p. 902–964

但以理書計十二章 p. 965–983

何西書計十四章 p. 984–993

約珥書計四章 p. 994–997

亞麼士書計九章 p. 998–1005

阿巴底書計一章 p. 1006–1007

約拿書計四章 p. 1008–1010

彌迦書計七章 p. 1011–1016

拿翁書計三章 p. 1017–1019

哈巴谷書計三章 p. 1020–1022

西番雅書計三章 p. 1023–1025

哈基書計二章 p. 1026–1027

撒加利亞書計十四章 p. 1028–1038

馬拉基書計四章 p. 1039–1042

半頁,框 14×21.5cm,16 行,行 43 字,白口,四周雙邊,版心上鐫書名,中鐫章次或篇名。

【作者】施約瑟(Samuel Isaac Schereschewsky,1831—1906),美國聖公會傳教士,獨立翻譯了北京官話《舊約全書》,由美華聖經會出版,他採用了"天主"稱法,但後來有的版本也印刷成"上帝"或"神"。施約瑟是猶太人,熟悉希伯萊文,漢語造詣亦很高,他譯的《舊約全書》價值極高,不但忠實原文,而且譯文流暢。

【52】TA 1977.1 CM1886 舊約全書(上下卷,官話) C–0257 B44

008127542

封面:耶穌降世一千八百八十六年　官話

　　　舊約全書(上卷)

　　　大美國聖經會託印　上海美華書館活版

　　　Mandarin, Old Testament, VOl. I, American Bible Society, 1886

(沒有地圖)

《舊約全書》上卷目録(2 頁):

創世記、出伊及書、利未記、民數紀略、申命記、約書亞記、士師記、路得記、撒母耳前書、撒母耳後書、列王紀略上、列王紀略下、歷代志略上、歷代志略下。

每頁頁上有小字注。

半頁,框 15×10cm,13 行,行 31 字,白口,四周雙邊,單黑魚尾,版心上鐫書名"舊約全書",中鐫篇名和章次。上冊共 1000 頁。

封面:耶穌降世一千八百八十六年　官話

舊約全書(下卷)

大美國聖經會託印　　上海美華書館活版

Mandarin, Old Testament, VOl. II, American Bible Society, 1886

(没有地圖)

《舊約全書》下卷目錄:

以斯啦書、尼希米記、以斯帖書、約伯記、詩篇、箴言、傳道之書、雅歌、以賽亞書、耶利米記、耶利米哀歌、以西結書、但以理書、何西阿書、約珥書、亞麼斯書、阿巴底亞書、約拿書、彌迦書、那鴻書、哈巴谷書、西番雅書、哈該書、撒加利亞書、馬拉基書。

每頁頁上有小字注。

半頁,框 15×10cm,13 行,行 31 字,白口,四周雙邊,單黑魚尾,版心上鎸書名“舊約全書”,中鎸篇名和章次。下冊 p. 1001–1846,上下兩冊共 1846 頁。

該書專有名詞“GOD”翻譯成“神”,不用“天主”、“上帝”、“大主”。

這本《舊約》與 1891 年的《聖經全書》中的《舊約》內容完全相同,包括頁上的小字注文,其區別除了版式有大小外,就是 1891 年本用“天主”、“埃及”,而 1886 年本用“神”、“伊及”。

【53】TA 1977. 1 CM1930 新舊約聖經(上帝)

009441254　(官話和合版)

舊約全書

扉頁:官話和合譯本(上帝)

　　舊約全書

　　上海美華聖經會印發

　　Mandarin Old Testment, Union Version, Term Shanghai

　　American Bible Society, Shanghai, 1930

有《新舊約全書目錄》:

新約書中常有引舊約書中的話,或申明上文,或證實句中的本意,或彰顯古時的豫言已得應驗,每遇此話,加以引號,用注指明何書何章何節,但書中字數太多,用注不便,特於各書中簡取一二字代用,附入目錄之下,以便讀者查對,列表如左。

創世記(創)　計五十章

出埃及記(出)　計四十章

利未記(利)　計二十七章

民數記(民)　計三十六章

申命記(申)　計三十四章

約書亞記(書)　計二十四章

士師記(士)　計二十一章

路得記（得）　計四章

撒母耳記上（撒上）　計三十一章

撒母耳記下（撒下）　計二十四章

列王紀上（王上）　計二十二章

列王紀下（王下）　計二十五章

歷代志上（代上）　計二十九章

歷代志下（代下）　計三十六章

以斯拉記（拉）　計十章

尼希米記（尼）　計十三章

以斯帖記（斯）　計十章

約伯記（伯）　計四十二章

詩篇（詩）　計百五十篇

箴言（箴）　計三十一章

傳道書（傳）　計十二章

雅歌（歌）　計八章

以賽亞書（賽）　計六十六章

耶利米書（耶）　計五十二章

耶利米哀歌（哀）　計五章

以西結書（結）　計四十八章

但以理書（但）　計十二章

何西阿書（何）　計十四章

約珥書（珥）　計四章

阿摩司書（摩）　計九章

俄巴底亞書（俄）　計一章

約拿書（拿）　計四章

彌迦書（彌）　計七章

那鴻書（鴻）　計三章

哈巴谷書（哈）　計三章

西番雅書（番）　計三章

哈該書（該）　計二章

撒迦利亞書（亞）　計十四章

瑪拉基書（瑪）　計四章

新約

馬太福音（太）　計二十八章

馬可福音（可）　計十六章

路加福音（路）　計二十四章

約翰福音（約）　計二十一章

使徒行傳（徒）　計二十八章

羅馬書（羅）　計十六章

哥林多前書（林前）　計十六章

哥林多後書（林後）　計十三章

加拉太書（加）　計六章

以弗所書（弗）　計六章

腓立比書（腓）　計四章

哥羅西書（西）　計四章

帖撒羅尼迦前書（帖前）　計十五章

帖撒羅尼迦後書（帖後）　計三章

提摩太前書（提前）　計六章

提摩太後書（提後）　計四章

提多書（多）　計三章

腓立門書（門）　計一章

希伯來書（來）　計十三章

雅各書（雅）　計五章

彼得前書（彼前）　計五章

彼得後書（彼後）　計三章

約翰第一書（約一）　計五章

約翰第二書（約二）　計一章

約翰第三書（約三）　計一章

猶大書（猶）　計一章

啟示錄（啟）　計二十二章

凡例：

書中的圈點，是要將意思更顯亮，所用的諸點式，都擺列如左。

凡一句而意思不全的，就用尖點、

凡一氣而意思不全的，就用圓點．

凡一氣或數氣而意思已全的，就用小圈。

凡引證話就前後加雙鉤“　”，名叫引號

凡申明話，就前後加括弧（　），名叫解號

每逢句旁有小點……是指明原文沒有此字，必須加上才清楚，這是要原文的意思更顯明

《舊約全書》，22cm，18 行，行 40 字，共 1056 頁。

新約全書

扉頁:官話和合譯本(上帝)

　　　新約全書

　　　上海美華聖經會印發

　　　Mandarin New Testment, Union Version, Term Shanghai

　　　American Bible Society, Shanghai, 1930

《新約全書》,22cm,18 行,行 40 字,共 352 頁。

後附四幅中文彩色地圖:

《大闢在位之時猶太地圖》、《耶穌降世之時猶太地圖》、《使徒行教地圖》、《西亞細亞諸國之圖》,每幅印有英文"American Bible Society"。

《新舊約聖經》(上帝)全書共 1408 頁。

【按】這是官話和合版《聖經》小版式本(不同於 1891 上海美華聖經會印發的官話本《聖經全書》(天主),字句略有變化),分《舊約》和《新約》,《舊約》在前。

【54】TA 1977.03 03 聖經要言(1890) C-0230 B16

008124484

30 double l. ; 19cm. Pen note on cover: Important words of Scripture. Selected by Miss M. E. Andrews.

封面:耶穌降世一千八百九十年

　　　聖經要言

　　　歲次庚寅 (北京)華北書會印發

《小引》:

夫聖經者乃耶穌聖教之書。要言者即聖書至要之道,其中字句皆由兩約而擇者也,取義成章,凡十有二:如何事主,如何待人,宜悔過而遷善,須棄暗以從明,仰賴耶穌救世之恩……定獲天堂永生之樂,真理燦備,條縷析分,其意至深……

有《目錄》(十二章,4 頁):

第一章　天主真神

第二章　天主律法

第三章　人皆有罪

第四章　救主耶穌

第五章　得救之法

第六章　聖靈感化

第七章　死後報應

第八章　世界末日

第九章　至善之法

　　第十章　盡心事主

　　第十一章　誠意愛人

　　第十二章　主之應許

　　頁上有注文。

　　半頁,框 10.5×16cm,10 行,行 20 字,白口,四周雙邊,單黑魚尾,版心鎸書名“聖經要言”及章次,頁上有注,共 30 頁。

　　【按】雖然與 1871 京都燈市口美華書局刷印《聖經要言》同名,但内容不完全相同。

　　【作者】安美瑞(Mary Elizabeth Andrews,1840—1936),美國聖公會宣教師,1868 年來華傳教。作品還有【629】TA 1983.17 03 保羅言行(官話,華北書會 1910) C-0538 E9。

【55】TA 1977.03 70 天道鏡要(寧波 1858)

　　008648759

　　《天道鏡要》實際上是《新舊約聖經》解釋導讀類書。正如編者孟丁元所云:“予恐讀是經者,因卷帙浩繁,不能全誦,特撮其要旨,分爲三卷,上卷集《舊約》中神造天地萬物及先知預言耶穌之事,中卷集《新約》中耶穌降世行事,下卷詳論耶穌教之天道,使讀是書者,一覽了然,以同歸于正道,實予之所厚望也夫。”

　　書的扉頁:

　　右邊:耶穌降世一千八百五十八年神惟一神人之間中得保惟一耶穌基督即其人

　　左邊:有一言可信可嘉者即基督耶穌臨世救罪人也　咸豐八年寧波華花聖書房刊

　　屬於淺近的文言文。

　　有孟丁元的《小引》(含《凡例》)三頁,分上、中、下三卷。

　　《小引》:

　　人生天地之間,有主宰者,愚人深昧之,知者小喻之,然小喻之而不知敬之畏之感之謝之,則以其未曾深考之也。夫欲考主宰之真神,莫備於耶穌之《聖經》。試思父母之生子也,養育之,必有條例以訓誨之,使之無忝所生。君王之治民也,撫治之,必有律法以教導之,使之無敢作慝,乃神造我儕世人,養我育我,且視我儕爲愛子,則神即爲我在天之父,撫我治我,且視我儕爲選民,則神又爲我在天之皇,而其所爲條例以訓誨我,律法以教導我者,不有《聖經》在乎。

　　夫《聖經》,猶太國古先知奉神命而録者也。其意非出於一己,其言悉感夫聖靈。使徒彼得曰:預言素非由人意而來,乃屬神之聖人,感聖靈而言之也。故名之曰《聖經》。又以神之道悉備於《聖經》,藉以啟示夫後世,故或稱《遺詔》;以神與人之所立之約,悉載於《聖經》,用以徵信于世人,故或稱《約書》。書共六十六卷(《舊約書》三十九卷+《新約書》二十七冊)。

　　當耶穌未降,歷代先知得神默示而記録成帙者曰《舊約書》,記神創造天地萬物,人違神命獲罪,神賜洪恩以宥人,許降救主以拯世,設罪祭之禮,預表耶穌之代,使先知之人預言耶穌之降生，明天國之要道，成救世之大功，合記三十九卷。至耶穌既降，先後門徒，記事論道而合爲一書者，曰《新約書》，馬太、馬可、路加、約翰親見耶穌行事，而各成福音書，蓋言天上之福，由此四書而傳聞於天下也。《使徒行傳》記使徒遵師命傳教之事，《默示錄》乃耶穌升天後默示之書，其餘皆使徒感聖靈論道，共計二十七冊。此新舊兩《約書》，非出於一時之間，亦非出於一人之手，而考核之下，《新約》與《舊約》若合符節，此書與彼書靡不貫通，雖其間義蘊宏深，未易領略，而潛心默究，無不心領而意會，吾得而斷之曰《聖經》者，耶穌教之遺書，即斯人入天堂之門也。予恐讀是經者，因卷帙浩繁，不能全誦，特撮其要旨，分爲三卷，上卷集《舊約》中神造天地萬物，及先知預言耶穌之事，中卷集《新約》中耶穌降世行事，下卷詳論耶穌教之天道，使讀是書者，一覽了然，以同歸于正道，實予之所厚望也夫。

《凡例》：

一　是書所稱之神，皆專指主宰天地之神耶和華，即《聖經》別本翻譯及中國四書內所稱上帝者是也。

一　凡上卷《聖經》之語，皆高一格，若文字中之單抬然，其下低一格者，則參以己意，注明之，至中下兩卷則否，因其引《聖經》者多也。

一　是書所引《聖經》非從一處引來，故或言一事，有上句引自此書，而下句引自彼書者，且於其始，但言"聖經曰"，而不備載書名章節，免讀者煩碎，於正意反致混淆。

歲次戊午正月日孟丁元著

第八章　耶穌被害

第九章　耶穌受榮

下卷論耶穌爲民之師表(p.53–91)：

第一章　論神有真有假

第二章　論人

第三章　人於神之分 倫常

第六章　人於人之分 德行

第七章　論天使魔鬼

第八章　論天堂地獄

半頁,25cm,含小引、目錄、正文(3+1+91),共95頁。

【作者】孟丁元(Rev. Samuel Newell D. Martin),美國長老會傳教士,丁韙良的哥哥。1850年來到中國,在寧波傳教,並負責當地學堂的教學工作。編譯了一些作品,如1855年編譯出版的羅馬字Hymn Book(聖詩集)。

【56】TA 1977.03 80 聖經擇要(1869) C–0228 B14

008124176

封面:同治八年鐫

　　　聖經擇要

　　　耶穌降世後一千八百六十九年

有《聖經擇要目錄》(4頁)。

正文:

《聖經擇要循救道之次序》第一要端、第二要端、第三要端、第四要端 p.1–31

論聖經 p.31

論上帝之律法及十條誡卷一 p.31–37

論信德卷二 p.37–43

論祈禱卷三 p.44–47

論聖浸禮卷四 p.47

論聖晚餐卷五 p.48

論天國之鑰卷六 p.48

祈禱文

引用《聖經》原文大字,注明出處及解釋之語爲雙行小字。

半頁,框11×17cm,大字9行,行25字,白口,四周雙邊,單黑魚尾,卷心鐫書名"聖經擇要",共63頁。

【57】TA 1977.03 81 Seng ging du siok kie mung **聖經圖説啟蒙** C-0226 B12

008213680 （福州土話 1890）

《Séng Gǐng Dǔ Siǒk Kie Múng》(《聖經圖説啟蒙》),文言,薛氏著,1890 年。

扉頁:Hok-ciu tu ua

   Seng ging du siok kie mung

   Buong-de ce

   Mi hua cu guoh eng(美華書局印)

   Lo-ma ce

   Ging-seuk Sang cu guoh eng

   Cio 1890 Nieng

   Dai-Ching Guong-sen 16 Nieng(大清光緒十六年)

有 Dai-mi guok Siek sing-sang niong ik(大美國薩先生娘譯)《前言》。

有《目録》3 頁。正文共 80 篇課,福州平話羅馬字,文中每篇有插圖,共 80 幅圖畫,橫排,30 行,21.5cm,共 116 頁。

cf.雷振華.基督聖教出版各書書目彙編.p.15.

【58】TA 1977.03 99 **聖經要言**(1871,官話) C-0229 B15

008124179

封面:聖經要言

扉頁:耶穌降世一千八百七十一年

   聖經要言 Scripture Texts important on doctrines

   American Mission Press, Peking 1871

   歲次辛未　京都燈市口美華書局刷印

有《聖經要言目録》(十二章,3 頁):

第一章　天主真神

第二章　救主耶穌

第三章　聖靈感化

第四章　人皆有罪

第五章　信主得救

第六章　善惡有報

第七章　復活被審

第八章　四端助善

第九章　竭力禱告

第十章　盡心事主

第十一章　誠意待人

第十二章　靠主得福

卷末有"聖經要言終"之語。

半頁,框 11.2×16cm,8 行,行 20 字,白口,四周雙邊,單黑魚尾,版心鐫書名"聖經要言",中鐫章次,共 27 頁。

【按】雖然與 1890 年華北書會印發《聖經要言》同名,但内容不完全相同。

【59】TA 1977.04 03 (1921) 大美國聖經會目録 C-0234 B20

008110266

封面:Catalogue of the China Agency

American Bible Society

Chinese scriptures 1921

A Catalogue of criptures other than Chinese will be supplied on application.

Catalogue of Chinese scriptures published and for sale by the China Agency of the American Bible Society, Rev. G. Carleton Lacy, Agency secretary.

扉頁:大美國聖經會

Catalogue of Chinese scriptures published and for sale by the China Agency of the American Bible Society, 73 SZECHUEN ROAD,SHANGHAI

Rev. G. Carleton Lacy, Agency secretary.

共記載 390 種《聖經》各種版本或單行本的出版情況,分文言、淺文理、委辦本、方言版本,術語有"上帝"、"神",含其版式、紙張、價格等信息,共 27 頁。可以從一個側面瞭解 1921 年大美國聖經會《聖經》文獻的出版發行情況。

【60】TA 1977.04 09 (1921) 聖書公會目録 C-0233 B19

008110527

《聖書公會目録》,上海:聖經公會,1921 年。

爲聖經書目之一,漢字英文對照,是英國聖書公會的書目和價格表。21.5cm,23 頁。

【著者】文顯理(George Henry Bondfield)。

【按】關於《聖經》方面的資料,哈佛燕京圖書館藏有臺北複製出版的書,可資參考:(1)《聖經百科全書》(The International Standard Bible Encyclopedia),俄珥(James Orr)原著,初版於 1925 年上海協和書局,1976 年臺北中華世界資料供應出版社有限公司再版,4 卷,21cm,有目録插圖和中文筆畫索引,增加彩色新舊約插圖,主要基於俄珥的翻譯而成,有中國人參與。TA 1975. 6/66。(2)《中文聖經經文索引大典》,芳泰瑞(Courtenay Hughes Fenn)編,原名《經文彙編》,完稿於 1908 年,出版於 1922 年,1977 年臺北中華世界資料供應出版社有限公司再版,926 頁,有目録,26.5cm,將原來舊式注音改爲新式國語注音。TA 1977.06/27(1977)。

【61】TA 1977.05 29 Ging Ca Ong Dak（**福州羅馬字讀本**）C-0227 B13

008256048

封面：Ging Ca Ong Dak（問答）

DÂ 1 GIÊ（第一期）

Foochow city

Printed At The Romanized Press 1907

10×15.5cm，橫排，頁上鎸書名"Ging Ca Ong Dak"，共 13 課，口語性問答體的羅馬字聖經知識課本，共 31 頁。

福州：Romanized Press，清光緒三十三年。

【62】TA 1977.05 31 **官話經齋課** C-0232 B18

007763367

封面（紅色）：

主一千八百九十三年

官話經齋課

光緒十九年五月十九日起　福州美華書局活板

第三季齋課即光緒十九年五月十九日起——（第十三課八月十五日）

第一課五月十九日考使徒行傳十六章六至十五節

第二課五月念六日考使徒行傳十六章十九至三十四節

……

第十二課八月初八日考羅馬十四章十二至二十三節

第十三課八月十五日溫本季經齋

第四季齋課即光緒十九年八月念二日起第一課——（第十四課十一月念四日）

1—4，羅馬；5—7，考哥林多；8，以佛所；9，歌羅西；10，雅各；11，彼得；12，默示；13，馬太；14，溫本季經齋。總共 27 課，官話講解《使徒行傳》、《羅馬書》等經文的問答內容。10.5×15.5cm，16 行，行 31 字，白口，四周雙邊，版心鎸書名"官話經齋課"，單黑魚尾，共 7 頁。

【63】TA 1977.05 86 **拜日學課**（**華北書會**）C-0231 B17

存清光緒十九年（1893）夏季及光緒三十一年（1905）冬季兩期。

【63-1】TA 1977.05 86（1893.2）拜日學課

008255958

封面：1893 夏季

拜日學課

約伯記　馬太福音　箴言　傳道書　馬拉基書

共 12 課,每課第一部分　首先引用經文《約伯記》《馬太福音》《箴言》《傳道書》《馬拉基書》原文若干節

第二部分　規定一個功課法録:有題目,經句,然後一禮拜每天在家中學習這篇經文中規定的若干章節

第三部分　有小引

第四部分　簡要摘問

第五部分　總歸

1893 夏季　西三月三十一日,中三月初六日(第 1 課)

西四月初七日,中三月十三日(第 2 課)

西四月十四日,中三月二十日(第 3 課)

西四月二十一日,中三月二十七日(第 4 課)

西四月二十八日,中四月初四日(第 5 課)

西五月初五日,中四月十一日(第 6 課)

西五月十二日,中四月十八日(第 7 課)

西五月十九日,中四月二十五日(第 8 課)

西五月二十六日,中五月初三日(第 9 課)

西六月初二日,中五月初十日(第 10 課)

西六月初九日,中五月十七日(第 11 課)

西六月十六日,中五月二十四日(第 12 課)

半頁,框 10.6×15.6cm,13 行,行 32 字,白口,四周雙邊,單黑魚尾,版心上鎸書名"拜日學課",中鎸課數,下鎸頁碼,共 24 頁。在每課上方都標有中西曆。

【63-2】TA 1977.05 86(1905.4) 拜日學課(華北書會 1905) C-0231 B17

008255958

封面(殘):

1905 冬季

拜日學課

扉頁(殘):

華北書會

救主降世一千九百零五年

拜日學課

光緒三十一年

共 12 課,每課第一部分　首先引用經文《約伯記》《馬太福音》《箴言》《傳道書》《馬拉基書》原文若干節

第二部分　規定一個功課法録:有題目,經句,然後一禮拜每天在家中學習這篇經文中規定的若干章節

第三部分　有小引

第四部分　簡要摘問

書末温習以上十二課。

1895 夏季從中八月二十六日（西九月二十四日）第 1 課到中冬月二十一日（西臘月十七日）第 12 課。

半頁,框 9.8×15.5cm,12 行,行 32 字,白口,四周三邊,單黑魚尾,版心上鐫書名"拜日學課",中鐫課數,下鐫頁碼,共 27 頁。在每課上方都標有中西曆。

【《拜日學課》】美國公理會、英國倫敦會、美國長老會、美國美以美會聯合編寫,清光緒間 1890—1908 華北書會出版。

【64】TA 1977.5 C1813 耶穌基利士督我主救者新遺詔書（1813）C-0238 B24

008126275　FC8647　Film Mas 32800　（文言文,馬禮遜譯本）

封面:耶穌基利士督我（右）

　　　　主救者新遺詔書（中）

　　　　俱依本言譯出（左）

新遺詔書各卷次第並每卷內章數若干開列于左（目録）:

第一本——馬竇書有二十八章（p.1-81）單獨成冊（首頁有:聖馬竇傳福音書）

第二本——馬耳可書有十六章（p.1-52）單獨成冊（首頁有:聖馬耳可傳福音書）

第三本——路加書有二十四章（p.1-80）單獨成冊（首頁有:聖路加傳福音之書）

第四本——若翰書有二十一章（p.1-66）單獨成冊（首頁有:聖若翰傳福音之書）

第五本——使徒行書有二十八章（p.1-74）單獨成冊（首頁有:使徒行傳）

第六本——單獨成冊

與羅馬軰書有十六章（p.1-30）

可林多軰第一書有十六章（p.1-30）

可林多軰第二書有十三章（p.1-21）

第七本——厄拉氏亞軰書（戞拉提亞／加拉太書）有六章（p.1-11）

以弗所軰書有六章（p.1-10）

腓立比書有四章（p.1-8）

可羅所書有四章（p.1-7）

弟撒羅尼迦第一書有五章（p.1-5）

弟撒羅尼迦第二書有三章（p.1-4）

弟摩氏第一書有六章（p.1-8）

弟摩氏第二書有四章（p.1-6）

弟多書有三章（p.1-4）

腓利們書有一章（p.1-2）

第八本——希比留書有十三章(p.1–25)

者米士書有五章(p.1–9)

彼多羅第一書有五章(p.1–10)

彼多羅第二書有三章(p.1–6)

約翰第一書有五章(p.1–10)

約翰第二書有一章(p.1)

約翰第三書有一章(p.1–2)

如大書有一章(p.1–3)

若翰現世書有二十二章(p.1–41)

時耶穌降生一千八百一十三年鎸

新遺詔書各卷次第目録終

《耶穌基利士督我主救者新遺詔書》,馬禮遜從希臘文譯出(1813—1814),一函八卷,保存尚好。1813 年馬禮遜翻譯完《新約全書》,取名《耶穌基利士督我主救者新遺詔書》。在中國信徒梁發和助手米憐幫助下在廣州秘密印刷出版了 2000 冊,木刻雕版印刷,綫裝 8 冊,工本費共用去 3818 元西班牙銀幣。

這個文本較早,所以在翻譯人名、國名上有特點:"耶穌基督"作"耶穌基利士督";"阿門"作"啞呵";"亞伯拉罕"作"亞百拉罕"。

半頁,框 12.5×21cm,7 行,行 22 字,白口,四周雙邊,版心上鎸書名,中鎸章次,共 623 頁。

cf. British and Foreign Bible Society. Historical catalogue. No. 2459. Tr. from the Greek by R. Morrison. Date given after the list of books is 1813.

cf. Wylie. Memorials. p. 5–6.

從用字看,燕京圖書館還藏有單行本,如:《聖馬耳可傳福音書》(1837)C-0343 B131,這本單行冊子是這個系列的,也用"啞呵"。但是沒有任何其他的序言等,所以不知作者和出版社。

1936 年版《救世主耶穌新遺詔書》與它翻譯者不同,音譯上的區別更加明顯。

【譯者】馬禮遜,英國人,是第一位來到中國傳教的新教傳教士。1807 年抵達廣州。他單獨翻譯了《新約全書》,1813 年出版。1823 年,他和另一位新教傳教士米憐合作完成《舊約全書》之後出版中文《聖經》全譯本,取名《神天聖書》,是第一本在中國翻譯的漢譯《聖經》,綫裝本,共 21 冊,史稱"馬禮遜譯本"。

【65】TA 1977.5 C1836 救世主耶穌新遺詔書(1836) C-0240 B27

008126293　FC8397　Film Mas 32298　(郭實臘譯本)

封面:依本文譯述(右)

　　　救世主耶穌新遺詔書(中)

　　新嘉坡堅夏書院藏板(左)

(這個版本似經過管理者加工裝訂。没有目録等,直接正文,獨立分卷。保存尚好。)

　　馬太傳福音書(p.1-43)

　　馬可傳福音書(p.1-26)

　　路加傳福音書(p.1-45)

　　約翰傳福音書(p.1-36)

　　聖差言行傳(p.1-44)

　　聖差保羅寄羅馬人書(p.1-19)

　　聖差保羅寄哥林多人上書(p.1-19)

　　聖差保羅寄哥林多人下書(p.1-12)

　　聖差保羅寄伽拉太人書(p.1-7)

　　聖差保羅寄以弗所人書(p.1-6)

　　保羅達非利比人書(p.1-5)

　　保羅達哥羅西人書(p.1-5)

　　保羅達帖撒羅尼迦人之首書(p.1-4)

　　保羅達帖撒羅尼迦人之後書(p.1-3)

　　保羅寄提摩太首書(p.1-5)

　　保羅寄提摩太後書(p.1-4)

　　保羅達提都之書(p.1-2)

　　保羅寄非利門之書(p.1)

　　聖差保羅寄希伯來人之書(p.1-14)

　　耶哥伯之書(p.1-5)

　　彼得羅上書(p.1-5)彼得羅下書(p.1-8)

　　約翰三書上中下(p.1-7)

　　猶大士之書(p.1-2)

　　聖人約翰天啓之傳(p.1-22)

　　10 行,行 26 字,框 10.5×16.5cm,白口,四周雙邊,單黑魚尾,版心上鎸書名,中鎸章次。雕版印刷,依本文譯述,郭實臘譯本。

　　cf. Wylie. Memorials. p. 62-63. ...several times revised by Gützaff and ten or more editions published.

　　【按】1836 年《救世主耶穌新遺詔書》(TA 1977.5 C1836 / C-0240 B27)全書 21 卷除卷四外,共有 20 個單行本。卷一、卷三分別有縮微膠片;卷六至卷十六也單獨爲一單行本《聖差保羅信(上、中、下卷)》,並有縮微膠片。1839 年的《救世主耶穌新遺詔書》(TA 1977.5 C1839 / C-0241 B28,將前四卷的福音四書編爲一冊,其餘爲下冊,係同一個出版社的版本)及其單行本也屬於同一版本系列。

1836 年《救世主耶穌新遺詔書》及其單行本一覽表

			卷數	篇名(TA 號)	單行本	膠片
救世主耶穌新遺詔書(1836) TA 1977.5 C1836 有膠片： C-0240 B27	單行本		卷一	馬太傳福音書 TA 1977.62 C1836	有	有 C-0332 B120
			卷二	馬可傳福音書 TA 1977.63 C1836	有	無
			卷三	路加傳福音書 TA 1977.64 C1836	有	有 C-0348 B136
			卷四	約翰傳福音書	無	無
			卷五	聖差言行傳 TA 1977.67 C1836	有	無
	聖差保羅信 （上、中、下卷） TA 1977.7 C1836 有膠片： C-0371 B159	上書	卷六	寄羅馬人書 TA 1977.71 C1836	有	無
		中書	卷七	哥林多人上下書 TA 1977.72 C1836	有	無
		下書	卷八	寄伽拉太人書 TA 1977.74 C1836	有	無
			卷九	寄以弗所人書 TA 1977.75 C1836	有	無
			卷十	達非利比人書 TA 1977.76 C1836	有	無
			卷十一	達哥羅西人書 TA 1977.77 C1836	有	無
			卷十二	達帖撒羅尼迦人之首後書 TA 1977.78 C1836	有	無
			卷十三	保羅寄提摩太首後書 TA 1977.784 C1836	有	無
			卷十四	保羅達提都之書 TA 1977.77 C1836	有	無
			卷十五	保羅寄非利門之書 TA 1977.787 C1836	有	無
			卷十六	保羅寄希伯來人之書 TA 1977.788 C1836	有	無
			卷十七	耶哥伯之書 TA 1977.791 C1836	有	無

续表

救世主耶穌新遺詔書(1836) TA 1977.5 C1836 有膠片: C-0240 B27	單行本	卷十八	彼得羅上下書 TA 1977.792 C1836	有	無
		卷十九	約翰三書上中下 TA 1977.794 C1836	有	無
		卷二十	猶大士之書 TA 1977.798 C1836	有	無
		卷二十一	聖人約翰天啟之傳 TA 1977.8 C1836	有	無

【66】TA 1977.5 C1839 **救世主耶穌新遺詔書**（1839） C-0241 B28

008126294 （郭實臘譯本）

封面：道光十九年鎸　新嘉坡堅夏書院

救世主耶穌新遺詔書

依本文譯述

本書是 1836 年（C-0240 B27）《救世主耶穌新遺詔書》（1836）之翻版，文字上完全相同，但在版式處理上略有點變化，如框式變小，每章内表示節書符號從 1836 年的行旁小字變爲 1839 年的行内大字，且《福音四書》單立爲册，單獨有分册封面：

封面：道光十九年鎸　新嘉坡堅夏書院藏板

馬太傳福音書（p.1-51）

依本文譯述

封面：道光十九年鎸　新嘉坡堅夏書院藏板

馬可傳福音書（p.1-33）

依本文譯述

封面：道光十九年鎸　新嘉坡堅夏書院藏板

路加傳福音書（p.1-55）

依本文譯述

封面：道光十九年鎸　新嘉坡堅夏書院藏板

約翰傳福音書（p.1-45）

依本文譯述

【按】另有《約翰傳福音書》（無膠片）TA 1977.65 C1839，HOLLIS Number：008162126，是相同的單行本，但已經殘缺，可以直接用這個本子或參考 1836 年的底本。

這四本組成合訂本上册，其餘也是各部分單獨分卷，合爲下册。

下册中有兩大部分有封面：

封面：道光十九年鎸　新嘉坡堅夏書院藏板

聖差言行傳（p.1-54）

依本文譯述

封面:道光十九年鎸　新嘉坡堅夏書院藏板

耶哥伯等真傳聖言（收錄:耶哥伯之書、彼得羅上書、彼得羅下書、約翰三書上中下、猶大士之書、聖人約翰天啟之傳）

依本文譯述

中間部分各卷沒有封面:

聖差保羅寄羅馬人書、聖差保羅寄哥林多人上書、聖差保羅寄哥林多人下書、聖差保羅寄伽拉太人書、聖差保羅寄以弗所人書、保羅達非利比人書、保羅達哥羅西人書、保羅達帖撒羅尼迦人之首書、保羅達帖撒羅尼迦人之後書、保羅寄提摩太首書、保羅寄提摩太後書、保羅達提都之書、保羅寄非利門之書、聖差保羅寄希伯來人之書。

半頁,框10.2×6.7cm,11行,行20字,白口,四周雙邊,單黑魚尾,版心上鎸書名,中鎸章次。

cf. Wylie. Memorials. p.62-63.

【按】《新舊約聖經》的別稱有《新舊約全書》/《聖經》/《新遺詔書舊遺詔書》。

【67】TA 1977.5/C1853 聖經新遺詔全書 C-0243 B30

008126274 　（高德譯本）

英文封面:

The New Testament in Chinese

Translated from the Greek for

The American & Foreign Bible Society.

By J. Goddard

First Edition Ning Po

1853 Prefatory Remarks（Josiah J. Goddard,1813—1854）Nov. 30th,1853

英文《序》:

The preparation of the present version has occupied a large portion of the writer's attention for about three years. Having been commenced near the close of 1850, and continued with a few interruptions from sickness and other duties, Until the present time, with the constant assistance of two very competent Chinese teachers, one of them a disciple of long standing. In the meantime, the first edition of the Gosples and Acts has been exhausted, and those portions again reviewed and amended, are now in the second edition, presented to the public, along with the first edition of the Epistles with humble thanksgiving to God for health and strength to finish the work, and sensible that it is still capable of much improvement, It is now freely offered to the public, to be used in the fear of God by any Who may desire, in such manner as may be subservient to his glory and the salvation of this people. That his blessing may rest upon It is the humble prayer of the writer.

Ningpo, Nov 30th 1853 J. Goddard

中文封面：

最上方：The New Testament in Chinese（小字）

右方：耶穌一千八百五十三年高德譯訂

中間：聖經新遺詔全書

左下：寧波真神堂敬送

最下方：For The AM. & Foreign Bible Society By J. Goddard 1853（小字）

有《聖經新遺詔全書引言》：

聖經者，真神之全書也，非由人心臆想而著，乃由神之聖靈所示，明傳神意與永福之道，故曰遺詔。因時有先後之殊，故名有新舊之別。舊遺詔內，律法、史記、歌詩、先知諸書，皆神託先聖、先知言之，始於造天地萬物，歷四千年，以及神子耶穌降世，新遺詔接之，而載耶穌在世所言、所行及所傳之道，皆爲耶穌門徒感於聖靈而著。其上四卷，乃馬太、馬可、路加、約翰，各記耶穌降世言道行奇表，受苦贖人死罪，死而復活，及其升天諸事，謂之福音。因凡信之者，生前死後，皆可得福也。第五卷乃路加記耶穌升天後諸使徒之言行，其下各卷，皆係使徒辯論解明耶穌之道。書中所載，確實有據，悉可證信，今以中華文字譯之，惟願華人信而由之得救也。耶穌降世於猶太國，當漢孝哀皇帝年間，至今一千八百五十四年矣。其國地圖並繪于左。

folded map 折疊地圖，猶太國圖 19×12.5cm。

《聖經新遺詔全書》，高德從希臘文翻譯譯訂，1853 年寧波真神堂敬送，淺文言，用"神"、"大闢"。

半頁，框 18×12.5cm，12 行，行 27 字，白口，四周雙邊，單黑魚尾，版心上鐫書名"聖經新遺詔"及各卷次，中鐫各篇篇名及章次，下鐫頁碼數，共 250 頁。

【按】這本書保存尚好。單行本《聖經新遺詔·馬太福音傳》（1852）（C-0335 B123）是這個全本之單行本。核對諸多版本，這個版本不同於 1813 年、1836 年（1839 年）的本子，在專有名詞、人名、國名、地名的翻譯上異文很多。

【作者】高德（Josiah Goddard，1813—1854），美國人。

【68】TA 1977.5 C1854 新約全書（香港英華書院，1854）C-0244 B31

008126264

咸豐肆年鐫

新約全書（小篆）

香港英華書院活板

有目錄。

半頁,框16×11cm,17行,行33字,文言文,白口,四周單邊,單黑魚尾,版心上鐫書名,中鐫章次,凡141頁。

【69】TA 1977.5 C1855 聖經新遺詔全書

008126456　FC4221　FC–M1253　（高德譯本）

耶穌一千八百五十五年　高德譯訂(右)

聖經新遺詔全書(The New Testament in Chinese by J. Goddard)(中)

上洋聖會堂敬送(左)

1卷本,半頁,框18×13cm,250頁。

【作者】高德(Josiah Goddard,1813—1854),美國人。

【70】TA 1977.5 C1855.02 新約全書五卷(1855)

008961288

新約全書五卷(馬太福音、馬可福音、路加福音、約翰福音、使徒行傳,五卷一冊)

内封右上:耶穌降世一千八百五十五年

　　　左上:咸豐五年

第一卷馬太傳福音書二十八章 p. 1–51

第二卷馬可傳福音書十六章 p. 1–32

第三卷路加傳福音書二十四章 p. 1–52

第四卷約翰傳福音書二十一章 p. 1–45

第五卷使徒行傳二十八章 p. 1–53

半頁,框19.5×13.6cm,10行,行21字,白口,四周雙邊,單黑魚尾,版心上鐫書名,中鐫卷次。

【按】這個版本也是比較早的文言版本,橫濱的那個版本的文言文表達是否與這個差不多待核。

【71】TA 1977.5 C1863 新約聖書(1863) C–0246 B33

008126354　FC7720　Film Mas 31752　（裨治文本,綫裝,文言文）

封面:耶穌降世一千八百六十三年

　　　新約聖書

　　　蘇松上海美華書局藏板

扉頁是《例言》,15行,行32字。

是書乃聖書中之一。聖書者,神所啟示也,俾人明知真道。人欲究察生死之理、善惡之報、肉體與靈魂之別,及人生逝世後天國地獄之分、救靈之法,聖書而外,無論何書,皆不可得。是以普天下之人,必當詳察夫是書。

聖書原本乃猶太人所著,後泰西諸國,各以土音譯之。今乃譯以漢文。書中奧義,並不敢增減一字。悉照原本,亦不敢稍加潤色。無非曰譯者易也,易字畫而已,即語助亦循其文本譯出。惟不得以淺陋而藐視之。

聖書分而言之,則曰舊約、新約,以此二冊有先著後著,故有舊新之別。舊約末卷,與新約相間約五百年之久。著舊約新約之人,咸屬亞細亞大洲之猶太國。著舊約則用希伯來文字,新約則用希利尼文字。

聖書雖出夫人手,必非自逞臆說,乃聖靈所感格而言之,故毫髮不爽,所表明者,真神及世人之道。神者靈也,惟一無二,其體一而有三位,曰父曰子曰聖靈,創造天地,轄天地凡所有之事,永遠不變。無始無終,無所不能,無所不在,無所不知。其聖義仁愛,皆無限量。凡生於世上者,不當盡心盡意愛敬而奉事之乎?

世人者神所造也,肉體雖有生有死,而靈魂永遠不滅。天下之人,雖億兆眾庶,而溯其本源,實出於一父一母。此父此母昔造成時其心盡善。後干神之法,而心變爲不善,故世人自有生而心已爲不善。所圖維者,恒惟作慝,是以應服神之震怒,受斯世之諸禍及地獄之永苦。

聖書悉言救人之法,人已陷罪,神愛而欲救之。則使其獨子耶穌臨世,死於十字架,代贖人罪,致人可免其應受之惡報,得享在天永遠之福,耶穌而外,無可依賴而得免地獄之永刑。舊約新約皆言耶穌之事,著舊約之預言者,感聖靈而先示耶穌臨世之事。是以耶穌未臨世之先,人亦必依賴耶穌而得救。

耶穌二字,係希伯來音,意謂救者。又稱基督,係希利尼音,意謂以香油受膏,區別以任非常之職者。耶穌神之子,即三位一體中之一,與神雖有父子聖靈之稱,實無大小先後之別。是以耶穌即神,而爲天地萬物之主宰,即舊約所稱耶和華是也,耶穌實神而臨世作人,代人受苦而死,死後復活升天,坐於神右,依聖書預言,必於所定之期復臨夫世,使死者復活,天下歷代之萬民死者、生者,咸立於耶穌前以受審判。人由是而得先知之,不當驚畏而悔改乎?

函1卷本。半頁,框23×14.5cm,12 行30 字,共253 頁,白口,四周雙邊,單黑魚尾,版心上鐫書名,中鐫卷次、章次(與1864 年的版式不同,沒有英文橫標)。

A revision of the Delegates' version. By Bridgman, in concert with M. S. Culbertson.

cf. Wylie. Memorials. p. 71; British and Foreign Bible Society. Historical catalogue, No. 2542

【按】這個版本與1861 年《舊約全書》的《例言》大致相同,略有刪減,即刪去對《舊約》、《新約》內容的介紹部分。又1864 年江蘇滬邑美華書局活字板《舊約全書》同1861 年版本。

【譯者】Elijah Coleman Bridgman, 1801—1861. Michael Simpson Culbertson, 1819—1862.

【72】TA 1977.5 C1864 **新約全書(綫裝,1864)** C-0247 B34

008133314　(文言文)

該書內容與 1863 年上海美華書館《新約全書》完全相同,但兩者版式不一。半頁,框 7×13.5cm,正文 14 行,行 33 字,白口,四周單邊,版心上鐫書名,中鐫章次,共 384 頁,每頁上方有英文的書名、章節縮寫及頁碼數,如:ST. MATTHEW II 2。

【按】1863 年版本(C-0246 B33),12 行,行 30 字,尺碼小,行數不同,多《新約全書目錄》一頁(在扉頁的背面),有《例言》,內容完全相同,行數少 1 行。

【73】TA 1977.5 C1864.1 **新遺詔聖經(2 卷,北京北堂圖書館 1864)**

007764690　FC9696　Film Mas 36840　(固欏譯)

《新遺詔聖經》,神子瑪欏亞翻譯,固欏譯,順天舉人隆源參訂,尼俶他仝、摩伊些乙校閲。

《序》:

自生人來即無不求福樂,竭身心才智,徧嘗兩間福樂,究欲滿志而弗得其故維何,豈福樂爲人不應享者,蓋人心之求福樂如身之求飲食,覺所獲於己不足,必其弗愜合本性,性無窮盡,則福樂亦必須無窮盡者,乃愜合其性而求之,此世殊弗能得無量善。克滿志者惟一永在天主,人日近而誠信篤愛以體合之,斯即永福真樂,造物主憫世欲其真享福樂,因見人弗識真親降生宣示康莊,爲携導普世盡入天國分享福樂,欲世胥蒙宏恩,乃命宗徒廣傳此道,默示其旨,載於聖經,俾人見聞,得其指歸,不獨保生前體至善無虧,且救逝後靈常生無苦。予寓華十餘載,慨世舍正路,弗由思以宗徒所遺聖經勸化有志者能遵循此經,必獲永福真樂。奈經載皆千餘年前,風俗事物難以譯明,爲人觀之明晰,乃更著全經,析義其人地官物,間有難譯者皆還音。予竭心力數載不避艱辛,遵原文詳慎參譯。夫譯之爲言易也,易洋字爲漢文而已,其義意神氣不敢稍改,書成付剞劂,以廣傳佈,第以一人智力而窺奧秘,舛誤在所難免,希後明經士代加改正,庶使中外各方自好者有可觀悟,果由此偕躋永福真樂境,是誠予所厚望已。是書幸賴順天舉人隆源參訂,神子瑪欏亞、尼俶他仝、摩伊些乙校閲,共襄成功,特附志之。

版心上鐫書名,中鐫卷次。

內封右上鐫:吾主伊伊蘇斯合欏斯托斯　中間:新遺詔聖經　左上鐫:謹遵原文譯漢敬鐫板

內封反面右上鐫:天主降生一千八百六十四年　左上鐫:同治歲次甲子夏季

其中的上卷又名《福音經》(四冊),下卷名《宗徒經》。

新遺詔聖經序,每頁 8 行,行 16 字,文言。

新遺詔聖經贈言,每頁 8 行,行 16 字,文言。

仝序(尼俶他仝識),每頁 10 行,行 22 字,文言。

目録：

福音經　四册

宗徒經　二十二册

《福音經》第一册

謹按宗徒瑪特斐述

有《新遺詔聖經序》（2 頁,8 行+8 行,行 16 字）

《新遺詔聖經贈言》（2 頁,8 行+8 行,行 16 字）、《仝序》（10+10 行,行 22 字,1 頁）

目録：

《福音經》（四册）

第一册瑪特斐二十八章（按：後人譯爲：馬太福音二十八章）

第二册瑪爾克十六章（按：後人譯爲：馬可福音十六章）

第三册魯喀二十四章（按：後人譯爲：路加福音二十四章）

第四册伊望二十一章（按：後人譯爲：約翰福音二十一章）

《宗徒經》：

《宗徒行實》二十八章（傳福音宗徒魯喀（路加）述,1—53 頁,10 行,每行 22 字）

《公書七劄》

亞適烏五章（按：後人譯爲：雅各書五章）

撒特爾前五章（按：後人譯爲：彼得前書）

撒特爾前三章（按：後人譯爲：彼得後書）

伊望第一五章（按：後人譯爲：約翰一書

伊望第二一章（按：後人譯爲：約翰二書）

伊望第三一章（按：後人譯爲：約翰三書）

伊屋達一章（按：後人譯爲：猶大書）

《私書十四劄》

羅爾瑪書十六章（按：後人譯爲：羅馬書十六章）

適凌爾福前十六章（按：後人譯爲：哥林多前書十六章）

適凌爾福後十三章（按：後人譯爲：哥林多後書十三章）

戞拉提亞六章（按：後人譯爲：加拉太書六章）

耶斐斯六章（按：後人譯爲：以弗所書六章）

肥利批四章（按：後人譯爲：腓立比書四章）

適羅斯四章（按：後人譯爲：歌羅西書四章）

莎倫前五章（按：後人譯爲：帖撒羅尼迦前書五章）

莎倫後三章（按：後人譯爲：帖撒羅尼迦後書三章）

提摩斐前六章（按：後人譯爲：提摩太前書六章）

提摩斐後四章（按：後人譯爲：提摩太後書四章）

提特書三章(按:後人譯爲:提多書三章)

肥利孟一章(按:後人譯爲:腓利門書一章)

耶烏雷爾十三章(按:後人譯爲:希伯來書十三章)

默示録二十二章(按:後人譯爲:啟示録)

書中的"阿門"都寫作"阿民"。

《福音經》第一册原文有:謹按宗徒瑪特斐述

共二十八章,p.1-46,10 行,行 22 字,文言

《福音經》第二册原文有:謹按宗徒瑪爾克述

共十六章,p.1-29,10 行,行 22 字,文言

《福音經》第三册原文有:謹按宗徒魯喀述

共二十四章,p.1-49,10 行,行 22 字,文言

《福音經》第四册原文有:謹按宗徒伊望述

共二十一章,p.1-40,10 行,行 22 字,文言

宗徒行實二十八章(傳福音宗徒魯喀述),p.1-53,10 行,行 22 字,文言

公書七劄

宗徒亞適烏公書五章,p.1-6

宗徒撒特爾前公書五章,p.1-6

宗徒撒特爾後公書三章,p.1-4

宗徒伊望公書第一五章,p.1-6

宗徒伊望公書第二一章,p.1

宗徒伊望公書第三一章,p.1

宗徒伊屋達公書一章,p.1-2

私書十四劄

宗徒葩韋勒達羅爾瑪書十六章,p.1-23

宗徒葩韋勒達適凌爾福人前書十六章,p.1-21

宗徒葩韋勒達適凌爾福人後書十三章,p.1-14

宗徒葩韋勒達戞拉提亞人書六章,p.1-8

宗徒葩韋勒達耶斐斯人書六章,p.1-8

宗徒葩韋勒達肥利批人書四章,p.1-6

宗徒葩韋勒達適羅斯四章,p.1-6

宗徒葩韋勒達斐薩羅尼喀人前書五章,p.1-5

宗徒葩韋勒達斐薩羅尼喀人後書三章,p.1-3

宗徒葩韋勒達提摩斐前書六章,p.1-6

宗徒葩韋勒達提摩斐後書四章,p.1-5

宗徒葩韋勒達提特書三章,p.1-3

宗徒葩韋勒達肥利孟書一章,p.1-2

宗徒葩韋勒達耶烏雷爾人書十三章,p.1-16

按:私書主要是宗徒葩韋勒給十四個人單獨寫的書信。

宗徒伊望默示録二十二章

半頁,框 11.5×16.5cm,10 行,行 22 字,白口,四周雙邊,單黑魚尾,版心上依次鎸篇名"謹按瑪特斐"、"謹按瑪爾克"、"謹按魯喀"、"謹按伊望"、"宗徒行實"、"亞適烏"、"撒特爾前"、"撒特爾後"、"伊望第一"、"伊望第二"、"伊望第三"……"默示録",中鎸章次。

【74】TA 1977.5 C1864.1（1） （新遺詔聖經）福音經（文言）

007764692

福音經四冊

福音經第一冊

謹按宗徒瑪特斐述(半頁,框 11.5×16.5cm,10 行,行 22 字,白口,四周雙邊,單黑魚尾,版心上依次鎸篇名"謹按瑪特斐"、"謹按瑪爾克"、"謹按魯喀"、"謹按伊望",中鎸章次)

有《新遺詔聖經序》(2 頁,8 行+8 行,行 16 字)

《新遺詔聖經贈言》(2 頁,8 行+8 行,行 16 字)、《全序》(10+10 行,行 22 字,1 頁)

瑪特斐二十八章、瑪爾克十六章、魯喀二十四章、伊望二十一章—約翰福音二十一章

目録(半頁,框 11.5×16.5cm,10 行,行 22 字,白口,四周雙邊,單黑魚尾)

第一冊瑪特斐二十八章(後人譯爲:馬太福音二十八章)

第二冊瑪爾克十六章(後人譯爲:馬可福音十六章)

第三冊魯喀二十四章(後人譯爲:路加福音二十四章)

第四冊伊望二十一章(後人譯爲:約翰福音二十一章)

《福音經》第一冊原文有:謹按宗徒瑪特斐述

共二十八章,p.1-46,10 行,每行 22 字,文言

《福音經》第二冊原文有:謹按宗徒瑪爾克述

共十六章,p.1-29,10 行,每行 22 字,文言

《福音經》第三冊原文有:謹按宗徒魯喀述

共二十四章,p.1-49,10 行,每行 22 字,文言

《福音經》第四冊原文有:謹按宗徒伊望述

共二十一章,p.1-40,10 行,每行 22 字,文言

【按】該書爲《新遺詔聖經》之單行本(詳見上條《新遺詔聖經》)。

【75】TA 1977.5 C1864.1（2） （新遺詔聖經）宗徒經（文言）

007764693

【按】該書即《新遺詔聖經》之單行本(含《宗徒行實》二十八章、《公書七劄》、《私書十

四劄》和《默示録》二十二章,詳見上條《新遺詔聖經》)。

　　內封右上鐫:吾主伊伊蘇斯合欗斯托斯　中間:新遺詔聖經　左上鐫:謹遵原文譯漢敬鐫板

　　反面鐫:天主降生一千八百六十四年　同治歲次甲子夏季

　　有《新遺詔聖經序》(每頁 8 行,行 16 字,文言)。按:序文與"【73】TA 1977.5 C1864.1 新遺詔聖經"部分同,此略。

　　有長白龍源所寫《新遺詔聖經贈言》(每頁 8 行,行 16 字,文言)。

　　還有尼俄他仝寫的《仝序》(尼俄他仝識)(每頁 10 行,行 22 字,文言)。

　　有"修掌院"的印章、"固欗"的印章。分別有"瑪欗亞"、"摩伊些乙"、"尼俄他仝"的三個印章。

　　有《新遺詔聖經目録》(兩頁)。

　　福音經 四冊(瑪特斐、瑪爾克、魯喀、伊望)

　　瑪特斐二十八章

　　瑪爾克十六章

　　魯喀二十四章

　　伊望二十一章

　　宗徒經二十二冊(宗徒行實二十八章、公書七劄、私書十四劄)

　　默示録二十二章

　　扉頁:宗徒經

　　正文:

　　宗徒行實二十八章 p.1–53,每頁 10 行,每行 22 字,文言

　　宗徒亞適烏公書五章 p.1–6

　　宗徒撒特爾前公書五章 p.1–6

　　宗徒撒特爾後公書三章 p.1–4

　　宗徒伊望公書第一五章 p.1–6

　　宗徒伊望公書第二一章 p.1

　　宗徒伊望公書第三一章 p.1

　　宗徒伊屋達公書一章 p.1–2

　　私書十四劄(按:宗徒葩韋勒給十四個人單獨寫的書信)

　　宗徒葩韋勒達羅爾瑪書十六章 p.1–23

　　宗徒葩韋勒達適凌爾福人前書十六章 p.1–21

　　宗徒葩韋勒達適凌爾福人後書十三章 p.1–14

　　宗徒葩韋勒戞拉提亞人書六章 p.1–8

　　宗徒葩韋勒達耶斐斯人書六章 p.1–8

　　宗徒葩韋勒達肥利批人書四章 p.1–6

宗徒葩韋勒達適羅斯四章 p. 1–6

宗徒葩韋勒達斐薩羅尼喀人前書五章 p. 1–5

宗徒葩韋勒達斐薩羅尼喀人後書三章 p. 1–3

宗徒葩韋勒達提摩斐前書六章 p. 1–6

宗徒葩韋勒達提摩斐後書四章 p. 1–5

宗徒葩韋勒達提特書三章 p. 1–3

宗徒葩韋勒達肥利孟書一章 p. 1–2

宗徒葩韋勒達耶烏雷爾人書十三章 p. 1–16

宗徒伊望默示錄二十二章 p. 1–25

半頁,框 11.5×16.5cm,10 行,行 22 字,白口,四周雙邊,單黑魚尾,版心上依次鎸篇名"宗徒行實"、"亞適烏"、"撒特爾前"、"撒特爾後"、"伊望第一"、"伊望第二"、"伊望第三"……"默示錄",中鎸章次,共 230 頁。

【按】《宗徒經》中的《默示錄》有點破損。

【作者】固穪。

【76】TA 1977.5 C1865.1 新約串珠(1865) C–0250 B37

008126305 (委辦譯本)

封面:救主降世一千八百六十五年

(Reference Testament) 新約串珠(References Prepared By REV. O. GIBSON)

同治四年

福州美華書局活板印

有《例言》:

是書乃聖書中之一。聖書者,神所啟示也,俾人明知真道。人欲究察生死之理、善惡之報、肉體與靈魂之別,及人生逝世後天國地獄之分、救靈之法,聖書而外,無論何書,皆不可得。是以普天下之人,必當詳察夫是書。

聖書原本乃猶太人所著,後泰西諸國,各以土音譯之。今乃譯之以漢文。書中奧義,並不敢增減一字。悉照原本,亦不敢稍加潤色。無非曰譯者易也,易字畫而已,即語助亦循其文本譯出。惟不得以淺陋而藐視之。

聖書分而言之,則曰舊約、新約,以此二冊有先著後著,故有舊新之別,舊約一冊,在耶穌未臨世之先而著,新約一冊,在耶穌臨世升天之後而著。舊約末卷,與新約相間約五百年之久。著舊約新約之人,咸屬亞細亞大洲之猶太國。著舊約則用希伯來文字,新約則用希利尼文字。

舊約計三十九卷,著者凡二十余人,首先創著者名摩西,中國商紀時人,最後繼續者名馬拉基,中國周紀時人,先後相間約千年。

新約計二十七卷,著者八人,皆救世主耶穌門徒,中國東漢紀時人。首先創著者名馬太，末後繼續者名約翰，先後相間不過數十年。

是冊載耶穌新約全書，其上四卷謂之福音書。福音者，人能知是書之音，察是書之義而信從之，必獲福祉，故謂之福音。著者四人，乃舉耶穌在世所言所行之略，筆之於書，俾人得以知耶穌乃神之子，爲我儕之救主也。

第五卷曰使徒行傳，使徒者，耶穌門徒中所選之十二徒，使之證耶穌死而復活且行傳其道於列國，耶穌門徒名路加者，舉使徒傳道時所行之略，筆之於書，故謂之使徒行傳。第五卷以下載耶穌使徒保羅、彼得、雅各、約翰、猶大五人感神之聖靈而達之書，其書雖達當時所設之教會，實欲教化萬國之人，迄於世世焉。

聖書雖出自夫人手，必非自逞臆說，乃聖靈所感格而言之，故毫髮不爽，所表明者，真神及世人之道。神者靈也，惟一無二，其體一而有三位，曰父曰子曰聖靈，創造天地，轄天地凡所有之事，永遠不變，無始無終，無所不能，無所不在，無所不知。其聖義仁愛，皆無限量。凡生於世上者，不當盡心盡意愛敬而奉事之乎？

世人者神所造也，肉體雖有生有死，而靈魂永遠不滅。天下之人，雖億兆衆庶，而溯其本源，實出於一父一母。此父此母昔造成時其心盡善。後干神之法，而心變爲不善，故世人自有生而心已爲不善。所圖維者，恒惟作慝，是以應服神之震怒，受斯世之諸禍，及地獄之永苦。

聖書悉言救人之法，人已陷罪，神愛而欲救之。則使其獨子耶穌臨世，死於十字架，代贖人罪，致人可免其應受之惡報，得享在天永遠之福，耶穌而外，無可依賴而得免地獄之永刑。舊約新約皆言耶穌之事，著舊約之預言者，感聖靈而先示耶穌臨世之事。是以耶穌未臨世之先，人亦必依賴耶穌而得救。

耶穌二字，係希伯來音，意謂救者。又稱基督，係希利尼音，意謂以香油受膏，區別以任非常之職者。耶穌神之子，即三位一體中之一，與神雖有父子聖靈之稱，實無大小先後之別。是以耶穌即神，而爲天地萬物之主宰，即舊約所稱耶和華是也，耶穌實神而臨世作人，代人受苦而死，死後復活升天，坐於神右，依聖書預言，必於所定之期復臨夫世，使死者復活，天下歷代之萬民死者、生者，咸立於耶穌前以受審判。人由是而得先知之，不當驚畏而悔改乎。

有《目錄》。

有《耶穌傳道照次序開列》（耶穌傳道、耶穌比喻、耶穌神跡），凡3頁。

《聖經串珠》書名：《聖經》各書名皆以一字約之，恐讀者一時不能盡明，故特標於此。（按：即各書之省稱。）

創《創世記》　出《出埃及》　利《利未記》　民《民數紀略》　申《申命記》　書《約書亞》　士《士師記》　得《路得記》　撒上《撒母爾上書》　撒下《撒母爾下書》　王上《列王紀略上書》　王下《列王紀略下書》　代上《歷代志略上書》　代下《歷代志略下書》　以《以士喇》　尼《尼希米亞》　帖《以士帖》　約《約伯記》　詩《詩篇》　箴《箴言》　傳《傳道》　雅《雅歌》　賽《以賽亞》　耶《耶利米》　哀《哀歌》　西《以結西》　但《但以理》

何《何西》　耳《約耳》　麼《亞麼士》　阿《阿巴底》　拿《約拿》　米《米迦》　翁《拿翁》

哈《哈巴谷》　番《西番雅》　基《哈基》　亞《撒加利亞》　拉《馬拉基》　馬《馬太》　馬

《馬可》　路《路加》　翰《約翰》　使《使徒行傳》　羅《羅馬》　林前《哥林多前書》　林後

《哥林多後書》　加《加拉太》　弗《以弗所》　腓《腓立比》　歌《歌羅西》　迦前《帖撒羅

尼迦前書》　迦後《帖撒羅尼迦後書》　提前《提摩太前書》　提後《提摩太後書》　多《提

多》　門《腓利門》　希《希伯來》　各《雅各》　彼前《彼得前書》　彼後《彼得後書》　翰

一《約翰一書》　翰二《約翰一書》　翰三《約翰一書》　猶《猶大》　默《約翰默示錄》

　　書中概用外國數字,取其簡便也,讀此書者,須於此熟認字式:

　　一 1　二 2　三 3　四 4　五 5　六 6　七 7　八 8　九 9　十 10　十一 11　十二 12

十三 13　十四 14　十五 15　十六 16　十七 17　十八 18　十九 19　二十 20　三十 30

四十 40　五十 50　六十 60　七十 70　八十 80　九十 90　一百 100　一百零一 101　一百

零二 102　一百零三 103　一百零四 104　一百零五 105　一百零六 106　一百零七 107

一百零八 108　一百零九 109　一百一十 110　一百二十 120　一百三十 130　一百四十

140　一百五十 150

　　《聖經串珠》者,即就每卷聖經中雜引各卷《聖經》,以互相考證,故字旁多注外國數目

字,而每頁中間又另有數行,專載書名及數目之字,其例凡橫格之下,書名之左首,必有數

目一字,此字皆與旁注之字,按次相合,其下又有數字,在左者爲第幾章,在右者爲第幾節,

中以二點爲別,其在右之數目字,或亦有以一點間者,則某節而兼某節也。又書名左首無

字者,皆爲同上,凡讀此者,當先看字旁所注何數,而此數能與某書名左首之數相合,則此

句聖經即以某書爲證,而其下之幾章幾節俱載詳明,可一目了然矣。如路加一章五節第二

句,旁注 7 字,此字與代上左首相合:

　　【7 上代

　　　24:10,19

　　　尼

　　　12:4,17】

即以歷代志略上書二十四章十節十九節,又尼希米亞十二章四節十七節爲證頁。餘仿此。

　　接下來是猶太地圖(彩色)。

　　半頁,框 10.2×17cm,12 行,行 35 字,左右各 5 行的中間兩行爲引書標記,白口,四周

雙邊,單黑魚尾,版心上鎸書名,中鎸章次,共 273 頁。

【77】TA 1977.5 C1866 聖經新約:使徒行傳至腓立比 C-0254 C41

　　009443278　（鉛印本）

　　聖經新約:使徒行傳至腓立比

　　此爲《新約全書》(綫裝榕腔 1866 福州美華書局)之第二卷(這套書有三卷,第一卷是

《福音四書》)。

首頁有大字右上：同治五年 使徒行傳至腓立比

中間：聖經新約

左下：福州美華書局印

使徒行傳福音書二十八卷（頁碼接續第一卷），p. 302–388

保羅寄羅馬人書十六章（頁碼從頭開始），p. 1–37

保羅寄哥林多人前書十六章，p. 38–74

保羅寄哥林多人後書十三章，p. 75–97

保羅寄加拉太人書六章，p. 98–110

保羅寄以弗所人書六章，p. 111–122

保羅寄腓立比人書四章，p. 123–131

半頁，框 17.2×10.2cm，8 行 19 字，白口，四周雙邊，單黑魚尾，版心上鎸書名，中鎸卷次，合計 218 頁。

【78】TA 1977.5 C1866.1 聖經新約：哥羅西至默示録

【按】此爲《新約全書》（綫裝榕腔 1866 福州美華書局）之第三卷（這套書有三卷）。

首頁有大字右上：同治五年 歌羅西至默示録

中間：聖經新約

左下：福州美華書局印

哥羅西人書四章 p. 1–9

帖撒羅尼迦人前書五章 p. 10–17

帖撒羅尼迦人後書三章 p. 17–22

寄摩提太前書六章 p. 22–31

寄摩提太後書四章 p. 32–38

寄提多書三章 p. 39–42

寄腓利門書 p. 43–45

寄希伯來人書十三章 p. 45–72

使徒雅各書五章 p. 73–82

使徒彼得前書五章 p. 83–92

使徒彼得後書三章 p. 93–98

使徒約翰一書五章 p. 99–108

使徒約翰二書一章 p. 109–110

使徒約翰三書 p. 110–111

使徒猶大書 p. 112–114

使徒約翰默示録二十二卷 p. 115–156

這本第三卷破損比較多。

半頁,框 17.2×10.2cm,8 行 19 字,白口,四周雙邊,單黑魚尾,版心上鐫書名,中鐫卷次,合計 156 頁。

【79】TA 1977.5 C1868 新約全書 C-0251 B38

008126306

《新約全書》,福州:美華書局,1868 年。

沒有目錄、例言,直接是正文,文言文,與 1864 年上海美華書館本内容基本相同。個别地方的語句表達略有小變。雙頁排版,共 193 頁。

半頁,框 9×14cm,14 行,行 29 字,白口,四周單邊,單黑魚尾,版心上鐫書名,中鐫章次。

【80】TA 1977.5 C1868.1 新約串珠(福州美華書院) C-0252 B39

008126304

封面:同治八年鐫(右)

新約串珠(中)

福州美華書院活板

沒有《例言》、《目錄》等,只有《聖經串珠》所引書名之簡稱(有三行備註語):

《聖經》各書雖極繁衍,其章句意義,有可相通者,兹特匯參,名曰《串珠》。其間用數目字正寫者,乃屬某章,用碼寫者,乃屬某節。碼下加圈者,或意對全節,或對二三句。其義不同,有用見字者,係意有殊異,亦採之,以備互考。凡所有書名,單舉一字概之,俾讀者寓目庶可分曉,並將各書名附載於後,以便覽觀焉。

創《創世記》 出《出埃及》 利《利未記》 民《民數紀略》 申《申命記》 書《約書亞》 士《士師記》 得《路得記》 撒上《撒母爾上書》 撒下《撒母爾下書》 王上《列王紀略上書》 王下《列王紀略下書》 代上《歷代志略上書》 代下《歷代志略下書》 以《以士喇》 尼《尼希米亞》 帖《以士帖》 約《約伯記》 詩《詩篇》 箴《箴言》 傳《傳道》 雅《雅歌》 賽《以賽亞》 耶《耶利米》 哀《哀歌》 西《以結西》 但《但以理》 何《何西》 耳《約耳》 麼《亞麼士》 阿《阿巴底》 拿《約拿》 米《米迦》 翁《拿翁》 哈《哈巴谷》 番《西番雅》 基《哈基》 亞《撒加利亞》 拉《馬拉基》 馬《馬太》 馬《馬可》 路《路加》 翰《約翰》 使《使徒行傳》 羅《羅馬》 林前《哥林多前書》 林後《哥林多後書》 加《加拉太》 弗《以弗所》 腓《腓立比》 歌《歌羅西》 迦前《帖撒羅尼迦前書》 迦後《帖撒羅尼迦後書》 提前《提摩太前書》 提後《提摩太後書》 多《提多》 門《腓利門》 希《希伯來》 各《雅各》 彼前《彼得前書》 彼後《彼得後書》 翰一《約翰一書》 翰二《約翰一書》 翰三《約翰一書》 猶《猶大》 默《約翰默示錄》。

半頁,框 20×12cm,14 行,行 41 字,白口,四周雙邊,單黑魚尾,版心上鐫書名,中鐫章次,165 頁,末頁損壞,其餘很好,1868 年福州美華書院活版。

【按】C-0250 B37《新約串珠》（福州美華書院，1865 年版）比這個版本早 3 年，從體式上講比這個本子好，齊全。但兩者體式不一，這個本子有新的標注符號。

【作者】金亞德（Arthur William Cribb）。

【81】TA 1977.5 c1881 新約全書（橫濱：北英國聖書會社，明治十四年）

008474623

《新約全書》，日本橫濱制紙分社新鑄鉛版，北英國聖書會社，明治十四年（1881）。

淺文言，每句中文旁邊注譯了日本語，反映了橫濱本《新約》的特點。這個版本很有個性，顯示日本明治時期接受西方外來文化的漢語間接途徑，具有歷史價值。核對清咸豐五年（1855）的《新約全書》五卷（馬太福音、馬可福音、路加福音、約翰福音、使徒行傳，淺文言），基本內容相同。

沒有序。

全書目錄：

馬太傳福音書計二十八章

馬可傳福音書計十六章

路加傳福音書計二十四章

約翰傳福音書計二十一章

使徒行傳計二十八章

達羅馬人書計十六章

達哥林多人前書計十六章

達哥林多人後書計十三章

達加拉太人書計六章

達以弗所人書計六章

達腓立比人書計四章

達哥羅西人書計四章

達帖撒羅尼迦人前書計五章

達帖撒羅尼迦人後書計三章

達提摩太前書計六章

達提摩太後書計四章

達提多書計三章

達腓利門書計一章

達希伯來人書計十三章

雅各書計五章

彼得前書計五章

彼得後書計三章

約翰一書計五章

約翰二書計一章

約翰三書計一章

猶太書計一章

約翰默示録計二十二章

正文：

第一卷馬太傳福音書計二十八章 p. 1–70

正文是中文爲主,而同時有日文注音,深文言文

第二卷馬可傳福音書計十六章 p. 71–114

第三卷路加傳福音書計二十四章 p. 115–186

第四卷約翰傳福音書計二十一章 p. 187–248

第五卷使徒行傳計二十八章 p. 249–320

第六卷使者保羅達羅馬人書計十六章 p. 321–354

第七卷使者保羅達哥林多人前書計十六章 p. 355–386

第八卷使者保羅達哥林多人後書計十三章 p. 387–407

第九卷使者保羅達加拉太人書計六章 p. 408–420

第十卷使者保羅達以弗所人書計六章 p. 421–431

第十一卷使者保羅達腓立比人書計四章 p. 433–440

第十二卷使者保羅達哥羅西人書計四章 p. 4.41–448

第十三卷使者保羅達帖撒羅尼迦人前書計五章 p. 449–455

第十四卷使者保羅達帖撒羅尼迦人後書計三章 p. 457–460

第十五卷使者保羅達提摩太前書計六章 p. 461–469

第十六卷使者保羅達提摩太後書計四章 p. 471–476

第十七卷使者保羅達提多書計三章 p. 477–482

第十八卷使者保羅達腓利門書計一章 p. 483–484

第十九卷使者保羅達希伯來人書計十三章 p. 485–508

第二十卷使徒雅各書計五章 p. 509–516

第二十一卷使徒彼得前書計五章 p. 517–525

第二十二卷使徒彼得後書計三章 p. 527–532

第二十三卷使徒約翰一書計五章 p. 533–541

第二十四卷使徒約翰二書計一章 p. 543–544

第二十五卷使徒約翰三書計一章 p. 545–546

第二十六卷使徒猶大書計一章 p. 547–549

第二十七卷使徒約翰默示録計二十二章 p. 551–586

半頁,框 11.2×17.5cm,12 行,行 27 字,無魚尾,單綫白口,共 586 頁。

【82】TA 1977.5 C1881 新約全書（橫濱：北英國聖書會社，明治十四年）

008474623

與上面的"TA 1977.5 c1881"爲同一個版本，1 册，橫濱 Yokohama：明治十四年（1881），文言文。

没有序。

全書目録：

馬太傳福音書計二十八章

馬可傳福音書計十六章

路加傳福音書計二十四章

約翰傳福音書計二十一章

使徒行傳計二十八章

達羅馬人書計十六章

達哥林多人前書計十六章

達哥林多人後書計十三章

達加拉太人書計六章

達以弗所人書計六章

達腓立比人書計四章

達哥羅西人書計四章

達帖撒羅尼迦人前書計五章

達帖撒羅尼迦人後書計三章

達提摩太前書計六章

達提摩太後書計四章

達提多書計三章

達腓利門書計一章

達希伯來人書計十三章

雅各書計五章

彼得前書計五章

彼得後書計三章

約翰一書計五章

約翰二書計一章

約翰三書計一章

猶太書計一章

約翰默示録計二十二章

正文中文文言文，同時配有日文注音，内容：

第一卷馬太傳福音書計二十八章 p. 1–70

半頁,框 11.2×17.5cm,12 行,行 27 字,無魚尾,單綫白口,共 586 頁。

【83】TA 1977.5 C1889 新約聖經(北京官話) C–0258 B45

008126355　FC–M1793　FC4225　（包爾騰、柏亨理淺文理譯本）

卷首有光緒十五年(1988)五月(英)包爾騰、(美)柏亨理撰寫的英文《序》(1 頁)講明採用北京官話翻譯之緣由:

This translation of the New Testament is not designed to take the place of a version in the higher style of Chinese, but to meet the wants of common readers. It is based on what is commonly known as the Peking Mandarin Version, a joint work of English and American

Missionaries, and is itself union work. Its authors are ready to associate with themselves, in further efforts to perfect this version, other English and American Missionaries, and also a German Missionary if practicable, those thus associated having an equal vote with themselves.

Henry Blodget, Peking

J. S. Burdon, HongKong

May, 1889

封面:救主降世一千八百八十九年　福州　美華書局活版

　　　新約聖經

　　　光緒十五年　英國監督包爾騰美國牧師柏亨理　官話重譯

卷首有錯字改正:《馬可福音》六章四十八節掉本爲擢(按:應從木旁);十二章五節樸本爲撲;十四章六十四節潛本爲僭;《路加福音》一章四十一節一沙利伯本爲以利沙伯;《約翰福音》五章四節擾本爲攪。

有《新約聖經·目録》(1頁):

聖馬太福音

聖馬可福音

聖路加福音

聖約翰福音

使徒行傳

使徒保羅達羅馬人書

使徒保羅達格林多人前書

使徒保羅達格林多人後書

使徒保羅達加拉太人書

使徒保羅達以弗所人書

使徒保羅達腓立比人書

使徒保羅達歌羅西人書

使徒保羅達帖撒羅尼迦人前書

使徒保羅達帖撒羅尼迦人後書

使徒保羅達提摩太前書

使徒保羅達提摩太後書

使徒保羅達提多書

使徒保羅達腓立門書

使徒保羅達西伯來人書

使徒雅各書

使徒彼得前書

使徒彼得後書

使徒約翰第一書

使徒約翰第二書

使徒約翰第三書

使徒猶大書

使徒約翰默示録

正文北京官話，將"上帝"翻譯爲"上主"，"大闢"翻譯爲"大衛"，用"阿們"一詞。

半頁，框 10.5×17.7cm，12 行，行 35 字，白口，四周單邊，單黑魚尾，版心上鎸書名，中鎸篇名章次，共 248 頁，福州美華書局 1889 版。這個本子裝幀華美，保存尚好。

【譯者】包約翰（John S. Burdon，1826—1907），又譯包爾騰，英國傳教士；白漢理（Henry Blodget，1825—1903），又譯柏亨利，美國傳教士。

1861 年成立了北京譯經委員會，由艾約瑟（Jeseph Edkins，1823—1905）、丁韙良（William A. Parsons Martin，1827—1916）、施約瑟（Samuel Isaac Schereschewsky，1831—1906）、包約翰（John S. Burdon，1826—1907，又譯包爾騰）、白漢理（Henry Blodget，1825—1903，又譯柏亨利）等 5 人組成。這是包約翰、白漢理合作的北京官話版《新約》。

【84】TA 1977. 5 C1894 新約全書（君王版）C-0261 B48

008124163 （委辦譯本）

清光緒二十年（1894）十一月，慈禧太后六十歲生辰即將來臨，光緒皇帝和清朝各地官員爲慶祝慈禧太后六十歲大壽正千方百計想給她一個非同尋常的禮物之際，英美傳教士們不失時機地抓住了這個機會。在 1894 年年初，浙江寧波和上海的女傳教士開始籌劃給慈禧太后送禮。考慮到慈禧太后的性別，他們決定以女基督徒自發捐款的方式，以 29 個傳教使團屬下一萬多名女基督教徒的名義，集資特製了一本《新約全書》（慈禧本）爲壽禮。請當時廣州最優秀的金銀工匠手工製作竹子的浮雕，封面上的"新約全書"和"救世聖經"幾個字是用黃金鏤刻而成的。

英國傳教士李提摩太 1895 年 4 月在美國在華長老會刊物《教務雜志》上發表的一篇文章（T. Richard，"Presentation Testament to the Empress-Dowager of China"，The Chinese Recorder. Vol. 26，No. 4，April，1895，pp. 150–161），對此事的來龍去脈有所揭示，沈弘教授曾撰文做一番簡單的追述和考證。（詳見《作爲慈禧六十大壽生日賀禮的〈新約全書〉》，The Presentation Copy of thc "New Testament" as a Birthday Gift to Empress-Dowager Cixihe—An Effort by Western Missionaries to Bridge the Cultural Differences.）這本《新約全書》（慈禧本）印出後被放在銀制的盒子裡，然後再放入一個飾以絲織物的柚木雕飾盒内，以示莊重。當時用"慈禧本"的鉛字和紙張重印了若干套，這就是"君王版"（Imperial edition）《聖經》。據學界報導，君王版《新約》和慈禧本有一些不同，如"君王版"内裡文字的邊框全部都是紅色，"慈禧版"内裡文字的邊框全部都是金色。哈佛燕京圖書館所藏的就是"君王版"，書成後大美聖經公會委託美國、英國公使携回國内贈送有關博物館、圖書館保存。由於流傳數量極少,該聖經極爲珍貴。據説如今美國除燕京圖書館之外,耶穌大學圖書館有藏。

君王版《新約全書》封面封底設計精緻,均框以竹節,節外再金邊。封面有代表信徒的鳥兒及象徵平安的竹叢細緻雕刻,封底則飾以七鳥於竹竿中,圖皆凹凸。封面黑牛皮面,左上方印"新約全書",中間印"救世聖經",均爲金字。書背爲黑字"新約全書",另三面均飾以金色。扉頁上印有"新約全書 大清光緒二十年歲次甲午 大美聖經公會託印 西曆一千八百九十四年 上海美華書館活板"。除"新約全書"字體爲楷書外,餘皆爲宋體。四周封函,書很重。

有《新約全書總序》6頁:

新約一書,乃救世聖經也,古聖前賢寅承上帝(上帝或曰天主或曰真神)之旨而述之者也。其所言者,皆上帝慈愛群生,普賜拯救之大道。太初之世一渾乎其寥廓耳,上帝乃創造天地萬物兼造人之始祖而即賦以本善之性,俾之受多福於塵寰。不謂人欲漸萌,天良漸汩,卒致違理背法,獲罪於上帝,而况始祖獲罪之不已,其咎更延於後世以及於兆民,而真性遂漓,禍端百出,爰有死亡之慘,沉淪之苦,以至靡有窮期。上帝怒之,而終憫之,亦嘗大顯慈悲,昭示其獲救之法於世,無如世人漸染惡習,逞意縱欲,旋知而旋忘,終至玩忽自甘然。上帝猶優容寬忍,積年累世,姑聽其欲救而無從,迨届上帝恩允之期,即中國漢平帝元始元年,特以聖神感猶太國伯利恒之貞女馬利亞而遣獨子爲其子,命曰:耶穌譯言即救世主也,生而神靈,長而聖哲,畢世無幾微之過失,而純順乎上帝之所命,以傳其道,以行其事,而其全備之大德,又皆爲由天降臨,由上帝遣下之明證,故論天道之綱領,贖民生之罪孽,以盡救主當行之職者,尤不僅生前所顯已也,既死於十字架,葬後三日復生,後升於天。蓋其生也,奉命而救世也,其死也,贖罪而救民也。上帝之策遣無弗遵耶穌之名分,無弗盡百世,而下證據確鑿,毫無疑義,而爲其門弟子者能從主命而傳福音,分往四方宣揚聖道,勸人自悟前非,篤信悔改,于以仰蒙肆赦而獲平康,凡負氣含生之衆,身心清潔,得與上帝默默相通,克享永生之福,此皆載諸聖經即所謂新約者也。都爲二十有七卷。前四卷曰馬太曰馬可曰路加曰約翰,皆耶穌弟子所著述耶穌誕降以來言行,纖悉畢備,至耶穌死後升天而絶筆焉。第五卷曰使徒行傳,備載各使徒生平傳道四方之事實,其第六卷以下,則又諸使徒之所紀述,以達乎四方所設之教會,其中原本聖道訓誨,啟迪而示以當行之規。末卷曰默示録,指示教會諸事自始生以迄末日,凡歷代之所遇,悉隱約以言之意,甚奥妙。卷終復論及鞫問萬民制定善惡諸報應,而全書以成。總之,此二十七卷中於耶穌聖教之大旨,暢發無遺,爲之徒者,皆當篤信謹守,實力奉行,至死不變者也。然則此書之外,其尚有可比擬之書乎?曰無有。世間懲勸之書,汗牛充棟,然皆由乎人心之所發。此書則上帝之聖神感于先哲而言者也。其名曰新約者,何也?曰:前乎此者有舊約焉,全書凡三十有九卷,爲耶穌降生之前一千餘年,諸先知聖人所作。首論上帝創造天地以及人之始祖初生之際,與夫後來諸事與耶穌基督臨世救民具有關涉,預言耶穌畢生行事實跡,班班可考。曰舊約新約者,對舊約而名之也。其曰約者,上帝與其獨子耶穌基督欲救世而訂立之恩約也。吾輩幸生於世，既參稽乎舊約，尤宜勤讀乎新約，然後能灼知往古來今修身立命之所在，獲益非淺鮮矣。或問獲益之效驗可得聞乎，則請正告之曰：此諸經者，皆上帝所默示者也。有益於正己，有益於教人，己正而引人於正，俾奉事上帝之人無不心維口誦，身體力行，灼知百善胥備之。上帝彰其榮光，顯其經綸，凡以救人於沉淪之中也。嗚呼，上天之道無言而有言，無聲而有聲，無言之言佈於宇內，無聲之聲彌於宙合。其律純全，可以蘇困；其法真實，可以破愚；其命正直，可以悅志；其誠純潔，可以發矇；其道至清而至久，其典至公而至義。故凡讀是書而生信心者，今生則敬上帝而無二，愛世人而如己，蒙上帝之恩佑，叩耶穌之拯救，獲聖神之導引，百福駢臻，千祥雲集，來生則豫冀升天，膺受多福，永無窮盡，其爲效驗又豈言思、擬議之所能盡哉。屬當重刻新約，敢陳其微旨，如此即以爲序。

有《新約全書目錄》4 頁。

正文選擇以“耶穌拯救人類”爲核心內容的《新約》，而非整部《聖經》。以剛再版的“代表本”（the Delegates' Version）中文聖經之《新約全書》爲底本，考慮到慈禧太后年事已高，採用大字體排印，作爲壽禮。

沈弘教授曾據英國傳教士李提摩太 1895 年 4 月在美國在華長老會刊物《教務雜志》上發表的一篇文章，對此事的來龍去脈有所追述：印製這本慈禧本《新約》專門成立了委員會，有中國內地會主管范牧師（Rev. J. W. Stevenson）、美國聖公會會吏總湯藹禮（Archdeacon Thomson）、英國與海外聖經會代理戴爾（S. Dyer）、英國倫敦會的慕維廉神學博士（William Muirhead）、英國浸禮會的李提摩太夫人（Mrs. Timothy Richard）、美國長老會的費啟鴻夫人（Mrs. G. F. Fitch），委員會指定戴爾先生、費啟鴻夫人和李提摩太夫人成立一個小組委員會來決定這本《新約全書》的裝訂風格和用什麼樣的匣子來裝載。爲了保證中文文章的準確性，還專門聘請了四位精通中文的專家擔任此項計劃的顧問，他們分別是1848 年來華的英國倫敦會代理和中國海關漢文翻譯艾約瑟（Joseph Edkins）神學博士、翻譯過《西遊記》的李提摩太教士、參與了“代表本”聖經翻譯的中國人王韜和《字林滬報》主筆兼廣學會最知名中文編輯蔡爾康。

框 22×17cm，10 行，行 21 字，四周紅色花紋（類似工回文），白口，版心上鐫書名，中鐫章次，有金邊，共 766 頁。

【美華書館】該館是上海美國基督教長老宗親會在上海創辦的出版機構，前身爲美華聖經書房。清道光二十四年（1844）設立於澳門，後遷寧波（花華書館），咸豐十年（1860）再遷上海，改名美華書館。用各種文字（包括滿漢文）出版《聖經》和傳教書刊，並印行商業簿冊表報和學校教科書，爲當時最大的印刷機構。前後五十年間，共發行圖書四十萬冊，直到光緒二十三年（1897）商務印書館成立後，該書館在出版界的壟斷地位才被取代。

【85】TA 1977. 5 C1895 **新約聖經** C-0262 B49

008126307 （淺文言）

封面：新約聖經

扉頁:救主一千八百九十五年　大美國聖經會印發

　　　新約聖經

　　　光緒二十一年　福州美華書館活版

　　　New Testament Easy Wenli, American Bible Society,1895

有目錄2頁,正文 p.1–494,10.2×17.5cm,12 行,行 37 字,白口,四周雙邊,版心上鐫書名,中鐫篇名章次。此本稱"神",不稱"天主";稱"大衛",不稱"大闢"。

【按】這個文言本與 1913 年施約瑟的本子詞、句子不完全一樣。

【86】TA 1977.5 C1902 新約全書(上海大美國聖經會)

008126452　(袖珍本,文言文)

《新約全書》(文理本),上海:大美國聖經會(B. & C.)Ameican Bible Society,光緒二十八年(1902)。

半頁,框6×8.8cm,14 行,行 31 字,白口,四周雙邊,版心上鐫書名,中鐫卷次,共420 頁。

【87】TA 1977.5 C1905 新約聖書(文理)

008126457　(袖珍版,文言文)

封面:救主耶穌降世一千九百零五年

　　　新約聖書

　　　大清光緒三十一年歲次乙巳　聖書公會印發

　　　British & Foreign Bible Society, 1905, Wenli New Testament, Ed.649

半頁,框 10.8×7.8cm,10 行,行 21 字,白口,四周雙邊,版心上鐫書名,中鐫卷次,共710 頁。

【88】TA 1977.5 C1906 新約全書

008126458

扉頁:救主降世一千九百零六年

　　　新約全書(第 668 次刷印,Ed.668)

　　　光緒三十二年歲次丙午　上海聖書公會印發

有《新約全書目錄》,22 章,卷末有"新約全書終"之語。用"上帝"一詞。

半頁,框 14.8×9.5cm,14 行,行 30 字,白口,四周雙邊,單黑魚尾,版心上鐫書名"新約全書",中鐫各篇篇名及其章次,下鐫頁數。頁上有注文。

#【89】TA 1977.5 CB19(9 v.)新約全書(台語點字盲文版)

008474621

　　台語點字,臺灣臺北出版,盲文本,共 9 卷:v.1 馬太福音;v.2 馬可福音;v.3 路加福音;v.4 約翰福音;v.5 使徒行傳;v.6 羅馬人書、哥林多前書、哥林多後書;v.7 以福所書、加拉太書、帖撒羅尼加前後書、歌羅西書、腓立比書;v.8 提多書、提摩太前後書、雅各書、希伯來書、腓利門書;v.9 啟示錄、猶大書、約翰一二三書、彼得前後書。

【按】框 16×25cm,盲文點字系統,每卷有書名,每冊有標籤。

書名:馬太福音(台語點字)VOL1

標籤上寫着:ATTHEW(馬太福音)

Taiwanese Braille

The Bible Societies in Taiwan

16 Nanking E. Road, Sec.3 Taipei, Taiwan,

Printed in Taiwan by The Committee for the Blind of Taiwan

本書成本費新臺幣 44.27,定價 2 元,賠本新臺幣 42.27,已由基督徒負擔。

書名:馬可福音(台語點字)VOL2

標籤上寫着:MARK(馬可福音)

Taiwanese Braille

The Bible Societies in Taiwan

16 Nanking E. Road, Sec.3 Taipei, Taiwan,

Printed in Taiwan by The Committee for the Blind of Taiwan

本書成本費新臺幣 44.27,定價 2 元,賠本新臺幣 42.27,已由基督徒負擔。

書名:路加福音(台語點字)VOL3

標籤上寫着:LUKE(路加福音)

Taiwanese Braille

The Bible Societies in Taiwan

16 Nanking E. Road, Sec.3 Taipei,Taiwan,

Printed in Taiwan by The Committee for the Blind of Taiwan

本書成本費新臺幣 44.27,定價 2 元,賠本新臺幣 42.27,已由基督徒負擔。

書名:約翰福音(台語點字)VOL4

標籤上寫着:JOHN(約翰福音)

書名:使徒行傳(台語點字)VOL5

標籤上寫着:ACTS

書名:羅馬人書、哥林多前書、哥林多後書(台語點字)VOL6

標籤上寫着:ROMANS—II CORINTHIANS

書名:以弗所書、加拉太書、帖撒羅尼加前後書、歌羅西書、腓立比書(台語點字)VOL7

標籤上寫着:GALATIANS—II THESSALONIANS

書名:提多書、提摩太前後書、雅各書、希伯來書、腓利門書(台語點字)VOL8

標籤上寫着：I TIMOTHY—JAMES

書名：啟示録、猶大書、彼得前後書、約翰一二三書（台語點字）VOL9

標籤上寫着：I PETER—REVELATION

Taiwanese Braille

The Bible Societies in Taiwan

16 Nanking E. Road，Sec. 3 Taipei，Taiwan，

Printed in Taiwan by The Committee for the Blind of Taiwan

【90】TA 1977.5 CC（1912—1949） 馬可福音（廣東土白）

009441194 （鉛印本，封面有損）

封面：廣東土白（上帝）（右下）馬可福音（中）上海聖經會印發（左）

上海美國聖經會出版，出版年代不詳。（按：依據封面“上帝”字面，竊疑爲1924年，大致説來1924年上海聖經會印發的廣東土白封面均注有“上帝”字樣，頁内有小注。廣東土白以前用“神”，1924年版“God”一詞翻譯爲“上帝”。如此則可有：TA 1977.5 CC1924，參見【92】TA 1977.5 CC1924 馬太福音（廣東土白）。）

半頁，框15.8×9.5cm，框内上有1.5×15.8cm之小框，爲小字注，下框14行28字，白口，四周雙邊，版心上鐫書名，中鐫章次，共44頁。

【91】TA 1977.5 CC1900 新約全書（廣東土白） C-0266 B53

007764709 （廣東土白，1900）

彩色封皮

扉頁：耶穌降世一千九百年　廣東土白

　　　新約全書

　　　大清光緒二十六年歲次庚子　上海大美國聖經會

　　　New Testament, Canton colloquial. Ameican Bible Society, 1900.

没有目録等，直接就是正文。

馬太傳福音書羊城話 p. 1-70

馬可傳福音書羊城話 p. 71-114

路加傳福音書羊城話 p. 115-190

約翰傳福音書羊城話 p. 191-248

使徒行傳羊城話 p. 249-318

保羅達羅馬人書羊城話 p. 1-30

使徒保羅達哥林多人前書俗話 p. 31-62

使徒保羅達哥林多人後書羊城話 p. 63-82

保羅達加拉太人書羊城話 p. 83-94

半頁,框 10.2×15cm,13 行,行 31 字,白口,四周雙邊,單黑魚尾,版心上鐫書名,中鐫章次。318+248,共 566 頁。函 1 本。有點破損。

【按】這個本子與 1913 年的廣東土白《舊新約全書》C-0268 B55 中的《新約》不一樣,版式不一,頁碼不一,核對中間文字,專有名詞略有不同,如 1900 年本用"大闢",1913 年改爲"大衛"。但兩個本子"God"一詞翻譯爲"神"。我們沒有找到《舊約》1900 年的廣東土白本。1913 年的《舊新約全書》中的《舊約》各卷篇名沒有"……羊城話"之語。

又,英語與廣東話對應的《福音四書》有單行本發行,燕京圖書館館藏的有:

(1)約翰福音中西字無膠片 TA 1977.65 EC1900,HOLLIS Number:008128627

(2)路加福音中西字無膠片 TA 1977.64 EC1900,HOLLIS Number:009441249

(3)路加福音中西字無膠片 TA 1977.64 EC1910

【92】TA 1977.5 CC1924 馬太福音(廣東土白)

009441192 (鉛印本,棕紅色封面,旁邊還有一朵花)

封面題字:廣東土白(右) 馬太福音(中) 上海美國聖經會印發(左)

正下方:Canton Colloquial Matthew Term Shanghai American Bible Society Shanghai

扉頁:廣東土白(上帝)(右) 馬太福音(中) 上海聖經會印發(左)

出版年代:1924;地點:Shanghai;印發者:美國聖經會。"God"一詞翻譯爲"上帝"。

半頁,框 15.8×9.5cm,框內上有 1.5×15.8cm 之小框,爲小字注,下框 14 行 28 字,白口,四周雙邊,版心上鎸書名,中鎸章次,共 72 頁。

【93】TA 1977.5 CF1863 聖經新約全書 C-0253 B40

008127470　（綫裝本,1863）

1863 年只有依據漢語翻譯本再翻譯成榕腔的本子。沒有小字注。字跡清晰,版本保存良好。但這個本子沒有注明出版單位和作者。

封面:凡二十七集　耶穌降生一千八百六十三年　聖經新約全書　同治二年

有《目錄》:

初集馬太傳福音書二十八章

二集馬可傳福音書十六章

三集路加傳福音書二十四章

四集約翰傳福音書二十一章

五集使徒行傳二十八章

六集使徒保羅寄羅馬書十六章

七集使徒保羅寄哥林多前書十六章

八集使徒保羅寄哥林多後書十三章

九集使徒保羅寄加拉太書六章

十集使徒保羅寄以弗所書六章

十一集使徒保羅寄腓立比書四章

十二集使徒保羅寄哥羅西書四章

十三集使徒保羅寄帖撒羅尼迦前書十五章

十四集使徒保羅寄帖撒羅尼迦後書三章

十五集使徒保羅寄提摩太前書六章

十六集使徒保羅寄提摩太後書四章

十七集使徒保羅寄提多書三章

十八集使徒保羅寄腓立門書一章

十九集使徒保羅寄希伯來書十三章

二十集使徒雅各書五章

二十一集使徒彼得前書五章

二十二集使徒彼得後書三章

二十三集使徒約翰第一書五章

二十四集使徒約翰第二書一章

二十五集使徒約翰第三書一章

二十六集使徒猶大書一章

二十七集使徒約翰記默示書二十二章

正文：

初集,馬太傳福音書,翻譯福州話,福州:金粟山,1863,共48頁

二集,馬可傳福音書,翻譯福州話,福州:金粟山,1863,共30頁

三集,路加傳福音書,翻譯福州話,共50頁

四集,約翰傳福音書,翻譯福州話,共41頁

五集,使徒行傳,翻譯福州話,共46頁

六集,使徒保羅寄羅馬仈其書,翻譯福州話,共21頁

七集,使徒保羅寄哥林多仈前書,翻譯福州話,共21頁

八集,使徒保羅寄哥林多仈後書,翻譯福州話,共14頁

九集,使徒保羅寄加拉太仈其書,翻譯福州話,共7頁

十集,使徒保羅寄以弗所仈其書,翻譯福州話,共7頁

十一集,使徒保羅寄腓立比仈其書翻譯福州話,共5頁

十二集,使徒保羅寄哥羅西仈其書,翻譯福州話,共5頁

十三集,使徒保羅寄帖撒羅尼迦仈前書,翻譯福州話,共4頁

十四集,使徒保羅寄帖撒羅尼迦仈後書,翻譯福州話,共3頁

十五集,使徒保羅寄提摩太前書,翻譯福州話,共5頁

十六集,使徒保羅寄提摩太後書,翻譯福州話,共4頁

十七集,使徒保羅寄提多其書,翻譯福州話,共3頁

十八集,使徒保羅寄腓立門其書,翻譯福州話,共2頁

十九集,使徒保羅寄希伯來仈其書,翻譯福州話,共14頁

二十集,使徒雅各其書,翻譯福州話,共5頁

二十一集,使徒彼得前書,翻譯福州話,共6頁

二十二集,使徒彼得後書,翻譯福州話,共4頁

二十三集,使徒約翰第一書,翻譯福州話,共6頁

二十四集,使徒約翰第二書,翻譯福州話,共1頁

二十五集,使徒約翰第三書,翻譯福州話,共1頁

二十六集,使徒猶大書,翻譯福州話,共2頁

二十七集,使徒約翰記默示書,翻譯福州話,共22頁

半頁,框11×18cm,12行25字,白口,四周雙邊,單黑魚尾,版心上鐫書名,中鐫章次,每一集單獨編頁碼。合計377頁。"God"一詞翻譯爲"上帝"。

【按】該本沒有注明出版單位和作者。福州土白漢字譯本僅1856年的即有：

(1)1856年美華聖經會出版弼來滿、鮑德温(Cabeb Cook Baldwin)、盧公明(Justus Doolittle)和麥利和的《新約全書》。

(2)福州美國公理會(Mission of AM. Board)的《新約》在1852年的3月開始印刷出

版,全部出版是1856年。

（3）大英聖書公會出版的威爾頓（W. Wellton）福州平話《新約》。

據 Wylie. Memorials. p. 199. 聖經新約福州平話,1856. Attributed to Rev. William Wellton,大約推知這是大英聖書公會出版的福州平話《新約》。

【94】TA 1977.5 CF1866 新約全書（榕腔,綫裝） C-0254 C41

007764702　（福州美華書局 1866）

一函三卷

扉頁:同治五年（1866）榕腔（右）

　　　福音四書（中,頂格）

　　　福州美華書局印（左）

共三卷,每一個資料開始部分都有由福州平話小字所作的簡介,使用口語。

第一卷是《新約全書》,榕腔,卷首有猶太圖書（漢字）。

馬太傳福音書二十八章,p. 1-85,開始部分有福州平話小字所作的簡介

馬可傳福音書十六章,p. 86-137,開始部分有福州平話小字所作的簡介

路加傳福音書二十四章,p. 138-227,開始部分有福州平話小字所作的簡介

約翰傳福音書二十一章,p. 228-301

正文全部是福州平話對譯《新約全書》,中間或有雙行小字簡介。

第二卷首頁有大字右上:同治五年 使徒行傳至腓立比;中間:聖經新約;左下:福州美華書局印

使徒行傳福音書二十八卷,p. 302-388（頁碼接續第一卷）

保羅寄羅馬人書十六章,p. 1-37（頁碼從頭開始）

保羅寄哥林多人前書十六章,p. 38-74

保羅寄哥林多人後書十三章,p. 75-97

保羅寄加拉太人書六章,p. 98-110

保羅寄以弗所人書六章,p. 111-122

保羅寄腓立比人書四章,p. 123-131

第三卷首頁有大字右上:同治五年 歌羅西至默示錄;中間:聖經新約;左下:福州美華書局印

哥羅西人書四章,p. 1-9

帖撒羅尼迦人前書五章,p. 10-17

帖撒羅尼迦人後書三章,p. 17-22

寄摩提太前書六章,p. 22-31

寄摩提太後書四章,p. 32-38

寄提多書三章,p. 39-42

寄腓利門書,p. 43-45

寄希伯來人書十三章, p. 45–72

使徒雅各書五章, p. 73–82

使徒彼得前書五章, p. 83–92

使徒彼得後書三章, p. 93–98

使徒約翰一書五章, p. 99–108

使徒約翰二書一章, p. 109–110

使徒約翰三書, p. 110–111

使徒猶大書, p. 112–114

使徒約翰默示録二十二卷, p. 115–156

【按】這三本基本上是《新約》的福州口語本,有記録當時口語的價值。

半頁,框 17.2×10.2cm,8 行,行 19 字,介紹或注解文字爲雙行並列小字,行 34 字;白口,四周雙邊,單黑魚尾,版心上鎸書名,中鎸卷次。VOL1 福音四書(卷首有猶太地圖),共 301 頁;VOL2 使徒行傳至腓立比,302—388 頁,另加 1—131 頁;VOL3 哥羅西至默示録,156 頁,共計 675 頁。

【按】燕京圖書館藏有的《新約全書》(榕腔)有三個本子:1863 年、1866 年、1869 年。1866 年的版本有小注,不同於這個 1863 年的。1863 年只有依據漢語翻譯本再翻譯成榕腔的本子,没有小字注,且榕腔的原本文字表達不一,是不同的譯者譯著的原文。福州美華書局 1869 年版是 1866 年版本的翻版之改版。但是這個 1869 年的本子,没有小注,只是一個原文的直録(同 1863 年的本子),字小行多,共 248 頁。

【95】TA 1977. 5 CF1869 新約全書(榕腔,福州美華書局 1869)

008127540 (封面"福州"的"福"字下有損)

封面:(右上)同治八年(中間)新約全書(左下)福州 美華書局

没有目録,没有注語,没有注解文字或介紹,直接就是原文。

半頁,框 14.5×9.5cm,14 行 29 字,白口,四周單邊,單黑魚尾,版心上鎸書名,中鎸章次,248 頁。cf. British and Foreign Bible Society. Historical catalogue. No. 2828.

這個版本已經有所損壞。

【96】TA 1977. 5 CF1900 Sing Iok Cu(新約書):Hok-ciu Tu Kiong C–0270 B57

008127436

拼音本,外包裝皮封面中鎸羅馬金字"Sing Iok Cu"書名,紙邊金色,相當精緻。

封面:Nguai Gei Cio

　　　Ia-su Gi-dok Gi

　　　Sing Iok Cu(新約書)

　　　Hok-ciu Tu Kiong(福州土腔)

　　　Dai-ing Lieng Nguoi-guok Seng-cu Huoi Eng Gi 1900

反面：British And Foreign Bible Society

Foochow Colloquial New Testament（275）

Foochow Printed At The Romanization Press

A. B. C. F. M

全書羅馬字，有《聖經全書目錄》，分別有《舊約》和《新約》羅馬字目錄和章次，1 頁。

《SǏng Iók Cǔ》（《新約書》）（Hok-ciu Tu Kiong 福州土腔），版式有引文出處的標注符號。12×18.8cm，框內中分爲二，各自左右兩邊有邊注，按序展開章節，橫排。頁上右左兩邊標示章節起止節數，中鎸篇名。354 頁。

【97】TA 1977.5 CF1904 Sing Iok Cu（ 新約書，榕腔 ） C-0271 B58

007764608

羅馬字母本 Sing Iok Cu（《新約書》）：Ming Kiong

封面（外藍布）：Sing Iok Ciong Cu（新約全書）

扉頁正面：

Nguai Gei Cio

Ia-su Gi-dok Gi.

Sing Iok Cu（新約書）

Ming Kiong（ 閩腔 ）1904

扉頁反面：

Foochow Colloquial New Testament

Foochow Printed At The Romanization Press

A. B. C. F. M

全書福州土語羅馬字，有《聖經全書目錄》，分別有《舊約》和《新約》羅馬字目錄和章次，1 頁。福州 The Romanized Press，1904。1 卷本，共 377 頁。

【98】TA 1977.5 CM1872 新約全書（ 北京官話，1872 ） C-0255 B42

007764602

封面：耶穌降世一千八百七十二年　新約全書　歲次壬申 北京：京都美華書院刷印

卷首有《例言》：

是書乃聖書中之一。聖書者，天主所啟示，俾人明知真道也。人若欲究察生死之理、善惡之報、肉體與靈魂之別及人逝世後天國地獄之分、拯救靈魂之法，聖書而外，無論何書皆不可得，是以普天下人必當詳察夫是書。

聖書原本乃猶太人所著，後泰西諸國各以土音譯之，今乃譯以官話，書中奧義，悉照原本，並不敢增減一字，無非曰譯者易也，易字畫而已，讀者勿以淺易而藐視之。

聖書分而言之，則曰舊約新約，以此二冊有先著後著，故有舊新之別。舊約一冊，在耶穌臨世之先而著，新約一冊在耶穌臨世升天之後而著。舊約末卷與新約相間約五百年之久,著舊約新約之人咸屬亞西亞大洲之猶太國,著舊約則用希伯來文字,新約則用希利尼文字。

舊約計三十九卷,著者凡二十余人,首先創著者名摩西,係中國商朝之時,最後繼續者,名馬拉基,係中國東周之時,先後相間約千年。

新約計二十七卷,著者八人,皆救世主耶穌門徒,係中國東漢之時,首先創著者名馬太,末後繼續者名約翰,先後相間不過數十年。

是冊載耶穌新約全書,上四卷曰福音書。福音者,言人能知是書之音,察是書之義而信從之,必獲福祉,有耶穌門徒名馬太、馬可、路加、約翰者,舉耶穌在世所言所行之略,筆之於書,俾人得知耶穌乃天主子,爲萬人之救主也。第五卷曰使徒行傳,使徒者乃耶穌在門徒中揀選之十二徒,使之證明耶穌死而復活且傳其道於列國,有耶穌門徒名路加者,舉使徒傳道時所行之略,筆之於書,故名使徒行傳。第五卷以下載耶穌使徒保羅、彼得、雅各、約翰、猶大五人感於聖靈而達之書,其書雖爲達知當時各教會,實欲教化世世代代之人民也。

聖書雖出人手,決非由於人意,乃人爲聖靈所感而言,故毫髮不爽,所表明者,皆真神與世人之道。神者靈也,獨一無二,其體一而有三位,曰父曰子曰聖靈,乃創造天地轄管天地萬有之真主,無形無像,無始無終,無所不在,無所不知,無所不能,永無更變,其聖義仁愛,皆無限量。凡生於世上者,不當盡心盡意愛敬而奉事之乎?

世人者神所造也,肉體雖有生死,而靈魂永遠不滅。普天下人,雖然衆庶,而溯其本源,實出於一父一母。此父此母昔造成時其心盡善。後干天主之法,而心變爲不善,故人生於世,心已不善。所圖維者,無非邪慝,是以應服天主震怒,受斯世諸禍地獄之永苦。

聖書悉言救人之法,人已陷罪,天主憐愛而欲救之。則使其獨子耶穌臨世,死於十字架,代贖人罪,致人得免應受之惡報,享在天永遠之福,耶穌而外,無可依賴而得免地獄之永刑。舊約新約皆言耶穌之事,著舊約之豫言者,感於聖靈豫先示耶穌臨世之事。是以耶穌未臨世之先,人亦必依賴耶穌而得救。

耶穌二字,係希伯來音,意謂救者。又稱基督,基督係希利尼音,意謂受膏於膏,特任非常之職者。耶穌天主子,即三位一體中之一。雖有父子聖靈之稱,實無大小先後之別。是以耶穌即天主,而爲天地萬物之主宰,乃舊約所稱耶和華是也,耶穌臨世作人,代人受苦而死,死後復活升天,坐於天主之右,依聖書豫言,耶穌必於所定之期,復臨夫世,使天下萬代之死者復活,一同聽受審判。彼時耶穌必按公義定其永生永死之報,人由是書而得先知之,不當驚懼而悔改乎。

此書是由北京傳教士委員會翻譯的北京官話本,The New Testament translated into Mandarin by A Committee of Peking missionaries. American Mission Press, Peking. Block printing。

半頁,框 12.2×19cm,14 行,行 38 字,四周雙框,頁上有批註,共 441 頁。

這個本子用的是"天主",不是用的"上帝"。

【99】TA 1977.5 CM1872.1 新約全書（官話）

009441253

與 TA 1977.5 CM1872（北京京都美華書院 1872 年刷印本）相同，是複本。但是這本破損大，不適合外借。

半頁，框 12.2×19cm，14 行，行 38 字，四周雙框，頁上有批註，共 441 頁。

“God”翻譯爲“天主”。

【100】TA 1977.5 CM1879 新約全書（上海美華書館擺印 1879）

008127541

《新約全書》，上海美華書館擺印，1879 年。

有《目録》。

馬太福音二十八章，p.1–62

馬可福音十六章，p.63–102

路加福音二十四章，p.103–168

約翰福音二十一章，p.169–222

使徒行傳二十八章，p.223–288

羅馬書十六章，p.287–316

哥林多前書十六章，p.317–344

哥林多後書十三章，p.345–362

加拉太書六章，p.363–372

以弗所書六章，p.373–382

腓立比書四章，p.383–390

歌羅西書四章，p.391–398

帖撒羅尼迦前書五章，p.399–404

帖撒羅尼迦後書三章，p.405–408

提摩太前書六章，p.409–416

提摩太後書四章，p.417–422

提多書三章，p.423–426

腓利門書一章，p.427–428

希伯來書十三章，p.429–448

雅各書五章，p.449–456

彼得前書五章，p.457–464

彼得後書三章，p.465–469

約翰一書五章，p.470–478

約翰二書一章，p.479–480

約翰三書一章，p.481–482

猶大書一章,p.483-484

默示録二十二章,p.485-514

純白話文的語料,皮封面,有套盒,如同慈禧60歲《新約》本。

半頁,框式7.4×12.6cm,14行,行33字,没有魚尾,共514頁。

【按】儘管這個版本很小,但是它還是比較完整的官話本子,與1889年上海漢文書局的《新約全書》幾乎是同一個官話版本,衹有個別地方的用字略異。

【101】TA 1977.5 CM1889 新約全書(官話) C-0259 B46

008127421

有兩本,同TA 1977.5 CM1889.1。

Bible. N. T. Chinese (Mandarin). 1889.

上海:美華書館,1889.

大美國聖經會 American Bible Society 託印

【102】TA 1977.5 CM1889.1 新約全書(官話)

008127543

上海:漢文書館,1889. The New Testament, Mandarin, published by the American Bible Society, 1889. 570 p. on double; 20cm. 新約全書:官話. 大美國聖經會托印.

封面:

右上:耶穌降世一千八百八十九年　官話

中間:新約全書

左上:大美國聖經會託印　左下:上海漢文書館鉛板

正頁的下方爲英文小字:The New Testament, Mandarin, published by the American Bible Society, 1889.

半頁,13行,行32字,無魚尾,每頁雙黑邊,鐫書名、篇名、章次,頁上方有小字注文。

【按】這個版本與1872年的官話本《新約全書》(TA 1977.5 CM1872)比較,還是1872年的好些,一是紙質好,二是年代早,三是基本内容一致,頁上方也有小字注文。

【103】TA 1977.5 CM1898 新約全書(官話,聖書公會)

008127471　(使用"上帝")

封面:耶穌降世一千八百九十八年　官話

　　　新約全書

　　　大清光緒二十四年歲次戊戌　聖書公會印發

扉頁是目録。

第一頁是猶太地圖(彩色),卷頭有彩色"猶太地圖"字樣。

有頁上注文,與1872年京都美華書院本不同的是,經文和頁上注文都已經將"天主"

一詞改爲"上帝"了。

　　半頁,框 15.5×9.8cm,14 行 31 字,白口,四周雙邊,版心上鐫書名,中鐫章次,共 548 頁。B. & F. B. S. Ed. 299

【104】TA 1977.5 CM1903 新約全書(官話,上海大美國聖經會)

　　008127544　(使用"天主")

　　封面:耶穌降世一千九百零三年　官話

　　　　　　新約全書

　　　　　　大清光緒二十九年歲次癸卯　　(上海)大美國聖經會

　　有目錄。

　　沒有猶太地圖,然後是經文。精裝,大字本,單頁(半頁),金邊,998 頁,書末有彩色《太闢在位之時猶太地圖》、《耶穌降世之時猶太地圖》兩幅,以及彩色《使徒行教地圖》一幅。

　　這三幅地圖尺度大,比 1923 年《新舊約全書》(串珠本)的同幅地圖大多了。

　　這個本子 998 頁,半頁,框 18×11.2cm,10 行,行 23 字,白口,四周雙邊,版心上鐫書名"新約聖書",中鐫章次。

【105】TA 1977.5 CM1904 新約全書(官話)

　　008127546　(使用"神")

　　《新約全書》(官話),上海:大美國聖經會,光緒三十年(1904)。

　　封面:耶穌降世一千九百零四年

　　　　　　新約全書　官話

　　　　　　大清光緒三十年歲次甲辰　　上海大美國聖經會

　　沒有目錄,沒有猶太地圖,直接是經文。

　　半頁,框 15.5×9.8cm,14 行 31 字,白口,四周雙邊,版心上鐫書名,中鐫章次,共 548 頁。

　　【按】1904 年的版本其實就是《新約全書(官話)》1898 年的那個翻版,頁碼完全一樣,就是版式變小了,紙質比較差,宣紙,簡單,不像 1898 那個版本那麼精緻。

【106】TA 1977.5 CM1919 馬可福音(新約聖書卷二,官話和合譯本)

　　009441201　(注音字母本,鉛印本)

　　《馬可福音》(新約聖書卷二),官話和合譯本,上海:大英聖書公會,1919 年。

　　《馬可福音》注音字母本

　　封面(本木色)

　　扉頁:右上:新約聖書卷二　官話

　　　　　中間:馬可福音(小篆)

左下：上海大英聖書公會印發

下方：

British & Foreign Bible Society，Shanghai，1919.（Ed. 1745）

Mandarin Mark.（Union Version 和合譯本）

National phonetic script

卷首有中英文的注音注調説明（1 頁）。This book differs in some particulars from other publications of the Committee for the Promotion of phonetic writing.

Gospel of Mark in phonetic script（4th edition）馬可福音的語音腳本。

半頁，框 18×10.5cm，11 行，行 20 注音符號，白口，四周雙邊，版心上鎸書名，中鎸章次，下列書名及章次之注音字母，凡 47 頁。

【107】TA 1977.5 CM1920 馬太福音（新約聖書卷一，官話和合譯本）

009437968

《馬太福音》注音字母本

封面（暗藍色）

扉頁：右上：新約聖書卷一　官話和合譯本

　　　中間：馬可福音（小篆）

　　　左下：上海大英聖書公會印發

　　　下方：

British & Foreign Bible Society，Shanghai，1920.（Ed. 1841）（1841 年編輯）

Mandarin Matthew, Union Version National phonetic script.

半頁，框 18.5×10.5cm，11 行，行 20 注音符號，白口，四周雙邊，單黑魚尾，版心上鎸書名，中鎸章次，下列書名及章次之注音字母，凡 71 頁。

《馬太福音》作爲《官話和合本聖經》中《新約》的第一篇的漢字本，1906 年便已問世。

參見【108】條及【223】條。

【108】TA 1977.5 CM1920.1 約翰福音（新約聖書卷四，官話和合譯本）

009441203

《約翰福音》注音字母本

封面（墨藍色）

扉頁：右上：新約聖書卷四　官話和合譯本

　　　中間：約翰福音（小篆）

　　　左下：上海大英聖書公會印發

　　　下方：

British & Foreign Bible Society，Shanghai，1920.（Ed. 1758）（1841 年編輯）

　　　　Mandarin John（Union Version）National phonetic Script

　　半頁,框 17×10.2cm,11 行,行 20 注音符號,白口,四周雙邊,版心上鎸書名,中鎸章次,下列書名及章次之注音字母,凡 58 頁。

　　參見【107】條及【223】條。

【109】TA 1977.5 CN1898 SING IAH SHÜ 新約書（寧波土話） C-0273 B60

008145094

封面:SING IAH SHÜ

扉頁:AH-LAH KYIU-CÜ

　　　　YIAE-SU KYI-TOH-GO

　　　　SING IAH SHÜ（新約書）

　　　　FENG VENG FAEN NYING-PO T'U-WÔ

　　　　FENG P'IN-TANG-P'IN

　　　　YIN-PIN CÜ SIANG-TE-GO TSIH-TSÔNG

　　　　DA-ING PENG-KOH TENG WAE-KOH SING-SHÜ-WE

　　　　ING-GO

　　　　1898

反面:British and Foreign Bible Society

　　　　Ningpo colloquial New Testament

　　　　Revised Edition

　　　　Zông-hae（上海）

　　　　Me-wô Shü-kwun（美華書局）

　　　　Ing-shih（印刷）

有舊約和新約的目錄:

SING SHÜ-GO MOH-LOH（新書個目錄）

CYIU IAH SHÜ（舊約書）

TÖN-SIA		TSONG-SU（章數）
TS.	TS'ÔNG SHÜ KYI	50 創世記
C.	C'IH YIAE-GYIU KYI	40 出伊及記
LV.	LI-VI KYI	27 利未記
MS.	MING-SU KYI-LIAH	36 民數紀略
SM.	SING-MING KYI	34 申命記
IS.	IAH-SHÜ-ÜÔ KYI	24 約書亞記
Z.	Z-S KYI	21 士師記
LT.	LU-TEH KYI	4 路得記

1. S.	1 SAH-MEO-R KYI	31 撒母爾前書
1. S.	2 SAH-MEO-R KYI	24 撒母爾後書
1W	1 LIH-WÔNG KYI-LIAH	22 列王紀略上
2W	2 LIH-WÔNG KYI-LIAH	25 列王紀略下
1L	1 LIH-DAE TS-LIAH	29 歷代志略上書
2L	2 LIH-DAE TS-LIAH	36 歷代志略下書
YZ1.	YI-Z-LAH KYI	10 以士喇記
NH.	NYI-HYI-MI KYI	13 尼希米記
YZT.	YI-Z-T'IAH KYI	10 以士帖記
IP.	IAH-PAH KYI	42 約伯記
S.	S-P'IN	150 詩篇
TY.	TSENG-YIN	31 箴言
DJ.	DJÜN-DAO	12 傳道書
KO.	YÜÔ-KO	8 雅歌
Y.	YI-SAE-ÜÔ SHÜ	66 以賽亞書
Y 1.	YIAE-LI-MI SHÜ	52 耶利米書
AE.	YIæ-LI-MI AE-KO	5 耶利米哀歌
YS.	YI-SI-KYIH SHÜ	48 以西結書
DY.	DAEN-YI-LI SHÜ	12 但以理書
'O.	'O-SI SHÜ	14 何西書
TR.	IAH-R SHÜ	3 約珥書
ÜÔ.	ÜÔ-MO-Z SHÜ	9 亞麼士書
OP.	O-PÔ-TI SHÜ	1 阿巴底書
IN.	IAH-NÔ SHÜ	4 約拿書
MI.	MI-KYÜÔ SHÜ	7 彌迦書
N.	NÔ-ONG SHÜ	3 拿翁書
HP.	HAH-PÔ-KOH SHÜ	3 哈巴谷書
SF.	SI-FAEN-YÜÔ SHÜ	3 西番雅書
HK.	HAH-KYI SHÜ	2 哈基書
SK.	SAH-KYÜÔ-LI-ÜÔ SHÜ	14 撒加利亞書
M1.	MÔ-LAH-KYI SHÜ	4 馬拉基書

　　【按】燕京圖書館館藏缺寧波《舊約全書》，我們未能見到，但從這份目錄來看當時應有寧波土話羅馬字《舊約》，館藏有 TS'ÔNG SHÜ KYI（創世記）、C'IH YIAE-GYIU KYI（出伊及記）、LI-VI KYI（利未記）、MING-SU KYI-LIAH（民數紀略）、Z-S KYI（士師記）幾本《舊約》單行本，從體式看與《新約》是一個系統的。

SING IAH SHÜ（新約書）

TÖN-SIA   TSONG-SU（章數）

MT.	MÔ-T'A DJÜN FOH-ING SHÜ	28
MK.	MÔ-K'O DJÜN FOH-ING SHÜ	16
LK.	LU-KYÜÔ DJÜN FOH-ING SHÜ	24
I'E.	IAH-'EN DJÜN FOH-ING SHÜ	21
SD.	S-DU YING DJÜN	28
LM.	LO-MÔ SHÜ-SING	16
1K	1KO-LING-TO SHÜ-SING	16
2K.	2KO-LING-TO SHÜ-SING	13
KY.	KYÜÔ-LAH-T'A SHÜ-SING	6
YF.	YI-FEH-SÔ SHÜ-SING	6
F1	FI-LIH-PI SHÜ-SING	4
K1.	KO-LO-SI SHÜ-SING	4
1T.	1T'IAH-SAH-LO-NYI-KYÜÔ SHÜ-SING	5
2T.	2T'IAH-SAH-LO-NYI-KYÜÔ SHÜ-SING	3
1D.	1DI-MO-T'A SHÜ-SING	6
2D.	2DI-MO-T'A SHÜ-SING	4
DT.	DI-TO SHÜ-SING	3
FLM.	FI-LI-MENG SHÜ-SING	1
H.	HUI-PAH-LAE SHÜ-SING	13
YK.	YÜÔ-KOH SHÜ-SING	5
1P.	1PE-THE SHÜ-SING	5
2P.	2PE-THE SHÜ-SING	3
1I'E.	1IAH-'EN SHÜ-SING	5
2 I'E.	2IAH-'EN SHÜ-SING	1
3 I'E.	3IAH-'EN SHÜ-SING	1
YD.	YIU-DA SHÜ-SING	1
MZ.	IAH-'EN-GO MEH-Z-LOU	22

CÜ ZIN, ZIU-Z CÜ YIAE-SU KYÜÔNG-SHÜ ZIN-DEO. CÜ 'EO, ZIU-Z CÜ YIAE-SU KYÜÔNG-SHÜ 'EO-DEO.

T. Y. T. ZIU-Z "TENG YÜ-TO-GO"

從這個目錄可見,原來在寧波是有 1898 的《舊約》整本和《新約》整本。

《新約書》每章按順序展開,框 20×12.2cm,分正文和旁注的形式,共 395 頁。保存良好。這是研究 1899 年前後寧波話的最好資料之一。

【110】TA 1977.5 CP1921 新約全書（1921）C-0274 B61

008127476 （注音字母本 National Phonetic Script）

新約全書

官話和合譯本

上海大美國聖經會印發

Mandarin New Testament (Union Version).
National Phonetic Script.
American Bible Society, Shanghai, 1921.

此書是 1921 年依據官話和合譯本出版的注音字母本，上海大美國聖經會。

框 17×10.2cm，11 行，行 20 注音符號，白口，四周雙邊，版心上鐫書名，中鐫章次，下列書名及章次之注音字母,凡 744 頁。

【按】燕京圖書館另藏有注音字母本《新約全書》1921 年的三個單行本:

【107】TA 1977. 5 CM1920 馬太福音(新約聖書卷一,官話和合譯本)

【106】TA 1977. 5 CM1919 馬可福音(新約聖書卷二,官話和合譯本)

【108】TA 1977. 5 CM1920. 1 約翰福音(新約聖書卷四,官話和合譯本)

【111】TA 1977. 5 EC1908 The New Testament in English and Canton Colloquial 粵英新約全書(橫濱 Fukuin 印刷公司 1908) C-0276 B63

008474623

封面:書全約新

字西中

The New Testament in English and Canton Colloquial

Published by American Bible Society

Printed by the Fukuin Printing Co. ,Ltd

1908

目錄(中英文):

p. 1-86	Matthew	28
p. 87-141	Mark	16
p. 142-233	Luke	24
p. 234-301	John	21
p. 302-390	The Acts	28
p. 391-425	Epistle to the Romans	16
p. 426-459	I. Corinthians	16
p. 460-481	II. Corinthians	13
p. 482-492	Galatians	6
p. 493-504	Ephesians	6
p. 505-512	Philippians	4
p. 513-520	Colossians	4
p. 521-527	I. Thessalonians	5
p. 528-531	II. Thessalonians	3
p. 532-540	I. Timothy	6
p. 541-547	II. Timothy	4
p. 548-551	Titus	3
p. 552-553	Philemon	1
p. 554-580	Hebrews	13

框 19×12cm,6cm 爲漢字,6cm 爲英文;單頁漢字 7 行,行 48 字;雙頁或漢字 8 行,行 48 字。框架上有中英文標題,章節頁碼縮寫,白口,上下單邊,版上分別鎸英文和中文書名(含章次),有句讀符號及章節符號,共 138 頁。

【按】這是哈佛燕京圖書館較早的一個關於英語和廣東話對應的版本,非常有價值,含量大,共 664 頁。它可以代替 1900 年、1910 年幾個《福音書》單行本,因爲内容完全一樣,只是版式大小不一。

【112】TA 1977. 5 EC1913 新約全書 The New Testament in English and Canton Colloquial

008128385　（English and Cantonese）

American Bible Society；printed at Yokohama（橫濱）：Fukuin Printing Co. , 1908

【按】這個 1913 年的本子是 1908 年《新約全書》（中西字）版本的再版本,文字完全一樣,版式、頁碼完全一樣,僅在目録前有頁碼頁。具體見上條“【111】TA 1977. 5 EC1908”,此略。

【113】TA 1977. 5 EM1904 新約全書 The New Testament in English and Mandarin C-0275 B62

008127437　（官話與英文對照本）

封面:書全約新

字西中

The New Testament in English and Mandarin

Published by the American Bible Society

printed by the Fukuin Printing Co. ,Ltd, 1904.

第一頁有目録（中英文）:

框 19×12cm,其中 6cm 爲漢字,6cm 爲英文;漢字 7 行或 8 行,行 48 字,白口,四周單邊,版上分別鎸英文章節頁碼縮寫和中文書名(含章次),有句讀符號及章節符號,共 664 頁。

【按】對照 1903 年上海大美國聖經會官話《新舊約聖經》(【291】TA 1977 CM1903)中的《新約全書》的内容,發現橫濱本官話與英語對照本基本的内容,是依據上海本(官話語言)翻譯的,整本書的頁碼與官話本對應,《新約全書》的中文部分引用的是這個版本的《新約》,爲中文官話,翻譯"God"用"神"(不用"上帝")。奇怪的是,664 頁,橫濱本《新約》是依據上海本的,裏面的文字相同,是一個底本。

又:這個版本與 1884 年中(官話)英對照的《馬太傳福音書》、《馬可傳福音書》内容一致,但版式略窄於 1884 年的。燕京圖書館僅存有 1884 年這兩個單行本,但外德納圖書館藏有 1884 年"福音五書"的中西文版(五本),參見本書附録二。

【114】TA 1977.6 54 福音調和(卷六卷七) C-0330 B118

008127433

燕京圖書館僅存卷六、卷七。這本書是一個單行本,是《福音調和》一書的第六卷(p. 130-160)、第七卷(p. 161-182),其中頁碼不全,p. 174-181 缺。

框 12×18.5cm,9 行,行 20 字,頁上有引文出處之注。白口,四周單邊,單黑魚尾,版心上鎸書名"福音調和"。出版時間和地點不確,據 Wylie. Memorials. p. 31. Harmony of the Gospels. 200 leaves. Batavia, 1834. Two revised editions, 1835,可依推測大約是巴達維亞(Batavia)1834 年左右出版。

【作者】麥都思(Walter Henry Medhurst),1796—1857。

【115】TA 1977.6 C1855 新約全書(1855) C-0245 B32

008127435　(裨治文譯本,部分是 Bridgman 翻譯)

《新約》之《馬太福音》、《馬可福音》、《路加福音》、《約翰福音》、《使徒行傳》,其實就是《新約五書》。

封面(竪排):

耶穌降世一千八百五十五年(右)

新約馬太福音馬可福音路加福音約翰福音使徒行傳全書(中)

咸豐五年(左)

Pen note added on cover: New Testament from Matthew to the Acts. Approved by the American Bible Society's Committee in China. Translated in part by the Rev. E. C. Bridgman.

損壞較大,只能閱讀 Microfiche C-0245 B32。

【作者】(1)麥都思(Walter Henry Medhurst),1796—1857。(2)裨治文(E. C. Bridgman,1801—1861),美國公理會傳教士,受美國國外宣教會(American Board of Commissioners for Foreign Missions)差遣,於 1829 年 10 月 14 日,自紐約登船遠航,繞過南美洲的崎角,到中國宣教。經過長而辛苦的海上航行,於 1830 年 2 月 19 日抵達廣州。跟馬禮遜學習中文。他在華工作三十年,有十七年以廣州及附近的澳門爲基地,後十三年則在上海,也在上海離世。裨治文負責編輯《中國叢報》,參與翻譯中文《聖經》,通過《美理哥合省國志略》等書介紹美國。

【116】TA 1977.6 CF1866 福音四書(福州 1866)

007764726

《福音四書》,榕腔,同治五年,福州美華書局印,1866 年。

《福音四書》含馬太、馬可、路加、約翰四福音書,爲《新約》開始四章,簡稱《福音四書》。卷首有猶太地圖,然後依次爲馬太傳福音書 p. 1-85,馬可傳福音書 p. 86-137,路加傳福音書 p. 138-227,約翰傳福音書 p. 228-301。每章福音書有福州土話導言。

半頁,框17.2×10.2cm,8 行 19 字,白口,四周雙邊,單黑魚尾,版心上鑴書名,中鑴卷次,共 301 頁。

【按】該書實爲"TA 1977.5 CF1866 新約全書(榕腔,三卷本綫裝)"之第一卷。兩者内容一致,版式大小頁碼等一致:卷首有彩色猶太地圖,馬太傳福音書 p. 1–85,馬可傳福音書 p. 86–137,路加傳福音書 p. 138–227,約翰傳福音書 p. 228–301,小字雙行爲注文,大字爲《新約》原文。但這個單行本裝幀精緻(非綫裝)。這個版本保存尚好,而"三卷本"之榕腔《新約全書》已經破損。

又:其中《路加傳福音書》燕京圖書館還有單行本,詳見"【204】TA 1977.64 CF1866 路加傳福音書(福州榕腔)"。

【117】TA 1977.6 CF1866.1 福音四書(榕腔)

007764726

同"【116】TA 1977.6 CF1866 福音四書(福州 1866)",是同一個本子的複本,此略。

【118】TA 1977.6 CP1924 福音書 C–0331 B119

008127419

福音書官話和合譯本(注音),上海:大英聖書公會 美國聖經會,1924 年。

Four Gospels in Character and Phonetic Mandarin（Union version）. Ed. 2149

用注音字母與漢字合鑄的字模刊印

封面:右:新約全書 馬太馬可路加約翰 附標注音字母官話和合譯本(同標注音字母)

　　　中:福音書(同標注音字母)

　　　左:上海 大英聖書公會 美國聖經會印發(同標注音字母)

下方小字:

　　The Four Gospels in Character and Phonetic Mandarin（Union version）. Ed. 2149

　　Published Jointly by the American Bible Society and the British & Foreign Bible Society, Shanghai 1924

這是一本官話本漢字與注音字母對照的《新約》四書,每頁分上下兩部分,竪行排列。19×13 = 9.5×13+9.5×13cm, 11 行,行 32 字(16+16),版心左右兩邊鑴篇名及章次,共 332 頁。

【119】TA 1977.6 EM1899 新約五經(官話與英語對照)

008474620　（用"神"）

中西字新約五經

封面:馬太福音

中西字

The Gospel According To ST. MATTHEW In English And Mandarin

Publish By The American Bible Society

Shanghai：American Presbyterian Mission Press 1899

馬太 1899,p. 1−127

封面:馬可福音

中西字

The Gospel According To ST. MARK In English And Mandarin

Publish By The American Bible Society

Shanghai：American Presbyterian Mission Press 1899

馬可 1899,p. 1−82

封面:路加福音

中西字

The Gospel According To ST. LUKE In English And Mandarin

Publish By The American Bible Society

Shanghai：American Presbyterian Mission Press 1900

路加 1900,p. 1−138

封面:約翰福音

中西字

The Gospel According To ST. JOHN In English And Mandarin

Publish By The American Bible Society

Shanghai：American Presbyterian Mission Press 1900

約翰 1900,p. 1−107

封面:使徒行傳

中西字

The ACTS OF THE APOSTLES In English And Mandarin

Publish By The American Bible Society

Shanghai：American Presbyterian Mission Press 1900

使徒 1900,p. 1−138

框 8.2×13cm,4.1cm 爲漢字,4.1cm 爲英文;單頁漢字 7 行,行 32 字;雙頁或漢字 8 行,行 32 字。框架上有中英文標題,章節頁碼縮寫。

【120】TA 1977. 7 C1836 **聖差保羅信(上、中、下)** C−0371 B159

　　008128827

　　封面:右:道光十六年鎸　新嘉坡堅夏書院藏板

　　　　　中:聖差保羅信上書

　　　　左:依本文譯述

這個版本有破損的地方,没有目錄等,直接正文。

聖差保羅寄羅馬人書,p.1-19

封面:右:道光十六年鐫　新嘉坡堅夏書院藏板

　　　　中:聖差保羅信下書

　　　　左:依本文譯述

聖差保羅寄伽拉太人書 p.1-7

聖差保羅寄以弗所人書 p.1-6

保羅達非利比人書 p.1-5

保羅達哥羅西人書 p.1-5

保羅達帖撒羅尼迦人之首書 p.1-4

保羅達帖撒羅尼迦人之後書 p.1-3

保羅寄提摩太首書 p.1-5

保羅寄提摩太後書 p.1-4

保羅達提都之書 p.1-2

保羅寄非利門之書 p.1

聖差保羅寄希伯來人之書 p.1-14

半頁,框 10.5×16.5cm,10 行,行 26 字,白口,四周雙邊,單黑魚尾,版心上鐫書名,中鐫章次。

　　【按】聖差保羅信應該還有中書:Sheng Chai Baoluo Ji Gelinduo Ren Shang Xia Shu(寄哥林多人上下書)

聖差保羅寄哥林多人上書 p.1-19

聖差保羅寄哥林多人下書 p.1-12

燕京圖書館著録裡有,但是書裡没有。此材料缺。

【121】TA 1977.08 56 古時如氏亞國歷代略傳(歷史) C-0224 B10

008124168　(很口語,帶一點文言詞)

　　封面:子曰明鏡可以察形　往古可以知今

　　　　古時如氏亞國歷代略傳

　　　　作者馬禮遜

　　大約是依據《新遺詔書》漢文,簡介古如氏亞國的歷史。文章一開始就簡介“如氏亞”,“故此我想依他們經書所載略傳給汝看官聽”。然後細講那“如氏亞國”的歷史、人物、事件等等,包括《神十誡》等。書末有“耶穌經書名叫新遺詔書,漢文已有之,古如氏亞國歷代略傳終”之句。書中格式頗有中國文學之味道,如:

他們守每七日爲安息禮拜。又專一把本身修德,善理本家與世人相交誠信,而心刻望得天上永福。有詩做證,詩曰:信耶穌輩臨終日,汝作親朋莫痛悲。蓋彼暫辭歸上國,如何傷悼哭噫噫。爾們弗學無望輩,戰戰兢兢勿自欺。平素賴依神子者,靈魂亦是作神兒。安寧永樂長生地,雖死之日若聖時。神子降來塵世上,教我祈神改我非。代吾受難兼流血,亦曾自死轉天墀。不久從雲仍復至,地裂天開甚訝奇。所有世人俱不在,是時驚醒墓中屍。堈間盡出已死者,善惡分明審判其。勝世之人當釋放,天軍讚詠接迎伊。天堂準備雲空上,是我長居不必疑。永遠享余無限福,共同聖輩和壎箎。此間並沒災殃至,世上艱辛業了期。善友良朋重再會,從茲永遠不分離。

書末還有:"看官,我心誠願彼此不要學那些人方好。"

半頁,框 12×16.5cm,10 行,行 21 字,白口,四周單邊,單黑魚尾,版心上鐫書名"歷代略傳",下鐫頁數,頁上間或附小字注文,共 9 頁。

【122】TA 1977.08 73 聖經圖記 C-0223 B9

008124486

封面:聖經圖記

扉頁:上爲橫排聖經圖記;中爲一幅畫,有"Knowledge of the Lord";下配有一段與之内容相應的文言:"天國臨至時,經云:當下狼共羔住,又豹又羊子同伏,犢及小獅與脂畜同住,而小兒牧之也。又云:獅如牛食草。又云:如水之覆海。普通下之人悉知神。故此未有傷害,太平系熙和也。"

反面:有《教子知律》圖,下面配有一段與之内容相應的文言。

有合衆國士人德明氏所撰《聖經圖記略引》:"夫至高至大,獨一永活自在之神,其創造萬物,實有可據,試觀木工苟制一物,皆知此物出木工手,今天地山海等,所造者誰,人苟能一思之,當自知非神莫屬。經云,天其表神之榮,天空其顯神手之所作,然則神之永能與其神體,可由被造之物而知,世人誠無庸推諉也。昔西方有聖人曰摩西,奉神啟作創世記,載神造萬物之事甚詳。摩西前其人多數百歲之壽,時雖無傳書,以目見爲口授,葉葉相傳,故至摩西,皆可本於舊聞,況古人作一書,每奉天啟,是其所言者,皆神所欲言者也。此書又本創世記與諸書譯出,夫豈荒謬無稽者比哉?至書中繪列諸圖,非以悦目,亦以陳圖隸事,庶見之者易於索解,且永生之道,自當瞭然於心目間云。——合衆國士人德明氏謹識"(1 頁)

有《聖經圖記略》:"神創造天地,而先造一光,以光隔暗,而晝夜分焉。是爲元年第一日。第二日成穹蒼,名曰天。第三日使諸水歸一處,土始見而名之曰地。……"

正文部分内容豐富。講到歷史故事一幅畫一段淺文言表述,其中包括聖經圖記、地球全圖等。

包括《救世主耶穌訓徒祈禱文句解》。卷末有"聖經圖記終"之語。

半頁,框 13×19cm,13 行,行 25 字,白口,四周雙邊,單黑魚尾,版心鐫各圖記名稱,共38 頁。

cf. Wylie. Memorials. p.159.

【作者】卦德明（John Winn Quartermon），美國人，1846 年來華，在寧波、上海等地活動，爲美國長老會牧師。

【123】TA 1977.08 73.1 聖經圖記（文言，配圖，卦德明著）

009436391

有《聖經圖記略引》，同【122】TA 1977.08 73 聖經圖記，此略。

有《聖經圖記略》，同【122】TA 1977.08 73，此略。

主要講述聖經歷史故事，如：人偕陷罪、第一兇手、八舟避水、避水莫獲、虹見證約、闔家焚祭、建塔揚名、巴比倫城、獻子爲祭、以實馬利後裔即回回教、羅得避火、約瑟賣身、王賜副車衆民跪拜、約瑟認父。

半頁，框 12.5×18.5cm，14 行，行 25 字，共 26 頁。白口，四周雙邊，單黑魚尾，版心上鐫篇名（如上列），中間有插圖。

【124】TA 1977.8 C1836 聖人約翰天啟之傳 C-0240 B27

008131288

這份單行本已經包含在 1836《救世主耶穌新遺詔書》中，版式同，可以不用單行本。

半頁，框 10.5×16.5cm，10 行，行 26 字，白口，四周雙邊，單黑魚尾，版心上鐫書名，中鐫章次，共 22 頁。

【125】TA 1977 8B 舊新約聖經（美國施約瑟 1913）

007818046

《舊新約聖經》，一冊，施約瑟新譯，上海：大美國聖經會，1913 年。

封面非常精緻，紅黑相間，黑中透紅字“舊新約聖經”。

The Holy Scriptures

Old and New Testaments

In the Chinese Literary Language, Plain Style

Translated from the Hebrew and Greek by the

RT. REV. S. I. J. Schereschewsky, D. D., S. T. D.

Formerly

Missionary Bishop in Shanghai of the American Episcopal Church

Printed for The Ameican Bible Society, Shanghai, China

Fukuin Printing Company, Ltd., Yokohama, Japan, 1913

耶穌降世一千九百十三年　美國施約瑟新譯

舊新約聖經

中華民國二年歲次癸丑　上海大美國聖經會印行

Easy Wenli Bible, American Bible Society, 1913

(1)**舊約聖經**

耶穌降世一千九百十三年　美國施約瑟新譯

舊約聖經

中華民國二年歲次癸丑　上海大美國聖經會印行

Easy Wenli Old Testament, American Bible Society, 1913

有目録,2 頁：

摩西一書創世記計五十章

摩西二書出伊及記計四十章

摩西三書利未記計二十七章

摩西四書民數記計三十六章

摩西五書申命記計三十四章

約書亞計二十四章

士師計二十一章

路得計四章

撒母耳前計三十一章

撒母耳後計二十四章

列王上計二十二章

列王下計二十五章

歷代上計二十九章

歷代下計三十六章

以斯拉計十章

尼希米計十三章

以斯帖計十章

約百計四十二章

詩篇計百五十章

箴言計三十一章

傳道計十二章

所羅門歌計八章

以賽亞計六十六章

耶利米計五十二章

耶利米哀歌計五章

以西結計四十八章

但以理計十二章

何西阿計十四章

約珥計三章

亞摩斯計九章

阿巴底亞計一章

約拿計四章

彌迦計七章

那鴻計三章

哈巴谷計三章

西番雅計三章

哈該計二章

撒迦利亞計十四章

瑪拉基計四章

半頁,框 12.2×18.5cm,15 行 37 字,白口,四周雙邊,版心上鎸書名,中鎸篇名章次,下鎸頁碼、特注"神"字,共 1134 頁。該本一律用"神"字,不用"天主"和"上帝"。

大字,經文原文,小字,雙行注解,頁上有小字注。

(2)新約聖經

救主降世一千九百十三年　美國施約瑟新譯

新約聖經

中華民國二年歲次癸丑　上海大美國聖經會印行

Easy Wenli New Testament, American Bible Society, 1913

有目録,1 頁。

半頁,框 12.2×18.5cm,15 行 37 字,白口,四周雙邊,版心上鎸書名,中鎸篇名章次,下鎸頁碼、特注"神"字,共 346 頁。該本一律用"神"字,不用"天主"和"上帝"。

大字經文原文,小字雙行注解,頁上有小字注。

【126】TA 1977.09 03 聖書論略(葉韙良著 1870) C-0221 B7

007764677

封面:聖書論略

扉頁:耶穌降世一千八百七十年　教士葉韙良著

　　　聖書論略

　　　Introduction to the study of the Bible American Mission Press, Peking 1870

　　　歲次庚午　京都燈市口美華書館刷印

有同治九年七月望日美國傳教士柏亨理《序》(敘述了著者生平簡要,介紹了聖書讀法):

吾邦傳教士葉公諱韙良者係余同學教弟也。公生於英國,家中寒素,其父織布爲業,至五歲闔家遷到美國入籍,在小學讀書七年,其言語動作頗中規矩,而於書中所載之道思慕直如飢渴,必欲明曉通暢而後已。十二歲入局隨父學藝,不惟閒暇博覽多書,即作工時亦必置書於架上,細心追求,每逢主日,往教堂聽道。閱時,公在局中蒙聖靈感動,悔罪歸主,此後手雖作工,心卻以主爲念,大有快樂。又常往樹林中去禱告,不分冬寒夏暑,白晝黑夜,或在樹根或依石旁,俯伏地上求主,並有同伴一幼童,天天日午與之同去禱告,此處直如聖所矣。共常願歇此織布之業得膺更重更大之職任,宣傳耶穌聖道,或能遠涉重洋,將主名傳於外邦,崇奉偶像之人,益爲心中所願。後於十五歲受洗入教,教中人視其舉止端方,均愛之慕之,内中亦有以讀書傳道兩事諄諄勸勉者,應允捐資裏助,及其在大學讀滿四年,學問品行俱臻純粹,師長與教友倍加愛慕。

公本擬前往遠方傳道,只因有時阻滯,未克如願,即在本國傳道兩年半,迨妻女故後,知主必命之成其本願,二十九歲來到中國上海,竭盡五載之力,精習官話土語,文理楷書,又常在上海並内地講道送書,後隨友人來到北京,意欲建堂開教,未幾得病而返,離天津不遠,卒於路上。時方三十三歲,衆友莫不悲傷贊歎。公病故後,迄今已十一年。有英美兩國之基督門徒在京師天津通州張家口等處建堂傳教立義學設醫院,以及譯經作書等事,均已成就公之夙願,未知其靈在天快樂何如也?公在世只留《聖書論略》《聖書地理》兩本,義理精詳,講解透徹,惟望讀是書者,明其意,從其道,學其規模,異日同享天堂之永福。余校對書文送交公會刷印,爰樂而爲之序。

同治九年七月望日美國傳教士柏亨理謹識

正文分別是:

《聖書考始》p.1–3

《聖書爲天主所默示》p.4–5

《聖書源流》p.6–9

《聖書道大用遠》p.10–13

《聖書讀法》p.14–18

半頁,框 12×18.2cm,10 行,行 23 字,白口,四周雙邊,單黑魚尾,版心上鐫“聖書論略”,下鐫頁數,共 18 頁。

【127】TA 1977.09 14 聖書憑據總論(種德者纂 1827) C–0215 B1

008124487

扉頁:道光七年新鐫

　　　聖書憑據總論

　　　種德者纂

序 p.1–10

序版心上鐫“聖書憑據總論”,中鐫“序”,下鐫頁數和“卷上”,10 行,行 22 字,10 頁。

正文

VOL1

第一章論《新遺詔書》之道理所自證實爲神天之道,十回,p.1–31:

第一回論《新遺詔書》細講神天之性行

第二回論耶穌之言行

第三回論人之心性爲如何

第四回論耶穌在神天世人中做中保之道

第五回論耶穌之誠

第六回論《新遺詔書》講來生

第七回論《新遺詔書》現出感心之意見

第八回論神天以《新遺詔書》之道而定意成如何品行的人

第九回論由耶穌道之得成如上回所説之品行而來之福

第十回論《新遺詔書》所載爲我可預先想望神天之教必然備載

第二章論由想着《新遺詔書》之道理而來的憑據,九回,p. 31–53。

卷末有"聖書憑據總論卷上終"之句。

半頁,框 10.5×14cm,10 行,行 22 字,白口,四周雙邊,單黑魚尾,版心上鎸"聖書憑據總論",中鎸章數和回數,下鎸頁數和"卷上",共 53 頁。

VOL2

第三章論耶穌之使徒爲作證《新遺詔書》是被神天啟示之憑據,七回,p. 1–11。

第四章論《新遺詔書》尚有許多憑據足以證其使徒所作證果爲真實的,十回,p. 12–25。

第五章論神跡爲證耶穌道理之憑據,六回,p. 26–38。

第六章論先知之道理爲《新遺詔書》被神天默示之憑據,八回,p. 38–53。

第七章論耶穌之道得行是證其爲天來的,八回,p. 54–69。

卷末有"聖書憑據總論卷中終"之句。

半頁,框 10.5×14cm,10 行,行 22 字,白口,四周雙邊,單黑魚尾,版心上鎸"聖書憑據總論",中鎸章數和回數,下鎸頁數和"卷中",共 69 頁。

【按】由此看來,這套書應還有卷下。即爲上、中、下三卷本,此缺卷下。

cf. Wylie. Memorials. p. 47. Essay on the evidences of Christianity. 3 vols. 184 leaves. Malacca,1827. A translation of Dr. Bogues work.

【作者】種德者(David Collie, d. 1828)。

【128】TA 1977.09 14.1 新纂聖經釋義(1830) C–0217 B3

008124495

封面:道光十年孟春重鎸

　　新纂聖經釋義

　　種德纂

該書引用聖經言語説解聖經,並引用諸子言論,甚或古書,偶爾用民間俗語來綜合解釋。其引用經文或古人言語常用的有:經云、聖書曰、耶穌曰、古書云、詩云、古聖曰、古聖書有曰、子(孔子)曰、朱夫子曰、新遺詔書云、或有人問於保羅曰、昔有人來問於耶穌曰、古之聖賢常言、保羅曰、故聖者曰、古書云、古人云、古聖者曰、太公曰、書云、莊子曰、晉國語曰、書記曰、俗語云。

傳教士試圖從被最大多數中國人認同的儒家學説中尋找有力的思想觀念資源和支持的依據,作爲基督教進入中國讀者内心的通道。因此,傳教士大量引用儒家經典,以儒釋耶,將儒家論點直接與《聖經》教義並列,表明二者持論相同。從《新纂聖經釋義》中可見一斑。

卷末有"聖經釋義終"之語。

半頁,框 11.5×16.5cm,9 行,行 18 字,白口,四周雙邊,單黑魚尾,版心上鎸書名"聖經釋義",共 27 頁。版本保持良好。

cf. Wylie. Memorials. p. 46. 聖 經 釋 義. Help to the Scriptures. Malacca, 1825. Reprinted at Singapore, 27 l. , 1835.

【作者】種德者(David Collie)。

【129】TA 1977.09 14.1 新纂聖經釋義(1835)

008124270　(綫裝)

【按】這是《新纂聖經釋義》1830 年版在 1835 年的重刻本。

封面:道光十五年季冬重鎸

　　　新纂聖經釋義

　　　種德纂　新嘉坡書院藏板

半頁,框 11.5×16.5cm,9 行,行 18 字,白口,四周雙邊,單黑魚尾,版心上鎸書名"聖經釋義",共 27 頁。版本保持良好。

【130】TA 1977.09 39 聖經證據(福州 1870) C-0218 B4

008123905

《聖經證據》,何進善撰,福州:太平街福音堂,1870 年。

封面:同治九年

　　　聖經證據

　　　福州太平街福音堂印

有《序》:

余少時得遇英友理先生(按:理雅各 James Legge),與習聖經,於兹十有四年。亦嘗檢視西賢數家注釋,故略知其意義。因見聖書初入中國,皆由外邦文字譯出,其中文義典故,間有難明之處,遂爾不揣固陋,強將《新約全書》略加注釋,明知才淺學疏……故盡駑駘之力,或於初學不無小補。……將來或有才智之士,重新注釋,羽翼聖經,別出心裁,以補余之所未備,斯又余所引領而日望之者也。是爲序。——時皇清咸豐四年歲次甲寅孟冬穀

旦南海居士何進善謹序

由序言可見,何進善是站在一個中國基督徒的視角來介紹《聖經》概況的,可知他也對《新約全書》作了注釋,以補外國人翻譯文義典故中難明之處。但是没有正文《新約》注釋。

半頁,框6.5×10.8cm,四周單邊,單黑魚尾,版心上鎸"聖經證據",共9頁。

【作者】何進善(1817—1871),字福堂,1817年生於廣東省南海縣西樵山。年幼時隨父移居南洋馬六甲,自小略通英文。20歲時進入英華書院,學習神學外,還包括地理學、幾何學、天文學、倫理學、英文和中文等課程,能夠讀懂新舊約原文,用希伯來文字作文。1839在倫敦會創立的馬六甲英華書院受洗入教,1846年何進善由倫敦會按立爲牧師,是繼梁發以後受洗入教的中國基督教第二位牧師。後師從理雅各學習聖經、神學、世界史、教會史、希伯來文、希臘文,並且追隨理雅各在華僑中傳教至香港工作,參考英文解經著作撰寫完成《馬太注釋》、《馬可注釋》和《十誡注釋》等著述。他在《遐邇貫珍》1855年第2號上的《新舊約書爲天示論》,全面系統地評價與介紹了新舊約的内容。曾作《新約注釋》及編印佈道小書,風行於世。曾在廣東的東莞、廣州、佛山各地傳教。關於"GOD"的譯名,馬禮遜用"神",何進善主張用"上帝",根據理雅各的記述,何進善大概在1839年左右就開始用"上帝"一詞。

【131】TA 1977.09 80 舊約預表(神學1903) C-0225 B11

008110528

《舊約預表》(2卷),通州:文奎齋刷印,光緒癸卯(1903)。

封面:舊約預表

扉頁:光緒癸卯年春季鎸

舊約預表

通州　文奎齋刷印

《舊約預表目録》(4頁)。

《舊約預表引》(1頁),有云:

"然自始至終,實爲一理所貫,通其大旨,即將上主救罪人之道昭示於世也。其教人之法亦不一,有用直言警戒教導者,有用預言表明將來之刑賞者,有藉淺近易知之事發明深奧之理者,更有舊約所載之人所紀之事所設之禮不第爲訓當時,且隱含後代將成大事者,此類可謂預表,今欲詳察焉。"

並指出"預言、譬喻、預表"之區别:

"若夫預表,則以所設之禮或人所經之事,顯明將來之所成就者。……而預表之用,則不惟訓當時,又隱指將來之事而爲之引階也。"

正文分卷一、卷二兩單行本。

卷一　第一章至第五章

　　第一章三段　　論舊約預表其法其益如何

　　第二章四段　　論主在列祖之世所設之禮爲預表

　　第三章七段　　論列之之世人之預表

　　第四章三段　　論以色列人出埃及預表之事

　　第五章四段　　論以色列人經過曠野

　　半頁，12.5×18cm，10 行，行 25 字，白口，四周雙邊，單黑魚尾，版心鐫書名"舊約預表"及"卷一"，頁上有注文，共 45 頁。

　　卷二　　第六章至第十五章

　　第六章三段　　論主在西乃山賜律法

　　第七章五段　　論摩西律法中之禮儀有何預表

　　第八章六段　　論會幕之祭司與利未人

　　第九章三段　　論會幕與祭司如何相連

　　第十章二段　　論至聖所賜與大贖罪日

　　第十一章三段　　論至聖所器用

　　第十二章五段　　論祭壇所獻之各祭物

　　第十三章三段　　論潔身之預表

　　第十四章三段　　論人隨時所獻之祭物

　　第十五章六段　　論以色列之聖日聖物

　　半頁，框 12.5×18cm，10 行，行 25 字，白口，四周雙邊，單黑魚尾，版心鐫書名"舊約預表"及"卷二"，頁上有注文，共 59 頁。

【132】TA 1977 9A 新舊約全書（官話 1899）C-0264 B51

　　008263831

　　【按】TA 1977 9A 的頁面有點破損。另有 TA 1977 9B、TA 1977 9C，其實是這本書在燕京圖書館的複本。

　　【又按】【290】TA 1977 CM1899 新舊約全書 C-0264 B51（008124165）與此實爲同一個版本的另一個複本。

　　《新舊約全書》一卷本分《舊約》和《新約》兩部分。封面是大紅和黑色。

　　扉頁是《舊約》的封面（該頁面有點破損）：

　　　　救主降世一千八百九十九年　官話

　　　　舊約全書

　　　　大清光緒二十五年歲次己亥　聖書公會印發

　　　　British and Foreign Bible Society，1899（ED. 342）

　　《舊約全書》目録（2 頁）：

　　創世記計五十章 p. 1–74

出伊及記計四十章 p.75–134

利未記計二十七章 p.135–176

民數紀略計三十六章 p.177–236

申命記計三十四章 p.237–290

約書亞記計二十四章 p.291–330

士師記計二十一章 p.331–368

路得記計四章 p.369–374

撒母耳前書計三十一章 p.375–424

撒母耳後書計二十四章 p.425–466

列王紀略上計二十二章 p.467–514

列王紀略下計二十五章 p.515–560

歷代志略上書計二十九章 p.561–606

歷代志略下書計三十六章 p.607–658

以斯拉書計十章 p.659–674

尼希米記計十三章 p.675–696

以斯帖書計十章 p.697–708

約伯記計四十二章 p.709–746

詩篇計百五十篇 p.747–838

箴言計三十一章 p.839–870

傳道書計十二章 p.871–882

雅歌計八章 p.883–888

以賽亞書計六十六章 p.889–962

耶利米書計五十二章 p.963–1046

耶利米哀歌計五章 p.1047–1054

以西結書計四十八章 p.1055–1128

但以理書計十二章 p.1129–1150

何西阿書計十四章 p.1151–1162

約珥書計四章 p.1163–1166

亞麼斯書計九章 p.1167–1176

阿巴底亞書計一章 p.1177–1178

約拿書計四章 p.1179–1182

彌迦書計七章 p.1183–1190

那鴻書計三章 p.1191–1194

哈巴谷書計三章 p.1195–1198

西番雅書計三章 p.1199–1202

哈該書計二章 p. 1203—1206

撒加利亞書計十四章 p. 1207—1220

瑪拉基書計四章 p. 1221—1226

翻譯"God"用"上帝",不用"神"。

半頁,框 18.4×11.4cm,16 行 37 字,白口,四周單邊,版心上鐫書名"舊約全書",中鐫篇名和章次,頁上有小字注文,共 1226 頁。

第二部分

封面:救主降世一千八百九十九年　官話

　　　　新約全書

　　　　大清光緒二十五年歲次己亥　聖書公會印發

　　　　British and Foreign Bible Society, 1899（ED. 342）

馬太傳福音書計二十八章 p. 1—50

馬可傳福音書計十六章 p. 51—82

路加傳福音書計二十四章 p. 83—134

約翰傳福音書計二十一章 p. 135—176

使徒行傳計二十八章 p. 177—228

使徒保羅寄羅馬人書計十六章 p. 229—250

使徒保羅達哥林多人前書計十六章 p. 251—272

使徒保羅達哥林多人後書計十三章 p. 273—286

使徒保羅達加拉太人書計六章 p. 287—294

使徒保羅達以弗所人書計六章 p. 295—302

使徒保羅達腓立比人書計四章 p. 303—308

使徒保羅達哥羅西人書計四章 p. 309—314

使徒保羅達帖撒羅尼迦人前書計十五章 p. 315—320

使徒保羅達帖撒羅尼迦人後書計三章 p. 321—324

使徒保羅達提摩太前書計六章 p. 325—330

使徒保羅達提摩太後書計四章 p. 331—334

使徒保羅達提多書計三章 p. 335—338

使徒保羅達腓立門書計一章 p. 339—340

使徒保羅達希伯來人書計十三章 p. 341—356

使徒雅各書計五章 p. 357—362

使徒彼得前書計五章 p. 363—368

使徒彼得後書計三章 p. 369—372

使徒約翰第一書計五章 p. 373—378

使徒約翰第二書計一章 p. 379—380

使徒約翰第三書計一章 p. 381–382

使徒猶大書計一章 p. 383–384

使徒約翰記默示計二十二章 p. 385–408

翻譯“God”用“上帝”,不用“神”。

半頁,框 18.4×11.4cm,16 行 37 字,白口,四周單邊,版心上鎸書名“新約全書”,中鎸篇名和章次,頁上有小字注文,共 408 頁。

【按】1903 年的上海大美國聖經會編印本《新舊約聖經》(官話,“神”,TA 1977 CM1903)是 1899 年的本子的刻板,頁碼完全一樣,版式一樣,都用“大衛”,但是唯一不同的是 1899 年用的是“上帝”,不是“神”。

【133】TA 1977 9B 新舊約全書(官話 1899)

008263831

TA 1977 9B,另有 TA 1977 9A、TA 1977 9C,其實是這本書在燕京圖書館的複本。著録見【132】。

【按】【290】TA 1977 CM1899 新舊約全書 C–0264 B51 (008124165)與此實爲同一個版本。

【134】TA 1977 9C 新舊約全書(官話 1899)

008263831

TA 1977 9C,另有 TA 1977 9A、TA 1977 9B,其實是這本書在燕京圖書館的複本。著録見【132】。

【按】【290】TA 1977 CM1899 新舊約全書 C–0264 B51(008124165)與此實爲同一個版本。

【135】TA 1977.21 C1814 舊遺詔書(第一章) C–0277 B64

008124275

這是《舊遺詔書》第一章的手寫本,廣州,1814 年。對照《創世歷代傳》TA 1977 C1832 (1)(嗎㖿呷),第一頁第一行“創世歷代傳或稱厄尼西書”篇名正是《厄尼西士之書》,對照第一章的語言,大體相當。頁上方間或有方框注語。作者馬禮遜(Robert Morrison,1782—1834)。

綫裝,半頁,框 10×16.5cm,白口,8 行,行 20 字,四周單邊,單黑魚尾,版心上鎸書名,中鎸章次,僅 3 頁。雖然只有一個小篇幅,3 頁,可以證明作者是 Robert Morrison(1782—1834),而且可以探知最初的手寫體(有俗字,如:面—靣、類—纇),語言面貌也是馬禮遜的。

【136】TA 1977. 21 C1849 **原始傳** C–0278 B65

008126423 （高德譯本）

《元始傳》,高德譯,1849 年寧波福音殿藏版,11 頁,16.5cm。

封面分上、中、下,上行四個字,從右向左:"玩讀慎思";中間從右往左三行:道光二十九年新鐫、元始傳、寧波福音殿藏板;下行四個字,從右向左:"道真文實際"。

卷首有《序》:

故印送聖經傳六章,使天下萬人明知天地萬物由來,緣非盤古開闢,亦非天地自成,天地乃主神于全無之中不需材料,惟命有則有,命成則成。而世人可恍然悟矣。夫元始道立於一,而歸真反朴之學君子所不廢,而既賴聖經而見其大略,豈可秘而不宣,而弗效君子之所爲乎? ……

半頁,框 16.5cm,9 行,行 18 字,四周雙邊,單黑魚尾,版心上鐫書名"元始傳",中鐫卷次,共六卷,中文文言書面語,正文 20 頁,封面 2 頁,序 3 頁。

【作者】高德(Josiah Goddard),1813—1854。

cf. B. F. B. S. Historical catalogue. No. 2491.

【137】TA 1977. 21 C1866 **創世記(殘卷)** C–0279 B66

008124276 （深文言）

封面:耶穌降生一千八百六十六年

　　　創世記

　　　福州亞比絲喜美總會鐫

《創世記》是《舊約》卷一,共五十章,這是《創世記》的一個殘本,僅 8 頁,從第一章第一節到第九章第十九節,深文言。

半頁,框 11×20cm,10 行,行 25 字,白口,左右雙邊,單黑魚尾,版心上鐫書名"舊約全書",中鐫篇名"創世記"和章次,共九章 8 頁。

【138】TA 1977. 21 CF1863 **創世傳(福州平話)** C–0282 B69

008124281 （綫裝）

封面:耶穌降生一千八百六十三年

　　　聖經舊約　初集

　　　亞比絲喜美總會鐫

翻譯"God"用"上帝"一詞。

榕腔,半頁,框 10.8×18cm,12 行,行 27 字,白口,四周雙邊,單黑魚尾,版心上鐫書名"聖經舊約·初集",中鐫篇名"創世傳"和章次,共五十章 76 頁。頁上有小字注。保存良好。

【按】哈佛燕京圖書館沒有 1863 榕腔本《聖經舊約》,而《創世傳》是《聖經舊約》初集,

存有此分册。其版式框架與 1863 年榕腔本《聖經新約全書》(凡二十七集,C-0253 B40)
一樣。

　　Pen note added on cover: Genesis in the Foochow colloquial. 1st ed. 1855.

　　cf. Wylie. Memorials. p.17. by Lyman B. Peet. 75 leaves. Fuh-chow, 1854.

　　【作者】弼來滿(Lyman B. Peet,1809—1878),美部會傳教士,1847 年來華。他在福州
出版圖書 4 種,都是用福州方言寫成的宗教讀物,其中《新約全書》在福州的發行量很大。

【139】TA 1977.21 CF1875 創世記(福州平話) C-0283 B70

008124272

封面:耶穌降生一千八百七十五年

　　　　創世記

　　　　光緒元年福州美華書局印

　　半頁,框 12×20cm,10 行,行 22 字,白口,四周雙邊,單黑魚尾,版心上鎸書名,中鎸章
次,共 96 頁。"使"字句中"使"寫作"駛"。

　　Bible E. T. Genesis. Chinese. 1875.

　　【作者】摩憐(Caleb Cook Baldwin,1820—1911),又譯作"摩嘉立"、"鮑德温",他翻譯
了福州話《路加傳福音書》、《聖學問答》、《神論》、《入耶穌教小引》等。

　　cf. British & Foreign Bible Society. Historical catalogu. No.2831. No.932 in Wylie's list.

　　【按】榕腔本《創世記》有三個不同版本,早期的"嚇"字句(1863 年)在 1875 年、1898
年中都沒有了。大概 1863 年的本子更口語化、更簡潔。

【140】TA 1977.21 CF1892 Cháung Sié Gé(創世記) C-0284 B71

008127434

封面:Cháung Sié Gé

　　　　Printed for the British and Foreign Bible Society, China: Mī buô huôi ēng, 1892

　　　　福州榕腔拼音本,大英國聖經會,福州美華書局

　　福州土話土音羅馬字,五十章,每章按節數單獨以羅馬數字排列成文。編排方式如西
文,從左到右,從上到下。框 10.5×18.5cm,頁 32 行,共 132 頁。是研究早期福州語音的極
好資料。

　　【按】該書版式與【145】TA 1977.22 CF1893 Chók Aì-gĭk Ge(出埃及記)同。

　　cf. British and Foreign Bible Society. Historical catalogue. No.2851.

【141】TA 1977.21 CM1872 創世記(官話 1872) C-0281 B68

008124273

封面:耶穌降世一千八百七十二年

創世記

北京美華書館刷印

這個《創世記》與施約瑟 C-0256 B43 舊約全書(耶穌降世一千八百七十四年《舊約全書》,歲次甲戌京都美華書院刷印)中的《創世記》五十章完全相同。

半頁,框 9×13cm,11 行,行 25 字,白口,四周雙邊,單黑魚尾,版心上鐫書名"舊約",中鐫篇名"創世記"和章次,共五十章 82 頁。頁上有小字注。

【142】TA 1977. 21 CN1899 Tsʻông Shü Kyi(創世記,寧波腔拼音本) C-0285 B72

008128380

封面:TSʻÔNG SHÜ KYI

NYING-PO TʻU-WÔ

扉頁:CYIU IAH SHÜ(舊約書)

FAEN NYING-PO TʻU-WÔ

FENG PʻIN TANG PʻIN

YIN-PIN CÜ SIANG-TE-GO TSIH-TSÔNG

TSʻÔNG SHÜ KYI

DA-ING PENG-KOH TENG WAE-KOH SING-SHÜ-WE

ING-GO

1899

反面:British and Foreign Bible Society

Ningpo colloquial Genesis(Edition 336)

Zông-hae(上海)

Me-wô Shü-kwun(美華書局)

Ing-shih(印刷)

正文:

共 70 頁,每章按 Ts. I.(Tsʻông 的縮略)順序展開,框 20×12.2cm,分正文和旁注的形式。是研究 1899 年前後寧波話的最好資料之一。

【按】哈佛燕京圖書館館藏有寧波土話羅馬字《聖經》另幾個單行本:

C-0273 B60 寧波話羅馬字 Sing Iah Shü 新約書 1898

C-0289 B77 寧波話羅馬字 Cʻih Yiae-gyiu Kyi 出埃及記 1899

C-0299 B87 寧波話羅馬字 Ming-su Kyi-liah 民數記略 1895

C-0301 B89 寧波話羅馬字 Iah-shu-uo Kyi 約書亞記 1899

C-0302 B90 寧波話羅馬字 Z-S Kyi 士師記 1900

C-0308 B96 寧波話羅馬字 Sah-meo-r Kyi 撒母耳前後記 1900

C-0309 B97 寧波話羅馬字列王紀略(上下) 1900

【143】TA 1977. 21 CW1888 Tshàng Sì Kì（潮州話）C–0286 B73

  008128382

  封面：KŪ-IEH

     TSHÀNG-SÌÀ-KÌ

     TSHÛAN-TSU

     ÈK-TSÒ

     TÎE-CHIUPÈH-ūE

     TÕ SUA・THÂU

     LOI-PAI-TUG HONG SOH HUNÌN

     1888

  潮語羅馬字拼音本。每個單頁的上方標有《創世記》的篇名以及起始的章數和節數的阿拉伯數字；每個雙頁上方標有《創世記》的篇名以及每頁連接處末止的章數和節數的阿拉伯數字；正文每章按節數單獨依次排列，字母大，本子大。文字所占空間 13×20cm，橫行 22 行，共 229 頁。汕頭福音印刷處印刷，1888 年。

  【作者】W. 迪弗斯（W. Duffus）& 汲約翰（J. C. Gibson）

【144】TA 1977. 21 CW1888. 1 Tshang Si Ki（創世記）C–0286 B74

  008128382　（潮語拼音本 1888）

  潮語拼音另一版本（with marginal reference, small type）。

  封面：KŪ-IEH

     TSHÀNG-SÌÀ-KÌ

     TSHÛAN-TSU

     ÈK-TSò

     TÎE-CHIUPÈH-ŪE

     TÕ SUA・THÂU

     LOI-PAI-TUG HONG SOH HUN ÌN

     1888

  每個單頁的上方標有《創世記》的篇名以及起始的章數和節數的阿拉伯數字；每個雙頁上方標有《創世記》的篇名以及每頁連接處末止的章數和節數的阿拉伯數字；正文每章按節數單獨依次排列，字母大，本子大。文字所占空間 13×20cm，橫行 22 行，共 229 頁。

【145】TA 1977. 22 CF1893 Chók Aì-gǐk Ge（出埃及記）C–0287 B75

  008128381

  Chók Aì-gǐk Ge（《出埃及記》），《舊約》第二分冊內容，榕腔拼音本，108 頁，21.5cm，羅馬字，福州：Romanized Press，1893 年。

扉頁：Chok Ai-gik Ge

      Printed by the Romanized Press，Foochow City，1893

正文四十章,福州榕腔羅馬字。

每章按節數單獨以羅馬數字排列成文。編排方式如西文,從左到右,從上到下。頁33行,文字空間 10.5×18.5cm,卷末有"Chok Ai-gik Ge Cung"之語,共 108 頁。是研究早期福州語音的極好資料。

【按】該書版式與 1892 年 C-0284 B71 Chaung Sie Ge(創世記,福州榕腔拼音本羅馬字母版)相同。

【146】TA 1977.22 CF1902 Chok Ai-gik（出埃及）C-0288 B76

    008128383

封面(藍布)：Chok Ai-gik

扉頁：Chok Ai-gik

      Hok-ciu Tu Kiong Lo-ma-ce(福州土腔羅馬字)

      Dai-ing Lieng Nguoi-guok Seng-cu Huoi Eng Gi 1902

反面：British and Foreign Bible Society

      Foochow colloquial Joshua(Edition 425)

      Foochow

      printed at the Romanization Press

      A.B.C.F.M.

大英國聖經會出版,美國公理會印刷,1902 年。

正文按章排序,單行本的版式則框內中分爲二,各自左右兩邊有邊注,按序展開章節,横排。頁上右左兩邊標示章節起止節數,中鎸篇名。框 13×19cm,頁 35 行,88 頁。版式同 1892 年、1893 年的《創世記》、《出埃及記》、《詩篇》、《箴言》。

【譯者】Frederick Brotherton Meyer,1847—1929.

【147】TA 1977.22 CN1899 C'ih Yiae-gyiu Kyi（出埃及記）C-0289 B77

    008128384   （寧波話拼音本 1899）

封面：C'ih Yiae-gyiu Kyi

      Nying-po T'u Wô

反面：Zông-Hae(上海)

      Me-wô Shü-kwun(美華書局)

      Ing-shih(印刷)

扉頁：CYIU IAH SHÜ(舊約書)

      FAEN NYING-PO T'U-WÔ

FENG P'IN TANG P'IN

YIN-PIN CÜ SIANG-TE-GO TSIH-TSÔNG

C'IH YIAE-GYIU KYI

DA-ING PENG-KOH TENG WAE-KOH SING-SHÜ-WE

ING-GO

1899

　　正文:每章按 C. I.（C'ih 的縮略）順序展開,框 20×12.2cm,分正文和旁注的形式。p.70–126,共 57 頁。有點破損。與寧波話《新約》（1899 年）是一個版式。是研究 1899 年前後寧波話的最好資料之一。

【148】TA 1977.23 C1823 神天上帝啟示舊遺詔書 C–239 B25–B26

008126310

　　燕京圖書館該書卡片之書名著録爲"神天上帝啟示舊遺詔書目録"有誤,實爲《神天聖書載舊遺詔書兼新遺詔書》（1832 年版）;另外 TA 號碼應改爲"TA 1977.23 C1832",非 1823 年版本。

　　封面:道光七年孟夏重鐫（右）

　　　　神天聖書載舊遺詔書兼新遺詔書（中）

　　　　具從文本譯述　英華書院藏版（左下）

　　有《神天上帝啟示舊遺詔書目録》,全卷 17 本:

　　1.《創世歷代傳》;2.《出"以至比多"地傳》;3.《利未氏古傳》;4.《算民數傳》;5.《復講法律傳》;6.《若書來傳》、《審司書傳》;7.《路得氏撒母以勒》上下;8.《列主傳》上下;9.《歷代史記》上;10.《歷代史記》下;11.《以土拉傳》、《尼西米亞傳》、《以士得爾傳》、《若白書傳》;12.《神詩書傳》;13.《拷語書傳》、《宣道書傳》、《所羅門之歌傳》;14.《以賽亞書傳》;15.《耶利米亞傳》、《耶利米亞悲歡書傳》;16.《依西其理書傳》;17.《但以理書傳》、《十二先知傳》、《何西亞書》、《若以利書》、《亞摩士書》、《河巴氏亞書》、《若拿書》、《米加書》、《拿户馬書》、《夏巴古書》、《洗法尼亞書》、《夏衰書》、《洗革利亞書》、《馬拉其書》。（救世主耶穌降生 1832 年告竣）p.1–5。

　　有《神天上帝啟示新遺詔書目録》,全卷共 4 本:

　　1.《馬竇書》、《馬耳可書》;2.《路加書》、《若翰書》;3.《使徒行書》、《與羅馬輩書》、《可林多輩》第一書、《可林多輩》第二書;4.《厄拉氏亞輩書》、《以弗所輩書》、《腓利比輩書》、《可羅所書》、《弟撒羅尼亞》第一書、《弟撒羅尼亞》第二書、《弟摩氏》第一書、《弟摩氏》第二書、《弟多書》、《腓利門書》、《希比留書》、《者米士書》、《彼多羅》第一書、《彼多羅》第二書、《若翰》第一書、《若翰》第二書、《如大書》、《若翰現示書》。（時救世主耶穌降生 1832 年鐫）p.5–7。

　　從《目録》可知,這是道光七年（1827）版本在 1832 年之重刻本。綫裝,破損嚴重。

正文:半頁,8 行,行 22 字,白口,四周雙邊,單黑魚尾,版心上鎸各本書名,中鎸章數,下鎸頁碼和卷數。頁上有隨文注語。

據馬敏《馬希曼、拉沙與早期的〈聖經〉中譯》文中的注釋"馬禮遜、米憐譯:《神天聖書》(載舊遺詔書兼新遺詔書),馬六甲英華書院,1823 年出版。牛津大學波德林圖書館(Bodleian library)收藏本",基本上可以認定是在馬六甲出版。分別見:馬敏,199:9376;顧長聲,2004:402;馬祖毅,1999:244;譚樹林,2004:120。

【按】《神天聖書》(載舊遺詔書兼新遺詔書)1823 年版,哈佛大學燕京圖書館實際存有四個單行本,見下文《神天聖書》第一本:《創世記》、第三本:《利未氏古傳書》、第十六本:《依西其理書》等,可以證明。

【149】TA 1977.23 C1823 利未氏古傳書(《神天聖書》第三本) C-0296 B84

008126310

封面:右:(空白)　中:利未氏古傳書　左:依本言譯出

嗎唎呷:英華書院,1823 年。又名《神天聖書》第三本,依本言譯出。

半頁,框 9.5×12.5cm,8 行,行 22 字,白口,四周雙邊,單黑魚尾,版心上鎸書名,中鎸章次,共 77 頁。

cf. Wylie. Memorials. p.5-6. Dr. Morrison translated…Leviticus,Block printing.

【按】這個版本是 TA 1977 C1832 (3)《神天聖書》(嗎唎呷)版本的初版本,完全一樣。另參見 TA 1977 C1832 (16)《神天聖書卷》十六之《依西其理書》、《神天聖書》卷一之《創世記》。

【150】TA 1977.23 C1854 舊約全書利未記 C-0297 B85

008126427　(委辦譯本)

封面:舊約全書利未記

　　　　1854 依希伯來本文譯

卷末有"舊約全書利未記終"之語。半頁,框 13×18.5cm,13 行,行 26 字,白口,四周雙邊,單黑魚尾,版心上鎸"舊約全書・第三卷",中鎸篇名"利未記"及章次,下鎸頁碼數。共 27 章 32 頁。翻譯"God"用"爺華"。上海,1854。

cf. Wylie. Memorials. p.35

【按】版式與下條【151】TA 1977.24 C1854 民數記略 C-0298 B86 同。

【151】TA 1977.24 C1854 民數記略(1854) C-0298 B86

0081263139　(委辦譯本)

半頁,框 13×18.5cm,13 行,行 26 字,白口,四周雙邊,單黑魚尾,版心上鎸"舊約全書・第四卷",中鎸篇名"民數記略"及章次,下鎸頁碼數,共 36 章 47 頁。卷末有"舊約全書第四卷民數記略終"之語。翻譯"God"用"爺華"。

【152】TA 1977. 24 CN1895 Ming Su Kyi Liah（**民數記略**）C-0299 B87

008128379　（寧波話羅馬字拼音本）

封面:MING-SU KYI-LIAH

　　　FAEN

　　　NYING-PO T'U-WÔ

　　　ING-KOH TENG NGA-KOH SING-SHÜ-WE

　　　ING-GO

　　　ZÔNG-HAE

　　　ME-WÔ SHÜ-KWUN(美華書局)

　　　1895

正文:

　　每章按 Ms. I(MING-SU 的縮略)順序展開,是研究 1895 年前後寧波話的最好資料之一。框 11×18cm,共 128 頁。版式較爲特別,與 1899 和 1900 年先後出版的六種:創世記 1899、C'ih Yiae-gyiu Kyi(出埃及記)1899、Z-S Kyi(士師記)1900、Lih Wông Kyi Liah I. II. (列王紀略上下)、Sah-meo-r Kyi(撒母耳前後書)1900、Iah-shu-uo Kyi(約書亞記)1899 版式不同,略小於它們,同時也没有正文和旁注的框形式。似乎這只是一個簡單的寧波話《民數記略》羅馬字的單行本。

　　After revision by a committee, it was published under the supervision of J. R. Goddard. Shanghai.

　　cf. British and Foreign Bible Society. Historical catalogue. No. 2917.

　　【作者】M. Lawrence.

【153】TA 1977. 26 CF1904 Iók Cǔ Ǎ(**約書亞**)C-0300 B88

008128375

《Iók Cǔ Ǎ》(《約書亞》),閩腔(Ming kiong)羅馬拼音本,福州:British and Foreign Bible Society: printed at the Romanized Press, 1904. Foochow. A. B. C. F. M. 1904 年美國公理會。

　　正文羅馬字。依章節排列。框 12×18.8cm,框内中分爲二,各自左右兩邊有邊注,按序展開章節,横排。頁上右左兩邊標示章節起止節數,中鐫篇名,共 37 頁。

　　【按】版式與 1900 年《新約》同(框内中分爲二,各自左右兩邊有邊注,按序展開章節,横排);與 1906 年的《舊約》版式不同(出處注文在中間標示),但是是相同的藍布封面,對照《舊約·約書亞記》發現經文内容相同,羅馬字母一致,注文略有詳略之别。

【154】TA 1977.26 CN1899 Iah-Shü-Üô Kyi（約書亞記） C-0301 B89

008128374

封面：IAH-SHÜ-ÜÔ KYI

NYING-PO T'U WÔ

扉頁：CYIU IAH SHÜ（舊約書）

FAEN NYING-PO T'U-WÔ

FENG P'IN TANG P'IN

YIN-PIN CÜ SIANG-TE-GO TSIH-TSÔNG

IAH-SHÜ-ÜÔ KYI

DA-ING PENG-KOH TENG WAE-KOH SING-SHÜ-WE

NG-GO

1899

反面：British and Foreign Bible Society

Ningpo colloquial Joshua

（Edition 336）

Zông-hae（上海）

Me-wô Shü-kwun（美華書局）

Ing-shih（印刷）

正文：

每章按 Is. I.（Iah-shü 的縮略）順序展開，框 20×12.2cm，分正义和旁注的形式。p.279-314，共 36 頁。上海大英國聖經會，寧波 British and Foreign Bible Society，1899 年。與寧波話《新約》（1899 年）是一個版式。是研究 1899 年前後寧波話的最好資料之一。

【155】TA 1977.27 CN1900 Z-S kyi（士師記,寧波話） C-0302 B90

008128376

封面：Nying-po T'u Wô.

反面下方：

Zông-hae（上海）

Me-wô Shü-kwun（美華書局）

Ing-shih（印刷）

扉頁：CYIU IAH SHÜ（舊約書）

FAEN NYING-PO T'U-WÔ

FENG P'IN TANG P'IN

YIN-PIN CÜ SIANG-TE-GO TSIH-TSÔNG

DA-ING PENG-KOH TENG WAE-KOH SING-SHÜ-WE

ING-GO

1900

Ningpo colloguial Judges. British and Foreign Bible Society. Zôngh-hae. Me wô shu kwun ing shih（Edition 336）

正文：

FAEN NYING-PO T‘U-WÔ

FENG P‘IN TANG P‘IN.

寧波話羅馬字（Romanization of Ningbo dialect），每章按 Z.I.（Z-S 的縮略）順序展開，框 20×12.2cm，分正文和旁注的形式。p.314–350，共 37 頁。上海大英國聖經會，寧波 British and Foreign Bible Society，1900 年。是研究 1899 年前後寧波話的最好資料之一。

【156】TA 1977.28 CF1879 列王紀略上卷（榕腔 1879）

008126300

封面：耶穌降生一千八百七十九年　大美國聖經會鎸

　　　　列王紀略上卷

　　　　光緒五年福州美華書局活版

半頁，框 12×20cm，10 行，行 22 字，白口，四周雙邊，單黑魚尾，版心上鎸書名"舊約全書"，中鎸篇名"列王紀略上卷"和章次，共 22 章，63 頁。

【按】這個版本可以彌補《路得至詩篇》榕腔本中的第四《列王紀略上卷　榕腔》中的缺碼。但其本身似還有頁數，版本頁不全，只到第二十二章標號的第 38 句，第 39 句沒有説完就缺頁了，一般的《舊約》中《列王紀略上卷》還要到標號 52 句結束。

【157】TA 1977.28 CF1880 列王紀略下卷（榕腔）

008126299

封面：耶穌降生一千八百八十年

　　　　列王紀略下卷

　　　　光緒六年福州美華書局印

綫裝，半頁，框 12×20cm，10 行，行 22 字，白口，四周雙邊，單黑魚尾，版心上鎸書名"舊約全書"，中鎸篇名"列王紀略下卷"和章次，共 25 章，62 頁。頁上有小字注。核對《列王紀略下卷》與《舊新約全書》1898 榕腔本的內容，基本一致，但有微變，如"佬媽"，在 1898 榕腔本作"老小"等。

【158】TA 1977.28 CN1900 Lih Wong Kyi Liah（列王紀略）I、II（寧波話）

C−0309 B97

008128378

封面：Lih Wong Kyi Liah I. II.

Nying-po T'u Wô.

反面下方：

Zông-hae（上海）

Me-wô Shü-kwun（美華書局）

Ing-shih（印刷）

扉頁：CYIU IAH SHÜ（舊約書）

FAEN NYING-PO T'U-WÔ

FENG P'IN TANG P'IN

YIN-PIN CÜ SIANG-TE-GO TSIH-TSÔNG

I. II.

DA-ING PENG-KOH TENG WAE-KOH SING-SHÜ-WE

ING-GO

1900

正文：LIH-WÔNG KYI-LIAH

ZÔNG-KYÜN（首卷）

FAEN NYING-PO T'U-WÔ

FENG P'IN TANG P'IN

p.442–486 爲 I. LIH-WÔNG KYI-LIAH，按 1. W.（WÔNG 的縮略）順序展開，框 20×12.2cm，分正文和旁注的形式。

p.487–530 爲 II. LIH-WÔNG KYI-LIAH，按 2. W.（WÔNG 的縮略）順序展開，框 20×12.2cm，分正文和旁注的形式。

共 79 頁（p.442–530）。是研究 1899 年前後寧波話的最好資料之一。上海大英國聖經會，Ningbo：British and Foreign Bible Society，1900 年，羅馬字。

【159】TA 1977.29 CF1881 歷代志略上卷（榕腔）C–0310 B98

008126298 　（福州榕腔，綫裝，1881）

封面：耶穌降生一千八百八十一年　大美國聖經會鐫

歷代志略上卷

光緒七年福州美華書局活版

榕腔，半頁，框 12×20cm，10 行，行 22 字，白口，四周雙邊，單黑魚尾，版心上鐫書名"舊約全書"，中鐫篇名"歷代志略上卷"和章次，共 29 章 61 頁。頁上有小字注。大字本。

【160】TA 1977.29 CF1882 歷代志略下卷（榕腔）C–0311 B99

008126297

封面：耶穌降生一千八百八十二年

歷代志略下卷

光緒八年　福州美華書局活版

榕腔,半頁,框 12×20cm,10 行,行 22 字,白口,四周雙邊,單黑魚尾,版心上鐫書名"舊約全書",中鐫篇名"歷代志略下卷"和章次,共 36 章 71 頁。

【按】這個應該與 B91 的《路得記》(福州,榕腔,1874)、B92 的《撒母耳前書》一樣是《路得至詩篇》內容中的單行本,體式完全相同。

【161】TA 1977.31 CF1866 Yuebo Ji Lue(約伯記略,榕腔) C-0312 B100

008126356

封面:同治五年(1866)

約伯記略

福州美華書局印

半頁,框 11.2×17.2cm,8 行,行 19 字,白口,四周雙邊,單黑魚尾,版心上鐫書名,中鐫章次,共 42 章,62 頁。

cf. British and Foreign Bible Society. Historical catalogue. No. 2825. Tr. by R. S. Maclay. No. 922 in Wylie's list. [A. B. S.]

【譯者】麥利和(R. S. Maclay)。

【按】這是《舊約》榕腔 1866 年版的一部分,《約伯記略》應是《舊約》的第十八卷(計四十二章)。燕京圖書館有 1866 年榕腔《新約全書》,沒有見到 1866 年榕腔《舊約全書》,只見到《舊約》中的這個單行本。

該《約伯記略》與 B91 的《路得記》(福州,榕腔,1874)、B92 的《撒母耳前書》一樣是《路得至詩篇》內容中的單行本,體式完全相同。

【162】TA 1977.32 57 牧長詩歌(唐意雅譯,榕腔,1900) C-0321 B109

008126436

光緒二十六年(1900)

牧長詩歌　榕腔

福州閩北聖書會印發

福州美華書局活版

Preface:

The devotional books of F. B. Meyer are known and loved in many lands, but probably few of them have proved so helpful as "The Shepherd Psalm". The pleasure and profit which an oral translation of little book to some Christian Chinese women and girl awakened a desire to put the work in a permanent form, and bring it within reach of others who can appreciate its precious lessons. Trusting that through its perusal many may be led more fully into the green pastures and beside the still waters, this little book is offered for publication.

Ella J. Newton.

A. B. C. F. M.

Foochow: Dec. 13 1899

序:

只一本書,本來是一位大英國孟牧師所做,其解明詩篇二十三篇寶落伊其意思。只一位孟牧師是頂出名其仈,論解説聖經,仈算伊是頂好,伊務做盡价本其書,都是講論聖經其理,幫助仈其德行,因此野价仈得者書其益,大感恩落伊。

二十三篇其話,雖然仈多的儎念盡熟,伊少的想只滿深,得只价甜其味,只一本伆翻譯榕腔,望儎助只塊其基督徒,更儎會意者理,仅思慕儂家大牧長耶和華耶穌一世仈憑大鬮所講論其路去足行,至尾齊入耶和華其厝,永遠共伊同居,雖然只一本其文是盡淺,者理是只滿深,仈著頂細心去讀隻儎會意。

目錄:

半頁,框 9.8×14.5cm,14 行,行 29 字,白口,四周雙邊,版心上鎸書名,中鎸篇名章次,下鎸頁碼,共 38 頁。按:缺第 27 頁紙一張。

【163】TA 1977.32 C1830 神詩書(1830) C-0313 B101

008128660 (淺文言,比較淺近易曉)

這是一本很有宗教特色的應用本,是一個月內早祈和晚祈的 150 首詩,共 155 頁。嗎吥呷印刷。封面已經破損。

初二晚祈詩 p. 12-13

……

三十晚祈詩 p. 150

半頁,框 9×12.5cm,8 行,行 22 字,白口,四周雙邊,單黑魚尾,版心上鐫書名,中鐫"初一早祈詩一"、"初一早祈詩二"(含時間、詩篇篇目)等。

cf. Medhurst, W. H. , China 1840. p. 587. Psalter and liturgy. 1830. 8 v. 178 leaves.

【作者】馬禮遜(Robert Morrison),1782—1834。

【按】燕京圖書館收藏的馬禮遜譯本有 9 種,均爲漢字譯本。其中"【468】TA 1979. 8 56. 1 年中每日早晚祈禱敘式 C-0484 D8"所附録的《神詩書》正是 155 頁。

【164】TA 1977. 32 C1874 舊約聖詩

007764603

扉頁:耶穌降世一千八百七十四年

舊約聖詩

歲次甲戌京都美華書院刷印

半頁,框 14×21.5cm,16 行,行 43 字,白口,四周雙邊,版心上鐫書名,中鐫章次或篇名,p.642-720,共 81 頁。

【按】該書同"【168】TA 1977. 32 CM1874 舊約聖詩(官話 1874) C-0316 B104"是一張卡片;同時該書也包含在【51】C-0256 B43《舊約全書》(1874 年)一書《詩篇》中,其一百五十篇 p. 642-720,即是本書。

cf. British and Foreign Bible Society. Historical catalogue. No. 2686.

【165】TA 1977. 32 CF1868 詩篇全書(榕腔) C-0314 B102

008126358

1868 年《舊約》(榕腔),有這個《詩篇》,還有 C-0322 B110 箴言全書(三十一章)。

封面:同治七年

詩篇全書

福州美華書局印

《詩篇序》一頁(福州土話):

詩篇希伯來其字。稱贊美詩僅常稱做大闢其詩。因大闢做務一大半,仦多想大闢獲古人所有其詩,合做一本,拜上帝用,見歷代下卷二十九章三十節,前後所著其詩務仦講,是以士喇共同時其仦,集著一本,當時救主降生前四百五十年,舊約做完時候,聖人著者詩,怀世一千年中,約略救主降生一千五百三十年,至四百五十年止,著詩其仦數賣少,十其或至幾十仦。每篇其序中,意亦務賣明,務講做詩是佀仦,講詩其大意,講詩是因世毛緣故做,講詩其體格,講詩其音調,仅務講唱詩是佀仦,詩中原文務是喇二字,翻譯止焉。

七十三回,伙多想做音調共煞句其記號,比上文意思深要。該止此細想,篇中其大意,務賣相同,務贊美其詩,講上帝威嚴、才能、恩惠、共所有其道德,務喇用歌感謝所受其恩,務喇詩是祈禱,求上帝可憐,求赦罪,求出苦難,或替教會,或替天下伙懇恩,務喇詩屬史記一類,記猶太國所見其大事,務喇詩論上帝律法全美,或論好呆伙其性情,論伙活命其虛空,務喇預言其詩,先比耶穌基督,共福音時候其福,仅講務一隻王,坐郇山出命令,世間國王受氣背伊,就見敗北,王憑公義審判,做賣變換其祭司長,做上帝子,死去仅活,務權柄,連管以色列族,共列國,見詩篇第二第十六第四十五第一百一十,第八十九共別篇,著詩篇,催看虔心其伙,落舊約時候,用世毛心,世毛望,奉事上帝,用世毛意、世毛話,祈禱感謝,當時上帝昧明明指點伙救世其道理,惟獨以色列伙中,務喇好伙,顯明務虔心敬愛上帝,雖然患難,用大信忍耐,凡事認上帝,歡喜服事伊,我雖然務新約福音,光明其道理,也該細想舊約時候,伙好其品行,就催勵志,望因主道理故明白指點我,催贏伊信德。篇中大意大略開列于左。

壹 感恩詩:

一求赦罪。第六、二十五、三十八、五十一、百三。務喇認其罪,第六、三十二、三十八、五十一、百零二、百三、百四三。

二祈禱因不能共衆伙禮拜。第四二、四十三、六十三、八十四。

三求因見苦。第三、十三、十六、二十二、三十一、五十四、五十六、五十七、六十一、六十九、七十一、七十七、八十六、八十八、百四三。

四求因患難追逐。第四、五、十一、二十八、四十一、四十四、五十五、五十九、六十、六十四、七十、七十四、七十九、八十、八十三、八十九、九十、百零二、百零九、百二十、百二二、百三七、百四十、百四一、百四二。

貳 謝恩詩:

一因自受其恩感謝。第九、十八、二十二、三十、三十四、四十、七十五、百零三、百零八、百一六、百一八、百三八、百四四、百四五。

二其教會受恩感謝。第四十六、四十八、六十五、六十六、六十八、七十六、八十一、八十五、九十八、百零五、百一六、百一七、百二四、百二六、百二九、百三五、百三六、百四九。

叁 頌贊詩:

一論上帝威嚴榮耀道德。第八、十九、二十四、二十九、三十三、四十七、五十、六十五、六十六、七十六、七十七、八十九、九十三、九十六、九十七、九十九、百零四、百二、百一三、百一四、百一五、百三四、百三九、百四七、百四八、百五。

二論上帝照顧好伙。第二十、二十三、三十四、三十六、六十二、九十一、一百、百零三、百零七、百一七、百二一、百四五、百四六。

肆 教訓詩:

一論聖經全美。第十九、百一九。

二論催死其伙虛空。第三十九、四十九、九十一。

三論好呆仈其性情。第一、五、九、十、十一、十二、十四、十五、十七、二十四、二十五、三十二、三十四、三十六、三十七、五十、五十二、五十三、五十八、七十二、七十三、七十五、八十四、九十一、九十二、九十四、百零一、百一二、百一九、百二一、百二五、百二七、百二八、百三一、百三二、百三三。

伍　預言詩：特講耶穌基督或彌賽亞。第二、八、十六、二十二、四十、四十五、六十九、七十二、八十七、百零九、百一、百一八。

陸　史記詩：第七十八、百零五、百零六、百三五、百三六

每一篇詩，先有雙行小字的解讀分析每節大意等，原篇在後，大字獨行排列。

榕腔，半頁，框 12×20cm，10 行，行 22 字，白口，四周雙邊，單黑魚尾，版心上鎸書名"舊約詩篇"，中鎸篇次，共百五十篇，132 頁。頁內有小字注。

【作者】《詩篇全書》，S. F. 伍定（S. F. Woodin）翻譯第 1 首至 115 首；伯特·波特·萊曼（Lyman Birt Peet，1809—1878）翻譯第 116 首至 150 首。

cf. British and Foreign Bible Society. Historical catalogue. No. 2826. Ps. i–lxxv: tr. by S. F. Woodin; the rest: tr. by L. B. Peet. No. 927 in Wylie's list. With general introduction, and summery before each psalm.

【按】這個本子可以彌補"TA 1977. 1 CF1874 路得至詩篇（福州美華書局印）"中的第八卷《詩篇全書》（收至第 77 篇 8 節）（無膠片）的殘卷。

這個應該與 B91 的《路得記》（福州，榕腔，1874）、B92 的《撒母耳前書》一樣是《路得至詩篇》內容中的單行本，體式完全相同。且這個《詩篇全書》比《路得至詩篇》中的《詩篇全書》收得齊。《路得至詩篇》中的《詩篇全書》（收至第 77 篇 8 節）同治七年（1868 福州土話）福州美華書局印，但是一個不全的版本，只有 77 篇詩，且第 77 篇也只到標號第 8 句就沒有其他頁碼了。根據一般文獻記載，第 77 篇共標號爲 20 句。

【166】TA 1977. 32 CF1892 Sǐ Piěng（詩篇）C–0318 B106

008128373　（Hok-ciu Tu Kiong Lo-ma Ce 福州土話羅馬字）

Si Pieng，福州：大英國聖經會，1892 年。

扉頁：Si Pieng

　　　Mī Buô Huôi Éng

　　　Hok-ciu, Ging-seuk-sang 1892

編排方式如西文，從左到右，從上到下。頁 31 行，文字空間 10.5×18.5cm，共 150 篇，每篇按節數單獨以羅馬數字排列成文。沒有任何的經文注語及其標注，頁上沒有標示章節數起訖數字，只標頁碼，194+62 頁，共 256 頁。是研究早期福州語音的極好資料。

【167】TA 1977. 32 CF1902 Si Pieng（詩篇）C–0319 B107

008126319

正面：Si Pieng

Hok-ciu Tu Kiong Lo-ma-ce（福州土腔羅馬字）

Dai-ing Lieng Nguoi-guok Seng-cu Huoi Eng Gi 1902

反面：British and Foreign Bible Society

Foochow Colloquial Psalms（119）

Foochow

Printed at the Romanization Press

框 12×18.8cm,框内中分爲二,各自左右兩邊有邊注,按序展開章節,横排。頁上右左兩邊標示章節起止節數,中鐫篇名,共 127 頁。

【按】版式與 1900 年《新約》同,但是是藍布封面,與 1904 年版風格同。

【168】TA 1977. 32 CM1874 **舊約聖詩**（官話 1874）C–0316 B104

007764603

扉頁：耶穌降世一千八百七十四年

舊約聖詩

歲次甲戌（北京）京都美華書院刷印

詩篇計百五十篇。半頁,框 14×21.5cm,16 行,行 43 字,白口,四周雙邊,版心上鐫書名,中鐫章次或篇名。p. 642–720,共 81 頁。

該本是《舊約聖詩》（官話 1874 年）中《聖詩》150 篇的單行本。

cf. British and Foreign Bible Society. Historical catalogue. No. 2686.

【按】該書也包含在"【51】TA 1977.1 CM1874 舊約全書 C–0256 B43"一書《詩篇》中,其一百五十篇 p. 642–720 即是本書内容。

【169】TA 1977. 32 CM1900 **舊約詩篇**（官話 1900）C–0317 B105

008126309

封面：詩篇

扉頁：耶穌降世一千九百年

舊約詩篇

光緒二十六年歲次庚子　聖經會印發

Mandarin Psalms，American Bible Society，1900

半頁,框 18×11cm,16 行,行 37 字,白口,四周雙邊,單黑魚尾,版心上鐫書名,中鐫篇次、頁碼,下鐫"上帝"二字,共 45 頁。

【按】核對文句,這本書的内容與 1874 年《舊約聖詩》京都美華書院刷印的那一本一樣。從版式來講還是《舊約聖詩》1874 年的那本好,版式大,且有頁上注文。而 1874 年的《舊約聖詩》是 1874 年《舊約全書》中的一部分。這個本子最大的變化是將 1874 年版本的"天主"一詞改爲"上帝",所以這個版本每頁的版心下鐫"上帝"二字,表示個性特點。這個版本官話書面語詞的味道很大。

【170】TA 1977.32 CN1857 Sing S（聖詩，寧波話）C-0320 B108

008126320

Sing S.（聖詩），寧波話羅馬字，大美國聖經會 1857 年。僅三篇詩，3 頁，23cm。

p.1，di 1 diao，20 行；p.2，di 2 diao，19 行；p.2-3，di 139 diao，16 行。

【譯者】丁韙良（W.P. Martin），1827—1916。

Pen note on cover：Translations of Psalms，1，2，139，by Rev. W. P. Martin

cf. British and Foreign Bible Society. Historical catalogue. No. 2906. Ps. i – xxxiv & 24 others. A. B. S. Ningpo，1857.

【171】TA 1977.32 CS1882 舊約詩篇（上海話 1882）C-0315 B103

008126438

封面：舊約詩篇

文中已經用“上帝”替换“天主”。半頁，框 10.2×15.5cm，10 行，行 24 字，白口，四周單邊，單黑魚尾，版心上鐫書名，頁上偶有注文，共 108 頁。

【譯者】慕維廉（William Muirhead），1822—1900。

cf. British and Foreign Bible Society. Historical catalogue. No. 2950. The Pslater.

【172】TA 1977.37 CF1868 箴言全書（福州 1868）C-0322 B110

008126357

《箴言全書》（三十一章），福州：美華書局，同治七年（1868）。

封面：同治七年

　　　箴言全書

　　　福州美華書局印

用“大闢”一詞。半頁，19.5×12.5cm，10 行，行 22 字，共 39 頁，白口，四周雙邊，單黑魚尾，版心上鐫書名，中鐫章次。字體大。語句不同於 1898 年的《舊新約全書》中的《舊約》部分的《箴言》，但大體意思差不多。

cf. British and Foreign Bible Society. Historical catalogue. No. 2827. A. B. S. Tr. by S. L. Baldwin（A. M. E. M.）No. 928 in Wylie's list.

【按】（1）燕京圖書館 1868 年《舊約》（榕腔）有這個《箴言全書》；（2）C-0314 B102《詩篇全書》（translated by Peet，1868）是榕腔方言。

【作者】（1）弼來滿（B. Peet Lyman，1809—1878），又譯爲伯特·波特·萊曼。（2）保靈（Stephen Livingstone Baldwin，1835—1902），美國美以美會牧師。1858 年來華，在福州傳教，曾任美華印書館監督。1868 年在福州出版《教務雜志》，任總編輯（1868—1882）。

【173】TA 1977.37 CF1892 Cing Ngiong（箴言） C-0323 B111

008126321

扉頁：Cing Ngiong（箴言）

　　　Mī Buô Huôi Ēng

　　　Hók-Ciǔ, Gǐng-Séuk-Sǎng 1892

　　共 31 章,每章按節的順序排列,橫排,福州土話羅馬字。13×21.2cm,31 行橫排,頁上鎸章次和頁碼,共 62 頁。

　　【按】這部分與"【50】TA 1977.1 CF1906 Go iok ciong cu：Hok-ciu tu kiong"中的羅馬字的注音符號完全相同,只是"【50】TA 1977.1 CF1906 Go iok ciong cu"增加了引文出處的注語符號,類似"串珠"的標注號。

【174】TA 1977.37 CF1904 Cing Ngiong（箴言,閩腔） C-0324 B112

008126322

藍布封面：Cing Ngiong

扉頁正面：

　　　Cing Ngiong

　　　Ming Kiong

　　　Dai-ing Lieng Nguoi-guok Seng-cu Huoi

　　　Eng Gi 1904

扉頁反面：

　　　British and Foreign Bible Society

　　　Foochow colloquial Joshua（Edition 425）

　　　Foochow

　　　Printed at the Romanization Press

　　　A. B. C. F. M.

On verse of the title page：Foochow colloquial Proverbs. Foochow.

　　正文依章節排列。框 12×18.8cm,框内中分爲二,各自左右兩邊有邊注,按序展開章節,橫排。福州羅馬字閩腔,頁上左右兩邊標示章節起止節數,中鎸篇名,共 42 頁。1904 年大英國聖經會（British and Foriegn Bible Society）,Printed at the Romanized Press. A. B. C. F. M.

　　【按】《Cǐng Ngǐong》(《箴言》),版式與 1900 年《新約》同（框内中分爲二,各自左右兩邊有邊注,按序展開章節,橫排）,與 1906 年的《舊約》版式不同（出處注文在中間標示）,但同爲藍布封面,對照《舊約·箴言》發現經文内容相同,羅馬字母一致,但是注文略有詳略之別。

【175】TA 1977.41 CF1882 以賽亞書 C-0325 B113

008126296　（福州土話活板本）

封面：耶穌降生一千八百八十二年

以賽亞書

光緒八年　福州美華書局活版

半頁，框 9×14cm，11 行，行 29 字，白口，四周單邊，單黑魚尾，版心上鎸書名"舊約全書"，中鎸篇名"以賽亞書"和章次，共六十六章，71 頁。頁上有小字注。版式與《路得至詩篇》各本不一，這個是小字本。這個版式與"【176】C-0326 B114 以西結書（福州活板本，1883）"是一樣的。

【按】《以賽亞書》是《舊約》的第二十三卷，計六十六章。將這個部分與 1898 年《舊新約全書》的部分對照，基本內容一致，個別句子表達有一點點變動。

【176】TA 1977.44 CF1883 以西結書 C-0326 B114

008126295

《以西結書》，福州：美華書局，1883 年，福州土話榕腔，綫裝活版。

半頁，框 9×14cm，11 行，行 29 字，白口，四周單邊，單黑魚尾，版心上鎸書名"舊約全書"，中鎸篇名"以西結書"和章次，共四十八章，70 頁。頁上有小字注。版式與《路得至詩篇》各本不一，這個是小字本。

【按】這本書的版式與上條"C-0325 B113 以賽亞書（福州土話 1882）"是相同的。

《以西結書》是《舊約》的第二十六卷，計四十八章。

核對 1898 年的榕腔《舊新約全書》中的這部分，內容基本相同，偶有一些小小的變動。

【177】TA 1977.62 C1836 馬太傳福音書 C-0332 B120

008127416

封面：道光十六年鎸　新嘉坡堅夏書院藏板（1836）（右）

馬太傳福音書（中）

依本文譯述（左）

直接正文，p.1-43。

《救世主耶穌新遺詔書》的第一部分（上冊的卷一）。文言文，半頁，框 10.5×16.5cm，10 行，行 26 字，白口，四周雙邊，單黑魚尾，版心上鎸書名，中鎸章次，共 43 頁。

【按】該書是《救世主耶穌新遺詔書》第一部分（上冊之卷一，C-0240 B27），是全本與分本的關係；《救世主耶穌新遺詔書》1839 年的版本（C-0241 B28）是"《救世主耶穌新遺詔書》1836 年 C-0240 B27"的翻本，將前四卷的福音四書編爲一冊，其餘爲下冊。同一個材料，同一個出版社。

【178】TA 1977.62 C1851 馬太傳福音書 C-0333 B121

008127615

封面:咸豐元年鎸　馬太傳福音書　香港英華書院 1851

該書破損嚴重。文言。半頁,22 行,行文緊湊,約 14 頁,7 至 8 章。

【作者】Richard Cole.

有附件是 Richard Cole 1851 年 1 月 31 日致 Rev. R. Anderson 信,與《馬太福音》、《聖經新遺詔馬太福音傳》膠片同片。

【179】TA 1977.62 C1851.1 馬太福音 C-0334 B122

008127649

《馬太福音》,上海翻譯,福州刪改。原經文似爲 Delegates' version,此冊收錄擬修改之字句。Pen note on cover: Notes of translators of Matthew gospel; apparently a Shanghai group translating for Foochow use.

上海翻譯,1851 年。半頁,框 11.2×20cm,10 行。

【按】這部分材料只是 4 頁,説明上海翻譯出版的《馬太福音》本子,是在福州本的基礎上做了刪改記錄,其中有 3 頁涉及中文翻譯的討論,主要術語有"易"、"不要"等。第 4 頁主要是關於翻譯原典成漢語是原典中字母問題。這個內容可以在核對文獻版本方面做參考材料。

【180】TA 1977.62 C1852 聖經新遺詔·馬太福音傳 C-0335 B123

008474613　（淺文言,高德譯本）

扉頁:咸豐二年寧波東門內西門內真神堂藏板

　　　聖經新遺詔馬太福音傳 J. Coddard

　　　耶穌降世一千八百五十二年

　　　高德參訂

有高德的英文前言。

有《引言》:

聖經者,真神之全書也。非由人心臆想而著,乃由神之聖靈所示,明傳神意與永福之道,故曰遺詔。因時有先後之殊,故名有新舊之別。舊遺詔內,律法、史記、歌詩、先知諸書,皆神託先聖、先知言之,始於造天地萬物,歷四千年,以及神子耶穌降世,新遺詔接之,而載耶穌在世所言、所行及所傳之道,皆爲耶穌門徒感於聖靈而著。馬太者,耶穌十二使徒之一也。於耶穌升天後數年,用其本國猶太文字作此傳。謂之福音者,因凡信依之人,生前死後,皆可得福也。其書始自耶穌降世,序其言道行奇表,受苦贖人罪,死而復活,迄其升天終焉。究其所載,確有所據,悉可證信。今以中華文字譯之,惟願華人信而由之得救也。耶穌降世於猶太國,當漢平帝元始元年,至今咸豐二年凡一千八百五十二年矣。其國地圖並繪于左。

折疊地圖:《猶太國圖》19×13cm(有大清京師之西八十二度、大英京師之東三十六度、花旗京師之東二百十二度、赤道北三十三度)。

正文 p.1-31。

半頁,框 18×12.5cm,12 行,行 27 字,白口,四周雙邊,單黑魚尾,版心上鐫書名"聖經新遺詔卷一",中鐫篇名"馬太福音傳"及章次,下鐫頁碼數,共 31 頁。專有名詞用"神"、"大闢"。

【按】該書爲"【67】《聖經新遺詔全書》(高德譯訂 1853)C-0243 B30"本之一個單行本。

【181】TA 1977.62 C1886 馬太福音 C-0337 B125

008127474　(包約翰、白漢理淺文理譯本)

《馬太福音》,北京:美華書院,光緒十二年(1886)。

半頁,框 10.2×15.5cm,13 行,行 31 字,白口,四周單邊,單黑魚尾,版心上鐫"馬太福音",中鐫章次,共 28 章,31 頁。卷末有"馬太福音終"之語。

cf. British and Foreign Bible Society. Historical catalogue. No. 2633. Tr. by John Shaw Burdon and Henry Blodget.［A. B. S.］

哈佛燕京圖書館藏 1886 年北京美華書院涉及《新約》的三種單行本,另兩種爲:

【236】TA 1977.71 C1886 使徒保羅達羅馬人書 C-0373 B161

【240】TA 1977.72 C1886 使徒保羅達歌林多人前書 C-0376 B164

【譯者】(1)包爾騰(John Shaw Burdon,1826—1907),又稱包約翰,英國來華傳教士,曾任香港教區主教。(2)白漢理 (Henry Blodget,1825—1903),又稱 Bai Hanli 或柏漢理 Bo Hanli。

【182】TA 1977.62 CF1863 馬太傳福音書(榕腔)

008127423

《馬太傳福音書》,翻譯榕腔,福州金粟山,1863 年。

【按】該版本是"【93】TA 1977.5 CF1863 聖經新約全書 C-0253 B40"之"初集"之單行本。

半頁,框 11×18cm,12 行,行 25 字,白口,四周雙邊,單黑魚尾,版心上鐫書名,中鐫章次。

【作者】Charles Hartwell,1825—1905.

English note added on the cover: Revised by Rev. C. Hartwell and printed by the Fuhchain Mission of the A. B. C. F. M.

【183】TA 1977.62 CF1866 馬太傳福音書

008127650

【按】這是 1866 年福州美華書局出版的《新約全書》（榕腔）版本中的一個單行本（綫裝），見 C-0254 C41 膠片。相對而言,比《新約全書》（榕腔）版本（綫裝）要好。封面第一行:新約全書榕腔;首頁第一行:馬太福音書;開始部分由福州平話雙行小字簡介,正文全部是福州平話對譯《馬太傳福音書》二十八章,中間或有雙行小字簡介。正文 p.1-85,半頁,框 17.2×10.2cm,8 行,行 19 字;介紹或注解文字爲雙行並列小字,行 34 字。白口,四周雙邊,單黑魚尾,版心上鐫書名,中鐫章次。

【184】TA 1977.62 CM1868 馬太福音書 C-0336 B124

008127601 （官話口語 1868）

扉頁:耶穌降世一千八百六十八年

馬太福音書（100copies ＄2.45）

上海美華書館重刊

半頁,框 9.5×13cm,12 行,行 25 字,白口,四周雙邊,單黑魚尾,版心上鐫"馬太福音書",中鐫章次,下鐫頁碼數,共 28 章,48 頁。用"大闢"（不用"大衛"）、"真神"（不用"天主"）。

【185】TA 1977.62 CM1909 馬太福音略解 C-0338 B126

008127422 （官話口語 1909）

封面彩色:馬太福音略解

扉頁:救主耶穌降世後一千九百零九年　漢口蘇格蘭聖經會發

馬太福音

大清帝國宣統元年歲次己酉　漢鎮　英漢書館銅板印

Mandarin Luke：Annotated

Conference Version N. B. S. S,1909

首頁爲《買田謀寶圖》,文見《馬太》十三章四十四節。

有《新約聖書·序》（2 頁）:

耶穌教有一部書,稱爲《聖經》。這福音書乃是《聖經》中的一卷,這部聖經明論上帝,使人知道上帝是獨一無二、創造天地人物的主,天下人所應當敬拜的,只有這一上帝。著這《聖經》的,乃是被上帝的神所感動的人,不是一人著的,也不是一代成的,所以這《聖經》乃是出於上帝,實有上帝的權柄,所講論的就是上帝的真理,上帝愛人的大道,與人事奉上帝的本分,人人都當用信心、感謝的心、順服的心將《聖經》的言語承受。

《聖經》分爲二冊,一《舊約》一《新約》。上帝在古時候託許多聖賢（又稱爲先知）,預先說將來必有大師表、大救主降世,這些預言都記在《舊約》上。按這預言上帝之子耶穌基督從天降下,將上帝的仁愛顯明與世人,又使人知道永生永福如何可得。這都記在《新約》上。《新約》前四卷名叫福音書,著這書的,乃是馬太、馬可、路加、約翰,所記的就是耶穌如何降生,如何傳道行奇事,如何死在十字架上,死後三日復活,又過四十日升天,坐在上帝的寶座上,操天上地下所有的權柄。後二十三卷,顯明上帝之子耶穌基督死而復活的奧意。按這書,人都有罪,當受重刑,惟耶穌大有仁愛,爲人舍己,背負世人的罪,拯救世人,凡認耶穌爲贖罪的救主,誠心信靠的,上帝必赦免他的罪,感化他的心,使他生前成聖潔,死後得天堂的永福。

耶穌降生的時候就是中國漢平帝元始元年,從主耶穌升天的時候,直到如今,代代有門徒,順從主命,往普天下宣傳福音,要使人知道耶穌救世的大恩,這部《聖經》已經翻譯三百多處的方言。因知上帝的福音,也是中國所需的,與別國無異,且知不論何人,若聽受福音,必明真理,得大喜樂,同享永生,所以又翻譯華文,頒行中國,甚願看這書的,用心考察,切不可輕慢藐視。

漢口聖經會敬序

有耶穌降生之時猶太全圖一張。

正文頁面比較特殊。

半頁,框式爲上小框附注(10×2cm)和下大框正文(10×16cm)=10×18cm,13 行,行 31 字,白口,四周單邊,單黑魚尾,版心上鐫書名“新約聖書”,中鐫篇名“馬太福音”及章次。共 28 章,80 頁。紙質特脆。

正文經文部分爲大字,隨文略解爲雙行小字。標點符號有“．、。”三種。

如《馬太福音》小字注:“馬太又名利未,是十二門徒中的一個,馬太福音書就是這馬太所著。福音,耶穌的道稱爲福音,這道將上帝愛人、差遣耶穌降世救人的事普告衆民,所以稱爲福音。”

【按】漢口蘇格蘭聖經會出版了福音五書略解,另有【197】馬可福音略解、【207】路加福音略解、【222】約翰福音略解、【233】使徒行傳略解。

【186】TA 1977.62 CS1861 Mota(**馬太,上海話**) C-0341 B129

008128372

上海土白羅馬拼音本(Shanghai Colloquial Version)。

這本書破損嚴重,沒有封面,沒有正文的第一頁。1861 年活字印刷。

11.5×18.5cm,羅馬字橫行 21 行,四周單邊,頁上鐫書名“MO-T‘ A”,p. 1-28,雙頁左上角、單頁右上角分別標注頁碼數,共 28 章,195 頁。至 28 章的第 20 節止,且第 195 頁破損。

cf. British and Foreign Bible Society. Historical catalogue. No. 2935. note:Published in roman character in 1861.

【譯者】文惠廉(W. J. Boone,1811—1864),美國聖公會傳教士,道光二十五年六月取道香港抵上海,研習上海方言,能用上海方言佈道,影響日大。文惠廉從事神學理論與常識譯編工作,先後出版 10 餘種書刊,大部分以上海方言譯撰,流傳較廣,時有再版重印。

【187】TA 1977.62 CS1895 馬太傳福音書（上海土白） C-0340 B128

008127418

封面:耶穌降世一千八百九十五年(上海土白諸會重訂)

馬太傳福音書

大美國聖經會託印　上海美華書館擺印

此書是上海土白《新約全書》之卷一之單行本。首頁有"《新約全書》卷一馬太傳福音書(上海土白)"。半頁,白口,單黑魚尾,卷心上鐫"新約全書卷一",中鐫"馬太傳福音書"及卷數,下鐫頁數,共28章,124頁。

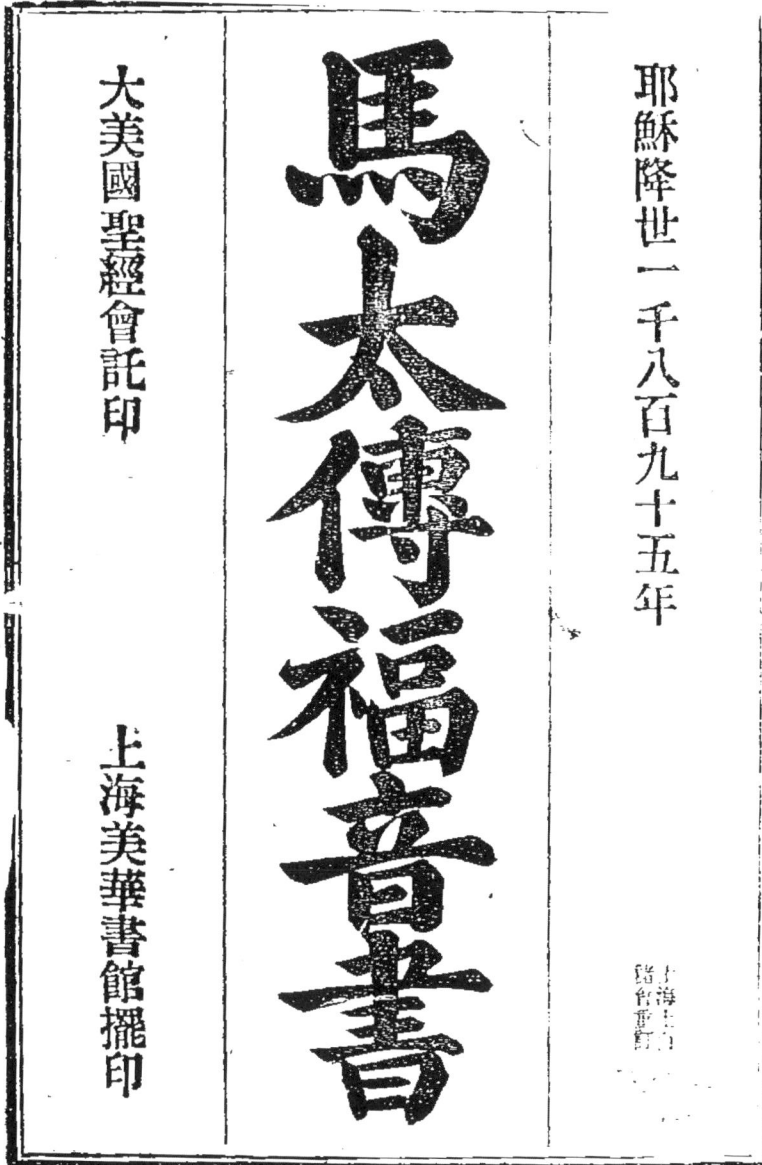

馬太傳福音書

耶穌降世一千八百九十五年

大美國聖經會託印

上海美華書館擺印

Matthew, Shanghai Colloquial, American Bible Society, 1895.

【188】TA 1977.62 CW1889 Má-Thài Hok Im Tsu（馬太福音書，潮語羅馬拼音本）
C-0342 B130

008128371

Shantou：Lói bai tñg hông soh hun in，1889

汕頭潮語羅馬拼音本馬太福音書，1889。

Tie–chiu dialect. Printed for the British and Foreign Bible Society at the English Presbyterian Mission Press，Swatow. 1889. With reference. At head of title：Sin ieh.

cf. British and Foreign Bible Society. Historical catalogue. No. 2984. Tr. by W. Duffus and J. C. Gibson.

【作者】威廉姆斯·迪弗斯（Williams Duffs）；汲約翰（J. C. Gibson）。

【按】外德納圖書館還有一個 1898 年潮語羅馬字《舊約》單行本。

【189】TA 1977.62 EC1910 馬太福音（粵英對照）

008127603

封面：馬太福音（中西字）

The Gospel According to St. Matthew in English and Cantonese

Published by the American Bible Society

Shanghai，1910

8.4×13cm，4.2cm 爲漢字，4.2cm 爲英文；單頁漢字 7 行，行 32 字；雙頁或漢字 8 行，行 32 字。框架上有中英文標題、章節頁碼縮寫。白口，四周單邊，版上分別鑄英文和中文書名（含章次），有句讀符號及章節符號。合計 127 頁。

【按】印刷的體式不同於橫濱 1908 年《新約全書》中西本，而文字内容完全等同。

【190】TA 1977.62 EM1884 馬太福音書（英漢對照）

008127605

封面：馬太福音書（右首起字）

The Gospel of Matthew

in English and Mandarin（左首起字）

Published by the

American Bible Society

Shanghai

American Presbyterian Mission Press

1884

這是英漢本的《馬太福音書》。

　　無框,14.5×22cm,每頁一半爲豎行漢字9行,行40字(以節數爲限),一半爲英文橫行按照中文的節數對應排列,共86頁。是《新約》英漢對照的單行本(p.87-141)。該本在燕京圖書館和外德納圖書館均有另外的存本:

Harvard-Yenching Rare（W）BS315.C57 M2 1884x

Widener Harvard Depository 1285.25.2

　　【按】《馬太》和《馬可》的官話和英文對照本是上海出版的,一個版式,不同於年代稍晚的橫濱版,版式略寬於橫濱本,但是内容一樣。而1904年橫濱出版的本子後,也有橫濱出版的單行本,1905年《約翰傳福音書》就是橫濱出版的。没有發現橫濱版《馬太》和《馬可》的官話和英文對照本的單行本。没有1884年的英漢對照的《新約全書》,但有1904年英漢對照的《新約全書》(C-0275 B62,橫濱Fukuin印刷公司)。

【191】TA 1977.63 C1836 馬可傳福音書

008127606　（綫裝）

馬可傳福音書

單行本缺封面(馬太、路加都有封面)

道光十六年鎸　新嘉坡堅夏書院藏板(1836)

依本文譯述

直接正文。文言文。是《救世主耶穌新遺詔書》的第二部分(上册的卷二)。

卷二馬可傳福音書(p.1-26)版式略小,半頁,框10.2×16.2cm,10行,行26字,白口,四周雙邊,單黑魚尾,版心上鎸書名,中鎸章次,共26頁。

　　【按】該書是C-0240 B27救世主耶穌新遺詔書(1836)卷二之單行本。

【192】TA 1977.63 C1837 聖馬耳可傳福音書 C-0343 B131

008127424

新遺詔書第二本,聖馬耳可傳福音書,十六章。半頁,框10×13cm,8行,行22字,白口,四周雙邊,版心上鎸書名,中鎸章次,共45頁。

　　【按】從用字看,該書與《耶穌基利士督我主救者新遺詔書》(1813,C-0238 B24)分册卷二《馬耳可書》相同,也用"啞們"。

　　《聖馬耳可傳福音書》正是《耶穌基利士督我主救者新遺詔書》中第二本——十六章,共52頁,兩者版式不一。

　　cf. Wylie. Memorials. p.31. 新遺詔書 chiefly the work of Mr. Medhurst. Batavia, 1837. Modified editions were published at Singapore and Serampore.

　　【作者】Walter Henry Medhurst, 1796—1857.

【193】TA 1977.63 CC1894 Ma-hok Ch'uen Fuk Yam Shue（馬可傳福音書,粵語）
C-0347 B135

008128370

《馬可傳福音書》,粵語拼音本,倫敦,1894 年。

封面:MA-HOH CH'UEN FUK

　　　YAM SHUE

　　　Taai Ying Kwok Shing Shue Gong Ooi, 1894

扉頁:

正面:MA-HOH CH'UEN FUK

　　　YAM SHUE

　　　Taai Ying Kwok Shing Shue Gong Ooi（倫敦:大英國聖書公會）, 1894

反面:The Gospel of Mark, In Cantonese Colloquial

　　　Published by The British and Foreing Bible Society, 1894

　　　First edition, 500 copies, Shanghai, 1892;

　　　Second edition, revised, 1000 copies, London, 1894.

　　22.5×14.5cm,橫排 23 行,頁上鎸書名"Ma-hoh Ch'uen Fuk Yam Shue",雙頁左上角、單頁右上角分別標注頁碼數,共 16 章,75 頁。按節數單排。

【作者】尹嘉士等。

【194】TA 1977.63 CF1866 馬可傳福音書（榕腔）

008127652

　　該書是福州美華書局 1866 年出版的《新約全書》榕腔（009441194,C-0254 C41）版本中的一個單行本（綫裝,p.86-137）,相對而言,這個版本（綫裝）保存尚好。

　　封面第一行:新約全書　　榕腔

　　首頁第一行篇名:馬可傳福音書

　　《馬可傳福音書》二十八章（p.86-137）,開始部分有福州平話小字所作的簡介。

　　正文全部是福州平話對譯《馬可傳福音書》,中間或有雙行小字簡介。

　　正文:半頁,8 行,行 19 字;介紹或注解文字爲雙行並列小字,行 34 字。框 17.2×10.2cm,白口,四周雙邊,單黑魚尾,版心上鎸書名"新約全書",中鎸篇名"馬可傳福音書"及章次,共 16 章,51 頁。

【195】TA 1977.63 CK1883 馬可福音傳（客家話） C-0344 B132

008127425

　　封面:主後一千八百八十三年光緒九年新鎸

　　　　　新約聖書

　　馬可福音傳　　客話

　正文:半頁,10.5×17cm,9 行,行 22 字,白口,上下單邊,單黑魚尾,版心上鎸"新約聖書",中鎸篇名"馬可"及章次,下鎸頁碼數。字形大而清晰,保存良好。16 章,43 頁。這是研究客家話的好資料。用土話土字。翻譯"God"用"上帝"。

　cf. British and Foreign Bible Society. Historical catalogue. No. 2875.

　【作者】Charles Ph Piton.

【196】TA 1977.63 CM1873 馬可福音

　008127473

　扉頁:耶穌降世一千八百七十三年

　　　　馬可福音

　　　　歲次癸酉　京都燈市口美華書院刷印

　正文:

　半頁,框 11×16.5cm,10 行,21 字,白口,四周雙邊,單黑魚尾,版心上鎸書名"馬可福音",中鎸章次,下鎸頁碼數,共 16 章,43 頁,頁上隨文偶有注語。用"阿們"、"天主"、"大闢"。

　彩色底封內頁有:

　只有一位天主在天主世人中間,只有一位中保,就是降世爲人的基督耶穌,耶穌捨身爲萬人贖罪。(提摩太前書二章五、六節)

　人若得盡天下的財利喪掉靈魂,有什麼益處? 人能拿什麼來換靈魂呢? (馬可八章三十六、三十七節)

　cf. British and Foreign Bible Society. Historical catalogue. No. 2682. Similar editions appeared of Luke(1873), John(1874), and Acts(1874)〔A. B. S.〕

　【按】這個版本與"C-0351 B139 路加福音(1873,官話,封面綠色)"是一個系列的。1873 年、1874 年京都燈市口美華書院刷印了《新約福音五書》的單行本。

【197】TA 1977.63 CM1909 馬可福音略解 C-0346 B134

　008127426　　(銅版本)

　《馬可福音略解》,官話,漢口,1909 年。

　封面彩色:馬可福音略解

　扉頁:救主耶穌降世後一千九百零九年　　漢口蘇格蘭聖經會發

　　　　馬可福音

　　　　大清帝國宣統元年歲次己酉　漢鎮　英漢書館銅板印

　　　　Mandarin MARK：Annotated

　　　　Conference Version

　　　　N. B. S. S,1909

首頁爲《播種之圖》,見《馬可》第四章第三節。

有《新約聖書·序》(2 頁)。詳見"【185】TA 1977. 62 CM1909 馬太福音略解",此略。

有耶穌降生之時猶太全圖一張。

正文頁面比較特殊。

半頁,框式爲上小框附注(10×2cm)和下大框正文(10×16cm)= 10×18cm,13 行,行 31 字,白口,四周單邊,單黑魚尾,版心上鎸書名"新約聖書",中鎸篇名"馬可福音"及章次。共 16 章,50 頁。紙質特脆。

正文經文部分爲大字,隨文略解爲雙行小字。標點符號有". 、 。"三種。

如《馬可福音》小字注:"馬可就是著馬可福音的。彼得周遊四方傳道,馬可常與他同行。福音,耶穌的道稱爲福音,這道將上帝愛人,差遣耶穌降世救人的事普告衆民,所以稱爲福音。"

Added English title:Mandarin Mark:Annotated. Conference version. N. B. S. S. , 1909.

【198】TA 1977. 63 EC1910 馬可福音(粵英對照)

008127654

封面:馬可福音

　　　中西字

　　　The Gospel According to St. Mark in English and Cantonese

　　　Published by the American Bible Society, Shanghai, 1910

英文和廣東話的一句一句的對譯。框 8. 4×13cm,漢字 4. 2cm,雙頁爲 6 行,行 32 字,單頁 7 行,行 32 字,餘 4. 2cm 爲英文,白口,四周單邊,版上分別鎸英文和中文書名(含章次),有句讀符號及章節符號,共 82 頁。

【按】該本與 1908 年橫濱 Fukuin 印刷公司出版的英語和廣東話對譯本《新約全書》(C-0276 B63)基本相同。

【199】TA 1977. 63 EM1884 馬可福音書(英漢對照)

008127655

封面:馬可福音書(右首起字)

　　　The Gospel of Mark

　　　in English and Mandarin(左首起字)

　　　Published by the

　　　American Bible Society

　　　Shanghai

　　　American Presbyterian Mission Press

　　　1884

這是英漢本的《馬可福音書》。無框,14.5×22cm,每頁一半爲豎行漢字,9 行,行 40 字(以節數爲限),一半爲英文橫行按照中文的節數對應排列,共 55 頁(p.87-141)。

【200】TA 1977.64 C1836 **路加傳福音書(新嘉坡 1836) C-0348 B136**

008127415

封面:道光十六年鐫　新嘉坡堅夏書院藏板(1836)

　　　　路加傳福音書

　　　　依本文譯述

該書雖是經過管理者加工裝訂,但保存完好。没有目録等,直接正文。文言文。是《救世主耶穌新遺詔書》的第一部分(上册的卷三),有膠片。

半頁,框 10.5×16.5cm,10 行,行 26 字,白口,四周雙邊,單黑魚尾,版心上鐫書名,中鐫章次,共 45 頁。

【按】該書爲 1836 年《救世主耶穌新遺詔書》(C-0240 B27)上册卷三之單行本。

【201】TA 1977.64 C1844 **路加傳福音書(文言) C-0349 B137**

00812742

文言,宣紙綫裝。半頁,框 19×13cm,9 行,行 22 字,白口,四周雙邊,單黑魚尾,版心上鐫書名,中鐫章次,共 59 頁。使用"神"。

【按】該書與"C-0357 B145 約翰傳福音書(1845,綫裝)"是一個系列的。不同的是《約翰傳福音書》封面右、中、左的"右"有時標示,但這本封面右、中、左的"右"是空白,雖版式一樣,没法定時間。似不是 1844 年出版的。

【202】TA 1977.64 C1845 **路加傳福音書(文言) C-0350 B138**

008127428

《路加傳福音書》,文言,英番聖書公會,1845 年。

扉頁:道光二十五年鐫

　　　　路加傳福音書

　　　　英番聖書公會藏板

半頁,框 8.2×13.6cm,8 行,行 23 字,白口,四周雙邊,版心上鐫"路加傳福音書",中鐫章次,下鐫頁碼數。24 章,共 66 頁。用"神"、"啞們"。

【203】TA 1977.64 CC1924 **路加福音(广东土白) C-0354 B142**

008127429

封面:廣東土白　上帝

　　　　路加福音

上海美國聖經會印發

Canton Colloquial Luke Term, Shanghai

American Bible Society, Shanghai 1924

頁上有注文。

框 15.8×9.5cm,框内上有 1.5×15.8cm 之小框,爲小字注,下框 14 行 28 字,白口,四周雙邊,版心上鎸書名,中鎸章次,78 頁。

與此相近的版本還有《馬太福音》(廣東土白)(TA 1977.5 CC1924)的單行本。

【按】其實漢字原文内容與"C-0268 B55 舊新約全書(廣東土白,1913)"完全一樣,但將那本裡面翻譯"God"的"神"改爲"上帝"了,所以在 1924 年的封面上都有"廣東土白上帝"的字樣。另外多了注語,版式不一。

1913 年《舊新約全書》中《新約》部分的第 79—130 頁是《路加傳福音書(羊城話)》,整篇就是將"神"改爲"上帝"了。

【204】TA 1977.64 CF1866 路加傳福音書(榕腔)

008127656

《路加傳福音書》,榕腔,同治五年,福州美華書局印,1866 年。

這個本子有點破損。單行本有《路加傳福音書》(福州土話)導言(p.138),接着原文到 p.227 止。

半頁,框 17.2×10.2cm,8 行 19 字,白口,四周雙邊,單黑魚尾,版心上鎸書名,中鎸卷次,p.138-227,共 90 頁。

【按】該書實是《新約五經》中《福音四書》第一冊的第三部分《路加福音》(p.138-227,福州榕腔 TA 1977.6 CF1866),頁碼都一樣。

【205】TA 1977.64 CM1865 路加傳福音書(官話 1865) C-0352 B140

008127420

封面:路加傳

扉頁:耶穌降世一千八百六十五年　京都敬譯官話

　　　路加傳福音書

　　　歲次乙丑　上海美華書館藏板

正文《路加傳福音書》。用"亞孟"(阿門),用"真神",不用"天主";用"大貝",不用"大闢"。頁上有隨文的注語。

這個版本與"C-0351 B139 路加福音(1873)"的官話本用語不同(用"大闢"、"天主"、"阿們")。

半頁,框 12×18.5cm,15 行,37 字,白口,四周雙邊,單黑魚尾,版心上鎸書名"路加福音書",中鎸章次,下鎸頁碼數,共 24 章,29 頁。

【206】TA 1977.64 CM1873 路加福音（官話 1873） C-0351 B139

008128420　（官話，封面綠色）

扉頁：耶穌降世一千八百七十三年

　　　路加福音

　　　歲次癸酉　京都燈市口美華書院刷印

正文《路加福音》。

半頁，框 11×16.5cm，10 行，行 21 字，白口，四周雙邊，單黑魚尾，版心上鎸書名"路加福音"，中鎸章次，下鎸頁碼數，共 24 章，71 頁。頁上隨文偶有注語。使用"阿們"、"天主"、"大闢"等專有詞。

彩色底封內頁有：

衆人和耶穌同走的時候，耶穌轉身對他們説：人來從我，若不愛我勝過愛他的父母妻子兄弟姊妹和自己的生命，就不能作我的門徒，不背着十字架跟從我，也不能作我的門徒。（見十四章二十五、二十六、二十七節）

【按】這個版本與"C-0352 B140 路加傳福音書（官話 1865）"不同，如後者用"亞孟"（阿門）、用"真神"，不用"天主"；用"大貝"，不用"大闢"。

【207】TA 1977.64 CM1910 路加福音（官話 1910） C-0353 B141

008128366

封面彩色：路加福音略解

扉頁：救主耶穌降世後一千九百零十年　漢口蘇格蘭聖經會發

　　　路加福音

　　　大清帝國宣統二年歲次庚戌　漢鎮　英漢書館銅板印

　　　Mandarin Luke：Annotated

　　　Union Version N. B. S. S，1910

首頁爲《浪子回家圖》，見路加十五章十一節。

有序 2 頁。詳見"【185】TA 1977.62 CM1909 馬太福音略解"，此略。

有耶穌降生之時猶太全圖一張。

正文頁面比較特殊。

半頁，框式爲上小框附注（10×2cm）和下大框正文（10×16cm）= 10×18cm，13 行，行 31 字，白口，四周單邊，單黑魚尾，版心上鎸書名"新約聖書"，中鎸篇名"路加福音"及章次。共 24 章，87 頁。紙質特脆。

正文經文部分爲大字，隨文略解爲雙行小字。標點符號有"．　、　。"三種。

如《路加福音》小字注："路加是耶穌的門徒，他本是醫生，保羅周遊四方傳道，路加常與他同行，路加福音就是這路加著的。福音，耶穌的道稱爲福音，這道將上帝愛人、差遣耶穌降世救人的事普告衆民，所以稱爲福音。"

【208】TA 1977. 64 CN1853 Lu-kyuo Djun Foh Ing Shu（**路加傳福音書，寧波羅馬字，1853**）C–0356 B144

008128369

這個本子不同於 1898 年的《SING IAH SHÜ》中的《路加傳福音書》，只有按節數排列，沒有任何的注解，有一點同《MING-SU KYI-LIAH》（《民數記略》）的版式。

封面：AH-LAH

KYIU-CÜ YIAE-SU-GO

SING-YI TSIAO-SHÜ

Lu-Kyüô Djün Foh Ing Shü（《路加傳福音書》）

Ning-po

1853

正文直接展開，p. 1：

Lu-Kyüô Djün Foh Ing Shü

DI-IH TSÔNG

然後就是按節進展，p. 2 開始就是 Lu-Kyüô. I 依序展開。

寧波：長老會印刷處（Presbyterian Press）印刷，1853 年，共 170 頁，26cm，羅馬字。

【209】TA 1977. 64 CP1920 **路加福音（注音字母本）**

008474614

《路加福音》，上海：大英聖書公會，民國九年（1920）。

封面（暗藍色）

扉頁：新約聖書卷三　官話和合譯本

路加福音（小篆）

上海大英聖書公會印發

下方：British & Foreign Bible Society, Shanghai, 1920.（Ed. 1747）

Mandarin Luke, Union Version National Phonetic

框 17×10.5cm，11 行 20 注音符號，白口，四周雙邊，單黑魚尾，版心上鐫書名，中鐫章次，下列書名及章次之注音字母，凡 77 頁。

【按】此爲民國九年（1920）依據官話和合譯本而編纂的注音字母本。

【210】TA 1977. 64 CS1886 **路加傳福音書（上海土白）** C–0355 B143

008128363

封面：路加傳福音書　上海土白

扉頁：耶穌降世一千八百八十六年　上海土白

路加傳福音書

大美國聖經會託印

上海修文書館鎸

Shanghai colloquial Luke，American Bible Society，1886

正文用"亞孟"(阿門)，用"神"，不用"天主"。頁上有隨文的注語。

半頁，框 9.5×15.5cm，12 行，31 字，白口，四周雙邊，單黑魚尾，版心上鎸書名"新約全書卷三"，中鎸篇名"路加傳福音書"及章次，下鎸頁碼數。卷末有"路加傳福音書終"之語。共 21 章，43 頁。

【211】TA 1977.64 EC1900 路加福音(粵英對照)

009441249 (鉛印本)

封面：路加福音 中西字

The Gospel according to St. luke in English and Cantonese

Published by the American Bible Society

Shanghai：American Bible Society

1900

8.4×13cm，4.2cm 爲漢字，4.2cm 爲英文；單頁漢字 7 行，行 32 字；雙頁或漢字 8 行，行 32 字。框架上有中英文標題、章節頁碼縮寫，138 頁。

白口，四周單邊，版上分別鎸英文和中文書名(含章次)，有句讀符號及章節符號。

文字內容完全等同於橫濱 1908 年《新約全書》中西字本。

【212】TA 1977.64 EC1910 路加福音(粵英對照)

008128662

封面：路加福音

中西字

The Gospel according to St. Luke in English and Cantonese

Published by the American Bible Society，Shanghai，1910

英文和廣東話的一句一句的對譯。

框 8.4×13cm，漢字 4.2cm，7 行，行 32 字，餘 4.2cm 爲英文，白口，四周單邊，版上分別鎸英文和中文書名(含章次)，有句讀符號及章節符號。

【按】1910 年版本就是 1900 年版重鎸本，一模一樣。

【213】TA 1977.64 EM1884 Gospel of Luke in English and Mandarin 路加福音書(英漢對照)

008128624

路加福音書 = The Gospel of Luke in English and Mandarin ╱ published by the American

Bible Society.

Published：Shanghai：American Presbyterian Mission Press，1884.

8.4×13cm,4.2cm 爲漢字,4.2cm 爲英文；單頁漢字 7 行,行 32 字；雙頁或漢字 8 行,行 32 字。框架上有中英文標題、章節頁碼縮寫,92 頁,p. 142–233。白口,四周單邊,版上分別鎸英文和中文書名(含章次),有句讀符號及章節符號。

文字内容完全等同於橫濱 1908 年《新約全書》中西字本。

該書在燕京圖書館還有：Harvard–Yenching Rare（W）BS315. C57 L8 1884x；還存在 Widener Harvard Depository 1285.25.3。

與之相關的 1884 年英漢對照版福音書,既在燕京圖書館有存,還在 Widener Library(外德納圖書館)有存：

(1)《馬太福音書》TA 1977.62 EM1884（p. 1–86）／Widener Harvard Depository 1285.25（p. 1–86）

(2)《馬可福音書》TA 1977.63 EM1884（p. 87–141）／Widener Harvard Depository 1285.25.2

(3)《約翰福音書》TA 1977.65 EM1884（p. 235–302）／Widener Harvard Depository 1285.25.4（p. 235–302）

(4)《使徒行傳》(中英文 1884)僅存於 Widener Library(外德納圖書館)Widener Harvard Depository 1285.25.5（p. 303–392）

【214】TA 1977.65 39 約翰聖經釋解(合信、慕德註略) C-0360 B148

008128663　FC9694　Film Mas 36854　（淺文言）

扉頁：耶穌降世一千八百七十四年

　　　約翰聖經釋解

　　　歲次甲戌　上海三牌樓聖堂

有《約翰聖經注略序》(2 頁)：

夫有一書,紀載耶穌一生言行,名爲傳福音書,作之者一爲馬太、二爲馬可,三爲路加,四爲約翰,是謂四子。馬太及約翰乃耶穌受業使徒,馬可及路加則使徒之弟子也。四子之書,大同小異,作不同時,先後相距約六十年。有一事而四書並載者,有一事而一書獨載者,如約翰多載耶穌所傳之道,路加多載耶穌所行之跡,雖屬不無小異,然歷今千八百年,屢經考校,絶無疑竇。然此書之初,原爲希臘國文字,厥後泰西諸邦各以其國語翻而譯之,雖言語文字各有不同,而翻較希臘舊本,則書事書意,若出一轍,其理無或減,而句無或增,足徵其書之取信于人,莫敢參以私意而失卻本來面目也。現計坤輿之内,大小邦國,三百爲君,而翻譯福音全書者,已及二百國矣。

夫耶穌使徒約翰之壽惟最長,傳福音書約翰之卷惟最後。約翰爲人仁慈忠厚恬淡寡言,文詞翰墨非其所長而追隨函丈事屬親聞親見,是以書中言詞質樸,而意味深遠,當亦有聖神默助而使之然也。

其書大旨在證耶穌爲上帝獨子,權能德性,克配上帝而無疑。故書首先證其位,次證其言,又次證其行。其位有八:上帝之道一;永生之道二;上帝之遣三;上帝神羔四;群羊善牧五;天之真理六;天來之餅七;葡萄之樹八。又其言有四:一言上帝爲世人天父,與夫上帝本體,上帝神能,上帝公義,上帝仁愛;二言世人靈魂永不壞滅,世人罪惡如何解救,並及天堂地獄之隔,死後審判之嚴;三言耶穌與上帝同性,同心同德,奉上帝之遣,就人類之罪,爲救主爲中保,賜人以永福大益,導人與上帝復和;四言聖神贊化之功,此之謂證耶穌之位與言。若其行則須參看四子,始得其詳矣。

茲僅擇經內所載耶穌之道,逐章遴選,或半章或數節,略加詮解,名曰注略,皆採取西人舊注之意,小心譯述,未敢參用己見,讀者誠能細心體認,先以三位一體存諸心,則聖神啟迪,信德始基,方知其理之妙,勿以爲中國不合而棄之,勿以爲外國之理而忽之。蓋其理處處皆可行,人人皆可學,同此天道,即同此人情,同此覆載,即同此上帝,是其理不容有二,如天之無二日也。但中土久有五帝百神之祀,素無三位一體之説,故多不喜接納其道,要亦不肯虛心聽受,未必真以是理爲無,因無據而不信者,惟願中華諸君子誠心推求,當知予言之不謬矣。是爲序。

正文:從"《約翰聖經釋解》第一章　基督弟子合信、慕德氏注略"開始。經文原文大字,注略則爲雙行小字。半頁 11 行大字,行 25 字,雙行小字 22 行,行 51 字。框 12×19cm,白口,四周雙邊,單黑魚尾,版心上鎸書名"約翰聖經釋解",中鎸篇名"約翰傳福音書"及章次,下鎸頁碼數,共 21 章,43 頁。卷末有"約翰聖經釋解終"之語。

cf. Wylie. Memorials. p. 126. Yuehan zhen jing shi jie 47 leaves. Hongkong, 1853... contains first 17 chapters with a preface. 此書收至第廿一章。

【作者】合信(Benjamin Hobson,1816—1873);慕德(Arthur Evans Moule,1836—1918)。

【215】TA 1977. 65 C1839 約翰傳福音書

008162126 　(第 34—45 頁缺)

封面:道光十九年鎸　新嘉坡堅夏書院藏板

　　　約翰傳福音書

　　　依本文譯述

半頁,框 10.2×6.7cm,11 行,行 20 字,白口,四周雙邊,單黑魚尾,版心上鎸書名,中鎸章次。缺頁本,只有 33 頁。

【按】該書是《救世主耶穌新遺詔書》(堅夏書院藏板 1839,C-0241 B28)中的單行本,版式相同。原單行本《約翰傳福音書》共 45 頁,該本正文截至第十六章,僅有 33 頁,第 34—45 頁殘缺。使用"上帝"。

【216】TA 1977. 65 C1845 約翰傳福音書 C-0357 B145

008128418

《約翰傳福音書》,綫裝,1845 年。

封面:道光二十五年重鐫

　　　約翰傳福音書

首頁爲《約翰傳福音書》卷四,與"C-0349 B137《路加傳福音書》(1844)"是一起的。

使用"神",半頁,框 19×13cm,9 行,行 22 字,白口,四周雙邊,單黑魚尾,版心上鐫書名,中鐫章次,共 47 頁,文言,宣紙。

【217】TA 1977. 65 CF1866 約翰傳福音書

008128625

書的第一頁第一行:《約翰傳福音書》。

開始部分由福州平話雙行小字簡介。

《約翰傳福音書》二十一章(p.228-301),開始部分有福州平話小字所作的簡介,正文全部是福州平話對譯,中間或有雙行小字簡介。正文部分,半頁,8 行,行 19 字;介紹或注解文字爲雙行並列小字,行 34 字。

白口,四周雙邊,單黑魚尾,版心上鐫書名,中鐫章次,共 74 頁。

【按】《約翰傳福音書》是 1866 年《新約全書》(榕腔,福州:美華書局,1866,C-0254 C41)版本中的一個單行本(綫裝)(p.228-301),相對而言,比館内所藏的《新約全書》(榕腔)版本(綫裝)要好。

【218】TA 1977. 65 CF1881 Iok-hang Tiong Hok Ing Chu(約翰傳福音書) C-0362 B150

008128368

Iok-hang Tiong Hok Ing Chu(《約翰傳福音書》),這是福州土白"福音四書"之單行本,由盧壹(Ll. Lloyd)根據福州土白翻譯爲羅馬字。有特殊的聲調標號系統。大英國聖經會,福州:Romanized Press,1881 年。

扉頁:Iok-hang Tiong Hok Ing Chu

　　　Lo-Ma-Che(羅馬字)

　　　1881

編排方式如西文,從左到右,從上到下。頁 35 行,文字空間 11×17cm。21 章,每章按節數單獨以羅馬數字排列成文。頁上鐫書名"Iok-hang Tiong Hok Ing Chu"。福州土話土音。共 66 頁。

與"福州羅馬字 Sing Iok Cu:Hok-ciu Tu Kiong,1900"(C-0270 B57)對比,這個材料標注詞的聲調符號比較特殊,表現在"字母同,但聲調不同",後者僅僅是福州話經文的羅馬字翻譯,也沒有引文出處的標記符號。

【作者】盧壹(Llewellyn Lloyd)。羅馬字母福州語音,Transliterated into roman character by Li. Lloyd (CMS), according to the system used in Foochow Colloquial Dictionary。

cf. British and Foreign Bible Society. Historical catalogue. No. 2842.

【219】TA 1977. 65 CM1868 約翰福音書 C-0358 B146

008128364 （官話 Peking Colloquial Version）

封面:約翰傳福音書　官話

扉頁:耶穌降世一千八百六十八年

約翰傳福音書(100copies ＄240)

歲次戊辰　上海美華書館刊

半頁,17cm,12 行,行 25 字,四周雙邊,單黑魚尾,版心上鐫書名"約翰福音書",中鐫章數,下鐫頁數。卷末有"官話約翰福音書終"之語。共 21 章,41 頁。

【按】(1)在聖經北京官話翻譯史上的貢獻:第一部北京官話本(Peking Colloquial Version)是丁韙良譯的《約翰福音》,1864 年由美華聖經會(American Bible Society)在上海出版,共 22 頁。該書爲 1868 年上海美華書館的再版本。

(2)這本書在澳大利亞國家圖書館網站上有電子書可以全文下載,網址:

http://nla. gov. au/nla. gen-vn324499 ... 上海:上海美華書館,1868 41 p. ; 17 ... 約翰傳:官話.

Special collection from London Missionary Society.

On double leaves, oriental style, in case.

Also available in an electronic version via the Internet at http://nla. gov. au/nla. gen-vn324499.

【作者】丁韙良(William A. Parsons Martin,1827—1916),美國傳教士。

【220】TA 1977. 65 CM1874 約翰福音 C-0359 B147

008128419 （官話,彩色）

封面:約翰福音

扉頁:耶穌降世一千八百七十四年

約翰福音

歲次甲戌　京都燈市口美華書院刷印

用"天主",用"阿們"。

頁底封面內頁有一段話:

道成了人身住在我們中間,充充滿滿的,有恩典,有真理,我們看見過他的榮光,正是父的獨生子的榮光。

這是一個單行本,10.6×15.6cm,白口,四周雙邊,單黑魚尾,版心上鐫"約翰福音",中鐫章次,下鐫頁碼數。頁上有注文。半頁 13 行,行 31 字。共 21 章,31 頁。

【按】這個本子與"C-0369 B157 使徒行傳"是一個系列的。但是(北京 1874 官話)版式雖一樣,卻略窄點,字體略小,行數和行字多些。

與"C-0345 B133 馬可福音(1873,官話,封面橘紅色)"、"C-0351 B139 路加福音(1873,官話,封面綠色)"是一個系列的。

與"【98】TA 1977.5 CM 1872 新約全書(北京美華書院 1872)C-0255 B42"是一個系列的。

燕京圖書館藏有北京美華書院官話本《新約全書》1872 的整本,單行本後出:《馬可福音》1873、《路加福音》1873、《馬太福音》1874、《約翰福音》1874、《使徒行傳》1874。

【221】TA 1977.65 CM1895 約翰福音書 C-0363 B151

008128367　(北京官話,有注音符號值得注意)

封面(絳色):

　　　YUEH-HAN FU-YIN SHU

　　　JOHN, PEKINESE COLLOQUIAL

　　　American Bible Society

　　　Shanghai

　　　American Presbyterian Mission Press, 1895

正文按 YUEH-HAN FU-YIN,I CHANG、TI ERH CHANG……排序。

頁上正中鐫"YUEH-HAN",每頁左上方標示起自的章與節數號,右上方標示終止的章與節數號,頁下鐫頁碼數。正文按章排序,節單獨排行。每頁橫排 29 行,共 117 頁。羅馬字注音,北京官話。整個書的架式 24×15.5cm,文字空間 18.5×11.5cm,文字部分符號大,方便閱讀。但整本書已經鬆散,破損厲害。

【222】TA 1977.65 CM1910 約翰福音略解 C-0361 B149

008128828　(Union Version 和合譯本)

封面(彩色):約翰福音略解

扉頁:救主耶穌降世後一千九百零十年　漢口蘇格蘭聖經會發

　　　約翰福音

　　　大清帝國宣統二年歲次庚戌　漢鎮　英漢書館銅板印

　　　小字:Mandarin JOHN:Annotated

　　　Union Version N. B. S. S,1910

首頁爲《摩西在曠野舉蛇圖》,見第三章十四節。

有《新約聖書·序》(2 頁)。詳見"【185】TA 1977.62 CM 1909 馬太福音略解",此略。

有《耶穌降生之時猶太全圖》一張。

正文頁面比較特殊。正文經文部分爲大字,隨文略解爲雙行小字。標點符號有"．﹑。"三種。如《約翰福音》小字注:"約翰,這約翰是傳福音的約翰,十二使徒中的一個,就是西庇太的兒子,與雅各爲弟兄,使徒約翰第一書﹑第二書﹑第三書並約翰福音書就是約翰著的。福音,耶穌的道稱爲福音,這道將上帝愛人﹑差遣耶穌降世救人的事普告衆民,所以稱爲福音。"

半頁,框式爲上小框附注(10×2cm)和下大框正文(10×16cm)= 10×18cm,13 行,行 31 字,白口,四周單邊,單黑魚尾,版心上鐫書名"新約聖書",中鐫篇名"約翰福音"及章次,共 21 章,64 頁。紙質特脆。

【223】TA 1977. 65 CP1920 約翰福音(官話和合譯本,注音字母)

008162130 (注音字母和合譯本)

封面(暗藍色)

扉頁:新約聖書卷四官話和合譯本

約翰福音(小篆)

上海大英聖書公會印發

正文 21 章,竪排,頁上標示節數,用一些標點,如人名地名加底綫。

半頁,框 18.5×10.5cm,11 行 20 注音符號,白口,四周雙邊,單黑魚尾,版心上鐫書名"新約聖書・約翰福音",中鐫章次,下列書名及章次之注音字母,凡 58 頁。上海:大英聖書公會印發,1920 年。

參見【107】馬太福音新約聖書卷一:官話和合譯本 TA 1977.5 CM1920(注音字母)

參見【108】馬可福音新約聖書卷二:官話和合譯本 TA 1977.5 CM1919(注音字母)

【224】TA 1977.65 EC1900 約翰福音(粵英對照本)

008128627

封面:約翰福音　中西字

The Gospel according to St. John in English and Cantonese

Published by the American Bible Society

Shanghai：American Bible Society

1900

8.2×13cm,4.1cm 爲漢字,4.1cm 爲英文;單頁漢字 7 行,行 32 字;雙頁或漢字 8 行,行 32 字。框架上有中英文標題,章節頁碼縮寫,138 頁。

白口,四周單邊,版上分別鐫英文和中文書名(含章次),有句讀符號,及章節符號。

文字內容完全等同於橫濱 1908 年《新約全書》中西字本。

【225】TA 1977.65 EM1905 約翰福音（中西字）

008128960

【按】馬太和馬可的"官話和英文對照本"是上海出版的，而 1904 年橫濱出版的本子後，也有橫濱出版的單行本，1905 年《約翰傳福音書》就是橫濱出版的。

外德納圖書館有 1884 年中西字《路加福音》、《馬太福音》、《馬可福音》（有 PDF 電子版）、《約翰福音》、《使徒行傳》。

有"C-0275 B62"英漢對照的《新約全書》，橫濱 Fukuin 印刷公司，1904 年。

封面：約翰福音　中西字

框 11.6×19cm，每頁一半爲竪行漢字 7—8 行，行 48 字（以節數爲限），一半爲英文橫行按照中文的節數對應排列。框架上方有中英文標題，章節頁碼縮寫，共 68 頁。

白口，四周單邊，版上分別鎸英文和中文書名（含章次），有句讀符號及章節符號。

【226】TA 1977.66 C1834 救世主坐山教訓 C-0364 B152

008128829

【按】這其實也是《馬太福音書》第五章至第七章的選本，同榕腔《耶穌上山傳道》（1862 年 C-0365 B153）、榕腔《耶穌上山教訓》（1868 年 C-0366 B154）。

手寫體，多俗字，7 行，19 字，7.8×13.5cm，白口，四周雙邊，單黑魚尾，版心上鎸書名"救世主坐山教訓"，文言文，10 頁。波士頓 1834 年出版。哈佛燕京圖書館藏有 5 本。

【227】TA 1977.66 CF1862 耶穌上山傳道（榕腔 1862） C-0365 B153

008128961

耶穌降生一千八百六十二年　榕腔

耶穌上山傳道

福州南台救主堂藏板

正文直接就是《馬太傳福音書》翻譯榕腔第五章、第六章、第七章。半頁，框 10×17.2cm，8 行，行 22 字，白口，四周雙邊，單黑魚尾，福州平話，8 頁。

【228】TA 1977.66 CF1868 耶穌上山教訓（榕腔 1868） C-0366 B154

008128961

同治七年　榕腔

耶穌上山教訓

福州美華書局印

正文：耶穌上山教訓（見馬太福音傳第五章至第七章）。

半頁，框 10.5×17.2cm，8 行，行 19 字，白口，四周雙邊，單黑魚尾，版心上鎸書名"耶穌教訓"，福州平話，9 頁。卷末有"耶穌上山教訓終"之語。

【按】《耶穌上山傳道》（1862 年 C-0365 B153）、《耶穌上山教訓》（1868 年 C-0366 B154），實際上是《馬太傳福音書》翻譯榕腔第五章、第六章、第七章三章的不同版本的節選，另單獨成爲一個主題單行本。榕腔《新約》有幾個版本其實就是不同版本中的一個片段。

【作者】夏查理（Charles Hartwell），1825—1905。

【229】TA 1977.66 CM1875 耶穌登山寶訓 C-0367 B155

007767000

耶穌登山寶訓

耶穌降世一千八百七十五年

耶穌登山寶訓

歲次乙亥　京都（北京）燈市口美華書院刷印

卷末有"耶穌登山寶訓終"之語。還有廣告告知可以問書中之道的數處耶穌堂。（1頁）

白口，四周雙邊，版心鐫書名"登山寶訓"，11 行，行 26 字，共 11 頁。

該篇亦收録在《美華書院短篇集：1》之中。小説類的 TA 1980.2 03（1）（With other titles《美華書院短篇集：1》）。

【230】TA 1977.67 C1836 聖差言行傳

008128962

《聖差言行傳》，新嘉坡：堅夏書院藏板，1836 年。

這份單行本其實已經包含在"【65】TA 1977.5 C1836 救世主耶穌新遺詔書 C-0240 B27"中，版式同。

半頁，框 10.5×16.5cm，10 行，行 26 字，白口，四周雙邊，單黑魚尾，版心上鐫書名，中鐫章次，44 頁。

【231】TA 1977.67 C1845 聖差言行傳 C-0368 B156

008128830　（深文言，用"天父"、"神"、"大辟"）

扉頁：聖差言行傳

正文共 28 章。半頁，框 13×19cm，9 行，行 22 字，白口，四周單邊，單黑魚尾，版心上鐫"聖差言行傳"，中鐫章次，共 28 章，58 頁。卷末有"聖差言行傳終"之語。

【按】"C-0349 B137 路加傳福音書（1844）"、"C-0357 B145 約翰傳福音書（1845）"均是一個系列的。

【232】TA 1977.67 CM1874 **使徒行傳** C-0369 B157

008128859

封面：使徒行傳

扉頁：耶穌降世一千八百七十四年

使徒行傳

歲次甲戌　京都（北京）燈市口美華書院刷印

用"天主"一詞。這是一個單行本。半頁，框 10.8×16.5cm，10 行，行 21 字，白口，四周雙邊，單黑魚尾，版心上鎸"使徒行傳"，中鎸章次，下鎸頁碼數。頁上有注文。共 28 章，71 頁。頁底封面内頁有一段話：

天主愛世人甚至將獨生子賜與他們，叫凡信他的不至滅亡，必得永生，只有一位真神，在真神世人中間只有一位中保，就是降世爲人的基督耶穌，他捨身爲萬人贖罪，到了時候這道理必見證出來，除他以外别無救主，因爲天下人間再没有我們可靠着得救的。

這個《使徒行傳》與 1874 年的《新約》是總集與分集的關係。使用"天主"。

【233】TA 1977.67 CM1910 **使徒行傳略解**（漢口 1910） C-0370 B158

008128822　（官話，綫裝，破損較大）

封面彩色：使徒行傳略解

扉頁：救主耶穌降世後一千九百零十年　漢口蘇格蘭聖經會發

使徒行傳

大清帝國宣統二年歲次庚戌　漢鎮　英漢書館銅板印

小字：Mandarin ACTS：Annotated

Union Version N. B. S. S，1910

首頁爲《保羅西拉被囚傳道圖》，見十六章二十五節。

有《新約聖書·序》（2 頁）。詳見"【185】TA 1977.62 CM1909 馬太福音略解"，此略。

有《耶穌降生之時猶太全圖》一張，map（folded），21cm。

正文頁面比較特殊。

半頁，框式爲上小框附注（10×2cm）和下大框正文（10×16cm）= 10×18cm，13 行，行 31 字，白口，四周單邊，單黑魚尾，版心上鎸書名"新約聖書"，中鎸篇名"使徒行傳"及章次。全書共 28 章，82 頁。紙質特脆。

正文經文部分爲大字，隨文略解爲雙行小字。標點符號有"．　、　。"三種。如《使徒行傳》小字注："使徒行傳是新約的第五卷，這書上所記的就是門徒們所行的事、所訓的言，所以叫作使徒行傳。"

【234】TA 1977.67 EM1913 **使徒行傳**（中西字，官話和合）

008128988

使徒行傳:中西字,官話和合

扉頁:使徒行傳

中西字

官話和合,美國新譯英文

Mandarin and English

American standard revision

and

Mandarin "Union" version

ACTS

The American Bible Society

Shanghai 1913

8.2×13cm,4.1cm 爲漢字,4.1cm 爲英文;單頁漢字 7 行,行 32 字;雙頁或漢字 8 行,行 32 字。框架上有中英文標題,章節頁碼縮寫,150 頁。

白口,四周單邊,版上分別鎸英文和中文書名(含章次),有句讀符號"。 . 、"及章節符號。

【按】經過審核,這本 1913 年的本子不同於橫濱 1904 年本的版式及句式,兩者之間有區別。1904 年與 1884 年中西文對照本内容基本一致,但是與 1913 年單行本不是一個系列的。

"C-0275 B62 新約全書(橫濱 Fukuin 印刷公司中英文)"1904 年與 1908 年本一模一樣。

【235】TA 1977.71 C1836 聖差保羅寄羅馬人書

008128989

《聖差保羅寄羅馬人書》是《救世主耶穌新遺詔書》(新嘉坡:堅夏書院藏板,1836)中的一部分。半頁,框 10.5×16.5cm,10 行,行 26 字,白口,四周雙邊,單黑魚尾,版心上鎸書名,中鎸章次,共 19 頁。參照"【65】TA 1977.5 C1836 救世主耶穌新遺詔書(1836) C-0240 B27"中的《聖差保羅寄羅馬人書》。出版地:新嘉坡,堅夏書院藏板,1836 年。

【按】另有單行本"TA 1977.7 C1836 聖差保羅信上、中、下卷(新嘉坡 1836) C-0371 B159",《聖差保羅寄羅馬人書》在《上書》之中。

【236】TA 1977.71 C1886 使徒保羅達羅馬人書 C-0373 B161

008128991

包爾騰、柏亨利合譯,淺文言,(北京)京都:美華書院,光緒十二年(1886)。

Text beginning with 我保羅乃耶穌基督之僕,奉召爲使徒,特派傳天主之福音……

半頁,框 10.2×15.5cm,13 行 31 字,白口,四周單邊,單黑魚尾,版心上鎸"使徒保羅達羅馬人書”,中鎸章次,共 15 頁。

【作者】(1)包爾騰(John Shaw Burdon,1826—1907);(2)柏亨利(白漢理,Henry Blodget,1825—1903)。

cf. British and Foreign Bible Society. Historical catalogue. No. 2636. Tr. by J. S. Burdon and H. Blodget. [A. B. S.]

哈佛燕京圖書館藏有幾個單行本:

【181】TA 1977.62 C1886 馬太福音 C-0337 B125

【240】TA 1977.72 C1886 使徒保羅達歌林多人前書 C-0376 B164

這三本都是 1886 北京美華書院《新約》的單行本。

【237】TA 1977.71 CM1867 使徒保羅達羅馬人書 C-0372 B160

008128831　(官話口語)

《使徒保羅達羅馬人書》,1867 年。

封面:使徒保羅達羅馬人書

依次十六章,只有經文,半頁,框 13.5×19.5cm,10 行,行 24 字,白口,四周單邊,單黑魚尾,版心上鎸“新約全書”,中鎸“使徒保羅達羅馬人書”及章次,共 16 章,27 頁。用“天主”一詞,用“大闢”、“亞孟”(阿門)的稱呼。字體較大。官話口語。由版心所鎸“新約全書注解”可推知,此為《新約全書注解》之單行本。

【作者】白漢理(Henry Blodget),1825—1903。

【238】TA 1977.72 C1836 聖差保羅寄哥林多人書(上、下)

008128992

《聖差保羅寄哥林多人書》(上、下),新嘉坡堅夏書院藏板,1836 年。此是 1836 年《救世主耶穌新遺詔書》(C-0240 B27)中的單行本。半頁,框 10.5×16.5cm,10 行,行 26 字,白口,四周雙邊,單黑魚尾,版心上鎸書名,中鎸章次,共 22 頁。

【239】TA 1977.72 C1858 歌林多書註解 C-0374 B162

008474615　(淺文言)

封面:耶穌降世一千八百五十八年

歌林多書註解

上海墨海書館印

正文之首行書名“使徒保羅達歌林多人前書”(大字)。緊接着就是雙行小字《前言》,依次十六章。經文原文大字,注解為雙行小字。按大字算,半頁 9 行,行 19 字;按小字算,半頁 18 行,行 35 字。用“上帝”一詞。原文淺文言,注文也淺文言。框 12×17.2cm,白口,四周雙邊,單黑魚尾,版心上鎸“新約全書注解”,中鎸“使徒保羅達歌林多人前書”及章次,共 62 頁。

　　由版心所鎸"新約全書注解"可推知,此爲《新約全書注解》之單行本。

【240】TA 1977.72 C1886 使徒保羅達歌林多人前書 C-0376 B164

　　008128993

　　扉頁:耶穌降世一千八百八十六年

　　　　　使徒保羅達歌林多人前書

　　　　　光緒十二年歲次丙戌　京都燈市口美華書院印

　　卷首有"遵天主旨意奉召爲耶穌基督之使徒"之語。淺文言,用"爾"、"者"、"也"、"云"、"乎",用"天主"、"阿們"。半頁,框 10.2×15.5cm,13 行,行 31 字,白口,四周單邊,單黑魚尾,版心上鎸"使徒保羅達歌林多人前書",中鎸章次,共 16 章,15 頁。卷末有"使徒保羅達歌林多人前書終"之語。

　　【作者】包爾騰(John Shaw Burdon,1826—1907);柏亨利(白漢理,Henry Blodget,1825—1903)。

　　cf. British and Foreign Bible Society. Historical catalogue. No. 2636. Tr. by J. S. Burdon and H. Blodget. [A. B. S.]

【241】TA 1977.72 CM1867 使徒保羅達歌林多人前書(1867) C-0375 B163

　　008128832　（官話口語)

　　封面:使徒保羅達歌林多人前書

　　正文 p.28-54,共 27 頁。

　　半頁,框 13.5×19.5cm,10 行,行 24 字,白口,四周單邊,單黑魚尾,版心上鎸"新約全書",中鎸"使徒保羅達歌林多人前書"及章次,共 16 章。用"天主"一詞,用"大闢"、"亞孟"(阿門)的稱呼。字體較大。由版心所鎸"新約全書注解"可推知,此爲《新約全書注解》之單行本。

　　【按】該單行本是接在"使徒保羅達羅馬人書 1867(C-0372 B160)"之後,《使徒保羅達羅馬人書》是 p.1-27,這個本子正好是 p.28-54,前後相續。

【242】TA 1977.74 C1836 聖差保羅寄伽拉太人書

　　008128994

　　《聖差保羅寄伽拉太人書》,新嘉坡:堅夏書院藏板,1836 年。

　　聖差保羅寄伽拉太人書(p.1-7)。

　　半頁,框 10.5×16.5cm,10 行,行 26 字,白口,四周雙邊,單黑魚尾,版心上鎸書名,中鎸章次,共 7 頁。

　　【按】該單行本實爲"TA 1977.5 C1836 救世主耶穌新遺詔書(1836) C-0240 B27"之

單行本,版式同。

【243】TA 1977.75 C1825 新增聖經節解 C-0377 B165

008128995

封面:道光五年新鐫

　　　新增聖經節解

　　　博愛者纂

有《序》和《凡例》十二則(2 頁)。

《序》:

　　夫今所注之書,乃在新遺詔書内之一本而載。救世者耶穌之道,欲盡講此道者,該細看新遺詔書一全部,此《以弗所》書乃包其道中多重大之段,今求各位讀者細心恭敬依次而看之,則見識越深道德越大發也。

　　《凡例》十二則:

　　夫作此本書之注解,乃分爲數份,以便爲讀者易看。

　　先有全旨,爲略説本章之大意也。

　　次有書之正文,爲以大字而刻者也。

　　在正文之下,有解字句,爲明釋正文内各句各字,爲有何難曉者也。

　　在解字句之下,有注經義,爲以正文各句各節之意次序連續而細言者也。

　　次於注經義者有勸誡,爲以正文上一條二條三理再欲感發看書者之心,戒他除去此數書文所禁之惡,又勸他務行其數節上所命之善也。

　　因在聖書別處有句節,爲與此"以弗所"書上多處之意相同者,故在頁之高頭或在解字句下,有引其別處句節正文之話,或只引其意,欲明解此書之句節,或話連意俱不引,乃獨指之言見某書之某章某節,凡讀至此等處之時,若看某書者有間,則當查所引之書章句節出來,與此書句節比較,方更易明白也。在頁高頭所指之書章句節,乃與直在其下所講者相似也。

　　此書原分爲六章,但因見人之閒時爲少,致不得在一時而多看書,故愚又分每章爲數段,在一段有二節三節或四五節,照正文各段意思之長短,欲使爲方便於讀者看。一段或二三段,照其閒時之爲多少也。

　　至於看讀之次序,則該先看全旨,次看正文,次看解字句,次看注經義,又次看勸誡也。若不得閒看其各樣,則可看正文、注經義與勸誡,至於解字句則可在便時而看。……

　　凡善男善女……

　　此書注解之文法未有甚妙。蓋愚特用近字淺言,想能爲愚人易曉。故而望衆位看書者勿因其文之無妙而輕視其所載之大道也。

　　《以弗所書緣起始末序》(p.3–10):

　　古人云凡善看書者,莫有不欲知其書之才起與作書者之來歷等事。故此愚今先略講及作此《以弗所》書者，次講及"以弗所"城，次講及立公會在"以弗所"，次講及此書在何處何時而作，及於後又次講此書因何故而作也。

正文《聖保羅使徒與以弗所輩書》三章，依次：全旨、正文（大字）、解字句（雙行小字）、注經義（字體略大）、勸誡（雙行小字）五個部分。

《新增聖經節解》1825 年馬六甲出版。正文大字 8 行，行 14 字；解字句雙行小字，24 行，行 26 字；注經義字體略大，12 行，行 27 字。白口，四周雙邊，單黑魚尾，版心上鐫"新遺詔書注解"，中鐫依次爲"保羅與以弗所輩書·序"、"保羅與以弗所輩書"及章次，下鐫頁數和"卷一"，共 41 頁。書末有"新遺詔書注解卷之一終"之句。由此可見，這本《新增聖經節解》實爲《新遺詔書注解》之卷一單行本。

cf. Wylie. Memorials. p.10 聖書節解 104 leaves，Malacca，1825.；p.136. 新增聖書節解.

【244】TA 1977.75 C1836 聖差保羅寄以弗所人書

008128996

《聖差保羅寄以弗所人書》，爲《救世主耶穌新遺詔書》之單行本，新嘉坡：堅夏書院藏板，1836 年。半頁，框 10.5×16.5cm，10 行 26 字，白口，四周雙邊，單黑魚尾，版心上鐫書名，中鐫章次，共 6 頁。

【245】TA 1977.76 C1836 聖差保羅達非利比人書

008128997

《聖差保羅達非利比人書》，爲《救世主耶穌新遺詔書》之單行本，新嘉坡：堅夏書院藏板，1836 年。半頁，框 10.5×16.5cm，10 行 26 字，白口，四周雙邊，單黑魚尾，版心上鐫書名，中鐫章次，共 5 頁。

【246】TA 1977.77 C1836 聖差保羅達哥羅西人書

008128998

《聖差保羅達哥羅西人書》，爲《救世主耶穌新遺詔書》之單行本，新嘉坡：堅夏書院藏板，1836 年。半頁，框 10.5×16.5cm，10 行 26 字，白口，四周雙邊，單黑魚尾，版心上鐫書名，中鐫章次，共 5 頁。

【247】TA 1977.083 03 聖書地理（葉韙良 1871） C-0222 B8

008110267

扉頁：耶穌降世一千八百七十一年　教士葉韙良著

聖書地理　Scripture geography　American Mission Press，Peking 1871

歲次辛未　京都燈市口美華書局刷印

卷首有《東半大洲地圖》一幅。

正文小序：

凡讀書者，必考辨證明是書中所有之地理，而後瞭若指掌。茲就聖書中所論及之猶太國以内以外，凡有山川地理分而詳列之，使讀者易於辨識。但極古之名，荒渺難稽，至歷代沿革屢易其名，不能詳志，第詳其通稱易曉者而已。

《舊約地理》：

猶太之内——邑名、耶路撒冷（有耶路撒冷地圖）、山名、谷名、水名、災異

猶太之外——有猶太民出埃及路程單、大闢在位時猶太地圖、耶穌降世時猶太地圖

《新約地理》：

猶太之内——邑名，有使徒行教地圖

猶太之内——邑名

半頁，框 12×18.2cm，地名大寫，小字雙行注解説明，大字 8 行，行 23 字，小字 16 行，行 30 字，白口，四周雙邊，單黑魚尾，版心鐫書名“聖書地理”，共 12 頁。卷末有“聖書地理終”之語。

【作者】葉韙良（William Aitchison，1826—1859），又中文譯名爲“艾志信”，美國傳教士。

【248】TA 1977.91 1898 聖經外傳 C-0379 B167

008131136　（綫裝，漢語官話口語，中文節譯本）

封面：主降生一千八百九十八年

聖經外傳

歲次戊戌　大美國聖公會訂

正文是中文節譯本。節譯自《多必書》、《巴録書》、《智訓》、《格言》。其中《多必書》第 13 章，共 2 頁；《巴録書》第 4 章 19 節至末節，共 2 頁；《智訓》1 章，3 章 1 至 9 節，4 章 7 至末節，5 章 1 至末節，6 章 1 至 21 節，7 章 15 至末節，8 章 1 至 18 節，9 章，13 章，16 章 1 至 13 節，19 章，共 14 頁；《格言》1 章，2 章，3 章 1 至 23 節，4 至 5 章，6 章 18 至末節，7 章 1 至 10 節，9 章 15 至末節，10 章 1 至 18 節，15 章，16 章 26 至末節，17 章 1 至 15 節，18 章 1 至 13 節、15 至末節，21 章 1 至 14 節，22 章 23 至末節，23 章 1 至 9 節，24 章 1 至 17 節，30 章 21 至末節，31 章 1 至 11 節，34 章 13 至末節，35 章，38 章，39 章 1 至 11 節、13 至末節，41 章 1 至 13 節，42 章 17 至末節，43 章 1 至 10 節，44 章，47 章 1 至 11 節，50 章 1 至 24 節，51 章，共 29 頁。TA 1977.91 1898。

保存良好。半頁，框 12×17cm，10 行 24 字，白口，四周雙邊，單黑魚尾，版心上鐫書名“聖經外傳”，中鐫篇名和章次。全書共 47 頁。用“天主”、“大衛”稱呼。

【249】TA 1977.095 14 新纂聖道備全 C-0216 B2

008110529　FC7722　Film Mas 31748

扉頁:古語云人有善願天必從之,心有向道神必助之

　　　新纂聖道備全

　　　種德者撰

《新纂聖道備全目録》3 頁:

論天地人萬物之始生 p.1(見一帙)

論神天之本性 p.1(見一帙)

論神天之創造世人 p.2(見二帙)

聖書第一本全旨 p.4(見四帙)

聖書第二本全旨 p.5(見五帙)

聖書第三本全旨 p.5(見五帙)

聖書第四本全旨 p.6(見六帙)

聖書第五本全旨 p.6(見六帙)

聖書第六本全旨 p.6(見六帙)

聖書第七本至第十本全旨 p.7(見七帙)

聖書第十一本全旨 p.8(見八帙)

聖書第十二本全旨 p.10(見十帙)

聖書第十三本全旨 p.13(見十三帙)

聖書第十四本全旨 p.14(見十四帙)

聖書第十五本全旨 p.14(見十四帙)

聖書第十六本全旨 p.15(見十五帙)

聖書第十七本全旨 p.16(見十六帙)

【按】第一本至十七本,是《舊約》的格局,以下是《新約》:

新遺詔書大意總論 p.18(見十八帙)

新遺詔書第一本第二本全旨 p.18(見十八帙)

聖保羅使徒與羅馬輩書之全旨 p.19(見十九帙)

論可林多輩書之全旨 p.25(見二十五帙)

論聖保羅與厄拉氏亞輩書之全旨 p.29(見二十九帙)

論聖保羅使徒與以弗所輩書 p.31(見一帙)

論聖保羅使徒與腓立比輩書 p.34(見一帙)

論聖保羅使徒與可羅所輩書 p.36(見一帙)

論聖保羅使徒與弟撒羅尼亞輩第一書 p.37(見一帙)

論聖保羅使徒與弟撒羅尼亞輩第二書 p.38(見一帙)

論聖保羅使徒與弟摩氏輩第一書 p.39(見三十九帙)

論聖保羅使徒與弟摩氏輩第二書 p. 40（見四十帙）

論聖保羅使徒與弟多書之總意 p. 40（見四十帙）

論聖保羅與希比留輩書 p. 41（見四十一帙）

論聖者米土書之總意 p. 44（見四十四帙）

論聖彼多羅第一公書之大意 p. 45（見四十五帙）

論聖彼多羅第二公書之總旨 p. 46（見四十六帙）

論聖若翰之第一二三公書之總目 p. 47（見四十七帙）

論聖如大公書之大旨 p. 48（見四十八帙）

論聖若翰現示書之大旨 p. 48（見四十八帙）

論神天許遣耶穌降生 p. 49（見四十九帙）

論古聖先知默示人知耶穌降生之道理 p. 62（見六十二帙）

聖經總論 p. 71（見七十一帙）

半頁，框 10.5×15cm，10 行，行 20 字，頁高頭有引文出處之小字注。白口，四周雙邊，單黑魚尾，版心上鐫書名"新纂聖道備全"，卷末有"新纂聖道備全終"之語，共 62 頁。

【按】該書出版年代未定，但從"見××帙"的"帙"看，類似馬禮遜早期譯本的用詞。

【作者】種德者（David Collie, d. 1828）。

【250】TA 1977. 095 35 聖書註疏（1839） C–0220 B6

008124271　FC4196　FC–M1251

道光十九年己亥鐫

聖書註疏

新嘉坡堅夏書院　1839

《序》：

……漢人止（只）識其名，而不通其頭緒。余有心攻書，積思十年，手不釋卷，撰集成書，敢述聖錄內各本一一說明，善讀者將茲注而讀聖經，得趣味勤讀，庶乎燎（瞭）如指掌。……時道光十八年初春上澣

有《聖書註疏目錄》（2 頁）：

第一回　父諄諄語誡

創世書志略　出麥西國書志略　禮儀書志略　户册書志略　復傳律例志略

第二回　表彰國史

約書亞志略　督率書志略　路得書志略　撒母耳上書志略　撒母耳下書志略　王紀下書志略　國紀上書志略　國紀下書志略　以士喇書志略　尼西米亞書志略　以士帖書志略

第三回　頒示懿訓

約伯書志略　聖詩志略　諺言書志略　鐸德書志略　聖歌之志略　以賽亞書志略

耶利米亞書志略　哀戚歌志略　以西基亞書志略　但耶利書志略　何西亞書志略　約珥書志略　亞摩士書志略　阿巴底亞書志略　約拿書志略　米迦書志略　拿弘書志略　哈巴谷書志略　西番雅書志略　哈該書志略　撒迦哩亞書志略　馬拉基書志略

　　第四回　慈悲彰照

　　馬太書志略　馬可書志略　路加書志略　約翰書志略

　　第五回　思德現形

　　聖差書志略　羅馬人書志略　哥林多上書志略　哥林多下書志略　加拉太書志略　以弗所書志略　非立比書志略　哥羅西書志略　帖撒羅尼迦上書志略　帖撒羅尼迦下書志略　提摩太首書志略　提摩太後書志略　提都書志略　腓立門書志略　希伯來書志略　耶哥伯書志略　彼得羅上書志略　彼得羅下書志略　約翰之三書志略　猶大士書志略　天啟之書志略

　　正文,半頁,框 12×20.5cm,10 行,行 26,白口,四周雙邊,單黑魚尾,版心上鐫書名"聖書注疏"和回數,下鐫頁數,共 87 頁。

　　《聖書注疏》是描述《聖經》白話歷史故事的小說,體例模仿中國傳統章回小說。《聖經》本身具有較強的故事性與敘事性特徵,帶給一般讀者新鮮與愉悅之感。但傳教士進行小說創作的意圖,小說傳播的實際效果至少距離教會的目標仍有很大差距。

　　cf. Wylie. Memorials. p.66–61. Explanation of the Scriptures. . . . in 5 chapters, with a short preface.

　　【作者】郭實臘(Karl F. A. Gützlaff,1803—1851),德國人。

【251】TA 1977.095 55 聖書日課初學便用(1831) C-0219 B5

　　008126417　FC4223　FC-M1261

　　扉頁:道光辛卯年鐫

　　　　　聖書日課初學便用

　　　　　依本言譯述

　　《聖書日課初學便用目錄》13 頁。

　　《舊遺詔書》選擇史記略 卷一

　　第一至第十六章

　　若色弗及其弟兄們之言行記略 卷一

　　第十七至第二十六章

　　自以色耳子輩出以至比多國之後記略 卷一

　　第一章至第二十三章

　　自神詩書內選擇之詩記略 卷一

　　(第一章至第三十五章)

　　聖書所在載論世人本分向神天及向別人 卷一下

第一章至第二十七章

聖書日課初學便用 卷二

《新遺詔書》内所載史記略 卷二

第一章至第二十三章

救世主耶穌基督所行之神跡記略 卷二

第一章至第十七章

救世主所用比喻宣講真道

第十八章至第三十三章

救世主言行記略 卷二

第一章至第二十三章

自使徒行書選擇記略 卷二

第一章至第十七章

《神天聖書篇名》3 頁。（按：就是《舊約》39 卷《新約》27 卷共 66 卷的篇名及其簡稱。）

引聖書之章數，即用一、二、三等大正數目字，要指着節數時，即用 丨、刂、刂刂 等小數目字，意欲使互較比，見聖書各代神訓之義，易做而簡筆。

【一函三冊：卷一上、卷一下、卷二】

《聖書日課初學便用卷一上》

自《舊遺詔書》内選擇史記略卷一（第一章至第二十六章，p. 1–47）、自以色耳子輩出以至比多國之後記略（第一章至第二十三章，p. 48–90）、自神詩書内選擇之詩記略（第一章至第三十五章，p. 91–119）。

半頁，框 11.2×18cm，8 行，行 24 字，白口，四周雙邊，版心上鐫“聖書日課”，中鐫章次，下鐫頁碼和“卷一”，共 119 頁。

《聖書日課初學便用卷一下》

聖書所在載論世人本分向神天及向別人卷一下（第一章至第二十七章）。

半頁，框 11.2×18cm，8 行，行 24 字，白口，四周雙邊，版心上鐫“聖書日課”，中鐫章次，下鐫頁碼和“卷一”，共 77 頁。

《聖書日課初學便用卷二》

《新遺詔書》内所載史記略（第一章至第二十三章 p. 1–32）、救世主耶穌基督所行之神跡記略卷二（第一章至第十七章，p. 33–45）、救世主所用比喻宣講真道（第十八章至第三十三章，p. 46–57）、救世主言行記略（第一章至第二十三章，p. 58–94）、自使徒行書選擇記略（第一章至第十七章，p. 95–122）。

半頁，框 11.2×18cm，8 行，行 24 字，白口，四周雙邊，版心上鐫“聖書日課”，中鐫章次，下鐫頁碼和“卷二”，共 122 頁。

廣州：道光辛卯（1831），依本言譯述。

cf. Wylie. Memorials. p. 22–23.

【作者】米憐（William Milne, 1785—1822）。1809 年,24 歲的米憐向倫敦傳道會（London Missionary Society）申請要到遠方傳教。米憐夫婦於 1813 年 7 月 4 日抵澳門,成爲第二位來華宣教士。1815 年 4 月,米憐携眷前往馬六甲,並聘得馬禮遜推薦的刻板匠梁發同行。米憐便在馬六甲開設印刷所,在梁發幫助之下印刷大量中文聖經、佈道書及福音單張,更出版中國第一份中文雜志《察世俗每月統記傳》月刊,也同時出版英文刊物。米憐與馬禮遜一起籌辦馬六甲英華書院（Anglo Chinese College）,1818 年被委任爲首任院長。英華書院於 1820 年開課後,不僅爲來華傳教士提供學中文的機會,也爲當地華僑子弟開創接受高等中西教育的機會。創校之初,學生僅七名。其後梁發、屈昂、馬儒翰、何進善（即何福堂,中國基督教史上第二位牧師）、袁德輝（林則徐總督之首席英文秘書）等,成爲該校最早期的校友。此外,米憐也協助馬禮遜翻譯舊約聖經中的約伯記等 13 卷舊約歷史書。後因積勞成疾,於 1822 年 6 月逝世,年僅 37 歲。

【252】TA 1977. 227 4200 十條誡註（下卷）

009434704

封面：十條誡註（已經破損不全）

正文：

論不可行奸 p. 1–10（第七誡）

論不可偷 p. 11–19（第八誡）

論不可妄證 p. 20–27（第九誡）

論不可貪 p. 28–34（第十誡）

論十誡之大意 p. 35–41（按：從此開始有頁上注,注明原文出處）

論犯戒有罪 p. 41–44（有頁上注,注明原文出處）

論罪之報 p. 45–52（有頁上注,注明原文出處）

論在律無救在耶穌有之 p. 53–61（有頁上注,注明原文出處）

論悔罪信耶穌 p. 62–70（有頁上注,注明原文出處）

“十條誡”即“十誡”。該書首頁始自十條誡註之“論不可行奸”（第七誡）經文,“十誡”之原文“神天曰爾不可奸人妻”大字,“註文”雙行小字。大字小字間隔,行 20 字。半頁,框 10.5×17cm,白口,四周雙邊,單黑魚尾,版心上鎸書名“十條誡註”,下鎸頁碼和“卷下”二字,共 70 頁。文言文,單行本,綫裝。書面破損,尤其是最後幾頁,部分缺角,字面不全。

【按】這本書無法判定年代,對照了道光十二年（1832）《神天之十條誡註明》尚德者纂的本子（TA 1977. 227 C1832,縮微 B78）,内容完全一樣,版式大小一樣,就是分卷有點不一。《神天之十條誡註明》的下卷從第五誡“論孝父母”開始（p. 1–7）,第六誡“論不可殺人”（p. 8–16）,正巧與該書《神天之十條誡註明》下冊從 p. 17–86 開始協調。可見《十條誡註下冊》從第五誡“論孝父母”開始共 80 頁。這個没有標注年代的版本就是《神天之十條誡註明》道光十二年的那個系列版本（重刻本）之不同版本。雖然破損，但是内容基本在B78 中得到保存。

【253】TA 1977.227 C1832 神天之十條誡註明（上下卷）C-0290 B78

008124277　FC7719　Film Mas 31751

封面:道光十二年重鎸

　　　　神天之十條誡註明

　　　　尚德者纂

卷上有《論十誡序》3 頁:

　　夫我世人在天地間智力有限,蓋力者不能及乎天上之高,智者不能料死後之遠,只曉目前之事,不知陰間之系也。且不但一人如此,乃普天下皆然,不只平常缺明,乃聖人見識亦有限矣。蓋孔子有言,未能事人,焉能事鬼,未知生焉知死。此兩句話推而論之,可驗中國聖賢有所不知道也。夫事有緊要不緊要之分,有關係無關係之殊。故此事若無緊要及無關係,則可以不知無妨,但若緊要及有關係,則不可不知之矣。且論及鬼神死後,此兩件事未曾不緊要,未曾無關係,世人宜知鬼神,則可以事之,致獲其恩佑,而料死後則可以備之,致免其禍患也。此節道理既是要緊,宜盡心求之,當看多書,訪問多人,而若中國孔子,不能答此言,則尋向外國經文,或者可得而知之也。然而世人不測此事,有者猜想鬼神,如此如彼,有者議論死後各樣不同,有者常云不可信其有,不可信其無。但總看起來,連儒釋道未得其實,而萬萬世人不自知此道。蓋此事出乎人力之外,目無能見,手無能摸者,無人攀上天堂觀看,無人沉下地獄探知,故無一能知隱微之事,而看出死後鬼神如何,必須神天自告世人,示明此道,則可以知。不然,則雖深入古洞,遍走湖海終不能知其詳也。且或有人疑曰:天何言哉? 天何能開口教導世人明示微妙之事乎? 答曰:天雖不言,天上之神未嘗不言矣。蓋神天造人,賜之口言,則自己發聲,儆戒世人有何不能耶? 勿説未聽神言,故不肯信,蓋升上口音,爾難親聽,亦不可忽略,皇帝命令也。勿説我本國人未聞神天旨,故我漢衆不須信之,蓋唐朝有人往西取經,而和尚假經尚且可取,何況神天遺詔,上帝聖旨,雖臨異民,非我親見,亦宜敬信,而喜接之,只當尋其憑據著實,看其流傳無誤,則可敬可受而樂從之,切不可忽略無聽也。且或有人問曰:神傳旨意,天降遺詔,卻在何處? 何時有之? 而詔命何樣呢? 曰:其處則西奈山,其時則商朝,其詔則十誡是也,當時神天恩降聖旨,寫在石碑,又以大聲宣其命令,凡聽其聲無不驚駭,凡看其碑,無不敬服,後人收之,藏在金櫃,守之千年,至耶穌興,雖爲至聖,亦不能過此。神天之子,亦不能改之,故耶穌示人宜遵此法,斷不可違。蓋天地將毀壞,惟此法世世不致毀壞矣。至於今日凡信耶穌者,常遵此法,吊在禮拜,隨時宣讀,記在書冊,細心解明,故未有失傳,憑據亦無不見矣。要知其詳,請看下文,謹讀左篇,或者可知其意。且既知之,切勿忘之,乃盡心守神天命之誡也。

　　《十條誡註卷上》含序以及一至四誡,2 半頁,10.5×17cm,白口,四周雙邊,單黑魚尾,版心上鎸書名"十條誡註"、頁碼和"卷上"二字,共42 頁。

《十條誡註卷下》,自第五誡始。

論孝父母 p.1-7(第五誡)

論不可殺人 p.8-16(第六誡)

論不可行奸 p.17-26(第七誡)

論不可偷 p.27-35(第八誡)

論不可妄證 p.36-43(第九誡)

論不可貪 p.44-50(第十誡)

論十誡之大意 p.51-56(按:從此開始有頁上注,注明原文出處)

論犯戒有罪 p.57-60(有頁上注,注明原文出處)

論罪之報 p.61-68(有頁上注,注明原文出處)

論在律無救在耶穌有之 p.69-77(有頁上注,注明原文出處)

論悔罪信耶穌 p.78-86(有頁上注,注明原文出處)

《十條誡註卷下》含第五誡至第十誡以及其他部分。半頁,框 10.5×17cm,白口,四周雙邊,單黑魚尾,版心上鐫書名"十條誡註"、頁碼和"卷下"二字,共 86 頁。《十條誡註卷上下》,共 128 頁。

【作者】尚德者郭實臘。

【按】這本書下卷部分有另一個重刊本:《十條誡註》下卷(TA 1977.227 4200)

《十誡》翻譯成中文,其名稱有:十命、神天十條、十條聖誡。

cf. Wylie. Memorials. p.29. ... at Malacca, in 1832, having been much altered and improved.

【254】TA 1977.227 C1841 上帝之命(1841) C-0291 B79

008126424 (淺文言)

封面:關曰印造經文

上帝之命

纂輯 書院藏板

《十命序》:

夫十命者,乃上帝曉諭世人也。遵而行之可享永福,逆而爲之則受永苦。凡人有犯之者,能知悔罪改過而信服耶穌者,則上帝赦其罪而賜以聖神也,又獲常生之福矣。十命列于左。

第一命者 獨拜上帝,上帝曰除我之外不可有別神也。此命盡禁人不可敬奉各樣神佛爲神,又不可妄想未來之吉凶禍福也。上帝係萬物之父親,至大至尊。(雙行小字的注文,下同)

第二命者 爾不可雕刻神像。此命盡禁人不可拜泥塑木雕紙畫之偶像爲神也,見之不可向之跪下,不可服事之也。

　　第三命 爾不可妄題上帝之名。此命乃禁人不可以神天上帝之名指而發誓也。惡語原是惡心也。

　　第四命 爾要守禮拜日。此日百工皆停,不可做事也。六日做人的事,一日做神天上帝的事,此日只可講書論書,聚集拜耶穌,教人道理也。

　　第五命 爾要知孝敬雙親。此命乃禁人忤逆父母及不孝敬奉養父母之人也。父母有勸爾不入耶穌的道理不宜順也。

　　第六命 爾不可殺害人焉。此命乃禁人不可行兇打架相爭吵鬧之事也。人命至重,心願與手殺相同。

　　第七命 爾不可奸人妻女。此命乃禁人不可汙婢包娼嫖妓也。眼見心願亦是也。

　　第八命 爾不可偷人物焉。此命乃禁人不可欺騙冒認別人之物也。能偷小亦能偷大也。

　　第九命 爾不可説謊欺人焉。此命乃禁人又不可亂作干證教唆人之是非也。能説小亦能説大也。

　　第十命 爾不可貪人物焉。此命乃禁人不可謀取妄取他人之物也。屬別人之物歸之別人,屬上帝之物歸之上帝。

　　已上十命,斯乃律例及聖賢書之簡要也。人有犯之者,皆不得入天國也。夫天下之人皆有過,不能言自己無過,苟能真知認罪悔過,信服耶穌道理,崇拜上帝,則天堂之福有望,地獄之苦離矣。

花旗國叔訂

　　上帝十命,即"十誡"。半頁,框 10.5×15.5cm,8 行,行 15 字,白口,四周單邊,單黑魚尾,版心上鐫書名"上帝十命",共 3 頁。

【255】TA 1977.227 C1879 十條聖誡 C-0292 B80

　　008126311 　(文言)

　　封面:光緒四年

　　　　十條聖誡

　　　　福州南台霞浦街福音堂印

　　用"上帝"。p.1 爲開場白,講明十誡來歷,依次引用"十誡",並一一加以注解詮釋。

　　其首誡云:余而外,不可別有上帝。

　　余,我也,是上帝自我。上帝者,至尊之主,人當愛敬。……

　　第二誡云:毋雕偶像……

　　第三誡云:爾上帝耶和華之名,勿妄稱,妄稱者罪無赦。

　　……

p.19 最後還有一個總結性的告誡語。

半頁,框 7×11cm,10 行,行 21 字,白口,四周單邊,版心上鐫書名"十誡詮釋",單黑魚尾,共 19 頁。

【256】TA 1977.227 CF1853 神十誡其註釋 C-0293 B81

008128365 (福州平話)

耶穌降生一千八百五十三年

神十誡其註釋

福州亞比絲喜美總會

首頁簡單介紹《神十誡》之來源,接着逐條介紹《神十誡》並加以口語注解。

以福州平話註釋《十誡》。半頁,框 17×11cm,10 行,行 22 字,白口,四周雙邊,版心上鐫書名"神十誡其註釋",單黑魚尾。後附平話詩《論神其聖誡》四首,共 10 頁。

cf. Wylie. Memorials. p.201.

【作者】盧公明(Justus Doolittle),參見"TA 1980.2 19"條。

【257】TA 1977.227 CF1866 上帝聖誡繙譯 C-0294 B82

008126312 (榕腔福州)

一張版面文告。

10 行,行 21 字,白口,四周單邊,爲一幅《上帝聖誡》十條的榕腔翻譯簡單文告。

框 30×26.5cm,上方標題:上帝聖誡繙譯　榕腔

正文右手起 5 行小字,簡單介紹《上帝十誡》的出處來源及其意義,接着引用《上帝十誡》的經文(大字),簡單平話翻譯爲雙行小字。以小字雙行爲主,大字共 15 行,行 30 字;雙行小字共 19 行,行 30 字。用"上帝"。

左下方説明出版單位:福州城内金粟山寓所藏板。但具體的年代及其出處均没有記録(約爲 1866 年)。對照"C-0293 B81 神十誡其註釋(福州 1853,平話)",可見是不同的版本(用"神")。

【258】TA 1977.227 CM1875 真神十誡・救世要言・主禱文 C-0295 B83

一副紙面文告,框圖 43×24cm,共 30 行,行 30 字,北京燈市口美華書院刷印,1875 年,官話。

真神十誡 20 行(28×24cm)+救世要言 5 行(7×24cm)+主禱文 5 行(7×24cm)+左邊(0.5×24cm)+右邊(0.5×24cm),内容全文如下:

耶穌聖教				
【左】耶穌說人當常常祈禱,不可懈息。又說求就給你,尋找就遇着,敲門就給你開,凡有求的必得着,尋找的必遇見,敲門必給他開。	主禱文（左）	救世要言（中）	真神十誡（右）	【右】主,我們的真神,是獨一無二的主,你該當盡心盡性盡意盡力愛主,你的真神。這是第一條誡。第二條也是這樣,你該當愛人如己。
	我們在天上的父,願人都尊你的名爲聖。願你的國降臨,願你的旨意行在地上,如同行在天上。我們日用的飲食,今日賜與我們。免我們的債,如同我們免人的債。不叫我們遇見試探,救我們脫離兇惡,因爲國度、權柄、榮耀全是你的。世世無窮。阿們。	天主愛世人,甚至將獨生子賜與他們,叫凡信他的不至滅亡,必得永生。只有一位真神,在真神世人中間,只有一位中保,就是降世爲人的基督教耶穌。他捨身爲萬人贖罪,到了時候這道理必見證出來。除他之外,別無救主,因爲天下人間再沒有我們可靠着得救的主。	真神十誡 一、天主説,我是你的天主耶和華。除了我以外,你不可有別的神。 二、你不可爲自己製作什麼偶像,什麼形像,仿佛上天、下地、地底下、水中的萬物。不可跪拜那些像,不可事奉。因爲我耶和華,你的天主是忌邪的天主。怨恨我的,我必罰他的罪,以及子孫到三四代;敬我愛我的、遵守我誡命的,我賜恩給他,直到千代。 三、你不可妄稱你天主耶和華的名,因爲妄稱耶和華名的,耶和華必不以他爲無罪。 四、你當紀念安息日,守爲聖日。六日之內,可以勤勞,辦理你的一切事務。第七日是你天主耶和華的安息日。這一日你和你的兒女、僕婢、牲畜,並住在你城裡的客旅,無論何工都不可作;因爲六日之內,耶和華造天、地、海,和其中的萬物,第七日便安息,所以耶和華降福給安息日,定爲聖日。 五、你當孝敬父母,使你可以在你天主耶和華所賜你的地方長久居住。 六、不可殺人。 七、不可姦淫。 八、不可偷盜。 九、不可作假見證陷害人。 十、不可貪慕人的房屋。也不可貪慕人的妻和他的僕婢、牛驢,並他一切所有的。	
北京燈市口美華書院刷印				

【259】TA 1977.274 CF1874 路得記（榕腔）C−0303 B91

008126303

封面:耶穌降世一千八百七十四年

　　　　路得記

　　　　同治十三年

　　　　福州美華書局印

《路得記序》:

　　路得記者書,是論摩押地其諸娘仔,路得其品行佴者書所記其代,想是以利昧當士師前,毛箸久就務,大意專講,大關先代其來歷,書中僅明指一隻拜菩薩其諸娘仔,由嫌以色列其摩押族禮出其,後做大闢大王其祖母,因伊全心藉耶和華,仰望以色列其上帝保護伊。

半頁,框 12×20cm,10 行,行 22 字,白口,四周雙邊,單黑魚尾,版心上鎸書名,中鎸章次,共 8 頁。

【按】這個《路得記》(福州 1874 榕腔)是《路得至詩篇》内容中的單行本,體式完全相同。(見縮微 B92、B93)

cf. British and Foreign Bible Society. Historical catalogue. No. 2830. Issued with L Samuel, 1875. Tr. by S. F. Woodin. No. 931 in Wylie's list. With intorductiion and subject headings[A. B. S.]

【260】TA 1977. 276 CF1875 撒母耳前書 C-0304 B92

008126302

封面:耶穌降世一千八百七十五年

　　　撒母耳前書

　　　光緒元年　福州美華書局印

有序。

半頁,框 12×20cm,10 行,行 22 字,白口,四周雙邊,單黑魚尾,版心上鎸書名"舊約全書",中鎸篇名"撒母耳前書"和章次,共 65 頁。

【261】TA 1977. 276 CF1878 撒母耳後書(1878) C-0305 B93

008126301

封面:耶穌降世一千八百七十八年

　　　撒母耳後書

　　　光緒四年　福州美華書局印

耶穌聖教中各書有稱上帝者,有稱天主者,有稱神者,有稱真神者,稱雖不一,而其所稱義統謂創造天地人物,無始無終,無形無像,獨一無二大主宰。

耶穌聖教中各有謂神有謂靈,皆指人之靈魂而言,惟聖靈聖神是指三位一體,即父子聖靈聖神而言。

半頁,框 12×20cm,10 行,行 22 字,白口,四周雙邊,單黑魚尾,版心上鎸書名"舊約全書",中鎸篇名"撒母耳後書"及章次。共 24 章,52 頁。

【262】TA 1977. 276 CN1900 I. II. SAH-MEO-R KYI(撒母耳記) C-0308 B96

008128377　(寧波土話)

封面:I. II. SAH-MEO-R KYI

　　　NYING-PO T'U-WÔ

扉頁:CYIU IAH SHÜ(舊約書)

　　　　　FAEN NYING-PO T'U-WÔ

　　　　　FENG P'IN TANG P'IN

　　　　　YIN-PIN CÜ SIANG-TE-GO TSIH-TSÔNG

　　　　　I. II. SAH-MEO-R KYI

　　　　　DA-ING PENG-KOH TENG WAE-KOH SING-SHÜ-WE

　　　　　大英國　　　　　　　　　外國聖書會

　　　　　ING-GO

　　　　　1900

　　　反面：British and Foreign Bible Society

　　　　　Ningpo colloquial I. and II. SAMUEL（Edition 336）

　　　　　zông-hae（上海）

　　　　　Me-wô Shü-kwun（美華書局）

　　　　　Ing-shih（印刷）

　　　正文：p. 335–442。

　　　寧波話羅馬字《舊約·撒母耳記》，其中 p. 355–403 爲 I. SAH-MEO-R KYI，按 Is. I.（I. SAH的縮略）順序展開，框 20×12.2cm，分正文和旁注的形式；p. 403–442 爲 II. SAH-MEO-R KYI，按 2S. I.（II. SAH 的縮略）順序展開，（SAH-MEO-R KYI，'Ô-KYÜN，後卷）框 20×12.2cm，分正文和旁注的形式。共 88 頁。

　　　【按】寧波話羅馬字（Nying-po t'u wô，Ningpo colloguial）《舊約》單行本，燕京圖書館館藏有五：1. 創世記 p. 1–70，2. 士師記 p. 314–350，3. 撒母耳 p. 355–403，4. 撒母耳後記p. 403–442 等，封面裝飾同。

【263】TA 1977.492 C1866 約拿書 C-0327 B115

　　　008126314　（深文言）

　　　《約拿書》，福州：亞比絲喜美總會，1866 年。

　　　半頁，框 11.7×19.5cm，11 行 25 字，白口，四周雙邊，單黑魚尾，版心上鎸書名"舊約全書"，中鎸書名"約拿書"，共 2 頁。

【264】TA 1977.492 CW1888 IAK–NA TSU（TIEJIU PEH UE）（約拿書，潮語拼音本）C-0328 B116

　　　008126318

　　　《約拿書》潮州話羅馬字本。

　　　封面：KU-IEH（舊約）

　　　　　IAK-NA TSU

　　　　　EK TSO

TIE-CHIU PEH UE

SUA-THAU(汕頭) LÓI BAI TN̄G HÔNG SOH HŪN IN, 1888

共 9 頁。按節編排。

【作者】汲約翰（John Campbell Gibson），在汕頭傳教，英國長老會傳教士。

cf. British and Foreign Bible Society. Historical catalogue. No. 2978. Tr. by J. C. Gibson.

【B. F. B. S.】

【265】TA 1977. 497 CW1895 HAP-KI，SAT-KA-LǏ-A，MA-LAH-KI（潮州話）C–0329 B117

008213682

封面：KU IEH SOI TSAI

HAP-KI，SAT-KA-LI-A，

KUA

MA-LAH-KI，SA NANG KAI TSU

EK TSO

TIE-CHIU PEH UE

SUA-THAU：LOI PAI TNG，HONG SOH HUN IN，1895.

（KE-CHI 30 BUN）

反面：O. T. Haggai-Mal.（Tie-chiu dialect.）

British and Foreign Bible Society

At the

English Presbyterian Mission Press，Swatow，1895

扉頁同封面。

正文依次爲：

SoI-tsai-nang

Hap-ki Kai Tsu（p. 1–8）

Sat-ka-li-a Kai Tsu（p. 9–52）

Ma-lah-ki（p. 52–65）

《舊約》中《哈該》、《撒迦利亞》、《瑪拉基》三部分的潮州話羅馬字本。

17×24cm，橫排 21 行，頁上鎸篇名，頁上右左兩腳標注篇中經文節數之起止數，共 65 頁。

【作者】汲約翰。

【266】TA 1977. 781 C1836 保羅達帖撒羅尼迦人書

008128999

《保羅達帖撒羅尼迦人書》,爲《救世主耶穌新遺詔書》之單行本,新嘉坡:堅夏書院藏板,1836 年。

保羅達帖撒羅尼迦人之首書(p.1-4)

保羅達帖撒羅尼迦人之後書(p.1-3)

半頁,框 10.5×16.5cm,10 行,行 26 字,白口,四周雙邊,單黑魚尾,版心上鐫書名,中鐫章次,共 7 頁。

【267】TA 1977.784 C1836 保羅寄提摩太書

《保羅寄提摩太書》(首書、後書),爲《救世主耶穌新遺詔書》之單行本,新嘉坡:堅夏書院藏板,1836 年。

保羅寄提摩太首書(p.1-5)

保羅寄提摩太後書(p.1-4)

半頁,框 10.5×16.5cm,10 行 26 字,白口,四周雙邊,單黑魚尾,版心上鐫書名,中鐫章次,共 9 頁。

【268】TA 1977.784 C1877 保羅達提摩太前後書 C-0378 B166

008129007

封面:光緒三年新鐫

　　　保羅達提摩太前後書

　　　香港小書會藏板

正文先講解了《保羅達提摩太前書》第一章至第六章的大意。共 25 段。

第一章大旨(六段)

依次是【經文】—【解】—【講】(有時沒有【講】)。

第二章(兩段)

第三章(三段)

第四章(三段)

第五章(五段)

第六章(六段)20、21、22、23、24、25

從版心中鐫的篇名章次看,該書依次講解了《保羅達提摩太前書》第一章至第六章的大意。

原文大字,解文雙行小字,半頁,框 12.8×17.5cm,大字 9 行,行 20 字,小字 18 行,行 20 字,引文出處標記文字更加小。白口,四周雙邊,單黑魚尾,版心上鐫"新約全書",中鐫"保羅達提摩太前書"及章次,共 51 頁。

正文後講解了《保羅達提摩太後書》第一至第四章的大意。共分 16 段進行講解。

依次是【經文】—【解】。

从版心中镌的篇名章次看,该书依次讲解了《保罗达提摩太后书》第一至第四章的大意。

原文大字,解文双行小字,半页,框12.8×17.5cm,大字9行,行20字,小字18行,行20字,引文出处标记文字更加小。白口,四周双边,单黑鱼尾,版心上镌"新约全书",中镌"保罗达提摩太后书"及章次,共23页。

《保罗达提摩太前后书》共74页。

【269】TA 1977.786 C1836 保羅達提都之書

008131270

《保罗达提都之书》,为《救世主耶稣新遗诏书》之单行本,新嘉坡:坚夏书院藏板,1836年。

半页,10行,行26字,框10.5×16.5cm,白口,四周双边,单黑鱼尾,版心上镌书名,中镌章次,共2页。

【270】TA 1977.787 C1836 保羅寄非利門之書

008131271

《保罗寄非利门之书》,为《救世主耶稣新遗诏书》之单行本,新嘉坡:坚夏书院藏板,1836年。

半页,框10.5×16.5cm,10行,行26字,白口,四周双边,单黑鱼尾,版心上镌书名,中镌章次,共1页。

【271】TA 1977.788 C1836 聖差保羅寄希伯來人之書

008131272

《圣差保罗寄希伯来人之书》,为《救世主耶稣新遗诏书》之单行本,新嘉坡:坚夏书院藏板,1836年。

半页,框10.5×16.5cm,10行,行26字,白口,四周双边,单黑鱼尾,版心上镌书名,中镌章次,14页。

【272】TA 1977.791 C1836 耶哥伯之書 C-0240 B27 1836

008131273

《耶哥伯之书》,为《救世主耶稣新遗诏书》之单行本,新嘉坡:坚夏书院藏板,1836年。

半页,框16.5×10.5cm,10行26字,白口,四周双边,单黑鱼尾,版心上镌书名"耶哥伯之书",中镌章次,5页。

【273】TA 1977.792 C1836 彼得羅書（上、下）

008131275

《彼得羅書》分《彼得羅上書》（p.1-5）和《彼得羅下書》（p.1-8），爲《救世主耶穌新遺詔書》之單行本，新嘉坡：堅夏書院藏板，1836 年。

半頁，框 10.5×16.5cm，10 行，行 26 字，白口，四周雙邊，單黑魚尾，版心上鐫書名，中鐫章次，共 13 頁。

【274】TA 1977.794 C1836 約翰三書（上、中、下）

008131276

《約翰三書》（上、中、下），爲《救世主耶穌新遺詔書》之單行本，新嘉坡：堅夏書院藏板，1836 年。

半頁，框 10.5×16.5cm，10 行，行 26 字，白口，四周雙邊，單黑魚尾，版心上鐫書名，中鐫章次，7 頁。

【275】TA 1977.798 C1836 猶大士之書

008131277

《猶大士之書》，爲《救世主耶穌新遺詔書》之單行本，新嘉坡：堅夏書院藏板，1836 年。

用“天父上帝”。半頁，框 16.5×10.5cm，10 行 26 字，白口，四周雙邊，單黑魚尾，版心上鐫書名“猶大士之書”，2 頁。

#【276】TA 1977 1853x 舊遺詔聖書·新遺詔聖書（太平天國叢書）C-0242 B29

008474624 　（郭實臘譯本，文言文）

【按】這《太平天國叢書·舊新遺詔聖書》之目録，是一本影印本，原書係“倫敦不列顛博物院東方部”所藏，録樣本，影印自 1956 年臺灣書店太平天國叢書第 1 集。第一部太平天國《聖經》版本，是 1853 年（太平天國癸好三年）出版的《創世記》1—28 章；1853 年還出版了完整的六經和《新約》。同年，太平天國定都南京之後不久，對這些版本作了相當多的改動，並且提供了注解。

内容有：

（1）影印《舊遺詔聖書·新遺詔聖書》樣本，有太平天國癸好三年新刻《舊遺詔聖書》封面一頁（按：這個封面很有意思，左右龍圖形，上方則爲雙龍騰雲之形，中刻“舊遺詔聖書”五字），太平天國癸好三年新刻《欽定舊遺詔聖書》封面一頁。其中《舊遺詔聖書》僅印了兩頁紙：《創世傳》卷一第一章（半頁，白口，左右雙邊），《出麥西國傳》卷二第一章（半頁，白口，左右雙邊）。

（2）有太平天國癸好三年新刻《新遺詔聖書》封面一頁（按：這個封面很有意思，左右雙龍圖形，上方則爲雙龍騰雲之形，中刻“新遺詔聖書”五字）。《新遺詔聖書》有《馬太傳福音書》第一章（半頁,白口,左右雙邊）。有太平天國癸好三年新刻《欽定新遺詔書》（封面）一頁。

原紙,框 17×10.5cm,10 行,行 24 字,白口,左右雙邊,單黑魚尾,版心上鎸書名,中鎸卷章次。

(3)有《旨准領行書總目》2 頁,頁内有"旨准"之印章。

旨准頒行詔書總目(只有總目)

天父上帝言題皇詔

天父下凡詔書貳部

天父聖旨

天命詔旨書

舊遺詔聖書

前遺詔聖書

天條書:太平詔書、太平禮制、太平軍目、太平條規(頒行詔書、頒行曆書、三字經、幼學詩)、太平救世誥(建天京于金陵論、貶妖穴爲罪隸論、詔書蓋璽頒行論)、天朝田畝制度、天理要論、天情道理説、御制千字詔:行軍總要、欽定制度則例集編:武略書、醒世文(王長兄、次兄親目親耳共證福音書、旨准頒行共有貳拾玖部)

(4)加附"蕭一山跋記",3 頁。

後附"蕭一山民國二十二年所作《太平天國叢書·舊新遺詔聖書跋》",見《太平天國叢書》(第一集第一冊)國立編譯館 1936 年刊。10.2×17.5cm,11 行,行 35 字,白口,四周單邊,單黑魚尾,版心上鎸書名"太平天國叢書",中鎸"舊新遺詔聖書跋",共 3 頁。

【按】這個書目信息,可以瞭解太平天國《聖經》的概貌。1847 年,洪秀全前往香港兩個月,跟隨美國浸禮宗傳教士羅孝全(I. J. Roberts,1802—1871)學道,其間學習了《聖經》,後者曾隨郭實臘學習,也是郭實臘的"福漢會"(Chinese Union)成員。據學界研究,太平天國《聖經》的初版與《聖經》"麥都思/郭實臘/裨治文"譯本,兩者絕大部分相同。《聖經》用語對太平天國的意識形態有影響,如"God"的名字或太平天國的水禮觀念。

▲【277】TA 1977 C1790 **聖經直解十四卷(重刊 1642 年藏版本)**

008092075

京都(北京):始胎大堂,清乾隆五十五年(1790)

重刊 1642 年藏版本

著錄:明清耶穌會士譯著提要

始胎大堂　重刊

書名頁題:天主降生聖經直解

第一冊是十四卷之目録

書名頁正中題:天主降生聖經直解

左行題:京都　始胎大堂重刊藏板

書名頁反面右上:天主降生一千六百四十二年　陽瑪諾譯

書名頁反面左下:天主降生一千七百九十年　主教亞立山湯　准

1790 年的這個藏本還蓋有(日本)"新瀉公教會印"的印章。

一函八冊,半頁,框 20×14cm,8 行 16 字,白口,四周雙邊,單黑魚尾,版心上鎸書名,中鎸卷次。

第一冊含目録一卷,卷首有陽瑪諾題的《聖經直解自序》

第二冊爲卷一卷二(每卷均重新分頁)

第三冊爲卷三卷四(每卷均重新分頁)

第四冊爲卷五卷六(每卷均重新分頁)

第五冊爲卷七卷八(每卷均重新分頁)

第六冊爲卷九卷十(每卷均重新分頁)

第七冊爲卷十一卷十二(每卷均重新分頁)

第八冊爲卷十三卷十四(每卷均重新分頁)

正文淺文言文。經文爲大字,直解文爲雙行小字。通觀全書,直解部分多於原經,尤其第八冊通篇幾乎是譯者的雙行小字的解釋。是始胎大堂重刊《明清耶穌會士譯著提要》之 1642 年藏版本。這是天主教的直解聖經。

【278】TA 1977 C1832(0)　神天聖書目録

008128668

《神天上帝啟示舊遺詔書目録》、《神天上帝啟示新遺詔書目録》,英華書院嗎吥呷1832 年。收有《神天上帝啟示舊遺詔書目録》,全卷共 17 本(共 4 頁);《神天上帝啟示新遺詔書目録》,全卷共 4 本(共 3 頁)。

《神天上帝啟示舊遺詔書目録》,全卷共十七本(實即《舊約全書》三十九卷目録):

摩西所著五經

第一本

創世歷代傳,共五十章

第二本

出"以至比多"地傳,共四十章

第三本

……氏古傳,共二十七章

第四本

算民數傳,共三十六章

第五本

復講法律傳,共三十四章

五經終

第六本

若書亞傳，共二十四章

審司書傳，共二十一章

第七本

路得氏傳，共四章

撒母以勒上卷，共三十一章

撒母以勒下卷，共二十四章

第八本

列王傳上卷，共二十二章

列王傳下卷，共二十五章

第九本

歷代史紀上卷，共二十九章

第十本

歷代史紀下卷，共三十六章

第十一本

以士拉傳，共十章

尼希米亞傳，共十三章

以士得耳傳，共十章

若百書傳，共四十二章

第十二本

神詩書傳，共一百五十詩

第十三本

諺語書傳，共三十一章

宣道書傳，共十二章

所羅門之歌傳，共八章

第十四本

以賽亞書傳，共六十六章

第十五本

耶利米亞傳，共五十二章

耶利米亞悲歎書傳，共五章

第十六本

依西其理書傳，共四十八章

第十七本

但依理書傳，共十二章

十二先知書

何西亞書,共十四章

若以利書,共四章

亞摩士書,共九章

阿巴氏亞書,共一章

若拿書,共四章

米加書,共七章

拿户馬書,共三章,

夏巴古書,共三章,

洗法尼亞書,共三章,

夏哀書,共二章,

洗革利亞書,共十四章

馬拉其書,共四章

救世主耶穌降生一千八百三十二年告竣

《神天上帝啟示新遺詔書目録》,全卷共四本(實即《新約全書》目録):

第一本

馬竇書,共二十八章

馬耳可書,共十六章

第二本

路加書,共二十四章

若翰書,共二十一章

第三本

使徒行書,共二十八章

與羅馬輩書,共十六章

可林多輩第一書,共十六章

可林多輩第二書,共十三章

第四本

厄拉氏亞輩書,共六章

以弗所輩書,共六章

腓里比輩書 共四章

可羅所書,共四章

弟撒羅尼亞第一書,共五章

弟撒羅尼亞第二書,共三章

弟摩氏第一書,共六章

弟摩氏第二書,共四章

弟多書,共三章

腓利門書,共一章

希比留書,共十三章

者米士書,共五章

彼多羅第一書,共五章

彼多羅第二書,共三章

若翰第一書,共五章

若翰第二書,共一章

若翰第三書,共一章

如大書,共一章

若翰現示録,共二十二章

新遺詔書目終

時救世主耶穌降生一千八百三十二年鐫

共 7 頁。

【按】馬禮遜、米憐翻譯的《舊約》、《新約》版本,用字很特殊,可惜這只是一個書目而已。

半頁,框 12.5×21cm,8 行,有單魚尾,白口,四周雙邊。

cf. Wylie. Memorials. p.5. 21 vols. Malacca, 1823. Tr. by R. Morrison & W. Milne.

【按】《神天上帝啟示舊遺詔書、新遺詔書》,哈佛大學燕京圖書館實際存有四個單行本:

(1)第一本 TA 1977 C1832 (1)

創世歷代傳,共五十章(HOLLIS Number:008128669)

(2)第三本 TA 1977.23 C1823

利未氏古書傳,共二十七章(HOLLIS Number:008126310)

(3)第八本 TA 1977 C1832 (8)

列王傳上卷,共二十二章;列王傳下卷,共二十五章(HOLLIS Number:008128670)

(4)第十六本 TA 1977 C1832 (16)

依西其理書傳,共四十八章(HOLLIS Number:008128671)

【279】TA 1977 C1832 (1) 創世歷代傳

008128669

《創世歷代傳》(神天聖書卷一),共 50 章,綫裝,文言文,頁上方間或有方框注語。

半頁,框 12.5×21.5cm,8 行 22 字,白口,四周雙邊,單黑魚尾,版心上鐫書名,中鐫章次,64 頁。版本雖舊,文字保存良好。

【按】1823 年《神天聖書》(含《舊約》和《新約》21 卷)即馬禮遜本,在中國《聖經》翻譯史上具有重要意義。馬禮遜、米憐譯:《神天聖書》(載舊遺詔書兼新遺詔書),馬六甲英華書院 1823 年出版。牛津大學波德林圖書館(Bodleian library)收藏本。哈佛燕京圖書館只藏存該書目録《神天上帝啟示舊遺詔書目録》(全卷共十七本)和《神天上帝啟示新遺詔書目録》(全卷共四本),及《舊遺詔書》十七本中的四個單行本:

　　(1)第一本 TA 1977 C1832 (1)《創世歷代傳》,共五十章(008128669)

　　(2)第三本 TA 1977.23 C1823《利未氏古書傳》,共二十七章(008126310)

　　(3)第八本 TA 1977 C1832 (8)《列王傳上下》,上卷共二十二章,下卷共二十五章 (008128670)

　　(4)第十六本 TA 1977 C1832 (16)《依西其理書傳》,共四十八章(008128671)

　　【譯者】馬禮遜(Robert Morrison),1782—1834。

　　《神天上帝啟示舊遺詔書目録》(008128668)載第一本《創世歷代傳》共五十章。

　　我們發現了《舊遺詔書》的第一章手寫本,廣州,1814 年,對應的篇名正是《厄尼西士之書》,對照第一章的語言,大體相當。(008124275)舊遺詔書 TA 1977.21 C1814,Block printing,Authors:Robert Morrison,1782—1834,同一個作者馬禮遜。

　　【按】哈佛大學霍頓(Houghton)圖書館藏有 1923 年《神天聖書》21 冊中的 13 冊,1925 年《神天聖書》23 冊,參見附録一部分。《神天聖書》版本,哈佛大學收藏較齊。

【280】TA 1977 C1832 (8) 列王傳書

　　008128670

　　《列王傳書》(上下),是《神天聖書》之卷八。綫裝,封面保存完好。嗎㕵呷英華書院藏板。

　　《列王傳書》卷八上,共 22 章,84 頁,頁上方間或有方框注語;《列王傳書》卷八下,共 25 章,79 頁。與《創世歷代傳》(卷一)、《依西其理書》嗎㕵呷 TA 1977 C1832 (16)(神天聖書卷十六)是一個系列的。

　　半頁,框 12.5×21.5cm,8 行 22 字,白口,四周雙邊,單黑魚尾,版心上鐫書名,中鐫章次。《列王傳書》(上下)共 163 頁。版本雖舊,文字保存良好。

【281】TA 1977 C1832 (16) 依西其理書

　　008128671

　　神天聖書卷十六《依西其理書傳》(無封面)

　　《依西其理書傳》(依本言譯出),嗎㕵呷:英華書院,1832 年,共 48 章。半頁,框 12.5× 21.5cm,8 行 22 字,白口,四周雙邊,單黑魚尾,版心上鐫書名,中鐫章次,共 132 頁。版本已舊,第一章至第五章(p.1-10)已有破損,文字保存欠佳。

　　cf. Wylie. Memorials. p.5-6.

　　【譯者】馬禮遜(Robert Morrison),1782—1834。

【282】TA 1977 C1875 **新約聖經**

009441206　（文言文,施約瑟譯本）

《新約聖經》,施約瑟新譯,活字本,上海:大美國聖經會出版,年代不確(約爲1875年)。

燕京圖書館藏本已經破損嚴重。半頁,框15.5×9.4cm,每頁都有頂頁批註,文言文,16行,行40字,白口,單魚尾,144頁。

【按】學界一般介紹施約瑟官話譯本只有《舊約》(1874年,一説1868年),施約瑟獨立翻譯了北京官話《舊約全書》,由美華聖經會出版,採用"天主"一詞。

【作者】施約瑟(Samuel Isaac Joseph Schereschewsky,1831—1906),猶太人,由美國聖公會派駐中國,創辦了上海聖約翰大學。熟悉希伯萊文,漢語造詣亦很高,他的譯文價值極高,不但忠實原文,而且譯文流暢。施約瑟開《聖經》漢譯史上官話和"淺文理"版本的先河,在近代《聖經》漢譯史上起承前啟後的歷史作用。施約瑟以希伯來語原本(Masorotic Text)爲基礎着手翻譯,1874年《舊約》官話本出版發行。1899年和1902年,他的官話《舊約聖經》和淺文理《新舊約全書》先後在東京印行。此後他又準備製作串珠注釋版。

【283】TA 1977 C1902 **舊新約聖經(施約瑟1902) C-0265 B52**

008124501　（淺文理,施約瑟譯本,又稱"二指譯本"）

扉頁:耶穌降世一千九百零二年美國施約瑟新譯

　　　舊新約聖經

　　　光緒二十八年歲次壬寅(1902)上海大美國聖經會印行

英文封面頁:

The Holy scriptures of the Old and New Testaments in the Chinese literary language, plain style. Translated from the Hebrew and Greek by the Rt. Rev. S. I. J. Schereschewsky.

施約瑟從希伯萊和希臘文譯出,Fukuin Printing Company在日本橫濱印刷。半頁,23cm,《舊約聖經》共1134頁,《新約聖經》共346頁。

據説從1887年始,中風後的施約瑟用僅可活動的兩個手指,依據希伯來文和希臘文在打字機上翻譯"淺文理"版《聖經》,他打出羅馬字母,然後再由中國助手轉換成漢字,一年多的時間裡便完成了修訂工作。

【284】TA 1977 CA1921 Sin Kū Iok Ê Sèng-Keng:Tsoân Su C-0380 B168

001748287　FC-M1809　FC4295

這是厦門話《舊約》和《新約》,1921年。

封面:Sin Kū Iok Ê Sèng-Keng

扉頁:Sin Kū Iok

Ê

Sèng-Keng

Tsoân Su

Sèng-Chheh Kong-hōe Oàh Pán Ìn,

Siōng-Hâ̂ 1921

反面：Amoy Vernacular(白話) Bible

British and Foreign Bible Society, Shanghai

有目錄 1 頁(上半爲舊約,下半爲新約)：

SÈNG-KENG BÒK LIÒK

KU　IOK(舊約)

	Chiun (卷數)		Chiun (卷數)
Chhòng-sè-kì	50	Thoân-tō	12
Chhut AI-kíp-kì	40	Ngá-ko	8
Lī-bī-kì	27	Í-sài-a	66
Bin-sò・kì-liòk	36	Iâ-li-bí	52
Sin-bēng-kì	34	Iâ-li-bí Ai-ko	5
Iok-su-a	24	Í-se-kiat	48
Sū-su-kì	21	Tàn-í-lí	12
Lō-tek	4	Hô-se-a	14
Sat-bó-jín Siōng-koàn	31	Iok-jín	3
Sat-bó-jín Hā-koàn	24	A-mô-sū	9
Liát-ông Siōng-koàn	22	O-pa-tì	1
Liát-ông Hā-koàn	25	Iok-ná	4
Lèk-tāi Chì-liòk Siōng-koàn	29	Bí-ka	7
Lèk-tāi Chì-liòk Hā-koàn	36	Ná-ong	3
Ī-sū-lát	10	Khap-pa-kok	3
Nî-hi-bí	13	Se-hoan-ngá	3
Í-sū-thiap	10	Hap-ki	2
Iok-pek-kì	42	Sat-ka-lī-a	14
Sì-phian	150	Má-liáp-kì	4
Chim-giân	31		

SIN　IOK(新約)

	Chiun (卷數)		Chiun (卷數)
Má-thài	28	Thê-mô-thài Chiân	6
Má-khó	16	Thê-mô-thài Hō	4

Lō-ka	24	Thê-to	3
Iok-hān	21	Hui-li-bûn	1
Sù-tô·hēng-toān	28	Hi-pek-lâi	13
Lô-má	16	Ngá-kok	5
Ko-lîm-to Chiân	16	Pí-tek Chiân	5
Ko-lîm-to Hō	13	Pí-tek Hō	3
Ka-liàp-thài	6	Iok-hān It	5
Ì-hut-só	6	Iok-hān Jī	1
Hui-lìp-pí	4	Iok-hān Sam	1
Ko-lô-se	4	Iû-tāi	1
Thiap-sat-lô-nî-ka Chiân	5	Bèk-si-liòk	22
Thiap-sat-lô-nî-ka Hō	3		

接着是《舊約》：

單獨封面：

KŪ-IOK Ê SÈNG-KENG

SÈNG-CHHEH KONG-HŌE OÀH PÁN ÌN，

SIŌNG-HÁI 1921

反面：British and Foreign Bible Society，Shanghai

Old Testament Amoy Vernacular Ed. 1845

KŪ-IOK TSOĂN SU

BÒK LIÒK(目録)

Bin(頁數)	Chiun(卷數)	Bin(頁數)	Chiun(卷數)
1. Chhòng-sè-kì	50	572. Thoân-tō	12
46. Chhut Ai-kíp-kì	40	580. Ngá-ko	8
83. Lī-bī-kì	27	585. Í-sài-a	66
109. Bîn-sò·kì-liòk	36	634. Iâ-li-bí	52
148. Sin-bēng-kì	34	688. I â-li-bí Ai-ko	5
183. Iok-su-a	24	694. Í-se-kiat Ê Chheh	48
206. Sū-su-kì	21	738. Tàn-í-lí	12
229. Lō-tek	4	752. Hô-se-a	14
233. Sat-bó-jín Siōng-koàn	31	760. Iok-ní	3
263. Sat-bó-jín Hā-koàn	24	763. A-mô-sū	9
290. Liát-ông Siōng-koàn	22	770. O-pa-tì-a	1
320. Liát-ông Hā-koàn	25	772. Iok-ná	4
349. Lèk-tāi Chì-liòk Siōng-koàn	29	774. Bí-ka	7

377. Lèk-tāi Chì-liòk Hā-koàn	36		779. Ná-ong	3
409. Ī-sū-lát	10		781. Khap-pa-kok	3
419. Nî-hi-bí	13		784. Se-hoan-ngá	3
434. Í-sū-thiap	10		787. Hap-ki	2
441. Iok-pek-kì	42		789. Sat-ka-lī-a	14
466. Sì-phian	150		798. Má-liáp-kì	4
550. Chim-giân	31			

《舊約》正文 p. 1–801。

版式 15×22cm，中分各半，每頁下方正中標頁碼號，上方正中標示篇名，上方左上角標示章數和節數的起點，上方右上角標示章數和節數的止點，依次展開，共 801 頁，有 "SOAH–BÉ" 兩字結尾。順次有：

ChhōA Bó（完娶）一頁空白

CHHut-sì（誕生）一頁空白

KÈ-sì（逝世）一頁空白

接著是《新約》：

單獨封面：

LÁÊ Ê KIÙ-TSÚ

IÂ–SO・KI-TOK

Ê

SIN IOK

TSOÂN SU

SÈNG-CHHEH KONG-HŌE OÀH PÁŽ ÌN,

SIŌNG-HÁĤ 1921

反面：Amoy Vernacular New Testament

（Revised）

References

Edition. 1846

British and Foreign Bible Society, Shanghai

Printed by Fukuin Pri\Ting Company, LTD

Yokohama（橫濱）, Japan

SIN IOK TSOÂN SU

BOK-LIOK（目錄）

Bin（頁數）	Chinn（卷數）		Bin（頁數）	Chinn（卷數）
1. Má-thài	28		240. I Thê-mô-thài	6
38. Má-khó	16		245. II Thê-mô-thài	4

《新約》正文 p.1—302。

　　每頁下方正中標頁碼號,上方正中標示篇名,上方左上角標示章數和節數的起點,上方右上角標示章數和節數的止點,依次展開。但版式不同於《舊約》,同爲 15×22cm,卻是三分:經文部分兩邊主體(左爲:6×22cm;右爲 5.8×22cm),中間部分是引文符號(1.7×22cm),類似標示串珠的形式。經文的左右下方間或有引文符號標注。共 302 頁。

　　後附彩色中文地圖六幅:

1.埃及西乃與迦南地圖(以色列族由埃及至迦南所行之路)

2.南迦地圖

3.猶大於以色列地圖

4.敘利亞亞述巴比倫與埃及地圖

5.猶太地圖

6.使徒行傳地圖

【285】TA 1977 CC1907 Sheng-keng(聖經)C-0267 B54

008126265 (Kwong-tung tʻo wa 廣東土話羅馬拼音本)

Sheng-keng. Kwong-tung tʻo wa,1905—1907.

The Holy Bible in Cantonese colloquial, as issued by the American Bible Society.

First Volume (v.1)

Genesis to Psalms. Printed at the Pak-hoi Mission Press, 1905.

首頁有彩色地圖 3 頁。

封面:SHENG-KENG

　　　　KWONG-TUNG TʻO WA

　　　　SHEUNG-KUEN

CH'ONG-SHAI KEI TO SHI PIN（創世記到詩篇）

PAK-HOI

1905

反面：The Holy Bible in Cantonese colloquial, as issued by the American Bible Society

First Volume（v.1）Genesis to Psalms

Printed at the Pak-hoi Mission Press

1905

Second Volume（v.2）

Proverbs to Revelation. Printed at the Pak-hoi Mission Press, 1907.

封面：SHENG-KENG

KWONG-TUNG T'O WA

HA-KUEN

CHAM-IN TO MAK-SHI LUK

PAK-HOI

1907

反面：The Holy Bible in Cantonese colloquial, as issued by the American Bible Society

Second Volume（v.2）Proverbs to Revelation

Printed at the Pak-hoi Mission Press

1907

Second Volume（v.2）還有《新約》。

封面：SAN-YEUK SHENG-KENG

TS'UEN SHUE

KWONG-TUNG T'O WA

HA-KUEN

1906

反面：THE NEW TESTAMENT in Cantonese colloquial, as issued by the American Bible Society

Printed at the Pak-hoi Mission Press

1906

　　Sheng-keng《聖經》(2 卷)，美國聖經公會發行，出版地 Pak-hoi，1905—1907 年。v.1. Genesis to Psalms（創世記到詩篇）；v.2. Proverbs to Revelation（箴言到啟示錄）。第一冊《舊約》,690 頁；第二冊上半部分《舊約》,661 頁，第二冊下半爲《新約》,411 頁。無框，大約爲 12×18cm，中間隔開。全書共 1762 頁。該書對於研究 1900 年前後廣東話的語音特別有意義。

【286】TA 1977 CC1913 舊新約全書(廣東土白) C-0268 B55

007818049 （廣東土白1913,用"神"）

封面(紅字):新舊約全書

扉頁:耶穌降世一千九百十三年　廣東土白

　　　舊新約全書

　　　中華民國二年歲次癸丑　上海大美國聖經會

　　　Canton Colloquial Bible. American Bible Society 1913

內封面一:

　　　耶穌降世一千九百十三年　廣東土白

　　　舊約全書

　　　中華民國二年歲次癸丑　上海大美國聖經會

　　　Old Testament, Canton Colloquial Bible. American Bible Society 1913

《舊約全書目錄》:

第一卷　創世記計五十章 p.1-70

第二卷　出埃及記計四十章 p.71-130

第三卷　利未記計二十七章 p.131-174

第四卷　民數紀略計三十六章 p.175-238

第五卷　復傳律例書計三十四章 p.239-294

第六卷　約書亞書計二十四章 p.295-334

第七卷　士師記計二十一章 p.335-372

第八卷　路得氏記計四章 p.373-378

第九卷　撒母耳前書計三十一章 p.379-430

第十卷　撒母耳後書計二十四章 p.431-474

第十一卷　列王紀略上計二十二章 p.475-524

第十二卷　列王紀略下計二十五章 p.525-570

第十三卷　歷代志略上計二十九章 p.571-616

第十四卷　歷代志略下計三十六章 p.617-672

第十五卷　以士喇書計十章 p.673-690

第十六卷　尼希米記計十三章 p.691-714

第十七卷　以士帖書計十章 p.715-726

第十八卷　約伯記計四十二章 p.727-770

第十九卷　詩篇計百五十篇 p.771-864

第二十卷　箴言計三十一章 p.865-900

第二十一卷　傳道之書計十二章 p.901-914

第二十二卷　雅歌計八章 p.914-922

第二十三卷　以賽亞書計六十六章 p. 923–1010

第二十四卷　預言者耶利米記計五十二章 p. 1011–1108

第二十五卷　耶利米哀歌計五章 p. 1109–1116

第二十六卷　以西結默示書計四十八章 1117–1200

第二十七卷　但以理書計十二章 p. 1201–1226

第二十八卷　何西書計十四章 p. 1227–1240

第二十九卷　約耳書計四章 p. 1241–1246

第三十卷　亞麼士書計九章 p. 1247–1256

第三十一卷　阿巴底書計一章 p. 1257–1258

第三十二卷　約拿書計四章 p. 1259–1262

第三十三卷　米迦書計七章 p. 1263–1270

第三十四卷　拿翁書計三章 p. 1271–1274

第三十五卷　哈巴谷書計三章 p. 1275–1278

第三十六卷　西番雅書計三章 p. 1279–1282

第三十七卷　哈基書計二章 p. 1283–1286

第三十八卷　撒加利亞書計十四章 p. 1287–1302

第三十九卷　馬拉基書計四章 p. 1303–1308

《舊約全書》共 1308 頁。

内封面二：

　　耶穌降世一千九百十三年　廣東土白

　　舊約全書

　　中華民國二年歲次癸丑　上海大美國聖經會

　　New Testament, Canton Colloquial Bible. American Bible Society 1913

《新約全書目録》：

馬太傳福音書計二十八章 p. 1–48

馬可傳福音書計十六章 p. 49–78

路加傳福音書計二十四章 p. 79–130

約翰傳福音書計二十一章 p. 131–170

使徒行傳計二十八章 p. 171–218

保羅達羅馬人書計十六章 p. 219–240

使徒保羅達哥林多人前書計十六章 p. 241–262

使徒保羅達哥林多人後書計十三章 p. 263–276

保羅達加拉太人書計六章 p. 277–284

使徒保羅達以弗所人書計六章 p. 285–292

使徒保羅達腓立比人書計四章 p. 293–298

半頁,框 12.2×19cm,15 行,行 39 字,白口,四周雙邊,版心上鐫書名,中鐫章次。1308 +400,共 1708 頁。函 1 本。保存良好。

很奇怪的是:《舊約全書》的正文各卷篇首並沒有"……羊城話"之類,但是《新約全書》卻有"……羊城話"之語。《新約》這種表達與 1900 年的《新約》廣東土白是一致的。但我們沒有找到《舊約》1900 年的本子。

【287】TA 1977 CF1898 舊新約全書(福州平話) C–0263 B50

008124164

《舊新約全書》,分《舊約》和《新約》,福州大美國聖經會刷印。

封面:耶穌降生一千八百九十八年　大美國聖經會刷印

舊約全書

大清光緒二十四年歲次戊戌　福州美華書局活版

Foochow colleguial Bible. American Bible Society, 1898

首頁《舊約全書目録》(1 頁)。

p. 1–974 爲《舊約》正文。

封面:耶穌降生一千八百九十八年　大美國聖經會刷印

新約全書

大清光緒二十四年歲次戊戌　福州美華書局活版

《新約全書目録》(1 頁)。

p.977-1268 爲《新約》正文。

用“大闢”、“上帝”。

半頁,框19.5×12.5cm,19行,行40字,白口,四周雙邊,版心上依次鎸“舊約全書”、“新約全書”及其篇目,中鎸章次,下鎸頁數。《舊約》、《新約》共1268頁。因爲是將合譯本聖經譯成福州本土的漢字譯本,所以這本與早期的榕腔本不一樣。

【288】TA 1977 CK1931 新舊約全書(客話)

007763456

《新舊約全書》(客話),上海:聖書公會印發(1931)。

第一頁卷首有《客話音表》:

我音雅　吾音厓　爾音惹　汝音禺　其居他切　等音兜　該音介　那音奈　震音諄與老上平　徯音皆　伸音春　個音介　畀、俾、被俱音兵　顱音拿　奶音能去聲　咁音諫　咁諫下平　這,李洗切,或音惹上聲　成音城　剛剛音羌羌　殊音誰

《舊約全書目録》:

創世記計五十章 p.1-76
出埃及記計四十章 p.77-134
利未記計二十七章 p.135-184
民數紀(記)計三十六章 p.185-246
申命記計三十四章 p.247-300
約書亞記計二十四章 p.301-346
士師記計二十一章 p.347-386
路得記計四章 p.387-392
撒母爾前書計三十一章 p.393-446
撒母爾後書計二十四章 p.447-492
列王紀略前書計二十二章 p.493-546
列王紀略後書計二十五章 p.547-598
歷代志略前書計二十九章 p.599-646
歷代志略後書計三十六章 p.647-700
以士喇書計十章 p.701-716
尼希米記計十三章 p.717-740
以士帖書計十章 p.741-752
約伯記計四十二章 p.753-796
詩篇計百五十篇 p.797-896
箴言計三十一章 p.897-930
傳道書計十二章 p.931-944

寄提多書,三章 p. 333-336

寄腓利門書, p. 337-338

寄希伯來人書,十三章 p. 339-356

使徒雅各書,五章 p. 357-362

使徒彼得前書,五章 p. 363-368

使徒彼得後書,三章 p. 369-372

使徒約翰一書,五章 p. 373-380

使徒約翰二書,一章 p. 381-382

使徒約翰三書, p. 383-384

使徒猶大書, p. 385-386

使徒約翰默示錄,二十二卷 p. 387-412

書末有地圖六幅。

【按】通過 19 世紀末幾大不同時期的版本異文,可以瞭解到三十年代客家話的發展情況。

【289】TA 1977 CM1891 聖經全書(官話 1891)　C-0260 B47

008213673

《舊約全書》和《新約全書》分開。

封面:耶穌降世一千八百九十一年

　　　舊約全書

　　　大美國聖經會託印(按:大美國聖經會託印的頁內彩圖比較一致)

　　　Old Testament in Mandarin, Published by the American Bible Society, 1891

卷首有彩色地圖:大闢在位之時猶太地圖、耶穌降世之時猶太地圖、使徒行教地圖。

沒有目錄。《舊約》正文 p. 1-1207,頁上有小注。

這個本子與 1886 年的《舊約全書》完全一樣,除版式大於 1886 年的,還有一個就是用"天主",不用"神"。

封面:耶穌降世一千八百九十一年　　官話

　　　新約全書

　　　大美國聖經會託印　　上海美華書館接印

　　　New Testament in Mandarin, Published by the American Bible Society, 1891

p. 1-406 用的是"天主"。很奇怪封面多了"官話"二字。

半頁,框 11.5×18.2cm,16 行,行 37 字,白口,四周單邊,版心上鎸書名,中鎸章次,合計 1613 頁。該書有點受損。上海:大美國聖經會託印,1891 年。

【按】1889 年大美國聖經會託印、上海美華書館鉛印的《新約全書》封面已有"官話"二字,可以參照:

封面：耶穌降世一千八百八十九年　官話

　　　新約全書

　　　大美國聖經會託印　上海美華書館接印

　　　New Testament in Mandarin, Published by the American Bible Society, 1889

但是兩者不是一個版本，如人名"大闢"這本叫"大衛"，"GOD"用"神"。頁上注語相同，如是繼承關係，則是修訂本。

【290】TA 1977 CM1899 新舊約全書（官話1899）C-0264 B51

008124165

封面：救主降世一千八百九十九年　官話

　　　舊約全書

　　　大清光緒二十五年歲次己亥　聖書公會印發

　　　British and Foreign Bible Society, 1899（ED. 342）

目錄（2頁）。

正文 p. 1-1226。

用"上帝"。頁上有小注（單頁）。

較之1891年的官話《聖經全書》（更加口語，用"天主"），這本書用詞似乎要稍典雅一點。用"上帝"是一特點。

封面：救主降世一千八百九十九年　官話

　　　新約全書

　　　大清光緒二十五年歲次己亥　聖書公會印發

　　　British and Foreign Bible Society, 1899（ED. 342）

目錄（2頁）。

正文共408頁。

21cm，目錄+舊約+目錄+新約=2+1226+2+408=1638頁。

傳教士翻譯官話《新約全書》不同年代版本面貌：

（1）1886年用"神"，用詞更口語；

（2）1899年用詞典雅，用"上帝"；

（3）《聖經全書》（C-0260 B47），上海1891年，用詞同1886年的，用"天主"；

（4）1872年的（C-0256 B43）與1891的字句完全同，用"天主"，但版式不一；

（5）《新約全書》（官話 C-0259 B46），大美國聖經會託印，上海美華書館1889年，用"神"，不用"天主"；

（6）1903年的《舊新約聖經》（TA 1977 CM1903）也是官話，用"神"。

【291】TA 1977 CM1903 新舊約聖經（官話，上海）

008124175

封面:新舊約聖經

扉頁:救主耶穌降世一千九百零三年　官話

舊約全書

大清光緒二十九年歲次癸卯　上海大美國聖經會

Bible，Mandarin，American Bible Society 1903

《舊約全書目錄》(2 頁)：

創世記計五十章 p. 1-74

出伊及記計四十章 p. 75-134

利未記計二十七章 p. 135-176

民數紀略計三十六章 p. 177-236

申命記計三十四章 p. 237-290

約書亞記計二十四章 p. 291-330

士師記計二十一章 p. 331-368

路得記計四章 p. 369-374

撒母耳前書計三十一章 p. 375-424

撒母耳後書計二十四章 p. 425-466

列王紀略上計二十二章 p. 467-514

列王紀略下計二十五章 p. 515-560

歷代志略上書計二十九章 p. 561-606

歷代志略下書計三十六章 p. 607-658

以斯拉書計十章 p. 659-674

尼希米記計十三章 p. 675-696

以斯帖書計十章 p. 697-708

約伯記計四十二章 p. 709-746

詩篇計百五十篇 p. 747-838

箴言計三十一章 p. 839-870

傳道書計十二章 p. 871-882

雅歌計八章 p. 883-888

以賽亞書計六十六章 p. 889-962

耶利米書計五十二章 p. 963-1046

耶利米哀歌計五章 p. 1047-1054

以西結書計四十八章 p. 1055-1128

但以理書計十二章 p. 1129-1150

不用"上帝"用"神"。

半頁,框18.4×11.4cm,16行37字,白口,四周單邊,版心上鐫書名"舊約全書",中鐫篇名和章次,下鐫"神"字,頁上有小字注文,共1226頁。

接着《新約全書》封面:

救主耶穌降世一千九百零三年　官話

新約全書

大清光緒二十九年歲次癸卯　上海大美國聖經會

Bible, Mandarin, American Bible Society 1903

《新約全書目録》(2頁):

使徒保羅達提摩太前書計六章 p. 325–330

使徒保羅達提摩太後書計四章 p. 331–334

使徒保羅達提多書計三章 p. 3. 35–338

使徒保羅達腓立門書計一章 p. 339–340

使徒保羅達希伯來人書計十三章 p. 341–356

使徒雅各書計五章 p. 357–362

使徒彼得前書計五章 p. 363–368

使徒彼得後書計三章 p. 369–372

使徒約翰第一書計五章 p. 373–378

使徒約翰第二書計一章 p. 379–380

使徒約翰第三書計一章 p. 381–382

使徒猶大書計一章 p. 383–384

使徒約翰記默示計二十二章 p. 385–408

半頁,框 18.4×11.4cm,16 行 37 字,白口,四周單邊,版心上鐫書名"新約全書",中鐫篇名和章次,下鐫"神"字,頁上有小字注文,共 408 頁。

比較《新約全書》(C–0275 B62,1904 年橫濱 Fukuin 印刷公司,中英文)所用的中文《新約》,用的就是這個本子的《新約》(用"神")。

【按】將《新約全書》1903 年的部分與《新約全書》(官話 TA 1977.5 CM1889)1889 年的部分進行了對照,發現它們都用"神",字句完全相同,只有一處,凡是 1889 年用專用人名"大闢"的地方,1903 年的都用"大衛"。

又:1903 年的《新舊約聖經》(【291】TA 1977 CM1903,官話"神",上海大美國聖經會編印本)的本子就是【132】TA 1977 9A 新舊約全書(官話 1899)本子的刻板,頁碼完全一樣,版式一樣,都用"大衛",唯一不同的是 1899 年用的是"上帝",不是"神",是英國 British and Foreign Bible Society 編印的。

【292】TA 1977 CM1907 新舊約全書(官話)

008124177

上海:聖書公會印發,光緒三十三年(1907),使用"上帝",British and Foreign Bible Society, Ed. 708。

《新舊約全書》(官話)中《舊約》目錄 2 頁,正文 1226 頁;《新約》目錄 2 頁,正文 408 頁;22cm。

【按】燕京圖書館館藏的(上海)聖書公會印發"TA 1977 CM1891"、"TA 1977 CM1899"、"TA 1977 CM1903"、"TA 1977 CM1907"四種《新舊約全書》是一個本子。

【293】TA 1977 CM1920 新舊約全書（官話和合譯本，上海）

009443293

封面：官話和合譯本（右）

新舊約全書（中）

上海大美國聖經會印發 1920（左）

有目録、凡例共四頁。

半頁，框 16×10.2cm，18 行 40 字，白口，四周雙邊，版心上鎸書名，中鎸章次。

《舊約全書》1056 頁，《新約全書》352 頁。另附地圖。

《官話和合本聖經》標點符號特點：（1）中國傳統的符號：人地名的單複綫，句讀的尖點圓點及小圈；（2）新加入的記號：引證話前後的雙鉤引號，申明話前後的括弓解號；（3）字旁小點，根據《聖書》凡例："是指明原文沒有此字，必須加上才清楚，這都是叫原文的意思更顯明。"

美國傳教士狄考文（C. W. Mateer）等在馬禮遜等人翻譯基礎上進一步加工完善的《官話和合本聖經》於 1906 年完成，1919 年正式出版。"和合本"選詞較偏向於北方話，特別是北京話，文體更加通俗平易，幾近口語。中國翻譯家王宣忱當過《官話和合本聖經》"譯委會"主席狄考文的助手。

【294】TA 1977 CM1921 新舊約全書（官話和合譯本，大美國聖經會，1921）

010359401

封面：新舊約全書

扉頁：官話和合譯本（上帝）

新舊約全書

上海大美國聖經會印發

Mandarin Bible，Union Version，Term Shangti

American Bible society，Shanghai，1921

有《新舊約全書目録》4 頁：

新約書中，常有引舊約書中的話，或申明上文，或證實句中的本意，或彰顯古時的豫言已得應驗，每遇此話，加以引號，用注明何書何章何節，但書中字數太多，用註不便，特於各書中，簡取一二字代用，附入目録之下，以便讀者查對，列表如左。

創世記（創）　計五十章 p. 1–80

出埃及記（出）　計四十章 p. 81–142

利未記（利）　計二十七章 p. 143–188

民數記（民）　計三十六章 p. 189–252

申命記（申）　計三十四章 p. 253–308

約書亞記（書）　計二十四章 p. 309–348

士師記（士）　計二十一章 p. 349–386

路得記（得）　計四章 p. 387–392

撒母耳記上（撒上）　計三十一章 p. 393–442

撒母耳記下（撒下）　計二十四章 p. 443–484

列王紀上（王上）　計二十二章 p. 485–532

列王紀下（王下）　計二十五章 p. 533–578

歷代志上（代上）　計二十九章 p. 579–624

歷代志下（代下）　計三十六章 p. 625–676

以斯拉記（拉）　計十章 p. 677–692

尼希米記（尼）　計十三章 p. 693–716

以斯帖記（斯）　計十章 p. 717–728

約伯記（伯）　計四十二章 p. 729–766

詩篇（詩）　計百五十篇 p. 767–866

箴言（箴）　計三十一章 p. 867–896

傳道書（傳）　計十二章 p. 897–908

雅歌（歌）　計八章 p. 909–916

以賽亞書（賽）　計六十六章 p. 917–994

耶利米書（耶）　計五十二章 p. 995–1084

耶利米哀歌（哀）　計五章 p. 1085–1092

以西結書（結）　計四十八章 p. 1093–1168

但以理書（但）　計十二章 p. 1169–1190

何西阿書（何）　計十四章 p. 1191–1202

約珥書（珥）　計四章 p. 1203–1208

阿摩司書（摩）　計九章 p. 1209–1218

俄巴底亞書（俄）　計一章 p. 1219–1220

約拿書（拿）　計四章 p. 1221–1224

彌迦書（彌）　計七章 p. 1225–1232

那鴻書（鴻）　計三章 p. 1233–1236

哈巴谷書（哈）　計三章 p. 1237–1240

西番雅書（番）　計三章 p. 1241–1244

哈該書（該）　計二章 p. 1245–1248

撒迦利亞書（亞）　計十四章 p. 1249–1262

瑪拉基書（瑪）　計四章 p. 1263–1268

新約

馬太福音（太）　計二十八章 p. 1–50

凡例：

書中的圈點，是要將意思更顯亮，所用的諸點式，都擺列如左。

凡一句而意思不全的，就用尖點、

凡一氣而意思不全的，就用圓點．

凡一氣或數氣而意思已全的，就用小圈。

凡引證話就前後加雙鉤"　"，名叫引號

凡申明話，就前後加括弧（　），名叫解號

每逢句旁有小點……是指明原文沒有此字，必須加上才清楚，這是要原文的意思更顯明。

內封面：官話和合譯本（上帝）

舊約全書

上海大美國聖經會印發

Mandarin New Testament, Union Version, Term Shangti

American Bible society, Shanghai, 1921

在 p.1–1268 之後，繼續內封面：

官話和合譯本（上帝）

新約全書

上海大美國聖經會印發

Mandarin New Testament, Union Version, Term Shangti

American Bible society, Shanghai, 1921

p.1–414。

和合本似乎都有上框□×0.5cm用來標記節數的數位。

半頁，框 17.5×11.5cm，其中上框 11.5×0.5cm 是來標記節數的數位。其餘則爲經文，17 行 35 字，白口，四周單邊。《舊約全書》版心上鎸書名"舊約全書"，中鎸篇名和章次，頁上有小字注文，共 1268 頁；《新約全書》版心上鎸書名"新約全書"，中鎸篇名和章次，頁上有小字注文，共 414 頁。

【295】TA 1977 CM1923 新舊約全書串珠（官話和合譯本，上帝）

008474403

封面：新舊約全書串珠

扉頁：官話和合譯本（上帝）

舊新約全書串珠

上海美國聖經會印發

有《新舊約全書目録》4 頁：

新舊約全書雖有六十六卷之多，前後之事實、經驗都是符合如一，特將其中之章句意義，有可通而質證者，彙爲匯參，名曰《新舊約官話串珠》，再由各卷書目中簡取一二字代用，又以正體之數目爲章數，號碼之數目爲節數，註於各卷每章每節之下，以貫串之，如遇其義有殊異之分者，加參看二字，其事有出自彼書者，加一看字，其意合全章全節或數節數句者，加一見字，以作區別，俾讀者寓目明晰，查對便易也。茲將簡取之書目，附於目錄之下，清單如左。

創世記（創）　計五十章 p.1–60

出埃及記（出）　計四十章 p.61–106

利未記（利）　計二十七章 p.107–140

民數記（民）　計三十六章 p.141–188

新約

馬太福音（太）　計二十八章 p.1–38

馬可福音（可）　計十六章 p.39–62

路加福音（路）　計二十四章 p.63–105

約翰福音（約）　計二十一章 p.106–134

使徒行傳（徒）　計二十八章 p.135–172

羅馬書（羅）　計十六章 p.173–190

哥林多前書（林前）　計十六章 p.191–208

哥林多後書（林後）　計十三章 p.209–22

加拉太書（加）　計六章 p.221–226

以弗所書（弗）　計六章 p.227–232

腓立比書（腓）　計四章 p.233–236

哥羅西書（西）　計四章 p.237–240

帖撒羅尼迦前書（帖前）　計十五章 p.241–244

帖撒羅尼迦後書（帖後）　計三章 245–246

提摩太前書（提前）　計六章 p.247–252

提摩太後書（提後）　計四章 p.253–256

提多書（多）　計三章 p.257–258

腓立門書（門）　計一章 p.259–260

希伯來書（來）　計十三章 p.261–272

雅各書（雅）　計五章 p.273–278

彼得前書（彼前）　計五章 p.279–284

彼得後書（彼後）　計三章 p.285–288

約翰第一書（約一）　計五章 p.289–294

約翰第二書（約二）　計一章 p.295–296

約翰第三書（約三）　計一章 p.297–298

猶大書（猶）　計一章 p.299–300

啟示錄（啟）　計二十二章 p.301–318

內封面：官話和合譯本（上帝）

　　　　舊約全書

　　　　上海美國聖經會印發

　　　　Mandarin Reference Old Testament, Union Version, Term Shangti

　　　　American Bible Society, Shanghai, 1923

內封面：官話和合譯本（上帝）

　　　　新約全書

上海美國聖經會印發

Mandarin Reference New Testament，Union Version，Term Shangti

American Bible Society，Shanghai，1923

這本與 1921 年的和合本的"經文"完全相同，但是加上"串珠"，體式就不一樣了。字體的大小也不同，這本字小。

《舊約》部分：半頁，框 11.8×18cm，其中上框 11.8×0.5cm 是來標記節數的數位，下框 11.8×2.5cm 是來標示串珠的，中間經文部分爲 11.8×15cm，20 行 40 字，白口，四周雙邊，版心上鎸書名"舊約全書"，中鎸篇名和章次，頁上有小字注文，共 954 頁。

《新約》部分：半頁，框 11.8×18cm，其中上框 11.8×0.5cm 是來標記節數的數位，下框 11.8×2.5cm 是來標示串珠的，中間經文部分爲 11.8×15cm，20 行 40 字，白口，四周雙邊，版心上鎸書名"新約全書"，中鎸篇名和章次，頁上有小字注文，共 318 頁。

書末附《西亞細亞諸國之圖 American Bible Society》、《西乃半島 American Bible Society》、《大闢在位之時猶太地圖 American Bible Society》、《耶穌降世之時猶太地圖 American Bible Society》、《使徒行教地圖 American Bible Society》5 幅彩色地圖。保存完好。

【按】地圖同 1903 年的大字本《新約全書》的《大闢在位之時猶太地圖》、《耶穌降世之時猶太地圖》、《使徒行教地圖》三幅，尺度大且清楚。

【296】TA 1977 CM1937 新舊約全書（國語，聖經公會）

009443287

封面：新舊約全書

扉頁（竪行）：

未經本會認可不得自行翻印

新舊約全書

聖經公會印發

反面：Kuoyu Bible，Ed. 3268

British and Foreign Bible Society American Bible society Printed in China，1937

《新舊約全書》目錄（2 頁，標注各篇簡稱）和凡例（説明各種標點符號的意思）。

《舊約全書》p. 1-1056。

《新約全書》p. 1-352。

全文官話口語。

後附地圖 6 幅：《埃及西乃與迦南地圖》、《迦南地圖》、《猶大與以色列地圖》、《敘利亞、亞述巴比倫與埃及地圖》、《猶太地圖》、《使徒行傳地圖》。

半頁，框 10×15.5cm，18 行，行 40 字，四周雙邊，版心鎸書名，中鎸篇名及章次，頁上有注文。

【297】TA 1978.1 35 **上帝萬物之大主(新嘉坡)** C-0386 C5

008131340　FC4196　FC-M1251

《上帝萬物之大主》,新嘉坡:堅夏書院藏板(1836)。

封面:新嘉坡堅夏書院藏板

上帝萬物之大主

善德纂

有《上帝萬物之大主》(兩卷)之目錄。

卷一有小引、上帝榮威、上帝永遠,卷末有"上帝萬物之大主卷之一終",p.1-9。

卷二有上帝全能造化主、上帝慈悲、上帝公義,p.1-10。

【按】卷二末句子未完,疑版本有缺頁;另卷末應有"上帝萬物之大主卷之二終"之語。

半頁,框10.2×16cm,10行,行26字,白口,四周雙邊,單黑魚尾,版心上鎸"上帝萬物之大主",中鎸"卷之一"、"卷之二",共19頁。

cf. Wylie. Memorials. p.60.

【作者】郭實臘(Karl Friedrich August Gützlaff),1803—1851。

【298】TA 1978.1 35.1 **頌言贊語(新嘉坡1838)** C-0387 C6

008131341　FC4196　FC-M1251

《頌言贊語》,新嘉坡:堅夏書院藏板,道光十八年(1838)。

封面:道光十八年戊戌鎸

頌言贊語

新嘉坡(文言)堅夏書院藏板

半頁,框11.5×19cm,10行,行24字,白口,四周雙邊,單黑魚尾,版心上鎸"頌言贊語"。

cf. Wylie. Memorials. p.60.

【作者】郭實臘(Karl Friedrich August Gützlaff),1803—1851。

【299】TA 1978.1 36 **上帝總論/真神總論** C-0388 C7

008131343

封面:光緒三年(1878)

上帝總論

福州霞浦街活板

正文文言。半頁,框9×14cm,11行,行29字,白口,四周雙邊,單黑魚尾,版心上鎸書名"上帝總論",2頁。

cf. Wylie. Memorials. p.221.

【作者】夏察理(Charles Hartwell,1825.12—1905.1),美國公理會差會派往中國福州的傳教士。

【按】在《上帝總論》卡片中還提到《真神總論》,在 C-0388 C7 膠片中也收有《真神總論》(封面:耶穌降世一千八百五十六年福州　真神總論　亞比絲喜美總會鐫),半頁,7 行,行 16 字,白口,四周雙邊,單黑魚尾,版心上鐫書名"真神總論",6 頁。依據卡片"A revision of a tract by Mr. Cummings. Zhen shen zong lun"可知《真神總論》的修訂者是在福州傳教的美國人甘明。cf. Wylie. Memorials. p.221. 6 leaves.

【修訂者】甘明(Seneca Cummings,1817—1856),又譯爲"簡明",美國人,美國公理會在華傳教士。

【300】TA 1978.1 40 主神論(1849) C-0389 C8

008131344

《主神論》,寧波:福音殿,道光二十九年(1849)。

扉頁:福音殿

　　　大清道光二十九年孟夏新鐫

　　　主神論

　　　耶穌降世一千八百四十九年

　　　敬神如在

序(文言)。

正文:從"馬可之傳曰:蓋有一神,除彼之外,無他也"展開論證,書末有"主神論終"之語。

半頁,框 9.2×12.5cm,9 行,行 18 字,白口,四周雙邊,單黑魚尾,版心上鐫書名"主神論",共 9 頁。

cf. Wylie. Memorials. p.153.

【作者】胡邁得(Thomas Hall Hudson),1800—1876。

【301】TA 1978.2 01 耶穌之要道 C-0402 C22

008110533

封面:宇宙獨有一上帝(右)

　　　耶穌之要道(中)

　　　論上帝無始無終(左)

正文:

宇宙獨有一上帝 p.1

論上帝無始無終 p.1-2

論上帝降世爲耶穌 p.3

論耶穌因何爲猶太國之人 p.3

論耶穌一生之來歷 p.3-4

論耶穌現今之事 p. 6-7

出版地：廈門，1854 年。半頁，框 9.5×14cm，9 行，行 21 字，白口，四周雙邊，單黑魚尾，版心上鎸書名"耶穌之要道"，共 7 頁。

【作者】原作者：David Abeel，1804—1846。修改者：羅啻（Elihu Doty），1809—1864。

Pen note added on cover：Important doctrines concerning Jesus. By Rev. D. Abel. 1844. Revised by E. Doty. 1854. Amoy.

【302】TA 1978. 2 01. 1 真神耶穌之論

008162134

封面：世間獨有一真神（右）

　　　真神耶穌之論（中）

　　　論真神無始無終（左）

內容有：

論世間獨有一真神 p. 1

論真神無始無終 p. 1-2

論上帝降世爲耶穌 p. 3

論耶穌因何爲猶太國之人 p. 3

論耶穌一生之來歷 p. 3-4

論耶穌現今之事 p. 6-7

半頁，框 19×13cm，9 行，行 22 字，白口，四周雙邊，單黑魚尾，版心上鎸書名"真神耶穌之論"，共 7 頁。

【303】TA 1978. 2 01. 2 真神耶穌之論 C-0401 C20-21

008162134　（David Abeel，1804—1846）

封面：凡宇宙內之生活死物悉是真神之大能而造也

　　　真神耶穌之論

內容有：

論世間獨有一真神 p. 1-2

論真神無始無終 p. 2-5

論上帝降世爲耶穌 p. 6-7

論耶穌因何爲猶太國之人 p. 7

論耶穌一生之來歷 p. 8-13

論耶穌現今之事 p. 13-19

半頁，框 7×8cm，6 行，行 12 字，7×8cm，白口，四周雙邊，單黑魚尾。

【按】核對本書與"TA 1978. 2 01 耶穌之要道 C-0402 C22"一書（廈門 1854，Elihu

Doty,1809—1864），兩者版式不同,内容基本相同,個别表達用詞略有修改。如《耶穌之要道》用"上帝",而《真神耶穌之論》用"真神"。

【原著者】雅裨理（David Abeel,1804—1846）,美國來華傳教士。

Fisrt line of the text：且爺火華即真神也者,世間獨。

【304】TA 1978.2 011 **唯一領袖（湯約翰,1921）C-0410 C30**

008132447 （精裝,淺文言,伍賴信譯）

《唯一領袖》,廣州：光樓發行,民國十年（1921）。

扉頁爲英文。

《目録》十三章(9 頁）。

框 10.5×14.8cm,版心上鐫書名"唯一領袖",共 186 頁。

【原作者】湯約翰（John Douglas Adam）。

【譯者】伍賴信（Charles Adolphs Nelson,1860—1951）,美國人,綱紀慎會牧師,曾在廣東傳教。

INTERNET LINK：http：//nrs. harvard. edu/urn-3：FHCL：3353767

http：//purl. oclc. org/DLF/benchrepro0212

Harvard-Yenching Library Chinese Republican Period（1911—1949）Digitization Project.

【305】TA 1978.2 35 **世人救主 C-0399 C18**

008132446 FC4196 FC-M1251

道光十八年戊戌新鐫

世人救主

新嘉坡堅夏書院藏板

講杭州居民鬧花燈之際聚衆遊樂,在歡慶之後有一個老人當衆宣道。以此傳佈聖經道義。

半頁,框 12×19cm,10 行,行 24 字,黑口,單黑魚尾,版心上鐫書名"世人救主",下鐫頁數和"戊戌"二字,共 6 頁。

cf. Wylie. Memorials. p.60

【作者】Karl Friedrich August Gützlaff, 1803—1851.

*【306】TA 1978.2 9120 **如何運用聖經（懷雅德著,霍茂生譯,1947）**

009437418

如何運用聖經

懷雅德牧師著 霍茂生牧師譯

北京：華北基督教公理會出版,1947 年。

英漢對照,13×18.5cm,漢字 5 頁,反面英語 5 頁。

INTERNET LINK：http://nrs.harvard.edu/urn-3：FHCL:3353787

http://purl.oclc.org/DLF/benchrepro0212

【307】TA 1978.3 35 全人矩矱(愛漢者纂,1836) C-0411 C31

008133419　FC4196　FC-M1251

道光十六年鎸　新加坡堅夏書院藏板

全人矩矱

愛漢者纂

卷首開篇爲《全人矩矱》卷之一《善德願》p.1-6

《全人矩矱》卷之二《神訓》p.1-5

《全人矩矱》卷之三《救世主》p.1-6

《全人矩矱》卷之四《律例之解》p.1-5

《全人矩矱》卷之五《禱儀》p.1-7

半頁,框 10.5×16cm,10 行,行 26 字,白口,四周雙邊,單黑魚尾,版心上鎸書名"全人矩矱",中鎸卷次,共 29 頁。

新嘉坡:堅夏書院藏板,道光十六年(1836)。

"Whole study of man","Complete duty of man"

cf. Wylie. Memorials. p.57

【作者】愛漢者。

【308】TA 1978.4 06 救主文 C-0415 C35

008124516

封面:諺有之曰:大信大福小信小福

　　　救主文

　　　今我則曰:萬信萬福無信無福　亞比絲善美總會鎸

反面:耶穌教救主堂圖(1857 年)

下文:救主堂在福州南台鋪前頂地方,即耶穌教拜堂是也。凡遇大門啟時,請進默坐聽説真理。

(福州)亞比絲善美總會鎸,1857 年版。半頁,框 11×17cm,12 行,行 25 字,白口,四周雙邊,單黑魚尾,版心上鎸書名"救主文",共 4 頁。盛贊救主耶穌萬物之主,全能之父。

【作者】摩憐(Caleb C. Baldwin)。

Pen note added on cover：A discourse on the Savior. Rev. Mr. Baldwin. Fuh chau.

【309】TA 1978.4 35 贖罪之道傳 C-0416 C36

008166674　FC4196　FC-M1251

道光丙申年鎸

贖罪之道傳

朱子謂道之本原出於天而不可易　愛漢者纂

有《序》3 頁。

半頁,框 12×20.5cm,10 行,行 25 字,白口,四周雙邊,單黑魚尾,版心上鎸書名"贖罪之道",中鎸"序"。

有目録。

卷之一第一至第八回。

卷之二第九至第十八回。

《贖罪之道傳》共十八回,兩卷,每回的回目即其中心論題。卷一分八個主題討論:第一回論賢士教人遵萬物之主宰;第二回看山玩水贊美上帝;第三回論人之善與人之惡明白;第四回論老年人聽贖罪之道;第五回論善人之死;第六回論祭祀之大義;第七回論贖罪之道安慰心;第八回論人盡心竭力得意。卷二分十回,討論《聖經》中的歷史内容。

新嘉坡堅夏書院道光丙申(十七年,1836)。

半頁,框 12×20.5cm,10 行,行 25 字,白口,四周雙邊,單黑魚尾,版心上鎸書名"贖罪之道",中鎸卷次及回數,共 25+36=61 頁。

卷之一第一至第八回,p.1-25,卷末有"贖罪之道卷一終"之語。

卷之二第九至第十八回,p.1-36,卷末有"贖罪之道卷二終"之語。

《贖罪之道傳》以章回小説的形式展現。"論救世主行神跡"描寫如果信仰耶穌,疾病可以獲得立竿見影的救治。如:守備的僕人癱瘓在床,有女染瘰疾,經耶穌之手,"一言一句,而不勞力,病即醫矣";耶穌伸手撫摩麻風病人,他便立刻痊癒;一名婦女十二年血漏,久治無效,摸耶穌的衣邊而愈;又讓知府的女兒死而復生,瞽者眼明,喑人能講。

焚香獻祭以示敬意,原是中國的社會習俗,此處居然被基督教徒用於向上帝的祈禱儀式中。而將教堂稱爲"上帝殿"的不倫不類的稱呼,正顯示了作者的良苦用心。第九回中寫道:"忽然羅馬民服普天下,猶太人進貢,羅馬總督操權。西漢孝成皇帝建始元年,有猶太祭司颯加利亞夙夜只畏上帝,凜遵上帝之律例,妻石胎,年邁未生子也。忽一日,颯加利亞仍舊在上帝殿焚香獻祭,率然天使顯焉。"

該書主人公往往身兼教徒與儒生的雙重角色,對科舉考試的描寫也是正面的:"卻説蘇連幸,固依靠上帝之寵佑,不徒費精神。捱過殘冬,到了新年,轉眼乃春闈。仍舊入場,真是文齊福齊,又高中了第十六名進士。及至殿試,又是四甲第三。選了官職,廣東推官。"

郭實臘以儒家學説附會基督教教義,以儒家的仁、道、德等概念來解釋基督教倫理。《贖罪之道傳》稱"上帝"作"皇上帝"、"聖神","聖父"作"大父"、"神父","聖子"作"神子"等。事實上,上帝、皇上帝、神天、神主、神風、聖父、神父、神子這些概念全部源於儒家經典,有關創造並維護萬物的造物主思想在儒家典籍中隨處可見。《贖罪之道傳》連篇累牘地引用、解讀儒家經典,主要是四書五經,尤以《論語》、《孟子》居多。

但小説將儒、釋、道的人生態度與基督徒作比較。吳公道:"老先生説來最有理,進教解悶舒懷。但愚見僧言'佛子在西空',道説'蓬萊在海東',惟有孔孟崇現事,眼前無日不春風。莫若今日飲酒食肉,明日諸事罷了。"且説林公聽此言,甚怒道:"吉凶禍福由於天,非人所能主也。但放肆淫邪,招皇上帝之怒。輕聖教,縱邪欲,莫不惹萬禍。上帝鑒萬人,連心之私思可知也。相公若棄其實且隨影,一定遭難無盡矣。"可見小説在主張基督教的理性一神論方面態度十分堅決,對佛教與道教中廣泛流傳的多神論、偶像崇拜等傳統不斷提出挑戰。

【作者】郭實臘(Karl Friedrich August Gützlaff,1803—1851),另譯"郭士立",筆名"愛漢者",德國傳教士。奉荷蘭傳道會(Netherlands Missionary Society)派往爪哇宣教,於1831年開始在中國海岸一帶航行,派發聖經及基督教書籍。馬禮遜在馬六甲印刷之聖經及信仰書籍,交與郭氏帶往中國、高麗及日本派發。

《贖罪之道傳》(2卷),愛漢者纂,新嘉坡:堅夏書院,道光丙申(十七年,1836)。

Revised and condensed edition of the original 1834 edition(依據1834年版本修訂).

cf. Wylie. Memorials. p.56. 246 leaves. 1934. Block print.

【310】TA 1978.4 35.1 轉禍爲福之法 C-0418 C38

008133521　FC4196　FC-M1251　(文言文)

封面:道光十八年戊戌鎸

　　　轉禍爲福之法

　　　新嘉坡堅夏書院藏板

半頁,框12×19cm,10行,行24字,白口,四周雙邊,單黑魚尾,版心上鎸書名"轉禍爲福之法",共5頁。

作者以第三者的身份,聆聽老者德齡和少年王會汾的對話,老者爲傳道之人,所傳之道如:贖罪之理、天啟示人之道、論救靈魂之理等,文末有云:"看官留心信耶穌之道矣。汝願避禍進福,竭力盡忠猛發信心矣,便轉禍爲福也。"

【作者】郭實臘(Karl Friedrich August Gützlaff,1803—1851)。

cf. Wylie. Memorials. p. 60. "the doctrine of Salvation by Christ, in the manner of dialogue between friends".

【311】TA 1978.4 45 Sek Ce Ga Gi Do(十字架教義) C-0430 C52

008145106　(福州羅馬字1906)

封面:Sek-Ce-Ga Gi Do(十字架教義)

Foochow city

Printed by the Romanized Press, 1906

Foochow：Romanized（Press,1906）,in Foochow dialect,主題是"聖十字"。

12.5×19cm,18 行（橫排）,頁上注頁碼數,共 12 頁。

【作者】Miss Locke King, Anglican Mission.

Pen note added on cover：The doctrines of the Cross, by Miss Locke King, Anglican Mission, Foochow.

【312】TA 1978.4 55 進小門走窄路（1832）C-0420 C40

008133522

道光十二年重鎸　進小門走窄路　博愛者纂

首行標題爲:進小門走窄路解論

從《馬竇傳福音書》第 7 章 13 節、14 節引文後記論解這個比喻的大意。引經文爲大字 2 行,其餘注解字體略小。

道光十二年（1832）嗎吥呷出版。

半頁,框 10.5×17.5cm,8 行,行 20 字,白口,四周雙邊,單黑魚尾,版心上鎸書名"進小門走窄路",共 9 頁。

【作者】米憐（William Milne,1785—1822）,筆名"博愛者"。

原刊於《察世俗每月統記傳》（卷二）,嘉慶丙子 1816 年 4 月。

cf. Wylie. Memorials. p.4. 10 leaves. Malacca. 1816.

【按】"【725】TA 7188 4228 華番和合通書（1847—1848）"一書中之四《爭進小門》内容亦同,版式不同,索書號 009436156,著錄如下:

《爭進小門》,對《馬太福音書》中第 7 章 13、14 兩節的引文進行説解（白話）。引經文爲大字 2 行,其餘注解字體略小。半頁,13×19cm,9 行,行 22 字,白口,四周雙邊,單黑魚尾,版心上鎸書名"爭進小門",共 4 頁。

【313】TA 1978.4 56 神道論贖救世總説真本（Morrison）C-0421 C41

008133523

封面:神道論贖救世總説真本

半頁,框 8×14.5cm,5 行,20 字,白口,四周雙邊,共 6 頁。後附"祈禱神式"。

該書 1811 年有馬禮遜翻譯,疑此本或爲 1811 年版本。

cf. Wylie. Memorials. p.4. 6 leaves. Canton, 1811. … concludes with a form of prayer.

【作者】馬禮遜（Robert Morrison,1782—1834）,基督教入華的第一位先鋒。1811 年馬禮遜編印他第一本用中文寫的書《神道論贖救世總説真本》。另又根據前人的譯作,完成《路加福音》的翻譯,並予付印。1812 年馬禮遜完成《新約聖經》的翻譯,另又編印《真道問答》（原名爲《問答淺註耶穌教法》）。1814 年馬禮遜完成《創世記》的翻譯。1815 年馬氏出版舊約聖經中文版概略,書名爲《古時如氏亞國歷代略傳》,後又再出版《中文文法》。
1818 年馬氏出版三本中文書:一本是中文聖詩集,名爲《養心神詩》;一本是禱告書,名爲
《年中每日早晚祈禱敘式》;另一本是有關神學方面之書籍,名爲《神天道碎集傳》。1919
年馬禮遜終於在 11 月 25 日完成全本中文新舊約聖經之翻譯。當中有米憐協助翻譯約伯
記、舊約歷史書部分;而馬禮遜則負責舊約聖經中 26 卷書,及新約聖經中 13 卷書。1823
年馬禮遜翻譯的聖經終以《神天聖書》之書名出版,由馬六甲英華書院負責印刷。

【314】TA 1978.4 56b 神道論贖救世總説真本

008133529　FC8176　Film Mas 32074

神道論贖救世總説真本

首行:神道論贖救世總説。後附:"祈禱神式"。

半頁,框 10.5×20.5cm,7 行,行 20 字,白口,四周雙邊,共 4 頁。

《神道論贖救世總説真本》,廣州:1814 年(Pencil note added on the cover:Canton,
1814)。

【作者】馬禮遜(Robert Morrison),1782—1834。

cf. Wylie. Memorials. p.4. 6 leaves. Canton, 1811. . . . concludes with a form of prayer.

【按】此本與"【313】TA 1978.4 56 神道論贖救世總説真本(Morrison)C-0421 C41
008133523"内容相同,就是版式大小不一。

【315】TA 1978.4 4414 救靈獲福文(1873) C-0419 C39

008124517

是一份非正式、文言文油印材料。

《救靈獲福文》(Pencil note added on the cover:Gift of Mrs. Stephen Tracy. Rec'd July
4,1873),出版地點及年代不詳。

半頁,框 12×24.5cm,8 行,行 24 字,共 15 頁。

從神天上帝創造萬物開始講述神天威力,申明敬奉則獲福的道理。材料中有後人學
習中的紅字批語,特別是文中將"神天"、"神主"都改爲"上帝",可以看出此修改人之教會
派別。同時在扉頁手寫出《救靈獲福文》目錄:

(一)上帝創造萬物

(二)禮拜日之原由

(三)人所當拜者等十一方面的標題

終言

【316】TA 1978.6 54 (1829) 論善惡人死 C-0423 C43

008145114　FC8166　Film Mas 32080

道光九年孟秋新鐫(1829)

論善惡人死

英華書院藏板

文言文—淺文言

《論善惡人死》內容有《論貧人若色弗》和《亞勒大門特之死》。

版心上鎸篇名"論貧人若色弗",p.1-3；版心上鎸篇名"亞勒大門特之死",p.4-7。

卷末有"論善惡人死終"之語。

《論善惡人死》,嗎呔呷英華書院藏板(1829)。半頁,框 9.2×12.5cm,8 行 22 字,白口,四周雙邊,單黑魚尾,版心依次鎸篇名"論貧人若色弗"和"亞勒大門特之死",淺文言,共 8 頁。該文曾在《特選撮要》登載(Translation of "Poor Jeseph" and "Death of Altamond". Firstly appeared in《特選撮要》)。

cf. Wylie. Memorials. p. 31.

【作者】麥都思(Walter Henry Medhurst),1796—1857,英國倫敦教會傳教士。

【317】TA 1978.6 54（1837）**論善惡人死** C-0423 C44

008145115

《論善惡人死》,新嘉坡:堅夏書院藏板,道光十七年(1837)。

封面:道光十七年新鎸(1837)

　　論善惡人死

　　新加坡堅夏書院藏板

　　文言文—淺文言

《論善惡人死》內容有《論貧人若色弗》和《亞勒大門特之死》。

版心上鎸篇名"論貧人若色弗",p.1-3；版心上鎸篇名"亞勒大門特之死",p.4-7。

半頁,框 9.2×12.5cm,8 行 22 字,白口,四周雙邊,單黑魚尾,版心依次鎸篇名"論貧人若色弗"和"亞勒大門特之死",淺文言,共 7 頁。

【按】本書與"【316】TA 1978.6 54（1829）論善惡人死 C-0423 C43"是同一版本之再版。

【318】TA 1978.7 53.1（1862—1911）**靈魂篇**

009437598　（鉛印本）

書已破損。內容與"TA 1978.7 53.1（1869）"、"TA 1978.7 53.1（1881）"之《靈魂篇》相同,就是版式不同而已,大字本,邊角有破損,字面無損。

半頁,框 9.5×14cm,9 行,行 16 字,白口,四周單邊,單黑魚尾,版心上鎸書名"靈魂篇",共 35 頁。大字本。沒有出版單位和年份。

【319】TA 1978.7 53.1（1869）**靈魂篇（文言）** C-0425 C46

008133531

封面：同治八年（1869）

　　　靈魂篇

　　福州城内太平街福音堂印

卷末有“靈魂篇終”之語。

從《馬太福音書》第十章28節“殺身而不能殺魂者,勿懼。惟能殺身及魂於地獄者,甚可懼”展開論説。

第一章論魂靈八條,p.1-4;第二章論魂靈存而不没,p.4-13。卷末有“靈魂篇終”之語。p.3有點印刷問題。

半頁,框9×14cm,12行,行29字,白口,四周單邊,單黑魚尾,版心上鐫書名“靈魂篇”,共13頁。

【作者】麥嘉締（Divie Bethune McCartee,1820—1900）,字培端,是美國長老會傳教士,1844年6月抵達寧波,在佑聖觀内施醫傳教。他翻譯了第一本寧波方言的《路加福音》（福州：太平街福音堂印,同治八年,1869年）。

cf. Wylie. Memorials. p.139. Ningpo, 1856. 26 leaves. Revised by Charles Hartwell？

【320】TA 1978.7 53.1（1881）**靈魂篇** C-0425 C47

008133532

封面：光緒七年（1881）

　　　靈魂篇

　　福州城内太平街福音堂印　　福州美華書局活版

從《馬太福音書》第十章28節“殺身而不能殺魂者,勿懼。惟能殺身及魂於地獄者,甚可懼”開始展開論説。

第一章論魂靈八條,p.1-4;第二章論魂靈存而不没,p.4-13。卷末有“靈魂篇終”之語。

半頁,框9×14cm,14行,行29字,白口,四周單邊,單黑魚尾,版心上鐫書名“靈魂篇”,共13頁。

【作者】麥嘉締（Divie Bethune McCartee,1820—1900）,美國長老會傳教士。

【321】TA 1978.7 99 **靈魂真理明説** C-0426 C48

008132459

框26×29.5cm,一張紙的表格,25行,行38字,共945字。已經破損。出版時間不詳。

首行云：“人生所有者二：曰身體,曰靈魂。身體有形象,靈魂無形象……”

最後爲：“《聖經》云：靈魂不死。有明徵矣。”

【322】TA 1978.8 29 **救主堂會規** C-0431 C53

007765998　　（一半文言,平話爲主）

救主堂會規　一千八百六十一年

（福州）亞比絲喜美總會鎸

這是福州鋪前頂救主堂教會《會規》。內容有：

信錄十則, p. 1–3

會約四則, p. 3–4

信錄十則（福州平話）, p. 4–6

會約四則（福州平話）, p. 7

牧師施洗禮（福州平話）, p. 8

牧師施主共晚餐（福州平話）, p. 9

半頁，框 10×17.5cm，8 行，行 22 字，白口，四周雙邊，共 9 頁。

Pen not on cover：Fuh Chau Mission of American Board. Creed and church covenant, in classical and (Foochow) colloquial.

【323】TA 1978. 8 34 信約錄（1894） C–0434 C56

008133609　（官話）

耶穌降世一千八百九十四年

信約錄

光緒二十年歲次甲午　京都燈市口美華書局印鎸

六則信

三則約

半頁，框 11×15.5cm，9 行，18 字，白口，四周雙邊，單黑魚尾，版心上鎸"信約錄"，共 3 頁。

【作者】善富（Chauncey Goodrich），1836—1925。

Added pen note：Creed and covenant, prepared by Goodrich and slightly changed by a committee.

【324】TA 1978. 8 36 教會信錄 C–0432 C54

008133370　（福州土話1870）

同治十年

教會信錄

福州城內太平街福音堂印

《教會信錄》，榕腔，內容有：

十信（一信、九故務）

會約（四條）

牧師連衆會友接人入會施主共晚餐

內容與"TA 1978.8 29 救主堂會規（福州1861） C–0431 C53"中的十則信、四則約大旨相同,表達更爲簡約。

半頁,框9×14cm,7 行,16 字,白口,四周單邊,單黑魚尾,版心上鎸“教會信録”,共6 頁。

【作者】夏查理(Charles Hartwell),1825—1905。

Cover and running title. Manuscript note in ink on the cover:Church creed & covenant in Foochow colloquial by C. Hartwell.

【325】TA 1978.8 36.1 教會準繩(1871) C-0433 C55

008133369　（文言）

同治十一年

教會準繩

福州城内太平街福音堂印

《教會準繩》正文有四部分:

信録(十則)

會約(四條)

牧師及會衆接人入會

教會條例(十二則,即十二論)

原文大字爲信録(十則)、會約(四條)、牧師及會衆接人入會、教會條例(十二則),小字分別注明這些信條及條例的出處。内容與“【322】TA 1978.8 29 救主堂會規(福州 1861) C-0431 C53”中的十則信、四則約大旨相同,表達語言略異,基本表達相同。

半頁,框8.8×14cm,大字8 行,16 字,小字14 行,行27 字,白口,四周單邊,單黑魚尾,版心上鎸“教會信録”,共6 頁。

【作者】夏查理(Charles Hartwell),1825—1905。

信録——會約——牧師及會衆接人入會——教會條例.

Manuscript note in ink on the cover:Church manual(手册)in classical Chinese,by C. Hartwell, 1871.

【326】TA 1978.9 19 異端辨論 C-0458 C81

008134571

封面:耶穌降生一千八百五十八年

　　異端辨論

　　(福州)亞比絲喜美總會鎸

有《序》1 頁;《異端辨論目録》1 頁。

半頁,框11×17.5cm,12 行,行25 字,白口,四周單邊,單黑魚尾,版心上鎸書名“異端辨論”,中鎸各篇篇名(共13 則),共18 頁。

後附《辨譭謗》3 頁、《救主文》4 頁。

半頁,框 11×17.5cm,12 行,行 25 字,白口,四周單邊,單黑魚尾,版心上鐫書名"辨誣謗"、"救主文",共 7 頁。

全書所辨 14 個話題:異端辨論(共 13 則)、《辨誣謗》,另加《救主文》,共 1+1+18+7 = 27 頁。

cf. Wylie. Memorials. p. 203. 18 leaves. Fuh-chow, 1858.

【作者】盧公明(Justus Doolittle)。

【327】TA 1978.9 32(1882) 廟祝問答(福州 1882) C-0457 C80

008134834 (活字印刷)

《廟祝問答》分上下卷,不注作者,1882 年福州太平街福音堂印。

光緒七年

廟祝問答

福州城內太平街福音堂印 福州美華書局活板

半頁,框 9×14cm,白口,四周單邊,單黑魚尾,版心上鐫書名"廟祝問答",分上下卷,共 11 頁。

cf. Wylie. Memorials. p. 162. Hongkong, 1856. 9 leaves. Reprinted in 1863.

【作者】葉納清(Ferdinand Genahr,? —1864),德國禮賢會來華傳教士,1846 年來華。郭實臘的學生。該書 1856 年曾在香港出版,見熊月之《西學東漸與晚清社會》,上海人民出版社 1994 年版,第 211 頁。又有 1882 年福州太平街福音堂印本。

該書記敘一個傳道者與廟祝的對話,明顯地模仿了《張遠兩友相論》的對話體,在情節安排、人物刻畫方面都有所簡化,而將重點放在對佛教的批判上。該書一開篇就寫到拜菩薩的種種民間儀式:"二者相談未已,忽有人入廟祭神,廟祝見而隨之入內,傳道者亦隨廟祝而進。只見其人點燭、燒香、排牲、列酒,跪下求神,跌筊杯,撤籤竹,乃起燒紙衣,化元寶;廟祝擊鼓鳴鐘,祭神者又燒爆竹。事畢,收拾禮物而去。"(見卷上,p.1)

作者總是賦予基督徒以強勢話語權。在與傳道者的一問一答中,廟祝的信念逐漸動搖,開始接受基督教。

該書另一特色是作者刻意誤讀中國歷史與文化,竭力歪曲佛教,抬高基督教:"昔自神農黃帝、堯舜禹湯,皆享壽考,百姓安樂。當其時,中國未有偶像。迨至夏商之際,人心偏向罪惡,從假離真,妄稱天爲上帝,媚拜鬼神,妄求福祚。當商武乙皇帝,初設偶像爲神,後被暴雷震死。蓋上帝罰造偶像者,以警後人也。降至漢明帝時,佛法始入中國,偶像之風由是漸盛。其禍流入中原,爲害不淺,蓋菩薩原非出自中國,乃由天竺而來。華人信之崇之,習俗相染,不究其誕。自漢以後,華人遂不認上帝爲天地之大主宰矣。於是崇信異端,奉拜偶像,焚頂燒指,百十爲群,解衣散錢,自朝至暮,轉相效仿。老少奔波,棄其本業,其弊可勝慨哉!自漢迄今,無處不有廟寺,兼之官民勤勞奉事,菩薩果能消災降福,則事菩薩之世,盡享太平,人壽延長,過於堯舜之世也。何故晉漢以下,亂亡相繼,祚運不長,世代衰微,人壽愈促,干戈屢動,盜賊災危,無時休息,此禍患豈非由事菩薩所招耶?"(p.4)

《廟祝問答》中代表佛教立場的廟祝與基督教代表人物傳道者之間就點燭燒香拜菩薩的佛教儀式展開了跨越宗教的對話：

傳道者就廟祝而問曰：“點燭燒香是何意耶？”答曰：“是表誠敬之心而已。”曰：“誠敬枯木何益乎？”曰：“非敬此木所雕之像，乃敬此像所附之神。凡拜之者，蒙其佑也。”曰：“果有神附此像乎？”廟祝曰：“然。”曰：“既有神附此像，何以鼯鼠穿之，螻蟻蛀之，而不能自保。菩薩自身難保，安能保萬民耶？以生活之身軀，崇拜可壞之土木，比拜龜蛇者更愚焉。”

廟祝與傳道者的爭論總是以失敗告終，惱怒不已：“速去速去，勿在此忤觸神明！”“問者必淺，而答者必深；問者有非，而答者必是。”這幾乎已成了一種定式。發問的非教徒懵懂無知，處於劣勢，提出的問題膚淺幼稚；而作答的基督徒則睿智正義，博學善辯，大多以將對方説服入教結束。

【328】TA 1978.9 35 正邪比較（章回小説，1838）C-0456 C79

008141312　FC-M1251　FC41961

道光十八年戊戌新鎸　板藏新嘉坡堅夏書院

正邪比較

善德纂

有道光十八年善德寫的序（1頁）。

目録三回（1頁）：

第一回　論辨正疑舛；第二回　論伸説嬌曲；第三回　論諸邪不能勝正

仿章回小説體式，回末有四言詩。p.21頁的第三回印刷誤成“第一回”。書末有“正邪比較終”之語。

半頁，框9.5×13.5cm，8行20字，白口，四周單邊，單黑魚尾，版心上鎸書名“正邪比較”及回數，共32頁。cf. Wylie. Memorials. p.59

【作者】郭實臘（Karl F. A. Gutzlaff），1803—1851。

【《正邪比較》】1838年在新加坡出版，章回小説，共三回。《正邪比較》敘述了陳成大、吳瞻能、馬福領三人嘗試理解基督教的故事。第三回“論諸邪不能勝正”：“卻説陳成大回到家中，日夜想道：‘我與吳瞻能盤桓數日，底裡盡窺，方知他才高學博，人物清新，文華毓秀。與他相談一日，勝於讀三載奇書。但我與耶穌各信徒所言，終不投合。此教門之徒，雖然不害人民，似有利於家國，惟他們佈傳此道，不知何干犯國法，以爲不義。’一夜如此想來想去，寢寐不安，捱至天明，清晨早起，梳洗畢，即再往吳瞻能之屋。到了其家，正欲進門，乃看見吳瞻能闔家崇拜上帝，切求聖神感動衆心，全日行善德，免犯罪惡，亦稟求暗助降心教訓萬民，敬愛救世主耶穌等語。陳成大聽了其稟求之言，不勝驚疑，坐於外廳等候。”

《正邪比較》作者排斥異教，強調基督教。第二回：“別異端之徒聚集，只燒香拜菩薩，串合糊言妄語，飲食亂鬧，但此教之道真令人景仰瞻依。”

作者利用小説爲基督教正名。第二回："卻説馬福領同陳成大商量停當,就一面差人探聽耶穌此聖公會之情由,又一面查勘本國戒令邪教之禁例。既聽知有人要拖累耶穌此教之信徒,不如尋一僻静地方居住,潛養道德,增廣器識,似乎更有益矣。況且察知異端之徒,聯盟結黨,夜聚曉散,男女混雜,燒香爲聚處之會,無惡不行,無弊不生,真可謂甚於盜賊水火。蓋水火盜賊,害止及身,異端之害,及于人心。"

郭實臘其他基督教作品有:《贖罪之道傳》(1834)、《常活之道傳》、《是非略論》(1835)、《誨謨訓道》、《小信小福》、《悔罪之大略》等。

【329】TA 1978.9 36 術數辨謬(福州 1871) C-0459 C82

008140962

同治十年　閩知非子

術數辨謬

福州城内太平街福音堂印

第一章論風水、論卜筮、論談相、論推命、論擇吉。

《術數辨謬》一卷,半頁,框9×14cm,14 行,行29 字,白口,四周單邊,單黑魚尾,版心上鑴書名"術數辨謬",中鑴章次和篇名,共8 頁。

【作者】Charles Hartwell,1825—1905。

【按】該書版式大小行數行字等,同"TA 1979 53(1869)聖教例言 C-0437 C59-60"。

【330】TA 1978.9 47 儒教衍義(3 卷) C-0633 G5

008134480　FC7765　Film Mas 31708

《儒教衍義》(3 卷),韶波撰,張聲和參校,1895 年。

封面:主後一千八百九十五年新刊

　　　儒教衍義

　　　香港巴色會藏板

有光緒二十一年巴色會教士韶波在新安李朗傳道書院寫的《儒教衍義序》2 頁。

有《儒教衍義目錄》4 頁。

正文:

卷一　論人者之成仁有何根底(共兩段:含第一段四款、第二段三款)

卷二　論上帝所附於人之才如何得成(共兩款)

卷三　論上帝所附於人者如何發見(共三段)

半頁,框 12.5×17.5cm,10 行,行25 字,白口,四周單邊,單黑魚尾,版心上鑴書名"儒教衍義",中鑴章次及各篇之名,共126 頁。

【作者】韶波(Martin Schaub),1850—1900。張聲和參校。

【331】TA 1978.9 51（1871）**辨鬼神論** C-0462 C85

008134836　（複製本）

封面：同治十年（1871）

　　　　辨鬼神論

　　　　福州城內太平街福音堂印

半頁，框 6.6×10.5cm，9 行，行 20 字，白口，四周單邊，單黑魚尾，版心上鎸書名“辨鬼神論”，共 5 頁。

【按】這個版本與光緒四年“【332】TA 1978.9 51（1879）”的内容完全一樣，就是行距和行字數不一，頁碼有異。

【原著者】羅存德（Wilhelm Lobscheid，1822—1893），德國籍來華傳教士，曾是郭實臘的同工，著有《英華字典》（1866）。

【修訂者】盧公明（Justus Doolittle），在 1853 年就有福州話的《辨鬼神論》。

Pen note added on cover：Against idols. Dr. Lobscheid, revised by J. Doolittle.

cf. Wylie. Memorials. p. 202. Disquisition on Heathen gods. 3 leaves. Fuh-chow, 1858. Revision of a tract previously published. Idols and images—Worship. Authors Doolittle, Justus.

【332】TA 1978.9 51（1879）**辨鬼神論**

008134838

封面：光緒四年

　　　　辨鬼神論

　　　　福州南臺霞浦街福音堂印

正文第一行：辨鬼神論。半頁，框 6.6×10.5cm，10 行，行 22 字，白口，四周單邊，單黑魚尾，版心上鎸書名“辨鬼神論”，共 4 頁。深文言。

【按】與“C-0462 C85”内容完全一樣。

【原作者】Wilhelm Lobscheid.

【333】TA 1978.9 59 **祀先辨謬**（福州 1869）C-0460 C83

008134840

封面：同治八年倪維思著

　　　　祀先辨謬

　　　　福州城內太平街福音堂印

上帝惟一。勸人只拜上帝，不拜偶像。

文末：吾願諸君子舍祭祀之虛文，敬孝敬之實事，遵上帝之命令，拯一己之靈魂。子有厚望焉。

半頁，框 9×14 cm，14 行，行 29 字，白口，四周單邊，單黑魚尾，版心上鎸書名“祀先辨謬”,共 4 頁。

Pen note added on cover：Against worshiping ancestors. Rev. Dr. Nevius, revised by C. Hartwell. Am. Tract Soc. , 1867.

cf. Wylie. Memorials. p. 221, 224.

【譯者】(1) 倪維思(John Livingstone Nevius, 1829—1893)，美國人，基督教美北長老會教士。1854 年來華,在浙江傳教。1861 年到山東傳教,次年開辦山東第一所女子學校。(2)夏查理(Charles Hartwell),1825—1905。

【334】TA 1978.9 99 辨世人祀鬼論 C-0461 C84

008134842

一張紙。頁上標題是:《耶穌教簡要格言》。首行爲“辨世人祀鬼論”的小標題。37×25cm,内框 19.5×32cm,28 行,行 21 字。内容大致爲批判祀鬼之行爲,勸世人棄此無益之舉,而信耶穌。奉守“我之外爾不可有別神”之戒律。末尾一句:“吾願世之人速自悔改,依賴耶穌以赦其罪之爲幸福也。”在廈刊送。

【按】“在廈刊送”,即在廈門刊發。具體年代不詳。

【335】TA 1978.9 4473 辯惑巵言(上海 1884,重刊本)

007765997

封面:江南主教倪准

　　　辯惑巵言(宣紙綫裝)

　　　光緒十年春重刊

有光緒七年辛巳冬南沙李杕在益文館寫的《辯惑巵言序》1 頁。

有光緒十年甲申春季南沙李問漁寫的《重刊辯惑巵言序》2 頁。

正文共 24 頁。半頁,框 11×18cm,9 行,行 20 字,四周雙邊,單黑魚尾,版心上鎸“辯惑巵言”。字跡大。文言。全書共 24+3＝27 頁。

【作者】(1)李問漁(Li Wenyu,1840—1911),名杕,原名浩然,以字行。徐匯公學初期學生。清同治元年(1862)入耶穌會。1872 年升神父。曾任震旦學院院長,南洋公學教師。光緒五年(1879),創辦並主編《益聞録》半月刊(不久改爲週刊,光緒二十四年與《格致彙報》合併改名《益聞格致彙報》),光緒十三年始創《聖心報》月刊,曾翻譯《福音書》。主要譯著有《新經譯義》、《宗徒大事録》、《理窟》等。(2)江南主教倪准。

【336】TA 1978 14 天鏡明鑑(2 卷) C-0382 C1

008131292　FC7717　Film Mas 31746

扉頁:道光六年丙戌歲新鎸　嗎咭呷英華書院藏板(右)

　　　天鏡明鑑(中,小篆)

　　　種德者纂(左)

目録：

天鏡明鑑上卷目録，分人類篇、神天篇、鬼惡篇等十六篇，1 頁。

天鏡明鑑下卷目録，分信耶穌篇、悔罪篇、洗禮篇、天堂篇、地獄篇等十七篇，2 頁。

半頁，框 11.8×16cm，9 行，行 17 字，白口，四周雙邊，單黑魚尾，頁首有注釋，版心上鐫書名“天鏡明鑑”，下鐫頁碼和卷屬（“上卷”、“下卷”）。上卷共 33 頁，下卷共 34 頁，全書含目録共 70 頁。作爲英華書院的神學課本。

《天鏡明鑑》（2 卷），英華書院藏板，1826 年第 3 版。

cf. Wylie. Memorials. p. 46. “intended provisionally as a theological text book for the Anglo-Chinese college”.

【作者】種德者（David Collie，? —1828），英國倫敦會傳教士。來華後曾跟馬禮遜學習中文，是英華書院第三任院長。

【按】《天鏡明鑑》還有 1836 年的版本，70 頁。

【337】TA 1978. 15 52 論聖靈（上海 1904）C-0427 C49

008110531　（官話口語）

封面：論聖靈

扉頁：耶穌降世一千九百零四年

　　　論聖靈

　　　光緒三十年歲次甲辰　上海華美書局擺印

正文：論聖靈

第一章　耶穌教拜誰？耶穌是誰？聖靈是誰？聖靈爲我們辦什麼事？上帝肯將聖靈給人不肯？天父何時給聖靈？聖靈與背逆的人怎樣？書中就這些問題展開問與答。

第二章　上帝用什麼法子潔净我心？我們都有罪嗎？書中就這些問題展開問與答。

第三章　就受聖靈的人應當怎麼行？什麼事情攔住聖靈入人心？書中就這些問題展開問與答。

篇末附《頌主詩歌》六首。

半頁，框 11×16cm，6 行，行 12 字，版心上鐫“論聖靈”，頁上橫排問答，共 38 頁。

【338】TA 1978. 15 59 宜感聖靈略論（賴信書室撰）C-0428 C50

008110532

卷端題：乃宜滿於聖靈論

封面（肉紅色）：宜感聖靈略論（竪寫）

正文：

首行：乃宜滿於聖靈論　賴信書室

保羅達以弗所人書五章十八節末句云：“乃宜滿於聖靈……”由此展開議論。

半頁，框 9×14cm，8 行，行 19 字，白口，四周雙邊，單黑魚尾，共 8 頁。

Pen note added on cover：Ephesians 5∶18, by C. A. Nelson.

【作者】賴信書室（Charles Adolphs Nelson,1860—1951）,又稱"伍賴信"。

【339】TA 1978. 15 87. 1 Seng Sing Ci Sa（福州土話羅馬字,1904）C-0429 C51

008145098

扉頁∶Seng Sing Ci Sa

Ding Ga-li Su-Gu

Ding Kai-Ceng Sing-Sang

Dung Ik

Romanized Press, Foochow City, A. B. C. F. M, 1904

卷首有 Caroline E. Chittenden 在 Kuliang 於 1904 年 9 月寫的"Note"in English。

反面有用羅馬字寫的序。

序、目録,2 頁。

正文横排,共四章,半頁,框 11. 5×17. 8cm,26 行,共 20 頁。頁上鎸書名"Laung Seng Sing Ci Sa",卷末有"Seng Sing Ci Sa Cung"之語。

With "Note" in English∶Based upon…the Baptism of the Holy Spirit by Rev. R. A. Torrey. Pen note added on cover∶tr. by Miss Chittenden and Kenneth C. Ding, class of 1898 Foochow College.

【作者】Reuben Archer Torrey,1856—1928.

【譯者】Miss Chittenden and Kenneth C. Ding.

【340】TA 1978. 28 35 耶穌比喻之註説 C-0398 C17

008132449　FC1496　FC-M1251

扉頁∶耶穌比喻之註説

目録 2 頁∶

小引

天國之喻

題目

注解

教赦罪之比喻

上帝示赦罪之比喻

共對 10 個比喻進行注解。

半頁,框 10. 5×16cm,10 行,行 26 字,白口,四周雙邊,單黑魚尾,版心上鎸書名"耶穌比喻之註説",共 29 頁。

《耶穌比喻之註説》,Singapore?∶s. n. , 18—?。

cf. Wylie. Memorials. p. 61. 31 leaves. Singapore, 1841.

【作者】郭實臘(Karl Friedrich August Gützlaff),1803—1851。

【341】TA 1978.28 35.1 耶穌之寶訓(新嘉坡 1836) C-0396 C15

008132450　FC4196　FC-M1251

封面:道光十六年鐫　新嘉坡堅夏書院藏板

　　　　耶穌之寶訓

　　　　愛漢者纂

半頁,框 10×18cm,8 行,行 22 字,白口,四周雙邊,單黑魚尾,版心上鐫書名"耶穌之寶訓",共 34 頁。

　　cf. Wylie. Memorials. p. 57.

　　【作者】愛漢者(Karl Friedrich August Gützlaff) , 1803—1851。

【342】TA 1978.28 35.2 救世主耶穌之寶訓(新嘉坡 1836) C-0397 C16

008132452　FC4196　FC-M1251

道光十六年鐫　新嘉坡堅夏書院藏板

救世主耶穌之寶訓

愛漢者纂

有目録(1 頁):敬愛上帝、愛他如己、效力進天國、祈禱之義、積財于天堂、宜醒悟、信德、耶穌招人進天國。

半頁,框 10×16cm,10 行,行 25 字,白口,四周雙邊,單黑魚尾,版心上鐫書名"耶穌之寶訓",共 17 頁。

　　cf. Wylie. Memorials. p. 57.

　　【作者】愛漢者(Karl Friedrich August Gützlaff),1803—1851。

【343】TA 1978.29 14 耶穌言行總論(新嘉坡 1838) C-0400 C19

008132453

《耶穌言行總論》,新嘉坡:堅夏書院,道光十八年(1838)。

四言爲一句,如:"救世耶穌,本爲神天,萬人萬物,都被伊監……"

半頁,框 11×17cm,6 行,四言爲一句,行 4 句,每半頁爲 26 句,共 7 頁,四言 358 句。白口,四周雙邊,單黑魚尾,版心上鐫書名"耶穌言行總論"。

　　Handwritten English note on cover credits to Medhurst.

　　cf. Wylie. Memorials. p. 46. 7 leaves. Malacca. 1826. Attributed to David Collie.

　　【作者】種德(David Collie,? —1828),英國倫敦會傳教士。

【344】TA 1978.29 35 救世主耶穌基督行論之要略傳 C-0392 C11

008132455　FC4196　FC-M1251　（文言）

道光甲午年夏鎸

救世主耶穌基督行論之要略傳（有"淡沼"之印）

開篇有《敘》（草書）1 頁。

有《耶穌行論目錄》共九卷，3 頁。

道光甲午，即 1834 年。半頁，框 12×19cm，10 行，行 25 字，白口，四周雙邊，單黑魚尾，版心上鎸書名"救世主耶穌基督行論之要略傳"，序、目錄 4 頁，共 74 頁。

cf. Wylie. Memorials. p. 56. 救世主言行全傳 79 leaves…divided into eleven books，…in sixty-four sections，…revised and reprinted in 75 leaves.

【作者】郭實臘（Karl Friedrich August Gützlaff），1803—1851。

【345】TA 1978. 29 35. 1 耶穌降世之傳 C-0393 C12

008132457　FC4196　FC-M1251　（文言）

道光十六年鎸　新加坡堅夏書院藏板

耶穌降世之傳

愛漢者纂

有《耶穌降世之傳目錄》。

道光十六年，即 1836 年。半頁，框 6×8cm，9 行，行 12 字，白口，四周雙邊，單黑魚尾，版心上鎸書名"耶穌降世傳"，共 19 頁。

另有精裝本的一冊（TA 1978. 29 35. 1 C. 2），版式同、内容同。有《耶穌降世之傳目錄》。

半頁，框 6×8cm，9 行，行 12 字，白口，四周雙邊，單黑魚尾，版心上鎸書名"耶穌降世傳"，共 19 頁。

cf. Wylie. Memorials. p. 50. 20 leaves. Malacca.

【作者】愛漢者（Karl Friedrich August Gützlaff），1803—1851。

【346】TA 1978. 29 35. 2 正教安慰（4 卷，新嘉坡 1836）C-0394 C13

008132458　FC4196　（文言）

道光十六年鎸　新嘉坡堅夏書院藏板

正教安慰

愛漢者纂

有《正教安慰目錄》（4 頁）。正文從耶穌臨危、耶穌捐軀、耶穌復生、耶穌言行等方面講耶穌的故事。共四卷（78 頁）：

卷一，p. 1–22；卷二，p. 1–17；卷三，p. 1–20；卷四，p. 1–19。

半頁，框 20×12cm，8 行，行 25 字，白口，四周雙邊，單黑魚尾，版心上鎸書名"正教安慰"，中鎸卷次，目錄 4 頁，正文 78 頁，共 82 頁。

cf. Wylie. Memorials. p. 57. "Consolations of religion".

【作者】愛漢者（Karl Friedrich August Gützlaff），1803—1851。

【347】TA 1978. 29 35. 3 **基督神蹟之傳**（新嘉坡 1836）C-0395 C14

008192312　FC4196　FC-M1251

道光十六年鎸　新加坡堅夏書院藏板

耶穌神蹟之傳

愛漢者纂

有《耶穌神蹟目録》1 頁。

卷端題：基督神蹟傳。小引 p. 1——耶穌甦死人 p. 1——耶穌開瞽者之眼 p. 6——耶穌逐邪鬼 p. 9——耶穌醫雜病 p. 12——耶穌飼人 p. 18——終言 p. 22。卷末有“基督神蹟之傳終”之語。道光十六年，即 1836 年。

半頁，框 6×8cm，8 行，行 22 字，白口，四周雙邊，單黑魚尾，版心上鎸書名“耶穌神蹟傳”，共 23 頁。

cf. Wylie. Memorials. p. 57.

【作者】愛漢者（Karl Friedrich August Gützlaff），1803—1851。

【348】TA 1978. 29 38 **基督傳** C-0409 C29

008474616　（精裝）

封面（金字）：基督傳

The life of the Christ by William Bancroft Hill, D. D, Frederick Weyerhaeuser Professor of Biblical Literature in Vassar College

Published by Association Press of China Shanghai 1920

卷首爲《基督教原序》（官話口語）2 頁。

《基督傳目次》，共 19 章，4 頁。

民國九年（1920）英國希耳撰；陳霆鋭、胡貽穀譯，上海：青年協會書報部。

半頁，框 14×20.2cm，版心上鎸書名“基督傳”及各章篇名，共 294 頁。

【作者】希耳（William Bancroft Hill），Frederick Weyerhaeuser Professor of Biblical Literature in Vassar College.

【349】TA 1978. 29 39 **耶穌言行録**（摘用聖經）C-0404 C24

008150444　（官話，精裝）

耶穌降世一千八百七十二年

耶穌言行録　摘用聖經

歲次壬申　北京美華書館刷印

有《耶蘇言行録目録》三十章，2 頁。

正文《耶穌言行録》，摘用聖經，分爲三十章。北京美華書館刷印，1872 年。半頁，框

12.2×19.5cm,10 行,行 25 字,白口,四周雙邊,單黑魚尾,版心上鎸書名"耶穌言行録",中鎸章次,下鎸頁碼數,共 63 頁。

INTERNET LINK：http://nrs. harvard. edu/urn-3：HUL. FIG：008150444

Note added on the reverse page of the front cover：History of our Lord, arranged in Chronological order in the words of Scripture, by Chester Holcomb.

【作者】Chester Holcomb, 1842—1912.

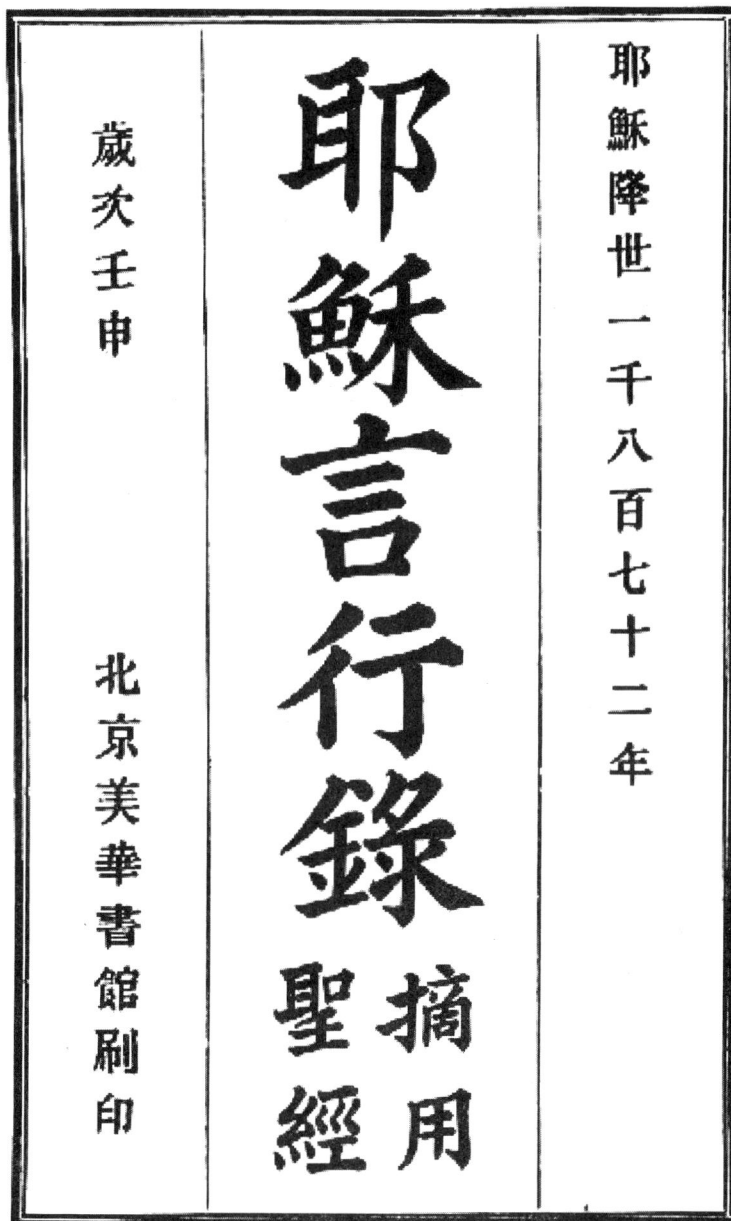

耶穌言行録　摘用聖經

耶穌降世一千八百七十二年

歲次壬申

北京美華書館刷印

【350】TA 1978.29 53 **福音撮要** C-0405 C25

008124509 （官話,精裝,出版年代不確）

《福音撮要》選取了有關耶穌的故事,配有人物故事圖畫 15 幅。内容有:耶穌降生、博士拜主、耶穌行奇事、驅逐聾啞之鬼、耶穌爲小孩子祝福、耶穌設譬喻勸人相愛、耶穌講生命之道、遣七十人各處傳教、平定風波、使瞎子得見、使女兒復活、叫死人復活、醫治癱病。

Pen note added: Selections from the Gospels. Illustrated. Miss Ada Haven.

半頁,框 15×20cm,11 行,行 22 字,四周雙邊,共 30 頁。

【作者】Ada Haven Mateer,著名美國來華傳教士狄考文(Calvin Wilson Matteer,1836—1908)之妻。

【351】TA 1978.29 95 **救主行傳(榕腔)** C-0406 C26

008132468 FC4226 FC-M1794 （版本破損大）

扉頁:主降生一千八百七十六年 榕腔

救主行傳

光緒二年福州美華書局印

Rev. Simeon F. Woodin Foochow

卷首有美國傳教士吳思明在 1876 年寫的福州土話《序》以及英文 To the Foochow Missionaries(3 頁)。

將馬太、馬可、路加、約翰四本福音書合成一本傳記。

半頁,框 10×13cm,10 行,行 20 字,白口,四周雙邊,單黑魚尾,版心上鐫書名"救主行傳",中鐫章次,各 100 章,178 頁。頁上或頁下有注文或引文出處。

後附《第一串珠》、《第二串珠》針對本書選取四本福音書的每章每節串珠,按馬太、馬可、路加、約翰的順序依次標注,p. 179—200。卷末有"救主行傳終"之語。

福州:美華書局印,光緒二年(1876)。

【作者】吳思明(Simeon Foster Woodin),1833—1896。

【352】TA 1978.29 361 **Hok Xng Su Ge Su Di(福州羅馬字)** C-0408 C28

008145103

Hok Xng Su Ge Su Di

Printed by The Romanized Press, Foochow city. A. B. C. F. M. 1902

這是聖經的故事簡易羅馬字讀本(The Gospel History of Jesus Christ)。分兩冊:

第一冊 Book I:Guong EK, I KUO—IX Kuo.

62 頁,14×20.5cm,橫排。

第二冊 Book II:Guong Ne, X Kuo—XXIV Kuo.

卷首有 Emily S. Hartwell 對第一冊、第二冊的"Note"(Note to Book I\ Note to Book II)

第二冊全書有 100 頁,14×20.5cm,橫排。

"The gospel history of Jesus Christ" Foochow Romonized colloquial of the series in the intermediate grade of "The Bible Study Union Lessons" Tr. by Emily S. Hartwell.

【作者】Emily S. Hartwell, 1859—1951.

【353】TA 1978.29 951 Geu Cio Heng Diong Chauk Ieu(福州羅馬字) C-0407 C27
008145105

封面:Geu Cio Heng Diong Chauk Ieu

反面:Romanized Press, Foochow City, 1903

首頁開篇有 Hannah C.Woodhull 的英語前言(Preface)和英文的學習指南(Directions for study)四條。

第一單元 32 題問與答,第二單元有 78 個問答。

16×11cm,頁上鎸書名"geu-cio heng-diong",共 33 頁。

【作者】(1) Hannah Conklin Woodhull, 1844—1922. (2) 吳思明 (Simeon Foster Woodin), 1833—1896.

Essentially the same as in colloquial character Life of Christ compiled by Rev. Simeon F. Woodin i.e. 救主行傳集

【354】TA 1978.32 45 始祖本善總論 C-0412 C32
008133541   FC8332   Film Mas 32209

道光八年仲春新鎸

始祖本善總論

修德纂

正文開篇引用聖經之語:"經云:視哉我獨此而遇也,即以神天原造人正直,伊尋着繁多之謀矣。"(大字,行 16 字)展開始祖本善之論。

道光八年即 1828 年。嗎吶呷出版。半頁,框 10.5×14.5cm,9 行,行 20 字,白口,四周雙邊,單黑魚尾,版心上鎸書名"始祖本善總論",共 19 頁。

Missing from Wylie. Memorials. cf. p.48−49. Pen note on cover:A discussion of the goodness of the original ancestors.

【原作者】吉徒(Samuel Kidd,1799—1843),一譯爲吉德或吉得,英國傳教士。1824 年赴馬六甲,歷任英華書院中文教師、院長等職,著有英文著作多種。

【編撰者】修德。

【355】TA 1978.32 54 論覺罪之事 (1846) C-0413 C33
008133542   FC8165   Film Mas 32079

這是一個單行本,開篇爲標題"論覺罪之事",四十四回,是文學型的。

半頁,框 11×15.5cm,9 行,行 18 字,白口,四周雙邊,單黑魚尾,版心上鎸書名"……"(可惜内容有缺,但有字跡),中鎸"論覺罪之事",下鎸頁碼,p.33—36,共 4 頁。是殘卷,未完。作者麥都思,出版時間大約在 1846 年左右。

cf. Wylie. Memorials. p. 32–33. "Conviction of sin".

【作者】麥都思(Walter Henry Medhurst),1796—1857。

【356】TA 1978. 32 94 辨性二論 C-0414 C34

008124515

同治九年(1870)韋廉臣著

辨性二論

福州太平街福音堂印

半頁,框 6.5×11cm,10 行,行 22 字,白口,四周單邊,單黑魚尾,版心上鎸"辨性第一論"、"辨性第二論",共 92 頁。

【作者】韋廉臣(Alexander Williamson),1829—1890。

Pen note on cover: On natural depravity, by Rev. Dr. Williamson. Am. Foochow, 1870.

【357】TA 1978 35 真道自證(4 卷,善德纂) C-0383 C2

008131293   FC4196   FC-M1251

扉頁:新嘉坡堅夏書院藏板(右)

　　　真道自證(中)

　　　善德纂(左)

目録:

卷之一

小引　見第一帙

天地造化主　見第一帙

卷之二

人類　見第六帙

卷之三

耶穌救人　見第十三帙

卷之四

人之本分　見第二十帙

半頁,框 11.6×18.6cm,10 行,行 24 字,白口,四周雙邊,單黑魚尾,版心上鎸書名"真道自證",中鎸卷數,下鎸頁數,共 27 頁。新嘉坡:堅夏書院藏板,(18—?)。【按】疑爲 1836 年前後,"中央"字是一個特點。

cf. Wylie. Memorials. p.59. Proofs of the Truth. ... the evidence of Christianity, by way of dialogues between two friends.

【358】TA 1978 36 正道啟蒙（福州土話） C-146 A28

008633496 （福州土話）

扉頁：同治十年

　　　正道啟蒙

　　　福州城內太平街福音堂印

有《正道啟蒙目錄》：

第一課　論身體

第二課　論靈魂

第三課　論罷奶愛仔伲

第四課　論天使務善惡二等

第五課　論上帝創造天地

第六課　再論上帝創造天地

第七課　再論上帝創造天地

第八課　論上帝創造始祖

第九課　論始祖犯罪

第十課　論上帝設法救仏

第十一　論救主降生

第十二　再論救主降生

第十三　論牧羊其仏尋主

第十四　論博士拜主

第十五　論希律某刣救主

第十六　論魔鬼試耶穌

第十七　論救主傳道

第十八　論耶穌頭一回行異跡

第十九　論耶穌屢次行異跡

第二十課　論耶穌赦仏罪

第二十一　論主馬史風平浪静

第二十二　論睚魯其諸娘仔仅活

第二十三　論五餅二魚飽衆

第二十四　論耶穌大慈悲

第二十五　論主教門生祈禱

第二十六　論耶穌豫言死其代

第二十七　論拉撒路仅活

第二十八　論主尾回嗀京城

第二十九　論主逐做買賣仆出殿

第三十課　論惡徒猶大

第三十一　論主替門生洗膠

第三十二　論主指明惡徒

第三十三　論主設晚餐

第三十四　論主着園乞仇人拿去

第三十五　論彼得怀認主

第三十六　論主受呆仆審判

第三十七　論猶大自盡

第三十八　論主乞仇呆仆釘十字架

第三十九　再論主釘十字架

第四十課　再論主釘十字架

第四十一　論埋葬耶穌

第四十二　論耶穌仅活

第四十三　倫主仅活顯現

第四十四　論多馬怀信主仅活

第四十五　論門生討魚仅碰着主

第四十六　論耶穌升天

第四十七　論聖神降臨

第四十八　論主救彼得出監

第四十九　論約翰得默示

第五十課　論末日審判

半頁,框 9×14.5cm,14 行,行 29 字,白口,四周單邊,單黑魚尾,版心上鎸書名"正道啟蒙",中鎸每一課的篇名,共 42 頁。

可以證明同治十年(1871)與同治十三年(1874)是一個版本。

Pen note added on cover: in Foochow colloquial. By C. Hartwell.

【作者】Charles Hartwell,1825—1905.

【359】TA 1978 36b 正道啟蒙(50 課,福州 1874)

009432692

又見"【532】TA 1980.2 1324"。封面已經破損。

扉頁:同治十三年

正道啟蒙

福州城內太平街福音堂印

有《正道啟蒙目錄》(1 頁)。該五十課內容與同治十年(1871 年)相同,此略。

半頁,框 9×14.5cm,14 行,行 29 字,白口,四周單邊,單黑魚尾,版心上鎸書名“正道啟蒙”,中鎸每一課的篇名,共 42 頁。

【360】TA 1978 53.1（1863）真理易知 C-144 A25

008132440

頁面、扉頁遺缺(根據縮微膠片補)。

封面:真理易知

扉頁:耶穌降生一千八百六十三年(右)

　　　真理易知(中)

　　　福州城內金粟山藏板(左)

斯書係美國教士培端氏所著。前在上海刊刷頒送,予閱是書,其詞達其理真,其意抑非無補,茲略爲增改付梓廣佈。

Pen note added on cover: Easy elementary truths. McCartee's work, revised by C. H.

3 copies, each copy has 1 v.

半頁,框 14×10.2cm,9 行,行 18 字,白口,四周單邊,單黑魚尾,版心上鎸書名“真理易知”,下鎸頁碼,共 14 頁。全文屬《聖經》語錄類,選取其中片段加以闡發。

cf. Wylie. Memorials. p.221

【作者】培端(Divie Bethune McCartee),1820—1900。

【校對者】Charles Hartwell, 1825—1905.

【361】TA 1978 53.1（1882）真理易知 C-0144 A26

008132442

扉頁:光緒七年　培端氏著 察理氏校(右)

　　　真理易知(中)

　　　福州霞浦街福音堂印(左)

扉頁下:福州美華書局活板

光緒七年即 1882 年。

半頁,框 14×9cm,14 行,行 29 字,白口,四周單邊,單黑魚尾,版心上鎸書名“真理易知”,下鎸頁碼,共 5 頁。

【作者】培端(Divie Bethune McCartee),1820—1900。

【校對者】Charles Hartwell, 1825—1905.

【362】TA 1978 53（1863）**耶穌教要旨** C-0146 A28

008131294　FC8159　Film Mas 32065

封面:耶穌降生一千八百六十三年(右)

耶穌教要旨(中)

福州城内金粟山藏板(左)

這個 13 頁紙的是大字本。

斯書係美國教士培端氏所著,前在浙峦刊刷頒送。予覽是書,詞達理明,庶幾可爲教化之一助也,故略加增改付梓廣佈。

半頁,框 10×14cm,9 行,行 18 字,四周雙邊,單黑魚尾,版心上鐫"耶穌教要旨"。字跡大,文言,共 13 頁。與 1882 年的版本相比,内容相近,但表達不完全一樣。

Pen note added on cover: Important principles of Christianity. Dr. McCartee's work, revised by C. H.

cf. Wylie. Memorials. p. 221.

【作者】培端(Divie Bethune McCartee),1820—1900。

【校對者】Charles Hartwell, 1825—1905.

【363】TA 1978 53（1882）**耶穌教要旨(培端)**

009437175

封面:光緒七年　培端氏著 察理氏校

耶穌教要旨

福州霞浦街福音堂印

福州美華書局活版

半頁,框 9×14.5cm,14 行,行 29 字,分十二要旨(p.1-4)和上帝十誡(p.4-5),四周單邊,單黑魚尾,版心上鐫"耶穌教要旨",共 5 頁。

【作者】培端(Divie Bethune McCartee),1820—1900。

【校對者】Charles Hartwell, 1825—1905。

【364】TA 1978 55.1 **張遠兩友相論(12 回)**

009436853　(文言文,綫裝)

扉頁:真神乃靈而凡拜之者必以靈意誠心而拜之也(右)

張遠兩友相論(中)

真神深切愛世賜其獨生之子令凡信之者免陷沉淪乃得常生也(左)

受損嚴重,不過原文清楚。共 12 回。

半頁,框 13.9×10cm,7 行,行 16 字,白口,四周單邊,單黑魚尾,版心上鐫書名"兩友相論",下鐫頁碼,共 39 頁。出版年代不詳。

【365】TA 1978 55（1836）張遠兩友相論（12 回）C-0141 A1

008131337　FC8502　Film Mas 32542

扉頁:道光十六年鎸（右）

　　　張遠兩友相論（中）

　　　新嘉坡堅夏書院藏板（左）

道光十六年即 1836 年。Block print.

半頁,框 17×10.4cm,8 行,行 20 字,白口,四周雙邊,單黑魚尾,版心上鎸書名"張遠兩友相論",下鎸頁碼,共 12 回,42 頁。

cf. Wylie. Memorials. p.17. 42 double l. ; 25cm.

【作者】米憐（William Milne,1785—1822）,英國倫敦會傳教士,是馬禮遜的助手,英華書院第一任院長。米憐是第一次採用中國傳統章回小説形式闡釋基督教的人。

【《張遠兩友相論》】《張遠兩友相論》是第一部基督教漢文小説。小説中基督徒張與懵懂無知的遠二人就基督徒的行爲特徵與準則、原罪與懺悔、耶穌的品質與忠貞、靈魂永生與死後入天堂或地獄、復活之身與現在之身的不同、有罪之人是否能得到上帝的赦免展開了一系列問答,逐步揭示教義内容。在結構特徵和寫作方法上將白話小説與問答體相結合,更爲直觀清晰地傳達教義。而文中基督徒張滔滔不絶循循善誘的宣教表現出西方式的哲學思辨,將中西方不同的宗教思想、語言表達方式、寫作手法交織在一起。

《張遠兩友相論》經過修訂、改寫,前後出現多種版本,語言形態也有很大不同。如書中兩個主要人物的名字只是音譯,按照西方人的習慣用姓氏指稱人物（書名也由此各異）,或稱張、遠,或稱張、袁,或稱長、遠,或稱甲、乙。唯一的例外是咸豐四年(1854)福建鷺門花旗館寓刊本,題"長遠兩友相論",書中人物全名作"潘長"、"曹遠",可能是由中國文人改寫的。

對宗教用語的中譯法,也尚在摸索之中。如"上帝"譯爲"神天","新約全書"譯爲"新遺詔書"等。第三回寫到"真神止一,但在其體有三位,曰父曰子曰聖神風。此三位非三個神,乃止一全能神"。這段話到 1906 年上海美華書館排印本中就成爲"上帝止是一個,但一體之中,分爲三位,就是聖父、聖子、聖靈。這三位並不是三位上帝,止是一個上帝"。後者已與當今普遍的譯法趨於一致。

（以下參見宋莉華《傳教士漢文小説研究》,上海古籍出版社、上海世紀出版股份有限公司,2010 年版,p.367-370）

《張遠兩友相論》爲傳教士小説的草創之作,又有開創之功,因此該書一再被改寫、修訂和再版,它流傳的時間相當長。自 1819 年初次在馬六甲出版之後,平均每兩年出版一次,直到 20 世紀初才隨傳教士小説逐漸消亡。偉烈亞力（Alexander Wylie,1815—1887）1867 年出版的《在華傳教士回憶録》中就已收録了此書的十三種版本:

（1）1819 年麻六甲出版,20 頁。

（2）1831 年麻六甲重印本,42 頁。

（3）1836 年新加坡重印本,42 頁。

（4）1844 年香港修訂本,縮減爲 41 頁。

（5）1847 年上海印本。

（6）1847 年寧波重印麻六甲原本,35 頁。

（7）1849 年上海由叔未士（John Lewis Shuck,1812—1863）稍作修訂出版,35 頁。

（8）1851 年米憐的修訂版在上海出版,24 頁,由原作十二回壓縮成十一回。此版本 1851 年又在香港獲重印,27 頁。

（9）1851 年另一修訂本以《二友相論》爲題在寧波出版,30 頁。

（10）1858 年上海又出修訂版,以《甲乙二友論述》爲題出版,22 頁。此書由十二回壓縮成十回,最後一回由艾約瑟（Joseph Edkins,1823—1905）增補,敘述了遠（即此書中的乙）徹底信服,受洗並加入教會。此書 1861 年又在上海重印。

（11）1862 年廣東出版《張遠兩友相論》,16 頁,其中包括了米憐原著的前五回,改寫成廣東話。

牛津大學波德來圖書館（Bodleian Library）收藏該書版本有二十一種之多。除了偉烈亞力提到的五種之外,還有十六種其他版本:

（1）1852 年刊本《長遠兩友相論》,上海:墨海書館,24 頁,米憐修訂。

（2）1853 年刊本《張遠兩友相論》,上海:聖會堂,24 頁,叔未士修訂。

（3）1857 年刊本《張遠兩友相論》,寧波:華花聖經書房,33 頁。

（4）1857 年刊本《張遠相論》,上海出版（未注出版者）,葉慈（M. T. Yates）譯成官話。

（5）1863 年刊本《張遠兩友相論》,上海:美華書館,40 頁。

（6）1864 刊本《二友相論》,寧波:英華聖經堂,胡德邁（Thomas Hall Hudson,1800—1876）修訂,內封題"同治二年 寧郡福音殿",30 頁。

（7）1865 年刊本《張遠二友論述》,上海:墨海書館,艾約瑟增補,慕維廉（William Muirhead,1822—1900）編訂,22 頁。

（8）1867 年刊本《長遠兩友相論》,香港:英華書院,米憐修訂,32 頁。

（9）1868 年刊本《張遠兩友相論》,上海:美華書館,柯貝特（H. Corbett）增補並譯成官話,60 頁,最後 7 頁缺。

（10）1868 年刊本《張遠兩友相論》,上海:美華書館,33 頁。

（11）1869 年刊本《張遠兩友相論》,上海:美華書館,新鑄銅版,11 頁。

（12）1871 年刊本《甲乙二友論述》,福州:太平街福音堂,榕腔,28 頁。

（13）1871 年刊本《長遠兩友相論》,香港:英華書院刊本,米憐修訂,32 頁。

（14）1875 年刊本《兩友相論》,京都:美華書院,柯別特增補並譯成官話,63 頁。

（15）1882 年刊本《張袁兩友相論》,上海:中國聖教書會,米憐修訂,22 頁。

（16）1883 年刊本《長遠兩友相論》,漢口:聖教書局,米憐修訂,23 頁。

【按】哈佛燕京圖書館還保存有四種不同的版本：

（1）1849 年福州刊本，內封題"張遠兩友相論，道光二十九年福州城刊刻，耶穌降世一千八百四十九年，板藏花旗寓所"，十二回。

（2）1854 年福建刊本，內封題"長遠兩友相論，福建鷺門花旗館寓，咸豐四年印刷"，十一回。

（3）1875 年京都美華書院刷印《美華書院短篇集》合集，卷一第一部即爲《兩友相論》。

（4）1906 年上海排印本，內封題"張袁兩友相論，救主耶穌降世一千九百零六年，華北書會印發，大清光緒三十二年歲次丙午，上海美華書館擺印"，十一回。

1847 年寧波出版米憐《張遠兩友相論》，8 頁，據 1836 年新加坡版修訂。

1880 年上海美華書館排印本《張遠兩友相論》，十二回，不題撰人，內封題"張遠兩友相論，耶穌降世一千八百八十年，光緒六年歲次庚辰，上海美華書館重印"。

宋莉華（2010）指出，《張遠兩友相論》自 1819 年在麻六甲初刻以來，幾乎平均兩年就刊印一次，到 1883 年短短數十年時間版本已多達三十四種。哈佛大學韓南教授（Patrick Hanan）統計了 1876—1884 年間的書目，並補充大英圖書館所藏其他年份出版的版本，及哈佛燕京圖書館和菲利浦（Phillips）圖書館所藏版本，認爲《張遠兩友相論》至少有三十個版本。同時，由於在同一年印刷了不止一版，實際的數量可能還要高一點。貝斯（Daniel H. Bays）根據自己所掌握的 1819—1906 年間的十七種版本，估計該書至少印行了數十萬冊甚至超過一百萬冊。

在米憐之後，郭實臘（Karl Friedrich August Gützlaff，1803—1851）、理雅各（James Legge，1815—1897）、楊格非（Griffith John，1831—1912）等傳教士競相效仿，以章回小說體撰寫旨在宣揚教義的小說。

#【366】TA 1978 55（1844）張遠兩友相論（12 回）C-0141 A2

008213684　（複印本）

扉頁：張遠兩友相論（中）

共 12 回。半頁，框 17×10.4cm，8 行，行 22 字，白口，四周雙邊，單黑魚尾，版心中鐫書名"兩友相論"，下鐫頁碼，共 42 頁。

cf. Wylie. Memorials. p. 17 … A revised edition was out at Hongkong, in 1844, 41 leaves. 香港：英華書院藏板。

【367】TA 1978 55（1849）張遠兩友相論（12 回）C-0141 A3

008150441　（福州 1849）

扉頁：道光二十九年　福州城刊刻（右）

　　　張遠兩友相論（中）

　　　耶穌降世一千八百四十九年　板藏花旗寓所（左）

　　共 12 回。半頁,框 14×10cm,10 行,行 20 字,白口,四周雙邊,單黑魚尾,版心上鐫書名"兩友相論",下鐫頁碼,共 35 頁。

【368】TA 1978 55（1854）長遠兩友相論（11 回）C-0141 A4

　　008131338　　FC8503　　Film Mas 32541

　　扉頁:咸豐四年印刷(福州 1854)

　　　　　福州鷺門重鐫(右)

　　　　　長遠兩友相論(中)

　　　　　蘩仔後花旗館寓藏板(左)

　　共 12 回。半頁,框 14×9.1cm,9 行,行 21 字,白口,四周雙邊,單黑魚尾,版心上鐫書名"長遠兩友相論",中鐫回數,下鐫頁碼,共 26 頁。兩友,一名潘長,一名曹遠。

【369】TA 1978 55（1857）張遠兩友相論（12 回）C-0141 A5

　　008131339

　　扉頁:寧波華花聖經書房訂(右)

　　　　　張遠兩友相論(中)

　　　　　耶穌降世一千八百五十七年(左)

　　共 12 回。半頁,框 14.1×9.7cm,10 行,行 20 字,白口,四周雙邊,單黑魚尾,版心上鐫書名"兩友相論",中鐫回數,下鐫頁碼,共 33 頁。

【370】TA 1978 55（1871）甲乙二友論述（10 回,榕腔）C-0141 A6

　　008132444

　　扉頁:同治十年(右)

　　　　　甲乙二友論述(中)

　　　　　福州城内太平街福音堂印(左)

　　《序》1 頁:

　　是書係嘉慶年間英國米教士所著,名曰《張遠兩友相論》。後英國艾教士再加潤色,重付上海書局刊印,易其名曰《甲乙二友論述》。愚得此書,見其理簡而明,意顯而順,其裨益人誠非淺鮮。遂撮其大意譯爲榕腔,俾野叟村童易於誦讀,由是知耶穌救世之鴻恩,以及吾儕奉道之大意,遂棄邪歸正,同作新民,欽崇天道,信順福音,致同享身後無窮之福云爾。——同治十年仲春下浣愚教弟沈守真識。

　　共十回。福州榕腔。半頁,框 14×9cm,7 行,行 16 字,白口,四周單邊,單黑魚尾,版心上鐫書名"甲乙二友論述",中鐫回數、頁碼,共 28 頁。

【371】TA 1978 55（1875）**兩友相論**（13 章,官話）C-0141 A7

007766992　FC8173　Film Mas 32057

封面:兩友相論

扉頁:耶穌降世一千八百七十五年(右)

　　　　兩友相論(中)

　　　　歲次乙亥　(北京)京都燈市口美華書院刷印(左)

　　共 13 章。半頁,框 13×8.7cm,11 行,行 26 字,白口,四周雙邊,版心上鐫書名"兩友相論",中鐫章數,下鐫頁碼,共 63 頁。

　　收入(北京)京都《美華書院短篇集:1》。

【372】TA 1978 55（1906）**張袁兩友相論**(11 回)C-0141 A8

008132445　Film Mas 32072

《張袁兩友相論》,11 回,上海 1906 年。

扉頁:救主耶穌降世一千九百零六年　華北書會印發(右)

　　　　張袁兩友相論(中)

　　　　大清光緒三十二年歲次丙午　上海美華書館擺印(左)

　　共 11 回。半頁,框 15.6×9.7cm,11 行,行 32 字,白口,四周雙邊,單黑魚尾,版心上鐫書名"張袁兩友相論",中鐫回數,下鐫頁碼,共 20 頁。光緒三十二年即 1906 年。

　　這個版本更加白話。如 1836 年本第三回有一段話:"真神止一,但在其體有三位,曰父曰子曰聖神風。此三位非三個神,乃止一全能神。"到該本中就成爲:"上帝止是一個,但一體之中,分爲三位,就是聖父、聖子、聖靈。這三位並不是三位上帝,止是一個上帝。"將"真神"翻譯爲"上帝"。

　　【按】北京大學圖書館的版本有:

　　(1)張袁兩友相論,清光緒三十年(1904),上海美華書館,索書號:1967/1514

　　(2)張袁兩友相論,十一回,索書號:X259.2084_1414.1

【373】TA 1978 80 **神道要論**(6 卷)

008110530　FC4250　FC-M1798

扉頁:耶穌降世一千九百零十年(右)

　　　　神道要論(中)

　　　　宣統二年歲次庚戌　上海美華書館鉛板

《序》(共 2 頁),中華光緒十九年榴月上浣刊印。《自序》,1893 年 6 月美國教士子榮謝衛樓自序於通州公理教會館寓。

《神道要論總目》(總 6 卷,47 章,共 3 頁):

　1. 聖道之階(第 1—11 章)

2. 獨一真主(第 12—16 章)

3. 創世治人(第 17—24 章)

4. 耶穌救世(第 25—36 章)

5. 來世之報(第 37—41 章)

6. 耶穌聖教(第 42—47 章)

半頁,框 11.9×18cm,13 行,行 31 字,白口,四周雙邊,單黑魚尾,版心上鎸書名"神道要論",中鎸卷數,下鎸頁碼,卷 1 共 28 頁,卷 2 共 48 頁,卷 3 共 23 頁,卷 4 共 52 頁,卷 5 共 16 頁,卷 6 共 39 頁。

【作者】謝衛樓(Devello Zelotos Sheffield),1841—1913。

【按】這本書在 1915 年有再版,燕京圖書館卡片:"TA 1980. 2 0024 神道要論 6 卷,009434999,謝衛樓,鉛印本,上海:上海美華書館,1915,內封題:耶穌降世一千九百十五年。"書已破損,不流通。

【374】TA 1978. 89 06 聖學問答(8 卷) C-0143 A18

008133610

封面:聖學問答

扉頁:耶穌降生一千八百五十三年撰　福州榕腔

　　　聖學問答

　　　　一千八百六十四年重刊　板藏鋪前頂救主堂

有《聖學問答總目》(共八卷,1 頁):

一卷論上帝聖經篇第一

論上帝其名共性篇第二

論上帝諸件全德篇第三

二卷論上帝創造天地篇第四

論上帝保護共管理篇第五

論上帝其使者共邪鬼篇第六

三卷論亞當夏娃乞魔鬼誘惑篇第七

論世間仍其心性篇第八

四卷論耶穌活命共品行篇第九

論耶穌做救主篇第十

五卷論聖神篇第十一

論悔罪共信耶穌篇第十二

六卷論仍其本分篇第十三

論祈禱上帝篇第十四

七卷論教會禮拜篇第十五

論教會二件大禮篇第十六

八卷論仏死篇第十七

論死人仅活篇第十八

論審判其日子篇第十九

論天堂地獄篇第二十

各篇均採用“問—應”的對話形式進行。八卷二十篇内各有幾十個“問—應”的對話，依次以一問、二問、三問的順序進行。文中涉及引用經文出處用雙行小字標示。

半頁，框11×17cm，11行，行22字，白口，四周雙邊，單黑魚尾，版心上鎸各卷篇名，中鎸卷次，下鎸頁碼數，共48頁。

這是一千八百五十三版本的重刊，對話形式，對研究當時口語有用。

【375】TA 1978.89 08（1873）**真理問答(官話)** C-0143 A19-20

008156295

封面：真理問答　官話

扉頁：耶穌降世一千八百七十三年

真理問答

歲次癸酉　京都燈市口美華書院刷印

共十章，p.1-17：

第一章：論真神假神

第二章：論真神本性

第三章：論世人出身

第四章：論耶穌聖靈

第五章：論天堂地獄

第六章：論世間末日

第七章：論聖書明證

第八章：論聖教大禮

第九章：論教中爲人

第十章：論十誡來由

後附《信經》，p.18-19。

半頁，框10.5×16cm，8行，行20字，白口，四周雙邊，單黑魚尾，版心上鎸書名“真理問答”，中鎸章次和每章的篇名，下鎸頁碼數，共19頁。

【按】燕京圖書館TA 1978.89 08（1873）、TA 1978.89 08（1892）、TA 1980 03（2）共有一個HOLLIS Number 008156295。

【376】TA 1978.89 08（1892）**真理問答（官話）** C-0143 A19-20

008156295

扉頁:耶穌降世一千八百九十二年

　　　　真理問答（官話）

　　　　光緒十八年歲次壬辰　京都燈市口一間樓美華書院印

在章名和"問"、"答"字上加了黑框。

第一章:論真神假神

第二章:論天主本性

第三章:論世人出身

第四章:論耶穌聖靈

第五章:論天堂地獄

第六章:論世間末日

第七章:論聖書明證

第八章:論聖教大禮

第九章:論教中爲人

第十章:論十誡來由

後附《禱告文》（早晚通用）,p.18-19。

半頁,框 11×15.5cm,9 行,行 20 字,白口,四周雙邊,單黑魚尾,版心上鎸書名"真理問答",中鎸章次,下鎸頁碼數,共 19 頁。

【作者】Henry Blodget, 1825—1903.

cf. Wylie. Memorials. p.284. 福音真理問答 18 leaves. Teon-tsin,1863.

【377】TA 1978.89 09 **耶穌正教答問** C-0143 A17

《耶穌正教答問》,淺文言,1854 年。

扉頁:咸豐四年歲次甲寅鎸

　　　　耶穌正教答問

　　　　耶穌一千八百五十四年

【按】扉頁就有單黑魚尾和版心上鎸"正教答問"。

正文的問答以"問曰—曰"表達,句式比較簡單。問答間以空一個字素爲間隔,不分行。卷末有"正教答問終"之語。

半頁,框 9×14cm,9 行,行 22 字,白口,四周雙邊,單黑魚尾,版心上鎸書名"正教答問",共 16 頁。

Trans. and revised by E. Doty. Blocks cut and printed at Amoy, by Mission of A. B. C. F. M.

cf. Wylie. Memorials. p. 145 and 146. listed this work together with its Canton dialect version under Dr. Happer.

【作者】羅啻牧師（Elihu Doty,1809—1864），美國傳教士,1844 年到廈門與雅裨理同工。1850 年,羅啻和打馬字、養爲霖等宣教士,創造了以拉丁字母聯綴切音的閩南語白話字。1852 年,羅啻將《約翰福音》譯爲閩南白話,爲最早的《聖經》閩南語書卷。之後,他們相繼將《聖經》各書卷譯成閩南語。1853 年,羅啻在廣州出版了《翻譯英華廈腔語彙》一書,幫助宣教士學習閩南語。此外,他還用閩南語編寫《鄉訓十三則》等書。其後半生完全獻給廈門宣教事業。1864 年 3 月,羅啻退休返美,途中去世。

【378】TA 1978.89 33 初學問答 C-0143 A23

008134549　（英粵白文綫裝本 1892）

扉頁:福州美華書局活板（右）

　　　　初學問答（中）

　　　　光緒十八年英粵白文（左）

目録。英中對照,共有 2 集。第 1 集有 25 課,第 2 集有 26 課。

13×19.5cm,此書左邊第一頁爲首頁,橫排 33 句,白口,版心上鎸英文書名,右上角鎸頁碼,共 116 頁。

Easy questions for beginners in English and Chinese. Prepared by Rev. O. Gibson, for the use of Chinese sunday schools in America. Foochow, M. E. Mission Press, 1892.

【作者】Otis Gibson.

【379】TA 1978.89 36 聖經問答（70 則） C-0143 A21

008134550　（文言）

《聖經問答》,上海:中國聖教書會發,光緒十三年（1887）。

扉頁:耶穌降世一千八百八十七年　中國聖教書會發

　　　　聖經問答

　　　　大清光緒十三年歲次丁亥　上海美華書館擺印

主禱文——聖經問答（共 70 則）——真神十誡。

半頁,框 10×15.5cm,12 行,行 30 字,白口,四周雙邊,單黑魚尾,版心上鎸書名"聖經問答",共 8 頁。

Pencil note added on cover：Bible catechism translated by C. R. Hager.

【作者】喜嘉理（Charles Robert Hager）,1851—1917。

【380】TA 1978.89 50 真道問答淺解（嗎吥呷,1829） C-0142 A16

008134551　FC8182　Film Mas 32086

道光九年孟夏新鎸

真道問答淺解（文言）

學善纂

有道光八年春學善軒道人《真道問答淺解·序》1 頁。

正文:55 問 55 答,共 55 組,以數位順序排列,共 14 頁。

半頁,框 10×16.5cm,8 行,行 24 字,白口,四周雙邊,單黑魚尾,版心上鐫書名"真道問答淺解"。

【作者】梁阿發（Liang Afa）,1789—1855。

cf. Wylie. Memorials. p. 22. 14 leaves. Malacca,1829.

【381】TA 1978.89 55 **幼學淺解問答** C-0142 A11

008141309

封面:嘉慶丙子年新鐫（橫排）

　　　禮記曰玉不琢不成器人不學不知道（竪排）

　　　幼學淺解問答（竪排）

　　　博愛者纂（竪排）

無序。

正文（p.1-30）103 則問答,每一個問爲一行,答則另起一行,以數位順序排號。

半頁,框 10×19.5cm,6 行,行 20 字,白口,四周雙邊,共 30 頁。

【按】這張卡片與"【385】TA 1978.89 55b 幼學淺解問答 C-0142 A12"在一張卡片上,索書號完全相同,應分開,兩者内容略有變動,"TA 1978.89 55b 幼學淺解問答"有 165 則問答,後附《幼者早上祈禱神之文》、《幼者晚上祈禱神之文》2 頁。兩者内容不完全相同。

【382】TA 1978.89 55（1848） **幼學淺解問答** C-0142 A13

008134566

道光二十八年(1848)重鐫

禮記曰玉不琢不成器人不學不知道（竪排）

幼學淺解問答（竪排）

板存福州寓所　博愛者纂（竪排）

正文（p.1-32）165 則問答,每一個問答是問一行,答另起一行。但取消了數字標號。

後附《幼者早上祈禱神之文》（p.33）、《幼者晚上祈禱神之文》（p.34-35）。

卷末有"幼學淺解問答終"之語。

半頁,框 10.5×16.5cm,8 行,行 20 字,白口,四周雙邊,單黑魚尾,版心上鐫書名"幼學淺解問答序",共 35 頁。

【按】疑版心上鐫書名有誤,全書沒有用"序",可是整本書版心上的書名則加了"序"字。道光二十八年即 1848 年。"TA 1978.89 55（1848）"與"TA 1978.89 55（1850）"是内容相同、年代不同的重版。

【作者】博愛者(William Milne),1785—1822。

【383】TA 1978.89 55（1850） **幼學淺解問答** C–0142 A13

008134566

道光三十年(1850)重鎸

禮記曰玉不琢不成器人不學不知道(竪排)

幼學淺解問答(竪排)

板存福州寓所　博愛者纂(竪排)

正文(p.1–32)165 則問答,每一個問答是問一行,答另起一行。但取消了數字標號。

後附《幼者早上祈禱神之文》(p.33)、《幼者晚上祈禱神之文》(p.34–35)。

卷末有"幼學淺解問答終"之語。

半頁,框 10.5×16.5cm,8 行,行 20 字,白口,四周雙邊,單黑魚尾,版心上鎸書名"幼學淺解問答序",共 35 頁。

【作者】博愛者(William Milne),1785—1822。

【384】TA 1978.89 55（1850） **幼學淺解問答** C–0142 A14

008134567

【按】本書内容同"【383】TA 1978.89 55（1850） 幼學淺解問答 C–0142 A13",但卡片單獨一張,有單獨的索書號和縮微膠片號碼,故單獨著録。

《幼學淺解問答》,博愛者纂,福州寓所,道光三十年(1850)。

半頁,框 10.5×16.5cm,8 行,行 20 字,白口,四周雙邊,單黑魚尾,版心上鎸書名"幼學淺解問答序",共 35 頁。

【作者】博愛者(William Milne),1785—1822。

【385】TA 1978.89 55b **幼學淺解問答** C–0142 A12

008141309　FC8327

嘉慶丙子年新鎸(橫排)

禮記曰玉不琢不成器人不學不知道(竪排)

幼學淺解問答(竪排)

博愛者纂(竪排)

《幼學淺解問答·序》5 頁。

正文(p.1–30)165 則問答,每一個問答爲一組,以數位順序排號。但單獨問答連在一起,另起一行。

後附《幼者早上祈禱神之文》(p.30)、《幼者晚上祈禱神之文》(p.31–32)。

全書共 5+32＝37 頁。

卷末有"幼學淺解問答終"之語。

半頁,框 8×15cm,8 行,行 20 字,白口,四周雙邊,單黑魚尾,版心上鎸書名"幼學",共 37 頁。

【按】第一本 A11 與第二本 A12 內容不完全相同。

cf. Wylie. Memorials. p. 14-15.

【作者】William Milne, 1785—1822.

【386】TA 1978. 89 56 問答淺註耶穌教法 C-0142 A9

008134568　（淺文言）

封面:耶穌臨時一群神使頌曰榮歸與神主至上太平於地及人恩意矣

　　　問答淺註耶穌教法

正文:"問曰—答曰"按數位順序,共百零三。每一組的"問"與"答"均單獨成行,其中 "95:耶穌教厥使徒之祈禱、96:所信全說、98:朝祈禱、99:夕祈禱、100:每將食飯之小祈、 101:每食完飯蒙恩之祈、102:大五得王第一百詩歌、103:高百耳氏詩"沒有問答。

半頁,框 10×19.5cm,6 行,行 20 字,版心下鎸頁數,共 30 頁。

【按】此本與下條"C-0142 A10",前 103 組問答內容完全一致,但版式不一,同時此本 沒有《神道論贖救世總說》《祈禱神式》的內容。

【作者】Robert Morrison, 1782—1834.

cf. Wylie. Memorials. p. 4. 30 leaves. Canton, 1812. " in substance, the shorter catechism of the General Assembly of divines, a little modified".

【387】TA 1978. 89 56b 問答淺註耶穌教法 C-0142 A10

封面:耶穌臨時一群神使頌曰榮歸與神主至上太平於地及人恩意矣

　　　問答淺註耶穌教法

正文:"問曰—答曰"按數位順序,共百零三。每一組的"問"與"答"不單獨成行,全書 連爲一體。其中"95:耶穌教厥使徒之祈禱、96:所信全說、98:朝祈禱、99:夕祈禱、100:每 將食飯之小祈、101:每食完飯蒙恩之祈、102:大五得王第一百詩歌、103:高百耳氏詩"沒有 問答。

半頁,框 8×14cm,5 行,行 20 字,四周雙邊,版心下鎸頁數,共 23 頁。

後附《神道論贖救世總說》《祈禱神式》,共 6 頁。全書共 29 頁。

【按】此本是上條"C-0142 A9(1812)"版本的另一版式,前 103 組問答內容完全一致, 就是版式不一,同時此本增加了《神道論贖救世總說》《祈禱神式》的內容。

Pen note added on cover: Malacca Press. 嗎𠯿呷:英華書院?,18—?

cf. Wylie. Memorials. p. 4. 30 leaves. Canton, 1812.

【作者】Robert Morrison, 1782—1834.

【388】TA 1978.89 59 耶穌教問答（官話） C-0143 A22

008134570

光緒五年力示嘉

耶穌教問答　官話

福州美華書局印　光緒五年（1880）

正文《耶穌教問答》，“問”一行，“答”一行，通過問答形式講説耶穌教的大旨，是一本傳播教義的入門教科書。

半頁，框 10.2×13.5cm，8 行，行 15 字，白口，四周雙邊，單黑魚尾，版心上鎸書名“耶穌教問答”，共 34 頁。

cf. Wylie. Memorials. p.225-226. Attributed to Mrs. Nevius. 雷振華纂《基督聖教出版各書書目彙纂》p.93 耶穌教問答有文言及官話，均列爲倪戈氏著。

【作者】Helen Sanford Coan Nevius, 1833—1910.

【389】TA 1978.89 091 異蹟問答 C-0403 C23

008134548　（官話）

耶穌降世一千八百六十六年

異蹟問答

（北京）京都燈市口耶穌堂藏板

開篇首行：耶穌異蹟問答。

分三十四章，一問一答，把《聖經》Jesus Christ-Miracles 和 Catechism 的故事通過問答形式講述出來。

半頁，框 10.5×15cm，9 行，行 20 字，白口，四周雙邊，單黑魚尾，版心上鎸書名“異蹟問答”，共 93 頁。In Chinese (Mandarin). Divided into 34 chapters.

Penicl note added on cover: Catechism by Mrs. Bridgman

【作者】裨治文（Eliza Jane Bridgman）。

【390】TA 1978.89 551 真道入門 C-0142 A15

008156296　（文言文）

咸豐五年（1855）

真道入門

鷺門蓼仔後花旗館寓藏板

有《真道入門序》1 頁。

正文以“問—對曰”形式，單獨成行。句式表達比較簡單。後附《進教祈禱文》。

半頁,框 6.5×10.5cm,10 行,22 字,白口,四周雙邊,單黑魚尾,版心上鐫書名"真道入門",共 18 頁。

Revision of his father's catechism for youth（You xue qian jie wen da）（幼學淺解問答）.
cf. Wylie. Memorials. p.15, 124. 17 leaves, Shanghae, 1851. Reprinted at Hongkong in 1851, in 19 leaves; at Amoy in 1854.

【作者】米憐(William Charles Milne),1815—1863。

【391】TA 1978 5300 天道溯原（3 卷） C-0454 C77

008131335

封面:耶穌降世一千八百七十二年(右)

　　　天道溯原(小篆)(中)

　　　咸豐四年初次刊刻　同治十年五次重鐫　蘇松上海美華書館鉛印(左)

上海:美華書館,同治十一年(1872),咸豐四年初次刊刻,此係五次重鐫本。

卷首有咸豐八年唐傳中《天道溯原序》(2 頁),同治六年四明企真子《序言》(草書,2頁)。隨即爲《目錄》及《天道溯原引》(4 頁),正文部分爲上卷七章、中卷七章、下卷十章。

24cm,10 行,行 23 字,白口,四周雙邊,單黑魚尾,版心上鐫書名,中鐫各章篇名,下鐫頁碼及卷數,共 116 頁。全書 126 頁。

cf. Wylie. Memorials. p.17.

【作者】丁韙良(William Alexander Parsons Martin),1827—1916。

【《天道溯原》】《天道溯原》是丁韙良在寧波每日夜間講道之作,其寫作過程他自己在英文《中國六十年記》以及後來的《花甲憶記》中都有所披露:"余著《天道溯原》一書,意在究其根源,揆其事理,俾知所傳之道並非托諸虛詞,皆有所本。"

《天道溯原》之内容:以自然神學與啟示神學證明基督教教義。《天道溯原》由引言以及上中下三卷組成。丁韙良把《天道溯原》的材料按自然神學(自然證據)、屬於啟示神學的歷史文獻證據以及聖經之啟示分成三卷。上卷"論上帝惟一,即造化天地而主宰之者,深察物理,確有可憑";中卷"論上帝已降恩詔,令萬國遵循,核之卷籍,揆之人心,鑿鑿可據";下卷"論詔書中大端,詳辨精察,自具明證"。"天道"就是基督教,基督教就是"天道"。

【392】TA 1979.1 14 聖書袖珍 C-0435 C57

008134855　　(綫裝,淺文言,麻六甲 1832)

封面:道光十二鐫

　　　聖書袖珍

　　　聚寶樓藏板

有《聖書袖珍目録》:

勸少年之人該行善離惡、不可説謊、治正舌頭、論譭謗、發怒招懷怨、論懶惰、貪財之心、驕傲及謙遜之心、嗜酒之人、論義理、論聖德、神天愛恤世人、民之本分向各官員、謙遜之德爲最須要的、當恕免凡損害我之人、誠心崇拜神天上帝。

半頁，框6×8cm，9行，行12字，白口，四周單邊，單黑魚尾，版心上鎸書名"聖書袖珍"，共52頁。

【作者】柯大衛（David Collie，d.1828），化名"種德者"，倫敦會傳教士。英華書院第三任院長，是第一個將《四書》譯爲英語的人。

Pen note on cover：Sacred sleeve-gem. Selected from the Bible by the Rev. Bridgeman.

cf. Wylie. Memorials. p.47. Scripture extracts. 53 leaves. Malacca, 1832. 16 articles, viz. -an exhortation to the young, -against lying, -governing the tongue, -reviling, -anger,

【393】TA 1979.1 19 至美之德（1902）C-0450 C73

008134859

扉頁：西曆一千九百零二年　北通州公理會牧師富善譯

　　　　至美之德

　　　　光緒二十八年歲次壬寅　中韓香港基督教青年會總委辦發刊

　　　　上海江西路二十九號總委辦處發售

有光緒二十七年十月富善寫的《譯至美之德序》介紹英國德門先生傳教經歷及其著作，論及《至美之德》，並譯爲官話之由。

有《至美之德論》，第一段將愛與諸般才德比較，第二段將愛詳細分解，第三段將愛論爲至高。

半頁，框10.5×16cm，13行，行33字，白口，四周雙邊，單黑魚尾，版心上鎸書名"至美之德"，共10頁。光緒二十八年即1902年。

【按】1903年有榕腔的《至美之德》，估計是中國人在此基礎上做的福州土話對應本。

【原作者】德門（Henry Drummond，1851—1897），英國傳教士。

【譯者】善富（Chauncey Goodrich，1836—1925），美國傳教士。

【394】TA 1979.1 19.1 Ce Mi Ci Daik（至美之德）C-0451 C74

008146531　（榕腔）

Foochow College Romanized Press, Foochow city, 1903

扉頁：Ce Mi Ci Daik（至美之德）

　　　　Ling Iu Cu Ik

　　　　Hok-ciu Siang（福州城）Luo-ma-ce Cu Guoh Uak-beng

【按】這個版本是根據"至美之德/德門著，富善譯，1902"翻譯來的，可以對照閱讀。分三段。

《至美之德論》，哥林多前書十三章，富善將德門的原著翻譯成中文，概由 Ling Iu-cu 翻譯成榕腔作爲教會學校教材。

半頁,框 9.5×16cm,22 行,橫排,頁上鎸書名"Ce mi ci daik",共 46 頁。

Pen note added on cover：The greatest thing in the world. Tr. by Ling In cu, class 1901, Foochow College.

【按】有"至美之德/德門著,富善譯,1902",估計 Ling Iu-cu 是根據這個版本做的榕腔對應本,請參閱 C-0450 C73 至美之德 Greatest thing in the world（Chinese 1902）。

【原作者】Henry Drummond, 1851—1897.

【譯者】Ling Iu-cu.

【395】TA 1979.1 35 慈惠博愛（新嘉坡 1839） C-0441 C64

008134860　　FC8163　　Film Mas 32088　　（小説類）

《慈惠博愛》,教會小説,道光十九年己亥鎸,新嘉坡堅夏書院藏板。講述泉州一村各家納悶憂愁互相爭競,有牧師傳教解化紛争,勸誘和諧。

半頁,框 11.5×19cm,10 行,行 24 字,白口,四周雙邊,單黑魚尾,版心上鎸書名"慈惠博愛",下鎸"戊戌"二字,共 5 頁。

cf. Wylie. Memorials. p.60. "A discourse assumed to have been delivered at a village, in Fuh-keen province".

【作者】Karl Friedrich August Gützlaff, 1803—1851.

【396】TA 1979.1 35.1 福音之箴規 C-0438 C61

008140791　　FC4196　　FC-M1251　　（郭實臘譯本,文言綫裝,新嘉坡 1836）

封面：道光十六年鎸　新嘉坡堅夏書院藏板

　　　福音之箴規　愛漢者纂

有目録有序。

上帝默示其聖旨與世人,此謂聖録也。夫聖録概乃上帝默示,有用以教訓,譴謫責善傳義。昔時屢次殊樣,上帝發聖人啟示列祖,惟此末時遣神子,以天理傳我矣。蓋上帝之道,其所啟示者,活動感動人心,利於雙口劍,可刺剖神靈骨髓,省察心之思念矣,無物隱匿於其面前,乃萬物露光開明,在吾主眼前也。蓋若天使所傳者穩立,令諸違逆遭其公判,則吾負鴻恩,不尋救全,如此何能逃避乎?

主先傳此救道,又受於主者轉授我也。上帝亦供證,按其聖旨,賜行神跡、靈號,非常之事,及賜聖神也。

神理　　　見第一帙（頁）

愛他如己　見第二帙（頁）

夫婦　　　見第三帙（頁）

父子　　　見第五帙（頁）

主僕　　　見第五帙(頁)

君民　　　見第六帙(頁)

諸人　　　見第七帙(頁)

功勞　　　見第十四帙(頁)

半頁,框10.5×16.5,10行,行26字,白口,四周雙邊,單黑魚尾,版心上鎸書名,共17頁。

cf. Wylie. Memorials. p. 57. "Gospel precepts. ... a selection of portions of Scripture truth reqarding the relations of life, arranged in eight articles ...".

【作者】Karl Friedrich August Gützlaff, 1803—1851.

【397】TA 1979.1 35.2 誨謨訓道(1838) C-0439 C62

008140792　FC4196　FC-M1251

道光十八年歲次戊戌鎸

誨謨訓道

新嘉坡堅夏書院藏板

有《誨謨訓道目録》。

第一回:紅顔薄命(寫基督徒陳委用《論語》"不義而富且貴,於我如浮雲",勸喻貪財而吝嗇的商人回頭)

第二回:浩蕩虛費

第三回:心歪恣積

半頁,框11.5×19cm,10行,行24字,白口,四周雙邊,單黑魚尾,版心上鎸書名"誨謨訓道",中鎸回數,下鎸"戊戌"二字,共17頁。

該書描述商人的兒子萬行、門諮最初吸鴉片、賭博、嫖妓,無所不爲,後信教改邪歸正。屬於浪子回頭的典型。類似的小說還有《常活之道傳》、《是非略論》、《正邪比較》、《小信小福》、《悔罪之大略》,都是浪子回頭的典型。

cf. Wylie. Memorials. p. 60. "Instructive details. ... intended to illustrate practical Christianity by means of a personal narrative, in three chapters".

【作者】Karl Friedrich August Gützlaff, 1803—1851.

【398】TA 1979.1 35.3 生命無限無疆 C-0440 C63

008140793　FC4196　FC-M1251　FC-M711

封面(破損):

　　道光十八年戊戌

　　生命無限無疆

　　新嘉坡堅夏書院

道光十八年即 1838 年。該書講述廣州富人李令和鄰居窮人劉岱的故事。廣州富人李令迷戀奢侈生活,精神萎靡成病,鄰居窮人劉岱將聖書之言勸慰其信上帝之言,永納嘉祥,涉及人死之靈魂之説,悔罪信耶穌,則可死而復生。劉岱實爲説教之人。

半頁,框 19×11.5cm,10 行,行 24 字,白口,四周雙邊,單黑魚尾,版心上鐫書名“生命無限無疆”,共 6 頁。

cf. Wylie. Memorials. p. 60. Endless life. 5 leaves. Singapore, 1838. Dialogue form Christian ethics.

【作者】Karl Friedrich August Gützlaff, 1803—1851.

【399】TA 1979. 1 55 崇真實棄假謊略説 C-0442 C65

008140807　FC8326　Film Mas 32206

《崇真實棄假謊略説》,口語,有一點文言語氣詞,麻六甲 1816 年。

封面:崇真實棄假謊略説　博愛者纂

正文:《謊語之罪論》(閏六月)

原刊於《察世俗每月統記傳》,嘉慶丙子年(1816)閏六月。

正文從《聖書》云“汝當棄謊,各人與己鄰講真,因吾輩相爲肢也。世人多説假話,犯斯罪”列舉説謊的多種情況,説明不可講謊話的道理和説謊話的罪惡,告誡人們説真話。

半頁,框 8×14cm,8 行,行 20 字,引用《聖書》原文則大字占 2 行,白口,四周雙邊,單黑魚尾,版心上鐫書名“察世俗”,p.31–35,共 5 頁。

cf. Wylie. Memorials. p.14. Founded on Ephesians 4:25.

【作者】米憐(William Milne),1785—1822。

【400】TA 1979. 1 71. 1 聖書五常撮要 C-0436 C58

008140808

封面:耶穌降世一千八百六十六年

　　　聖書五常撮要

　　　歲次丙寅　上海美華書館刊

所謂“撮要”即在《聖經》材料中選擇片段;所謂“五常”即仁、義、禮、智、信;所謂“聖書”,即《聖經》。類似《××語録》。

仁(p.1–3):

爾毋報仇,亦毋怨憾。爾衆民中之嗣,爾宜愛爾鄰如己。我乃耶和華也。(利未十九章十八節)

與爾同居之賓旅,爾當視若爾中土著者然,爾必愛之如己,蓋爾曹曾爲賓旅於埃及地也。我乃耶和華,爾之神。(同上章三十四節)

義(p.3–9):

我將遠取我之知識,而以義歸於造我者兮。(約伯三十六章三節)

蓋耶和華義兮,以義爲喜,其面必觀察正直之人兮。(詩篇十一首七節)

禮(p.9-12):

亦欲婦女以合宜之衣自飾,且廉恥貞節,勿以編髮,或金或珠,或珍貴之衣,乃以善行,如稱敬神之女者,所宜也。婦女宜安靜學道,以及順服,我不許婦女施教,擅權於男,乃必安靜。(提摩前書二章九節至十二節)

智(p.12-16):

我以爲日久當有議論,年高當以智慧教人。(約伯三十二章七節)

信(p.16-19):

爾毋妄證爾鄰。(出埃及二十章十六節)

半頁,框9.5×14cm,文言,9行19字,白口,四周雙邊,單黑魚尾,版心上鐫書名,共19頁。

cf. Wylie. Memorials. p. 226. Shanghae, 1864. Notes:"Biblical extracts on the Five virtues."

【作者】丕恩業(Charles Finney Preston),1829—1877。

【401】TA 1979.1 80 是非要義(管國金筆述) C-0446 C69

007766005　(精裝)

《是非要義》,管國金筆述,通州:華北協和書院發行,橫濱:福音印刷合資會社印刷,光緒三十三年(1907)。

扉頁:耶穌降生一千九百零七年

　　　　是非要義

　　　大清光緒三十三年歲次丁未

有光緒丙午年春北通州管國金撰寫的《序》,一千九百零六年協和書院院長謝衛樓撰寫的《是非要義自序》。

有《是非要義目次》:

卷上:論是非之理

是非學之大旨:何爲是非學　善所以爲善何在　是非學如何分論　是非學可稱爲模範學

第一章　論善之原由(第1—8節)

第二章　論是非學與他學相關(第9—15節)

第三章　論人心關乎是非之運動(第16—19節)

第四章　論人是非不同之故(第20—23節)

第五章　論人之是非當有主領之權(第24—25節)

第六章　論關乎是非之天理(第26—36節)

第七章　論定志之才(第 37—41 節)

第八章　論道德(第 42—46 節)

第九章　論邪慝(第 47—50 節)

卷下:論是非之用

第一章　論對上帝之本分(第 51—59 節)

第二章　論對己之本分(第 60—71 節)

第三章　論對人之本分(第 72—83 節)

第四章　論對人之本分(第 84—90 節)

第五章　論萬國當以仁義爲交涉之準(第 91—95 節)

第六章　論對國之本分(第 96—100 節)

第七章　儒教論是非之大旨(第 101—105 節)

第八章　基督教論是非之大旨(第 106—111 節)

半頁,12.5×18.5cm,16 行,行 38 字,白口,四周雙邊,版心上鎸書名"是非要義"與卷次(卷上、卷下),中鎸各卷章次及篇名,共 111 節,其中卷上、卷下分別有《卷上習問》和《卷下習問》,類似每章的思考題,共 84 頁。卷末有 The Principles of Ethics by D. Z. Sheffield,President of the North China Union College(1907 年 5 月 29 日),有英文《序》(English preface)。

【作者】D. Z. Sheffield, 1841—1913.

Outgrowth of Classwork in the North China Union College——Preface.

Added title:Principles of Ethics.

【402】TA 1979.1 81 論舌寶訓 C-0447 C70

008140809　(官話)

中華民國四年春季　每冊六分

論舌寶訓

最新出版　上海中國聖經書會售

屬於基督教倫理方面的書。半頁,6.2×12cm,6 行,行 24 字。相關標題則大字,相關訓釋引文則小字。版心上鎸書名"論舌寶訓",共 84 頁。

INTERNET LINK:http://nrs.harvard.edu/urn-3:FHCL:3353772

http://purl.oclc.org/DLF/benchrepro0212

Harvard-Yenching Library Chinese Republican Period (1911—1949) Digitization Project.

Added title:Precious teaching on the tongue, by Mrs. Arthur Smith.

【作者】Mrs. Arthur Smith.

【403】TA 1979.3 06 **常拜真神之道** C-0477 D1

008140810

封面：真神乃靈而凡拜之者必以靈意誠心而拜之也

　　　常拜真神之道

正文：常拜真神之道，真神十誡之第四誡。

半頁，框7×9cm，6行，行12字，白口，四周雙邊，單黑魚尾，共4頁。出版年代不詳。

Pen note added on cover：Duty of worshipping the true god.

cf. Wylie. Memorials. p.109. An issue was pub. with title：Chang bai Yehehua zhi dao.

【作者】波之耶（Dyer Ball），1796—1866。

【404】TA 1979.3 1872 **教會禱文** C-0485 D9

008213332 　（精裝，官話）

扉頁：耶穌降世一千八百七十二年　英國包爾騰美國施約瑟同譯

　　　教會禱文

　　　同治十一年歲次壬申　京都美華書館刷印

《凡例》（7則）。

《教會禱文目錄》：

卷一：早禱文　晚禱文　總禱文　隨時禱文　謝文

卷二：聖詩共150篇，按每日早禱、晚禱分錄，每月周而復始

卷三：主日祝文書信福音　聖日祝文書信福音　施餐聖禮文

卷四：施洗嬰孩聖禮文　施洗壯年聖禮文　教會問答　堅信禮文　大齋首日懺悔文　婚姻禮文　看視病人文　施餐病人聖禮文　殯葬禮文　家用禱文

卷五：派立會吏禮文　派立教師禮文　派立監督禮文

卷六：論要道三十九條

半頁，框12.2×19.5cm，10行，行25字，白口，四周雙邊，單黑魚尾，版心上鐫書名"教會禱文"，中鐫各篇篇名，下鐫卷次，共382頁。

有英文：

The book of common Prayer, translated into Mandarin by the Reverend J. S. Burdon, Church Missionary Society. And the Rev. S. I. J. Schereschewsky, American Episcopal Mission, Peking 1872.

by J. S. Burdon and S. I. J. Schereschewsky.

【譯者】（1）包爾騰（John Shaw Burdon，1826—1907），英國傳教士。（2）施約瑟（Samuel Isaac Joseph Schereschewsky，1831—1906），美國傳教士。

【405】TA 1979.3 1872b 教會禱文(第二分冊缺失)

008213332

封面:耶穌降世一千八百七十二年　英國包爾騰美國施約瑟同譯

　　　教會禱文

　　　同治十一年歲次壬申　京都美華書館刷印

第一分冊:卷一至卷二 p.1–136

第二分冊:缺失,缺卷三 p.137–292 的内容

第三分冊:卷四至卷六 p.293–381

具體内容和頁碼同上條"TA 1979.3 1872 教會禱文 C–0485 D9",此略。

【按】該卡片與"【404】TA 1979.3 1872"同一張,索書號同,内容同。但該藏本《教會禱文》爲一函三冊綫裝本。是同一個版式的不同裝訂本。主要區別是缺第二分冊。

【406】TA 1979.3 1875 祈禱式文(附:教會信録) C–0486 D10

008140811　(福州土腔 1875)

光緒元年　福州土腔

祈禱式文

附　教會信録　福州　霞浦街禮拜堂印

悔改祈禱文　早晨祈禱文　晚祈禱文

每飯謝恩文式　上帝十誡　教會信録　會約　牧師連衆會友接人入會

半頁,框 9.2×14cm,7 行,行 16 字,白口,四周單邊,單黑魚尾,版心上鑴書名"祈禱式文",共 20 頁。光緒元年即 1875 年。

Pen note added on cover: Book of prayers, grace at meals, ten commands, creeds and covenants. Compiled by D. W. O. Prayers mostly taken from "Foochow manual".

【407】TA 1979.3 1877X 聖公會大綱

008648785

封面:耶穌降世一千八百七十七年

　　　聖公會大綱

　　　光緒三年歲次丁丑　上海美華書館印

《聖公會大綱序》:

本公會所書大綱三十九則,略加講論以辨其來歷,爲之序于左。

大英國教會原信從聖書之正道,後爲羅馬教舛謬貽誤,故此必欲與之分離,而歸宗正道,特爲設立大綱,剖析道理之真偽而已。

昔主降生一千五百五十二年,分定四十二條,後復刪削,在降生一千五百七十一年,修改僅三十九條,嗣後三百年間,職任監督會長會吏者,必須應許信從各大綱而後可任厥職。

凡學道者欲明大綱之所以然,當查考公會史鑒,即知各條所評之差謬,抑欲知確實大綱要道,惟以聖書爲證。此書注解大約本此二意,一解説各條來歷,二以各條與聖書相合較對。三十九大綱可分爲六段:一至五論三位一體之神;六至八論通道根源;九至十八論世人犯罪與得救之意;十九至二十四論信此道者聚集爲公會,又評羅馬教之謬;二十五至三十一論公會之二大聖禮;三十二至三十九論會中所守之規矩。上之六論,規條之綱領也,俾使信徒覽是書,不特瞭然於目,並且瞭然於心,可棄其僞以就其真爾。

正文分兩部分:

(1)聖公會大綱 p.1-11;正文,半頁,框 12.2×18cm,10 行,行 23,白口,四周雙邊,單黑魚尾,版心上鐫書名“聖公會大綱”,共 11 頁。

(2)聖公會大綱注解;注解文,半頁,框 12.2×18cm,10 行,行 23,白口,四周雙邊,單黑魚尾,版心上鐫書名“聖公會大綱”,中鐫“注解”,共 79 頁

“聖公會大綱”和“聖公會大綱注解”兩部分,共 90 頁。

【408】TA 1979.3 1880 教會禱文 C-0487 D11

008140812　(淺文言,接近官話)

耶穌降世一千八百八十年

教會禱文

歲次庚辰　上海聖約翰書院藏板

正文:早禱文　總禱文　阿塔那修信經　晚禱文　隨時禱文　施聖餐文　周年主日祝文　周年聖日祝文

半頁,框 11.5×18cm,10 行,行 23 字,白口,四周雙邊,單黑魚尾,版心上鐫書名“教會禱文”,中鐫各篇篇名,共 44 頁。

【作者】Protestant Episcopal Church, U.S.

【409】TA 1979.3 1888 共讀經文 C-0488 D12

008140813　FC4293　FC-M1807

《共讀經文》,(北京)京都:美華書院印,光緒十四年(1888)。

封面:共讀經文

扉頁:耶穌降世一千八百八十八年

　　　共讀經文

　　光緒十四年歲次戊子　京都燈市口美華書院印

有泰西伯亨理識《共讀經文序》,序云:“今擇舊約聖詩分爲六十二段,箴言及先知書並新約數章分爲十八(八)段,共七十段,録成一書,名曰共讀經文。堂中禮拜,讀畢禱告簡文,可隨意選讀經文,或不用禱告簡文,亦可隨意選讀經文……”

約翰一書(選段)。

有《共讀經文目録》：

禱告簡文、天主十誡、聖詩、箴言（選段）、以賽亞（選段）、馬太福音（選段）、約翰福音（選段）、捐輸時所讀經文、施洗壯年聖事文、施洗嬰孩文、接受幼年領洗者自認信主禮文、聖日祝文書信福音、施聖餐文、婚姻簡禮文、殯葬禮文。

半頁，框 11×16.5cm，10 行，行 20 字，白口，四周雙邊，單黑魚尾，版心上鐫書名"共讀經文"，中鐫篇名，共 227 頁。

【按】核對了某些篇目，雖爲官話，但與 1872 年"C-0485 D9 教會禱文 Peking 美華"的文字略有不同。

【作者】白漢理（Henry Blodget），1825—1903，美國公理會傳教士。

【410】TA 1979.3 1907 共讀經文 C-0489 D13

008140814　FC4293　FC-M1807　（官話）

封面：共讀經文

扉頁：耶穌降世一千九百零七年（右）

　　　　共讀經文（中）

　　　　光緒三十三年歲次丁未　北通州協和書院印字館印

有北通州公理佈道會萬卓志、陳嘉麟寫的《共讀經文序》1 頁：

是書原爲柏亨理牧師所著，乃主日大衆聚集敬拜主所用。……經庚子之衰，原本殘毁不齊，辛（幸）而萬卓志牧師手得舊本，重新纂修，於原本之内删去者約三分之一，是書告成，仍名曰《共讀經文》。堂中禮拜，讀畢禱告簡文後，可隨意選讀經文，或不用禱告簡文，亦可隨意選讀經文……

有《共讀經文目録》2 頁。

正文：

禱告簡文（一篇）、贊美頌（四篇）、使徒信經（七篇）、主禱文（八篇）、求允禱文（十篇）p. 1-10

上帝十誡（十一篇）p. 11-13

詩篇 150 篇（選段）p. 14-197

箴言（選段）p. 198-208

以賽亞（選段）p. 209-218

馬太福音（選段）p. 219-222

約翰福音、約翰一書（選段）p. 223-224

哥林多前（選段）p. 225-227

半頁，框 10.5×15.5cm，11 行，20 字，白口，四周雙邊，單黑魚尾，版心上鐫書名"共讀經文"，中鐫篇名，共 227 頁。

【按】核對了某些篇目，雖爲官話，但與 1872 年"C-0485 D9 教會禱文 Peking 美華"中的文字略有不同。

　　【作者】Henry Blodget, 1825—1903. George Durand Wilder, b. 1869.

【411】TA 1979.3 1917 公禱文 C-0489 D14

　　008145107　（綫裝本）

　　封面:公禱文　附詩篇

　　扉頁:主降生一千九百十七年(右)

　　　　　公禱文(中)

　　　　　聖公會訂(左)

　　目録(3 頁)。

　　公禱文讀例:

　　讀公禱文之定章、西曆每月聖經單、聖教周年無定期之聖節、聖教周年節期、聖教禁食之期、預算聖潔日期單,共 48 頁。

　　公禱文正文:

　　早禱文、晚禱文、總禱文、隨時禱文、隨時謝文、大齋首日懺悔文、施聖餐文、周年祝文書信福音、施洗嬰孩文、施洗壯年文、教會問答、堅振禮文、婚姻禮文、看視病人文、施聖餐與病人文、殯葬禮文、婦人誕生感謝文、感謝禱文、家用禱文、派立會吏禮文、派立會長禮文、派立主教禮文、祝堂成聖文。

　　正文共 294 頁。

　　附録之《詩篇》:

　　主降生一千九百十七年(右)

　　詩篇(中)

　　聖公會著(左)

　　《詩篇》150 篇,半頁,框 15.5×11cm,13 行,行 27 字,白口,四周雙邊,單黑魚尾,版心上鎸書名"公禱文",中鎸"詩篇"及禱告時間方式,下鎸頁數,共 168 頁。

　　全書:3+48+294+168＝513 頁。

【412】TA 1979.3 1918 公禱文附诗篇 C-0489 D14

　　008145107

　　封面:公禱文附詩篇

　　扉頁:主降生一千九百十八年(右)

　　　　　公禱文(中)

　　　　　聖公會訂(左)

　　目録(3 頁)。

　　正文分三部分:

一、公禱文讀例：讀公禱文之定章、聖節詩篇選篇、詩篇選篇、讀舊約新約聖經之定章、主日特選聖經單、聖日特選聖經單、西曆十二個月聖經單、周年無定期之聖節、聖教周年節期、聖教禁食之期、預算聖節日期單，共48頁。

二、公禱文正文：早禱文、晚禱文、總禱文、隨時禱文、隨時謝文、大齋首日懺悔文、施聖餐文、周年祝文書信福音、施洗嬰孩文、施洗壯年文、教會問答、堅振禮文、婚姻禮文、看視病人文、施聖餐與病人文、殯葬禮文、婦人誕生感謝文、感謝禱文、家用禱文、派立會吏禮文、派立會長禮文、派立主教禮文、祝堂成聖文。

半頁，框15.5×11cm，12行，行27字，白口，四周雙邊，單黑魚尾，版心上鐫書名“公禱文”，中鐫篇名，下鐫頁數，共294頁。

三、附錄之《詩篇》

主降生一千九百十八年（右）

詩篇（中）

聖公會著（左）

正文《詩篇》150篇，半頁，框15.5×11cm，13行，行27字，白口，四周雙邊，單黑魚尾，版心上鐫書名“公禱文”，中鐫“詩篇”及禱告時間方式，下鐫頁數，共168頁。

全書：3+48+294+168＝513頁。

【按】【411】【412】是一個版式，但爲不同年份的再版，索書號相同。

【413】TA 1979.4 41 **教會聖禮規則** C-0483 D7

008140816　FC4293　FC-M1807

封面：教會聖禮規則

扉頁：主後一千九百十一年（右）

　　　教會聖禮規則（中）

　　　大清宣統三年歲次辛亥　北通州公理會印字館鐫（左）

《教會聖禮規則目錄》：

婚禮規則

喪禮規則

記名規則

施洗嬰孩規則

施洗壯年規則

施聖餐規則

選立執事規則

選立牧師規則

敬獻賀堂規則

經華北公理總議事會擬定（By a committee consisting of Rev. Li, Jen and Wilder），收錄

規則有：婚禮、喪禮、記名、施洗嬰孩、施洗壯年、施聖餐、選立執事、選立牧師及敬獻賀堂。

半頁，框 15.5×10.5cm，12 行，行 30 字，白口，四周雙邊，單黑魚尾，版心上鐫書名"教會聖禮規則"，中鐫各規則名，下鐫頁數，共 16 頁。

INTERNET LINK：http：//nrs. harvard. edu/urn-3：FHCL：3353773

Harvard-Yenching Library Chinese Republican Period（1911—1949）Digitization Project.

【414】TA 1979. 4 1885 聖教擇要禮文 C-0482 D6

008140815　FC4293　FC-M1807

封面：聖教擇要禮文

扉頁：耶穌降世一千八百八十五年（右）

　　　聖教擇要禮文（中）

　　　歲次乙酉　京都燈市口美華書院刷印（左）

《聖教擇要禮文目錄》（1 頁）：

聖教信經

認主受洗文

婚姻禮文

殯葬禮文

卷端題：公理教會擇要禮文，收有聖經信經、認主受洗文、婚姻禮文、殯葬禮文。

正文，半頁，框 15.5×11.1cm，9 行，行 18 字，白口，四周雙邊，單黑魚尾，版心上鐫書名"聖教擇要禮文"，中鐫篇名，下鐫頁碼，正文 19 頁，共 20 頁。

On fly added：The new congregational creed and confession of faith, with forms for marriages and funerals.

【415】TA 1979. 4 1910 教會聖禮規則 C-0483 D7

008140816

封面：教會聖禮規則

扉頁：主後一千九百十一年（右）

　　　教會聖禮規則（中）

　　　大清宣統三年歲次辛亥　北通州公理會印字館鐫（左）

《教會聖禮規則目錄》（經華北公理會總議事會擬定）：

婚禮規則 p.1（9 則，另含主婚禮文、主婚人祈禱）

喪禮規則 p.3（10 則）

記名規則 p.5

施洗嬰孩規則 p.6

施洗壯年規則 p.8

施聖餐規則 p.11

選立執事規則 p.14

選立牧師規則 p.15

敬獻賀堂規則 p.16

15.5×10.5cm,12 行,行 30 字,白口,四周雙邊,單黑魚尾,版心上鐫書名"教會聖禮規則",中鐫各規則名,下鐫頁數,共 16 頁。

INTERNET LINK:http://nrs.harvard.edu/urn-3:FHCL:3353773

【按】這個卡片同"【413】TA 1979.4 41"。

【416】TA 1979.5 1887 贊美詩(93 首,青州府浸禮會 1887)

009437515

扉頁:大清光緒十三年歲次丁亥

　　贊美詩

　　山東青州府浸禮會重刊

目錄(4 頁)。

頌揚上帝(1—6 首)、棄惡從善(7—13 首)、依求聖靈(14 首)、羨慕聖潔(15—17 首)、盼望永福(18—20 首)

頌揚上帝(21—31 首)、棄惡從善(32—36 首)、頌揚救主(37—50 首)、倚求聖靈(51 首)、羨慕聖潔(52—59 首)

祈禱上主(60—63 首)、復活永生(64—71 首)、聖經爲寶(72 首)、朝夕求謝(73—75 首)、樂守主日(76—77 首)、主降生日(78 首)、主復活日(79 首)、過年自省(80—81 首)、孩童頌主(82—87 首)、婚配頌主(88—90 首)、領受浸禮(91 首)、三一頌(92—93 首)

半頁,框 12.5×20cm,7 行,行 2 句,白口,四周雙邊,單黑魚尾,版心上鐫書名"贊美詩",中鐫詩的首數,共 81 頁。

【417】TA 1979.5 C1835 續纂省身神詩 C-0490 D15

008140818

封面:道光十五年重鐫(右)

　　續纂省身神詩(中)

　　嗎咭呷英華書院藏板(左)

卷首首行書名:續纂省身神詩。收詩共 54 首(第一至第五十四)。

道光十五年即 1835 年。半頁,框 11.5×19cm,12 行(含詩篇名),行 2 句(詩句),白口,四周雙邊,單黑魚尾,版心上鐫書名"省身神詩",下鐫頁數,共 19 頁,54 首。

【418】TA 1979.5 C1838 **養心神詩** C-0491 D16

008140819

扉頁：養心神詩（中）

　　　　尚德者纂（左）

共 71 首，每首有詩名，下有其一、其二、其三、其四甚至五六，多以四句爲其一、二、三，每首都引西文出處。

15.6×10cm，9 行，行 2 句，16 字，白口，四周雙邊，單黑魚尾，版心上鐫書名“養心神詩”，下鐫頁數，詩 71 首，共 47 頁。

【作者】尚德者（Walter Henry Medhurst），1796—1857。

出版社 Batavia：s. n.，1838—1843？

A translation of 71 hymns, chiefly from Rippon and Watts, with 1 from the Olney collection.

cf. Wylie. Memorials. p.32. Hymns, Chinese.

【419】TA 1979.5 C1852 **贊美詩** C-0494 D19

008140820

封面：咸豐二年（右）

　　　　贊美詩（中）

　　　　耶穌降世一千八百五十二年（左）

有序。

目録（上下兩行）1 頁：

1. 聖書之美歌；2. 贊真神威儀詩；3. 誠心贊美詩；4. 救主降生詩；5. 救主受難詩；6. 耶穌痛心詩；7. 以聖血比川歌；8. 求聖靈感化詩；9. 重新歌；10. 耶穌乃諸世之磐；11. 遠旅之歌；12. 善人有福詩；13. 毋遲延來耶穌；14. 安息日唱；15. 安息日之禮拜；16. 公拜唱；17. 公唱；18. 傳教以先之禱；19. 禮拜終之歌；20. 十誡歌；21. 救主訓徒祈禱歌；22. 十信歌；23. 福音廣佈歌；24. 晨唱；25. 晚唱；26. 父母獻嬰受洗禮；27. 聖晚餐歌；28. 送喪唱；29. 耶穌審判之臨；30. 望救主速臨詩。

16.1×11.1cm，每頁行數不定，或 8 行，或 9 行、11 行，行 2 句，17 字，白口，四周雙邊，單黑魚尾，版心上鐫書名“贊美詩”，下鐫頁數，共 30 首，共 17 頁。全書共 1+17＝18 頁。

cf. Wylie. Memorials. p. 138. 16 leaves. Ningpo, 1851. 23 hymns and a doxology. Attributed to McCartee, Divie Bethune.

【作者】麥嘉締（Divie Bethune McCartee，1820—1900），字培端，美國北長老會醫療傳教士，1844 年 6 月抵達寧波。

【420】TA 1979.5 C1854 **神詩合選** C-0493 D18

008146535

《神詩合選》,厦門花旗館寓藏板,出版年代不確(咸豐四年,1854?)。

扉頁:神詩合選(中)

目録:分成上下2行,2頁,共65篇。

第一論有福者、第二論福音真道獨美、第三論福音乃上帝之啟詔、第四論使徒傳福音、第五論福音教化、第六論福音該受、第七論俗人不肯接福音、第八論逆福音者之妄、第九論上帝全能、第十論上帝無所不在、第十一論上帝洞察人心、第十二論上帝至公義、第十三論上帝至慈悲、第十四論上帝洪恩、第十五論上帝福源、第十六論上帝造治宇宙、第十七論上帝三位一體、第十八論萬國宜贊上帝、第十九論拜偶像、第二十論拜上帝、第二十一論上帝聽人祈禱、第二十二論求上帝就拔……

框16.7×10.3cm,8行(含詩句和詩篇名),詩句行2句,白口,四周雙邊,單黑魚尾,版心上鐫書名"神詩合選",下鐫頁數,共65首,共30頁。全書32頁。

Originally bound with Yang hsin shen shih hsin pien. Liao-tsai-hou(Hsia-men 厦門)Hua ch'i kuan yü ts'ang pan Hsien-feng 咸豐四年(1854).

cf. Wylie. Memorials. p. 175. Publication by William C. Burns.

【作者】賓惠廉(William Chalmers Burns,1815—1868),英國長老會派遣來華的第一位傳教士。

【421】TA 1979.5 C1875 **頌主聖詩** C-0497 D22

008141044

扉頁:耶穌降世一千八百七十五年

　　　頌主聖詩

　　　歲次乙亥　(北京)京都燈市口美華書院刷印

有《頌主聖詩序》:

耶穌聖經所用,反入漢字有兩難:須合乎西國作詩字音之輕重,否則不能按系調歌唱;須合乎中國之音韻平仄,否則鄙陋不堪。不能兩全其美之處,依照西國原詩之式樣,其法不一。所押之韻悉按中國之詩韻,兼用通韻,不拘於中國作詩之平仄,乃因限於西國唱法之輕重也。是爲序。

目録3頁(每首並篇名,共124首)。

半頁,框10.5×16.5cm,6行,行2句,白口,四周雙邊,單黑魚尾,版心上鐫書名"聖詩",中鐫詩之首數和篇名,下鐫頁碼,共102頁。

【422】TA 1979.5 C1880 **頌主詩歌** C-0499 D24

008140821　(精裝本)

封面:頌主詩歌

扉頁:耶穌降世一千八百八十年(右)

　　　頌主詩歌(中)

　　　歲次庚辰　京都燈市口美華書院印(左)

有《頌主詩歌序》1 頁。(按:該序與 1895 年、1887 年京都燈市口美華書院的序文完全一樣。)

有目錄。

《頌主詩歌總題全目錄》,1 頁。

《頌主詩歌首句全目錄》,目錄之層次係按各首句第一第二第三第四第五字之筆畫以便尋查,共 9 頁。

《頌主詩歌引經全目錄》,共 3 頁。

正文:《頌主詩歌》315 首,三一頌 10 頌,歌詠文 12 段。

後附英文序及索引。

英文 Explanatory Remarks by Henry Blodget & Chauncey Goodrich, Peking, 5th March 1877(p. 1-2)談到利用《詩韻》、《通韻》、《轉韻》等韻書來翻譯英文的詩歌,注意中文的韻律和英文的韻律。

Table of first Lines (p. 3-10).

框 17.6×11.5cm,16 行,行 2 句,15 字,白口,四周雙邊,每頁上方書歸屬目錄名,版心上鐫書名"頌主詩歌",中鐫書首數和歸屬目錄名,下鐫頁碼,共 351 頁。

全書共 375 頁(351+英文 10+序和目錄 14)。

【按】哈佛燕京圖書館有"TA 1979.5 C1880 c. 2 頌主詩歌",與"TA 1979.5 C1880 頌主詩歌 C-0499 D24"的本子一樣是精裝本,前面所有的內容和版式完全一樣,就是沒有"英文 Explanatory Remarks by Henry Blodget & Chauncey Goodrich, Peking, 5th March 1877(p. 1-2)談到利用《詩韻》、《通韻》、《轉韻》等韻書來翻譯英文的詩歌,注意中文的韻律和英文的韻律。Table of first Lines (p. 3-10)"10 頁的內容,可以說是同一年的另一個版本。

【423】TA 1979.5 C1887 頌主詩歌 C-0500 D25

008140822　(精裝本)

扉頁:耶穌降世一千八百八十七年(右)

　　　頌主詩歌(中)

　　　歲次丁亥　京都燈市口美華書院印(左)

有《頌主詩歌序》,1 頁:

今印刷之詩歌係耶穌聖教所用,共有詩三百一十五首,三一頌十一頌,歌詠文十二段。目錄有三:一曰總題之目錄,一曰首句之目錄,一曰引經之目錄。其詩翻入漢字原有兩難:一難須合乎西國作詩字音之輕重,否則不能按西調歌唱;一難須合乎中國之音韻平仄,否則鄙陋不堪。……所押之韻悉按中國之詩韻兼用通韻,其不拘中國作詩之平仄,乃因限於西國唱法之輕重。是爲序。

《頌主詩歌總題全目錄》,共 13 頁。

正文有:《頌主詩歌》315 首,三一頌 10 頌,後續詩歌 14 首、歌詠之文 12 段、婚姻簡禮文、殯葬禮文、敬主文式。

框 17.5×11.8cm,9 行,行 2 句 16 字,白口,四周雙邊,頁首書歸屬目錄,版心上鐫書名"頌主詩歌",中鐫首數和歸屬目錄名,下鐫頁數,共 384 頁。

【424】TA 1979.5 C1887a 頌主詩歌 C-0500 D25

008140822

【按】與上條"TA 1979.5 C1887 頌主詩歌"是一張卡片,内容同,此略。

共有詩 315 首,三一頌 10 頌,歌詠文 12 段,卷末附有聖教擇要禮文(婚姻禮文、殯葬禮文)及敬主文式。

框 17.5×11.8cm,9 行,行 2 句 16 字,白口,四周雙邊,頁首書歸屬目錄,版心上鐫書名"頌主詩歌",中鐫首數和歸屬目錄名,下鐫頁數,共 384 頁。

【425】TA 1979.5 C1891 頌主詩歌 C-0501 D26

008213688　　(口語,精裝本)

扉頁:耶穌降世一千八百九十一年(右)

　　　頌主詩歌(中)

　　　歲次辛卯　京都燈市口美華書院印(左)

《頌主詩歌序》,共 2 頁。内容同"【423】TA 1979.5 C1887 頌主詩歌"之《序》,此略。

有《頌主詩歌總題全目錄》2 頁、《頌主詩歌首句全目錄》(按第一二三四五字之筆畫排列)14 頁、《頌主詩歌引經全目錄》9 頁,共 25 頁。

正文按《頌主詩歌總題全目錄》順序展開。

(1)315 首詩,每首詩注明詩之來源出處、調類(p.1-279)。按:這個版式儘管是一個小版式,每首詩注明詩之來源出處、調類外,還注明翻譯成中文的翻譯者:柏譯、賓譯、富譯、厦譯、高福德譯、德譯、丁譯(第 194 首、245 首、276 首)、山譯(第 221 首)、長譯(第 268 首)、顧譯(第 272 首)、富著(第 222 首)。

(2)三一頌 11 段:p.280-282。按:三一頌比"C-0500 D25 頌主詩歌 京都(北京)美華書院印,TA 1979.5 C1887"多了一頌,且注明翻譯者:1—6 頌是柏譯;7—11 是富譯。

(3)歌詠文 12 段:p.283-291。增加《便用雜詩》(第 316—358 首)共 43 首(p.293-331),其中第 316—329 首這 14 首是"TA 1979.5 C1887 頌主詩歌(京都美華書院印)C-0500 D25"本的《後續詩歌 14 首》,其餘部分是增加的。分別由羅譯、博譯、柏譯、富譯、榮氏譯、監督包譯、高文林譯。

卷末有"頌主詩歌終"之語。

半頁,框10.6×6.8cm,13行,行2句,字數不定,白口,四周單邊,版心上鎸書名"頌主詩歌",中鎸首數,下鎸頁數,共331頁。(含詩歌315首,p.1-280;三一頌11段,p.281-282;歌詠文12段,p.283-292;詩歌第316—358首,p.293-331。)

【按】相對於"C-0500 D25 頌主詩歌 京都(北京)美華書院印,TA 1979.5 C1887(口語)"本,少了卷末所附《聖教擇要禮文》之婚姻簡禮文、殯葬禮文、敬主文式。

又有 Explanatory remarks by H. Blodget and C. Goodrich, 1891 及 Table of first lines.

【426】TA 1979.5 C1891a 頌主詩歌

008213688

京都燈市口美華書院印(口語)。按:該書卡片同"【425】TA 1979.5 C1891 頌主詩歌 C-0501 D26"。稍有區別是該書末未附英文部分。詳參上條。

【427】TA 1979.5 C1895 頌主詩歌 C-0502 D27

008141315　（無樂譜大字本,精裝本）

封面:頌主詩歌

扉頁:耶穌降世一千八百九十五年(右)

　　　頌主詩歌(中)

　　　歲次乙未　京都燈市口美華書局印鎸(左)

《頌主詩歌序》1頁。該序同1887年版《頌主詩歌》本,此略。

目錄有三:《頌主詩歌總題全目錄》1頁、《頌主詩歌首句全目錄》(按第一二三四五字之筆畫排列)12頁、《頌主詩歌引經全目錄》7頁,共20頁。

正文與1887年《頌主詩歌》排序不同:

(1)首先是歌詠文12段,p.1-12,12×17.5cm,10行,行18字。

(2)三一頌11頌,p.13-16。

(3)頌主詩歌375首,另行排,p.1-398,比1887年版本不同的地方有三:增加了60首詩歌(雜詩使用);增加了每首詩的翻譯者名字,如"羅譯、柏譯、富譯";版式基本一樣,稍微寬了一點。字體基本一致。

半頁,框12×18cm,11行,行2句,16字,白口,四周雙邊,版心上鎸書名"頌主詩歌",中鎸首數和歸屬目錄,下鎸頁數,共398頁。

卷末附有英文序及索引。

English Index to the Chinese Hymn Book, Peking American Board Mission Press, 1895

Preface(p.1-2) by Henry Blodget & Chauncey Goodrich Peking, February 1st, 1895

談到利用《詩韻》、《通韻》、《轉韻》等韻書來翻譯英文的詩歌,注意中文的韻律和英文的韻律。

Index of first lines.（p. 3-7）Numerical index of first lines of Hymns.（p. 7-10）

【按】這個英文"Preface"與橫濱版 1895 年英文"Preface"是同時的,開始部分和主題部分完全相同。但是這個版本比橫濱版最後多出了兩個小節,這是他們的不同處;與橫濱版"TA 1979.5 C1895.1 頌主詩歌 C-0503 D28"相比,京都燈市口美華書局印鐫的沒有樂譜,所以大字版式,橫濱版在《頌主詩歌》和《歌詠文》都有樂譜,所以小字版式,上半部分爲樂譜,下半部分爲詩篇。

【428】TA 1979.5 C1895.1 頌主詩歌 C-0503 D28

008141316 （有樂譜小字本,精裝本）

扉頁:耶穌降世一千八百九十五年（右）

頌主詩歌（中）

歲次乙未　日本橫濱製紙分社印鐫（左）

頌主詩歌每一首 1 頁,上半部分是樂譜,下半部分是詩篇,注明首數、調類、詩篇名和翻譯者。每首詩的上方有英文的詩歌名稱,共有詩 400 首（共 420 頁）。

每頁 9 行,行 2 句 16 字,版心上鐫書名"頌主詩歌",中鐫首數和歸屬目録,下鐫頁數。

但第五首旁附三一頌之一頌,p. 5;第七首旁附三一頌之一頌,p. 7。

三一頌 12 頌（無樂譜,2 頁）;歌詠文 13 段（有樂譜,p. 423-439）,共 439 頁。其中歌詠文 13 段的編排是從左往右橫排。樂譜的産生,對中國音樂的普及和西洋音樂的傳播和欣賞特別有意義。

後附英文序及索引。

英文封面（p. 1）:

Chinese hymnal

Prepared by

REV. H. Blodget, D. D.

REV. C. Goodrich, D. D.

Topical index by Rev. E. G. Tewksbury.

C. Goodrich, Musical editor.

North China Commission of the A. B. C. F. M. 1895.

反面（p. 2）:

Printed by The Yokohama Seishi Bunsha 94, Otamchi Rokuchome. YOKOHAMA（橫濱）

Preface（p. 3-4）by Henry Blodget & Chauncey Goodrich Peking, February 1st, 1895.

談到利用《詩韻》、《通韻》、《轉韻》等韻書來翻譯英文的詩歌,注意中文的韻律和英文的韻律。

Alphabetical Index of First Lines.（p. 5-8）Topical Index of Hymns.（p. 9-16）

Index of Tunes.（p. 17-22）

Added title：Chinese hymnal. Prepared by H. Blodget and C. Goodrich. Topical index by G. Tewksbury. C. Goodrich, Musical editor. North China Commission of the A. B. C. F. M. 1895.

共有詩 400 首、三一頌 12 頌、歌詠文 13 段，附英文序及索引，全書共 461（439+22）頁。

【作者】（1）Henry Blodget, 1825—1903.（2）Chauncey Goodrich, 1836—1925.

【429】TA 1979.5 C1895.2 頌主詩歌譜：音樂嗖哒 C-0504 D29

008153946

頌主詩歌譜　音樂嗖哒

救主降世一千八百九十五年桂月　通州　潞河書院都春圃記

此嗖哒詩譜與公理教會新印出《頌主詩歌》之韻調譜同。

有 402 首歌譜，從左到右起行排列，22×15cm，共 68 頁。

【作者】Elwood Gardner Tewksbury, 1865—1945.

【按】這是一部手工抄寫的油印本，"C-0508 D33《頌主詩歌》1915 年福音印刷合資會社鉛版"用的歌譜與之篇目相同者同。

【430】TA 1979.5 C1907 頌主詩歌 C-0505 D30

008141318

書脊上有"頌主詩歌"書名，包裝精緻。

扉頁：耶穌降世一千九百零七年

　　　頌主詩歌

　　歲次丁未　日本橫濱製紙分社印鑄

這本書的編排與 1895 年日本橫濱製紙分社印鑄《頌主詩歌》（TA 1979.5 C1895.1 C-0503 D28）有點不一樣。第一首 1 頁，上半部分是樂譜，下半部分是詩篇，注明首數、調類、詩篇名和翻譯者，詩的上方有英文的詩歌名稱。但是增加了"三一頌"的第一頌四句。所以第一首四章排版就緊密，讓位給三一頌之第一頌插進來。

第 1—11 首，兩書詩歌內容相同。從第 12 首開始兩書詩歌的主題不同，第 12—17 首 1895 年版爲《聖經》、第 18—19 首則爲《天主永生》，而第 12—15 首 1907 年版爲《午前頌主》、第 16—33 首爲《上主諸德》，由此兩書內容不一致。

《頌主詩歌》每一首 1 頁，上半部分是樂譜，下半部分是詩篇，注明首數、調類、詩篇名和翻譯者。共有詩 408 首（共 445 頁），歌詠文 14 段（有樂譜，p.446-463），三一頌 12 頌（無樂譜，p.464-465），共 465 頁。其中歌詠文 14 段的編排是從左往右橫排。

此對中國樂譜的產生，對中國音樂的普及和西洋音樂的傳播和欣賞特別有意義。

13×19cm，頁面上半爲樂譜，下半爲詩篇（13 行，行 14 字），版心上鑄書名"頌主詩歌"，中鑄首數和詩篇名。中文部分和樂譜部分，共 465 頁。

附英文序及索引。

Chinese hymnal

Prepared by REV. H. Blodget, D. D. And REV. C. Goodrich, D. D. C. Goodrich and E. G. Tewksbury, Musical editors. North China Commission of the A. B. C. F. M. 1907.

反面(p.2)：

Printed by The Yokohama Bunsha 93, Otamchi Rokuchome YOKOHAMA(橫濱)

Preface(p.3-4) by Henry Blodget & Chauncey Goodrich Peking, February 1st, 1895(同 1895 年的).

Preface to Second Edition. (p.5-6)

By Chauncey Goodrich, Yokohama, Japan, June 29, 1907.

Names of Translators(1 頁)：

柏	Henry Blodget
富	Chauncey Goodrich
博	REV. H. D. Porter D. D
山	REV. C. A. Stanley D. D
賓	REV. Wm. C. Burns
包	REV. John Burdon D. D
顧	Mrs. W. H. Collins
巴	Mrs. H. J. Bostwick.
麥	Miss Luella Miner
盈	J. H. Ingram M. D.
德甫郎	REV. F. B. Turner(E. M. M.)
瑞女醫生	Miss Edna G. Terry M. D. (M. E. M.)
張牧師	Pastor at Tungchow
高文林	Pastor at Tungchow
和鴻鈞	Copyist at Tungchow
任學海	Pastor at Peking
德	German Hymn Book.
羅	REV. J. H. Roberts
秦	REV. H. P. Perkins
丁	REV. W. A. P. Martin D. D. , LL. D.
高福德	REV. Dr. Crawford (Gospel Mission)
榮	Mrs. H. P. Beach
文	Miss Ada Haven (Mrs. C. W. Mateer)
柯	REV. A. M. Cunningham (A. P. M.)

路	REV. J. W. Lowrie D. D. (A. P. M.)
都	REV. E. G. Tewksbury
李	REV. Jonathan Lees (L. M.)
長	Presbyterian Hymnal
厦	Amoy Hymn Book
張洗心	Teacher an Tungchow
張逢源	Preacher at Tientsin. (L. M.)
恩普	Theo. Student from Peking. (L. M.)

Metrical Index（1 頁）.

Subject Index（7 頁）.

Index of Tunes and First Lines（7 頁）.

【作者】（1）Henry Blodget，1825—1903.（2）Chauncey Goodrich，1836—1925.

【431】TA 1979. 5 C1911 頌主詩歌

008213690

書脊上有"頌主詩歌"書名，包裝精緻，紙邊金色。

扉頁：耶穌降世一千九百十一年

　　　頌主詩歌

　　　歲次辛亥　日本横濱分社印鎊

有《總題目録》（1 頁），《首句目録》（3 頁）。

【按】封面圖案同"TA 1979. 5 C1907 頌主詩歌（日本横濱分社印鎊，1907）C-0505 D30"，但内文多了一個《總題目録》（1 頁）、《首句目録》（3 頁），其餘部分完全相同。

《頌主詩歌》每一首 1 頁，上半部分是樂譜，下半部分是詩篇，注明首數、調類、詩篇名和翻譯者。共有詩 408 首（共 445 頁），歌詠文 14 段（有樂譜，p. 446-463），三一頌 12 頌（無樂譜，p. 464-465），共 465 頁。其中歌詠文 14 段的編排是從左往右横排。

附英文序及索引（只是封面將 1907 改爲 1911，Printed by The Yokohama Bunsha 93，Otamchi Rokuchome YOKOHAMA（横濱），改爲 Printed by The Yokohama Bunsha 94，Otamchi Rokuchome YOKOHAMA（横濱），其餘部分同 1907 年本，詳見"【430】TA 1979. 5 C1907 頌主詩歌"條）。

13×19cm，頁面上半爲樂譜，下半爲詩篇（13 行，行 14 字），版心上鎊書名"頌主詩歌"，中鎊首數和詩篇名。

【432】TA 1979. 5 C1912 頌主詩歌 C-0506 D31

008213690　（日本横濱分社印鎊，1912，精裝）

書脊上有"頌主詩歌"書名，包裝精緻，紙邊金色。

扉頁:耶穌降世一千九百十二年

頌主詩歌

歲次壬子　日本橫濱分社印鎸

有《總題目録》(1 頁)、《首句目録》(3 頁)。

【按】這本只是比"TA 1979. 5 C1907 頌主詩歌(日本橫濱分社印鎸,1907) C-0505 D30"多了一個《總題目録》(1 頁)、《首句目録》(3 頁),其餘部分完全相同。

《頌主詩歌》每一首 1 頁,上半部分是樂譜,下半部分是詩篇,注明首數、調類、詩篇名和翻譯者。共有詩 408 首(共 445 頁),歌詠文 14 段(有樂譜,p. 446–463),三一頌 12 頌(無樂譜,p. 464–465),共 465 頁。其中歌詠文 14 段的編排是從左往右橫排。

附英文序及索引(只是封面將 1907 改爲 1912,Printed by The Yokohama Bunsha 93,Otamchi Rokuchome YOKOHAMA(橫濱),改爲 Printed by The Yokohama Bunsha 94,Otamchi Rokuchome YOKOHAMA(橫濱),其餘部分同 1907 年本,詳見"【430】TA 1979. 5 C1907 頌主詩歌"條)。

【433】TA 1979. 5 C1914 頌主詩歌 C–0507 D32

008250078

扉頁:耶穌降世一千九百十四年

頌主詩歌

中華民國三年歲次甲寅　福音印刷合資會社鉛版

有《頌主詩歌序》(1 頁):

今以銅板重印之詩歌係耶穌聖教所用,共有詩四百八首,三一頌十二頌,歌詠文十四段。目録有二:一曰總題之目録,一曰首句之目録。其詩翻入漢字原有兩難……

《後序》(2 頁):

此書原板於庚子年毀矣。夫逾三載後大家舉定再印。而因書内有少用至陳詩,則定於四百首内可刪去三四十,以新譯之詩補之,但因前詩多有未列於總題中之雜詩,今則用功對正,按總題擺之,如是作詩之原數見改矣。今用此書者未免難尋陳書中之熟詩,故在書中每詩記數旁掛小字指明某詩先本爲何數,再者,若欲先本某數之詩於此本爲何詩,可查書邊首字下小數目字,則必尋見。

初印詩本有柏亨利牧師多翻詩,可歎今時不在塵世而不得其助然。……復有兩位老師此書上多用善功,一名林大先生,曾多年與柏牧師同功,一名章洗心先生,至今樂用細心與作序者同修詩歌。

大清光緒三十三年歲次丁未 富善作序

有《總題目録》(1 頁)、《首句目録》(6 頁)。

正文首列《歌詠文十四段》(p. 1–9)。

次列《三一頌十二頌》(p. 10–12),每頌均著録翻譯者名字。

《頌主詩歌》408 首(p.13-325),每首均著録翻譯者名字。

根據《後序》所言,本書 408 首中有小字數目字標示舊詩的原編號,可以對照原熟悉的詩歌在本書所在的位置。對比可知本書新增詩歌首數。

7.2×10.8cm,版心鐫書名"頌主詩歌",中鐫詩歌的首數及主題名稱,頁上亦鐫主題名稱,共 326 頁。

與"福音印刷合資會社鉛版"1916 年、1918 年的是同一個本子的不同版式,這個是袖珍型的。外皮包裝,紙邊金色。

【作者】(1)Henry Blodget, 1825—1903. (2)Chauncey Goodrich, 1836—1925.

【434】TA 1979.5 C1915 頌主詩歌 C-0507 D32

008250078

【按】同"TA 1979.5 C1914 頌主詩歌 C-0507 D32",袖珍型,綫裝。

扉頁:耶穌降世一千九百十五年

　　　　頌主詩歌

　　　　中華民國四年歲次乙卯　福音印刷合資會社鉛版

有《頌主詩歌序》(1 頁),此略。

有大清光緒三十三年富善作的《後序》(2 頁),此略。

有《總題目録》(1 頁)、《首句目録》(6 頁)。

正文首列《歌詠文十四段》(p.1-9)。

次列《三一頌十二頌》(p.10-12),每頌均著録翻譯者名字。

《頌主詩歌》408 首(p.13-325),每首均著録翻譯者名字。

根據《後序》所言,本書 408 首中有小字數目字標示舊詩的原編號,可以對照原熟悉的詩歌在本書所在的位置。對比可知本書新增詩歌首數。

7.5×11cm,版心鐫書名"頌主詩歌",中鐫詩歌的首數及主題名稱,頁上亦鐫主題名稱,共 326 頁。

與"福音印刷合資會社鉛版"1916 年、1918 年的是同一個本子的不同版式,這個是袖珍型的。

【435】TA 1979.5 C1915.1 頌主詩歌 C-0508 D33

008141319

扉頁:耶穌降世一千九百十五年

　　　　頌主詩歌

　　　　中華民國五年歲次乙卯　福音印刷合資會社鉛版

有《總題目録》(1 頁)、《首句目録》(3 頁)。

正文《頌主詩歌》408 首(p.1-408),每首一頁,均著録翻譯者名字,特殊的是,每句都有歌譜,每頁上有英文詩名,每首有英文注明出處、調類等信息。

【按】對照"TA 1979.5 C1895.2 頌主詩歌譜(音樂嗩哒) C-0504 D29"可知早就有"頌主詩歌譜"了。大部分的歌譜是相同的,可見相互間的關係。

次列《歌詠文十四段》(18 頁)。

後列《三一頌十二頌》(3 頁),每頌均著錄翻譯者名字。

但全書沒有標明頁碼,以詩歌的首數數目、歌詠文之段數、三一頌之頌數標示。是一個特點。

卷末有英文封面序、索引等:

Chinese hymnal

Prepared by

REV. H. Blodget, D. D. And REV. C. Goodrich, D. D. C. Goodrich and E. G. Tewksbury, Musical editors. North China Commission of the A. B. C. F. M. 1915.

反面(p.2):

Printed by The Fukuin Printing Co. ,Ltd 104 , Yamashitacho,

Yokohama, Japan.

有 Preface(p.3-4) by Henry Blodget & Chauncey Goodrich Peking, February 1st,1895.

Preface to Second Edition. (p.5-6)

By Chauncey Goodrich,Yokohama, Japan, June 29,1907.

Names of Translators(1 頁,略).

Metrical Index(1 頁).

Subject Index(7 頁).

Index of Tunes and First Lines(7 頁).

共有詩 408 首,歌詠文 14 段,三一頌 12 頌,有總題目錄、首句目錄及英文序、英文索引 4 種及詩譯者名單。

15.5×13cm,共 408 頁。

【譯者】(1)Henry Blodget, 1825—1903. (2)Chauncey Goodrich, 1836—1925. (3)Elwood Gardner Tweksbury.

【436】TA 1979.5 C1915b 頌主詩歌 C-0507 D32

008250078

這個同 1914 年本,袖珍型,綫裝。

扉頁:耶穌降世一千九百十五年

      頌主詩歌

      中華民國四年歲次乙卯 福音印刷合資會社鉛版

有《頌主詩歌序》(1 頁),此略。

　　有大清光緒三十三年富善作的《後序》(2 頁),此略。

　　有《總題目録》(1 頁)、《首句目録》(6 頁)。

　　正文首列《歌詠文十四段》(p. 1–9)。

　　次列《三一頌十二頌》(p. 10–12),每頌均著録翻譯者名字。

　　《頌主詩歌》408 首(p. 13–325),每首均著録翻譯者名字。

　　根據《後序》所言,本書 408 首中有小字數目字標示舊詩的原編號,可以對照原熟悉的詩歌在本書所在的位置。對比可知本書新增詩歌首數。

　　7.5×11cm,版心鐫書名“頌主詩歌”,中鐫詩歌的首數及主題名稱,頁上亦鐫主題名稱,共 326 頁。

　　與“福音印刷合資會社鉛版”1916 年、1918 年的是同一個本子的不同版式,這個是袖珍型的。

【437】TA 1979.5 C1916 頌主詩歌(福音印刷合資會社 1916)

　　010244171

　　扉頁:耶穌降世一千九百十六年

　　　　　頌主詩歌

　　　　　中華民國五年歲次乙卯　　福音印刷合資會社鉛版

　　有《頌主詩歌序》(1 頁),此略。

　　有大清光緒三十三年富善作的《後序》(2 頁),此略。

　　有《總題目録》(1 頁)、《首句目録》(6 頁)。

　　正文首列《歌詠文十四段》(p. 1–9)。

　　次列《三一頌十二頌》(p. 10–12),每頌均著録翻譯者名字。

　　《頌主詩歌》408 首(p. 13–326),每首均著録翻譯者名字。

　　根據《後序》所言,本書 408 首中有小字數目字標示舊詩的原編號,可以對照原熟悉的詩歌在本書所在的位置。對比可知本書新增詩歌首數。

　　7.5×11cm,版心鐫書名“頌主詩歌”,中鐫詩歌的首數及主題名稱,頁上亦鐫主題名稱,共 326 頁。

　　與“福音印刷合資會社鉛版”1914 年、1915 年的本子版式同,爲袖珍型,綫裝。

　　【譯者】(1) Henry Blodget, 1825—1903. (2) Chauncey Goodrich, 1836—1925. (3) Elwood Gardner Tweksbury.

【438】TA 1979.5 C1916b 頌主詩歌

　　010244171

　　扉頁:耶穌降世一千九百十六年

　　　　　頌主詩歌

中華民國五年歲次丙辰　福音印刷合資會社鉛版

【按】此本與【437】本内容全同,僅版式略異。

有《頌主詩歌》序(1 頁)、《後序》(2 頁)。

有《總題目錄》(1 頁)、《首句目錄》(4 頁)。

正文首列《歌詠文十四段》(p. 1–9)。

次列《三一頌十二頌》(p. 10–12),每頌均著録翻譯者名字。

《頌主詩歌》408 首(p. 13–325),每首均著録翻譯者名字。

根據《後序》所言,本書 408 首中有小字數目字標示舊詩的原編號,可以對照原熟悉的詩歌在本書所在的位置。對比可知本書新增詩歌首數。

9.8×15cm,版心鐫書名“頌主詩歌”,中鐫詩歌的首數及主題名稱,頁上亦鐫主題名稱,共 325 頁。

【譯者】（1）Henry Blodget，1825—1903.（2）Chauncey Goodrich，1836—1925.（3）Elwood Gardner Tweksbury.

【439】TA 1979.5 C1918 頌主詩歌

010255937

扉頁:耶穌降世一千九百十八年

頌主詩歌

中華民國五年歲次戊午　福音印刷合資會社鉛版

有《頌主詩歌序》和大清光緒三十三年歲次丁未富善作之《後序》。

有《總題目錄》(1 頁)、《首句目錄》(4 頁)。

正文首列《歌詠文十四段》(p. 1–11)。

次列《三一頌十二頌》(p. 12–15),每頌均著録翻譯者名字。

《頌主詩歌》408 首(p. 16–325),每首均著録翻譯者名字。

根據《後序》所言,本書 408 首中有小字數目字標示舊詩的原編號,可以對照原熟悉的詩歌在本書所在的位置。對比可知本書新增詩歌首數。

12.2×19cm,版心鐫書名“頌主詩歌”,中鐫詩歌的首數及主題名稱,共 395 頁。

【按】扉頁的圖案同 1916 年版,版式略大之,且《序》、《後序》文同,正文文字内容均同,只是字體更大更粗於 1916 年本,所以總頁碼多 70 頁。兩個版本只是版式大小、字體大小、頁碼多少的差異。

【譯者】（1）Henry Blodget，1825—1903.（2）Chauncey Goodrich，1836—1925.（3）Elwood Gardner Tweksbury.

【440】TA 1979.5 C1918.1 頌主詩歌 C–0498 D23

008141320

扉頁:救主降生一千九百十八年　聖公會譯

　　　頌主詩歌

紙面破損,正文保存很好。共 345 首,没有歌譜。卷末有"頌主聖詩終"之語。

　　白口,四周雙邊,單黑魚尾,版心鎸書名"頌主聖詩",中鎸詩之首數,頁上有詩歌主題名稱如"雜詩便用"、"出入聖堂"、"續譯備用"。

　　10×15cm,14 行,行 2 句,共 163 頁。

　　【作者】Episcopal Church.

【441】TA 1979. 5 C1922 新增頌主詩歌 C-0509 D34

　　008141321

　　封面:新增頌主詩歌

　　扉頁:耶穌降世一千九百二十二年

　　　　新增頌主詩歌

　　　　中華民國十一年六月上海　美華書館擺印

Supplementary hymns for the Blodget-Goodrich hymnal.

Rev. Chaucey Goodrich, D. D. ,L. H. D.

Translator and compiler.

North China Mission of the American Board of Commissioners for Foreign Missions.

1922

有富善 1922 年 6 月 4 日寫的英文 Introduction(1 頁)。

有首句目録 1 頁。

Index of Tunes 1 頁。

Index of First Lines 1 頁。

詩篇從第 409 首開始到 452 首止,頁碼从 446 頁開始到 504 爲止。

　　13×19cm,頁面上半爲樂譜,下半爲詩篇(13 行,行 14 字),版心上鎸書名"頌主詩歌",中鎸首數和詩篇名。

　　【按】該書封面增有"新增"二字。收第 409 首至 452 首,有譜。查核"【432】TA 1979. 5 C1922 頌主詩歌(日本橫濱分社印鎸,1911) C-0506 D31"版,《頌主詩歌》每一首 1 頁,上半部分是樂譜,下半部分是詩篇,注明首數、調類、詩篇名和翻譯者,共有詩 408 首(共 445 頁);如果從 409 首至 452 首是新增,頁碼從 446 頁開始到 504 爲止,頁碼相連。故此懷疑這個本子是在此基礎上"新增"。

　　【作者】Chauncey Goodrich, 1836—1925.

【442】TA 1979. 5 CA1854 養心神詩新編 C-0492 D17

　　008146536　(廈門白話土腔 1854)

扉頁:咸豐四年季春鎸(右)

养心神詩新编(中)

蓼仔後花旗館寓藏板(左)

有《养心神詩新编讀法論敘》:"养心神詩之作也,原爲福音堂敬拜上帝⋯⋯故余乃本其義而以白話土腔闡明其意思,又增以自成新编幾首。"共 1 頁。

正文共 13 首神詩。每首詩均有詩意大概之簡述于頁上方。

半頁,框 17.9×10.2cm,8 行,行 2 句 14 字,白口,四周雙邊,單黑魚尾,頁首作每篇詩之釋言,版心上鎸書名"养心神詩新编",下鎸頁數,共 10 頁。

首部廈門腔聖詩集,應該是葉韙良(William Young,亦譯爲楊威廉)编印《养心神詩新编》(New Hymn Book,1852 年出版)所收 13 首廈門方言 Amoy dialect 的神詩。

cf. Wylie. Memorials. p. 68. 10 leaves. Amoy, 1852. Work of William Young.

#【443】TA 1979.5 CB19 聖詩(臺灣盲人重建院)

008474622

《聖詩》(精裝本),漢語盲文本,總共 384 頁。

臺灣:盲人重建院,年代不確。

【444】TA 1979.5 CC1860 贊美神詩(1860) C-0495 D20

008141331　(綫裝)

扉頁:贊美神詩(中)

雙門底福音堂繙譯

正文直接從第一首開始,比較文言。共 22 首,每首有三章、四章或五章不等。共 12 頁。詩末有《三位一體頌》、《頌美真神詩》各一首,1 頁。全書 13 頁。

11×16cm,白口,9 行,行 22 字,四周雙邊,單黑魚尾,共 13 頁。

【按】從封面的圖式及色彩可以初步認定是早期在南方的印式。

A few psalms and hymns, translated by C. F. Preston.

A collection of 22 hymns and 2 doxolgies.

cf. Wylie. Memorials, p. 226. 47 leaves, Canton. With 81 hymns and 2 doxologies; later edition, 51 leaves, with 6 additional hymns.

【譯者】丕恩業(Charles Finney Preston),1829—1877。

【445】TA 1979.5 CF1865 榕腔神詩 C-0510 D35

008141333　(活字印刷)

封面:耶穌一千八百六十五年

榕腔神詩

同治四年福州美華書局活版

詩序：

蓋上帝尊名悉宜頌美，教會禮拜，首重謳歌，考自古以來，凡崇拜耶和華上帝者，無不資於吟詠也。試觀摩西携以色列族出埃及涉紅海，嘗作一歌誦美耶和華上帝，歌曰：赫兮喧兮，耶和華歟，當謳歌之，馬與乘者，俱驅於海，耶和華施能，援手拯我，我爲謳歌，我之上帝，我極其揄揚，我父之上帝，我高其品評。見《出埃及記》十五章一節二節。又先知婦亞倫姊、米哩暗，手執鼗，諸女亦執鼗相從，舞蹈而出，米哩暗和其謳曰：赫兮喧兮，耶和華歟，當謳歌之，馬與乘者，俱驅於海。見《出埃及記》十五章二十節二十一節。是時約在中華商朝也，及大闢王感聖神，復作詩篇，勸人誦美上帝，詩曰：耶和華兮，我之救主，爾曹偕我謳歌誦美之兮，我以揄揚之語，昌言於前，欣然詠詩，頌之靡已兮。見《詩篇》九十五篇一節二節。迨耶穌降世，亦於見賣之夜詠詩，見《馬太》二十六章三十節。嗣後聖徒保羅勸會友宜若何頌詩，嘗曰：以心頌詩，亦必使人達吾意。見《哥林多前書》十四章十五節。又曰：彼此酬答，以詩章、歌頌、神賦，口唱心和，而贊美乎主。見《以弗所》五章十九節。又曰：彼此勸誨，以詩章、歌頌、神賦，虔心頌主。見《歌羅西》三章十六節。又云：夜半保羅與西拉祈禱，詠詩頌上帝，囚者聞之。見《使徒行傳》十六章二十五節。聖徒雅各亦曰：逸樂則謳歌。見《雅各》五章十三節。當是時，耶穌門徒，無不託詩歌以自慰矣。自耶穌教通行各國，其所在聖會，悉有詩歌一本，以爲公用，故於數年前，在福州設立教會時，即依原本譯爲榕腔，使此處會友亦學吟詠，頌揚上帝之恩德。

其始有大英國教士賓先生（賓威廉）譯出榕腔三十餘篇，此詩現爲教會常用，大有裨益。茲更易以大字，使會中老幼男女便於誦讀，復有教士麥先生（麥利和）譯出十三篇，夏先生（夏查理）譯出六篇，以下更有二十九篇係譯香港宗主之詩，統共八十餘篇，匯成一部，以爲教會之用，惟冀各會友及其家屬，咸知殷勤歌詠，以心頌詩，亦必使人達其意，又以詩章、歌頌、神賦，口唱心和，贊美上帝，更望衆會友得聖神默助，具有智慧，亦能各譯數篇，以增其數，不勝幸甚。

同治四年季春中浣譯著

《榕腔神詩目錄》，共81首：

第一勸贊美上帝詩

第二棄假歸真詩

第三天道總綱詩

第四公衆禮拜詩

第五祈禱詩

第六罪人得救詩

第七行天路詩

第八勸信耶穌詩

第九來就耶穌詩

第十　十字架詩

第十一　上帝聖羔詩

第十二　耶穌福源詩

第十三　耶穌盡美詩

第十四　耶穌尊名詩

第十五　認耶穌詩

第十六　主爲我牧詩

第十七　慕主之恩詩

第十八　除罪寶泉詩

第十九　上帝保佑詩

第二十　善人得福詩

第二十一　天父洪恩詩

第二十二　早晨詩

第二十三　晚詩

第二十四　禮拜六晚詩

第二十五　禮拜日早晨詩

第二十六　主復活安息日詩

第二十七　勸上天堂詩

第二十八　廣佈福音詩

第二十九　天國禧年詩

第三十　贊美上帝詩

第三十一　救主受難詩

第三十二　守禮拜日詩

第三十三　交會同集謝恩詩

第三十四　教會辭別安慰詩

第三十五　永遠共主一神詩

第三十六　順服聖旨詩

第三十七　求聖神感化詩

第三十八　祈禱詩

第三十九　充十字架兵詩

第四十　求德行純全詩

第四十一　清潔内心詩

第四十二　贊美救主寵愛詩

第四十三　請罪仆就耶穌詩

第四十四　初信耶穌喜樂詩

第四十五贊美上帝詩

第四十六思慕救主恩詩

第四十七贊美救世洪恩詩

第四十八萬國崇奉上帝詩

第四十九省心悟道詩

第五十真道要旨詩

第五十一基督降生詩

第五十二耶穌降世救人詩

第五十三論上帝三位一體詩

第五十四論上帝永生詩

第五十五論上帝無形無所不在詩

第五十六論上帝全能詩

第五十七論上帝萬福之源詩

第五十八論上帝無所不知詩

第五十九論上帝洞察人心詩

第六十論上帝至慈至悲詩

第六十一論上帝俯聽祈禱詩

第六十二論上帝至公至義詩

第六十三論上帝創造治理宇宙詩

第六十四論萬國宜頌上帝詩

第六十五論馬利亞頌美上帝詩

第六十六論頌上帝鴻恩詩

第六十七論求上帝拯拔詩

第六十八論耶穌恒偕上帝詩

第六十九論耶穌代贖人罪詩

第七十論耶穌代爲中保詩

第七十一頌美耶穌救世詩

第七十二論耶穌教化詩

第七十三論聖神感化人心詩

第七十四論耶穌受難代贖人罪詩

第七十五論聖神降臨詩

第七十六論求聖神新造我心詩

第七十七論聖神撫慰人心詩

第七十八論贊美聖神啟迪詩

第七十九論聖神獨能感人改惡詩

第八十論受洗禮詩

第八十一論始祖亞當貽罪於世詩

贊美上帝詩（四首）

半頁，框11×17cm，白口，四周雙邊，單黑魚尾，版心上鐫書名，中鐫詩名及首數，共50頁。

【作者】賓威廉（Rev. William C. Burns），亦譯爲"賓爲霖"，英國長老會首位來華宣教士。他根據英國 Dr. Legge 的聖詩集翻譯編印了方言聖詩集《榕腔神詩》（Hymns in the Fuh-chow Dialect），清咸豐十一年（1861）出版，這本詩集共25頁，收錄了30首詩歌和3首頌贊，在清末福州教會較爲流行，對中國其他地區教會的聖詩翻譯工作具有示範作用。

麥利和（Rev. Robert Samuel Maclay）1865年編印的《榕腔神詩》（Hymns in the Fuh-chow Dialect）共53頁，收輯了81首聖詩，其中13首由麥利和創作，6首出於夏查理牧師（Charles Hartwell），另有29首由麥利和譯自理雅各的《養心神詩》，該詩集有序言和目錄。（哈佛有藏，C-0510 D35）（參見林鍵《近代福州基督教聖樂事工概況及影響——紀念基督福音傳入福州160周年（1847—2007）》，《金陵神學志》2007年第2期）

cf. Wylie. Memorials. p. 176. 25 leaves. Fuh-chow 1861.

【446】TA 1979.5 CF1870 榕腔神詩 C-0511 D36

008141328

封面：榕腔神詩

扉頁：同治九年（1870）

　　　榕腔神詩

　　　榕城太平街福音堂藏板

《榕腔神詩》四十三首目錄（1頁）。

正文首行"榕腔神詩"。

第1—35首與上條《榕腔神詩》（福州美華書局，同治四年，1865）基本相同，後幾首略有變化。如：第一勸贊美上帝詩、第二棄假歸真詩、第三天道總綱詩、第四公衆禮拜詩、第五祈禱詩、第六罪人得救詩、第七行天路詩、第八勸信耶穌詩、第九來就耶穌詩、第十一上帝聖羔詩、第十二耶穌福源詩、第十三耶穌盡美詩、第十四耶穌尊名詩、第十五認耶穌詩、第十六主爲我牧詩……

卷末有"《上帝三位一體贊》（四首）"，有"榕腔神詩終"之語。

半頁，框10.2×17cm，白口，四周雙邊，單黑魚尾，版心上鐫書名"榕腔神詩"，共32頁。

cf. Wylie. Memorials. p. 176. 25 leaves. Fuh-chow 1861.

該書與下條"C-0512 D37 宗主詩章榕腔（福州：福音堂，救主堂，同治十年）"本子不一樣，那是94首詩，這是42首。也不同於"TA 1979.5 CF1865 榕腔神詩 C-0510 D35"，其詩歌爲81首。

【447】TA 1979.5 CF1871 **宗主詩章** C-0512 D37

008167478　（綫裝本,榕腔）

同治十年　榕腔

宗主詩章

福州城内太平街福音堂南台鋪前頂救主堂印

有《宗主詩章目録》(94 首)2 頁。

正文 94 首贊美詩。

半頁,框 10.8×17cm,白口,四周雙邊,單黑魚尾,版心上鎸書名“宗主詩章”,中鎸詩歌首數及其詩名,下鎸頁碼,共 57 頁。

【作者】夏查理（Charles Hartwell）,1825—1905。

清同治十年(1871)美以美會編印了一本福州方言聖詩集《宗主詩章》。《宗主詩章》内出現了《上帝保護中華》(第 74 首)和《戒鴉片詩》(第 94 首,華牧謝錫恩創作,詩曰：“一、一吸洋煙害匪輕,成人無望患叢生,箕裘墊盡家如洗,只剩殘軀在世行。萬事皆由一癮空,徒於枕席弄香風,榮枯世故都不管,睡覺東窗日已紅。二、往來煙友盡盤桓,只道黄金用不乾,迷入此途皆落泊,死於市上有誰看？洋煙初吸不論錢,吸到無錢欲賣天,苦勸士農工賈輩,各宜回首勿流連。三、翩翩雅度讀書家,何嗜洋煙昧孔家,未得功名難立志,功名已得亦堪嗟。農夫而本業田園,鴉片緣何亦列前,失卻三時升斗乏,妻兒飢餓有誰憐？四、百工技藝要精通,食得洋煙到處窮,枯槁形容艱製作,一生長墜吃虧中。商人重利古人云,只爲身家夙夜勤,覓得蠅頭些少好,何將此物火中焚！”)。《戒鴉片詩》宣傳了戒除鴉片的道理,在福州社會形成持久的戒毒輿論。

【448】TA 1979.5 CF1875 **榕腔神詩**(1875)

008141329

封面:榕腔神詩

扉頁:主一千八百七十五年

　　　榕腔神詩

　　　光緒元年榕城(太平街福音堂藏板)

此《榕腔神詩》四十三首目録(1 頁)與同治九年(1870)《榕腔神詩》(榕城太平街福音堂藏板)的相比,兩者内容完全相同,這個目録字小,增加了每首詩的頁碼。而正文部分的版式和内容完全相同。因此,1875 年版是“TA 1979.5 CF1870”版之重刊本。

半頁,框 10.2×17cm,白口,四周雙邊,單黑魚尾,版心上鎸書名“榕腔神詩”,共 32 頁。

【449】TA 1979.5 CF1892 **救世教詩歌** C-0513 D38

008146532　（活字印刷術）

有福州倉山書室光緒十八年(1892)序,有美以美教會光緒二十三年(1897)重刊序。

正文詩 240 首,共 145 頁,16cm。

附有《教會禮文》(福州美華書局),共 28 頁。

【450】TA 1979.5 CF1906 贊主聖詩(附:美部會禮文) C-0514 D39

008143818 (羅馬字書局,福州羅馬字,綫裝)

福州平話 Cang Cio Seng Si(贊主聖詩)羅馬字母本。

封面:贊主聖詩 美部會禮文

扉頁:耶穌降生一千九百零六年(右)

　　　　贊主聖詩(中)

　　　　光緒三十二年 福州羅馬字書局活板(左)

序,共 1 頁。"是以我兩會牧師不務以沈浸醲鬱之詞惟出以淺近鄙俚之句,亦以冀夫盡人有心即盡人皆有聲知所贊主云爾。"

《聖詩樂譜總題目録》(p.2-4),共 3 頁:

論上帝、論敬拜、論上帝其恩、論上帝其愛、論上帝其平安、論救主、論救主降生、論救主誕、論救主捨命、論勸勉、論認罪、論得赦罪、論認救主、論洗禮聖餐、論獻全心、論喜樂、論勉力守道、論與上帝交通、論安慰、論蒙引導、論聖神、論祈禱懇恩、論早晚祈禱、論會集與離別、論聖徒心相交通、論安息日、論良民祈禱、論聖經、論倚藉、論播道、論僅活、論天堂、論童子便唱、論婚禮唱、論埋葬、榮耀歌尾贊等類、奮興會續編。

《贊主聖詩目録》(256 首,p.5-17),共 13 頁。

【按】這本書的正文只有"榕腔聖詩 256 首"。

正文:榕腔聖詩 256 首(p.1-158),用土字。

榮耀歌尾贊等類 p.159-160,含榮耀歌 2 首,施飯祈禱詩 2 首,勉勵會會約,勉勵會祝福 2 節,尾贊 4 首。

半頁,框 12.7×7.9cm,10 行,行 14 字,白口,四周單邊,單黑魚尾,版心上鐫書名"贊主聖詩",中鐫首數及詩名,下鐫頁碼,至 p.160。

附《奮興會詩歌續編》。

從 p.161 開始版心上鐫書名"奮興會詩歌續編"(14 首:第 14、20、22、23、37、43、56、57、66、73、81、87、102、105),中鐫首數及詩名,下鐫頁碼,至 p.172。

後附《美部會禮文》單行本(福州平話)

扉頁:耶穌降生一千九百零六年(右)

　　　　美部會禮文(中)

　　　　光緒三十二年 福州羅馬字書局活板

正文:主祈禱文、上帝十誡、使徒聖經(師友輪讀)、接人進會禮文、幼孩受洗禮文、討親禮文、埋葬禮文、會約。

半頁,框 12.7×7.9cm,9 行,行 25 字,白口,四周單邊,單黑魚尾,版心上鐫書名"美部會禮文"，下鐫頁碼，共 35 頁。

全書含目録、榕腔聖詩 256 首、美部會禮文，共 224 頁(17+172+35)。

【451】TA 1979.5 CF1906.1 福州奮興會詩歌 C-0515 D40

008146533　(綫裝本)

封面:奮興會詩

扉頁:主一千九百零六年(右)

　　　福州奮興會詩歌(中)

　　　光緒三十二年福州羅馬字書局活板(左)

有《福州奮興會詩歌序》(署名:光緒三十二年仲春中浣琴江牧子序於榕東福音講舍之右畔)，共 1 頁。

奮興會詩歌共 114 首。書末有"會衆齊求聖神祝福:願全能聖神時常充滿奴各人實心所願"之語。

福州平話，半頁，框 6.1×11.1cm，10 行，行 14 字，白口，四周單邊，單黑魚尾，版心上鐫書名"福州奮興會詩歌"，中鐫首數及詩歸屬類别，總類别分爲"論上帝、論耶穌、論聖神、論忍赦、論祈禱、論倚賴、論守道、論勸誡、論傳道、論成聖、論復生、論永福、論審判、論晚餐、論童子、論聚别"，下鐫頁碼，共 71 頁，113 首。

【按】在上條"C-0514 D39 贊主聖詩(附美部會禮文，羅馬字書局，綫裝，福州羅馬字)"中，從 161—172 頁版心上鐫書名"奮興會詩歌續編"，中鐫首數及詩名，下鐫頁碼，其中所選《奮興會詩歌》就是從《福州奮興會詩歌》中選出來的 14 首(第 14、20、22、23、37、43、56、57、66、73、81、87、102、105)，兩相核對，内容完全相同。

【452】TA 1979.5 CF1906.1b 福州奮興會詩歌 C-0515 D40

008146533

封面:奮興會詩

扉頁:主一千九百零六年(右)

　　　福州奮興會詩歌(中)

　　　光緒三十二年福州羅馬字書局活板(左)

有《福州奮興會詩歌序》，共 1 頁。

正文奮興會詩歌共 114 首。

半頁，框 6.1×11.1cm，10 行，行 14 字，白口，四周單邊，單黑魚尾，版心上鐫書名"福州奮興會詩歌"，中鐫首數及詩歸屬類别，下鐫頁碼，共 71 頁，113 首。

【按】此为【451】福州奮興會詩歌之複本。

【453】TA 1979.5 CF1906.2 聖詩樂譜(含樂譜) C-0516 D41

008143819　(榕腔羅馬字,含樂譜)

收有 256 首,施飯祈禱詩 2 首,勉勵會會約,勉勵會祝福 2 節,尾贊 4 首,奮興會詩歌續編,附美部會禮文。

扉頁:耶穌降生一千九百零六年(右)

　　　　聖詩樂譜(中)

　　　　光緒三十二年福州羅馬字書局活板(左)

《聖詩樂譜總題目録》,p.1-2:

論上帝、論敬拜、論上帝其恩、論上帝其愛、論上帝其平安、論救主、論救主降生、論救主誕、論救主捨命、論勸勉、論認罪、論得赦罪、論認救主、論洗禮聖餐、論獻全心、論喜樂、論勉力守道、論與上帝交通、論安慰、論蒙引導、論聖神、論祈禱懇恩、論早晚祈禱、論會集與離別、論聖徒心相交通、論安息日、論良民祈禱、論聖經、論倚藉、論播道、論僅活、論天堂、論童子便唱、論婚禮唱、論埋葬、榮耀歌尾贊等類、奮興會續編。

目録共 256 首,p.3-10。

正文,依次按《聖詩樂譜總題目録》順序展開 256 首詩篇,每首詩歌由樂譜和歌詞組成,或上半部分與下半部分,或前後頁譜與詞相續。書末含施飯祈禱詩 2 首,勉勵會會約,勉勵會祝福 2 節,尾贊 4 首,奮興會詩歌續編(14 首:第 14、20、22、23、37、43、56、57、66、73、81、87、102、105)。

半頁,框 18.5×12.3cm,13 行,行 2 句,14 字,白口,四周單邊,單黑魚尾,版心上鐫書名"聖詩樂譜",中依次按《聖詩樂譜總題目録》順序鐫總題名稱,下鐫頁碼,共 304 頁。

附:美部會禮文

扉頁:耶穌降生一千九百零六年(右)

　　　　美部會禮文(中)

　　　　光緒三十二年福州羅馬字書局活板(左)

正文:主祈禱文、上帝十誡、使徒聖經(師友輪讀)、接人進會禮文、幼孩受洗禮文、討親禮文、埋葬禮文、會約。

半頁,框 12.7×7.9cm,9 行,行 25 字,白口,四周單邊,單黑魚尾,版心上鐫書名"美部會禮文",下鐫頁碼,共 32 頁。有《奮興會詩同聖詩樂譜目録》表 1 頁。

有英文的書名等信息:

Sacred songs with tunes. Responsive readings and pastor's manual.

Issued by the American Board Mission.

Foochow College Press, 1906.

Order of Subjects(1 頁).

Index of First Lines of Subjects(3 頁).

Index of Tunes(3 頁).

該書與"C-0514 D39"內容完全一樣,版式大小略異,但是多了樂譜。

全書共 354 頁(10+304+32+8)。

【454】TA 1979.5 CF1907 Cang cio seng si,being Mi buo la ung(**贊主聖詩,美部會禮文**)C-0518 D43

008146537 （福州平話羅馬字母本）

扉頁:Cang cio seng si(右)

　　　　being Mi buo la ung(中)

　　　　Mi buo huoi huak siu(左)

　　　　Foochow city

　　　　Printed at the Romanized Press, 1907.

Cung Muk Lioh 總目錄(p.1-2),Muk Lioh(p.3-10)。

此書分爲兩部分。

第一部分,Cang cio seng si(贊主聖詩)共 256 首。整本書橫排,11×19cm,27 行左右(含詩歌標題),行字數不等,白口,版面右上角鎸頁碼,共 217 頁。

Hong-hing-huoi Si Go Suk Pieng(《奮興會詩歌續編》)14 首(第 14、20、22、23、37、43、56、57、66、73、81、87、102、105),p.218-232。

第二部分後附 Mi-Buo-Huoi La-Ung《美部會禮文》單行本(福州平話):

主祈禱文、上帝十誡、使徒聖經(師友輪讀)、接人進會禮文、幼孩受洗禮文、討親禮文、埋葬禮文、會約。

整本書橫排,11×19cm,30 行,行 13 字左右,白口,版面上中鎸書名,右上角鎸頁碼,共 30 頁。

這是《贊主聖詩》(附《美部會禮文》,C-0514 D39)的福州羅馬字母本。

全書共 272 頁。

【455】TA 1979.5 CM1862 **耶穌教聖詩** C-0496 D21

008143821 （綫裝本,官話）

扉頁:耶穌降世一千八百六十二年官話(右)

　　　　耶穌教聖詩(中)

　　　　天津東門内耶穌堂存板(左)

聖詩目錄(50 首),共 2 頁。

正文,聖詩 50 首。

半頁,框 16×10.8cm,6 行,行 2 句,字數不等,白口,四周雙邊,單黑魚尾,版心上鎸書名"聖詩",中鎸聖詩首數(第幾首)和詩名,下鎸頁碼,共 39 頁。

【456】A 1979. 5 CM1891. 1 宗主詩章 (美部會印) C‒0517 D42

008143811

清光緒十七年(1891),福州美以美會宣教士瓦格(J. E. Walker)與福州一位梁姓信徒合作,用官話重新修訂編印了袖珍文字本的《宗主詩章》。全書共有聖詩 182 首及《三一頌》4 首。書末附錄有《美部會禮文》,含《聖經舊約》之《十誡》、《使徒信經》、《主禱文》及受洗入會、主餐、婚喪禮節等的儀文。

(1)《宗主詩章》

扉頁:主降生一千八百九十一年　美部會印(右)

宗主詩章(中)

光緒十七年福州美華書局活板(左)

總題目(1 頁):論上帝、論救主降生、論救主捨命、論救主、論聖神、勸誡類、論認罪、論蒙赦罪……

書首有中文首句索引及分類索引。首句目錄(10 頁)、調名目錄(4 頁)。

正文 182 首聖詩及《三一頌》4 首,p. 1‒125。

半頁,框 8×12.5cm,10 行,行 2 句,四周單邊,單黑魚尾,版心上鐫書名"宗主詩章",中鐫詩篇首數,下鐫頁數,共 125 頁。

(2)《美部會禮文》

封面:主降生一千八百九十一年

美部會禮文

美部會印

福州美華書局活板

正文:上帝十條聖誡、使徒信經、主祈禱文、教會信錄、會約、辦聖餐勸衆文、聚親禮文、埋葬禮文。

半頁,框 8×12.5cm,10 行,行 27 字,四周單邊,單黑魚尾,版心上鐫各篇禮文名,下鐫頁數,共 21 頁。

【457】TA 1979. 5 CN1851 Tsaen Me Tsing Jing S(贊美詩,羅馬字) C‒0519 D44

008143817

扉頁分上下兩個部分:

Tsaen Me(上部分)

Tsing Jing S(上部分)

Nyingpo(下部分)

1851(下部分)

第一部分:Tsing Jing Ioh Nyih Zao(上部分),共 15 首詩,共 20 頁。

第二部分:Tsing Jing Jih-diao Kiae,共 4 首,4 頁。

全書 17.1×12.9cm,24 行,12 詞,每首歌有歌名,共 24 頁。

【458】TA 1979.5 CN1856 贊神樂章:附曲譜 C-0521 D46

008143816

《贊神樂章:附曲譜》,Nyingbo:1856,收 24 首贊美詩,附總贊詞,23cm,共 25 頁。寧波土話羅馬字母。

cf. Wylie. Memorials. p.163. 13 leaves.

【作者】羅爾梯(Edward Clemens Lord),1817—1887。

【459】TA 1979.5 CN1858 Sing Saen Yiae Ko(聖山諧歌) C-0520 D45

008143814

扉頁:聖山諧歌

　　咸豐八年中秋月　寧波華花書房刊

　　聲音輕重

　　工夫分明

此爲聖詩唱本。卷首有《唱言縷析》5 頁。唱譜圖 1 頁(中文)。《曲譜目錄》72 首(2 頁)。

封底寧波方言羅馬字譯文(8 頁)。

Sing-saen Yiae-ko 聖山諧歌

Nying-po 寧波

Sing-ing Kyeng-djong 聲音輕重

Kong-fu Feng-ming 工夫分明

咸豐八年即 1858 年,應思理(Rev. Elias B. Inslee)編印了《聖山諧歌》(Hymns Set to Music),這本詩篇記載了 72 首歌的樂譜,每頁一首歌,音律是按歐洲的譜式印刷,詩詞間插在譜式之間,第一行是漢字,下二行是寧波方言羅馬字譯文。這本詩集第一頁包含一個簡短的廣告,接下來是曲譜目錄及唱譜表,一個按字母順序的索引表。

正文 72 首歌,每頁一首,72 頁。27.5×17.5cm,從左往右橫排,頁左上方爲歌名(漢字和寧波羅馬字),正文首行爲樂譜,下行爲漢字和羅馬字。全書連同目錄等共 72+8+8 = 88 頁。

【作者】應思理(Elias B. Inslee,1822—1871),美國傳教士,在浙江寧波傳教,主持《中外新報》,編寫《聖教鑑略》等書。

【460】TA 1979.6 95 基督徒日用神糧書 C-0525 D50

007766016　(福州平話榕腔)

扉頁:主一千八百六十九年(右)

　　基督徒日用神糧書（中）

　　同治八年　福州城内太平街福音堂印（左）

　　首頁爲美國吳思明抄"基督徒日用神糧"：聖經道理可比神靈糧草……伶揀出聖經要緊其話，做只一本書，欲聖徒日日早共聖經齋讀熟，就能助仏家細想天道。每日倻讀兩節大略：一節是上帝應許照顧賜福好仏其話，仅一節是上帝勸道警戒仏其話……因年年大小月數不同，仅因五年兩閏，故此做者書歷年使用，每月都算是大，仅書尾另加閏月便讀。……

　　由此可見是吳思明按年曆抄寫的《聖經語録》，供基督徒每天早讀使用的本子。

　　正文從"正月初一開始，二月、三月、四月、五月、六月至十二月、閏月（共13個月）"，將每月三十天需讀的聖經名言抄選出來，每天兩大句，即《序》中所謂"兩節大略"，中間以"〇"分隔標示，匯爲一册，以爲基督徒每日的精神食糧。

　　書末有"基督徒日用神糧終"之語。

　　半頁，框9×14.2cm，14行，行29字，白口，四周單邊，單黑魚尾，版心上鎸書名"日用神糧"，下鎸頁碼，共33頁。

　　【作者】吳思明（Simeon Foster Woodin），1833—1896。

　　Pen note added on cover：Daily food, in Foochow colloquial. By S. F. Woodin. Am. Tract Soc. 1869.

　　【按】該篇又見【602】TA 1980.4226，同篇同版。

【461】TA 1979.6 98 耶穌巡徒養心日課 C-0526 D51

　　008145117

　　扉頁：甲辰歲鎸

　　　　耶穌巡徒養心日課

　　　　爲林譯

　　首行爲標題：耶穌巡徒養心日課。

　　正文内容爲每日一課：自正月初一日起至六月十八日止。其中大致内容是：

　　每日選一段聖經名言，標示出處，然後進行注解。引文大字，行18字。出處和注解文是雙行小字，行34字。半頁，框10.2×16cm，載兩日功課内容，大字2行或4行，小字4行或6行不等，白口，四周單邊，單黑魚尾，版心上鎸書名"耶穌巡徒養心日課"，下鎸頁碼，頁框的上方注明每月的日期，共43頁。淺文言。

【462】TA 1979.6 99（1872）同治十一年禮拜單 C-479 D3

　　008627948

　　一張福州耶穌教美部傳道公會同治十一年（1872）的廣告單，30.5×28.3cm，四周雙邊，框24×28.3cm，題名據卷端框額爲"同治十一年禮拜單"。

框內分成上下兩大部分。上半部分又分左中右三格,中間爲一年12個月所有的禮拜日的日期單及一年的24個節氣日曆,左右兩邊分別爲宣教聖經用語;下半部分分別羅列了福州耶穌教美部傳道公會在福州府屬城鄉各處設堂宣教逢禮拜日禮拜上帝並講經廣告,以及所設書堂地點廣告。

有另一個英文標題:Protestant missionary works in Chinese. D, Ritual, liturgy and missionary works. CH-1228;D3。

【463】TA 1979.7 09 作基督徒的真意義 C-0453 C76

008146525

封面:濮士韋　原著(右)

　　　作基督徒的真意義(中)

扉頁(英文):WHAT IT MEANS TO BE A CHRISTIAN BY EDWARD I. BOSWORTH, D. D. TRANSLATED BY LUELLA MINER AND DAVID Y. WANG SHANTUNG CHRISTIAN UNIVERSITY.

有1926年山東齊魯大學麥美德撰寫的《作基督徒的真意義序》,2頁。介紹美國傳教士濮士韋的經歷和寫作該書的基本目的(解決教會學校學生疑難問題,聖經中教會中的難題,學校青年會教會夏令營、公共之聚會等),並指出翻譯該書的真正意義。

有該書的《原序》,2頁。

《作基督徒的真意義目次》7頁。

正文,共11章,146頁。14.5×20.7cm,13行,行30字,白口,版心右邊頁上鐫書名"作基督徒的真意義",下鐫頁碼,版心左邊頁上鐫章名,下鐫頁碼。全書共157頁。

【作者】濮士韋(Edward Increase Bosworth),1861—1927;麥美德(Luella Miner),1861—1935;王德潤。

INTERNET LINK:http://nrs. harvard. edu/urn-3:FHCL:3442769

Harvard-Yenching Library Chinese Republican Period (1911—1949) Digitization Project.

【464】TA 1979.7 41 遵主聖範(4卷) C-0444 C67

008146526　(綫裝本,外有硬殼)

封面:遵主聖範

扉頁:救主降世一千八百八十九年(右)

　　　遵主聖範(中)

　　　歲次己丑　京都燈市口美華書院印鐫(左)

有一千八百八十九年柏亨理撰寫的《遵主聖範序》,1頁。序曰:"凡真爲耶穌門徒者……内心則皆相同,一則專賴天主鴻恩……一則將身心全獻於救主";"著此書者,乃根必斯之篤瑪,係德國人,生於救主降世一千三百八十年……此書乃其六十一歲時所著,原文用拉低尼語,至今翻譯已經六十餘種話語,今特將天主教會主教類斯田所刪定之本,略改數處。……柏亨理序。"

目録(5 頁)。

正文,共 4 卷,第一卷共 25 章,18 頁;第二卷共 12 章,11 頁;第三卷共 59 章,42 頁;第四卷共 18 章,17 頁。最後還有 2 頁是補録刪改原書之處。全書共 97 頁。

半頁,框 15.3×10.5cm,13 行,行 31 字,白口,四周雙邊,單黑魚尾,版心上鎸書名"遵主聖範",中鎸卷數及章數,下鎸頁碼。

【作者】妥瑪肯比斯(Kempis Thomas),1380—1471。

【譯者】柏亨理(Henry Blodget),1825—1903。

【465】TA 1979.7 81 入門之光(全本) C-0448 C71

008146527　FC8504　Film Mas 32537

封面:入門之光

扉頁:耶穌降世一千九百十五年　華北書會印發(右)

　　　入門之光(中)

　　　中華民國四年歲次乙卯(左)

　　　Published by North China Tract Society, Tientsin

正文分五章,官話口語,大致内容有:

第一章:信主人五樣本分:禱告、立家禱、用聖經、守禮拜、捐錢

第二章:禱告内容:贊美、認罪、謝恩、祈求;何處禱告:私卜禱告、家裡禱告、公同禱告;怎樣禱告:恭敬禱告、用信心禱告、用愛心禱告、用智慧禱告、切切的禱告、不住的禱告、順主命禱告、默然仰望主;爲什麼人禱告:主禱文、祈禱文、吃飯禱告文

第三章:怎樣用聖經求聖靈指教

第四章:守禮拜日

第五章:怎樣用所有的才榮耀主(全然歸主)

半頁,框 15×10.8cm,9 行,行 13 字,頁上書章數(一章、二章、三章、四章、五章),白口,四周雙邊,單黑魚尾,版心下鎸頁碼,共 31 頁。

Pen note added on cover: The five duties of Christians or Light for probations.

INTERNET LINK:http://nrs. harvard. edu/urn-3:FHCL:3353774

Harvard-Yenching Library Chinese Republican Period (1911—1949) Digitization Project.

▲【466】TA 1979.7 4124 輕世金書便覽(4 卷)

010376822

綫裝本一函,共 6 本(卷 1 至 4),外有硬殼包裝。

第一分册有封面,上寫書名:輕世金書便覽

扉頁:降生一千六百四十年極西陽瑪諾譯述

　　一千八百一十五年主教若亞敬公准　　呂脩靈堂藏板(右)

　　輕世金書便覽(中)

　　降生一千六百四十八年粵東順德呂若翰註

　　主教熱羅尼莫公准　　呂若翰書(左)

有道光歲次戊申秋呂若翰《跋》(草書),5 頁,有呂若翰之印(小篆)。

輕世金書便覽卷之一目錄,2 頁,共有 25 章,102 篇。

卷一有卷首《小引》:輕世金書之既譯二演之也。……蓋始示以循名核實之原,繼示以縷析條分之實際,終示以理之廣、用之備、效之神。

《小引》中大字引用客與先生問答之原文——續對其引用原文加以"注、講、解":【注文】小字雙行——【講】小字雙行——【解】小字雙行。

半頁,框 13.5×18.5cm,大字 8 行,行 18 字(小字 16 行,行 18 字),版心中鐫"卷一",頁上有疑難字之注音(含反切注音、同音字注音),共 10 頁。

第一分冊、第二分冊:卷一

第一分冊(卷一上)(p.1–46)(卷一:跋 5+目錄 2+小引 10+正文 46＝63 頁)

卷一正文之首行"輕世金書便覽卷一",極西博學會士陽瑪諾譯,粵東順德後學呂若翰註釋,甬上門人朱宗元訂。

卷一共 12 章(含第一分冊、第二分冊):

第一章　師主實行輕世幻光,1 篇

第二章　思性本微,7 篇

第三章　主訓真實,12 篇

第四章　行事預宜察機,21 篇

第五章　恒誦聖經善書,23 篇

第六章　禁情踰節,26 篇

第七章　勿虛望世勿妄彰己,29 篇

第八章　密締須防,32 篇

第九章　絶意順長,34 篇

第十章　浪談宜禁,37 篇

第十一章　求寧慕進,40 篇

第十二章　世苦有益,44 篇

文中大字引用原文——續對其引用原文加以"注、講、解":【注文】小字雙行——【講】小字雙行——【解】小字雙行。

半頁,框 13.5×18.5cm,大字 8 行,行 18 字(小字 16 行,行 18 字),版心中鐫"卷一",頁上有疑難字之注音(含反切注音、同音字注音),共 46 頁。

第二分冊(卷一下):p.47–109

半頁,框 13.5×18.5cm,大字 8 行,行 18 字(小字 16 行,行 18 字),版心中鎸"卷一",頁上有疑難字之注音(含反切注音、同音字注音),共 52 頁。

卷一上、卷一下 2 本共 109 頁。

第三分冊:卷二

輕世金書便覽卷之二目録(1 頁),共有 12 章,43 篇,卷首之首行"輕世金書便覽卷二",極西博學會士陽瑪諾譯,粤東順德後學吕若翰註釋。

半頁,框 13.5×18.5cm,大字 8 行,行 18 字(小字 16 行,行 18 字),版心中鎸"卷二",頁上有疑難字之注音(含反切注音、同音字注音),共 51 頁。

第四分冊、第五分冊:卷三

第四分冊(卷三上):p.1–71

輕世金書便覽卷之三目録(4 頁),共有 64 章,146 篇,卷首之首行"輕世金書便覽卷三",極西博學會士陽瑪諾譯,粤東順德後學吕若翰註釋。

第五分冊(卷三下):p.71–148

半頁,框 13.5×18.5cm,大字 8 行,行 18 字(小字 16 行,行 18 字),版心中鎸"卷三",頁上有疑難字之注音(含反切注音、同音字注音),兩冊共 148 頁。

第六分冊:卷四

輕世金書便覽卷之四目録,共有 17 章,43 篇,卷首之首行"輕世金書便覽卷二",極西博學會士陽瑪諾譯,粤東順德後學吕若翰註釋。

半頁,框 13.5×18.5cm,大字 8 行,行 18 字(小字 16 行,行 18 字),版心中鎸"卷四",頁上有疑難字之注音(含反切注音、同音字注音),共 45 頁。

Imitatio Christi. Chinese. 廣東順德粤東天主堂,1848.

【譯者】陽瑪諾(Emmanuel Diaz),1574—1659;吕若翰。

【按】這是天主教中文譯著。

【467】TA 1979.8 56 年中每日早晚祈禱敘式 C-0484 D8

008151724　FC8183

【按】卡片與"【468】TA 1979.8 56.1"是一張卡片,索書號一致,但"【468】TA 1979.8 56.1"内容另多附一個《神詩書》。

《年中每日早晚祈禱敘式》,英華書院藏板,年代不詳,白話帶文言詞。

年中每日早辰祈禱之敘式,p.1–15。

早祈時牧者必開講,初用清亮聲念在左或一節或數節(左引 11 節,見 p.1–2),然後是"牧者向衆道云:……"(見 p.2),並有祈禱敘式:"召認罪之共祈,爲公集者皆跪後隨牧者而道云:……"(見 p.3)主耶穌教厥使徒之祈禱,見 p.4。兼牧者與衆答之祈禱。讀《詩篇》九十五,見 p.5。讀《舊遺詔書》一章,《贊神篇》見 p.6–7,《萬有者贊神詩》見 p.7–9;讀《新遺詔書‧聖路加書》一章,68 節,見 p.9–10;詩之一百首,見 p.10;使徒敬信全書 p. 11–12。

早上祈禱:爲平安之祈 p. 12,爲神恩之祈 p. 13,爲當今萬歲爺之祈 p. 13,爲皇家之祈 p. 14,爲各牧者及衆信者之祈 p. 14,聖其所士丹之一祈禱 p. 14,可林多輩二書 13 章 p. 15。

年中每日晚間祈禱之敘式,p. 16–26。

晚祈時牧者必開講,初用清亮聲念在左或一節或數節(左引 11 節,見 p. 16–17),然後是"牧者向衆道云:……"(見 p. 17),並有祈禱敘式:"召認罪之共祈,爲公集者皆跪後隨牧者而道云:……"(見 p. 18)主耶穌教厥使徒之祈禱,見 p. 19。兼牧者與衆答之祈禱,p. 20。讀《舊遺詔書》一章,《贊神篇》見 p. 6–7,《萬有者贊神詩》見 p. 7–9;讀《新遺詔書·聖路加書》一章。晚上祈禱:爲被護不致受何難之祈 p. 25,爲當今萬歲爺之祈 p. 25,爲皇家之祈 p. 25,爲各牧者及衆信者之祈 p. 26,聖其所士丹之一祈禱 p. 26,可林多輩二書 13 章 p. 26。

9×12.5cm,8 行,行 22 字,白口,四周雙邊,單黑魚尾,版心上鎸書名"祈禱敘式",下鎸頁數,共 26 頁。用"神主"不用"上帝"。

【按】早祈和晚祈内容和形式幾乎接近:牧師讀經,衆隨牧者云,讀《舊約》之篇,讀《新約》之篇,讀贊神詩篇,讀祈禱文。

cf. Medhurst, W. H., China. 1840. p. 587. Psalter and liturgy. 1830 8 v. 178 leaves. 1,000 copies.

【468】TA 1979.8 56.1 年中每日早晚祈禱敘式(附:神詩書)

008151724　FC8183　Film Mas 32087

【按】索書號與"【467】TA 1979.8 56 年中每日早晚祈禱敘式 C-0484 D8"是一張卡片,但内容增加了《神詩書》。

年中每日早辰祈禱之敘式,p. 1–15。

年中每日晚間祈禱之敘式,p. 16–26。

半頁,框 9×12.5cm,8 行,行 22 字,白口,四周雙邊,單黑魚尾,版心上鎸書名"祈禱敘式",下鎸頁數。用"神主"不用"上帝"。

《神詩書》,p. 1–255,其實是把一個月 30 天早祈與晚祈分別使用的詩篇共 250 首——羅列:

初一早祈詩之 p. 1–5、初一晚祈詩之 p. 6–9

初二早祈詩之 p. 10–11、初二晚祈詩之 p. 12–13

初三早祈詩之 p. 14–17、初三晚祈詩之 p. 18

初四早祈詩之 p. 19–21、初四晚祈詩之 p. 22

初五早祈詩之 p. 23–26、初五晚祈詩之 p. 27

…………

三十早祈詩之 p. 244–246、三十晚祈詩之 p. 247–250

9×12.5cm,8 行,行 22 字,白口,四周雙邊,單黑魚尾,版心上鎸書名"神詩書",中鎸祈禱時間及詩篇首數,下鎸頁數,共 255 頁。

全書共分兩部分,分別是 26 頁、255 頁。

【作者】馬禮遜(Robert Morrison),1782—1834。

cf. Wylie. Memorials. p. 5. 30 leaves. Malacca, 1818. Daily morning and evening prayers of the Church of England, tr. by R. Morrison.

cf. Medhurst, W. H., China. 1840. p. 587. Psalter and liturgy. 1830 8 v. 178 leaves. 1,000 copies.

【469】TA 1979.8 81 家庭禱告 C-0449 C72

008146528

《家庭禱告》,綫裝本,漢口天津基督聖教協和書局印行,1916 年。

封面:大美國公理會明恩博師母著(右)

　　　家庭禱告(中)

　　　漢津基督聖教協和書局印行(左)

扉頁:大美國公理會明恩博師母著(右)

　　　家庭禱告(中)

　　　漢津基礎聖教協和書局印行(左)

　　　Printed and published by the Religious Tract Society of north and central China Hankow and Tientsin.

正文官話口語,主要用於家庭禱告,選取聖經中的名句作爲禱告語。每句都注明出處。内容涉及怎樣禱告討主喜歡,分誠實、認罪、謝恩、祈求、贊美主等幾個方面。

卷末封底附録了漢口天津基督聖教協和書局印行明恩博氏所著六書(Books by Mrs. A. H. Smith:訓蒙摘要、入門之光、論聖賢、鑛微質寶、論舌寶訓、家庭禱告)及價目的廣告。

11.6×19cm,11 行,行 27 字,白口,四周無邊,版心上鎸書名"家庭禱告",下鎸頁碼字,共 15 頁。

【作者】明恩博師母(Mrs. A. H. Smith)。

【470】TA 1979.41 55 上帝聖教公會門(博愛者纂) C-0481 D5

008140817

《上帝聖教公會門》,博愛者纂,嗎吶呷,道光五年(1825)。

扉頁:道光五年重鎸(右)

　　　上帝聖教公會門(中)

　　　博愛者纂(左)

《上帝聖教公會門序》,共 2 頁。

求洗問答卷之一(二十個問與答)p. 3-8,採用問答的形式談洗禮

預備工夫卷之二(四個要……)p. 9-13

領洗後之工夫卷之三(八個該……)p. 14-30

半頁,框 13.7×8cm,8 行,行 18 字,白口,四周雙邊,單黑魚尾,版心上鐫書名"聖教公會門",下鐫頁數,共 30 頁。

Pen note on cover: The gateway to God's Holy Church, 1826.

cf. Wylie. Memorials. p. 19.

【作者】米憐(William Milne),1785—1822。

【471】TA 1979. 53 36 謝年歌(福州土白) C-0522 D47

008143804

扉頁:光緒元年　福州土白(右)

　　　謝年歌(中)

　　　城內太平街福音堂印(左)

內容:感恩歌、酬謝歌、得利歌、風景歌、時序歌、年終歌、算賬歌、討賬歌、還賬歌、萬年歌。

半頁,框 12.2×8.1cm,12 行,行 2 句,除歌名一行外,其它每行 14 字,白口,四周單邊,單黑魚尾,版心上鐫書名"謝年歌",下鐫頁碼,共 6 頁。

Pen note added on cover: 10 hymns on annual thanksgiving. C. H.

【作者】Charles Hartwell, 1825—1905.

【472】TA 1979. 53 36B 謝年歌(福州土白)

008143805

此爲《謝年歌》之另一重刊本,光緒五年(1880),內容同上條"TA 1979. 53 36"。

扉頁:光緒五年　福州土白(右)

　　　謝年歌(中)

　　　城內太平街福音堂印(左)

內容:感恩歌、酬謝歌、得利歌、風景歌、時序歌、年終歌、算賬歌、討賬歌、還賬歌、萬年歌。

半頁,框 12.2×8.1cm,12 行,行 2 句,除歌名一行外,其它每行 14 字,白口,四周單邊,單黑魚尾,版心上鐫書名"謝年歌",下鐫頁碼,共 6 頁。書末有"美華書局代印"之語。

【作者】Charles Hartwell, 1825—1905.

【473】TA 1979. 53 98 月季花信王歌 C-0524 D49

008145113

《月季花信王歌》,福州金粟臺存板,18—?

共有 1 張紙,整張的尺寸 30.5×28.1cm,内尺寸 21.4×26.2cm,37 行,行 24 字,單邊。

内框分成二部分,上部分是歌名"月季花",下部分是内容。"五月石榴……六月荷花……八月木樨……十月芙蓉……十一月水仙……十二月臘梅"。框外左下書"板存金粟台"。

Pencil note：Flowers of the months and seasons.

【按】這張卡片同"【569】TA 1980.2 7210 月季歌(1 張,金粟臺,between 1875 and 1911)"。

【474】TA 1979 53 聖教例言 C-0437 C59——C-0438 C60

008140790

【按】這張卡片索書號 008140790,收錄的是同一内容在 1869 年和 1882 年的兩個印本,因而分別有兩張縮微的號碼。《聖教例言》也叫《耶穌教例言》,1857 年在寧波有寧波話的《En Yay Soo Keaou Le Yen》,1862 年在上海印行過。

【474-1】TA 1979 53 (1869) 聖教例言 C-0437 C59

008140790　FC8160　Film Mas 32064

扉頁:同治八年　培端氏著 察理氏校

　　　聖教例言

　　　福州城内福音堂印

有《聖教例言》18 則。強調耶穌曰:當一心一意愛上帝如主、愛人如己;強調十誡。

半頁,框 9×14cm,14 行,行 29 字,白口,四周單邊,單黑魚尾,版心上鐫書名"聖教例言",共 3 頁。

【474-2】TA 1979 53 (1882) 聖教例言 C-0438 C60

008140790　FC8160　Film Mas 32064

扉頁:光緒七年

　　　聖教例言

　　　福州城内福音堂印　福州美華書局活板

有《聖教例言》18 則。強調耶穌曰:當一心一意愛上帝如主、愛人如己;強調十誡。

半頁,框 9×14cm,14 行,行 29 字,白口,四周單邊,單黑魚尾,版心上鐫書名"聖教例言",共 3 頁。

【按】兩者版式一致,内容相同,是同一刻本不同年代的印本。

【作者】麥嘉締(Divie Bethune McCartee,1820—1900),字培端,美國醫療傳教士。他翻譯了第一本寧波方言的《路加福音》,又一度擔任美國駐寧波的首任領事(代理)、郵政局主政,以及清廷出使日本欽使的顧問。1850 年到 1853 年,麥嘉締陸續編著了《平安通書》4 冊,由長老會的花華聖經書房出版,介紹天文、氣象常識。

【校對者】夏察理(Charles Hartwell),1825—1905。

cf. Wylie. Memorials. p. 137. 耶穌教例言(Yay soo keaou le yen). Christian Customs. 7 leaves. Ningpo. Reprinted at Ningpo in 1857, in 4 leaves; and again at Shanghai in 1862, in 12 leaves.

【475】TA 1979.55 36 童子拓胸歌(福州) C-0523 D48

008213692

扉頁:同治十年　榕腔

　　　童子拓胸歌

　　　福州城内太平街福音堂印

收有棄偶歸真歌(32 句)、孝順歌(32 句)、十誡歌(32 句)、禁刣仇共淫行歌(32 句)、禁仇偷毛共貪心歌(32 句)、禁亂証見歌(32 句)、入教歌(32 句)、守禮拜日歌(32 句)、耶穌救靈歌(其一 32 句、其二 30 句)、聖神更新歌(32 句)、永生歌(32 句)共十一首,各五字一節(五言詩)。

半頁,框 9×14cm,7 行,行 2 句,五言爲一句,行 10 字,白口,四周單邊,單黑魚尾,版心上鐫書名“童子拓胸歌”,中鐫拓胸歌歌名,下鐫頁碼,共 15 頁。

【作者】夏察理(Charles Hartwell,1825 年 12 月—1905 年 1 月) 是 19 世紀後半葉美國公理會差會派往中國福州的傳教士。夏察理是一位語言學家,他的福州話非常流利,提議使用福州話羅馬字。除了傳播福音之外,他還將四分之一的《新約》和《三字經》翻譯爲福州話,編寫各種書籍和小册子(包括《福州方言詞典》第二版)。他還爲學校編寫許多課本(包括一系列所謂“香港讀者”),寫了一本關於氣象學的書,還在在英美雜志發表戒酒文章。

【476】TA 1979.55 36 (1874) 童子拓胸歌(同治十三年)

008213694

扉頁:同治十三年察理氏著

　　　童子拓胸歌

　　　福州美華書局印

收有十誡歌(32 句)、棄偶歸真歌(32 句)、守禮拜日歌(32 句)、孝順歌(32 句)、禁刣仇共淫行歌(32 句)、禁仇偷毛共貪心歌(32 句)、禁仇亂証見歌(32 句)、耶穌救靈歌(其一 32 句、其二 30 句)、聖神更新歌(32 句)、入教歌(32 句)、永生歌(32 句)共十一首,各五字一節(五言詩)。

半頁,框 8.2×12.2cm,6 行,行 2 句,五言爲一句,行 10 字,白口,四周單邊,單黑魚尾,版心上鐫書名“童子拓胸歌”,中鐫拓胸歌歌名,下鐫頁碼,共 17 頁。

【按】這其實是上條“C-0523 D48 童子拓胸歌(福州太平街福音堂印,同治十年,1871)”的另一刊版(Ko shun hsü yü 1871 pan pu t'ung),版式變小,順序略變,頁碼有變,但內容一樣。

　　【作者】夏察理(Charles Hartwell) ,1825—1905。

【477】TA 1979 59 天路指南 C-0527 D52

　　008134844　FC9603　Film Mas 35933

　　封面:耶穌降世一千八百六十一年

　　　　　天路指南

　　　　　歲次辛酉上海美華書館活字板　倪維思著

　　有教弟可園徐見三《序》2 頁。

　　有明州王斐章《序言》2 頁。

　　有《天路指南目錄》十八章 1 頁。

　　正文,半頁,框 12×19.5cm,10 行,行 25 字,白口,四周單邊,單黑魚尾,版心上鎸書名
"天路指南",中鎸章次及篇名,共 85 頁。

　　後附《天路指南條問》十八章,共 7 頁。全書 5+85+7 =97 頁。

　　cf. Wylie. Memorials. p.224. Guide to heaven. 73 leaves. Ningpo, 1857.

　　【作者】倪維思(John Livingstone Nevius ,1829—1893),美國人,基督教北長老會教士。
1854 年來華。1861 年到登州傳教,次年開辦山東第一所女子學校。1871 年到煙臺傳教,
開闢示範農場,引進美國蘋果、梨、葡萄和梅等優質樹種及栽培技術,並將美國樹種與中國
樹種相嫁接,生產出香蕉蘋果。1893 年卒於煙臺。著有《中國和中國人》、《差會工作方
法》、《神學總論》等書多部。他在中國傳教的時間長達 40 年,留下了很多著述,主要有《天
路指南》、《神道總論》等。

【478】TA 1979.81 C1866 耶穌祈禱文 C-0480 D4

　　008146529

　　《耶穌祈禱文》(Lord's prayer),文言,福州,1866 年。

　　Pencil note added: Lord's prayer and comments. 1866. By Dyer Ball?.

　　耶穌祈禱告文一張,33.6×27.6cm。框內右邊第一行:耶穌禱告文。

　　內框 28.6×19.9cm,白口,四周雙邊。首行大字"耶穌祈禱文",正文爲耶穌祈禱文的
原文和注文,祈禱文大字,約占 15 行,行 15 字;隨文注解雙行小字,行 30 字,按大字的行式
應爲 21 行,而實際注文小字占行多(應爲雙行小字 42 行)。

　　【作者】Dyer Ball, 1796—1866.

　　cf. Wylie. Memorials. p.109.

【479】TA 1979 4424 鄉訓五十二則

　　009431348　（淺文言）

《鄉訓五十二則》,博愛者纂,嗎咭呷:英華書院,between 嘉慶庚辰(1820) and 1911。

封面:古云聽訓者智也　嗎咭呷英華書院藏板

　　　鄉訓五十二則

　　　博愛者纂

鄉訓目録(1 頁):

【按】從目録開始,頁面就著録有"卷一",白口,四周雙邊,單黑魚尾,版心上鎸"鄉訓",中鎸"目録",下鎸頁數和"卷一"。

訓一論人該求之福	見第一帙
訓二論耶穌外無一救世	見第六帙
訓三論人不信耶穌之故	見第八帙
訓四論失羊歸牧	見第十三帙
訓五論度日之道	見第十六帙
訓六論進窄門走狹路	見第二十一帙
訓七論人知罪求憐之道	見第二十八帙
訓八論惡者不得入天國	見第三十四帙
訓九論祈禱之理	見第四十帙
訓十論善人以此世之難而受益	見第四十七帙
訓十一論善人安死	見第五十三帙
訓十二論死如夜賊之來	見第五十八帙

【按】本書與 1820 年前後的版式及用語一致:"見第××帙",米憐的筆調。

接着是《鄉訓五十二則序》:

夫鄉訓者即教訓鄉人之書也。言其書之理義甚爲要緊,而其文法字句皆爲鄉中無學問之人所可易曉也。凡善者該多用善法,以涵養其道德,則日增月深,不然,則必日少月減,而至終不得成也。其住近乎禮拜公堂,又有牧者教訓,衆人應每禮拜日往公堂敬聽教訓。但在善者中,有人難得每第七日往公堂,蓋或因自身有病,或因親戚有病,或因兒女甚小,無人代管,或因路極遠,而有大雨大雪時則難行走等,所以不得每常去,故今作此訓五十二則,特爲此等人在禮拜日或別日之閒時可看,而以之養其心也。

又有一樣人,或在其處無禮拜公堂,此等人該每第七日於其本屋,自己細看一訓,或讀之與妻子僕婢,及其鄉人中凡所欲來者聽。又若有禮拜公堂而無牧者教訓,則善者該會集在公堂如常,而請一位有好名之人,朗聲土音,讀出聖書一二章,又與衆人共詠出養心聖詩一二首,又於衆人前祈禱,或由祈式書中讀出一祈式,爲合乎禮拜日公會之事者,然後讀此五十二訓之一與衆人,不論男女者,若有一處不分明,則讀者該以土話略推解之,給衆人易明白也。讀畢仍詠聖詩祈禱,而大家方退去。如此其無牧者時可當一牧者之教訓也。蓋因一年間有五十二禮拜日,故此部書亦有訓五十二則,即爲每禮拜日一訓也。今只有此第一卷已做便,若得神天保佑,多長我生命一二年,則或得全其五十二訓之數,亦未能定知。

若死而其數未滿,則在教道中,或有人繼續而滿之,如此則住於鄉村之人,又有病之人,又無牧者傳教之人,又做人母少得離開門户兒女而往公堂者,又海上行船者,又在山野管牛羊者,又農夫在冬時昏晚有閑者等人,俱能略有所感發其善心,而遏去其人欲也。此部雖曰《鄉訓》,然即住於京城之人亦可看之而受教也。很願至上神天以此部之理,省悟惡者,使之變善,又感發善者,使之大進德也。

嘉慶庚辰年博愛者自序

10.5×17.5cm,注文小字8行,行20字,訓文大字,4行,行20字,白口,四周雙邊,版心上鎸書名"鄉訓",中依次鎸十二訓的題名,下鎸"卷一",共61頁。蓋如序文所云,先完成了《鄉訓十二則》一卷,故卷末有"鄉訓卷一終"的字樣。

參見【482】C-0194 A94《鄉訓十三則》,鷺江(廈門)花旗館寓藏板,咸豐四年(1885),米憐(William Milne)著。比照兩個版本,在《鄉訓五十二則序》(博愛者纂)裡不用"上帝",用"神天",其他的句子表達稍有不同,但基本是相近的。不過《十三則》沒有交代"五十二訓"的來源等。

【480】TA 1980.1 03 安仁車 C-0214 A114

008146534　FC8414　Film Mas 32240

《安仁車》,上海:廣學會,光緒二十八年(1902),四十一則,附劉樂義譯者九則,共五十則。

扉頁(2頁):

西曆一千九百零二年(右)

安仁車(中)

大清光緒二十八年壬寅歲(左)

反面(英文):

ILLUSTRATIONS

OF

CHIRISTIAN TRUTH

BY

REV. Young J. Allen, D. D

SHANGHAI

SOCIETY FOR THE DIFFUSION OF CHRISTIAN AND GENERAL

KNOWLEDGE AMONG THE CHINESE

1902

PRINTED BY THE WOO YUN KEE, SHANGHAI

有林樂知自識《安仁車序》,共1頁,説明命名"安仁車"之原由:"爾以車爲行道之具,仁爲行道之本,吾儕奉耶穌之命以傳教於天下,無非以仁爲本,亦即以行仁爲事。"説明了翻譯資料的來源：“或據實直陳，或罕譬曲喻，或援引故事，或撫拾近聞，文雖淺率，而大旨總以仁爲依歸猶之車也……亦當以仁爲軌轍。”在講堂、學堂都可以使用。

有《安仁車目録》，有以信得成、先升不失、母代子死等41篇，附劉樂義譯捨命救友、以善報惡等9篇，共50篇。卷首首行書名“安仁車”，廣學會美國林樂知編譯。正文50篇單獨成篇。

半頁，框14.1×8.6cm，10行，行25字，白口，四周雙邊，單黑魚尾，版心上鐫書名“安仁車”，下鐫頁數，共90頁。

【編譯者】林樂知（Young John Allen），1836—1907。

【作者】George R. Leohr

Added title：Illustrations of Christian truth by Rev. Young J. Allen, D.D.

【481】TA 1980.1 41 莊稼多作工的人少 C-0208 A108

008146540　（官話口語）

大標題：於是對門徒説要收的莊稼多，作工的人少，所以你們當求莊稼的主，打發工人出去收他的莊稼。

卷首爲：救主屢次教訓門徒説，應當禱告，並告訴他們怎麼應當禱告，但不常告訴他們應當求什麼，他叫他們看着光景和聖靈引導禱告，但這時候，他特意提醒他們因爲莊稼多，作工的人少，所以必求得莊稼的主，就是一個人能力使別人得着幸福。

【按】馬太《耶穌傳記》有記載：於是對門徒説，要收的莊稼多，作工的人少。（9：37）所以你們當求莊稼的主，打發工人出去，收他的莊稼。（9：38）

22×8.5cm，10行，行35字，共9頁。（摺子型，從右往左打開。）

【作者】James Harry Ingram，1859—1934.

【482】TA 1980.1 55 鄉訓十三則 C-0194 A94

008146541

鷺江（廈門）花旗館寓藏板，咸豐四年（1885），William Milne。

封面：咸豐四年重刊

　　　鄉訓十三則

　　　鷺江花旗館寓藏板

但是翻開扉頁卻是《鄉訓五十二則序》：

夫鄉訓者即教訓鄉人之書也。其書之理義甚爲緊要，而其文法字句皆爲鄉中無學問之人所易曉也。……其住近禮拜公堂者，有牧師教訓，衆人應每禮拜日往公堂敬聽教訓。但在善者中，有人或因自己有病，或因親戚有病，或因兒女甚小，無人代管，或因路極遠，遇大雨時則難行走，所以不得常往公堂，故今做此訓，特爲此等人在禮拜日或別日閒時可看，以養其心也。又或在附近之處無禮拜公堂，所以此處之善者，當每第七日於其本屋，自己細看一訓，或讀之與妻子僕婢，及其鄰人中凡所欲來者聽。又若有禮拜公堂而無牧師者教訓，則善者該會集在公堂如常，請一名譽之人，朗誦土音，讀聖書一二章，又與衆人養心聖詩一二首，又於衆前祈禱，合乎禮拜日公會之事者，讀此訓之一與衆男女聽，若有一處不分明，則讀者該以土話略推解之，使衆人易明。讀畢仍詠聖詩祈禱，然後方可散。……此卷雖曰《鄉訓》，然即住於京都之人亦可覽之而受益也。願至上上帝以此部之理，省悟惡者，使之變善，感發善者，使之大進德也。

【按】對比【479】TA 1979 4424 的《五十二訓序》，此處未説明"五十二"之來源。

鄉訓目錄(1頁)：

訓一論人該求之福

訓二論耶穌外無一救世

訓三論人不信耶穌之故

訓四論失羊歸牧

訓五論度日之道

訓六論進窄門走狹路

訓七論人知罪求憐之道

訓八論惡者不得入天國

訓九論祈禱之理

訓十論善人以此世之難而受益

訓十一論善人安死

訓十二論死如夜賊之來

訓十三論過年之道

半頁，框 9×14.5cm，9 行，行 21 字，白口，四周雙邊，版心上鎸書名"鄉訓"，中依次鎸十三訓的題名，下鎸"卷一"，共 58 頁。蓋此《鄉訓十三則》是單行本，是《鄉訓五十二則》之卷一的部分，爲卷一的單行本。

核對"【479】TA 1979 4424 鄉訓五十二則(博愛者纂，1820)"，這個本子其實也只是一個卷一單行本，而卷一爲第一則至第十二則，卷末有"鄉訓卷一終"之語。

兩個版本比照，在序言《鄉訓五十二則序》(博愛者纂)裡不用"上帝"，用"神天"，其他的句子表達稍有不同，但基本是相近的。

【作者】米憐(William Milne)，1785—1822.

【編纂者】羅啻(Elihu Doty)，1809—1864.

cf. Wylie. Memorials. p.98. Merely a revision of Dr. Milne's work，鄉訓五十二則，including Milne's tract on the Strait Gate 論進窄門走狹路. Issued by Mr. Doty. 58 double l. ;18cm.

Pen note on cover：Village sermons.

【483】TA 1980.2 03 京都美華書院短篇集（1875）C-0174 A73／C-0443 C66

007766990

(1)《京都美華書院短篇集:2》之一《焚船喻言》

封面:耶穌降世一千八百七十五年

　　　焚船喻言

　　　歲次乙亥　京都燈市口美華書院刷印

在 p.10-12 專門講"焚船"的比喻意義,頌揚耶穌基督在十字架受死贖人之罪,"上主憐愛世人,甚至將他獨子賜給他們,叫凡信他的不至滅亡",那救生船上的人就是最好的例子。

11×16.5cm,白口,四周雙邊,版心鐫書名"焚船喻言",8 行,行 21 字,共 12 頁。

【按】《焚船喻言》有單行本,其縮微平片號爲"C-0201 A101"。

(2)《京都美華書院短篇集:2》之二《真理問答》

【按】在《美華書院短篇集:2》之二有《真理問答》。

封面:耶穌降世一千八百七十五年(右)

　　　真理問答(中)

　　　歲次乙亥　京都燈市口美華書院刷印(左)

扉頁同封面:

　　　耶穌降世一千八百七十五年(右)

　　　真理問答(中)

　　　歲次乙亥　京都燈市口美華書院刷印(左)

正文《真理問答》:

第一章論真神假神 p.1-4

第二章論真神本性 p.4-6

第三章論世人出身 p.7-11

第四章論耶穌聖靈 p.11-16

第五章論天堂地獄 p.17-18

第六章論世間末日 p.19-20

第七章論聖書明證 p.21-23

第八章論聖教大禮 p.24-26

第九章論教中爲人 p.27-28

第十章論十誡來由 p.29-33

文末附《信經》p.34、禱告文(早晚通用)p.35-36。

11×17cm,8 行,行 19 字,白口,四周雙邊,版心上鐫書名"真理問答",下鐫頁碼數,共 10 章,37 頁。

除篇末之《信經》及禱告文外,其餘十章均用一問一答的形式來説明基督的真理問題。

用"阿們"、"天主"。

【按】【572】TA 1980 03（2）有 1873 年、1892 年的《真理問答》翻印本，版式不一。

（3）《京都美華書院短篇集：2》之三《二人説謊》

封面：耶穌降世一千八百七十三年

　　　二人説謊

　　歲次癸酉　京都燈市口美華書院刷印

正文《二人説謊》。

在地獄叫撒但的魔鬼，是世上第一個説謊的人，讓夏娃吃果子。

亞拿尼亞夫妻二人説謊受懲罰的故事，告諭天下人説謊之壞，真神也慈悲叫罪人悔改，不再説謊就得赦免。

文末 p.7-8 有《詩曰》24 句，12 句八言，12 句六言，以告誡人們全能之神洞察秋毫，不要犯罪，永葆清白，如有罪過，只有悔改得赦免。

11×16.5cm，白口，四周雙邊，版心鐫書名"二人説謊"，p.1-6，10 行，行 21 字，共 8 頁。

（4）《京都美華書院短篇集：2》之四《瞽牧勸捐》

封面：耶穌降世一千八百七十五年

　　　瞽牧勸捐

　　歲次乙亥　京都燈市口美華書院刷印

開篇有《序》。11.5×16.5cm，白口，四周雙邊，版心鐫書名"瞽牧勸捐·序"，9 行，行 18 字，2 頁。

有一大國去北京萬里餘路，名土耳其國。在此國內，現有人宣示耶穌聖道。美國牧師往土國傳教，伊處費用之銀，全係美國教會捐助，牧師在土國年代不遠，已有數千本地人受洗入教，其中亦有人願學聖道，在伊本地作牧師，彼時土國教會未知捐銀之規，專靠外國來銀，所以奉養牧師，鐫刻書本，建立書社，創造會堂，一切用項，統歸美國傳教會捐出者，日後牧師想他人不捐反爲不美，不能將聖道傳遍天下，與萬民觀聽，各國教會，皆宜捐資，爲本地歷辦會中公事。昔土國一人名約翰，此人失目，眾稱瞽者，約翰本無才學，讀書不薄，然能貫通聖經，默記章句，又能於某書某節指明不謬，故有人命其名曰經典，此瞽者約翰當講道之時，不倚他人代念經詩，獨立背誦，一字不訛，在主降世一千八百四十七年有人特請約翰往哈樸城傳道，所傳之語，詳載下文。

正文是《馬拉記》三章八節，用的是口語，但間或有點文言詞。

11.5×16.5cm，白口，四周雙邊，版心鐫書名"瞽牧勸捐"，14 行，行 33 字，用"天主"，共 15 頁。

p.9 有窮嫠捐貲圖一幅。在 p.14 最後一行，約翰雖是形貌醜陋卻得聖靈感動，是天主的差人，奉命宣道。以此説明天主的榮耀能充滿天下。卷末有"瞽牧勸捐終"之語。

【按】《瞽牧勸捐》有單行本，其縮微平片號爲"C-0200 A100"。

(5)《京都美華書院短篇集:2》之五《立蘭姑孃實録》

封面:耶穌降世一千八百七十五年

　　　　立蘭姑孃實録

　　　歲次乙亥　京都燈市口美華書院刷印

正文:

第一段論立蘭地方風土人情事略 p.1–2

第二段論立蘭姑孃熱心傳教事略 p.2–5

第三段論馬利親到瑞顛京城事略 p.5–8

第四段論馬利求王心願得成事略 p.8–11

卷末有"立蘭姑孃實録終"之語。

在 p.10–12 專門講"焚船"的比喻意義,頌揚耶穌基督在十字架受死贖人之罪,"上主憐愛世人,甚至將他獨子賜給他們,叫凡信他的不至滅亡",那救生船上的人就是最好的例子。

11.5×17cm,白口,四周雙邊,版心鎸書名"立蘭姑孃實録",14 行,行 33 字,共 12 頁。

【按】《立蘭姑孃實録》有單行本,其縮微平片號爲"C–0206 A106"。

【484】TA 1980.2 03 三字經(京都美華書院刷印,1875)

007766994　FC8181　Film Mas 32085

【按】其實這本《三字經》另外還有一個著録的編號,見下。

封面:耶穌降世一千八百七十五年

　　　　三字經

　　　歲次乙亥　京都燈市口美華書院刷印

分六章:第一章:獨一神;第二章:人犯罪;第三章:救世主;第四章:人歸主;第五章:人死後;第六章:勸孩童。

卷末有"三字經終"之語。還有廣告告知可以問書中之道的數處耶穌堂,1 頁。

8.6×13cm,8 行,行四句,白口,四周雙邊,版心鎸書名"三字經",共 17 頁。

【按】這本《三字經》内容同"【3】TA 180.5 08.1 三字經(Christianity 美華書院刷印,1883)",唯一的區別就是在行距上有所增減,導致頁碼有異。

又:《美華書院短篇集:1》已經著録"C–0147 A38 三字經(美華書院,1875)",見【577】。

【485】TA 1980.2 03 苦人約色實録

007766995

耶穌降世一千八百七十五年

苦人約色實録

歲次乙亥　京都燈市口美華書院刷印

卷末有"約色實錄終"之語。還有廣告告知可以問書中之道的數處耶穌堂,1 頁。

8.6×13cm,白口,四周雙邊,版心鐫書名"約色實錄",11 行,行 26 字,共 6 頁。

【按】該篇另有卡片:TA 1980.2 03 ／ TA 1980.2 711,縮微平片號碼:C-0205 A105。

【486】TA 1980.2 03 兩可喻言 C-0204 A104

007766997

耶穌降世一千八百七十五年

兩可喻言

歲次乙亥　京都燈市口美華書院刷印

卷末有"兩可喻言終"之語。

8.6×13cm,白口,四周雙邊,版心鐫書名"兩可喻言",11 行,行 26 字,共 19 頁。

美國公理會傳教士博恒理(Henry D. Porter)的妹妹博美瑞(Mary Harriet Porter)翻譯。

【按】該篇另有卡片:TA 1980.2 03 ／ TA 1980.2 711。

【487】TA 1980.2 03（1）耶穌登山寶訓

耶穌降世一千八百七十五年

耶穌登山寶訓

歲次乙亥　京都燈市口美華書院刷印

卷末有"耶穌登山寶訓終"之語。還有廣告告知可以問書中之道的數處耶穌堂,1 頁。

白口,四周雙邊,版心鐫書名"登山寶訓",11 行,行 26 字,共 11 頁。

【488】TA 1980.2 03（2）瞽牧勸捐 C-0200 A100

007767008

封面:耶穌降世一千八百七十五年

　　　瞽牧勸捐

　　　歲次乙亥　京都燈市口美華書院刷印

開篇有《序》。11.5×16.5cm,白口,四周雙邊,版心鐫書名"瞽牧勸捐·序",9 行,行 18 字,2 頁。按:《瞽牧勸捐》收在《京都美華書院短篇集:2》(1875)之五,可互參,此略。

正文是《馬拉記》三章八節,用的是口語,但間或有點文言詞。

11.5×16.5cm,白口,四周雙邊,版心鐫書名"瞽牧勸捐",14 行,行 33 字,共 15 頁。卷末有"瞽牧勸捐終"之語。用"天主"。

【489】TA 1980.2 03（3）立蘭姑孃實錄 C-0206 A106

007767009

封面:耶穌降世一千八百七十五年

　　　立蘭姑孃實錄

　　　歲次乙亥　京都燈市口美華書院刷印

正文:

第一段論立蘭地方風土人情事略 p.1-2

第二段論立蘭姑孃熱心傳教事略 p.2-5

第三段論馬利親到瑞顛京城事略 p.5-8

第四段論馬利求王心願得成事略 p.8-11

卷末有"立蘭姑孃實錄終"之語。

在 p.10-12 專門講"焚船"的比喻意義,頌揚耶穌基督在十字架受死贖人之罪。

半頁,框 11.5×17cm,白口,四周雙邊,版心鎸書名"立蘭姑孃實錄",14 行,行 33 字,共 12 頁。

　　【按】《立蘭姑孃實錄》收在《京都美華書院短篇集:2》之五,北京美華書院刷印,1875 年。又見卡片【522】TA 1980.2 80。

【490】TA 1980.2 09 救主奇恩(京都美華書院 1876)

　　008678468

耶穌降世一千八百七十六年

救主奇恩

歲次丙子　京都燈市口美華書院刷印

卷末有"救主奇恩終"之語。

半頁,11 行,行 26 字,白口,四周雙邊,版心鎸書名"救主奇恩",共 15 頁。

【491】TA 1980.2 17 奉勸真假人物論 C-0191 A91

　　008146539

封面:Truth and error

　　　道光二十九年重鎸

　　　爲仁者纂

有《序》2 頁。

正文含"棄假歸真論"、"人物分別論":

(1)棄假歸真論 p.1-8(棄偶像之假,歸獨一神主之真)

(2)人物分別論 p.9-10(論說神主造人,生物以養人,非生人以養物,人有靈魂,人與物有別)

　　附錄《公會規》2 頁。

　　半頁,框 9.5×15.5cm,白口,四周雙邊,單黑魚尾,版心依次鎸書名"棄假歸真論"、"人物分別論",7 行,行 16 字,共 12 頁。

【作者】憐爲仁(William Dean,1807—1895),美國浸禮會傳教士。

cf. Wylie. Memorials. p. 86–87.

【492】TA 1980. 2 19 神十誡其註釋 C-0293 B81

008128365　（福州平話）

耶穌降生一千八百五十三年

神十誡其註釋

福州亞比絲喜美總會

首頁簡單介紹《神十誡》之來源,接着逐條介紹《神十誡》並加以口語注解。後附平話詩《論神其聖誡》四首,共 10 頁。又見於"TA 1977. 227 CF1853"。

半頁,框 17×11cm,10 行,行 22 字,白口,四周雙邊,版心上鐫書名"神十誡其註釋",單黑魚尾。

cf. Wylie. Memorials. p. 201. Attributed to Justus Doolittle.

【按】對照《醒世良規》中的白話《神十誡註釋》(1855)正文末所附《"十誡"歌》可知:《神十誡其註釋》文末附《論神其聖誡》五言平話詩四首是選取了《"十誡"歌》開始的 48 句,以 8 句爲一首,成就了四首。

詩末有大字"記禮拜日法:按中國通書曆年房虛昴星四宿日即禮拜日"並"神十誡註釋終"之語。

《十誡》所名不一,"十命"、"神天十條"、"十條聖誡",實際爲一。B78、B79、B80、B81、B82 等可以看作方言、文言、官話的諸種介紹和翻譯本。或用"上帝"、"神"、"神天"。

【按】這張卡片又見於"TA 1977. 227 CF1853",同一個索書號:HOLLIS Number 008128365。

【493】TA 1980. 2 19 悔罪信耶穌論 C-0417 C37

008132416

耶穌降生一千八百五十四年　福州平話

悔罪信耶穌論

亞比絲喜美總會鐫

就"馬可第一章十五節:汝退悔過失信這福音呵"一句展開辯論,p. 1–10。

第一件悔罪是頂要緊。從五點加以論證。

第二件信耶穌也是頂要緊。從三點加以論證。

半頁,框 10.5×17cm,10 行,行 22 字,白口,四周雙邊,單黑魚尾,版心上鐫各冊的篇名,下鐫頁數,共 10 頁。

這個單行本其實已經包含在《勸善良言》那本冊子裡面。

【原作者】Walter Henry Medhurst，1796—1857.

【修編者】盧公明（Justus Doolittle）.

Bound in Ch'üan shan liang yen（勸善良言）1856. pt. 7 Title of Medhurst's original work：論悔罪信耶穌 Rev. & tr. into Foochow dialect by J. Doolittle.

cf. Wylie. Memorials. p. 29，201.

【494】TA 1980. 2 19 **勸善良言** C–0172 A71 ∕ C–0424 C45

008147798　FC8759　Film Mas 32763　（福州平話）

封面：耶穌降生一千八百五十六年

　　　　勸善良言（小篆）

　　　　福州平話　亞比絲喜美總會鎸

扉頁：勸戒鴉片論　鄉訓　神十誡其註釋　神論　靈魂篇　入耶穌教小引　悔罪信耶穌論　媽祖婆論　守禮拜日論

兩個分冊：

第一分冊（三篇）

（1）勸戒鴉片論［Ch'üan chieh ya p'ien lun］

耶穌降生一千八百五十三年　福州平話

勸戒鴉片論

亞比絲喜美總會鎸

正文從“犯法、不孝、破家、害身、壞俗、敗靈魂”等角度説明鴉片的害處（p. 1–8）。後附《解煙癮方》（1 頁）、《補藥方》和《速解食生鴉片方》（1 頁）。共 10 頁。有“勸戒鴉片論終”之語。

半頁，框 10.5×17cm，正文 10 行，行 20 字，白口，四周雙邊，單黑魚尾，版心上鎸各冊的篇名，下鎸頁數，共 10 頁。

在《醒世良規》中有《勸戒鴉片論》（淺文言）1855. 11。

【按】有單行本《勸戒鴉片論》［Ch'üan chieh ya p'ien lun］C–0661 H6。

（2）入耶穌教小引

耶穌降生一千八百五十四年　福州平話

入耶穌教小引

亞比絲喜美總會鎸

通過從 17 方面用文字回答“入耶穌教人是什麼樣的人”——“今將耶穌教中間其規矩略舉幾條表明入教其人是生箬樣”，説明入教的人就是一般正常的人：勤緊做正經其代計，趁食過日。

附錄《問答》，就“耶穌教即天主教嗎？耶穌是菩薩耶？耶穌即天地否？有祀耶穌否？如何拜耶穌？何處拜？奉耶穌教之人有錢與之否？拜耶穌能發財否？奉教受洗禮何耶？”

十個問題一問一答,用福州土話翻譯。

【按】在《醒世良規》中有《中外問答》42 問,這 10 問就是其中的一部分。

在《醒世良規》中有《入耶穌教小引》(淺文言)1856.2。

半頁,框 10×16cm,正文 10 行,行 20 字,白口,四周雙邊,單黑魚尾,版心上鎸各冊的篇名,下鎸頁數,共 5 頁。

(3)鄉訓

耶穌降生一千八百五十三年

鄉訓

第一訓　亞比絲喜美總會鎸

半頁,框 8.5×15cm,正文 8 行,行 20 字,白口,四周單邊,單黑魚尾,版心上鎸各冊的篇名,下鎸頁數,共 7 頁。

第二分冊(六篇)

(1)媽祖婆論[Ma-tsu p'o lun]

耶穌降生一千八百五十五年　福州平話

媽祖婆論

亞比絲喜美總會鎸

三月二十三日是媽祖婆生日,大凡行船其人共過海做生意其客商都務奉祀者媽祖婆。p.1-6。

半頁,框 10.5×17cm,正文 10 行,行 22 字,白口,四周雙邊,單黑魚尾,版心上鎸各冊的篇名,下鎸頁數,共 6 頁。

【按】另有單行本《媽祖婆論》[Ma-tsu p'o lun] C-0472 C95。

(2)神十誡其註釋

耶穌降生一千八百五十三年　福州平話

神十誡其註釋

亞比絲喜美總會鎸

p.1-9 有"神十誡其註釋終"之語。

神十誡原文大字,注釋爲雙行小字。

半頁,框 11×17cm,正文大字 5 行,行 22 字,小字 10 行,行 22 字,白口,四周雙邊,單黑魚尾,版心上鎸各冊的篇名,下鎸頁數,共 9 頁。最後第八、九頁爲《論神其聖誡》的平話詩。

【按】有單行本"TA 1980.2 19 神十誡其註釋(亞比絲喜美總會,1853) C-0293 B81"。

耶穌降生一千八百五十三年

神十誡其註釋

亞比絲喜美總會鎸

本書是對神十誡的注解。十誡原文用大字,注釋文用小字。

半頁,框11×17cm,原文大字一般占5行,行22字,小字注釋則爲10行,行22字,白口,四周雙邊,版心上鎸書名"神十誡其註釋",8頁。最後第九、十頁爲《論神其聖誡》平話詩。

（3）神論

耶穌降生一千八百五十三年　福州平話

神論

亞比絲喜美總會鎸

有《序》:

傳教耶穌門徒其來歷是許邊清廉其人,務奉耶穌正教,立者公會,捐題銀錢,揀擇儂家各人過來,盡日印書傳教,或且務人可疑,想是私下做生意趁錢,這就務淡,那是好意講書,熱心愛人,望汝退悔改過,信耶穌避後苦,享後福,毛限毛盡就是,請汝大家人寬心查察,只下底其道理。

正文p.1–16。

半頁,框10.5×14.5cm,10行,行20字,白口,四周雙邊,單黑魚尾,版心上鎸各冊的篇名,下鎸頁數,共16頁。

（4）靈魂篇［Ling hun p'ien］

耶穌降生一千八百五十三年

靈魂篇

亞比絲喜美總會鎸

正文:《靈魂篇》翻譯福州平話p.1–6。

有"靈魂篇終"之語。

附《普度施食論》p.7–9。

半頁,框9.4×15cm,8行,行20字,白口,四周單邊,單黑魚尾,版心上鎸各冊的篇名,下鎸頁數,共9頁。

【按】另有單行本《靈魂篇》［Ling hun p'ien］C–0424 C45。

（5）悔罪信耶穌論

耶穌降生一千八百五十四年　福州平話

悔罪信耶穌論

亞比絲喜美總會鎸

就"馬可第一章十五節:汝退悔過失信這福音呵"一句展開辯論,p.1–10。第一件悔罪是頂要緊。從五點加以論證。第二件信耶穌也是頂要緊。從三點加以論證。

半頁,框10.5×17cm,10行,行22字,白口,四周雙邊,單黑魚尾,版心上鎸各冊的篇名,下鎸頁數,共10頁。

【按】另有單行本"TA 1980.2 19 悔罪信耶穌論 C–0417 C37",見【493】條。

（6）守禮拜日論［Shou li pai jih lun］

耶穌降生一千八百五十五年　福州平話

守禮拜日論

按中國通書曆年房虛昴星四宿日即禮拜日　亞比絲喜美總會鐫

從《舊約》的《出埃及記》第二十八章第 8—11 節引文說明耶和華"設立安息日爲聖日"。又是神諭十誡之第四誡,然後從兩方面論述:一是神命令的聖日;一是神所禁的神不准人禮拜日做諸般工夫代計。

正文 p.1–8。

半頁,框 10.2×17.2cm,10 行,行 22 字,白口,四周單邊,單黑魚尾,版心上鐫各冊的篇名,下鐫頁數,共 8 頁。

【按】另有單行本《守禮拜日論》[Shou li pai jih lun] C–0478 D2。

《勸善良言》是一本含 1853—1855 年間 9 種作品的彙集:《勸戒鴉片論》1853(10 頁)、《鄉訓》1853(7 頁)、《神十誡其註釋》1853(9 頁)、《神論》1853(16 頁)、《靈魂篇》附《普度施食論》1853(9 頁)、《入耶穌教小引》1854(5 頁)、《悔罪信耶穌論》1854(10 頁)、《媽祖婆論》1855(6 頁)、《守禮拜日論》1855(8 頁)。其中不少作品有單行本流行。

【譯著者】盧公明(Justus Doolittle)。

【《勸善良言》】從 1853 年到 1858 年,盧公明(Justus Doolittle)在福州編譯、出版的書籍多達 25 種,堪稱"早期在福州傳教士中出版最多的一位"。目的是想用通俗易懂的文字向人們宣揚新教教義。盧公明在譯介宗教類應時之作時,並不是純粹西方宗教文獻的翻版,而是在其中注入自己深思熟慮的理性要素;從道德上說,無論是他的勸戒鴉片論、鄉訓、賭博明論,還是辯性論、辯誹謗、辯孝論,都在原本西方新教的基礎上對中國人的劣根性進行多層面深層次的挖掘、剖析,明顯折射出強烈的、與時代並行的思想性。作爲一個遠道而來的外國人,盧公明念念不忘體察中國的風土民情。

1857 年,他還把自己曾經編譯過的 11 本小冊子合訂爲《醒世良規》。這些是福州平話的最好版本。

cf. Wylie. Memorials. p.201–202.

【495】TA 1980.2 19 耶穌教小引(1856) C–0196 A96

008156299　(單行本)

耶穌降生一千八百五十六年

耶穌教小引

咸豐六年　亞比絲喜美總會鐫

"今將耶穌教中之要規略舉幾條,可表奉教之人是何等樣。"從 17 個方面說明奉教之人非求財取利,貪閑無爲;勤工行爲,有病延醫調治;不重外貌,虔誠爲要;聽從皇上官憲管理;飲食無挑剔;守耶穌道規。

卷末有"按中國通書曆年房虛昴星四宿日即禮拜期"和"耶穌教小引終"之語。

半頁,框 11×18cm,12 行,行 25 字,白口,四周雙邊,單黑魚尾,版心上鐫書名"耶穌教小引",下鐫頁數,共 2 頁。《勸善良言》之第九部分。

附:耶穌教要訣十二則,救世主耶穌訓徒祈禱文句解,爺華神十誡(共 3 頁):

《耶穌教要訣十二則》1 頁,《救世主耶穌訓徒祈禱文句解》1 頁,《爺華神十誡》1 頁。

cf. Wylie. Memorials. p. 202.

【496】TA 1980.2 19 鄉訓:第一訓 C-0193 A93

008156307

耶穌降生一千八百五十三年

鄉訓

第一訓　亞比絲喜美總會鐫

第一訓:論人當該求其福氣。《鄉訓》爲《勸善良言》之第二部分。

半頁,框 8.5×15cm,正文 8 行,行 20 字,白口,四周單邊,單黑魚尾,版心上鐫各冊的篇名,下鐫頁數,共 7 頁。

cf. Wyllie. Memorials. p. 201.

【原作者】William Milne, 1785—1822.

【改編者】J. Doolittle.

【497】TA 1980.2 19 神論 C-391 C10

008633502

耶穌降生一千八百五十三年　福州平話

神論

亞比絲喜美總會鐫

有《序》,此略。

正文 p. 1-16。

半頁,框 10.5×14.5cm,10 行,行 20 字,白口,四周雙邊,單黑魚尾,版心上鐫各冊的篇名,下鐫頁數,共 16 頁。《神論》爲《勸善良言》之第四部分,可互參。

【原作者】摩憐(Caleb Cook Baldwin), 1820—1911.

【改編者】Justus Doolittle.

cf. Wylie. Memorials. p. 180

【498】TA 1980.2 19 媽祖婆論 C-0472 C95

010576850

耶穌降生一千八百五十五年　福州平話

媽祖婆論

亞比絲喜美總會鎸

三月二十三日是媽祖婆生日,大凡行船其人共過海做生意其客商都務奉祀者媽祖婆。p.1-6。

半頁,框 10.5×17cm,正文 10 行,行 22 字,白口,四周雙邊,單黑魚尾,版心上鎸各冊的篇名,下鎸頁數,共 6 頁。爲《勸善良言》之一篇。

cf. Wylie. Memorials. p.29, 201.

【原著者】Walter Henry Medhurst, 1796—1857.

【改編者】Justus Doolittle.

【499】TA 1980. 2 19 勸戒鴉片論

010580983

耶穌降生一千八百五十五年　福州平話

勸戒鴉片論

亞比絲喜美總會鎸

正文從"犯法、不孝、破家、害身、壞俗、敗靈魂"等角度説明鴉片的害處(p.1-8)。後附《解煙癮方》(1 頁)、《補藥方》和《速解食生鴉片方》(1 頁)。共 10 頁。有"勸戒鴉片論終"之語。此篇收入《勸善良言》之中。這是 1855 年的再版本。

半頁,框 10.5×17cm,正文 10 行,行 20 字,白口,四周雙邊,單黑魚尾,版心上鎸各冊的篇名,下鎸頁數,共 10 頁。

【原著者】Walter Henry Medhurst, 1796—1857.

【改編者】Justus Doolittle.

cf. Wylie. Memorials. p.29, 201.

【500】TA 1980. 2 19 靈魂篇(福州平話) C-0172 A71

010580993　FC8759　Film Mas 32763

耶穌降生一千八百五十三年

靈魂篇

亞比絲喜美總會鎸

正文:《靈魂篇》翻譯福州平話 p.1-6。

有"靈魂篇終"之語。

附《普度施食論》p.7-9。

半頁,框 9.4×15cm,8 行,行 20 字,白口,四周單邊,單黑魚尾,版心上鎸各冊的篇名,下鎸頁數,共 9 頁。

《靈魂篇》(附《普度施食論》),已見《勸善良言》中,爲《勸善良言》之第四部分。

【原作者】Caleb Cook Baldwin, 1820—1911.

【改編者】Justus Doolittle.

cf. Wylie. Memorials. p. 180.

【501】TA 1980.2 19 守禮拜日論

010580995

《守禮拜日論》,福州平話,亞比絲喜美總會鐫,1855 年。

耶穌降生一千八百五十五年　福州平話

守禮拜日論

按中國通書曆年房虛昴星四宿日即禮拜日　亞比絲喜美總會鐫

【按】該篇收入《勸善良言》中,可互參。

半頁,框 10.2×17.2cm,10 行,行 22 字,白口,四周單邊,單黑魚尾,版心上鐫各册的篇名,下鐫頁數,共 8 頁。

【原作者】Caleb Cook Baldwin, 1820—1911.

【改編者】Justus Doolittle.

cf. Wylie. Memorials. p. 180

【502】TA 1980.2 19 1 耶穌教小引 C-0196 A96

008156299　（淺文言）

《耶穌教小引》,亞比絲喜美總會鐫,1856 年。

耶穌降生一千八百五十六年

耶穌教小引

咸豐六年　亞比絲喜美總會鐫

"今將耶穌教中之要規略舉幾條,可表奉教之人是何等樣。"從 17 個方面説明奉教之人非求財取利,貪閑無爲;勤工行爲,有病延醫調治;不重外貌,虔誠爲要;聽從皇上官憲管理;飲食無挑剔;守耶穌道規。

卷末有"按中國通書曆年房虛昴星四宿日即禮拜期"和"（耶穌教小引）終"之語。

半頁,框 11×18cm,12 行,行 25 字,白口,四周雙邊,單黑魚尾,版心上鐫書名"耶穌教小引",下鐫頁數,共 2 頁。

【按】哈佛燕京圖書館著録《耶穌教小引》(1856 年,5 頁)有誤。頁碼非 5 頁,實爲 2 頁,另 3 頁分别是:

《耶穌教要訣二十則》1 頁,《救世主耶穌訓徒祈禱文句解》1 頁,《爺華神十誡》1 頁。

【作者】Justus Doolittle.

【503】TA 1980.2 19.1 中外問答 C-0198 A98

008156300

《中外問答》,淺文言,1856 年。

耶穌降生一千八百五十六年

中外問答

咸豐六年　亞比絲喜美總會鐫

開頭就講述了寫作意圖:"蓋爾貴國人常問於我等耶穌教之來歷、道理事情,故我特意舉筆回答,致爾列君明矣。"正文共設 42 問:

一問:耶穌教即天主教否?

一問:耶穌是菩薩耶?

一問:耶穌是西洋國聖人乎?

一問:耶穌即天地否?

一問:耶穌與爺華神同否?

一問:耶穌有出現否?

一問:爾書上載云耶穌誕生一千八百餘年,是何意耶?

一問:有祀耶穌否?

一問:如何拜耶?

一問:何處拜乎?

一問:拜耶穌亦拜菩薩可否?

一問:耶穌門徒有祀祖宗父母乎?

一問:拜耶穌能發財否?

一問:拜耶穌者能發平安如意否?

一問:奉耶穌教之人有錢與之否?

一問:無錢與人,此奉教之事如何得成耶?

一問:我既奉教即服爾外國否?

一問:奉教受洗禮何耶?

一問:食晚餐之禮是何耶?

一問:拜耶穌者能爲菩薩否?

一問:彼處拜耶穌之人爲何到此貪花戀色耶?

一問:耶穌門徒比別個外國人何如此不同耶?

一問:爾何爲販賣鴉片到此害我等耶?

一問:有何藥可革鴉片否?

還有 18 問,共 42 問。

11×18cm,12 行,行 25 字,白口,四周雙邊,單黑魚尾,版心上鐫書名"中外問答",下鐫頁數,共 10 頁。收入《醒世良規》之中。

問答體,由懵懂無知的非教徒發問,而睿智正義的教徒的回答往往是針對性強,比較具體。

cf. Wylie. Memorials. p. 202.

【作者】盧公明（Justus Doolittle）。

【按】從 1853 年到 1858 年，盧公明在福州出版各種書籍 25 種，是早期福州傳教士中出版物最多的一位。所出各書，大部分是宣傳基督教義、勸人入教的，也有一些與天文、地理、經濟、社會、道德有關，如《天文問答》、《中外問答》、《生意人事廣益法》等。

【504】TA 1980. 2 19. 1 **醒世良規** C-0173 A72

008213696　FC8699　Film Mas 32751

《醒世良規》，亞比絲喜美總會鐫，Justus Doolittle 修訂，1856 年。

（封面破損嚴重）

扉頁（棕色）：

　　　　耶穌降世一千八百五十六年

　　　　醒世良規（小篆）

　　　　亞比絲喜美總會鐫

接下來篇目（棕色）（11 種）（破損嚴重）：小學四字經、三字經、勸戒鴉片論正文、寒食清明論正文、鐘表匠論正文、神十誡註釋正文、賭博明論、真神總論、耶穌教小引、中外問答、生意人廣益法。總的來説是口語的材料，淺文言。

《醒世良規》是一個作品彙集小冊子。

（1）[四字經]小學

耶穌降世一千八百五十五年

[四字經]小學

撮錄編次　亞比絲喜美總會鐫

四字爲一句，每頁四篇，每篇 24 句，共 32 篇，共 768 句，8 頁。

半頁，框 12×15cm，四字爲一句，每頁二篇，每篇一框，每篇 24 句，共 32 篇，共 768 句，8 頁。白口，四周單邊，單黑魚尾，版心上鐫書名“小學四字經”，下鐫頁數。

（2）三字經

耶穌降世一千八百五十五年

三字經

亞比絲喜美總會鐫

正文大字體，三字爲一句，共 6 頁，總計 316 句。

這個《三字經》從頌神開始，開頭幾句如：

化天地，造萬有，及造人，真神主，無不在，無不知，無不能，無不理，至公義，至愛憐，至誠實，至聖然，神爲靈，總無像，無可壞，無可量，無何死，無何終，盡可敬，盡可恭……

要求人從小信奉，最後的幾句，如：

爾小生，宜求神，神乃好，常施恩，每日早，當祈求，又每晚，不可休，先頌神，罪必認，求恤憐,後蒙恩,正其心,誠其意,止於敬,才成祈,口裡話,心要同,此二反,有何用,有恒心,當畏神,至於死,福無盡。

卷末有"三字經終"之語。

半頁,框9.2×12.5cm,6行,行4句,句三言,12字,白口,四周雙邊,單黑魚尾,版心上鐫書名"三字經",下鐫頁數,共6頁,總計316句。

(3)勸戒鴉片論 1855.11(淺文言)

耶穌降世一千八百五十五年　正文

勸戒鴉片論

亞比絲喜美總會鐫

正文前有:道光二十四年間大清國與合眾國(合眾國者即中華俗呼花旗國也,因其國旗用花色故也)合約章程。第三條內云:合眾國民人不得與沿海奸民私相交易,如有違犯此條禁令者,應按現定條例將船隻貨物俱歸中國入官。

又三十三條內云:合眾國民人或攜帶鴉片及別項違禁貨物至中國者,聽中國地方官自行辦理治罪,合眾國官民均不得稍有袒護。

正文從"犯法、不孝、破家、害身、壞俗、敗靈魂"等角度說明鴉片的害處(p.1-8)。

在陳述諸害處之後,還撰寫了20句七言之歌《歌曰》(p.8下):

洋煙流毒遍寰區,國法森嚴犯必誅。父母妻兒深恐懼,弟兄朋友盡揶揄。

身家破壞多由此,風俗衰頹只為斯。敗了靈魂真可惜,能尋救主不須虞。

非然必受來生苦,到彼難超永遠辜。法網倖逃休喜矣,冥誅難免爾知乎?

汝言可恨邊邦害,我道堪憐中國愚。賢否無分心已暗,死生不顧性何殊?

民情不理官無用,財利爭趨實可吁。一片慈心提醒汝,勸君悔罪信耶穌。

在p.9介紹合眾國在寧波傳教的醫生培端所作的《解煙癮方》,並說明可以仿效美國當時的戒酒會——"法敝國戒酒之會":

余綜計煙土之進中華者,自嘉慶元年至道光二十二年,共三十三萬六千有七十七箱。二十三年至二十六年約進九萬箱有奇,二十七年進四萬一千箱,二十八年二十九年進九萬九千箱。三十年至咸豐二年雖未稽查確實,然每年亦約五萬五千箱之數,則三歲之中,又得十六萬五千箱。每箱之銀不下數百元,皆換於華人而捆載之外洋去矣。要之煙土之進,每歲加增,則中國之銀,即逐時減少。吾未識減至完盡,將復何以為國。有心斯世者,能不於此猛省歟。故能戒食此毒,不獨有益於身家,而且有益於國事。……

另附《補藥方》和《速解食生鴉片方》(p.11,1頁)。有"勸戒鴉片論終"之語。

半頁,框10.5×17cm,正文10行,行20字,白口,四周雙邊,單黑魚尾,版心上鐫各冊的篇名,下鐫頁數,共11頁。

(4)寒食清明論 1855.6(淺文言)

耶穌降世一千八百五十五年

寒食清明論

亞比絲喜美總會鐫

講明清明祭墓、寒食禁煙之來源,清明祭祖拜墓的過程,如燒紙、下跪、獻上祭物等。文中通過問答的形式,在答語中申論這是孝親有餘敬神有缺的行爲。申論不可祭親不可拜墓,此侵犯神之禮。

半頁,框 10.5×17cm,10 行,行 22 字,白口,四周雙邊,單黑魚尾,版心上鐫書名"寒食清明論",下鐫頁數,共 6 頁。

(5)鐘表匠論 1855.10

耶穌降生一千八百五十五年　正文

鐘表匠論

亞比絲喜美總會鐫

發生在歐洲瑞士國時鐘修理工在禮拜日息工拜真神,其鐘匠與其主問答之語。仿章回小說的構式,共八回。講述蘭、容二人見到鐘表匠禮拜日初夜止工拜神,禮拜日偕同其女禮拜真神唱贊美詩,念祈禱文。蘭、容二人漸受感動,信奉耶穌。

半頁,框 11×18cm,10 行,行 22 字,白口,四周雙邊,單黑魚尾,版心上鐫書名"鐘表匠論",下鐫頁數,共 10 頁。

(6)神十誡註釋 1855.8

耶穌降生一千八百五十五年　正文

神十誡註釋

亞比絲喜美總會鐫

起頭介紹《神十誡》出處見《舊約·出埃及記》第二十章第一節至十七節,簡單介紹來歷。正文就"十誡"一條條引出,並加以注釋。"十誡"經文大字引出,注釋雙行小字,小字10 行,行 22 字。文末附《"十誡"歌》五言詩 7 首,56 句。連同正文共 8 頁。詩末有大字:"記禮拜日法:按中國通書曆年房虛昴星四宿日即禮拜日"。

半頁,框 10.5×17cm,10 行,行 22 字,白口,四周雙邊,單黑魚尾,版心上鐫書名"神十誡註釋",下鐫頁數,共 8 頁。

(7)賭博明論 1856.7

【按】這本冊子唯獨沒有第七篇《賭博明論》1856.7。而在"TA 4236 55 C2 賭博明論 C-0658 H3"找到這篇 7 頁紙的文獻。

耶穌降生一千八百五十六年

賭博明論

亞比絲喜美總會鐫

正文《賭博明論》。

半頁,框 11×17cm,12 行,行 25 字,白口,四周雙邊,單黑魚尾,版心上鐫"賭博明論",共 13 頁。

此《賭博明論》文字基本同於"TA 4236 55 賭博明論略講(文言,博愛者纂,1840)

C–0657 H2",但個別句子的表達詞語略有小動。

(8)真神總論 1856.6(**文言文**)

耶穌降生一千八百五十六年　福州

真神總論

亞比絲喜美總會鎸

半頁,框 10.5×15cm,7 行,行 16 字,白口,四周雙邊,單黑魚尾,版心上鎸書名"真神總論",下鎸頁數,共 6 頁。

(9)耶穌教小引 1856.5

耶穌降生一千八百五十六年

耶穌教小引

咸豐六年　亞比絲喜美總會鎸

"今將耶穌教中之要規略舉幾條,可表奉教之人是何等樣。"從 17 個方面説明奉教之人非求財取利,貪閑無爲;勤工行爲,有病延醫調治;不重外貌,虔誠爲要;聽從皇上官憲管理;飲食無挑剔;守耶穌道規。

卷末有"按中國通書曆年房虛昴星四宿日即禮拜期"和"耶穌教小引終"之語。

半頁,框 11×18cm,12 行,行 25 字,白口,四周雙邊,單黑魚尾,版心上鎸書名"耶穌教小引",下鎸頁數,共 2 頁。

【按】哈佛著録《耶穌教小引》(1856 年,5 頁)有誤。頁碼非 5 頁,實爲 2 頁,另 3 頁分別是:《耶穌教要訣二十則》1 頁,《救世主耶穌訓徒祈禱文句解》1 頁,《爺華神十誡》1 頁。

(10)中外問答 1856.10(**淺文言**)

耶穌降生一千八百五十六年

中外問答

咸豐六年　亞比絲喜美總會鎸

半頁,框 11×18cm,12 行,行 25 字,白口,四周雙邊,單黑魚尾,版心上鎸書名"中外問答",下鎸頁數,共 10 頁。

蓋爾貴國人常問於我等耶穌教之來歷、道理事情,故我特意舉筆回答,致爾列君明矣。

一問:耶穌教即天主教否?

一問:耶穌是菩薩耶?

一問:耶穌是西洋國聖人乎?

一問:耶穌即天地否?

一問:耶穌與爺華神同否?

一問:耶穌有出現否?

一問:爾書上載云耶穌誕生一千八百餘年,是何意耶?

一問:有祀耶穌否?

一問:如何拜耶?

一問：何處拜乎？

一問：拜耶穌亦拜菩薩可否？

一問：耶穌門徒有祀祖宗父母乎？

一問：拜耶穌能發財否？

一問：拜耶穌者能平安如意否？

一問：奉耶穌教之人有錢與之否？

一問：無錢與人，此奉教之事如何得成耶？

一問：我既奉教即服爾外國否？

一問：奉教受洗禮何耶？

一問：食晚餐之禮是何耶？

一問：拜耶穌者能爲菩薩否？

一問：彼處拜耶穌之人爲何到此貪花戀色耶？

一問：耶穌門徒比別個外國人何如此不同耶？

一問：爾何爲販賣鴉片到此害我等耶？

一問：有何藥可革鴉片否？

還有 18 問，共 42 問。

（11）生意人事廣益法 1857.6

耶穌降生一千八百五十七年

生意人事廣益法

亞比絲喜美總會鐫

夫人生在世，不可不有一定之業。有業則有工，務工則得衣食，得衣食則可度生。惟無業則無得，無得則上不能報國奉親，下不能養家教子，中不能扶危濟困也。……在一部最古之書，有幾言示人該公平而辦各事，今且將此幾句略解，求君等細看。

文中引用《復傳律例》第 25 章第 13 節中的幾句，對士農工商四等行業有義與不義進行分析，對行商坐賈開店鋪行棧不公行爲進行論列，從 6 個方面論證"不可行不義行爲"，告誡人們"勿以爲小不義而行，勿以報應爲遠而任欲"。文末有"生意人事廣益法終"之語。

半頁，框 11×17.5cm，12 行，行 25 字，白口，四周雙邊，單黑魚尾，版心上鐫書名"生意人事廣益法"，下鐫頁數，共 6 頁。

（12）鐘表匠論

耶穌降生一千八百五十五年

鐘表匠論

亞比絲喜美總會鐫

半頁，框 11.2×18cm，10 行，行 22 字，白口，四周雙邊，單黑魚尾，版心上鐫書名"鐘表匠論"，下鐫頁數，共 8 回，10 頁。

cf. Wylie. Memorials. p. 201.

　【譯編修訂者】盧公明（Justus Doolittle）在福建傳教期間,不遺餘力地投入到傳教書籍的編譯與發售工作中。《醒世良規》收集 1855 年—1857 年的作品:小學四字經 1855. 8（leaves）;三字經 1866. 6;勸戒鴉片論正文 1855. 11;寒食清明論正文 1855. 6;鐘表匠論正文 1855. 10;神十誡註釋正文 1855. 8;賭博明論 1856. 7;真神總論 1856. 6;耶穌教小引 1856. 5;中外問答 1856. 10;生意人事廣益法 1857. 6。從 1853 年到 1858 年,他在福州編譯、出版的書刊多達 25 種,列表如下:

序號	年份	書刊名稱	內容	頁數	備註
（1）	1853	勸戒鴉片論	道德	10	
（2）	1853	鄉訓	道德	7	
（3）	1853	神十誡注釋	宗教	10	
（4）	1854	悔罪信耶穌論	宗教	10	
（5）	1854	天文問答	天文	23	
（6）	1855	媽祖婆論	風俗	6	福州方言
（7）	1855	守禱拜日論	宗教	8	
（8）	1855	天津明説	宗教	84	
（9）	1855	勸戒鴉片論	道德	6	重印本
（10）	1855	寒食清明論	風俗	6	
（11）	1855	鐘錶匠論	宗教	10	
（12）	1855	神十誡注釋	宗教	8	修訂版
（13）	1856	賭博明論	道德	7	
（14）	1856	中外問答	科學	10	
（15）	1856	耶穌教小引	宗教	2	
（16）	1857	生意人事廣益法	經濟		（根據米憐書本改寫）
（17）	1857	西洋中華通書	曆書	36	
（18）	1858	辯鬼神論	宗教	3	
（19）	1858	辯性論	道德	6	
（20）	1858	辯誹謗	道德	3	
（21）	1858	華人貧困之故	社會	3	
（22）	1858	祈禱式文	宗教	6	
（23）	1858	棄主臨死畏刑	宗教	4	
（24）	1858	辯孝論	道德	6	
（25）	1858	異端辯論	宗教	18	

（參見熊月之《西學東漸與晚清社會》1994:162-163,上海:上海人民出版社。）

　盧公明是晚清在福建進行宗教譯介最多的早期在閩美國傳教士。在福州近十四年的傳教生涯,使他有機會接觸中國社會的方方面面,他編譯出版的 25 種書籍包含了 7 大方面的內容,即宗教、道德、風俗、天文、科學、經濟、曆書。宗教類書籍就有 11 種之多。在他的宗教譯文中,詳細闡述了幾個不爲中國人所知的基督教基本教義,如上帝創造天地、對世界的支配、對上天的敬仰、原罪和罪的普遍性、贖罪、聖靈、因果報應、靈魂的價值、死者的復活等等。從社會、風俗的角度看,作爲一個遠道而來的外國人,盧公明念念不忘體察中國的風土民情,這一點從《媽祖婆論》、《寒食清明論》和《華人貧困之故》數譯文就可窺見一斑。除了與宗教密不可分的道德譯介有 7 種外,他的譯介類別還擴大到風俗、天文、曆書,甚至令人不可思議地涉及了科學與經濟。

【505】TA 1980.2 21 入門切要 C-0145 A27

008147799

《入門切要》,福州城內津門樓傳教堂印。

一張紙,框架 25×25.5cm。

橫行四個大字:入門切要。

豎行從右往左:

凡欲入耶穌教者,必先明教中至要之事,如獨一上帝,一體涵三,其大能大智,仁慈惻隱,及耶穌降生受苦至死,救贖萬民,三日復生,四十日升天,於末日將令死者復蘇,聽其審判,善者上升,惡者下墜,以及聖神鼓舞人心,使人改惡遷善,人若昧於是理,猶入而閉之門也。大感發其情,無不敬、信、愛而已。敬則仰上帝爲嚴父尊君,小心翼翼,以昭事之;信則恃耶穌之功,專心致志,以望其赦宥而佑助之;愛則感於聖神,上愛天父,下愛眾人。苟無是三者,名則入教,實非入教也。

更有當行之六事焉:一讀上帝新舊約書,以爲準則,今生克明天道,來世可至明;一守禮拜日,是日集於公會,棄俗務,講聖書,惟圖天上之事;一行洗禮,誠中形外,以水表心之潔清,自茲以後至死不變;一行聖餐以表耶穌死於十字架,命其徒共杯而飲、同餅而食以記耶穌之恩,感戴靡盡,至於世末;一祈禱晨昏不輟,及諸要事,以明倚賴天父,俾能所行合宜,而免永刑;一頌揚上帝造世贖世之恩,銘刻於心,效天使之常謳歌。此六者乃教中人所行之禮。欲入教者,必宜知此,皆吾分中當盡之事,如弁髦視之,則無信耶穌之意可知矣。

他如敬神祭祖,一切頹風惡俗,盡行汰棄,如婚喪祝慶,不沿陋習,卜筮之術弗行,讖緯之學弗尚,不如是則不合道也。苟知斯意,庶或期實踐之功,而祛詐僞之風也夫。

出版年代不詳(18—?)。

【作者】艾約瑟(Joseph Edkins),1823—1905。

Pen note:What is to embrace Christianity. In classical Chinese. By Rev. J. Edkins. Pub. by the Track Society. 1 leaf.

【506】TA 1980. 2 0024 **神道要論**（上海美華書館 1915）

009434999

扉頁：耶穌降世一千九百十五年（右）

神道要論（中）

民國四年歲次乙卯

上海美華書館鉛板

有西曆一千八百九十三年六月中浣（中華光緒十九年榴月上浣刊印）美國教士子榮謝衛樓於通州公理教會館寓所撰寫的《序》，共 2 頁。

有《神道要論總目》，總 6 卷，47 章，3 頁。

卷一神道之階（第 11 章）、卷二第一真神（第 12—16 章）、卷三創世治人（第 17—24 章）、卷四耶穌救世（第 25—36 章）、卷五來世之報（第 37—41）、卷六耶穌聖教（第 42—47 章）。

11.9×18cm，13 行，行 31 字，白口，四周雙邊，單黑魚尾，版心上鐫書名"神道要論"，中鐫卷數，下鐫頁碼，卷 1 共 28 頁，卷 2 共 48 頁，卷 3 共 23 頁，卷 4 共 52 頁，卷 5 共 16 頁，卷 6 共 39 頁。

【按】《神道要論》這個版本是"C-0384 C3 聖道要論（6 卷，上海 1910）"的重刊本（鉛印本）。（書已破損，不流通。）

【507】TA 1980. 2 34 **瞽牧勸捐** C-0200 A100

007767008

這張卡片同時在"【488】TA 1980. 2 03（2）美華書院短篇集：2（1875）"已見。

封面：耶穌降世一千八百七十五年

瞽牧勸捐

歲次乙亥　京都燈市口美華書院刷印

開篇有《序》，11.5×16.5cm，白口，四周雙邊，版心鐫書名"瞽牧勸捐·序"，9 行，行 18 字，2 頁。

正文，11.5×16.5cm，白口，四周雙邊，版心鐫書名"瞽牧勸捐"，14 行，行 33 字，用"天主"，共 15 頁。

【508】TA 1980. 2 34B **瞽牧勸捐**（華北書會印發 1885）

007767015

《瞽牧勸捐》，1885 年再版，通州：華北書會印發，光緒十一年（1885），内容同 1875 年京都燈市口美華書院版，20cm，共 7 頁。

【作者】善富（Chauncey Goodrich，1836—1925），美國傳教士。1865 年 1 月 24 日由紐約啟程，繞行大半個地球，歷時六個月，才到達目的地中國上海。1891 年富善出版了一本

《中英袖珍字典》,内裡包括 10400 個漢字。另外又出版了一本《官話特性研究》,更包羅了 39000 句漢語。這兩本書後來成爲當時西方宣教士和各國外交人員學習官話之必備參考書。富善參與和合本官話白話文《聖經》之重譯,是委員之一,專責《舊約》的翻譯。經歷 27 年長期努力,全部《新舊約全書》終於 1917 年底宣告定稿,即目前中國教會常用的。1919 年,當第一本和合本《聖經》問世,富善牧師已屆 82 歲高齡。

【509】TA 1980.2 36 Do Sia Ang-ngu Heng Diong C–0213 A113

008151725

封面:Do Sia Ang-ngu Heng Diong

扉頁:Do Sia Ang-ngu Heng Diong

　　　Sek Hong Giong Sioh

　　　Ling Caik-hie Sing-sang Ik.

　　　A. B. C. F. M. Romanized Press Foochow College, 1904

扉頁反面有目録:

Muk-lioh

1. Do Sia Ang-ngu Gi Lai-lik

2. Do Sia Ang-ngu Gi E-seu

3. Do Sia Ang-ngu Gi Cong-sing

4. Do Sia Ang-ngu Gi Giong-cieng

5. Do Sia Ang-ngu Gi Eung-huak

6. Do Sia Ang-ngu Gi Gang-dong

7. Do Sia Ang-ngu Gi kuai-lok

8. Do Sia Ang-ngu Gi Ca-ging

有 English preface:

I have put her into Chinese dress, located the story in Canton and Shanghai

by Mary M. Fitch:

Shanghai, July, 1901

Translated into the Foochow Colloquial by Ling Caik Hie, Foochow College, Class of 1902

Foochow Sept. 1904

Thanksgiving Ann Table of contents

Chapter I Her Early History

Chapter II Her Purpose

Chapter III Her Fidelity

Chapter IV Her Way of Giving

Chapter V Her Experiment

Chapter VI Her Influence

Chapter VII Her Reward

Chapter VIII Her Study of the Word

正文分八章,每一章配有一幅畫,説明表達內容。半頁,框 10.5×16cm,橫排,頁上注頁碼和書名,共 63 頁。是研究福州話語音的好資料。

【作者】Kate Waterman Hamilton, 1841—?

【譯者】Ling Caik Hie, Foochow College, Class of 1902.

【510】TA 1980. 2 37 亨利實録 C-203 A103

008633500　FC8324　Film Mas 32199

《亨利實録》(Henry and his bearer),上海:華美書館藏板,1867 年。

封面:亨利實録

扉頁:耶穌降世一千八百六十七年(右)

　　　亨利實録　100 拷貝/＄2.9(中)

　　　歲次丁卯　蘇松上海美華書館藏板(左)

半頁,框 18.1×11.7cm,10 行,行 23 字,白口,四周雙邊,單黑魚尾,版心上鎸書名"亨利實録",中鎸章數,下鎸頁碼,共分 25 章,28 頁。

cf. Wylie. Memorials. p. 229, By Mr. Blodget. Henry and his bearer, translate into the Mandarin dialects.

【作者】Henry Blodget, 1825—1903.

【511】TA 1980. 2 40 指南針(寧波福音殿 1849) C-0192 A92

008147801　（文言文）

封面:上半橫寫:寧波郡福音殿

　　　中間豎寫:道光二十九年孟夏鎸

　　　　　　　指南針

　　　　　　耶穌一千八百四十九年

　　　下方橫寫:四海之内皆兄弟也

有《序》(2 頁),表示以指南針作喻,車有指南針以導路,舟有指南針以免險。

正文實即《奉勸舟人》。卷末 5 行特書寫作本書的目的:"故梓是書以奉勸,切勿以我言爲迂也。"

半頁,框 9×12.5cm,白口,四周雙邊,版心鎸書名"指南針",中鎸"奉勸舟人",9 行,行 17 字,共 7 頁。

【作者】胡德邁(Thomas Hall Hudson,1800—1876),英國浸禮會傳教士。

cf. Wylie. Memorials. p. 153.

【512】TA 1980.2 50 勸世良言(9卷,梁阿發著)

008156308　FC8325　Film Mas 32205

封面:勸世良言

1卷,25頁;2卷,31頁;3卷,24頁;4卷,19頁;5卷,28頁;6卷,22頁;7卷,34頁;8卷,31頁;9卷,21頁。

半頁,框11.2×18cm,8行,行24字,白口,四周雙邊,單黑魚尾,9卷版心上分別鐫"真傳救世文、崇真闢邪論、代贖罪救世、聖經雜解、聖經雜論、熟學真理論、安危獲福篇、真經格言、古經輯要",中鐫相關論述章名或相關聖經涉及內容,下鐫頁碼。綫裝本。

1832年出版的《勸世良言》是梁阿發最重要的著作。梁阿發是用很淺顯的句子把基督教的教義和一部分的聖經精選出來而成爲《勸世良言》,由9本小冊子(或稱之9卷)組成。

【513】TA 1980.2 50.1 揀選勸世要言 C-0171 A70

008147803

扉頁:子曰道不遠人　新嘉坡堅夏書院藏板(右)

　　　　揀選勸世要言(中)

　　　　學善居士纂(左)

有《揀選勸世要言目錄》4卷9章,1頁。

卷一:真傳救世文(二則),18頁。

卷二:崇真闢邪論(二則),22(11+11)頁。

卷三:真經聖理(一則),13頁。

卷四:聖經雜論(四則),8頁。

半頁,框17.5×10.2cm,8行,行20字,白口,四周雙邊,單黑魚尾,版心上鐫卷名,中鐫章名,下鐫頁碼,共61頁。

由中國傳教士梁阿發集《聖經》章節,並結合中國人情風俗,借用某些儒家言論,闡發基督教新教基本教義:"勸人勿貪世上之福,克己安貧,以求死後永享天堂之真福";讓人崇拜上帝"獨一真神","安于天命","安貧守分";宣稱人民受奴役蒙罹苦難,是上帝給予的懲罰;稱頌西方傳教士爲"善人君子"。

【作者】梁阿發(Liang Afa,1789—1855),別號學善居士。

cf. Wylie. Memorials. p.24.

【514】TA 1980.2 50.2 求福免禍要論 C-0422 C42

FC7723

扉頁:詩云永言配命自求多福　新嘉坡夏書院藏板(右)

　　　　求福免禍要論(中)

　　　學善居士纂（左）

有序。

有目録,共 2 頁:

論救世主降世救拔悔罪改惡之人

論真道福音宣傳到該處衆人應敬信求福免禍

論真道福音宣傳到該處凡有人不肯接受者應當之禍

論蒼天厚地及萬物於世盡日被火燒毀

論世界盡末審判世人之日

論善人至來生災難盡息真福齊來

論人不信神天上帝赦罪恩詔之福道該受的永禍

論未識神天上帝之人與識神天上帝之人念圖不同

論人勿獨掛慮衣食乃敬信天父作善義爲先

論宣講福音不圖人喜悦惟恭敬奉命傳播之

論人勿獨勞心爲肉身之糧乃要善養靈魂更爲福

論總闢各樣邪術異端

論靈魂生命貴於珍寶美物

論人獨知別人之過不知自己之罪

論人不可自誇爲明日將來之事

論得天福非獨以善言乃要有善德

論人肉身死了於世盡仍復生活

論救世真經福道之言必應驗不廢

　　半頁,框 17.6×10.2cm,8 行,行 20 字,有的頁面上有標注,白口,四周雙邊,單黑魚尾,版心上鎸書名“求福免禍要論”,下鎸頁碼,共 80 頁。

＊【515】TA 1980.2 50t 勸世良言與太平天國革命之關係 C-0170 A69

008147802

　　這是 1965 年 3 月鄧嗣禹在美國印第安那大學寫的論文:《勸世良言與太平天國革命之關係》。論文大意:19 世紀初,隨着基督新教傳入中國,在這塊深受傳統文化制約的土地上,使得剛傳入中國的基督教質變爲“上帝教”,這樣不中不西的“新宗教”卻與早期《聖經》中譯工作有着千絲萬縷的關聯。《勸世良言》對洪秀全有重大的影響,太平天國以一種極具中國傳統特色的方式存在。洪秀全按照自己喜好隨意解釋、改寫《聖經》,並且曲解《勸世良言》來建構太平天國的宗教觀。一本原本用來傳揚基督教的手冊被賦予如此重大的任務,遠超過梁發原先寫作的目的。隨着太平天國的日益壯大,《勸世良言》無法再爲洪秀全提供處理繁複政務的作用,最後竟失去其影響性。

　　14.8×20.2cm,15 行,行 45 字,共 24 頁。

【作者】鄧嗣禹（Teng Ssu-yü），1906—1988。

【516】TA 1980. 2 53 Lu Hyiao-ts（**寧波方言**）C-0212 A112

008147805　FC8171　Film Mas 32058

Lu Hyiao-ts，Divie Bethune McCartee，譯自：Frank Lucas（弗蘭克·盧卡斯），Nyingpo，1852 年。

扉頁：LU HYIAO-TS

NYINGPO

1852

18.5×12.6cm，19 行，行 10 詞，頁面書書名，以寧波方言拼音寫成，共 9 頁。

封面框式同《一杯酒》。

【作者】麥嘉締（Divie Bethune McCartee，1820—1900），字培端，是一名美國醫療傳教士，美北長老會最早派往中國的傳教士之一，醫學博士。他翻譯了第一本寧波方言的《路加福音》。

【517】TA 1980. 2 59 **入道初學（倪維思撰官音，吳思明譯榕腔）**

008474617

封面：入道初學

扉頁：主降生一千八百八十九年　倪維思撰官音 吳思明譯榕腔（右）

入道初學（中）

光緒十五年孟春　福州救主堂美部會印

有《入學道次序》，從 7 個方面介紹本書的寫作目的及其主要內容（福州土話），2 頁。

正文內容有九：

論祈禱其大略、各式祈禱文、使徒信經、聖經撮要、聖經故事、聖經比喻、十條誡、規條小引、規條。

半頁，框 15×10.4cm，13 行，行 28 字，白口，四周雙邊，單黑魚尾，版心上鐫書名"入道初學"，中鐫各篇篇名，下鐫頁碼，共 20 頁。

【518】TA 1980. 2 61 **焚船喻言** C-0201 A101

007767004

《京都美華書院短篇集：2》（1875）之一。

封面：耶穌降世一千八百七十五年

焚船喻言

歲次乙亥　京都燈市口美華書院刷印

在 p.10-12 專門講"焚船"的比喻意義，頌揚耶穌基督在十字架受死贖人之罪，"上主憐愛世人,甚至將他獨子賜給他們,叫凡信他的不至滅亡",那救生船上的人就是最好的例子。

　半頁,框11×16.5cm,8行,行21字,白口,四周雙邊,版心鎸書名"焚船喻言",共12頁。

【519】TA 1980.2 68 貧女勒詩嘉(榕腔) C-0209 A109
　008147806
　封面上方橫排"榕腔"二字,中爲一幅畫,下方榕腔注語。
　扉頁:耶穌降生一千八百七十八年
　　　　小子必讀
　　　　光緒四年福州美華書局印
　扉頁反面有:

This popular little book, entitled "Jessica's First Prayer", has been translated into several languages

And cannot fail to interest and instruct all who read it.

This translation was read from the manuscript, to forty or fifty Chinese boys who listened to it from beginning to end, with delighted interest.

It has been prepared with the hope that it may be the means of leading many a Chinese child to exercise the same loving confidence in God, and perfect faith in prayer, which little Jessica exhibited.

A. M. Payson

Apr 4 1878

　另有對本書介紹的榕腔文字,大意是:
　者勒詩嘉其書原是英文,寫貧女勒詩嘉得上帝恩寵,信上帝,感化極心硬的人,現在翻譯成福州土話,希望人們能學勒詩嘉,做好人,不做忘恩背義的人。
　有《目録》一頁共十章。
　半頁,框10.2×17.2cm,9行,行19字,白口,四周單邊,單黑魚尾,版心上鎸書名"貧女勒詩嘉",下鎸頁數,共十章,47頁。
　貧女勒詩嘉:榕腔. Added t. p. title:Xiao zi bi du 小子必讀 Notes:Cover and running title. "Jessica's first prayer", tr. by A. M. Payson.
　【作者】Adelia M. Payson

【520】TA 1980.2 68.1 Sieu Cu Bek Tuk(小子必讀) C-0210 A110
　008147807　(福州平話羅馬字)
　Sieu Cu Bek Tuk, Foochow College Romanized Press, 1902.

封面：Sieu Cu Bek Tuk

框 16×11cm，23 行，行 10 詞，白口，頁上鎸書名和頁數，共 75 頁。

Pen note added on cover：Jessica's First Prayer.

cf. 貧女勒詩嘉 榕腔 福州美華書局印 光緒四年（1878）.

Title at the end of text：Bing Nu Lek-si-ga（貧女勒詩嘉）.

【521】TA 1980.2 71 兩可喻言 ／ TA 1980.2 03 C-0204 A104

007766997

耶穌降世一千八百七十五年

兩可喻言

歲次乙亥　京都燈市口美華書院刷印

卷末有"兩可喻言終"之語。

半頁，8.6×13cm，白口，四周雙邊，版心鎸書名"兩可喻言"，11 行，行 26 字，共 19 頁。

【522】TA 1980.2 80 立蘭姑孃實録 C-0206 A106

007767009

【按】該書又見卡片"【489】TA 1980.2 03（3）立蘭姑孃實録"。又見【483】《京都美華書院短篇集：2》（1875）之五，京都（北京）：美華書院刷印。

封面：耶穌降世一千八百七十五年

　　　立蘭姑孃實録

　　　歲次乙亥　京都燈市口美華書院刷印

開篇有《序》，11.5×16.5cm，白口，四周雙邊，版心鎸書名"瞽牧勸捐·序"，9 行，行 18 字，2 頁。

【523】TA 1980.2 99.9 我爲何不作耶穌門徒 C-0207 A107

008147808

《我爲何不作耶穌門徒》，北京美華書院刷印，1875 年。

共 1 張，33.6×48cm，内有一框，框内上書"我爲何不作耶穌門徒"，下共 8 條，分 14 行，行 32 字。

如第一條：是因我怕人譏笑議論麽？經上説凡在這姦淫作惡的世代，將我和我的道理當作可恥的，人子得了天父的榮耀同聖天使降臨的時候，也必將那人當作可恥的。

Eight reasons for becoming a Christian expressed in Bible quotations. A Wall ornament. Peking, 1875.

【524】TA 1980.2 171 勸世崇真文 C-0190 A90

008146538 　（廣東話）

《勸世崇真文》,香港:禮拜堂藏板,道光二十七年(1847)。

封面:道光二十七年鐫

勸世崇真文

香港禮拜堂藏板

所謂"勸世崇真"就是教中國人不要信佛,菩薩虛無人,人該逃避真神震怒,而獨拜信服耶穌真神。世間萬物上帝所造。

半頁,框8×10.5cm,10行,行15字,共2頁,白口,四周雙邊,單黑魚尾,版心上鐫篇名"勸世崇真文",下鐫頁數,共2頁。廣東土話。

【作者】Thomas T. Devan

Pencil note added on cover: by Dr. Devan, American Baptist missionary.

【525】TA 1980.2 0222 棄假歸真論(文言)

009444080

共1張,整張尺寸28.5×26.8cm。内框22.8×22.6cm,四周單邊,篇名"棄假歸真論"橫排,正文竪排於下,27行,行42字,首句曰:"夫假者何? 偶像菩薩也。真者何? 獨一上帝也。何謂棄? 明知爲無益而棄絶之。何謂歸? 明知其爲真而歸附之。俾天下萬國人生前同受世上之安,死後共用天堂之福也。"句末曰:"爾等果能棄假歸真以獲後福,誠厚幸也。"

年代不確(between 1875 and 1911)。

【526】TA 1980.2 341 Ih Pe Tsiu(一杯酒,Nyingpo 1852) C-211 A111

008147800

封面:IH PE TSIU

Nyingpo:1852

寧波話羅馬字母文本。

整個書的周邊13×19cm,保存完好,字母大而清楚,橫排,19行,頁上鐫書名,共12頁。

【作者】岳腓烈(Frederick Foster Gough),英國安立甘會(Church Missionary Society for Africa and the East)傳教士,是最早撰寫寧波方言拼音著作的傳教士之一。

【527】TA 1980.2 711 苦人約色實録(1875) C-0205 A105

007766995

耶穌降世一千八百七十五年

苦人約色實録

歲次乙亥　京都燈市口美華書院刷印

卷末有“約色實録終”之語。還有廣告告知詢問書中之道數處耶穌堂(1 頁)。

半頁,框 8.6×13cm,白口,四周雙邊,版心鐫書名“約色實録”,11 行,行 26 字,共 6 頁。

【按】該書又見於“TA 1980.2 03 美華書院短篇集:1”。

【528】TA 1980.2 1063 喻道傳(上海美華書館 1869)

009436642

封面:喻道傳

扉頁分上下兩部分:

　　　　上部分:是道則進　非道則退(橫寫)

　　　　下部分:耶穌降世一千八百六十九年(右)

　　　　　　　喻道傳　100 拷貝/1.8 美元(中)

　　　　　　　上海美華書館重刊　丁韙良著(左)

有咸豐八年九月四明休休居士撰寫的《序》,共 2 頁。

有咸豐八年季秋月上澣四明企真子撰寫的《序》,共 1 頁。

介紹丁韙良《喻道傳》十六篇以己所獨喻者俾人共喻,以罕喻而喻者使人易喻。“《喻道傳》有以啟牖之也,故余贅語於篇後,又爲之弁言於簡端。”

有《目録》共 1 頁。

正文:孝子覓父、蕩子歸親、仁慈遍覆、恩義兩全、苦海遠離、前車可鑒、明鏡無遺等 16 篇。表達基督教核心教理。

篇後有《喻道傳跋》:皆即人事以明天道也。夫人生世上,自孩提始,恃保姆哺育,師傅啟迪……願世之人敬天父,信救主,祈聖靈,防死期而望重生,順天命而求永福。

後附《每飯謝恩文式(坐念)》《朝夕祈禱文式(跪念)》。

半頁,框 9.5×13cm,12 行,行 25 字,白口,四周雙邊,單黑魚尾,版心上鐫書名“喻道傳”,中鐫 16 篇篇名,下鐫頁碼,全書正文 31 頁+目録 1 頁+ 序 3 頁=35 頁。頁上有注語。

《喻道傳》是目前發現的第一部文言寓言體基督教創作小説,晚清美國著名傳教士丁韙良著,咸豐八年(1858)寧波出刊,共 31 頁,其中 28—30 頁是《喻道傳》之跋。16 篇作品主要表達基督教的核心教理,但在作品敘述中,作者並没有直訴或論説基督教的教理主旨,而是運用婉轉的譬喻或高妙的文學技巧表達作品的思想主題,因此讀完作品内外的序跋評語才知道作者的寫作宗旨。

【作者】William Alexander Parsons Martin, 1827—1916.

＊【529】TA 1980.2 1142 晨更(第二,華北公理會)

009433141　(口語)

封面:晨更(左)

中華民國三十五年七月

　　華北公理會晨更第二

有(王)梓仲的《編者的話》,共 1 頁:

此《晨更》爲同道者每早靈修之用,日用一節可足十週之用,《晨更》共分十類,如:存養、敦品、持躬、治學、處事、接物、服務、家庭、從政、寄託。其中格言大部分選自《格言聯璧》,而一部分禱文乃爲馮婉媛女士所譯,校對抄録蒙王承立先生幫忙。

正文只有敦品第二(按星期一、星期二、星期三、星期四、星期五、星期六、星期日一周每天的格言、早禱文編排)。

18.5×13.1cm,12 行,行 30 字,版心上鐫頁碼,共 10 頁。

封底:編輯者:王梓仲

　　　　出版者:華北公理會

　　　　定價:每冊法幣 200 元

　　　　印刷者:北平隆福寺街西廊下　利民印刷局　銅鐘胡同一號

　　　　中華民國三十五年七月

*【530】TA 1980.2 1142.1 晨更(第二,華北公理會)

009433141　(口語)

封面:晨更(左)

　　　　中華民國三十五年七月

　　　　華北公理會晨更第二

【按】同上條著録。

有(王)梓仲的《編者的話》,共 1 頁。

正文只有敦品第二(按星期一、星期二、星期三、星期四、星期五、星期六、星期日一周每天的格言、早禱文編排)。

18.5×13.1cm,12 行,行 30 字,版心上鐫頁碼,共 10 頁。

封底:編輯者:王梓仲

　　　　出版者:華北公理會

　　　　定價:每冊法幣 200 元

　　　　印刷者:北平隆福寺街西廊下　利民印刷局　銅鐘胡同一號

　　　　中華民國三十五年七月

另一版本

中華民國三十六年十月　華北基督教公理會

晨更

有王梓仲的《編者的話》,共 1 頁:

此《晨更》爲同道者每早靈修之用,日用一節可足十週之用,《晨更》共分十類,如:存養、敦品、持躬、治學、處事、接物、服務、家庭、從政、寄託。其中格言大部分選自《格言聯璧》,而一部分禱文乃爲馮婉媛女士所譯,校對抄録蒙王承立先生幫忙。王梓仲謹識

内容按存養第一、敦品第二、持躬第三、治學第四、處事第五、接物第六、服務第七、家庭第八、從政第九、寄託第十順序進行。而每類裡面又按星期一、星期二、星期三、星期四、星期五、星期六、星期日一周 7 天的格言、早禱文編排。不寫星期,直接用阿拉伯數字標示。

18.5×13.1cm,12 行,行 30 字,版心上鎸頁碼,共 98 頁。

頁底:編輯者:王梓仲

　　　出版者:華北公理會

　　　定價:每冊法幣 6000 元

　　　印刷者:地址:東單闊市口三十一號　北平市印刷生産合作社　電話:(五)局〇八七三號

　　　中華民國三十六年十月

INTERNET LINK:http://nrs.harvard.edu/urn-3:FHCL:3353784

Other Titles:Harvard-Yenching Library Chinese Republican Period (1911—1949) Digitization Project.

【531】TA 1980.2 1233 聖經爲寶(1 卷,1885)

009431231　(綫裝,口語)

封面:聖經爲寶

扉頁:光緒十一年(右)

　　　聖經爲寶(中)

首行爲《使徒行傳》二十章三十二節。

正文内容從此開始,談聖人保羅宣教之事。

第一段"吾輩受教亦必得福於後矣"。

第二段"如有人獲罪於天,無所禱也。憂慮難堪宜考聖經,即知如何可得赦免"。

第三段"如有人不悟道理,宜考聖經,即知如何可得指示"。

第四段"如有人遇患難困苦,宜考聖經,即知如何可得救獲安"。

第五段"如有人爲善無勇,宜考聖經,即知如何可得勇力"。

第六段"如有人貧窮,宜考聖經,即知如何可得知足常樂"。

第七段"如有人喪亡親友悲傷難堪,宜考聖經,即知如何可得安慰"。

第八段"如有人遇兩難之事進退無主,宜考聖經,即知如何可得指示"。

第九段"如有人心存貪念,宜考聖經,即知如何可得止貪"。

第十段"如有人爲行善被人逼迫譭謗冤屈莫伸,宜考聖經,即知如何可得安慰"。

最後書中重點申明"歷考聖經教訓全備令人取之不盡用之不竭"的種種事例。

半頁,框 15.7×10.8cm,10 行,行 20 字,白口,四周雙邊,單黑魚尾,版心上下鎸頁碼,共 12 頁。每頁首分別書有本頁講解之内容。

【532】TA 1980.2 1324 正道啟蒙(50 課,1874)

009432692

【按】這張卡片又見於"【359】TA 1978 36b",同"【358】TA 1978 36 正道啟蒙(福州土話,1871)C-146 A28"内容一樣。

封面已經破損。

扉頁:同治十三年

　　　正道啟蒙

　　　福州城内太平街福音堂印

有《正道啟蒙目録》(1 頁),該版實爲同治十三年版,【358】已著録,此略。

框 9×14.5cm,14 行,行 29 字,白口,四周單邊,單黑魚尾,版心上鎸書名"正道啟蒙",中鎸每一課的篇名,共 42 頁。

【533】TA 1980.2 1778 聖學問答(8 卷,1864)

008133610

【按】這個本子另有單行本:【374】TA 1978.89 06 聖學問答(8 卷,榕腔,1864)C-0143 A18。詳見【374】條,此略。

封面:耶穌降生一千八百五十三年撰福州榕腔

　　　聖學問答

　　　一千八百六十四年重刊　板藏鋪前頂救主堂

有《聖學問答總目》共八卷 1 頁。

正文採用"問——應"的對話形式進行,共六卷二十篇。文中涉及引用經文出處用雙行小字標示。

半頁,框 11×17cm,11 行,行 22 字,白口,四周雙邊,單黑魚尾,版心上鎸各卷篇名,中鎸卷次,下鎸頁碼數,共 48 頁。

這是一千八百五十三版本的重刊,用對話形式,對研究當時口語有用。

【作者】摩嘉立(C. C. Baldwin),1820—1911。

【534】TA 1980.2 2136 災难之由(1875)

009446065

整張尺寸 28.7×43.5cm,框内尺寸 23.3×36.5cm,共 30 行,行 30 字,白口,四周雙邊,共 1 頁。

第一行:災難之由。

基本内容:

上帝一大父也,父于子無不愛,上帝於人亦無不愛。然而飢寒者不免,危難者不堪,斯亦慘矣。

人類之災難,非上帝造就,乃人類自己造就。

一言上帝必聞也,一行上帝必見也,一念上帝必知也。人可瞞,上帝不可瞞。人可欺,上帝不可欺。吾心時時恭敬,上帝即時時保佑,又何災難之不弭,禍患之不消也? 吾願有心者,其思之,其細思之。

【535】TA 1980.2 2451 化劫成功論(秀華陽 1891)

009431176

封面:化劫成功論

扉頁:中曆光緒辛卯十七年(右)

　　　化劫成功論(中)

　　　西曆一千八百九十一年　青州府救世會藏板(左)

有光緒十七年歲次辛卯季春上澣教末鄭雨人《序》,共 1 頁:

從來勸人向道,直言之,則易怒,婉言之,則易聽,人情大抵如斯耳,今傳天道者,本有救世之意、愛人之心,而人多不感德,反致招怨,其故何在? 半由乎傳道者講論侍乎雄辯,辭氣失乎和平。……兹英國教士秀耀春先生……誠所謂己立立人、己達達人之善策也。——光緒十七年歲次辛卯季春上澣教末鄭雨人謹序

有光緒辛卯十七年季春中澣英國救世會秀華陽於濟南寓舍自撰的《序》,共 3 頁:

……上帝厚賜已,觀此則知人世雖有萬劫,反以成其大功,傳道者,惟宜勉勵善傳,無畏甚難也。……

正文談論《化劫成功》之三個問題:爲道受逼之原、逼迫何以能治、逼迫所成之美事。

半頁,框 15.4×10.1cm,9 行,行 18 字,白口,四周雙邊,單黑魚尾,版心上鐫書名“化劫成功論”,下鐫頁碼,共 10 頁。

【536】TA 1980.2 2470 履坦論(1 卷,秀華陽 1891)

009430346

封面:履坦論

扉頁:中曆光緒辛卯十七年(右)

　　　履坦論(中)

　　　西曆一千八百九十一年　青州救世會藏板(左)

有光緒庚寅仲春秀華陽在濟南寓舍撰著的《履坦論序》,共 4 頁。《序》有言:

古之聖賢立教,要位教人遷善,義改不善而已。若欲其女爲善行,其必速立内教,肇興女學,自可臻於德行之全備,即不束女足,行見十八省中良女,皆稱爲聖善。……

正文有言:中華裹足一事,雖出於人之矯揉造作,皆爲輕視上帝之智慧才能與仁慈。世人欲令其女爲聖善,務令其遵父母之教手諭,讀古今之經籍,懷師傅之薪傳,始可爲名教中完人。

半頁,框 15.3×10.1cm,9 行,行 18 字,白口,四周雙邊,單黑魚尾,版心上鎸書名"履坦論",下鎸數碼,共 8 頁。

【537】TA 1980.2 2470.1 析疑參正(秀華陽 1891)

009431257

封面:析疑參正

扉頁:西曆一千八百九十一年　新刊(右)

　　　析疑參正(中)

　　　中曆光緒十七年　濟南救世會藏板(左)

有光緒辛卯仲春英國救世會秀華陽在濟南寓舍撰著的《序》,共 3 頁。《序》有言:

知中華之人心風俗,與道相合者共受天福也。而其有乖於道,無益於人,致人迷惑,亦不免於無,且於吾道之無可疑者,而亦往往生疑。著之簡篇諄諄規勸,體作爲問答,義則爲質正,額之曰析疑參正。

正文通過與"宣教堂"主人"崇真"的一席對話,以"崇真主人"之口宣教,對中國的風水、行香拜神、供祭之典這三方面的習俗痛加懷疑。對掃墓亦同。西教不祭祖不拜墓。提倡女學,講究傳道,申明要信奉上帝,只有上帝。

半頁,框 11.2×6.2cm,10 行,行 20 字,白口,四周雙邊,單黑魚尾,版心下鎸數碼,共 26 頁。頁上有注語。

【作者】秀華陽。

【538】TA 1980.2 2470.2 天道問答(濟南救世會 1889)

009431274　(官話口語)

封面:天道問答

扉頁:光緒拾伍年歲次己丑刊(右)

　　　天道問答(中)

　　　山東濟南府藏板(左)

扉頁反面書:天道實能化人心、啟人愚、補人缺、救人苦、培人德、潔人意、助人善,信從者内心必有確據焉。

有英教士秀華陽著《序》,共 1 頁:

此書之作將聖經之微言奧義以淺顯語發明之,聖經之千條萬緒,以數類簡括之,蓋欲初學道者,讀之則明白易曉,可藉以爲修心行善之入門也。……

正文採用一問一答單獨成句的形式,將聖經之微言奧義以淺顯語發明之。

半頁,框 16.9×11.8cm,8 行,行 20 字,白口,四周雙邊,單黑魚尾,版心上鎸書名"天道問答",下鎸數碼,共 8 頁。

【539】TA 1980. 2 2470. 3 謀道引階(濟南同文齋 1889)

009431707

封面:謀道引階

扉頁:中曆光緒十五年歲次己丑(右)

　　　　謀道引階(中)

　　　　濟南府同文齋藏板(左)

扉頁反面書:人若識上帝與人物相關之理,人物與上帝相系之倫並德行之本,復真覺而能實行,自必使人前進且得至大之福也。(共有兩個版本,另一版本無此内容。)

有英教士秀華陽《謀道引階序》,共 2 頁:

上帝造化主宰……上帝於人之心更有無限量者在也。……上帝誠萬物結體之根,斯人生命之本,人與物不可須臾離者也。……今不揣固陋,摘録簡編,額之曰謀道引階,原爲指真天道,引人務本,精心果力,漸至升階。願諸君子會心不遠,加意省察,庶無負上帝愛人之心,是則余之所厚望。

正文以一問一答的形式宣講上帝造化主宰萬物、上帝於人之心更有無限量、上帝誠萬物結體之根等内容。内容簡單,容易接受瞭解。

半頁,框 16.2×10.2cm,9 行,行 21 字,白口,四周雙邊,單黑魚尾,版心上鎸書名"謀道引階",下鎸數碼,共 8 頁。

【539-1】TA 1980. 2 2470. 3 C2(copies) 謀道引階(濟南同文齋 1889)

封面:謀道引階

扉頁:中曆光緒十五年歲次己丑(右)

　　　　謀道引階(中)

　　　　濟南府同文齋藏板(左)

有英教士秀華陽《謀道引階序》,共 2 頁,詳見上條,此略。

正文以一問一答的形式宣講上帝造化主宰萬物、上帝於人之心更有無限量、上帝誠萬物結體之根等内容。内容簡單,容易接受瞭解。

半頁,框 16.2×10.2cm,9 行,行 21 字,白口,四周雙邊,單黑魚尾,版心上鎸書名"謀道引階",下鎸數碼,共 8 頁。

【540】TA 1980. 2 2470. 4 升沉寶鑑(秀華陽)

009432056

扉頁:中曆光緒十六年　新刊(右)

升沉寶鑑(中)

西曆一千八百九十年　山東濟南府藏板(左)

有《序》:

雖有佳餚,弗食不知其旨也。雖有至樂,弗聽不知其美也。雖有至道,弗學不知其善也。以余西人,戾此東土,從諸教士之後,廣福音書之傳。——庚寅孟冬秀華陽自序

内容有:安然辭世、敬酬帝恩、宜修真福、爲歿世計、盡人合天、上帝賞罰之證、無所不能之證、無所不知之證、全善之證、公議之證、全聖之證、全仁之證、上帝是依之證、順天逆天之證、諸書爲天道之證。

半頁,框 11.5×17.5cm,10 行,行 20 字,白口,四周雙邊,單黑魚尾,版心下鎸頁碼,共14 頁。

【541】TA 1980.2 2470.5 證道五論(5 卷,1890)

009432101

封面:證道五論

扉頁:西曆一千八百九十一年　新刊(右)

證道五論(中)

中曆光緒十七年　濟南救世會藏板(左)

扉頁反面書:人若識上帝與人物相關之理,人物與上帝相系之倫並德行之本,復真覺而能實行,自必使人前進且得至大之福矣。

有光緒辛卯季春瀚英國救世會秀華陽《自序》5 頁:"嘗思道理自存真宰,閱時並貫乎古今聖賢共衍薪傳,教化不拘於中外,誠以道由上帝而來。……"

正文共分五卷:

卷一秀華陽著《真道歷艱仍存論》,共 14 頁;

卷二秀華陽著《真道勝敵論》,共 7 頁;

卷三英國傳教士宣維廉著、秀華陽譯《傳道論》,共 9 頁;

卷四秀華陽著《天人相通論》,共 7 頁。

卷五秀華陽著《天道賞善罰惡論》,共 3 頁。

頁上有注語。

封底爲教化語:天道實能化人心、啟人愚、補人缺、救人苦、培人德、潔人意、助人善,信從者内心必有確據焉。

半頁,框 11.7×17.3cm,10 行,行 20 字,白口,四周雙邊,單黑魚尾,版心上鎸書名"證道五論",中鎸卷數,下鎸頁碼。

【作者】秀華陽。

【542】TA 1980.2 2470.6 救災真言

009443914

一張廣告紙。61.5×28.5cm,内框爲 57.5×24.1cm,竪行,共 39 行,首行爲題目"救災真言",末行落款爲"英國傳教士秀華陽謹著",中間 37 行,行 25 字。年代不確,1875—1911。

大意是:今年河南、山西、直隸、山東災禍不斷,河南大饑,直隸乾旱,山東黄河成災,江漢蛟水爲患。秀華陽指出上帝生人,人果能痛心悔改,革去前非,庶幾人心和而天心順,雨順風調四海,永祝升平之瑞,民安物阜。

【作者】秀華陽。

【543】TA 1980.2 2770 獻兒歸主公禮(1885)

009431309　　(官話口語)

封面:獻兒歸主公禮

扉頁:光緒十一年歲次乙酉(右)

　　　獻兒歸主公禮(中)

　　　西曆一千八百八十五年(左)

扉頁反面書:"如是而亡此小子之一非爾,天父意也。馬太十八章十四節。"

有《獻兒歸主公禮小引》,共 6 頁。頁上有注語,如:上帝創造、全智全仁、良心有神、埃及古禮、中國佛教。

正文有四部分:(1)《獻兒歸主公禮條規》(共 14 條);(2)《獻兒規矩》;(3)《獻兒歸主公禮》(師傅領作禮拜,先歌聖詩一首、師傅對衆人説、師傅對着衆人念經、歌詩《童環寶座》、禱告、作父母的獻兒、説感謝語、歌詩《救主珍寶》、師傅對衆人講經、主祝嬰孩、師傅對衆勸勉、歌詩《救主全舍》,歌詩完,獻兒歸主公禮終);(4)每日早晨禱告文。其中《獻兒歸主公禮》爲主體内容。

半頁,框 12.5×18.2cm,8 行,行 19 字,白口,四周雙邊,單黑魚尾,版心上鐫書名"獻兒歸主公禮",下鐫頁數,共 28 頁。每頁上都有注出本頁所述之主要内容條規,共有 15 條。正所謂獻兒歸主正合天父旨意,教忠教孝皆須從頭做起。

【544】TA 1980.2 2950 兩教合辨(1 卷,秀耀春著)

009430955　　(鉛印本)

封面:兩教合辨

扉頁:中曆光緒十一年(右)

　　　兩教合辨(中)

　　　西曆一千八百八十五年　上海美華書館擺印(左)

《兩教合辨序》,共 1 頁:

嘗考耶穌、天主兩教,同宗耶穌,同奉上帝,原本同也,不意千八百餘載以來,愈傳愈歧,竟至遠離聖經,襍以人意,有識者懼獲罪焉,遂判爲兩教,耶穌教謹遵聖經,不敢增亦不敢減,天主教則多變更而大異於疇昔矣,乃有門外漢,不究其實,謂兩教大同小異,無何區別者,是不可以不辨。

目錄,共2頁。

正文共有十論(論聖書、論偶像、論婚姻及茹葷等事、論教王、論祈禱、論遺傳、論聖餐、論洗禮、論認罪、論贖罪)、十一變、聖物聖骨之説、能使教會得益謊言即不爲罪等四大方面的内容。

《兩教合辨》着重介紹兩教之間的差異,作者寫作此書的目的就是通過一系列簡短的討論把兩教的差異之處非常清晰地呈現出來。

半頁,框11.7×18.1cm,10行,行24字,白口,四周雙邊,單黑魚尾,版心上鎸書名"兩教合辨",中鎸各篇篇名,下鎸頁碼,共20頁。

【作者】秀耀春(Francis Huberty James,1851—1900),英國浸禮會傳教士。

【545】TA 1980. 2 2950. 1 掃墓論(1卷,秀耀春著)

009431776

封面:掃墓論

扉頁:耶穌降世一千八百八十五年　板存上海美華書館(右)

　　　　掃墓論(中)

　　　　光緒十一年歲次乙酉　華北書會印發(左)

有《敘》(序),共1頁。

對中國祭祖拜墓現象甚爲不解,"謂祭墓無補於實行"。"爰是譯西國風尚,與東邦人情,匯爲一書,名掃墓論。以質高明,非敢曰我是而人皆非也,俟仁人孝子,細悟其理,或由此而棄假以歸真。"——甲申桃月上浣英教士華陽氏秀耀春于京都之施醫院

正文:半頁,框15.5×9.6cm,9行,行20字,白口,四周雙邊,單黑魚尾,版心上鎸書名"掃墓論",下鎸頁碼,共分5頁。

【作者】秀耀春(Francis Huberty James),1851—1900。

【546】TA 1980. 2 2950. 2 探道本原(卷上、下,秀耀春著)

009434166　(綫裝本)

封面:探道本原

扉頁:光緒二十年仲春開雕(右)

　　　　探道本原(中)

有光緒二十年(1894)仲春之月秀耀春《探道本原序》,共2頁:

大抵人既受中以生持身處世,皆宜棄僞取真,違邪從正,而欲定其棄取,決夫從違,往

往無徵則不信,無據則難憑。……始令人知吾道,非徒托諸空談,直能見諸實事。

目録,共1頁。

分上下卷:

卷上共7章:考道實據、考道實據總論、律法證道、律法證道總論、良心論、良心總論、原魂論。

卷下共20章:天道與人相合之證、天道與人身相宜、天道與萬人相宜、天道與心神相宜、天道與良心相宜、天道與人魂相宜、天道與今世歿世相宜、理數證道、敬心溯原、敬心溯原總論、天道之原、天道至善、憑儒證道論。

半頁,框21.2×12.1cm,10行,行24字,每頁分上下兩個格,上格內有注釋,白口,四周雙邊,單黑魚尾,版心上鎸書名"探道本原",中鎸卷數和章名,下鎸頁碼。上卷共59頁,下卷50頁。

【作者】秀耀春(Francis Huberty James),1851—1900。

【547】TA 1980.2 2950.3 聖經集箴(1卷,秀耀春著)

009435101

封面:聖經集箴

扉頁:中曆光緒辛卯十七年歲(右)

　　　聖經集箴(中)

　　　西曆一千八百九十一年　青州救世會藏板(左)

有光緒辛卯孟秋上瀚秀耀春於青州寓舍的《序》,含有四個小引,其一論上帝、其二論耶穌、其三論天國、其四論聖經。第1小引2頁,第2小引2頁,第3小引2頁,第4小引2頁,共8頁。

有《聖經集箴目録》共分22章,2頁:

敬上帝而畏犯其命、常紀念上帝、盡心祈禱上帝、聽上帝皆宜過人、勤心侍奉上帝、感謝上帝、依靠上帝、禮拜上帝、一心羡慕上帝、上帝感動人心、認罪于上帝、一心遵上帝命、正心修身本分、善待衆人、信實、謙虚、仁、交情、尊卑之本分、主人用人之本分、夫婦之本分、夫子之本分。

半頁,框19.2×11.8cm,8行,行17字,白口,四周雙邊,單黑魚尾,版心上鎸書名"聖經集箴",中鎸章名,下鎸頁碼,共40頁。

【作者】秀耀春(Francis Huberty James),1851—1900。

*【548】TA 1980.2 3022 死而復活(寶樂山著)

009431077　(北京燈市口公理會,1950)

封面:一九五〇年耶穌復活節的特別貢獻(右)

　　　死而復活(中)

華北基督教公理會著作委員會(左)

封底:一九五〇年四月

　　　述者　寶樂山

　　　編者　彭錦章

　　　發行　華北公理會董事部

　　　印刷　北平隆福寺街西廊下銅鐘胡同一號

　　　　　　利民印刷局

　　　電話:四局二六五三號

　　復活節前夕出版的一個小冊子,講述死後復活的故事,希望讀這小冊子的,都能有這樣的復活,得到新的生命。

　　15.1×8.6cm,12 行,行 31 字,豎行,版心下鎸頁碼,共 29 頁。

＊【549】TA 1980.2 3322 家庭崇拜集(1949)

　　009436918

　　封面:中華民國三十八年三月十日

　　　　家庭崇拜集

　　　　華北中華基督教公理會印行

　　封底:編輯　王梓仲

　　　　發行　華北公理會董事部

　　　　印刷　北平隆福寺街西廊下銅鐘胡同一號

　　　　　　　利民印刷局

　　　　電話:四局二六五三號

　　正文共有 15 文:主禱文、總感謝文、總認罪文、總代禱文、求主保佑文、求主安祝文、謝飯禱文、早禱文(分 6 日:第一日、第二日、第三日、第四日、第五日、第六日)、晚禱文(分 6 日:第一日、第二日、第三日、第四日、第五日、第六日)、早禱崇拜儀式含晨更歌、晚禱崇拜儀式、天國八福、十誡、公理會信條、聖約翰信條。後附早禱詩歌、晚禱詩歌、謝飯詩歌、經文歌詠、詩篇 23、羅馬書、哥林多前書的譜曲和詞。

　　18.8×13.3cm,15 行,行 30 字,白口,版心下鎸頁碼,共 27 頁。

　　INTERNET LINK:http://nrs.harvard.edu/urn-3:FHCL:3353786

　　Other Titles: Harvard-Yenching Library Chinese Republican Period (1911—1949) Digitization Project.

【550】TA 1980.2 4007 聖經略説(1870)

　　009432798

　　扉頁:同治九年(1870)　韋廉臣著(右)

聖經略説(中)

福州　太平街福音堂(左)

半頁,框 10.9×6.8cm,10 行,行 22 字,白口,四周單邊,單黑魚尾,版心上鐫書名"聖經略説",下鐫頁碼,共 5 頁。

【作者】韋廉臣(Alexander Williamson),1829—1890。

＊【551】TA 1980. 2 4233 **信仰指略(華北公理會 1935)**

009431032

封面:華北公理會初版(右)

信仰指略(中)

趙鴻詳編譯(左)

《信仰指略目次》,上中下三篇,十一章。

封底:中華民國三十六年五月

編輯者　趙鴻詳

出版者　華北公理會

定價　每冊法幣

印刷者　北平東單闢市口三十一號

保證責任　北平印刷生產合作社

借電話五局〇八七三號

框 18.4×12.6cm,18 行,行 46 字,白口,版心下鐫頁碼,共 20 頁。

【編輯者】趙鴻祥。

INTERNETLINK:http://nrs. harvard. edu/urn-3:FHCL:3353781

Other Titles:Harvard-Yenching Library Chinese Republican Period (1911—1949) Digitization Project.

＊【552】TA 1980. 2 4280 **究竟(1 卷,1950)**

009429944

封面:究竟(配插圖)

封底:西曆一九五〇年一月

著者　彭錦章

發行　北平燈市口公理會

印刷　北平隆福寺街西廊下銅鐘胡同一號

利民印刷局

電話:四局二六五三號

8.5×15cm,12 行,行 31 字,白口,版心下鐫頁碼,共 21 頁。

【著者】彭錦章。

* 【553】TA 1980.2 4280.2 **經驗中的基督教人生觀**(1卷,1950)

　　009429954

　　封面:基督教體系小叢書第二種(右)

　　　　經驗中的基督教人生觀(中)

　　　　廣學會出版(左)

　　扉頁:基督教體系小叢書第二種(右)

　　　　經驗中的基督教人生觀(中)

　　　　廣學會出版(左)

　　封底:西曆一九五〇年五月初版

　　　　基督教體系小叢書第二種

　　　　著者　彭錦章

　　　　初版兼發行　上海(〇)虎丘路一二八號　廣學會

　　　　印刷者　協興印刷公司

　　　　版權所有

　　14.5×10.2cm,14行,行32字,白口,版心下鐫頁碼,共29頁。

* 【554】TA 1980.2 4280.3 **祈禱**(1卷,1950)

　　009429959

　　封面:基督教宗教生活小叢書之一(右)

　　　　祈禱(中)

　　　　華北中華基督教公理會印行(左)

　　扉頁:這本小冊願獻給

　　　　吳雷川先生作爲紀念

　　封底:主降世一九五〇年五月

　　　　著者　彭錦章

　　　　發行　北平燈市口公理會

　　　　印刷　北平隆福寺街西廊下銅鐘胡同一號

　　　　　　　利民印刷局

　　　　　　　電話:四局二六五三號

　　18.9×12.9cm,18行,行40字,白口,版心下鐫頁碼,共16頁。

　　此系列共有五種,分別是基督教宗教生活小叢書之一:禱告;基督教宗教生活小叢書之二:讀經;基督教宗教生活小叢書之三:佈道;基督教宗教生活小叢書之四:團契;基督教宗教生活小叢書之五:基督教的三部曲。

＊【555】TA 1980.2 4280.3［v.2］讀經(1 卷,1950)

009429964 （鉛印本）

基督徒宗教生活小叢書之二:讀經(1 卷)

利民印刷局,北京燈市口公理會,1950 年。

版權頁題:一九五〇年五月。

18.3×13.2cm,18 行,行 40 字,白口,版心下鐫頁碼,共 16 頁。

【作者】彭錦章。

＊【556】TA 1980.2 4280.3［v.3］佈道(1 卷,1950)

009429968 （鉛印本）

《基督徒宗教生活小叢書》之三:佈道(1 卷)

利民印刷局,北京燈市口公理會,1950 年。

版權頁題:一九五〇年五月。

18.3×13.2cm,18 行,行 40 字,白口,版心下鐫頁碼,共 16 頁。

【作者】彭錦章。

＊【557】TA 1980.2 4280.3［v.4］團契(1 卷,1950)

009429975 （鉛印本）

《基督徒宗教生活小叢書》之四:團契(1 卷)

利民印刷局,北京燈市口公理會,1950 年。

版權頁題:一九五〇年五月。

【作者】彭錦章。

＊【558】TA 1980.2 4280.3［v.5］基督教的三部曲(1 卷,1950)

009429981 （鉛印本）

《基督教證道小叢書》之五:基督教的三部曲(1 卷)

利民印刷局,北京燈市口公理會,1950 年。

封底題:一九五〇年五月。

18.3×13.2cm,18 行,行 40 字,白口,版心下鐫頁碼,共 28 頁。

【作者】彭錦章。

＊【559】TA 1980.2 4280.3［5 v.］基督徒宗教生活小叢書(5 卷)

009429987 （鉛印本）

利民印刷局,北京燈市口公理會,1950 年。

封面題:華北基督教公理會。封底題:一九五〇年五月。

18.3×13.2cm,18 行,行 40 字,白口,版心下鎸頁碼,共 16 頁。

【作者】彭錦章。

*【560】TA 1980.2 4280.5 辯證式的基督教宇宙觀(1 卷)

009429994

封面:基督教體系小叢書第一種(右)

辯證式的基督教宇宙觀(中)

廣學會出版(左)

扉頁:基督教體系小叢書第一種(右)

辯證式的基督教宇宙觀(中)

廣學會出版(左)

封底:西曆一九五〇年五月初版

基督教體系小叢書第一種

著者　彭錦章

初版兼發行　上海(〇)虎丘路一二八號　廣學會

印刷者　協興印刷公司

版權所有

14.5×10.2cm,14 行,行 32 字,白口,版心下鎸頁碼,共 29 頁。

Title：True Christian View of the Universe

*【561】TA 1980.2 4280.6 罪惡的實體與自然性的罰報(1950)

009429998　(鉛印本)

封面:基督教體系小叢書第三種(右)

罪惡的實體與自然性的罰報(中)

廣學會出版(左)

扉頁:基督教體系小叢書第三種(右)

罪惡的實體與自然性的罰報(中)

廣學會出版(左)

封底:西曆一九五〇年五月初版

基督教體系小叢書第三種

著者　彭錦章

初版兼發行　上海(〇)虎丘路一二八號　廣學會

印刷者　協興印刷公司

版權所有

14.5×10.2cm,14 行,行 32 字,白口,版心下鎸頁碼,共 29 頁。

＊【562】TA 1980.2 4280.7 神的救恩(1 卷)

009430002

封面:基督教體系小叢書第四種(右)

神的救恩(中)

廣學會出版(左)

扉頁:基督教體系小叢書第四種(右)

神的救恩(中)

廣學會出版(左)

封底:西曆一九五〇年初版

基督教體系小叢書第四種

神的救恩

著者　彭錦章

初版兼發行　上海(○)虎丘路一二八號　廣學會

印刷者　協興印刷公司

版權所有

14.5×10.2cm,14 行,行 32 字,白口,版心下鎸頁碼,共 29 頁。

＊【563】TA 1980.2 4280.8 基督教是麻醉劑麽(1 卷)

009431057

封面:證道小説叢書(右)

基督教是麻醉劑麽(中)

華北中華基督教公理會印行(左)

扉頁:這小册子一方面給非基督教的人解釋誤會

一方面給懷疑的同道者所説明

一方面是給自認信仰穩固的同道自行檢討的資料

封底:西曆一九五〇年一月

著者　彭錦章

發行　北平燈市口公理會

印刷　北平隆福寺街西廊下銅鐘胡同一號

利民印刷局

電話:四局二六五三號

18.3×13.2cm,18 行,行 40 字,白口,版心下鎸頁碼,共 16 頁。

＊【564】TA 1980.2 4280.9 愛的勝利(1 卷)

009431096

封面:證道小説叢書(右)

　　　愛的勝利(中)

　　　華北中華基督教公理會印行(左)

扉頁:敬獻于伯母孟省吾夫人靈右　因爲她的生活是本篇的明證

封底:西曆一九四九年五月

　　　著者　彭錦章

　　　發行　北平燈市口公理會

　　　印刷　北平隆福寺街西廊下銅鐘胡同一號

　　　　　　利民印刷局

　　　　　　電話:四局二六五三號

18.3×13.2cm,18 行,行 40 字,白口,版心下鎸頁碼,共 16 頁。

* 【565】TA 1980.2 4280.10 **近代基督教的自我檢討(1 卷)**

009431107

封面:證道小説叢書(右)

　　　近代基督教的自我檢討(中)

　　　華北中華基督教公理會印行(左)

封底:西曆一九四九年二月

　　　著者　彭錦章

　　　發行　北平燈市口公理會

　　　印刷　北平隆福寺街西廊下銅鐘胡同一號

　　　　　　利民印刷局

　　　　　　電話:四局二六五三號

18.6×13.2cm,18 行,行 40 字,白口,版心下鎸頁碼,共 16 頁。

INTERNET LINK:http://nrs. harvard. edu/urn-3:FHCL:3353782

http://purl. oclc. org/DLF/benchrepro0212

Other Titles:Harvard-Yenching Library Chinese Republican Period (1911—1949) Digitization Project.

* 【566】TA 1980.2 6540 **上海畢士大福音堂主日講題(1943)**

008101896

封面:中華民國卅二年一月印　防酵　特刊五號

　　　上海畢士大福音堂主日講題

　　　卷四

目録:

材料、櫃、慈悲座、桌子、精金燈檯、會幕、帳篷、蓋、頂蓋、站立的板、幔子、簾子、壇、院子、帷子、大門、兩肩、審判的胸牌、烏陵和土明、以弗得的袍子、亞倫和亞倫的兒子所穿戴的、香壇、贖價、洗濯盆、聖膏油、常燒的香……

封底：發行處啟事

　　　發行處　　上海静安寺别墅一一三號黄宅

　　　經售處　　圓明園路二〇五號,愛文義路一三八一號基督福音書局

　　　每冊售洋元二元五角

　　　聚會處　　愚園路七二九號

　　　聚會時間　禮拜二下午六時禱告會;禮拜四下午六時查經會;主日上午九時四十五分講經,下午三時佈道

18.5×12.7cm,19 行,行43 字,白口,四周雙邊,單黑魚尾,版心上鎸書名"誨謨訓道",中鎸回數,下鎸"戊戌"二字,共 17 頁。

【567】TA 1980.2 6624 耶穌聖名考（1 卷）

009432038　（哈貞女著,郭女史譯,秀耀春訂正）

封面：Chinese religious 耶穌聖名考 tract society

扉頁：耶穌降世一千八百八十八年　中國聖教書會發（右）

　　　耶穌聖名考（中）

　　　大清光緒十四年歲次戊子　上海美華書館擺印（左）

有秀耀春《序》：

是書乃英國哈貞女所作,貞女崇奉耶穌聖教,學有心得,故能深知耶穌聖名,發明耶穌全智全能、至仁至慈,蓋欲使教中子女自幼學習,每日逐章熟讀深思,匝月之後,周而復始,循序漸進。

有《目録》,一共有三十章,共2 頁：

耶穌爲我們的救助、耶穌爲我們明亮的晨星、耶穌爲我們的朋友、耶穌爲我們的兄弟、耶穌爲我們的贖罪主、耶穌爲我們的夫子、耶穌爲我們的醫生、耶穌爲我們的替代、耶穌爲我們的大牧、耶穌爲我們逾越節的羔羊、耶穌爲我們的代求的、耶穌爲我們説不盡的鴻恩、耶穌爲我們的引路的、耶穌爲我們的軍帥、耶穌爲我們的元首、耶穌爲我們的光、耶穌爲我們的生命、耶穌爲我們的磐石、耶穌爲我們的公義、耶穌爲我們教中奉遣的、耶穌爲我們的祭司長、耶穌爲奇妙、耶穌爲策士、耶穌爲全能的上帝、耶穌爲永在的父、耶穌爲和平的君、耶穌爲彌賽亞、耶穌爲我們的按祭司、耶穌爲我們的盼望、耶穌爲我們的根基。

每章由散文和歌曰兩部分組成。

半頁,框 11.5×17cm,13 行,行29 字,白口,四周雙邊,單黑魚尾,版心上鎸書名"耶穌聖名考",中鎸章數及章名,共37 頁。

【作者】郭女史、秀耀春。

【568】TA 1980.2 7210 月季歌（1 張，金粟臺）C-0524 D49

009446089

1 張，30.5×27.5cm，年代不確，在 1875—1911 間。

框 26.5×22.5cm，上半部分（26.5×4cm）横排"月季歌"，下半部分（26.5×18.5cm）竪排，首行爲"信王歌"，接着爲：正月裡早立春……（四句，27 字）、二月裡是春分……（四句，27 字）、三月裡正清明……（四句，27 字）、四月裡雨初晴……（四句，27 字）、五月裡石榴紅……（四句，27 字）、六月裡荷花鮮……（四句，27 字）、七月裡七秋涼……（四句，27 字）、八月裡有木樨……（四句，27 字）、九月裡是重陽……（四句，27 字）、十月裡看芙蓉……（四句，27 字）、十一月裡水仙開……（四句，27 字）、十二月裡臘梅黃……（四句，27 字）、春季……（四句，27 字）、夏季……（四句，27 字）、秋季……（四句，27 字）、冬季……（四句，27 字）、四季……（四句，27 字）。

信主山歌句句真，男女老少盡該聽，有人若信耶穌主，赦罪消災福自生。

共 37 行。框左下角署名"板存金粟臺"五字。

【按】這張卡片同"【473】TA 1979.53 98 月季花信王歌（福州金粟臺存板 18—?）C-0524 D49 008145113"，著録略異。出版年代未能確定。

【569】TA 1980.2 8229 年終總省（1 張）

009444061 （秀耀春著，1886）

共 1 張。43.3×31.2cm，内框 39.5×25cm，24 行，行 26 字。

右手竪行：年終總省

正文：年終反省一年來之行爲是否符合上帝八條要求，以考來年努力的方向。表現出傳教士秀耀春的嚴於律己。

落款 2 行：

光緒十一年十二月除夕封，英國傳教士秀耀春著，本年日記。

上帝洞監良可畏也。倘來年仍於世，更求上帝賜我聖靈，堅我心志，助我前進，固所願也。

【作者】Francis Huberty James，1851—1900.

【570】TA 1980.2 8692 知足常樂（1 卷）

009431784 （官話口語，白話小説）

封面：知足常樂

扉頁：耶穌降世一千八百九十年　中國聖教書會發（右）

　　　知足常樂（中）

　　　光緒十六年歲次庚寅　上海美華書館擺印（左）

半頁，框 15.9×10.7cm，9 行，行 20 字，白口，四周雙邊，單黑魚尾，版心上鎸書名"知足常樂",下鎸頁碼,共 13 頁。

在英國有一個孤貧院叫耶利米院,裡面的人無論享受什麼福氣,永不知足。後來有些基督徒常聽他的牧師說,凡是作基督徒的,不當有抱怨的事,因爲基督在世的時候,雖然受過很多苦難,總沒說過一句抱怨的話,於是他們就痛除前非,各自謹言,從此耶利米院的咕嚷可算都除掉了。

【571】TA 1980.2 9217 小兒功用

009431828 （上海美華書館,1890,官話）

封面:小兒功用

扉頁:耶穌降世一千八百九十年　中國聖教書會發(右)

　　　　小兒功用(中)

　　　　光緒十六年歲次庚寅　上海美華書館擺印(左)

半頁,框 15.9×10.7cm,9 行,行 20 字,白口,四周雙邊,單黑魚尾,版心上鎸書名"小兒功用",下鎸頁碼,共 30 頁。

馬先生(馬太,耶穌十二門徒之一)在世的時候,最喜歡作小孩子的朋友,所以他三寸氣斷,小孩子也喜歡給他送殯,大家將馬先生葬埋,又同心合意立下碑記,刻下的一節聖書和他生平的志向相合,就是你們若不改變氣質,不像小孩子,就不能進天國去。(馬太福音十八章三節)

【572】TA 1980 03（2）真理問答(官話) C-0143 A19-20

008156295

【按】本條與"TA 1978.89 08（1873）"、"TA 1978.89 08（1892）"是一張卡片。

【572-1】TA 1978.89 08（1873）

封面:真理問答　官話(外加雙框)

扉頁:耶穌降世一千八百七十三年

　　　　真理問答

　　　　歲次癸酉　京都燈市口美華書院刷印

正文《真理問答》,共十章(p.1-17):

第一章論真神假神 p.1-2

第二章論真神本性 p.3-6

第三章論世人出身 p.6-8

第四章論耶穌聖靈 p.9-10

第五章論天堂地獄 p.10

第六章論世間末日 p.10-11

第七章論聖書明證 p.11-12

第八章論聖教大禮 p.13-14

第九章論教中爲人 p.14-15

第十章論十誡來由 p.15-17

文末附《信經》p.17、《禱告文》(早晚通用)p.17-19。

半頁,框 10.6×16cm,8 行,18 字,白口,四周雙邊,單黑魚尾,版心上鐫書名"真理問答",中鐫章次及各章名,下鐫頁碼數,共 10 章,19 頁。除篇末之《信經》及祈禱文外,其餘十章均用一問一答的形式來説明基督的真理問題。用"阿們"、"天主"。

【作者】Henry Blodget,1825—1903.

【572-2】TA 1978.89 08(1892)

封面:真理問答　官話

扉頁:耶穌降世一千八百九十二年

　　　真理問答

　　　光緒十八年歲次壬辰　京都燈市口一間樓美華書院印

在章名和問、答字上加了黑框。

第一章:論真神假神

第二章:論天主本性

第三章:論世人出身

第四章:論耶穌聖靈

第五章:論天堂地獄

第六章:論世間末日

第七章:論聖書明證

第八章:論聖教大禮

第九章:論教中爲人

第十章:論十誡來由

後附《禱告文》(早晚通用)p.17-18。

半頁,框 11×15.5cm,9 行,行 20 字,白口,四周雙邊,單黑魚尾,版心上鐫書名"真理問答",中鐫章次,下鐫頁碼數,共 18 頁。卷末有"真理答問終"之語。

【作者】Henry Blodget,1825—1903.

【按】【483】TA 1980.2 03 京都美華書院短篇集(1875)之二有《真理問答》,爲另一版本。

【573】TA 1980.3 10.1 天路歷程(5 卷) C-0639 G11

008147809　(淺文理,含《天路歷程續説》)

【按】没有封面、扉頁,只有《小引》。

《天路歷程小引》,共 2 頁:

《天路歷程》本是英國人耶穌教徒所作,叫約翰,受冤入獄,但不怨恨。於是將聖經之理,輯成一書,書中之意盡是聖經真實要理,今故繪製圖像,作一小引,使知其所由來,而索其奧蘊。

《天路歷程》卷一 p.1–11(始就天路圖 p.2、入窄門圖 p.6、脫罪任圖 p.11)

《天路歷程》卷二 p.1–6(入美宫圖 p.3)

半頁,框 17×11.2cm,15 行,行 35 字,白口,四周雙邊,單黑魚尾,版心上鐫“天路歷程”,中鐫卷數,下鐫頁碼,共 17 頁。

(1)p.1–4,有過邪教穴圖 p.4

【按】核對 G12 即 1869 年《天路歷程》(蘇松上海美華書館藏板),發現其中五卷的第二卷到此爲止。

實際上卷二 p.1–6+p.1–4＝10 頁。

《天路歷程》第三卷

(2)p.1–4

(3)p.1–4

(4)p.1–4,有死守真道圖 p.4

【按】核對 G12 即 1869 年《天路歷程》(蘇松上海美華書館藏板),發現其中五卷的第三卷到此爲止。

實際上卷三 p.4 +p.4+p.4＝12 頁。

《天路歷程》第四卷

(5)p.1–4

(6)p.1–4,有脫疑寨圖 p.4

(7)p.1–6,有遥望天城圖 p.2

【按】核對 G12 即 1869 年《天路歷程》(蘇松上海美華書館藏板),發現其中五卷的第四卷到此爲止。

實際上卷四 p.4 +p.4+p.6＝14 頁。

《天路歷程》第五卷

(8)《天路歷程》卷五 p.1–2

(9)《天路歷程續説》p.1–10,有涉死河圖、進天城圖

實際上卷五 p.2 +p.10＝12 頁。

半頁,框 17×11.2cm,15 行,行 35 字,白口,四周雙邊,單黑魚尾,版心上鐫“中外雜志”,中鐫書名及卷數,下鐫頁碼,共 32 頁。

《天路歷程》、《天路歷程續説》,共 59 頁。從版心上鐫“中外雜志”考察,出版地點和時間可能爲香港 1856 年。

【作者】(英)約翰·班揚(John Bunyan),1628—1688。

【574】TA 1980.3 10.2 天路歷程 C-0640 G12

008147677　（新鑄銅版）

扉頁:耶穌降世一千八百六十九年　新鑄銅版

天路歷程(中)

蘇松上海美華書館藏板(左)

正文偶有插圖,頁上加小注,並注明正文中文字見聖書某卷幾章幾節,以便考究。

21cm,白口,左右雙邊,單黑魚尾,版心上鎸書名,中鎸卷數,下鎸頁數,共50頁。

cf. Wylie. Memorials. p.175-176.

【原著者】(英)約翰·班揚(John Bunyan),1628—1688。

【官話譯者】賓爲霖(William Chalmers Burns),1815—1868。

【按】哈佛大學燕京圖書館藏有1856年和1869年兩個版本,而霍頓圖書館還有一本廈門出版的《天路歷程》第一卷(參見附錄一)。

關於《天路歷程》各種版本的收藏情況,宋莉華(2010;118/324)有詳細描寫:

(1)淺文理,綫裝1冊,五卷,104頁,香港:1856年據1853年美華書局版重刊,英國牛津大學圖書館藏。

(2)文理本,104頁,上海美華書局1853年刻本,這一本後在上海《中外雜志》上(1862—1863)刊載。Wylie. Memorials of Protestant Missionaries to the Chinese, p.175-176.

(3)文理本,99頁,廈門1853年初刻本。

(4)廈門土白,綫裝,310頁,廈門1853年刻本,牛津大學圖書館藏。

(5)文理本,200頁,基督聖教協和書局(漢口、天津)1853年。

(6)文理本,99頁,香港:1856年據1853年廈門版重刊,英國劍橋大學圖書館藏。

(7)淺文理,綫裝1冊,五卷,104頁,香港:1856年據1853年美華書局版重刊,英國牛津大學圖書館藏。哈佛大學圖書館有藏。

(8)文理本,99頁,福州:1856年據1853年廈門版重刊,英國劍橋大學圖書館藏。

《續天路歷程》版本:

(1)《續天路歷程》,官話,98頁,上海美華書館1865年。

(2)《續天路歷程》,官話,120頁,基督聖教協和書局(漢口、天津)1865年、1889年版。

(3)《續天路歷程》,官話,六卷,鉛印,清同治八年(1869),中國國家圖書館藏。

【按】對照這些版本,燕京圖書館還有方言土話本三種,如下羊城話兩種、榕腔一種。

【575】TA 1980.3 10.3 天路歷程、續天路歷程(羊城惠師禮堂鎸)C-0641 G13

008147644

【575-1】TA 1980.3 10.3 (圖畫)天路歷程、續天路歷程 C-0641 G13

這部分羊城話內容有二:(1)同治十年圖畫式《天路歷程土話》五卷(無文字);(2)同治十年圖畫式《續天路歷程》六卷(無文字)。

封面:天路歷程土話

扉頁:同治十年(右)

　　　天路歷程土話(中)

　　　羊城惠師禮堂鐫(左)

【按】該書雖命名爲《天路歷程土話》但是没有正文,只有插圖,文字只是每幅畫的四字標題。

(1)《天路歷程》五卷插圖:

第1卷插圖:指示窄門(又二)、救出泥中(又六)、將入窄門(又十四)、灑掃塵埃(又十七)、脱下罪任(又二十四)(5幅,5頁)

第2卷插圖:喚醒癡人(又一)、上艱難山(又三)、美宮進步(又六)、身披甲胄(又十三)、戰勝魔王(又十九)、陰翳祈禱(又二十一)、霸伯老王(又二十三)(7幅,7頁)

第3卷插圖:拒絶淫婦(又二)、摩西執法(又四)、唇徒騁論(又九)、復遇傳道(又十七)、市中受辱(又二十一)、盡忠受死(又二十五)(6幅,6頁)

第4卷插圖:初遇美徒(又一)、招進財山(又七)、同觀鹽柱(又九)、牽入疑寨(又十三)等(7幅,7頁)

第5卷插圖:(5幅,5頁)

共30幅。

半頁,框15.5×11.1cm,白口,四周雙邊,單黑魚尾,版心上鐫"天路歷程",中鐫卷數,下鐫頁碼,共30頁。

(2)《續天路歷程》六卷插圖:

卷一5幅、卷二5幅、卷三5幅、卷四5幅、卷五3幅、卷六5幅,共28幅。

框15.5×11.1cm,書内共分有6卷,全是插圖,白口,四周雙邊,單黑魚尾,版心上鐫"續天路歷程",中鐫卷數,下鐫頁碼,共28頁。

【575-2】TA 1980.3 10.3 **續天路歷程(廣東土話,六卷)** C-0641 G13

008147644

扉頁:同治九年(右)

　　　續天路歷程土話(中)

　　　羊城惠師禮堂鐫(左)

反面:Pilgrim's progress：PT. II CHRISTIANA Canton vernacular 1870

正文六卷,第1卷共17頁,第2卷共20頁,第3卷共21頁,第4卷共21頁,第5卷共17頁,第6卷共18頁。

半頁,框15.5×11.1cm,10行,行24字。書内共分有6卷,有插圖,白口,四周雙邊,單黑魚尾,版心上鐫"續天路歷程土話",中鐫卷數,下鐫頁碼。

【譯者】俾士(George Piercy,1829—1913),英國循道公義會義務教士。他據賓爲霖譯本再譯爲廣州土話,羊城惠師禮堂同治十年(1871)鐫刻。此書牛津大學圖書館、倫敦大學亞非學院圖書館均有藏本。

《天路歷程》一書翻譯爲羊城話的意圖,俾士有同治十年辛未季秋下旬書於羊城之惠師禮堂之《序》曰:"《天路歷程》一書,英國賓先生于咸豐三年譯成中國文字。雖不能盡揭原文之妙義,而書中要理,悉已明顯。後十餘年,又在北京重按原文譯爲官話。使有志行天路者,無論士民婦孺,咸能通曉,較之初譯,尤易揭識。然是書自始至終,俱是喻言,初譯無注,誠恐閱者難解,故白文之旁加贈小注,並注明見聖書某卷幾章幾節,以便考究。今仿其法,譯爲羊城土話。凡閱是書者,務於案頭,置新舊約書,以備兩相印證,則《聖經》之義,自能融洽胸中矣。是書誠爲人人當讀之書,是路成爲人人當由之路,苟能學基督徒,離將亡城,直進窄門,至十字架旁,脫去重任,不因艱難山而喪厥志,不爲虛華市而動厥心,則究竟可到郇山,可獲永生,斯人之幸,亦予之厚望也。爰爲序。"

【576】TA 1980.3 10.4 Tieng Lo Lik Tiang 天路歷程(榕腔) C-0642 G14

008147686

封面:Tieng Lo Lik Tiang

Foochow City

Printed by the Romanized Press, 1905

天路歷程(榕腔)羅馬字橫排。

10.6×16.5cm,25 行,行 9 詞,白口,頁上鐫書名"Tieng Lo Lik Tiang"和頁碼,共 52 頁。

Pen note added:Translated by Ling Caik-hio, class of 1902 Foochow College.

【577】TA 1980.5 08 三字經(美華書院 1875) C-0147 A38

008472715　FC8181　Film Mas 32085

封面:耶穌降世一千八百七十五年

　　　三字經

　　　歲次乙亥　京都燈市口美華書院刷印

分六章,共 506 句:

第一章:獨一神(66 句)

起頭時 一真神 造天地 又造人 六日後 神歇息 他祝福 安息日……真神主 是個靈 永遠活 最聰明

第二章:人犯罪(112 句)

第三章:救世主(128 句)

第四章:人歸主(88 句)

第五章:人死後(72 句)

第六章:勸孩童(40 句)

卷末有"三字經終"之語。還有廣告告知可以問書中之道的數處耶穌堂(1 頁)。

8.6×13cm,8 行,行四句。分六章,共 506 句。白口,四周雙邊,版心鎸書名"三字經",共 17 頁。

【578】TA 1980.5 34 三字經 C-0147 A35

008156309

封面(薑黄色):

耶穌降世一千九百零四年　華北書會印發(用"上主",不用"上帝")

三字經

大清光緒三十年歲次甲辰　上海商務印書館代印

頁上有"永生主"24 句:自太初 有上主 是真神 即天父 無不能 無不在 無不知 大主宰……

頁上有"創天地"8 句

頁上有"造世人"28 句

頁上有"人犯罪"20 句

頁上有"拜假神"4 句

頁上有"辨身靈"28 句

頁上有"救世主"28 句

頁上有"行奇事"12 句

頁上有"宣聖道"24 句

頁上有"又回生"12 句

頁上有"命傳道"8 句

頁上有"信者廣"20 句

頁上有"論悔罪"8 句

頁上有"論信主"8 句

頁上有"保惠師"16 句

頁上有"助善法"24 句

頁上有"壽短促"16 句

頁上有"論審判"28 句

頁上有"幼童"20 句:爾小子 宜敬誠 早歸主 德漸成 朝而夕 必祈求 謝恩典 認愆尤 晝與夜 讀聖書 口而頌 心而銘 必終身 跟隨主 無貳心 任福苦 及大限 以靈魂 交恩主 入天門

卷末有"三字經終"之語。

半頁,框 10.5×15.5cm,10 行,行 4 句,全書共 336 句,白口,四周雙邊,單黑魚尾,版心鎸書名"三字經",共 5 頁。

Notes:Text starts with Zi tai chu you shang zhu shi zhen shen ji tian fu wu bu neng wu bu zai and contains 1008 characters.

【579】TA 1980.5 34.1 **三字經註解** C–0147 A36

008156310　FC8155　Film Mas 32095

封面:三字經註解

【按】這個《三字經註解》是對上條上海商務印書館代印本的《三字經》(C–0147 A35,1904)每四句作一注解。注解文是文言文,每句每詞一一注解,或注解句子大意大旨。原文大字,注解文雙行小字。

半頁,框 10.5×15.5cm,大字 8 行,行四句 12 字,小字 16 行,行 27 字,白口,四周雙邊,單黑魚尾,版心鐫書名"三字經註解",共 12 頁。卷末有"三字經註解終"之語。出版年代不詳。

Pen note added on cover: Trimetrical classic with commentary by Chauncey Goodrich.

【作者】善富(Chauncey Goodrich),1836—1925。

【按】這個板式與"C–0151 A43 五字經註解(同治十年 1871)"很類似。

同治十年《五字經註解》,福州城内太平街福音堂印:"天地一大塊,日月相往復……"

【580】TA 1980.5 36 **真理三字經(榕腔)** C–0148 A39

008150452

《真理三字經》,察理氏著,榕腔,袖珍型,1875 年。

封面:光緒元年正月　察理氏

　　　真理三字經

　　　福州　美華書局印

正文《真理三字經》(榕腔):

元早早 毛天地 凡人物 昧切備 當彼時 務上帝 第一先 第一快 毛生日 毛朝代 永生神 自然在 都毛形 都毛像 共仉毛 仉一樣 是神靈 一隻主 隨處著 毛塊躲 主看仉 仉不見…… 童子死 也不少 自幼時 憑天道 享永生 壽不老。

其中第八頁"論魂魄 話賣純 魄六七 共三魂"頁上注語曰:"寧波、上海北勢各處都講仉務三魂六魄,福州、廣東南勢各處講仉務三魂七魄,話實同。"

半頁,框 8×13cm,半頁 6 行,行 2 句,全書共 616 句。白口,四周單邊,單黑魚尾,版心鐫書名"真理三字經",共 26 頁。卷末有"真理三字經終"之語。

【作者】夏察理(Charles Hartwell),1825—1905。

【581】TA 1980.5 36.1 **聖教三字經** C–0417 A33

007767729　FC8180　Film Mas 32089

封面:同治九年

　　　聖教三字經

　　　太平街福音堂藏板

　　自太初 有上帝 造民物 創天地 無不知 無不在 無不能 真主宰……口而頌 心而惟 若相反 非所宜 恒厥心 畏上帝 及老死 不可廢。

　　卷末有"三字經終"之語。

　　半頁,框 10.2×14cm,5 行,行 2 句,全書共 320 句,白口,四周雙邊,單黑魚尾,版心鐫書名"聖教三字經",共 17 頁。

　　【按】下條"C-0147 A34 麥氏三字經(羊城小書會藏板,真寶堂書局印,光緒二十六年)"內容完全相同。

【582】TA 1980.5 36.1a 麦氏三字經 C-0147 A34

　　007767731

　　光緒二十六年真寶堂書局印(上帝)

　　麥氏三字經

　　羊城　小書會藏板

　　正文:

　　自太初 有上帝 造民物 創天地,無不知 無不在 無不能 真主宰……口而頌 心而惟 若相反 非所宜 恒厥心 畏上帝 及老死 不可廢。

　　卷末有"三字經終"之語。

　　半頁,框 10.2×14cm,半頁 5 行,行 2 句,全書共 320 句,白口,四周雙邊,單黑魚尾,版心鐫書名"三字經",共 17 頁。

　　【按】這一本與"C-0147 A37 三字經(夏察理氏著,1913,袖珍型)"完全相同。

　　【作者】Walter Henry Medhurst,1796—1857.

【583】TA 1980.5 36.1b 三字經(夏察理氏著) C-0147 A37

　　008151730　(袖珍型,1913)

　　這個版本《三字經》與其他不同。但是是"C-0147 A34 麥氏三字經(羊城小書會藏板,真寶堂書局印,光緒二十六年)"版本的重刊本,板式袖珍。

　　中華民國二年(1913)　夏察理氏著

　　三字經

　　福州閩北聖書會印發　福州啟明印刷公司活版

　　自太初 有上帝 造民物 創天地 無不知 無不在 無不能 真主宰 至仁義 至清潔 至矜憫 至誠實……口而頌 心而惟 若相反 非所宜 恒厥心 畏上帝 及老死 不可廢。

　　內容大同小異。卷末有"三字經終"之語。

　　半頁,框 8×13.5cm,半頁 6 行,行 2 句,全書共 320 句,960 字,白口,四周雙邊,單黑魚尾,版心鐫書名"三字經",共 14 頁。

　　【作者】夏察理氏(Charles Hartwell),1825—1905。

【按】這個《三字經》正文與麥都思撰寫《三字經》的四個版本相同,與夏察理氏曾于光緒元年(1875)著福州美華書局本《真理三字經》(正文首二句"元早早 毛天地")截然不同,似乎此本實即麥氏所撰。

Pencil note added on t. p.：One of the best loved and most widely used books ever published in Foochow…

Notes：Movable type. Three character classic, starting with Zi tai chu you shang di zao min wu chuang tian di.

【584】TA 1980. 5 36. 2 小學四字經 C-0150 A41

008150453

《小學四字經》,福州榕腔,夏察理著,同治十三年(1874)。

扉頁:同治十三年察理氏著

　　　　小學四字經

　　　　福州美華書局印

《小學四字經》正文,共三十一課:

第一課論父母慈愛子女 24 句

第二課論子女孝敬父母 24 句

第三課論子女該當謙虛 24 句

第四課論子女講話着信實 24 句

第五課論子女伓通欺騙父母 24 句

第六課論子女伓通相爭 24 句

第七課論子女飲食 24 句

第八課論子女衣裳 24 句

第九課論子女不應纏膠(裹腳)24 句

第十課論子女不必塗粉 24 句

第十一課論子女當歡喜讀書 24 句

第十二課論子女當循齋規 24 句

第十三課論讀書着務次序 24 句

第十四課論寫字着務層次 24 句

第十五課論本國歷朝帝王(講中國自古至清朝)24 句

第十六課論福州史記大略 24 句

閩越其地,無諸地場,查伊世代,是禹仔孫,傳殼勾踐,以及無疆,諸子爭立,各守一方,殼秦一統,百越歸降,立閩中郡,福州包藏,諸侯叛秦,無諸亦然,助漢拍楚,項羽敗亡,漢高得帝,念伊賢良,仍立無諸,做閩越王,以後其代,故務盡長,伶俐將換,也伓細詳。

第十七課論中國十八省方向 24 句

第十八課論鄰近中華諸國 24 句

第十九課論西洋諸國 24 句

第二十課論仗務數種 24 句

第二十一課論天文 24 句

第二十二課論諸大洲地球 24 句

第二十三課論水陸往來諸法 24 句

第二十四課論鳥獸 24 句

第二十五課論不必戒殺 24 句

第二十六課論上帝保護萬民 24 句

第二十七課論子女當拜上帝 24 句

第二十八課論子女着立德修行 24 句

第二十九課論子女着信救主 24 句

第三十課論子女當望永生 24 句

第三十一課論天堂地獄 24 句

卷末有"小學四字經終"之語。

半頁,框 8.2×12.2cm,半頁 6 行,行 2 句,全書共 744 句,白口,四周單邊,單黑魚尾,版心上鎸書名"小學四字經",中鎸三十一課的篇名,共 34 頁。

【作者】夏察理(Charles Hartwell),1825—1905。

【585】TA 1980.5 36.3 五字經註解 C-0151 A43

007772829

【按】這一《五字經註解》可以彌補"C-0151 A42 聖教便覽五字經"的闕文。

扉頁:同治十年

　　　　五字經註解

　　　　福州城內太平街福音堂印

正文:天地一大塊,日月相往復……

卷末有"五字經註解終"之語。

本書是對《五字經》每兩句作一注解,共解釋 200 句,100 組。注解文是淺文言,每句每詞一一注解,或注解句子大意大旨。

原《五字經》文大字,注解文雙行小字。注解中對每一大段或某數句的語義層次加以總結。

半頁,框 9×14.5cm,大字 7 行,行 2 句 10 字,小字 14 行,行 27 字,白口,四周單邊,單黑魚尾,版心鎸書名"五字經註解",共 18 頁。

【作者】夏查理(Charles Hartwell),1825—1905。

Manuscript note on cover:Five character classic with commentary,by C. Hartwell, 1871.

【586】TA 1980.5 36.4 初學階梯：首集 C-0154 A46

008150454 （夏察理、陳脩靈全訂）

封面：初學階梯　首集（外加方框）

扉頁：光緒七年

　　　初學階梯　首集

　　　福州南台救主堂　福州美華書局活版

有《初學階梯序》。半頁，框10.8×17.2cm，8行，行19字，白口，四周雙邊，單黑魚尾，版心鎸書名"初學階梯"，中鎸"序"，2頁。"此書原本乃英國先生爲教義學小子而作，接續幼學初階之用。緣小子初學宜循序漸進，先淺而後深，不可躐等，不效本地之法，略改規度，另著一書。……"

有"光緒七年孟夏美國夏察理福州陳脩靈全校訂"字樣。

正文內容簡單龐雜：論四季、論日、論月、論星、論地、論海、論氣、論五官、論人身體、論人首、論人面、論目、論身、論手、論足、論三雙及單、天下萬國 、各國容貌不同、上帝愛衆、國重人才、學成名顯、擇善爲師、論孝宜先、論地球分界、論中國輿地、論日月、論小童惡謔、論孩童易於學惡、論爲學當堅志勿懈、論雞狐鬥巧、論屋、論花園、論家人、論各物所食不同、物之利用、兒盜餅餌、牧童失守、人智難及造物主、媚狐得食……

半頁，框10.8×17.2cm，8行，行19字，白口，四周雙邊，單黑魚尾，版心上鎸書名"初學階梯"，下鎸頁數，共22頁。

Pencil note added on cover：The first reader used in our schools, H. Y. W.

【587】TA 1980.5 36.31 聖教便覽五字經 C-0151 A42

008150455

《聖教便覽五字經》，福州：美華書局?，187-?。

一張聖教宣傳紙，已經破損，42×42cm，頂上橫寫"聖教便覽五字經"。

天地一大塊，日月相往復……

竪排，29行，每行7句，五言一句，行35字，共200句。

【按】"C-0151 A43 五字經註解（同治十年（1871））"可以彌補"C-0151 A42 聖教便覽五字經"的闕文。

【作者】夏查理（Charles Hartwell），1825—1905。

【588】TA 1980.5 50 訓女三字經 C-0149 A40

008150456　FC8154　Film Mas 32094

《訓女三字經》，馬典娘娘著，道光十二年（1832）。

道光拾貳年新鎸（橫寫）

馬典娘娘著（竪寫）

訓女三字經(竪寫)

有小篆之印"賓善罪樂"。

凡小女 入學堂 每日讀 就有用 女不學 非所宜 幼不學 老何爲 玉不琢 不成器 人不學 不知禮

多小女 只玩耍 真精伶 言惡話 你無怕 若做惡 死那時 入地獄 在世時 敬畏神 常懇求 其大恩

……

勿小女 聽其言 其若引 你做惡 常求天 求耶穌 但不要 無偷走 免耶穌 無別名 能救拔 人靈魂

我勸爾 懇求神 今後世 福無盡

這是專門教訓女孩子從小信教,信耶穌,學好道,孝父母,求善德,敬畏神,求耶穌,賜大恩,福無盡。

半頁,框 11.2×18.5cm,6 行,行 4 句,全書共 404 句,白口,四周雙邊,單黑魚尾,版心鎸書名"訓女三字經",共 9 頁。

Three character classic, for the instruction of females.

cf. Wylie. Memorials. p.40.

【作者】馬典娘娘。

【589】TA 1980.5 53 雙千字文 C-0152 A44

008150302　(四字爲一句)

封面:雙千字文

始古論:造物——墮惡——降救

論耶穌興教:綱領——出世——嬰時——受洗——見試——宣道——施訓——立教——定例——行奇——預言——臨終——勸世

論人事:萬事待鞠——勤學——幼年——壯歲——士業——農田——工匠——商客——居家——服官——行善——悔罪——僞教——設譬——回憶耶穌——傳宣正教

論儔類:總冒——天文——地理——時令——山水——人品——宮室——服飾——器用——珍寶——音樂——花木蔬菜——鳥獸——鱗介——昆蟲——預終——改格——效德

半頁,框 11.7×18.1cm,分上下兩個部分,上下各 6 行,行 2 句,每句 4 字,共 504 句,2016 字,蓋此是"雙千字文"名稱之來源。白口,四周雙邊,單黑魚尾,版心上鎸書名"雙千字文",下鎸頁碼,共 26 頁。

有英文題名:Two thousand character classic

cf. Wylie. Memorials. p.205.

【作者】William Alexander Parsons Martin, 1827—1916.

【590】TA 1980.5 54 **三字經**(1843) C-0147 A29

008151735　FC8168　Film Mas 32082

道光二十三年鐫

三字經

香港英華書院藏板

化天地 造萬有 及造人 真神主 無不在 無不知 無不能 無不理 至公義 至愛憐 至真實 及至聖 神爲靈 總無像 無可壞 無可量 無何始 無何終 ……口裡話 心要通 此二反 有何用 有恒心 常畏神 至於死 福無盡

卷末有"三字經終"之語。

半頁,框11×14.2cm,5行,行2句,全書共316句,白口,上下單邊,單黑魚尾,版心鐫書名"三字經",共16頁。

【作者】Walter Henry Medhurst, 1796—1857.

cf. Wylie. Memorials. p.27. 17 leaves. Batavia, 1823 ... revised and recut at Hongkong in 1843, the blocks being sent to London, stereotyped and printed in 1846.

【591】TA 1980.5 54.2 **嬰兒書課** C-0153 A45

008151726　FC8161　Film Mas 32084

封面:經云先致其知(右)

　　　　嬰兒書課(中)

　　　　英華書院藏板(左)

《小子初讀易識之書課》共33課:

第一課,四言16句:父母有子,送到先生,每日入學,就可成人。衫褲穿新,面洗到清,鞋帽皆有,來見先生。……

第二課,12句,談如何學習

第三課,12句,談德行,爲好人爲好事

第四課,24句,談牲畜種類特點

第五課,24句,談天地山水日月床屋,人所依憑之外在條件

第六課,24句,談小子如何與人相處

第七課,24句,談惟敬一真神

第八課,24句,談小心避難注意安全

第九課,24句,談魚蟲

第十課,24句,談地域天候

第十一課,24句,談真神創世

第十二課,24句,談死後天堂極美福樂永滿地域苦慘

第十三課,24句,談人的類型

第十四課,24 句,談語言

第十五課,24 句,談買賣與誠實

第十六課,24 句,談工匠與作用

第十七課,24 句,談因果報應,積德積福

第十八課,24 句,談神天造我當感恩服事

第十九課,24 句,談孝敬父母

第二十課,24 句,談小子讀書及其德行培養

第二十一課,24 句,談小子勤勞做事

第二十二課,24 句,談中國的上下尊卑層級

第二十三課,24 句,談耶穌聖人之偉大

第二十四課,24 句,談神天記神的威力

第二十五課,24 句,談冬天禦寒

第二十六課,24 句,談不説謊

第二十七課,24 句,談勿亂言

第二十八課,24 句,談處事之道

第二十九課,24 句,談小子讀書及其德行培養

第三十課,24 句,談小子如何讀書

第三十一課,24 句,談小心跌落水中

第三十二課,24 句,談可以效仿的家庭

第三十三課,24 句,談忌諱祭祖燒紙

半頁,框 9.8×15.2cm,7 行,行 4 句,四言,行 16 字,共 16 頁,口語,宣紙綫裝,白口,四周雙邊,單黑魚尾,版心上鐫書名"小子讀課"。

【作者】Walter Henry Medhurst, 1796—1857.

Revised edition of Xiao zi chu du yi shi zhi shu ke. cf. Wylie. Memorials. p.28.

【592】TA 1980.5 54a 三字經(尚德纂) C-0147 A30

008151732

封面:新增三字經

　　　我教子惟一經

　　　尚德纂

正文《三字經》:

化天地 造萬有 及造人 真神主 無不在 無不知 無不能 無不理 至公義 至愛憐 至真實 及至聖 神爲靈 總無像 無可壞 無可量 無何始 無何終……口裡話 心要通 此二反 有何用 有恒心 常畏神 至於死 福無盡

半頁,框 11×15.2cm,5 行,行 2 句,全書共 316 句,960 字,白口,四周單邊,單黑魚尾,

版心鎸書名"三字經",共 16 頁。卷末有"三字經終"之語。

　　【作者】麥都思（Walter Henry Medhurst，1796—1857），筆名尚德者。

【593】TA 1980.5 54b 三字經（順德歐適子著）C-0147 A31

008151733

　　封面：順德歐適子著

　　　　　解元三字經

　　　　　芥子園藏版

　　正文《三字經》：

化天地 造萬有 及造人 真神主 無不在 無不知 無不能 無不理 至公義 至愛憐 至真實 及至聖 神爲靈 總無像 無可壞 無可量 無何始 無何終……口裡話 心要通 此二反 有何用 有恒心 常畏神 至於死 福無盡

　　半頁，框 11×15.2cm，5 行，行 2 句，全書共 316 句，白口，四周單邊，單黑魚尾，版心鎸書名"三字經"，共 16 頁。卷末有"三字經終"之語。

　　【按】《三字經》曾是訓蒙的普及讀物，是兒童學知識、學道理、學做人的第一課。據説南宋末期順德人歐適子創作過《三字經》。此蓋爲傳教士麥都思借用《解元三字經》蒙學版本，用三言韻語撰寫的宣傳基督教教義的耶教仿本，而此蒙學《解元三字經》作者正是"順德歐適子"。

　　【作者】麥都思（Walter Henry Medhurst，1796—1857），筆名尚德者，自號墨海老人。1817 年英國基督教倫敦會派其前往馬六甲，管理印刷所，後到檳榔嶼與巴維亞（今雅加達）傳教。

　　cf. Wylie. Memorials. p. 27.

【594】TA 1980.5 54c 三字經 C-0147 A32

008151734　（袖珍本）

　　黄色封面：三字經

　　《三字經》正文從頌神開始，開頭幾句：

化天地 造萬有 及造人 真神主 無不在 無不知 無不能 無不理 至公義 至愛憐 至誠實 至聖然 神爲靈 總無像 無可壞 無可量 無何死 無何終 盡可敬 盡可恭……

　　要求人從小信奉，最後的幾句：

爾小生 宜求神 神乃好 常施恩 每日早 當祈求 又每晚 不可休 先頌神 罪必認 求恤憐 後蒙恩 正其心 誠其意 止於敬 才成祈 口裡話 心要同 此二反 有何用 有恒心 當畏神 至於死 福無盡

　　半頁，框 6×8cm，每 5 行，行 2 句，全書共 316 句，白口，四周雙邊，單黑魚尾，版心鎸書名"三字經"，共 16 頁。卷末有"三字經終"之語。

【按】該書是“【590】TA 1980.5 54 三字經（香港英華書院藏板，1843）C-0147 A29”的袖珍本。1855 年的盧公明《醒世良規》作品集中已經收錄。此三個版本實爲一本，出自麥都思之手。

【595】TA 1980.5 70 曉初訓道（俾士譯 1868）C-0156 A48

008151727

《曉初訓道》，羊城（廣州）：小書會，同治七年（1868）。分 53 課，21cm，95 頁。俾士翻譯之《序》云：“將上帝之道分開次第而言，以助父母之訓誨子女。”

《曉初訓道》由英國循道公義會義務教士俾士（George Piercy）翻譯成廣東土白，原作品是幼兒宗教啟蒙故事集《將明篇》（Peep of Day，1836），作者是英國女作家莫蒂母（Favell L. Mortimer，1802—1878）。

該書早年有廣州 1862 年刻本（見宋莉華 2010：340）；此後還有清光緒二年（1876）刊本，1 函 2 冊。cf. Wylie. Memorials. p.208.

【譯者】俾士（George Piercy，1829—1913），英國約克郡人，循道宗（衛斯理宗）基督徒，1851 年自費到華傳教，長期在廣州居住，初到廣州時是由著名的第一代華人新教徒梁發給他教中文。1853 年夏，俾士與其夫人温樂鐘（Joan Wannop）女士在廣州分別建立男女學校。俾士曾用廣州方言譯出《新約》和部分《舊約》篇章。同治十年（1871）出版廣州土話譯本《天路歷程土話》，由羊城惠師禮堂鐫刻。其中文著作尚有《地理略論》。他於 1882 年回英國，1913 年老死於故鄉。

作爲首位來華的英國衛斯理宗基督徒，俾士翻譯過約翰·衛斯理的兩本教理問答，又編寫過循道公會的第一冊中文贊美詩。俾士在華南尤其廣州比較活躍，太平天國起事後避居香港的洪仁玕，來到南京後在其撰寫的《資政新篇》中提到 20 多位與他交遊的傳教士，其中就有俾士。

【596】TA 1980.5 81 訓蒙摘要 C-0155 A47

008151728　（官話）

封面：訓蒙摘要

扉頁：耶穌降世一千九百十五年華北書會印發

　　　訓蒙摘要

　　　中華民國歲次乙卯

　　　Published by North China Tract Society, Tientsin

每飯祈禱文（用“天父”：敬謝天父給我食物，養我肉身恩典長存）

祈禱文（用“天父”：感謝天父賜洪恩，天天愛我護我身）

主禱文

十條誡

信主的人在家裡應當怎樣爲人(父母怎樣待兒女、兒女怎樣待父母、丈夫怎樣待妻子、妻子怎樣待丈夫)

父母盡本分教養兒女最重要的是什麼(一二三四)

信經(上帝、耶穌、上聖、末日、聖經、教會、信約七方面的經典訓語)

共6頁。

半頁,框10.5×15.5cm,10行,行20字,白口,四周單邊,單黑魚尾,版心鐫書名"訓蒙摘要",共6頁。

【作者】Emma Dickson Smith,1849—?

INTERNET LINK:http://nrs.harvard.edu/urn-3:FHCL:3353775

Pen note on cover:A Christian primer. EDS

【597】TA 1980.7 30 榕城格致書院畢業單 C-0696 H33

008151637 (整個小冊子紅紙)

封面:救主降世一千八百九十七年(右)

榕城格致書院畢業單(中)

光緒二十二年十二月初八至十二日 福州美華書局活板(左)

正文爲十二月初八至十二日格致書院畢業活動排程:

十二月初八弼教士雅訓學童

十二月初九設茶餅雅會款待

十二月初十講鴉片之害宜除論、通商有益論

十二月初十一練力班練力

十二月初十二畢業典禮及其各種活動安排含贈別詩

半頁,框13.3×9.2cm,7行,行17字,白口,四周雙邊,單黑魚尾,版心上鐫"榕城格致書院畢業單",下鐫頁碼,共8頁。

光緒二十二年十二月初八至十二日舉行,畢業生有鄭金庸、林則訓二人。

【598】TA 1980.7 88 潞河書院名冊(1893) C-0697 H44

008151638

封面:潞河書院名冊

正文:

一、潞河書院之來歷(講讀四書五經兼學鑒書古文時文試帖詩文理論、講讀兩約聖經考其事蹟究其蘊蓄、講讀西國綱鑒演算法與格致各書)

二、潞河書院之典章

三、諸處蒙館課程、潞河中齋課程、潞河書院課程

四、諸董事之姓名

框 16.2×11.2cm,9 行,行 20 字,白口,四周雙邊,單黑魚尾,版心上鐫"潞河書院名冊",下鐫頁碼,共 17 頁。後附諸董事、教師名單。

耶穌後一千八百六十七年,美國公理教會姜牧師始至通州宣傳聖道,時亦立一男學蒙館,逾四年,衆教牧請姜牧師將傳教之中國先生數人招集在通州,訓以聖道,此乃華北公理會教會之書院肇端也。

課程體系的各個階段,均包括較多的神學内容,也有關於中國語文知識和傳統文化的課程,但西學的内容佔有重要位置。潞河中齋的第一年就有"筆算"課程;第二年有"地理志略"課程;第三年則有"代(數)學"、"植物學"、"動物學"、"地質學"等西學課程。潞河書院的第一年有"西國史記"、"形學"課程;第二年有"中國史記"、"格物學"、"三角學"、"量地學"等課程;第三年的西學課程分量繼續增加,有"天文學"、"化學"、"活物學"、"體學"、"是非學"(即倫理學)等課程;第四年教學内容,除"聖道證據"一門神學課程外,幾乎全爲西學課程,有"富國策"、"萬國公法"、"心學"、"定論學"、"地學"、"石學"這些較爲高級的課程。此外,學生還有寫字、作文、辯論、音樂等練習專案。

通州:潞河書院,1893 年,潞河書院之來歷——潞河書院之典章——潞河書院之學規——潞河書院日期——諸處蒙館課程——潞河中齋課程——潞河書院課程——諸董事之姓名——諸教習即課功會——學生姓名——出倌者

【按】美國基督教公理會教士謝衛樓(D. Z. Sheffield,1841—1913)在河北通州的潞河中學增加了四年制大學課程,1893 年將潞河中學改名爲潞河書院。麥美德也在該校任教。1900 年,潞河書院在義和團運動中受到重創,不少教師和學生死於戰亂,整個校園被夷爲平地,就連廢墟中的磚頭和基石也被附近的村民運走蓋房。儘管兩年後在別處堅持辦學的潞河書院又重新遷回了通州,但不久以後公理會便與倫敦會進行聯合辦學,在原潞河書院的基礎上成立了華北協和大學,最後併入燕京大學。

【599】TA 1980.8 36 勸鄉人十則(夏察理著) C-0669 H14

008151639

扉頁:同治十三年(1874)(右)

　　　勸鄉人十則(中)

　　　福州城内太平街福音堂印(左)

序(共 1 頁)。敘述寫作《勸鄉人十則》的目的:"將民間頹風備文論之,共成十篇,名爲《勸鄉人十則》,望衆人看此小卷精思其理,擇其善者而從之,遷改惡習。同治十二年季秋下澣大美國教士夏察理謹識。"

《勸鄉人十則目錄》:

論人當服官長篇第一

論勿恃勢行事篇第二

論不可祖庇歹人篇第三

半頁,框 11.5×19cm,7 行,行 16 字,白口,四周單邊,單黑魚尾,版心上鐫書名"勸鄉人十則",中鐫篇名,下鐫頁碼,共 28 頁。

【作者】夏察理(Charles Hartwell),1825—1905。

【600】TA 1980 59 宣道指歸(倪維思著) C-0528 D53

008146530　FC7724　Film Mas 31759

封面:宣道指歸

扉頁:耶穌降世一千八百六十六年倪維思著

　　　宣道指歸(小篆)

　　　蘇松上海美華書局藏板

有《宣道指歸小引》(2 頁):

嘗思父母之于子也,既養之,尤必教之。天父之于生民亦然也。蓋主宰之神,欲示天道於萬民,以此重任托於通道者,而有宣道於萬邦之命,則道之大原出於天而必待人之宣佈也明矣。夫神既責我以宣道之任,當思我之所宣者果係何道,所以宣之者果用何法。研究探索,知我所當之任爲至重,所作之事爲至大,所關乎人生者爲至要,圖之必不容稍緩矣。苟不依聖書之法,以遵行之,恐亦屬乎徒勞耳。然豈敢謂依此而行,即可操救人之柄,究之此道之流傳,實非人力之能爲,人苟能從容,中道遵道而行,方能得聖靈感化之助也。

吾西人赴中華傳教者寥寥無幾,中華之地,幅員遼闊,户口繁盛,誠如聖書所云穡多工少。且思方言各別,愈覺其事難爲。況吾儕遠涉重洋,來此傳教,又患水土不服,言語不通,風俗異宜,人情異尚,更覺其情難盡。若非賴中土之教友,代爲宣佈,其何以成之哉?幸而天父默佑,近有本土之教友,甘荷斯任,余心竊喜,若能意見以助之,開導其心思,勉勵其志氣,安慰其衷懷,豈非至善之舉乎?

因不揣固陋編集是書,内所載之事,或從聖書條教内採擇,或由躬親經歷之失誤,自悟前非,翻得意見。或由初宣教者之差錯,旁觀歧向,徹悟真途。篡錄既成,亦不敢謂傳教之要盡在於是,仍望依聖書之訓,蒙聖靈之感,用一己之功,虔誠祈禱,再於是書中身體力行,獲什一之助,成倍蓰之功,庶不負余之苦心也夫。

時在同治元年歲次壬戌孟春穀旦

目錄分七章附跋(1 頁):

第一章論以道自省爲宣道之始

第二章論愛神愛人爲宣道之本

第三章論重生爲宣道之望

第四章論耶穌釘於十字架爲宣道之法

第五章論善與人交爲宣道之用

第六章論衡忍循命爲宣道之任

第七章論求悦於神爲宣道之勉

附跋:論公禮拜之規模

半頁,框 12×18cm,10 行,行 23 字,頁首每每書寫本頁之提要,白口,四周雙邊,單魚尾,版心上題書名"宣道指歸",中題章次,下鎸頁碼,正文 p.1-54,附跋 p.55-58,共 58 頁。

【作者】John Livingston Nevius, 1829—1893.

cf. Wylie. Memorials. p.224. Manual for native evangelists. 57 leaves. Shanghae, 1862.

【601】TA 1980 2794 衛原精萃圖(倪輯,慈母堂同仁繪圖,1887)

007766052

封面:衛原精萃圖

共 3 冊,第 1 冊有扉頁。

扉頁正面:

　　　　衛原精萃圖(中)

　　　　梁溪李燮署(有印章)

扉頁反面:

　　　　天主降生一千八百八十七年(右)

　　　　江南主教倪　准(中)

　　　　上海慈母堂摹梓(左)

【按】崇禎間福建晉江景教堂刊艾儒略《天主降生出像經解》(1637 年)版畫傳教書,以 50 幅版畫連環畫的方式來詮釋四福音書。

《像記》,共 2 頁。在《像記》中,方殿華以簡明的語言介紹了《衛原精萃》一書圖像的來源及其流變的過程,並説明了這些圖像對於傳播天主教義和理解經文所起的重要作用。並特別指出,天主教自創立以來就十分重視圖像的作用。不僅對那些"思愚魯庸"、"不解文字"的人具有意義,而且對那些"文人學士"也有"記珠"之意。還把這些圖像與中國的"六書象形"相比較,説"尤加一等"(這種比較雖不盡準確,但是這説明方殿華對中國文字與圖像的關係是有一定理解的),並指出圖像與文字並存,有"記往事、悟義道、昭教禮"這一舉三得的好處。所以,《衛原精萃》書中,上圖下文的構成方式並非一種偶然之舉,而是有作者很詳盡的考慮。

明神宗萬曆二十年,耶穌會司鐸拿笪利始聘精畫二人,繪耶穌事蹟,計 136 章,參列聖經,公諸四海。……崇禎八年艾司鐸儒略傳教中邦,撰主像經解,仿拿君原本,畫 56 像,爲時人所推許。……去年,江南主教倪大司牧,輯《銜原精萃》一書,囑劉修士必振率慈母堂小生畫像 300 章。列於是書,期間百十一章,仿法司鐸原著,餘皆博采名家,描寫成幅,既竣,雇手民鐫於木,夫手民亦慈母堂培植成技者也。予自去歲以來承委督繪像等藝。恐閱是書者弩之像之由來,爰志此於卷首云。——光緒十三年夏日耶穌會士方殿華謹識

《銜原精萃》是於 19 世紀下半葉出版的一本容 300 幅圖像,集多位傳教士所著關於天主教教義及傳播情況的宗教類圖書。首次刊印於光緒十三年(1887),其中含木版插圖300 幅。

每頁只有一幅畫,半頁爲畫,半頁爲小圖,每幅畫下方有漢字注語,以便讀者理解畫像大旨。

20.8×13cm,白口,四周雙邊。第 1 冊 78 頁,最後一頁是天主降生時如德亞圖,共 82幅畫;第 2 冊從 79 頁到 153 頁,75 幅畫;第 3 冊分成 3 個部分,共 75 幅畫,扉頁爲救世真主的,並對耶穌像做了說明,係仿羅馬所藏古像,第 1 部分,共 20 頁,第 2 部分共 30 頁,第 3部分共 28 頁。最後兩頁分別是聖伯多禄第一教皇像和教皇良第十三,對兩教皇分別作了說明。

【作者】NIPSCO Industries.

【602】TA 1980.4226 基督徒日用神糧書(榕腔 1869)

009450185

《基督徒日用神糧書》(Simeon Foster Woodin),福州太平街福音堂,1869 年。

扉頁:主一千八百六十九年(右)

　　　基督徒日用神糧書(中)

　　　同治八年　福州城内太平街福音堂印(左)

本書是美國傳教士吳思明按年曆抄寫的聖經語録,供基督徒每天早讀使用。

正文從正月初一開始,二月、三月、四月、五月、六月至十二月、閏月(共 13 個月),將每月三十天每天需讀的聖經名言抄選出來,每天兩大句,即《序》中所謂"兩節大略",中間以"○"分隔標示,匯爲一冊,以爲基督徒每日的精神食糧。

書末有"基督徒日用神糧終"之語。

半頁,框 9×14.2cm,14 行,行 29 字,白口,四周單邊,單黑魚尾,版心上鐫書名"日用神糧",下鐫頁碼,共 33 頁。

【按】這張卡片又見於"【460】TA 1979.6 95 基督徒日用神糧書(榕腔,1869,吳思明抄) C-0525 D50",可詳參。

▲【603】TA 1981.2 2213 重刻畸人十篇(2 卷,附西琴曲意 1 卷)

008972447

此爲日本鈔本,所據底本爲明萬曆間汪汝淳刻本,利瑪竇撰,汪汝淳校梓。

封面:畸人十編

有李之藻撰寫《刻畸人十編》,共3頁。

萬曆戊申歲日在箕　虎林李之藻盥手謹序

童而習之,智愚共識。然而迷繆本原,怠忽只事。年富力強而無志迅奮,鐘鳴漏盡而當諱改圖者衆也。非譚玄以罔生,即侫佛爲超死。死可超,生可罔,世有是哉? 人心之病癒劇,而救心之藥不得不暝眩。暝眩適於德,猶是膏粱之適於口也。有知《十篇》之於德適也,不畸也。

有勾吳周炳謨所書《重刻畸人十篇引》,共2頁:

客有問於余曰:如子言,西學其遂大行於吾土耶? 應之曰:是未可知也。乃余嘗讀《墨子‧天志》諸篇矣,其道在尊天、事鬼、兼利天下而不蓄私。每篇之中,於天意三致意焉。雖出於道家多附會,較《畸人十篇》精粗殊科,然大指可睹矣。夫墨子者,固周漢間與孔氏並稱者也,吾以知茲刻之行於華,與天壤並矣。客曰:然。遂並書之,以復於利先生云。

《題畸人十篇小引》,渤海王家植木仲識,共2頁:

噫! 世無二理,人無二心,事無二善,仰無二天,天無二主。謂利子之異,爲吾人之常,豈不可乎? 即木仲子所演《十規》,木仲子之心也,利子之心也,人人之心也,亦天主之心也。即世無利子,利子之道固行矣。彼顯處視月,牖中窺日,存乎其人,何與利子? 請不以世代之古今、道路之遠近、幽明之隔閡障之。

《冷石生演畸人十規》,4頁。

正文:分上下兩卷。

(一)《重刻畸人十篇》卷上(第一至第六),利瑪竇述,後學汪汝淳校梓(共43頁)。

半頁,框26×18cm,10行,行20字,無頁碼。手抄本。上卷含小引、十規、十篇(第一至第六),共計56頁。

(二)《重刻畸人十篇》卷下(第七至第十),利瑪竇述,後學汪汝淳校梓。

《畸人十篇》後附《西琴曲意八章》等。

(1)後附《西琴曲意八章》,是利瑪竇本國的歌詞,大概是關於靈修生活的贊美詩。

(2)涼庵居士的後記,1頁。

(3)萬曆辛亥仲春日新都汪汝淳《跋》,1頁。

半頁,框26×18cm,10行,行20字,無頁碼。手抄本。下卷45頁。

《畸人十篇》論述了天主教信仰在人們日常生活中的應用。

"人壽既過誤猶爲有"篇教導人要珍惜在世時光,勤于修道養德。

"人於今世惟僑寓耳"篇解開了世間的苦難之謎,說明世間非人本鄉,而是人生試場,人當於此修德以歸大本。

"常念死候利行爲詳"篇告訴人常常思考死亡,有助於提醒人們明確人生的目標與意義,從而免於世界的誘惑。

"常念死候備死後審"篇則教導人們通過面對死亡來學會生存,修身進德,以除淫欲、輕名利、去倨傲、安受死。

"君子希言而欲無言"篇教導人正言以養德。

"齋素正旨非由戒殺"篇論述齋戒的意義,使人明白天佛二教齋素的不同,從而使人自卑、克己遏欲以全德。

"自省自責無爲爲尤"篇解釋説明了聖凡之别與成聖之路。

"善惡之報在身之後"篇論述了天主教的禍福賞罰觀和天堂地獄的喜樂與痛苦,説明天主以天堂地獄賞善罰惡,而世福世禍不足以報善惡。

"妄詢未來自速身凶"篇用心理學的方法説明了算命的危害,並闡明了天主教禁絕算命的道理。

"富而貪吝,苦於貧屢"篇勸導人不可貪財吝嗇,當以性命德性爲寶。

【按】此非新教傳教士著作,是天主教之著作,明代刻本。

＊【604】TA 1981.7 0340 **公理會小史**(1 卷,手寫體,1935)

009431018 (綫裝本,外有硬殼,類似精裝本)

封面:麻海如編 趙鴻祥譯(右)

  公理會小史(中)

  附 公理會理想及原則

  七十五年來之領袖訓練

正文:《公理會小史》1 卷(自主後 1567—1935 年,應本會同道之希求而寫成)。

半頁,框 24.5×16cm,10 行,行 24 字,白口,四周雙邊,下鎸頁碼,共 17 頁。

天津:華北公理會,1935 年。

INTERNET LINK: http://nrs. harvard. edu/urn-3:FHCL:3353780

http://purl. oclc. org/DLF/benchrepro0212

Other Titles: Harvard-Yenching Library Chinese Republican Period (1911—1949) Digitization Project.

＊【605】TA 1981.7 1142.1 **經典**(1 卷,王梓仲編譯)

009430615

封面:中華民國二十七年十月 公理會教友須知第一種

  經典

正文:基督教之經典(介紹新舊約全書)、聖經的讀法、聖經與奇跡、對於聖經的兩種觀點。

封底:經典 定價伍分

  王梓仲編譯

華北公理會刊行　北京燈市口

北京東昌胡同

協和印刷局印行

電東四五六六

中華民國二十七年十月

半頁,框 13.2×18.5cm,11 行,行 30 字,白口,四周雙邊,下鐫頁碼,共 40 頁。

北京:華北公理會,1938 年。

＊【606】TA 1981.7 1142.2 信仰(1 卷,王梓仲編譯)

009431123　(北京華北公理會,1938)

封面:中華民國二十七年十月　公理會教友須知第二種

　　　信仰

《序》,共 2 頁。

一個人必須有他的主張、立場與肯定,若是一個人,在任何事上不敢肯定,自己沒有主張與立場,那樣,更不應作耶穌基督的門徒。

正文:

基督教之綱要 p.1–14

信條 p.15–30

公理會信條 p.31–32

聖約翰信條 p.33–34

信經 p.35–40

封底:信仰　定價伍分

　　　王梓仲編譯

　　　華北公理會刊行　北京燈市口

　　　北京東昌胡同

　　　協和印刷局印行

　　　電東四五六六

　　　中華民國二十七年十月

13.2×18cm,11 行,行 28 字,共 40 頁。

北京:華北公理會,1938 年。

＊【607】TA 1981.7 1142.3 靈修(1 卷,王梓仲編譯)

009431144　(北京華北公理會,1938)

封面:中華民國二十七年十月　公理會教友須知第三種

　　　靈修

正文：

一、祈禱的意義（五點）

二、個人修養（五步）：尊崇含公禱、感謝含公禱、懺悔含公禱、祈求含公禱、代禱

三、靈魂歌唱的三部曲

封底：原著："private prayer" by A. H. Gray

　　　"The song of the souls of Men" by Glenn Clark

　　　靈修　定價壹角

　　　王梓仲編譯

　　　華北公理會刊行　北京燈市口

　　　北京東昌胡同

　　　協和印刷局印行

　　　電東四五六六

　　　中華民國二十七年十月

13.2×18.5cm，13 行，行 37 字，白口，四周雙邊，下鎸頁碼，共 56 頁。

INTERNET LINK：http://nrs. harvard. edu/urn-3：FHCL：3353783 http://purl. oclc. org/DLF/benchrepro0212

Other Titles：Harvard-Yenching Library Chinese Republican Period （1911—1949）Digitization Project.

＊【608】TA 1981. 7 1142. 7 崇拜（1 卷，王梓仲編譯）

　　009431158　（北京華北公理會，1938）

封面：中華民國二十七年五月　公理會教友須知第七種

　　　崇拜

內容：

一、崇拜之重要、崇拜之性質、崇拜之內容、崇拜之方式、基督徒與崇拜

二、祝福

封底：編輯者：王梓仲

　　　出版者：華北公理會

　　　定價：每冊

　　　印刷者：北平隆福寺西廊下銅鐘胡同一號　利民印刷局　電話四局二六五三號

　　　中華民國二十七年五月

13.2×18.5cm，13 行，行 40 字，共 12 頁。

﹡【609】TA 1981.7 3381 **汾州公理會眾議會選立王景文張耀齋高喜亭三君担任牧師之經過**

009434942

封面：汾州公理會眾議會選立王景文張耀齋高喜亭三君擔任牧師之經過

正文：記載了1939年3月19日進行汾州公理會眾議會選立王景文、張耀齋、高喜亭三君擔任牧師的大會的預備工作、會議邀請代表、程式、會議過程，以及王景文、張耀齋、高喜亭三君履歷及宗教經驗自述。

框18.7×26cm，18行，行40字，白口，下鎸頁碼，共22頁。

INTERNET LINK：http://nrs.harvard.edu/urn-3：FHCL：3353862

http://purl.oclc.org/DLF/benchrepro0212

﹡【610】TA 1981.7 4147 **華北基督教公理會復員大會記録**（1卷）

009429936　（華北基督教公理會，1946）

封面：民國三十五年二月二十二日在北平開（右）

　　　華北基督教公理會復員大會　記録（中）

扉頁：華北基督教公理會復員大會　記録

　　　時間：中華民國三十五年二月二十二日至二十八日

　　　地點：北平基督教聯合女子聖道學校

　　　（部員、當然委員名單等）

包括會議日程、會議手續、佈道、教育、醫務、西職員、經濟預算案、普通議案等內容。

框22.7×15.5cm，14行，行2句，每句16字，版心下鎸頁碼，共20頁。

INTERNET LINK：http://nrs.harvard.edu/urn-3：FHCL：3353856

http://purl.oclc.org/DLF/benchrepro0212

Other Titles：Harvard-Yenching Library Chinese Republican Period （1911—1949）Digitization Project.

﹡【611】TA 1981.7 7342 **（山东）臨清基督教公理會五十週年紀念小史**（1卷）

009430228　（臨清基督教公理會）

封面：臨清基督教公理會五十週年紀念小史

卷首爲《臨清基督教公理會佈道區簡略圖》一幅。

《臨清基督教公理會五十週年小史序言》，共8頁。

多方收集資料，追憶中西諸前輩慘澹經營的歷程和精神，序從六個部分，即建設時期、變亂時期、中興時期、轉變時期、衰弱時期、近年實況進行簡介。

有臨清地區基督教公理會會堂名稱、通道者人名、創堂會人名、成立年代、堂會位址、教友人數、經費支出收入情況等記載，有歷年教友人數登記表、佈道中西方人員名單。

有劉呈祥撰寫的《德臨葉氏學道院史略》及其教職員姓名録。

臨清基督教信用合作社簡史、教育部史略及其教職員姓名録。

臨清基督教工讀學院簡史、臨清美華醫院簡史、山東臨清美華醫院 1934 年概況報告。

頁底:編輯委員　石峻柱　高折重　劉呈祥　石福堂　管輔東　張彭齡

11.5×19cm,12 行,行 38 字,白口,四周雙邊,單黑魚尾,版心上鐫"臨清基督教公理會五十週年小史",下鐫頁碼和"臨清汶衛印刷公司印",共 30 頁。民國二十五年(1936)。

INTERNET LINK：http：//nrs. harvard. edu/urn-3：FHCL：3353859

http：//purl. oclc. org/DLF/benchrepro0212

【612】TA 1981. 8 39 徵信録 C-0566 E37

008213699　（香港,自理公會,光緒二十六年）

第一部分:卷首之正面爲序

美華公會設在香港爲耶穌基督之名與衆共樂起見。後得銀 7700 元購地于太平山必列者士街 1424 號,設美華教堂。謹將捐銀購地姓名編輯成書,俾衆共覽。教末黄昌榮、黄作基謹識。

反面:主一千九百年二月日　光緒廿六年庚子孟春

　　　創始美華公會董事人喜嘉理　温清溪　任作君　黄瑞堂　潘荇墀 等啟

美華公會創建教堂於香港,始基者喜嘉理、温清溪、黄瑞堂、任作君諸公。

封底:倘有差錯　祈爲指示

　　　主一千九百年二月日　光緒廿六年庚子孟春

　　　司數人 喜嘉理　任作君

半頁,框 16.2×9.7cm,共記録 97 筆,白口,四周雙邊,單黑魚尾,版心上鐫"徵信録"及"中華傳教會有限公司承印",下鐫頁碼,共 5 頁。

第二部分:記載格致書院勸捐以及美華自理公會建堂以來的受捐和支出情況:1900 年、1901 年、1902 年

頁底:以上共和支銀弍萬柒仟陸佰玖拾肆員玖毫正

　　　接上進來數銀壹萬玖仟零伍佰壹拾柒員肆毫捌仙

　　　一進一支比對之外支長銀捌仟壹佰弍拾柒員肆毫弍仙

　　　光緒廿九年癸卯季冬 總理銀兩 喜嘉理謹啟

第三部分:記載格致書院勸捐以及美華自理公會建堂以來的受捐和支出情況:1900 年、1901 年、1902 年、1903 年

頁底:以上共和支銀弍萬捌仟伍佰三拾壹員弍毫捌仙正

　　　接上進來數銀弍萬零伍佰三拾壹員弍毫正

　　　一進一支比對之外支長欠喜嘉理翁銀捌仟零壹拾捌員零捌仙正

附有光緒二十五年香港美華公會倡建教堂及格致書院勸捐英文部分(13 頁),包括

The origin of the American Chinese Congregation Church，Preface，List of names of the subscribers……喜嘉理（C. R. hager）等識。

半頁，框16×9.5cm，13行，每1行有2筆記錄，白口，四周雙邊，雙黑魚尾，版心上鐫"徵信錄"，下鐫頁碼和"文裕堂有限公司承印"。

【作者】Charles Robert Hager，1851—1917.

【按】相較於【613】TA 1981.8 39.1 的《徵信錄》，除第一部分相同外，另多有第二、第三和附錄英文部分。

【613】TA 1981.8 39.1 徵信録

009430216　（自理公會，1900）

封面：美華公會徵信録

卷首之正面爲序，共1頁。

美華公會設在香港爲耶穌基督之名與衆共樂起見。後得銀7700元購地于太平山必列者士街1424號，設美華教堂。謹將捐銀購地姓名編輯成書，俾衆共覽。

反面：主一千九百年二月日　光緒廿六年庚子孟春

創始美華公會董事人喜嘉理　温清溪　任作君　黄瑞堂　潘荇墀等啟

封底：倘有差錯　祈爲指示

主一千九百年二月日　光緒廿六年庚子孟春

司數人 喜嘉理　任作君

半頁，框16.2×9.7cm，共記録97筆，白口，四周雙邊，單黑魚尾，版心上鐫"徵信録"，下鐫頁碼，共5頁。

【614】TA 1982.3 1354 天津中華基督教會沈王莊會堂五週年紀念冊（1卷）

009430686　（天津中華基督教會沈王莊會堂編纂）

封面：五週紀念冊

一九二四

天津中華基督教會

沈王莊會堂刊行

卷頭語，共2頁。

有天津中華基督教會沈王莊會堂五週年紀念冊目次。

框12.8×18.2cm，13行，行42字，白口，下鐫頁碼，共30頁。

INTERNET LINK：http://nrs. harvard. edu/urn-3：FHCL：3353861

http://purl. oclc. org/DLF/benchrepro0212

【615】TA 1982.5 81 **青年興國準範**(季理斐譯,民國二年) C-0548 E19

008153943　FC8175　Film Mas 32073

封面:青年興國準範

扉頁:主後一千九百十三年　翻印必究　英國季理斐譯

　　　青年興國準範

　　　中華民國二年　上海廣學會印

　　　上海商務印書館代印

　　　The

　　　uplift of China,

　　　by Rev. A. H. Smith, D. D.

　　　adapted for mission study classes in churches and schools in China, by

　　　Rev. D. MacGillivray, D. D.

　　　CANADIAN PRESBYTERIAN MISSION

　　　Shanghai, Christian Literature Society for China,

　　　1913.

《青年興國準範目次》共7章:

第一章　論中國之大勢

第二章　論華人之稟賦

第三章　論今日中國社會之缺點

第四章　論中國宗教之得失

第五章　論來華傳道之先覺

第六章　論傳道之法則

第七章　論教會難解決之問題

半頁,框14.5×22cm,12行,行30字,白口,頁上書"青年興國準範"和章數,共66頁。

【作者】Arthur Henderson Smith, 1845—1932. Donald McGillivray, 1862—1931.

【616】TA 1982.5 8121 **中華歸主 中國基督教事業統計** C-0551 E22

008153942　FC7754　Film Mas 31715

封面:中國基督教事業統計　民國十一年出版

扉頁:中華民國十一年四月出版

　　　中華歸主(搨取泰山石峪碑文)

　　　上海商務印書館代印

編輯頁:

　　　中華歸主(原名)The Christian Occupation of China

　　　本書爲中國境內基督教調查實錄詳載地理上教堂之分佈與統計中數目之強弱

中華續行委辦會調查特委員編製

中華歸主/中華續行委辦會調查特委員編製;原書編輯主任司德敷;漢文編輯主任全紹武;繙譯員陸士寅

有《目錄》1 頁:

弁言

調查名詞釋要、宗派名義釋要、中華基督教差會名稱釋要

第一編前二十年中國基督教運動之改革與進步

第二編省份編之釋要

第三編各省份基督教之勢力(十九章)

第四編特別行政區與基督教無工作地面

第五編各省之比較

第六編大宣教會事業之比較

第七編大宗派之宣教地及其工作比較

附錄甲各省縣區統計表

附錄戊宣教師駐在地開創時期

附錄庚全國城市及其人口概算

半頁,框 38.5×28cm,35 行,21×4＝84 字,版心上鐫編名及其各章名目。

目錄、弁言、釋要,共 12 頁。

第一編 10 頁＋第二編 2 頁＋第三編 236 頁＋第四編 23 頁＋第五編 31 頁＋第六編 22 頁＋第七編 14 頁＋附錄 53 頁＝391 頁。

【作者】World Missionary Conference（1910：Edinburgh，Scotland）.

【617】TA 1982.6 4364 燕京開教略（樊國樑,救世堂 1905）

007773364 　（綫裝本）

扉頁:降生後一千九百零五年歲次乙巳救世堂印(右)

　　　燕京開教略(中)

　　　北京主教樊國樑准(左)

反面有光緒十二年四月二十六日聖味增爵會修士奉旨新建之新北堂圖(光緒十四年冬竣工)。

有北京主教樊國樑撰寫的《燕京開教略序》(共 1 頁):"余於《北京考略》(樊國樑著有法文《北京考略》)書內擇其有關於聖教事蹟之各端,俱命譯爲華文,附以人物圖考,另題其名曰《燕京開教略》,既可令中國教友稍知中國教史,亦可爲後日專修中國教史者之嚆矢,然則是書之作未始無補於中國之聖教。"

正文《燕京開教略》分上中下三卷,上篇共 79 頁,中篇共 82 頁,下篇共 83 頁。

半頁,框 18×12cm,8 行,白口,四周雙邊,版心上鐫書名"燕京開教略",中鐫篇屬,下

鎸頁碼。上篇共 79 頁,中篇共 82 頁,下篇共 83 頁。文中有插圖。

　　【作者】Alphouse Favier, 1837—1905.

【618】TA 1982 41 **聖教鑑略** C-0531 E1

　　008213700　FC7727　Film Mas 31755

　　封面:聖教鑑略

　　扉頁:耶穌降世一千八百六十年(右)

　　　　　聖教鑑略(中)

　　　　　咸豐十年　寓浙寧應思理著(左)

　　應思理撰寫《序》,2 頁。

　　咸豐十年歲次庚申八月中澣穀旦四明張體元題《序》,2 頁。

　　聖教鑑略　求則得之　舍則失之　善則從之　惡則改之

　　正文共 18 章。另附《中華教理》、《長毛教理》、《總言真理》。

　　半頁,框 17.9×11cm,10 行,行 20 字,白口,四周雙邊,單黑魚尾,版心下鎸頁碼,共 34 頁,18 章。

　　Ch'ang mao chiao kai t'i Kuang-hsi jen chiao li, tsung yen chen tao chih hou chia fu yü i yeh to, ling fu chen shen wei i ou hsiang wei hsü ... i yeh.

　　cf. Wylie. Memorials. p.244.

【619】TA 1982 41b **聖教鑑略(應恩理 1860)** C-0531 E2

　　008213700　FC7727　Film Mas 31755

　　同上條"【618】TA 1982 41　C-0531 E1"。

　　封面:聖教鑑略

　　扉頁:耶穌降世一千八百六十年(右)

　　　　　聖教鑑略(中)

　　　　　咸豐十年　寓浙寧應思理著(左)

　　應思理撰寫《序》,2 頁。

　　咸豐十年歲次庚申八月中澣穀旦四明張體元題《序》,2 頁。

　　正文共 18 章。另附《中華教理》、《長毛教理》、《總言真理》。

　　半頁,框 17.9×11cm,10 行,行 20 字,白口,四周雙邊,單黑魚尾,版心下鎸頁碼,共 34 頁,18 章。

【620】TA 1982.55 43 **民教相安** C-0547 E18

　　007776723　Film Mas 31756

　　扉頁:民教相安　編書課員高步瀛 陳寶泉仝編

反面:北洋官報局印

有《民教相安目録》。

正文:

基督教傳入中國的始末——傳教的條約節要——待遇外國教士——平民與教民相處——基督教的源流——基督教的教理——重要教案——各國民人奉教的情形。

封底:光緒三十一年(1905)直隸 學務處編書課編行《民教相安》　編者:高步瀛 陳寶泉

直隸北洋官報局石印本。半頁,框 11.5×19cm,8 行,行 22 字,雙黑口,中鐫頁碼,共 37 頁。

【編者】高步瀛(1873—1940),清光緒二十年舉人。陳寶泉(1874—1937),1902 年首任天津民立第一小學堂教員。

【621】TA 1982.55 54 庚子教會受難記(上下卷) C-0559 E30

008213702　FC-M1257　FC4222

《庚子教會受難記》,2 卷,季理斐彙集翻譯,任廷旭執筆。

庚子教會受難記　上卷

扉頁:耶穌降世一千九百零三年(右)

　　　庚子教會受難記(中)

　　　光緒二十九年歲次癸卯　上海廣學會譯(左)

　　　上海美華書館擺印

　　　THE

　　　TRIBULATIONS

　　　OF THE

　　　CHURCH IN CHINA

　　　A. D. 1900

　　　(NATIVES AND FOREIGNERS)

　　　TWO VOLUMES, MANDARIN

　　　BY

　　　REV. D. MACGILLIVRAY

　　　SHANGHAI

　　　SOCIETY FOR THE DIFFUSION OF CHRISTIAN AND GENERAL KNOWLEDGE AMONG THE CHINESE

　　　1902

(1)光緒二十七年辛丑四月英國教士季理斐自志在上海廣學會的寓處撰寫的《庚子教會受難記序》,共 4 頁。

（2）英國季理斐彙集繙譯、吳江任廷旭申甫執筆而寫的《小引》，共 4 頁。

（3）《庚子教會受難記》上卷目録：

序文、小引、訓論、殉道人數表、殉道人小像目録、英京浸禮會蓋牧師中國教禍論略、北京使館被圍紀略、上帝保護證據、青牧師自述被難情形、蓋牧師從潞安避難紀略、艾牧師述光州避難紀略、索牧師從平遥赴漢口避難紀略、奥格侖師母述山西逼害紀略

（4）庚子教會受難記訓論（季理斐）p. 1–10

（5）英京浸禮會蓋牧師中國教禍論略 p. 1–12、北京使館被圍紀略 p. 13–21、明牧師論上帝保護證據 p. 22–27、青牧師自述被難情形 p. 28–41、蓋牧師從潞安避難紀略 p. 42–47、艾牧師述光州避難紀略 p. 48–52、索牧師從平遥赴漢口避難紀略、奥格侖師母述山西逼害紀略 p. 80

半頁，框 11.5×19cm，12 行，行 27 字，白口，四周雙邊，單黑魚尾，版心上鎸書名“庚子教會受難記”，中鎸“上卷”，下鎸頁碼。上卷共 80 頁。

庚子教會受難記　下卷

扉頁：耶穌降世一千九百零三年（右）

　　庚子教會受難記（中）

　　光緒二十九年歲次癸卯　上海廣學會譯（左）

　　上海美華書館擺印

THE

TRIBULATIONS

OF THE

CHURCH IN CHINA

A. D. 1900

（NATIVES AND FOREIGNERS）

TWO VOLUMES, MANDARIN

BY

REV. D. MACGILLIVRAY

SHANGHAI

SOCIETY FOR THE DIFFUSION OF CHRISTIAN AND GENERAL KNOWLEDGE

AMONG THE CHINESE

1902

《庚子教會受難記》下卷目録：

外國倫敦會、内地會、美國公理會、大英浸禮會、美以美會以及華教友在山西、山海關、盛京、北京、東北三省、河北、河南諸地遇難紀略。凡 36 篇。

半頁，框 11.5×19cm，12 行，行 27 字，白口，四周雙邊，單黑魚尾，版心上鎸書名“庚子教會受難記”，中鎸“下卷”，下鎸頁碼。下卷共 97 頁。

卷末附廣學會書目,共 3 頁。

【作者】季理斐(D. MacGillivray),英國傳教士。

【執筆】任廷旭。

Title：Added t. p.：Tribulations of the church in China, A. D. 1900 Natives and Foreigners.

【622—623】TA 1982. 55 93 **永息教案策(附廣學會書目)** C-0550 E21

008153945 （文書型,正規文言文）

封面:永息教案策(外加雙框)

反面:廣學會新刻書目

　　　英興記

　　　新學彙編

　　　永息教案策

　　　速興新學條例

　　　醫方彙編

　　　蒙學淺説

　　　英國新政考略

　　　醒華博議天倫聖歌

　　　列代地圖

扉頁:光緒二十四年歲在戊戌　上海廣學會發印

　　　永息教案策

　　　西曆一千八百九十八年美華書館聚珍板

第一頁:

英美等國 uestc 教教師　臣惠志道　臣李提摩太等謹奏

爲愚人誣賴教民擾害教堂隱憂方大謹陳管見冀以盡杜亂萌永息教案恭摺仰祈

內容是光緒二十一年九月二十八日惠志道、李提摩太爲首的二十名來華傳教士呈總理衙門的摺子。

光緒二十三年十二月二十八日之告示。

半頁,框 11×15.5cm,14 行,行 30 字,白口,四周雙邊,單黑魚尾,版心上鐫書名"永息教案策",8 頁,後附《各教所管之地圖》及《各教所管之人圖》1 頁,共 9 頁。卷末有《光緒二十四年五月二十四日內閣奉》之書 1 頁,"謹按光緒二十一年九月二十八日臣等擬永息教案一疏,呈請總理衙門王大臣代奏,本年五月二十四日欽奉上諭一道"。文末有"光緒二十四年七月朔日上海廣學會恭志"。

卷末有《附開廣學會書目》3 頁,含《萬國公報》、《中西教會報》、花之安《自西徂東》等、韋廉臣《格物探源》等、慕維廉《聖書綱目》等、林樂知《自歷明證》等、李提摩太著作、富翟氏著作、名人雜著等。半頁,框 11×15.5cm,16 行,行 31 字,白口,四周雙邊,單黑魚尾,版心上鐫書名"廣學會書目",3 頁。

【作者】李提摩太(Timothy Richard, 1845—1919),英國浸禮會傳教士。

【624】TA 1982.55 97 耶穌聖教入華 C-0549 E20

008154252　FC7726　Film Mas 31754

耶穌聖教入華

有序,序云:將傳聖教之由分段解釋,且發明聖教於中華有何裨益之處。具名者有林樂知、楊格非、耶士謨、惠志道、柏亨理、李提摩太。

正文爲光緒二十一年九月二十八日惠志道、李提摩太呈總理衙門的《聖教入華》。將傳教十二則開列于文中,並對清初歷代皇帝待教會人士的事實列舉,並述説各省教案情況。

半頁,框 10.8×18cm,10 行,行 20 字,白口,四周雙邊,單黑魚尾,版心上鐫書名"耶穌聖教入華",下鐫頁碼,共 28 頁。

【作者】林樂知(Young John Allen,1836—1907)、楊格非、耶士謨、惠志道、柏亨理、李提摩太等。

【625】TA 1982 80 聖教史記(謝衛樓著) C-0532 E3

007773417　FC-M1805　FC4291

綫裝本,共 3 大卷,第一大卷有 3 小冊,第二大卷有 5 小冊,第三大卷有 1 冊。

第一大卷,聖教史記(第 1 冊,卷一卷二;第 2 冊,卷三上中;第 3 冊,卷三下)

第二大卷,聖教史記(第 1 冊,中世代卷一;第 2 冊,中世代卷二;第 3 冊,中世代卷三;第 4 冊,中世代卷四;第 5 冊,中世代卷五)

第三大卷,聖教史記(近世代,全卷)

第一大卷[**聖教史記古世代**]

第一分冊

耶穌降世一千九百十五年(右)

聖教史記(中)

歲次乙卯　上海美華書館鉛板(左)

《序》共 2 頁。

中華光緒十六年正月中浣刊印,西曆一千八百九十年二月上浣美國教士子榮謝衛樓自序於通州公理教會館寓。

《聖教史記之一目錄》,共 6 章,p.1-10。有羅馬國地圖。

《聖教史記之二目錄》,共 12 章,p.11-35。

第二分冊

《聖教史紀卷三上目錄》,1—5 章,《聖教史紀卷三中目錄》,6—10 章,p. 1–56。

第三分冊

《聖教史紀卷三下目錄》,第 11(六段)、12 章(十段),共 36 頁。

卷末有"古聖教史記終"之語。

卷末有卷一卷二卷三所涉及的中英文對照的 ALPHABETICAL INDEX OF PERSONSAND PLACES《中西人地表》(14 頁)。

第一大卷,半頁,框 12.2×18cm,13 行,行 32 字,白口,四周雙邊,單黑魚尾,版心上鎸書名"聖教史記",中鎸卷數,下鎸頁碼,第一大卷第 1 冊 35 頁,第 2 冊 56 頁,第 3 冊 36 頁。卷末附《中西人地表》,共 14 頁。

第二大卷[聖教史記中世代]

第一分冊:

耶穌降世一千九百零三年(右)

聖教史記(中)

光緒二十九年歲次癸卯　上海美華書館擺印(左)

《中世代聖教史記卷之一目錄》,1—6 章,共 38 頁。有客利美印所之國地圖、中世代聖教總綱。

第二分冊

《中世代聖教史記卷之二目錄》,7—15 章,共 9 章,共 45 頁。

第三分冊

《中世代聖教史記卷之三目錄》,1—8 章,共 8 章,共 46 頁。

第四分冊

《中世代聖教史記卷之四目錄》,9—15 章,共 7 章,共 46 頁。

第五分冊

《中世代聖教史記卷之五目錄》,1—6 章,共 6 章,共 36 頁。

卷末有"中世代聖教史記卷之五終"之語。

卷末有涉及卷一卷二卷三卷四卷五的中英文對照的 ALPHABETICAL INDEX OF PERSONSAND PLACES《中西人地表》(30 頁)。

第二大卷,半頁,框 12.2×18cm,13 行,行 32 字,白口,四周雙邊,單黑魚尾,版心上鎸書名"聖教史記",中鎸卷數,下鎸頁碼。第二大卷第 1 冊 38 頁,第 2 冊 45 頁,第 3 冊 46 頁,第 4 冊 46 頁,第 5 冊 36 頁。卷末附《中西人地表》,共 30 頁。

第三大卷[聖教史記近世代]

西曆一千九百十四年(右)

聖教史記(中)

中華民國三年歲次甲寅　上海美華書館擺印(左)

有耶穌後一千九百十四年一月北通縣弗塵管國全於公理會書舍撰寫的《弁言》,共1頁。《弁言》曰:

是書分古世、中世、近世三期。古世、中世爲華北公理會協和書院院長謝君子榮所譯,諸葛巨川君潤詞。其近世一期……其(謝衛樓)夫人謝涉氏精通華語,於教會史記一科尤研究有素,欲即其譯就數章,繼其志而竟厥工。

《近世代聖教史記目次》,有《近世代教會更正之總綱》和其他7章。

卷末有"聖教史記終"之語。卷末附中英文《中西名詞對照表》,共3頁。

第三大卷,半頁,框12.2×18cm,13行,行32字,白口,四周雙邊,單黑魚尾,版心上鎸書名"聖教史記",下鎸頁碼,共46頁。

【按】是書分古世、中世、近世三期。古世,三個分冊,有1890年謝衛樓《序》;中世,五個分冊;近世,一冊,有管國全的《弁言》。

【626】TA 1983.11 35 聖書列祖全傳(5卷) C-0533 E4

008154256　FC-M1251　FC4196

封面:道光十八年歲次戊戌鎸

　　　聖書列祖全傳

　　　新嘉坡:堅夏書院藏板

有《序》:

讀聖書之言,自覺可以信耶穌基督,進智慧得救矣。夫聖録一概乃上帝默示,有用以教訓、譴謫、責善、傳義,致上帝之僕,成人全備于萬善能。余輯拾祖宗列傳,取聖書之言,以表著信德,其祖宗曰亞伯拉罕、曰以撒克、曰耶哥伯,三者有信德,但未接上帝所應承之業,蓋上帝爲我預備善業,如此暨我莫不得全焉。看官思之,勿喪良心,乃須忍耐,則凜遵上帝之命,可得所許之福矣。聖書曰:再過颯時即將來者必至,不復耽擱也。義人有信德,則可保命。但凡背道者,吾心不喜也。萬望善讀者,非背道敗亡,乃信從保命矣。列祖宗雖于夏朝年間行爲,卻迄今日中外萬國仰德且取其干預教化之尤者,誠心細察,愈久愈明,又愈善,祈俯首默想,庶乎自己之便益,學信之信德隨表樣,暨祖宗邀上帝之眷顧矣。

聖書列祖全傳目録(共3頁):

卷一:洪水後傳、亞伯拉罕之歷代、亞伯拉罕出本地、轕軻、侄子離別、侄子被虜、祭祀、庶子

卷二:上帝接約、敘談、上帝剿滅匪徒之色、進退兩難、撒喇生子、恪遵守分、妻亡世、亞伯拉罕崩

卷三:以撒克言行、以撒克興旺、兄弟相争

卷四:耶哥伯起程、耶哥伯牧畜結親、耶哥伯行爲、耶哥伯歸家、弟逢接兄、子妄行、上帝之應承

卷五:其子之記録、闔家遷異國、哥伯朝見、耶哥伯逝

　　正文大字引歷代經文,同時有雙行小字注。同時帶有儒家文化的痕跡。如《亞伯拉罕出本地》部分之首句:"皇上帝諭亞伯蘭云:爾可出本地,別父離族,且往我所示之地也。……"

　　半頁,框10×17cm,8行,行22字,白口,四周雙邊,單黑魚尾,版心上鎸書名"聖書列祖全傳",中鎸卷次。正文每卷單獨設頁碼,卷一p.1-10、卷二p.1-19、卷三p.1-6、卷四p.1-14、卷五p.1-9,共58頁。

　　【作者】Karl Friedrich August Gützlaff, 1803—1851.

　　cf. Wylie. Memorials. p.60.

【627】TA 1983.11 35.1 摩西言行全傳(7卷,道光十六年) C-0534 E5

　　008154257　FC-M1251　FC4196　　(文言文,用"上帝")

　　封面:道光十六年鎸　新嘉坡堅夏書院藏板

　　　　摩西言行全傳

　　　　愛漢者纂

　　摩西言行全傳目錄(3頁):

　　卷之一　見第一帙、第三帙、第五帙、第六帙

　　卷之二　見第十帙、第十五帙、第十七帙

　　卷之三　見第十九帙、第二十帙

　　卷之四

　　卷之五

　　卷之六

　　卷之七

　　有《敘》2頁:"聖録乃天理昭彰數千年之聖史。明皇上帝之福善禍淫焉。讀者若涉大海茫無津涯。纂輯是書者,簡摩西之言行,莫過綱目一書。摩西爲聖人,所纂之書乃五:曰創世傳、曰出麥西國史傳、曰儀禮義疏、曰煙户册、曰復律例。……""余取其大略且詳之。善讀者可識其大概,而知聖書之理矣。祈上帝賜聖恩,令讀者能通其意,則幸甚矣。愛漢者薰手敬序。"——介紹《創世傳》《出麥西國史傳》等五書各章大旨。

　　正文共七卷,分別收集摩西五書的言行綱領及其宗旨。半頁,框10.5×17cm,8行,行22字,白口,四周雙邊,單黑魚尾,版心上鎸書名"摩西全傳"及卷次,共63頁。道光十六年即1836年。

　　卷末有"摩西全傳終"之語。

　　cf. Wylie. Memorials. p.58. 主題:Moses (Biblical leader).

　　【作者】Karl Friedrich August Gützlaff, 1803—1851.

【628】TA 1983.16 35 **彼得羅言行全傳**(2 卷) C-0535 E6

008154258　　FC-M1251　　FC4196

封面:道光十八年歲次戊戌鐫

　　　　彼得羅言行全傳

　　　　新嘉坡堅夏書院藏板

序:

　　救世主之教廣佈普天下,願求其源,只看彼得羅之言行全傳,此士爲聖差,奉命立聖會之基,感於聖神,與萬人教誨贖罪之道,余取聖書之言,編此書,勸善讀者,焚膏繼晷,知聖道之頭緒,歸向化篤信上帝之子耶穌,是願。

　　彼得羅言行全傳目錄(2 頁):

彼得羅之書信

彼得羅崩

正文分別爲卷一 p.1–15,卷二 p.1–14,正文大字,注解文雙行小字。

半頁,框 10×16cm,10 行,行 26 字,白口,四周雙邊,單黑魚尾,版心上鐫書名“彼得羅言行全傳”,中鐫卷次,共 29 頁。道光十八年即 1838 年。

【按】從版式、封面等角度看,《彼得羅言行全傳》、《約翰言行録》、《保羅言行録》幾乎是一樣,乃先後在道光十七至十八年間出版的單行本。見下諸條。

【作者】Karl Friedrich August Gützlaff, 1803—1851.

cf. Wylie. Memorials. p.59. 主題:Peter, the Apostle, Saint.

【629】TA 1983.16 35.1 約翰言行録 C-0536 E7

008154260　FC-M1251　FC4196

封面:道光十七年鐫　新嘉坡堅夏書院藏板

約翰言行録

善德纂

序:

余編《約翰言行録》致表著救世主之教。此約翰爲其門生,負笈從師,仰德仁愛,看起録之耶穌之作行,明贖罪之道也。善讀者,宜效力效法矣,則大有用也。我世人皆沾耶穌之恩,應當答鴻寵愛,倘願盡本分,讀約翰之録,循然信主行善焉,其益不勝矣。

約翰言行録目録(1 頁):

一章約翰爲耶穌之門生、約翰爲聖差

二章約翰奉天啟

三章約翰寄書

四章約翰撰耶穌之行論

半頁,框 10×16cm,10 行,行 26 字,白口,四周雙邊,單黑魚尾,版心上鐫書名“約翰言行録”,共 23 頁。道光十七年即 1837 年。

【作者】Karl Friedrich August Gützlaff, 1803—1851.

cf. Wylie. Memorials. p.59 主題:John, the Apostle, Saint.

【630】TA 1983.17 03 保羅言行 C-0538 E9

008154261　(官話,1910)

封面:救主後一千九百一十年

保羅言行

宣統二年歲次庚戌華北書會印發

有保羅言行目録(5 頁)。

有 Mary E. Andrews（Mary Elizabeth Andrews）的英文 The life and teaching of the Apostle Paul：

This book is not a translation of any of our standard works on the life of Paul, but is rather the outgrowth of many years of teaching in the Acts and Pauline letter. In preparation for such teaching the author has made use of the most valuable helps available, and the thoughts of many writers appear in these pages.

The book was begun many years ago, the author feeling the need of some book which should help our Chinese students and others to a better understanding of this important portion of the Scriptures. Other pressing duties have delayed the completion of the volume to the present time.

That the Lord may add his blessing to this effort and give to it a little part in educating the young people of the Christian church of China and preparing them to become fellow-workers with himself for the spiritual uplift and transformation of this land, is the earnest wish and prayer of the author.

Mary E. Andrews

第一章論使徒傳道的時候

第二章論初立教會

第三章論掃羅幼年之事

第四章論掃羅被召

第五章論掃羅在大馬色亞喇伯耶路撒冷大數各處爲主作工

第六章論主的教會立在敘利亞的安提阿

第七章論保羅初次出外傳道

第八章論緊接保羅初次出外傳道之事

第九章論在耶路撒冷會議

第十章論保羅第二次出外傳道也到過歐羅巴洲

第十一章論保羅二次出外傳道在帖撒羅尼迦庇哩亞雅典

第十二章論保羅第二次出外在哥林多傳道並寫帖撒羅尼迦前後書

第十三章論保羅的書信

第十四章論保羅第三次出外在以佛所傳道

第十五章論保羅在馬其頓亞該亞寫哥林多後書加拉太羅馬三封書信

第十六章論保羅回耶路撒冷被人捉住

第十七章論保羅在耶路撒冷於該撒利亞被審

第十八章論保羅被解往羅馬在那裡兩年被囚之事

第十九章論保羅在羅馬兩年被囚之事

第二十章論保羅晚年之事

後附補注。

　　11×16cm,13 行,行 32 字,白口,四周雙邊,左右單頁,分別於左右版心上鎸書名"保羅言行",中鎸章次和章名。正文 p.1-166,p.167-200 對以上二十章部分章(除了 1、5、17 三章外的 2、3、4、6、7、8、9、10、11、12、13、14、15、16、18、19、20)加以補注,按"甲乙丙丁"十天干的順序加以注明。共 200 頁。

　　頁上小字注大意,頁下小字注明相關句子的出處來源,文中附加了句子出處的標記符號,有數位序列的,有天干序列的。

　　【按】"TA 1983.17 03 c.2"與本書内容相同,但没有本書的英文部分。

　　【作者簡介】安美瑞(Mary Elizabeth Andrews,1840—1936),美國聖公會宣教師,1868 年來華傳教。燕京圖書館還藏有他的作品"【54】TA 1977.03/03",乃選取新舊約譯文的《聖經要言》,1890 年北京華北書會印發,30 頁,19cm。

【631】TA 1983.17 35 保羅言行録 C-0537 E8

　　008192322   FC-M1251   FC4196   (文言文)

　　封面:道光十七年鎸　新嘉坡堅夏書院藏板

　　　　保羅言行録

　　　　善德者纂

　　序:

　　從來英傑取人之譽,余亦景仰之大工作行驚天震地、垂下萬世矣。余今借聖書之傳纂保羅言行之録矣。此保羅乃耶穌之聖差,於東漢年興勞苦堅心忍耐,博愛重越其同伴焉,巡遍地宣耶穌之教,恃救世主之寵佑,冒險臨危遭難而不憚也,畢竟爲天之教端捐命死節哉。看官效其表儀效勞,甚愛我救世主行德施仁,廣行陰騭,則讀是書不徒然是願。——時道光十六年仲秋耶穌之門生薰手敬序

　　保羅言行録目録(3 頁):

　　一章

　　保羅生進學

　　耶穌之教興

　　保羅捕害聖會

　　保羅痛悔罪

　　二章

　　保羅選耶穌之福音

　　保羅行程

　　三章

　　保羅巡宣耶穌之道

　　四章

　　保羅擯異端

保羅建德找門生

保羅遍地鐸德

五章

保羅教訓寄書

六章

保羅建立聖會

七章

保羅依耶穌之寵佑避危

保羅巡邦寫書

八章　保羅詣耶路撒冷

保羅被捉坐監

保羅訴狀

匪徒謀殺保羅

原告欲害保羅

九章

保羅駕船臨危

保羅詣羅馬京都

十章

保羅寄書到列聖會

十一章

保羅教本國之人

十二章

保羅巡慰聖會寄書到同伴

保羅坐監

十三章

信德　桎轄　弘毅　行藏

半頁,框 10×16cm,10 行,行 26 字,白口,四周雙邊,單黑魚尾,版心上鐫書名"保羅言行錄",共 51 頁。

【作者】Karl Friedrich August Gützlaff, 1803—1851.

cf. Wylie. Memorials. p.58. 主題:Paul, the Apostle, Saint.

【632】TA 1983 87 **致第禮士先生函** C-0540 E11

008154255

共四封書信,手寫體,均爲紅色紙張。

(1)琢玉軒奉年敬函(賀年贈禮書函)(紅紙)

正

謹具豚腿成曲

生雞四翼

奉申

年敬

眷晚弟　琢玉軒 頓首拜

90×25cm。未具日期。

(2)琢玉軒、周玉儒、郭慎堂具函(紅紙)

就第禮士先生開學堂就學員教員相關教學以及費用之事寫的一封私信。(竪排)

35×25.5cm,20 行,行 22 字。未具日期。落款人爲琢玉軒、周玉儒、郭慎堂(仝具)。

(3)(紅紙)

明天二十日　唐人小兒要開學　未知爾愛請什麽先生　祈爾寄一張字來與我知

此　上

第禮士先生　尊前

愚弟　筆拜具

17×11cm。未具日期。

(4)學生許邦寫給"帝禮士先生"的一封書信(粉紅紙)

茲

奉唐山祖家藏金字型大小的醬料一小罐祈爲笑納此達　並請先生拜五來面會學生的

父是幸

帝禮士先生　青及

義學

愚弟　許邦頓具

14.5×24cm,7 行。未具日期。

【按】第禮士(Ira Tracy,1806—1875),亦作"帝禮士"、"帝禮仕",美國公理會來華傳教

士,曾以新加坡爲據點,著有《醒世要言》、《勸戒鴉片良言》、《鴉片速改文》等。

【633】TA 1983 0434 宗教界六大偉人之生平 C-0539 E10

008154254　FC8152　Film Mas 32092 　(精裝,謝洪賚編,1924)

封面的反面是英文:

Pioneers of the Cross. Brief biographies of Morrison, Carey, Livingston, Paton, Gardiner,

and Sunbday;

by H. L. Zia.

Published by publication department national committee Y. M. C. As. of China Revised Edition

Association press of China

20 Museum Road, Shanghai, Price：ten cents per copy, postpaid 1924.

卷首有《弁言》2 頁。

有《宗教界六大偉人之生平目次》。

第一 來華宣教之第一偉人馬禮遜君傳略

第二 遠方宣教之第一偉人賈利君傳略

第三 非洲宣教偉人李逢士敦君傳略

第四 南洋紐亥伯里第島著名宣教士柏登君傳略

第五 南美洲創始宣教之烈士賈德拿君傳略

第六 近世大佈道家聖台君傳略

單頁,12×17.5cm,版心上鎸"宗教界六大偉人之生平",中鎸各篇篇名,共64 頁。

封底：

編輯者:(古越)謝洪賚　增訂者:青年協會書報部　刊行者:青年協會書報部　發售者:青年協會書局

上海:青年協會書報部出版,民國十一年(1924)。

【作者】謝洪賚(1873—1916)。

Added title：Pioneers of the Cross. Brief biographies of Morrison, Carey, Livingston, Paton, Gardiner, and Sunbday; by H. L. Zia. Si ban zeng ding.

【634】TA 1985. 2 1181 北平公理會公産委員會典章 C-0567 E38

008154253

扉頁:北平公理會公産委員會典章(中)

民國十七年七月二號議決

内容有三:

(一)北平公理會公産委員會典章(七條):一名稱、二組織、三職員、四責任、五會期、六委員責任、七修改

(二)北平公理會公財産委員會辦事細則(四則)

(三)内地外國教會租用土地房屋暫行章程(七條)

12×18cm,12 行,行 23 字,白口,四周,頁面上書主題旨要,下鎸頁碼,共 8 頁。

INTERNET LINK：http://nrs. harvard. edu/urn-3:FHCL:3353851

http://purl. oclc. org/DLF/benchrepro0212

【635】TA 1985. 3 2138 山西太谷基督教衆議會事工報告書(1 卷)

009429946

封面:一九三一年(右)

山西太谷基督教衆議會事工報告書（中）

民國二十年（左）

卷首語，一九三一年五月王學仁謹志。

目録，共 4 頁。

正文五章，衆議會概況、佈道事工、教育、醫院、文字等，太谷基督教衆議會編纂。

25.5×18cm，10 行，行 46 字，白口，四周雙邊，版心下鎸頁碼，共 29 頁。

INTERNET LINK：http：//nrs. harvard. edu/urn-3：FHCL：3353857

http：//purl. oclc. org/DLF/benchrepro0212

【636】TA 1985. 3 4841 太谷基督教衆議會第十六次年會記録（1 卷）

009429689

《太谷基督教衆議會第十六次年會記録》，1 卷，太谷基督教衆議會編纂，1929 年。

封面：時期：民國十八年十二月十一至十三日（右）

山西太谷基督教衆議會第十六次年會記録（中）

地點：太谷城内社交堂（左）

15×23.9cm，13 行，行 34 字，白口，版心下鎸頁碼，共 14 頁，後附表。

INTERNET LINK：http：//nrs. harvard. edu/urn-3：FHCL：3353854

http：//purl. oclc. org/DLF/benchrepro0212

【637】TA 1985. 3 4841.1 太谷基督教衆議會第十七次年會記録（1 卷）

009429952

封面：時期：民國十九年十二月十二至十四日（右）

山西太谷基督教衆議會第十七次年會記録（中）

地點：太谷城内社交堂（左）

15×23.9cm，13 行，行 34 字，白口，版心下鎸頁碼，共 12 頁，後附表。太谷基督教衆議會編纂，1930 年。

INTERNET LINK：http：//nrs. harvard. edu/urn-3：FHCL：3353858

http：//purl. oclc. org/DLF/benchrepro0212

【638】TA 1985. 3 7548 閩中大會十九年度年會紀録（1 卷）

009430233

封面：會期：十九年十一月十八日至二十四日

會場：長樂縣治長樂堂（右）

閩中大會十九年度年會紀録（中）

中華基督教會閩中大會刊行　福州市閩縣前（左）

中華民國十九年

閩中大會十九年度年會紀録要目：本年會日程、本年會委員、本年會議録、本大會職員一覽、本年會報告。

22.5×16cm，14 行，行 38 字，白口，四周雙邊，共 57 頁。中華基督教會閩中大會編纂，1920 年。

INTERNET LINK：http://nrs.harvard.edu/urn-3：FHCL：3353860

http://purl.oclc.org/DLF/benchrepro0212

* 【639】TA 1987 1237 **基督教經濟思想與人文和平（鄧澤民 1956）**

009433350

封面：鄧澤民　著（右）

　　　基督教經濟思想與人文和平（中）

　　　工商觀察社出版（左）

　　　工商觀察叢書之五

《序》，1955 年春月謝扶雅拜序於香港。

目録，共 6 章。

封底（英文）：

Christian Economic Thought And The World Peace By Richard Den Tse-Ming

First Edition，Decemeber 1956.

All Rights Reserved.

Publisher：The Economic Herald Press. 301 Peter Hause，Hongkong.

Tel：25845

18.5×13cm，16 行，行 44 字，下鎸頁碼，共 92 頁。

【640】TA 2316 03 **四裔編年表** C-0574 F5

008154101　FC-M1806　FC4292

《四裔編年表》，美國林樂知、吳縣嚴良勳同譯，崇明李鳳苞彙編，上海：江南製造局，1874 年。涉及四裔有：日本、印度、波斯、小亞細亞、亞西里亞巴比倫、西里亞、巴勒士登、希利尼（希臘）、埃及。

四裔編年表一

從中曆少昊四十年壬子、西曆前二千三百四十九年依次展開至漢哀帝元壽二年、西曆一年，用年表體例，橫排第一排是中國紀年、最後一排是對應的西曆年份，竪排是各國名，對應的表格內容是西方各國在相應的年月發生的歷史事件。

年表一在第一分冊 p.1-49 及第二分冊 p.49-52，共 52 頁。

半頁，框 16.7×22cm，版心上鎸“年表一”，下鎸頁碼，共 52 頁。

四裔編年表二

從中曆漢平帝元始元年、西曆一年開始依次展開至宋太祖建隆三年、西曆九百六十二年,排列日本、印度、波斯、東羅馬、義大利、日爾曼、荷蘭、俄羅斯、丹麥、法蘭西、英吉利、西班牙、阿拉伯、阿非利加等國相應的年月發生的歷史事件。

半頁,框 16.7×22cm,版心上鎸“年表二”,下鎸頁碼,共 53 頁。

四裔編年表三

從宋太祖乾德元年、西曆九百六十三年開始依次展開至明景帝景泰四年、西曆一千四百五十三年,排列日本、印度、波斯、東羅馬、義大利、日爾曼、荷蘭、俄羅斯、丹麥、法蘭西、英吉利、西班牙、土耳其、阿非利加等國相應的年月發生的歷史事件。

半頁,框 16.7×22cm,版心上鎸“年表三”,下鎸頁碼,共 53 頁。

四裔編年表四

從明景帝景泰五年、西曆一千四百五十四年開始依次展開至大清咸豐十一年、西曆一千八百六十一年,日本、印度、波斯、東羅馬、義大利、日爾曼、荷蘭、俄羅斯、丹麥、法蘭西、英吉利、西班牙、土耳其、美利堅、阿非利加等國相應的年月發生的歷史事件。

半頁,框 16.7×22cm,版心上鎸“年表四”,下鎸頁碼,共 71 頁。

《四裔編年表》是晚清第一部專門介紹西方歷史的年表體著作。該書用年表體例,以各國帝王、總統沿革爲經,以各種種族、政教、爭戰之事爲緯,敘事清楚,語言簡潔,是人們瞭解世界歷史的實用工具。

cf. John Fryer. “An account of the Department for the translation of Foreign books at Kiangnan Arsenal, Shanghai”（North China Herald, Jan. 29, 1880）.

Describes this a translation of “The book of dates”（pub. in Bohn's Series）i. e. John Blair. Blair's chronological tables revised and enlarged. Comprehending the chronology and history of the world, from the earliest times to the Russian treaty of peace, April, 1856. By J. Willoughby Roses. London 1856. The translated tables terminated with the year Xianfeng（咸豐）11（1861）.

【原作者】John Blair, d. 1782.

【譯者】林樂知（Young John Allen,1836—1907）。吳縣嚴良勳同譯,崇明李鳳苞彙編。

【641】TA 2330 35 古今萬國綱鑑（20 卷） C-0570 F1

008154264　FC7737　Film Mas 31694

扉頁:道光十八年戊戌仲秋鎸(右)

　　　　古今萬國綱鑑(中)

　　　　新加坡堅夏書院(左)

正文總共 20 卷。卷端題:古今萬國綱鑑。

其中卷一—六,共 77 頁。按:沒有卷一—六的目録,疑爲文本之“脱漏”。

卷七—十一,共 67 頁,有目録(2 頁):

卷七:耶穌降世、約翰宣道、耶穌擇門生、耶穌行靈跡……

卷八:羅馬國史、皇帝紀

卷九:羅馬國東方之史

卷十:回回族類之史

卷十一:西班牙國史、異族類遷徙、英吉利國史、以大利國史、額耳曼國史

卷十二—二十,共 94 頁,有目録(2 頁):

卷十二:改邪歸正之史

卷十三:新法子、尋見新地

卷十四:阿理曼國史、破魯西國史

卷十五:法蘭西國史

卷十六:英吉利國史

卷十七:西班牙國史、以大利國史、葡萄駕國史

卷十八:荷蘭國史、瑞士國史

卷十九:瑞典國史、大尼國史、破羅國史……

卷二十:亞墨理駕列國之史

半頁,框 18.5×13.3cm,9 行,行 20 字,白口,四周雙邊,單黑魚尾,版心上鎸書名"古今萬國綱鑑",中鎸卷數,下鎸頁碼。總共 20 卷。

卷 1—6,共 77 頁;卷 7—11,共 67 頁;卷 12—20,共 94 頁。堅夏書院,道光十八年(1838)。

【作者】Karl Friedrich August Gützlaff, 1803—1851.

cf. Wylie. Memorials. p. 60. 卷 1—6 for O. T. , 卷 7 for N. T. Articles were mostly appeared in 東西洋考每月統記傳.

【642】TA 2330 80 萬國通鑑 C-0571 F2

008154145　FC7704　Film Mas 31740　(淺文理)

Outline of general history in easy wen-li,一函六冊四卷本(4 卷,地圖 1 卷),謝衛樓撰,1882 年。

封面:萬國通鑑

第一分冊

萬國通鑑　卷一

光緒壬午八年清和月中澣之吉,北通州公理會子元、趙如光拜撰《序》,共 2 頁。

《萬國通鑑》第一卷《東方國度目録》(四章)1 頁。

《萬國通鑑引》凡四論:第一論亞當至洪水後事、第二論洪水後生民度日、第三論國度律法與分定人之等次、第四論古時敬神之道。(4 頁)

第一卷"東方國度"共四章:第一章"論中國事略",分二十五段,第一段"上古開國之事:三皇紀略",第二十五段爲"論大清紀略",下限討論到 1875 年,附"儒釋道三教説略";第二章"論蒙古事略",第三章"論日本國事略",第四章"論印度事略",基本上是敍述亞洲主要東方國家的歷史。

半頁,框 12.5×18.5cm,10 行,行 25 字,白口,四周雙邊,單黑魚尾,版心上鐫各章名,中鐫卷數,下鐫頁碼,共 75 頁(2+1+4+75=82)。

第二分册

萬國通鑑　卷二

第二卷西方古世代目録八章(1 頁):

第一章論猶太國事略

第二章論伊及國事略

第三章論巴比倫和亞述國事略

第四章論瑪代國和波斯國事略

第五章論腓尼基人事略

第六章論客尼及人事略

第七章論希利尼國事略

第八章論羅馬國事略

内容爲西方古世代歷史。

半頁,框 12.5×18.5cm,10 行,行 25 字,白口,四周雙邊,單黑魚尾,版心上鐫各章名,中鐫卷數,下鐫頁碼,共 83 頁。

第三分册

萬國通鑑　卷三

第三卷西方中世代目録十五章(1 頁)。

内容:第一章"論北方苗人遷移之事",第二章"論東羅馬國又名庇三提尼國事略",第三章"論回回教事略",第四章"論喀漏芬及岸朝事略",第五章"論英國事略",第六章"論日爾曼國事略",第七章"論天主教出征",第八章"論日爾曼國事略",第九章"論法國事略",第十章"論天主教分門與兩次大議會事略",第十一章"論英國事略",第十二章"論西班牙國事略",第十三章"論葡萄牙國事略",第十四章"論土耳其國事略",第十五章"論中世代風土人情"。

半頁,框 12.5×18.5cm,10 行,行 25 字,白口,四周雙邊,單黑魚尾,版心上鐫各章名,中鐫卷數,下鐫頁碼,共 55 頁。

第四分册

萬國通鑑　卷四上

第四卷西方近世代目録(上)第一至十七章(1 頁)

該書第四卷上第一章所謂"歐羅巴洲數國事體振興",其實就是在説歐洲文藝復興。

半頁,框 12.5×18.5cm,10 行,行 25 字,白口,四周雙邊,單黑魚尾,版心上鎸各章名,中鎸卷數,下鎸頁碼,共 64 頁。

第五分冊

萬國通鑑　卷四下

第四卷西方近世代目録(下)第十八至三十一章(1 頁)。

共十四章。第十八章"淪哀蘭國被他國分據俄與土交戰事略",第十九章"論法國民變事略(接上卷十章)",第二十章"論英國事略(接上卷九章)",第二十一章"論法國事略(接十九章)",第二十二章"論在以大利之地數處小國合爲一統事略",第二十三章"論日爾曼國復興事略",第二十四章"論土耳其國事略",第二十五章"論俄國事略",第二十六章"希利尼脱離土權成爲自主事略",第二十七章"論美國事略",第二十八章"論默希哥事略",第二十九章"論南亞美利加各國事略",第三十章"論亞非利加洲事略",第三十一章論"格物之學術興起"。附論耶穌教之風化(p.62–68)。

半頁,框 12.5×18.5cm,10 行,行 25 字,白口,四周雙邊,單黑魚尾,版心上鎸各章名,中鎸卷數,下鎸頁碼,共 68 頁。

第六分冊

萬國通鑑　地圖(13 幅)+ Index To Names of Persons and Places(31 頁)

天下六洲圖、古希利尼地圖、亞歷山大所據之地、古以大利、羅馬國、歐羅巴洲、亞西亞、亞非利亞、亞非利加、北亞美利加、南亞美利加、美國、中國。

有英文的目録。

Outline of general history in easy wen – li. Illustrated with thirteen large double – page mounted and colored maps, and in addition an English index. By D. Z. Shefield.

Shanghai：American Presbyterian Press, 1882.

有 D. Z. Shefield 1882 年 8 月 20 日在通州寫的 English Preface。

有 Index To Names of Persons and Places(音序排列人名地名英漢對應表),並標示它們在《萬國通鑑》四卷中引用的出處,共 31 頁。

【作者】謝衛樓(Devello Zelotos Sheffield),1841—1913。

【643】TA 2330 80.1 **萬國通鑑**(卷 1、2,福州話) C-0572 F3

008154144　(林穆吉譯成榕腔,C.C. Baldwin 修訂)

封面:萬國通鑑 卷一 卷二

扉頁:耶穌降生一千八百九十二年　美部會摩嘉立著(右)

　　　萬國通鑑 卷一 卷二(中)

　　　光緒十八年　福州美華書局活板(左)

反面有 1892 年 6 月 C.C. Baldwin 寫的英文"Note"。

有謝衛樓序(榕腔口語),共 2 頁。"請林先生穆吉翻譯榕腔,後托一位牧師再詳細看過,撮去大半,匀作上下二本付美華書局印。光緒十八年五月。"

萬國通鑑卷一東方各國目録

序言

中國朝代

第一章　論中國其代

第二章　論蒙古其代

第三章　論日本其代

第四章　論印度其代

半頁,框 19.2×14.3cm,12 行,行 25 字,白口,四周雙邊,單黑魚尾,頁首有注釋,版心上鎸書名"萬國通鑑",中鎸所屬章名及"卷一",下鎸頁碼,共 82 頁。

萬國通鑑卷二西方古世代目録

第一章　論猶太國其代

第二章　論埃及國其代

第三章　論巴比倫共亞述國其代

第四章　論米太國共波斯國其代

第五章　論斐尼西亞其代

第六章　論畧頹基其代

第七章　論希利尼國其代

第八章　論羅馬國其代

半頁,框 19.2×14.3cm,12 行,行 25 字,白口,四周雙邊,單黑魚尾,頁首有注釋,版心上鎸書名"萬國通鑑",中鎸所屬章名及"卷二",下鎸頁碼,共 126 頁。

【按】這本書其實是將《萬國通鑑》四卷本中的一、二兩卷譯爲榕腔了。

【作者】謝衛樓(Devello Zelotos Sheffield),1841—1913。摩嘉立(Caleb Cook Baldwin),又譯"摩憐"、"鮑德温",1820—1911。

【644】TA 2368 44 De le ts vung taeh(地理志略,上海話)C-0578 F9

008154090　FC4710　FC-M1889

這是上海話羅馬字母地理知識讀本,通過一問一答的形式,普及地理知識,是初學地理的教材。

首頁前有一世界地圖,書中間部分也有地圖,共有地圖 7 張。

共分兩部分:

第一部分共 103 頁,有地圖 3 張。

第二部分共 114 頁,有地圖 3 張。

框 12.6×18cm,四周單邊,21 行,頁面上角鎸頁碼,共 217 頁。

【作者】Caroline Phebe Keith, 1821—1862.

【譯者】Mrs. Keith.

cf. Wylie. Memorials, p. 213.

【645】TA 2370 12 地理志略 C-0582 F13

008161904 （橫濱福音印刷合資會社印）

封面：地理志略

扉頁：耶穌降世一千九百十五年　改正八版

地理志略

大中華民國四年歲次乙卯　（橫濱）福音印刷合資會社刷印

Printed by the Fukuin Printing Co. L'd., Yokohama, Japan

有北通州公理會趙如光於光緒七年三月撰寫的《序》，有言："美國傳教士戴德江，在華潞河僑居 15 年，傳教之餘，博覽地理諸籍，仿前賢著述，編纂《地理志略》一書。"

有美國萬卓志在 1912 年寫的《敘》："14 年前江君（美國傳教士戴德江）著《地理志略》，凡洲島洋海之廣狹，山嶺湖河之原委，各國氣候方里形勢土産，政治教化等無不備載。十數年來，隨着各國政治之變更，人口之增長，疆界之析變，所以該書有所增刪。因與《萬國通鑒》稍有不合，亦爲更正，使中華幼年子弟多獲益，詳加刪改復版。——中曆光緒二十一年歲次乙未冬謝子榮、丁輯五合校重訂"

有《地理志略目録》（2 頁）。

正文共 109 章，淺文言，章之長短不一，類似 109 個專題，有些章節用淺近的問答（如第十六章《問地球之全圖》、第十七章《問亞洲全圖》）。書中附有東半地球、西半地球、歐羅巴洲圖、大日本圖、大中華地圖、十八省全圖、西歐羅巴地圖、大英群島圖、亞非利加地圖、美國圖、南亞美利加地圖、歐西亞尼口客圖、萬國通商圖。

後附：

天下分段方里人民之數

天下高平原其約高之丈數

天下帶山約高之丈數

……

江河、大湖、内海之名目

天下大城人民之數

卷末有"地理志略終"之語。單頁，19×27.4cm，中間一分爲二，豎排。上下雙邊，版心上鐫書名"地理志略"，中鐫章數，下鐫頁碼，共 111 頁。

後附：List of Geographical Names in Chapin's Geography（中英文對照，以音序排列，先列英文，後列中文），共 18 頁。

【按】這是一本地理知識的入門讀物，簡潔明瞭，容易掌握。

出版：通州公理會；橫濱：福音印刷合資會社印，1915 年。初版刊於光緒七年（1881），改正八版由萬卓志敘云謝子榮丁輯五合校重訂。

【作者】戴德江,美國傳教士。

【《地理志略》】成書於光緒七年(1881),共計 109 章,概論整個地球的地理,又分述全球各地的地理狀況及世界各地風土人情,書中附有大量的圖,其中有 10 張彩色地圖,分別爲東西兩半球地理圖、日本地圖、歐洲地理圖、英國地理圖等,這些彩印地圖在當時代表了地圖印刷的最高水準,反映了當時測繪技術已經達到了相當高的水準,也反映了當時人們對於地球、世界地理的認識已經較爲全面。

該書出版歷經改正,其版本有:

《地理志略》改正三版,清光緒二十九年(1903),福音印刷合資會社刷印,開本大,31.2×23cm,精裝一冊;

《地理志略》改正四版,1904 年福音印刷合資會社出版《地理志略》一冊全,開本大,光緒三十二年歲次丙午(1906)年由福音印刷合資會社印刷出版。

戴德江的《地理志略》和英國傳教士莫維廉著的《地球全志》分別對歐美各國的圖書館情況進行了介紹。

【646】TA 2370 57 地理全志(卷上 1853 年、卷下 1854 年) C-0575 F6

008156155　FC4217　FC-M685

《地理全志》分上下兩卷。

(1)地理全志(卷上 1853 年)

封面:咸豐癸丑年(1853)仲春月

　　　地理全志

　　　江蘇松江上海墨海書館印

卷首有《創造天地萬物記》(1 頁)及本書的宗旨小引(半頁)。

有《地理全志》目錄。

有《地球全圖》一幅。

首篇地理總志、地理名解、水土略分論。

亞細亞全志卷之一,正文共 52 頁。

歐羅巴全志卷之二,有《歐羅巴全圖》一幅,正文共 49 頁。

阿非利加全志卷之三,有《阿非利加圖》一幅,正文共 26 頁。

亞墨利加全志卷之四,有《北亞墨利加圖》一幅,有《南亞墨利加圖》一幅,正文共 33 頁。

大洋群島全志卷之五,有《大洋群島圖》一幅,正文共 17 頁。

半頁,框 11.5×17cm,9 行,行 19 字,白口,單黑魚尾,四周雙邊,版心上鐫“地理全志”,中鐫“卷一”⋯⋯“卷五”及篇名,下鐫頁數。

【按】《地理全志》上卷,主要爲政治地理,資料取自澳門出版的《地理備覽》、徐繼畬的

《瀛寰志略》和米勒爾的英文著作《地理全志》。

(2)《地理全志》卷下(1854 年)

耶穌降世壹仟捌佰伍拾肆年甲寅仲秋

地理全志

江蘇松江上海墨海書館藏板

大英慕維廉輯譯。卷首有其寫的《緣起》,2 頁。

有《地理全志》下編目錄:

卷一地質論 p. 1–18

卷二地勢論 p. 1–16

卷三水論 p. 1–16

卷四氣論 p. 1–17

卷五光論 p. 1–6

卷六草木總論 p. 1–7,另附草木分佈圖 2 頁

卷七生物總論 p. 1–11,另附禽獸形圖 5 頁和生物分佈圖 2 頁

卷八人類總論 p. 1–6,另附人類形貌圖 1 頁、人類分佈圖 1 頁

卷九地文論 p. 1–18

卷十史論 p. 1–32

半頁,框 11×17cm,12 行,行 25 字,白口,四周雙邊,單黑魚尾,版心上鎸"地理全志",中鎸卷次及篇名,下鎸頁數及"下篇"。

【按】《地理全志》卷下,主要爲地貌地理和歷史地理,具體内容有地球形勢大率論、水陸分界論、洲島論、山原論、地震火山論、平原論、海洋論等。

《地勢論》中介紹了地球上的水陸比例、洲島、山谷、高原、平野、地洞、地裂、冰山、火山、地震等現象及其成因;《氣論》中介紹了雲、霧、雨、雪、雹、露、霜及氣温等知識;《光論》中介紹了虹、光環、霧影、日月蝕等知識;《草木總論》、《生物總論》和《人類總論》中分別介紹了世界上植物、動物和人種的地理分佈狀況;《地文論》中則介紹了地球的形體、面積,宇宙中諸星體和晝夜、四時、年月日、暑寒道、赤道及經緯綫等知識。

内容取材於孫默維女士《地文學》、米勒爾《地文圖册》和雷達《地質天文學大綱》。有些内容曾在《六合叢談》上刊載過。在介紹世界各國形勢時,《地理全志》較之他書,有一明顯的特點,即述沿革比較簡略,述風土民情較爲詳細。該書從中國傳到日本,成爲瞭解世界地理的极好讀本。

【作者】慕維廉(William Muirhead,1822—1900),英國傳教士,寫了很多作品。如:《地理全志》1897、《耶穌教略》1899、《格致新機》1897、《大英國志》三卷 1897、《瀛環志略續集》(二卷,補遺一卷)1903、《瀛環志略續集》(四卷,卷末一卷,補遺一卷)1898、《天儒並論》(Christian and confucianism compared)1916 等。

cf. Wylie. Memorials. p. 168. Geography. On spine: Chinese system of geography.

【647】TA 2370 70 **地理略論（文言文）** C-0576 F7

008156156

封面：地理略論

扉頁：咸豐五年（1855）

地理略論

增沙　福音堂印送

内容有：地理總論、地理名解、水土略分論、亞細亞洲全志、中華國志、滿洲志、蒙古志、新疆志、西藏志、高麗志、歐羅巴洲全志、阿非利加全志、亞墨利加州全志、大洋群島全志。

半頁，框 11.5×18cm，10 行，行 24 字，白口，四周雙邊，單黑魚尾，版心上鐫“地理略論”，中分別鐫篇名“地理總論、地理名解、水土略分論、亞細亞洲全志、中華國志……高麗志、歐羅巴洲全志、阿非利加全志、亞墨利加州全志、大洋群島全志”，共 32 頁。是清朝國人對世界認識的第一手資料。

An abstract of W. Muirhead's 地理全志（首編）. cf. Wylie. Memorials. p. 208. “33 Canton, 1859. There is a short preface ...”

【作者】俾士（George Pierce），英國傳教士，他參照《地理全志》，編成《地理略論》，在廣州出版。

【648】TA 2370 92 **地球説略** C-0577 F8

008156111　FC8153　Film Mas 32093

《地球説略》，寧波：華花聖經書房刊，1856 年。

卷首有褘理哲 1856 年寫的《地球説略引》（文言）1 頁。

正文開始知識性地談及五個話題：地球圓體説、地球輪轉説、地球圖説、大洲圖説、大洋圖説。接着對各大洲進行圖説。有《亞細亞大洲圖説》（《亞細亞大洲圖》，涉及人貌圖、古城圖、動物圖等）、《歐羅巴大洲圖説》（《歐羅巴大洲圖》）、《亞非利加大洲圖説》（《亞非利加大洲圖》）、《亞美理駕大洲圖説》、《北亞美理駕大洲圖説》（《北亞美理駕圖》）、《南亞美理駕大洲圖説》（《南亞美理駕大洲圖》）。

有《地球説略目録》2 頁。有東半球地圖、西半球地圖各一幅。

13×18.5cm，10 行，行 26，白口，四周雙邊，單黑魚尾，版心上鐫書名“地球説略”，中鐫各篇篇名，共 110 頁。卷末有“地球説略終”之語。卷末還附載《天下大江總圖江名里數》。

【作者】褘理哲。

Revised version of the author's 地球圖説, Ningpo, 1848. 53.

cf. Wylie. Memorials. p. 140.

【649】TA 2375 53 **西學考略** C-0625 F56

008156157　FC7721　Film Mas 31753

扉頁:光緒癸未孟夏

　　　西學考略

　　　總理衙門印

反面:同文館聚珍版

卷首有光緒九年(癸未)春嘉興周家楣書於京兆官的《西學考略·序》(草書,2頁)。

有丁韙良光緒八年十一月的自序(2頁)。

有《西學考略目録》。

《西學考略》卷上,丁韙良著;同文館學習人貴榮、時雨化同書。

記遊:光緒六年三月二十三日至八年三月十八日,撰者遊歷日、美、法、德、瑞士、英、義七國。

附録西國城鎮。

半頁,框 13.5×21.5cm,9 行,行 20 字,白口,四周雙邊,單黑魚尾,版心上鐫“西學考略”,中鐫“卷上”,下鐫頁碼,共 57 頁。頁上有注文。

卷末有“西學考略卷上終”之語。

《西學考略》卷下,丁韙良著;同文館學習人貴榮、時雨化同書。

卷下綴論:各國學業所同、各國學業所異、學校章程、道學院、法學院、醫學院、工藝院、營造館、冶礦館、機器館、農政館、精藝館、船政館、武學、鄉學、女學、聾瞶學、師道館、文藝會、西國相師之道、西學源流、學校冊記。

半頁,框 13.5×21.5cm,9 行,行 20 字,白口,四周雙邊,單黑魚尾,版心上鐫“西學考略”,中鐫“卷下”,下鐫頁碼,共 72 頁。頁上有注文。

卷末有“西學考略卷下終”之語。

卷末附有光緒八年十一月内務府天文館副教習桂榮寫的《跋》(2頁)。

【按】丁韙良曾任同文館總教習、京師大學堂總教習,《西學考略》向中國輸入西方知識。

【650】TA 2380 53 Di-gyiu du, ng da-tsiu di-du peng-koh, peng-sang, peng-fu sæn-foh di-du, wa-yiu, Sing-kying di-du, lin, di-li veng-teh di-ming tsiao ying-wæn-ts-liah. C–0579 F10

008156153　FC4710　FC-M1889　（寧波話羅馬字,1853）

封面:Di-gyiu du

　　　ng da-tsiu di-du

　　　peng-koh, peng-sang, peng-fu

　　　sæn-foh di-du, wa-yiu

　　　Sing-kying di-du(新疆地圖)

　　　Lin

di-li veng-the(地理問答)

di-ming tsiao ying-wæn-ts-liah

Ningpo

1853

di-li veng-the(地理問答)DI-lh tsong：T'in-veng-pin(第一講,16 問 16 答)

問爲小字元號,答爲大字元號。

共 24 講,10 頁,均爲寧波話羅馬字。並附 10 幅地圖。30×42cm。

地理問答

Maps with questions in the Ningpo dialect

採用問答的形式來普及地理知識。Atlas and geographical catechism.

maps;42cm：寧波地圖、中國地圖、新疆地圖、浙江省地圖。

【作者】William Alexander Parsons Martin，1827—1916.

cf. Wylie. Memorials. p.204.

【651】TA 2380 68.1 **地理志略** C-0580 F11

008161903 （廈門話羅馬拼音本,1903）

地理志略 De-li Chi-liok

卷首有序(1903 Thau-su)。

有英文與廈門話對應的地名表 Toe-Mia(3 頁)。

正文《地理志略》(De-li Chi-liok)。

地球、東半球、西半球等知識慢慢介紹,並附地圖,有大清國彩色地圖一幅,十八省的彩色地圖一幅,有對亞洲的介紹,有亞細亞的彩色地圖一幅,有對歐羅巴的介紹,有歐羅巴彩色地圖一幅、俄西亞尼嘎彩色地圖一幅、亞非利加彩色地圖一幅,有北亞美利加彩色地圖一幅、南亞美利加彩色地圖一幅。

25×30cm,共 24 頁,頁上鐫書名"De-li Chi-liok"和頁碼數,附加 8 幅彩色地圖,是對地理進行簡介的初級讀物。文中設計了不少提問,是一本廈門話的普及讀物。保存尚好。

In"Thau su"：Chit pun khak toa poa si hoan ek Siong-hai so chhut e（Mrs. Parker）Geography Atlases.

Text in Amoy vernacular, Romonized. Map in Chinese.

【作者】Alice S. Parker

【652】TA 2451 5240 **來復報**(來復報刊社編 1919)

009441223 （已經破損）

封面:LI EU PAO(橫寫)

　　　至聖二千四百七十年

大中華民國八年　五月十一日——六月八日(來復日)(豎寫)

來復報(草書,豎寫)

第六十一號(橫寫)

來復報社刊贈(豎寫)

反面:來復報　第六十一號要目

政聞

中央法令:大總統令(二則)

本省政治

時鑒:國內大事記、國外大事記

論壇

講演(刊登了四位演講者的演講詞)

山西督軍兼省長閻　民德四要:一信 二實 三進取 四愛群

山西督軍兼省長閻　告諭人民八條

頁上:單頁鐫“來復報”(橫寫),雙頁鐫“第六十一號”(橫寫),正文豎排。《來復報》之新聞較爲口語,但亦有較爲書面語的演講詞及官方的新聞。

14×25cm,按目録排文,13 行,重要新聞大字凸顯,大字行 24 字,一般文字爲小字體,行 35 字,共 40 頁。

底封內有民國七年軍政學諸界捐助洗心社的人名及捐贈款數額、捐助宗聖社的人名及捐贈款數額。

【653】TA 2480 03 中西關繫略論(4 卷) C-0624 F55

005208282　FC7725　Film Mas 31758　(文言文)

《中西關繫略論》,4 卷,林樂知(Young J. Allen)編著,美華書院,光緒二年(1876)。

封面:中西關繫略論

扉頁:光緒二年孟秋中浣

　　　中西關繫略論(隸書)

　　　活字板印

有序(2 頁)。

有芝麻眉題畫的《美國林樂知先生小像》(字體小篆)(半頁)。

有新陽趙元益題的《美國林樂知先生》簡介(半頁)。

有目録。

卷末有林華書院主人的一個結束語。“此書分爲四卷,於中西關繫略論外兼録總理衙門各大臣與南北洋通商大臣奏稿以及駐京威欽使、赫總税務司各論。”“況《中西關繫略論》與各稿皆於《萬國公報》録過,誠恐《萬國公報》未必各省周知,故另成一書,公諸斯世。至於四百零一卷公報,已在中曆七月初一日出售。”……

半頁,框 13×19.2cm,16 行,行 34 字,白口,四周雙邊,單黑魚尾,卷心上鎸書名"中西關繫略論",中鎸卷次,共四卷,64 頁。

【作者】林樂知(Young John Allen),1836—1907。

China and her neighbors; a tract for the times / by the Rev. Young J. Allen. Previously appeared in his Wan kuo kung pao.

【654】TA 2496 56 大英國人事略説 C-0596 F27

008161914

《大英國人事略説》,文言文,嗎吶呷英華書院,1832 年。

封面:道光十二年壬辰孟春新鎸

　　　大英國人事略説

　　　英華書院藏板

正文爲《英吉利國人品國事略説》。書中談及英人船上來華貿易,清英兩國在貿易交往上的人事。

卷末有:"華英兩國之友特願我人類衆生皆可享真福者用軟且忽手此筆。大英國人事略説終。"

半頁,框 12.5×19.5cm,8 行,行 20 字,白口,四周雙邊,單黑魚尾,版心上鎸書名"大英國人事略説",共 6 頁。

【作者】米憐(W. Milne),1785—1822。

【《大英國人事略説》】《大英國人事略説》(道光十二年,1832 年),對法律面前人人平等的原則和律師辯護原則作了宣傳:"照英國法律,不分内外人色,其加害於外國人或于英民者,治其罪同爲一例,皆准上衙自白其理,亦准給律師爲助遠客之意。"已用中文"律師"一詞。

《大英國人事略説》由馬治平用英文寫成,馬禮遜譯成中文,總共不滿二千字,裝訂成小冊子,封面題《大英國人事略説》,内封作《英吉利國人品國事略説》,注明"道光十二年壬辰孟春新鎸英華書院藏版"。書分十段,首先敍述英國距離中華有七萬里之遠,但英國人善於航海,坐船快捷;其後依次敍述英國到東方貿易目的,英國人來華志在經商,没有開闢新地的野心;大清國大皇帝雖然有懷柔遠人之至意,但皇恩不及遠客,駐粵外國商人之貿易,因吏員之勒索多被阻難,遭受種種苛刻的待遇;英國水手雖外形似粗,内懷尚存仁温之心,但耐不得受人凌辱,所以與中國人之間時致滋事,釀出命案;最後提醒中國官民,善待英國人,敬體大皇帝厚待禮接遠人之至意。

此書印成以後,阿美士德號帶了五百冊上船,在厦門、福州、寧波等地分發。福州都司陳顯生稱贊此書印刷精美,讀後獲益良多。寧波知府也讀過這本書。事後,阿美士德號實際負責人胡夏米(Hugh Hamilton Lindsay)總結説:《大英國人事略説》一書宣傳效果極佳,内容具體,觀念實用,陳述委婉。事後,他們又在新加坡廣爲翻印、傳播。(引自蘇精《馬禮

遜與中文印刷出版》,臺灣學生書局 2000 年版,第 113—127 頁)

【作者】馬治平(Charles Marjoribanke);馬禮遜(Robert Morrison),1782—1834.

【655】TA 2516 0643 鑑史輯要(6 卷,附清史輯要) C-0619 F50

005201530　FC4294　FC-M1808

封面:鑑史輯要　附清史輯要

扉頁:耶穌降生一千九百十四年

　　　鑑史輯要

　　　中華民國三年歲次甲寅

Preface(2 頁)。

D. Z. Sheffield,

North China Union College,

Tungchou,

Dec. 15th, 1906

有通州管國全《序》(2 頁)。

諸葛先生巨川深識此弊,爰著鑑史一書,顏之曰輯要,文雖從其簡略,事必究其本源,照應起伏,明若觀火,每段後或加以名人斷語,或附以一己心得,不必腹其經笥,胸藏史鏡,而是非賢奸之判,自能瞭然,博聞廣見,廣務有餘,其功豈小補哉。北通州後學管國全謹識。

還有諸葛汝楫在甲辰仲夏撰的《自序》(2 頁)。

有目錄(6 頁):

卷一　五帝紀　夏紀　商紀　周紀　列國上

卷二　列國下

卷三　秦紀　漢紀　東漢紀　三國　南北朝

卷四　唐紀　五代

卷五　宋紀　遼　南宋紀

卷六　金　蒙古　元紀　明紀

正文之每卷終有"鑑史輯要卷之一(二、三、四、五、六)終"之語。

框 12.5×18cm,14 行,行 36 字。間有雙行小字附注史實,頁上有附注。白口,上下雙邊,版心上鎸書名及卷次,中鎸篇名,共 372 頁。

後附《清史輯要》。

西曆一千九百十四年

清史輯要

中華民國三年歲次甲寅　武清諸葛汝楫巨川編輯

有中華民國二年云遱薛士鴻《序》(1 頁)和中華民國二年天津縣儒學教諭族叔(諸葛)

錫祜《序》(1 頁)。

有目録(2 頁)。

有《清史輯要·地圖各地名畫數篇頁》(1 頁)。

有《清史輯要·地圖各地名目録》(13 頁)。

正文卷終有"清史輯要終"之語。

框 12.5×18cm,14 行,行 36 字。間有雙行小字附注史實,頁上有附注。白口,上下雙邊,版心上鎸書名"清史輯要",中鎸篇名,共 100 頁。

Typed note on title page：History of China including the Manchu dynasty and the beginning of the Republic. Under the supervision of Dr. D. Z. Sheffield. Probably the first history in Chinese after the method of Western histories. Fukuin Printing Co. , Yokohama. Japan.

【656】TA 2891 4928 中東戰紀本末 8 卷,續編 4 卷,三編 4 卷;文學興國策 2 卷 C-0621 F52

005376071

該書分三部分:中東戰紀本末初編卷一至卷八、中東戰紀本末續編卷一至卷四、文學興國策卷上下。

(1)中東戰紀本末初編

封面:中東戰紀本末　初編　全函　附文學興國策　吴善恭署檢(一函 13 冊)

扉頁:中東戰紀本末八卷　續編四卷　文學興國策二卷

封面:中東戰紀本末(竪行)

扉頁:中東戰紀本末八卷,續編四卷,文學興國策二卷,廣學會譯著,愚厐書(有愚厐印)

反面:光緒丁酉新春圖書集成局印中西官署立案

另一頁:

中東戰紀本末,上海廣學會譯著(有光學會印章),圖書集成局鑄版,光緒柔兆涒灘如月西曆一千八百九十六年四月,龔心銘署(有心銘印章)。

反面有林樂知先生像。

有林樂知 1896 年的《中東戰紀本末譯序》,10.8×16cm,13 行(大字,隨文作注爲雙行小字),行 31 字,文言,雙黑魚尾,版心上鎸"中東戰紀本末",中鎸"林序",下鎸頁數和"光學會校印",3 頁。

有沈壽康光緒丙申年的《中東戰紀本末序》(沈序),半頁,有云:"是書紀和戰本末,據事直書,不稍諱飾,林樂知先生之意,蓋有望於中國也。"

蔡爾康光緒二十二年的《中東戰紀本末序》(蔡序,3 頁)。

初刻朱昌鼎《中東戰紀本末序》(初刻朱序,1 頁)。

龔心銘《中東戰紀本末初編敘》(龔序,1 頁)。

總署章京答謝李佳白書。

日本駐滬領事答謝林樂知書(陽曆 1897 年正月 6 號)。

上海道台嚴禁翻刻戰紀初刻續刻暨文學興國策告示(光緒二十二年十二月二十四日)。

嚴禁翻刻泰西新史攬要告示(光緒二十三年正月二十二日)。

光學會記(3 頁)。

例言 15 條(2 頁)。

有《中東戰紀本末初編目録》(八卷,上海廣學會第三次勘定本,4 頁)。

10.5×15.5cm,13 行,行 40 字,白口,四周單邊,雙黑魚尾,卷心上鎸"中東戰紀本末",中鎸卷次及篇名,下鎸頁碼及"光學會校刊"。每卷之末有"中東戰紀本末卷一(二、三、四、五、六、七、八)終"之語。各卷頁數分別爲:卷一 p.1–39;卷二 p.1–37;卷三 p.1–40;卷四 p.1–90;卷五 p.1–46;卷六 p.1–72;卷七 p.1–52;卷八 p.1–52。卷八末有《中東戰紀本末初編跋》含初編字林報跋(2 頁)、初編會報跋(1 頁)。

(2)中東戰紀本末續編

封面:中東戰紀本末續編(豎行)

扉頁:中東戰紀本末續編(豎行)

　　　光緒丁酉正月蔡爾康署(有光學會之印、蔡爾康之印)

有《中東戰紀本末初目録》(四卷,上海廣學會第三次勘定本,2 頁)。

卷首有續編凡例(七則)、林樂知 1897 年 2 月續編自序、蔡序校勘記。

《中東戰紀本末續編目録》(三卷)。

《中東戰紀本末續編》卷一 p.1–52;《中東戰紀本末續編》卷二 p.1–45;《中東戰紀本末續編》卷三 p.1–47;《中東戰紀本末續編》卷四 p.1–74。

13 行,行 40 字,白口,四周單邊,雙黑魚尾,卷心上鎸"中東戰紀本末",中鎸續編卷次及篇名,下鎸頁碼及"光學會校刊"。

(3)文學興國策

封面:文學興國策(豎行)

扉頁:文學興國策兩卷

　　　一千八百九十六年五月光學會譯印

　　　光緒二十二年春三月圖書集成局鑄鉛代印

有龔心銘光緒二十二年春三月《文學興國策序》,有林樂知序。

《文學興國策》卷上目録。

正文:13 行,行 40 字,白口,四周單邊,雙黑魚尾,卷心上鎸"文學興國策",中鎸"卷上"及篇名,下鎸頁碼及"光學會校刊",共 27 頁。卷末有"文學興國策卷上終"之語。

《文學興國策》卷下目録。

正文:13 行,行 40 字,白口,四周單邊,雙黑魚尾,卷心上鎸"文學興國策",中鎸"卷下”及篇名,下鎸頁碼及“光學會校刊”,共28頁。卷末有“文學興國策卷下終”之語。

　　書末後附有《附開光學會書目》(4頁)。

　　蔡爾康光緒二十三年二月《中東戰紀本末初續編附文學興國策總跋》(6頁)。

　　13行,行40字,白口,四周單邊,雙黑魚尾,卷心上鎸“中東戰紀本末”,中鎸“初續編總跋”,下鎸頁碼,共6頁。

　　卷末《中東戰紀本末》:

　　初來華海時,正值發匪遍地……當匪勢極盛之際,親入僞都,留宿僞幹王府,以覘其所爲。咸豐十年,英法兵直入北京,即而款議慶戰,洋兵全退,轉助中國以平髮逆。髮逆略定,撚、回諸匪相繼作亂。凡此情形,皆僕之所鏤骨銘心者也。同治季年,日本有臺灣之役;光緒初年,法蘭西有越南之役,日本又有朝鮮之役,又皆僕之所身親目擊也。至於中國與各國所訂之和約,則皆讀而知之。中外交涉諸事,則皆逐月考察,分別紀於《萬國公報》。

　　【作者】林樂知(Young John Allen,1836—1907),字榮章,美國監理會傳教士。1860年到上海,曾從王韜治漢學。1863年在清政府辦的上海廣方言館任教習。1868年江南製造局內設翻譯館,廣方言館移入局內,他兼譯書。同年創辦並主編《教會新報》(週刊)。1874年9月更名《萬國公報》。1882年於上海創辦中西書院並任監院。1887年加入同文書會工作。

　　甲午中日戰爭前後,美國傳教士林樂知、中國譯手蔡爾康等先後在廣學會創辦的《萬國公報》上發表了關於此次戰爭的翻譯、撰著等系列文章,而後按照一定的體例進行纂輯,取名爲《中東戰紀本末》。書中引用材料真實,對事件評論相對客觀,詳細地記述了戰爭的過程。還從軍事、政治、宗教等方面對中國戰敗的原因進行了深刻分析,提出了涉及政治、經濟、教育、風俗、外交等諸多方面的改革建議。《中東戰紀本末》對全面認識這場戰爭,深刻反省戰敗原因,提供了有益的資料;對變法思潮的興起也起到了積極的推動作用。

【657】TA 2913 4448 拳匪禍教記(1909)

　　009441241

　　增補拳匪禍教記

　　己酉歲金山蔣特本書

　　宣統元年歲次己酉

　　姚大司牧准判

　　上海土山灣印書館活板

　　有光緒三十一年八月李杕《拳匪禍教記》原序(1905)。

　　宣統元年己酉五月李杕補記。

　　有《增補拳匪禍教記》目録。

　　正文爲《拳禍記下編·拳匪禍教記》。

　　卷末有“拳匪禍教記終”之語。

半頁,10 行,行 38 字,白口,四周雙邊,版心上鐫書名"拳禍記",共 522 頁。

"拳匪禍教記"之"教"是"天主教"。内分 30 節,介紹各省區義和團運動情況,亦包括南方各省的反教會活動。它講述了義和團和八國聯軍事件的始末,收錄了義和團事件前後大量的清朝官方文獻,特别是各種上諭和奏摺,並配有從慈禧、大臣到義和團、紅燈照頭領的多張相片,以及一幅地圖。

上册所敘凡二十八目:拳團始源、拳禍議啟、奸臣禍國、政府被惑、拳匪偽術、拳黨橫行、客使被戕、華洋决裂、大沽失陷、薛軍敗績、華兵攻天津租界、聶城殉難、津城失守、忠臣冤戮、南數省相約保護、軍士勤王、使館被圍、俄侵東三省、聯軍進京、兩宫西巡、官紳殉難、聯軍剿匪、懲治罪魁、中外議和、會議賠款、議定約章、中俄新約、國書、回鑾志盛。

下卷"禍教記"則分地敘述,地域遍及全國。

光緒三十一年(1905)土山灣印書館所印二册本李杕著《拳禍記》爲常見本。

刊于宣統元年(1909)的增補本流傳者極少。增補本之"補編"實爲下册之增訂本,而上册則題爲"拳匪禍教記"。

附錄第一篇《拳團原始》:

義和團昉于本朝初葉。雍正五年冬十一月。世祖憲皇帝諭内閣聞向來常有演習拳棒之人。自號教師。召誘徒衆。鼓惑愚民。此等不務本業之流。而强悍少年。從之學習。廢弛營生之道。群居終日。尚氣角勝。以致賭博酗酒。打降之類。往往由此而起。甚且有以行教爲名。勾結劫盜竊賊。擾累地方者。若言民間學習拳棒。可以防身禦侮。不知人果謹遵國法。爲善良。尚廉恥。則盜賊之風盡息。而鬥訟之累自消。又何須拳棒以防身乎。若使實有膂力。勇健過人。何不學習弓馬。或就武科考試。或投營伍食糧。爲國家效力。以圖榮身上進。豈可私行教習。誘惑小民耶。着各省督撫。轉飭地方官。將拳棒一事。嚴行禁止。如有仍前自號教師。及投師學習者。即行拿究。庶遊手浮蕩之徒。知所儆懼。好勇鬥狠之習。不至漸染。而民俗可歸於謹厚云云。

當時地方官奉行不力。未將拳會盡絶根株。故嘉慶十三年七月戊寅。仁宗睿皇帝。諭軍機大臣等。給事中周廷森奏請嚴懲聚衆一摺。據稱近日江南之潁州府亳州府徐州府。河南之歸德府。山東之曹州府沂州府兖州府一帶地方。多有無賴棍徒。拽刀聚衆。設立順刀會。虎尾鞭。義和拳。八卦教等名目。横行鄉曲。欺壓善良。其滋事之由。先由賭博而起。遇會場市集。公然搭設長棚。押寶聚賭。勾通胥吏。爲之耳目。請飭下三省督撫。認真踹緝。清查保甲。密訪爲首棍徒姓名。聚賭械鬥之案。拿獲盡法懲治。並責成地方官。嚴定黜陟等語。江南安徽河南山東毗連各州縣。既有此等匪徒。自應嚴行懲辦。以静閭閻。不可養癰遺患等語。

二十年十月二十九日。軍機大臣。又奉上諭。王秉衡即王景曾。其族分住直隸灤州。及盧龍等處。以大乘教清茶門。分住外省。傳徒斂錢。着那彦成即派委幹員。前往灤州及盧龍等處。將王姓族中傳教之人。全數收捕。勿令兔脱一名。解至省城。嚴行審訊。訊明後。將爲首傳徒者問擬絞决。其爲從者。分别發遣流徒等語。旋經那彦成復

奏。大乘教。金丹八卦教。義和門。如意門等教。凡有在教者均稱爲南方離宫頭殿真人
鄧老爺門下。其鄧老爺係首先傳教之河南商邱人鄧生文。已於乾隆三十六年犯案正法
等語。

【作者】李杕(1840—1911),原名浩然,字問興,後改稱問漁,受洗禮後取教名老楞佐,
別署大木齋主。江蘇川沙(今上海浦東)人。第一個擔任中國報刊的主編,清光緒十三年
(1887)起還兼任《聖心報》主編,光緒三十二年(1906)起兼任震旦學院院長和哲學教授。
早年攻讀經史,國學根基較深,後入徐家匯聖依納爵公學,受到西方文明影響。清咸豐九
年(1859)放棄科舉仕途,專習拉丁文、哲學和神學。清同治八年(1869)七月晉升爲耶穌會
司鐸,輾轉傳教于蘇南與皖南地區。上海天主教會創辦《益聞録》時,他回滬主持該報編
務,此後《益聞録》與《格致新報》合併,改爲《格致益聞彙報》,出一百期後又改稱《彙報》,
前後出版了33年零9個月,李杕始終擔任該報主編直到清宣統三年(1911)初夏去世。他
自律甚嚴,勤奮努力,著譯有《辯惑巵言》、《聖母傳》等60餘種,此外還編有《徐文定公
集》、《古文拾級》、《墨井集》等數種圖書出版。

【658】TA 3020 94 鑑史輯要圖説 C-0620 F51

008161907　FC-M1808　M 3020 94 (c.1)

清光緒三十三年(1907)出版萬卓志著《鑒史輯要圖説》,均爲彩色,書爲16開本,地圖
爲對頁8開;封面、封底爲布面燙印。冊中多頁印有大清國字樣。圖冊首頁設計奇特,四
周爲西式花邊圖案,右側上部印着"耶穌降世1907年"。

該《圖説》依諸葛汝楫《鑑史輯要》而成。詳盡介紹中國歷史沿革,内有唐虞夏商至大
清國歷代地圖凡14幅:唐虞夏商第一圖、周朝列國第二圖、戰國七雄第三圖、秦三十六郡
第四圖、漢代第五圖、三國第六圖、南北朝及隋第七圖、唐代第八圖、五代第九圖、北宋及遼
第十圖、南宋及金第十一圖、元代第十二圖、明代第十三圖、大清國第十四圖。每幅圖右部
均有文字注釋。僅以第一圖注釋爲例:"唐虞夏商圖"由西曆前2852年起,至前1122年
止。圖内繪禹貢九州。九州内分甸、侯、綏、要、荒五服,每服500里。惟要、荒遠在五嶽之
外,受教較甸、侯、綏稍緩耳。九州之名,始分于唐堯。至虞舜以冀、青地廣,分爲并、幽、營
三州,合堯時九州爲十二。夏禹係遵唐堯之命名。商湯去梁、青而改幽、營,但畫界微有不
同耳。

【作者】萬卓志(George Durand Wilder),1868—1946,美國傳教士,1894年來華。

【659】TA 3102 1875 福建並臺灣圖 C-564 E35

008628085

這是一幅福建並臺灣圖,50×34cm。

左爲福建全圖,右爲臺灣全圖,右列福建省各府州縣名單(含臺南府、臺北府)並分列
各府州下屬地區名單。福建全圖示明了所列福建省各府州縣所在的地理位置;臺灣全圖

亦標明了所列臺南府、臺北府下屬地區所在的地理位置。

在東西南北四方均有小字《聖經》語録。

上方:耶穌以外別無救主　上帝惟一　其外無他…

下方:爾曹宜悔改奉耶穌基督名領洗　俾得罪赦　如是可受聖神矣

右方:蓋上帝以獨生之子賜世　俾信之者免沉淪而得永生耳　愛世如此　獨生子即耶穌

左方:夫天父愛子以萬物予之　信之者得永生　不信之者不得永生　上帝怒恒在其上

福建省各府州縣:福州府、興化府、泉州府、漳州府、福甯州、延平府、建甯府、邵武府、汀州府、龍岩州、永春州、臺南府、臺北府。

出版地不詳,出版者不詳,1875—1885? 縮微膠捲與《臺灣基督長老教會百年史》最後部分同片。

另有標題:Protestant missionary works in Chinese. E, Church histories and biographies 新教傳教士在中國工作。E 教會的歷史和傳記。CH–1229;E35.

【660】TA 3500 2646 俄羅斯國鑑略 C–0591 F22

008161902　（文言文）

扉頁:耶穌降世一千八百八十一年　聖約翰書院譯

　　　俄羅斯國鑑略

　　　光緒七年　上海美華書館重印

首頁有《俄羅斯國》地圖一幅。

半頁,框 11.8×18.2cm,10 行,行 23 字,白口,四周雙邊,單黑魚尾,版心上鐫書名"俄羅斯國鑑略",共三章,19 頁。卷末有"俄羅斯國鑑略終"之語。

書末附 Foreign names which occur in this Outline of Russian history(該書出現的俄羅斯英文地名的中文對譯名),共 232 個名詞。

Signed by D. M. B.

ST. John's College, Shang hai,Jan'y 1881

附録部分:半頁,框 11.8×18.2cm,半頁 64 個名詞(3 頁,半頁中分兩組),共 232 個名詞。

【作者】St. John's College (Shanghai, China).

【661】TA 3522 54 咬嚼吧總論 C–0610 F41

008161913　FC8158

扉頁:文理密察足以有別也

　　　咬嚼吧總論

尚德者纂

卷首有"咬嚙吧地圖"和"中國往吧地總圖"。

咬嚙吧,地名,就是爪哇。《咬嚙吧總論》共 16 回。曾發表在 1824 年《特選撮要》上,此爲單行本。依據《特選撮要》,該文大約 1824 年在巴達維亞出版。淺文言。紙質差,但文字清晰。

半頁,框 10.2×17cm,9 行,行 26 字,白口,單黑魚尾,版心上鐫"特選撮要",中鐫"咬嚙吧總論"及其回數,下鐫"卷一"及頁碼數,共 81 頁。

cf. Wylie. Memorials. p. 28. Printed in 1824, then reprinted in 1825, 1829, 1833, and 1834. 對印尼爪哇的描寫和旅遊 Java (Indonesia)——Description and travel.

【作者】麥都思(Walter Henry Medhurst,1796—1857),又名尚德者。

【662】TA 3581 7441 帕勒斯廳歷史地理學

009434122　FC9736　Film Mas 35279　（增版本,新增了西文對照等）

封面:帕勒斯廳歷史地理學　斯密史原著萬卓志譯述

扉頁:中華民國三年八月初版　民國十七年三月增版(竪寫,右)

　　帕勒斯廳歷史地理學

　　上海　廣學會發行

有《帕勒斯廳歷史地理學》目録三十章(4 頁)。

卷一:第一至六章

卷二:第七至二十三章

卷三:第二十四至三十章

卷首有《帕勒斯廳歷史地理學》各地名稱中西對照表(新增了西文對照),9 頁。

有《帕勒斯廳歷史地理學》序(2 頁,文言文,同初刻)。

有《聖經》目録(10 頁,新增,初刻無)。

有《帕勒斯廳歷史地理學》年代表(5 頁,同初刻)。

有第一圖帕勒斯廳(彩色,同初刻)。

有第二閃族地圖(彩色,同初刻)。

有第三地勢草圖(彩色,同初刻)。

正文官話口語,17×10.5cm,14 行,行 31 字,版心中鐫章次和篇名,頁上有小字注,共 278 頁。

底封:Historical geography of Palesitine by

　　DR. G. ADAM SMITH

　　Translated by

　　REV. G. D. WILDER

　　Union Theological college, Peking Revised edition

Shanghai Christian Literature Society For China

1928

一千九百十四年八月初版;一千九百二十八年三月增版。原著者:英國斯密史;

翻譯者:美國萬卓志;編輯者:上海廣學會;發行者:上海廣學會。

Historical geography of the Holy land Palestine——Historical geography.

【作者】斯密史(George Adam Smith),1856—1942。

【譯者】萬卓志(George Durand Wilder),b.1869。

【663】TA 3587 82 帕勒斯廳歷史地理學 C-0627 F58

008161908

《帕勒斯廳歷史地理學》,官話口語,斯密甫著,萬放習譯,楊堅芳校,1914 年。

扉頁:Historical geography of Palesitine by REV. G. D. WILDER(橫寫,上方)

帕勒斯廳歷史地理學(竪寫,中)

上海　廣學會出版(橫寫,下)

中華民國三年　上海廣學會出版(竪寫,右)

西曆一千九百十四年上海商務印書館代印

反面:Historical geography of Palesitine by

DR. G. ADAM SMITH

Translated by

REV. G. D. WILDER

Union Theological college, Peking

Shanghai Christian Literature Society For China

1914

卷首有第二閃族地圖(彩色)、地勢草圖(彩色)。

有《帕勒斯廳歷史地理學》目録三十章(4 頁)。

卷一:第一至六章

卷二:第七至二十三章

卷三:第二十四至三十章

有《帕勒斯廳歷史地理學》序(4 頁,文言文)。

有《帕勒斯廳歷史地理學》年代表(6 頁)。

正文官話口語,17×10.5cm,12 行,行 30 字,頁上均鎸頁碼,凡單數頁上鎸書名,凡雙數頁上鎸卷次,共 222 頁。

卷末附有第一圖帕勒斯廳(彩色)。

附有《帕勒斯廳歷史地理學》各地中文名稱專列,14 頁。

附有《帕勒斯廳歷史地理學·問題》,28 頁。

全書有 222+14+28＝264 頁。

底封：一千九百十四年八月出版

　　　　原著者：英國斯密甫

　　　　翻譯者：美國萬放習

　　　　校文者：江夏楊堅芳

　　　　編輯者：上海廣學會

　　　　發行者：上海廣學會

　　　　廣告：教會歷史　新約讀範　新約概論

【作者】斯密甫（George Adam Smith），1856—1942。

【譯者】萬放習譯，楊堅芳校。

【664】TA 3587 82B 帕勒斯廳歷史地理學 C-0627 F59

008161909

封面：帕勒斯廳歷史地理學　斯密史原著萬卓志譯述

扉頁：中華民國三年八月初版　民國十七年三月增版（豎寫，右）

　　　帕勒斯廳歷史地理學

　　　上海　廣學會發行

有《帕勒斯廳歷史地理學》目錄三十章（4 頁）。

卷一：第一至六章

卷二：第七至二十三章

卷三：第二十四至三十章

卷首有《帕勒斯廳歷史地理學》各地名稱中西對照表（新增了西文對照），9 頁。

有《帕勒斯廳歷史地理學》序（2 頁，文言文，同初刻）。

有《聖經》目錄（10 頁，新增，初刻無）。

有《帕勒斯廳歷史地理學》年代表（5 頁，同初刻）。

有第一圖帕勒斯廳（彩色，同初刻）。

有第二閃族地圖（彩色，同初刻）。

有第三地勢草圖（彩色，同初刻）。

底封：Historical geography of Palesitine by

　　　DR. G. ADAM SMITH

　　　Translated by

　　　REV. G. D. WILDER

　　　Union Theological college, Peking Revised edition

　　　Shanghai Christian Literature Society For China

　　　1928

一千九百十四年八月初版

一千九百二十八年三月增版

原著者:英國斯密史

翻譯者:美國萬卓志

編輯者:上海廣學會

發行者:上海廣學會

正文官話口語,17×10.5cm,14 行,行 31 字,版心中鎸章次和篇名,頁上有小字注,共 278 頁。

【665】TA 3780 57 大英國志(8 卷) C-0598 F29

008161906　FC4224　FC-M1792

《大英國志》,8 卷,托馬斯米爾納著,慕維廉編譯,淺文言。

卷首爲 1856 年慕維廉寫的《序》(2 頁)。

慕維廉《大英國志·凡例》十四則(4 頁,凡例云:依英士托馬斯米爾納所作史記譯出)。

《大英國志·女王維多利亞世系表》(3 頁)。

《大英國志目録》八卷(2 頁)。

正文爲英國慕維廉譯。

上卷:第一至五卷

第一卷,p.1-8;第二卷,p.1-27;第三卷,p.1-11;第四卷,p.1-66;第五卷,p.1-50。半頁,框 12×18cm,10 行,行 23 字,白口,四周單邊,單黑魚尾,版心上鎸書名“大英國志”,中鎸卷次,共 162 頁。

下卷:第六至八卷

第六卷,p.1-81;第七卷,p.1-51;第八卷,p.1-16。半頁,框 12×18cm,10 行,行 23 字,白口,四周單邊,單黑魚尾,版心上鎸書名“大英國志”,中鎸卷次,共 148 頁。

卷末有《大英國志續刻》(3 頁)。

【作者】托馬斯米爾納(Thomas Milner, d.1882)。

【譯者】慕維廉(William Muirhead,1822—1900),基督教英國倫敦會傳教士,上海墨海書館創辦人之一。1847 年 8 月 26 日到達上海,是倫敦會在上海時間最長、產品最多的人物。在華 53 年,截至 1864 年,他已出版中文讀物 39 種、英文讀物 3 種。其中《地理全志》、《大英國志》(上海墨海書館 1856)都是各有 300 多頁,爲近代中國文化人帶來了大量的關於世界地理、英國歷史的知識信息。

cf. Wylie. Memorials. p.169. A translation from Milner C-0598 F29.

【666】TA 3790 35 大英國統志（5 卷） C-0597 F28

008161912　FC8177　Film Mas 32075

道光甲午年新鐫

大英國統志

卷首有四幅歐洲地圖（保存完好）。

有大英國帝君祇阿耳祉第二之像、第三之像、第四之像。

正文五卷：卷一，大英國家；卷二，文武民人；卷三，民之規矩風俗經營；卷四，城邑鄉殿廟房屋；卷五，大英藩屬國。

半頁，框 18.2×12cm，10 行，行 22 字，白口，四周雙邊，單黑魚尾，版心上鐫“大英國家”，中鐫卷次，共 5 卷 22 頁。

cf. Wylie. Memorials. p. 56.

1834 年出版。書上沒有注明出版地點，但從當時郭實臘活動地點和傳教士出版機構分佈情況看，似在新加坡出版。

【《大英國統志》】（The Brief History of the Britain, 1834）。郭實臘以歷史小説的形式敘述了儒士葉檳花隨朋友林德豪搭船去英國，旅居異國二十餘年回到家鄉，向家鄉人介紹英國的情況，涉及自然環境、歷史沿革、政治制度、軍事制度、貿易（開列英國對外貿易的清單）、物產、文化設施、宗教、民情、風俗、殖民地、教育、外交等情況，是鴉片戰爭以前介紹英國最爲詳細、最爲準確的一部書。

介紹了英國“官制（皇帝許可權、官吏銓選、爵位）”：

大英國之帝君爲皇帝，不奉外國之命，不遵異邦之諭，而治許多藩屬國，獨凜遵皇上帝萬物之主宰。皇帝統領職方、官制、郡縣、營戍、屯堡、覲饗、貢賦、錢幣。大英國民，各人能出國，亦可駐外國，但不可爲異國之民。外國與大英國打戰之時，寓外國之民，不能與國敵藉端勾串，違者受斬頭之罰。已經定罪犯之死罪，皇帝可赦之，及饒其人之命。凡官員出身之途，吏員遷秩改除，循例銓選，由皇帝負責，對於開創功臣，策勳錫爵。登位之際，皇帝兼皇后發誓曰：循例治民並屬國，遵守法律，公道審司定罪，嚴守國之正道。英國的職官，也有宗人府、都察院、吏科、户科，有通政使司、詹事府、鴻臚寺，所屬郎中、員外郎、主事、司庫咸有，亦有武備院卿、上駟院卿、奉宸苑卿，及欽命按察使也。文官之職分，與中國比起來，雖有總督、佈政使、按察使，其管轄迥異。因國家不理鹽穀，故無糧儲道、鹽運使。英國爵位有公、侯、伯、子、男五等，皆按其勳閥褒錫嘉名，以垂永世。

介紹了英國的“議會制度”：

大英之國家，置兩公會，一曰爵公會，二曰縉紳公會。大英皇帝召集衆人，令之議論察奪政國之事，除非皇帝之命，終無權勢。惟七年間會議已完，就論飭諸人散去。其爵公會爲四等爵，兼其國之教師，皆具列以垂萬世章程，皆奉特旨增入者，二十一年爲限。會者止摘其要領略見顛末，仍於本條內注明拆辯各事，所以百度修而萬化理也。蓋百姓之尊貴，自商量定議，使民相趨如骨肉道之在政事，貴賤在位，後先有序，多寡有數，天下萬事盡備於此。凡府州縣廳邑,各有其派駐陳明,其緊要事務,兼保護其便益也。夫四百有餘人兼攝者,自塚宰以下,不能自主操管,而必顧百姓之褒貶焉。時租調役課,應循公會之志,不然不可徵收錢糧矣。閒釁隙之際,必召兩公會聚議定事,可徵收錢糧否,不允,連宰相不能從己之欲也。大英之內閣大學士、學士、尚書等,自主而治政,但爲責成負荷也。

介紹了英國"司法制度":

據大英國家之法度,人不能治國,止是其法律而已。故此按察使將審判之時,明日青天,察究定案,與百姓知其來歷緣由。其刑曰斬,曰縊,曰徒,曰禁。意外而殺人不受死刑。生氣發怒,即突然殺人,不受死刑。其刑威嚴,惟皇帝可寬貸,亦可拖延死刑。

介紹了英國的"宗教信仰(基本教義、十誡)":

英國人只崇拜上帝一位,其民絕菩薩,獨敬萬物之主宰,以天之皇上帝爲大,以人所自置之塑像爲異端。其傳教士,爲人學習文書,以正道傳民。數年讀書完,就進考,或秀才,或舉人,或進士,或翰林,傳百姓以教法,勸民施仁德,導人執善棄惡。其教門之道理是,一天上有神天皇上帝一位,無所不知,無所不在,全能全慈,兼諸德之全,造創天地並萬物,亦置人爲萬物之靈。蓋人主力不能盡皇上帝之性,故此皇上帝啟之曰:皇上帝父,皇上帝子,兼皇上帝聖神。人之本分是凜遵皇上帝之名,以神天設例律。一曰我乃神主天皇上帝。二曰除我外,爾不可崇異神也,不可造何雕刻之像,不可奉事之。三曰勿妄稱神主爾皇上帝之諱。四曰必須銘記瞻禮日,以守之聖,然六日間,爾可勞且作本工夫,卻第七日乃神主爾皇上帝之宵安日,於是日,爾勿作何工夫。蓋六日間,神主爾皇上帝創造天地海及凡所載之也,惟於第七日安息,爾勿作何工夫也。故此皇上帝祝福其安息日,現聖之。五曰必恭敬父母。六曰毋殺。七曰勿奸人之妻。八曰勿偷人之物。九曰勿妄證。十曰勿貪爾鄰之家,勿貪爾鄰之妻與僕婢,牛驢及凡屬爾鄰者之業,勿貪也。

介紹了英國的"醫療制度":

在省府縣設醫院,其醫生讀書如儒一然,經考試,成爲秀才、舉人或進士,精通醫理,允治人之病。相對於中醫來説,英國醫生有一點殊異,其醫儒恒刺屍遍察,看人身之骨節、脈絡之狀細,觀其病死之原,及視渾身之肢,此後察究雜症。

介紹了英國的"軍事制度、軍隊人數、軍艦裝備":

駐防國戍,守護城壕,閒兼攻國敵,是軍之本分所當爲。英武官與本國,庶乎差不上下,都統、將軍、提督、副都統、總兵、副將、參將、遊擊、都司、守備、千總、把總、外委等,止無頂戴,其繡衿綺衣出類拔萃之。凡武官操練軍士,如有不知技勇,老邁殘弱之軍士,容回家,俸一半錢糧。其用器仗,必整齊堅利,常時放鳥槍,舞刀、演槍、跑馬。凡出征官員兵丁,除有不遵兵律,欺壓良民,乘機搶奪人財,擄掠子女,殺傷人命,論死罪。但結黨反叛犯兵律,不遵兵律,非法行事,嚴行刑罰。國敵生發攻圍,不行固守,而輒棄去,其官軍臨陣先退,且逃即問罪,及各人能殺逃軍焉。該領兵將,隨時曉諭,不得疏懈,就免罰。其所用之兵器,爲火炮、鳥槍、刀劍、槍楮,其兵丁獨操演武藝,學管規、軍法、軍制矣,而不荆屯田焉。英吉利之鎮守兵馬,六萬有餘,另有其藩屬國之軍士,其數不定,當戰際國家召壯民,及其軍士,算共總八十萬。

書中介紹英國的"氣候、地形、民居":

天氣於地之形勢,出英吉利北向,故此土氣嚴寒,及人之氣質品性,朱顏身壯,敦敦篤篤。惟人煙稠密,戶口繁滋。爲峰爲岩,爲石爲壇,爲嶂爲岫,爲島爲嶺,爲崗爲峽,爲洞爲窩,爲窠爲筏,爲塢爲坑,爲洲爲岫,爲坪爲崖,爲川爲原,爲坡爲窟,爲江爲湖,爲溪爲灘,爲潭爲澗,爲泉爲沼,爲塘爲井,諸處可用也。爲屋爲室,爲樓爲閣,爲台爲亭,爲莊爲草廬,爲寮爲軒,爲寨爲坊,爲橋爲渡,到處是人所用也。

介紹了英國的"物產、民情風俗":

英吉利國懸二島,北東西三方皆臨大海,南隔海對峙佛蘭西國也。比較直隸省,其天氣更冷,故必穿其衣服,照其熱冷,淨鬚髮,披帶赭毛,戴青氈卷笠,短衣袖緊襪,而皮履凡製作,皆堅致巧思,精於此歟。所出是多羅呢,羽毛緞,嗶嘰,玻璃,鐵器。

介紹了英國"婚姻、家庭制度與習俗":

英吉利男女品級相等,男尊女,女尊男,裁制長短,哀多益寡,均齊方正,是以視妻當同伴,及恭待之。將娶之時,媒妁不通報,卻新郎親自問婚姻焉。循其童身之志,稟兩親之喻,若允之就結婚焉,惟閨女自主可允棄焉。未成婚者,仍依原定,但納聘財了,不可爽約,男若背就罰銀。男女婚姻有法律,議親婚姻之時,教師讀其法,新郎兼新婦細細聽之。兩者若脾氣狠對,應承許願,凜遵皇上帝所設之律,相愛相慈,或懷病,或快樂,相佐如天作之合,同床共枕也。自此以來,兩者爲一體,而不可離也。除非奸,可休妻,且婦能絕夫,爲邪淫,倘持風化之道,說和開交復有夫婦之理,而不可休哉。英吉利例律禁娶妾,娶兩婦大犯徒流。是以偶罹於法,其憲行嚴拿重究,盡法嚴辦。

介紹英國教育中的"幼稚教育、女子教育、私立學校、大學分科":

英民設嬰學,小兒有二三歲之學堂,令之耍玩學字,及知兩三句。本國所學之爲讀書寫字,英國學者一然。惟本字甚容易,不勞而可習之,共二十四而已,則反切斷韻分音,及讀之者,但知思未有所主。故此格言至論日陳於前,盈耳充腹,以收其放心。養其德性,小兒讀其聖經,念其聖詩,所以養善心矣。如古之教者,家有塾,黨有庠,術有序,國有學,英國之教館一然。亦有私學堂,在鄉堂,止學讀書寫字而已,學者必由是而學焉。及女兒不獨學針黹而已,乃博覽經典。蓋勤學好問,可訓其嬰兒學生,學而習也。就以學問傳之,才能熟得,徹記得,久遠猶腹中先將藜藿菜蔬吃飽了,行來雖有珍饈美味,也不能下嚥,先必消去幾分焉。俗儒所學爲地理演算法,本國兼各異國之史本話與古語兼佛蘭西話也。但善能解悟,觸類傍通,就進世,或爲商賈,或爲巧手藝匠。倘專務廣博,才思敏捷,用心精研,就進國學。英吉利國有二,蘇有四,以耳有一也。另有會院、官院,兼翰林院。

葉先生道,其所教訓爲神理例律,醫學格物,窮理文字詩矣。儒在三年,就進考也。昭例歸班銓用教職,其有志期深造,仍願留監,究心經義驗。其人品可觀者,准其留監。果有學術優深、人品卓越者,國學之學政詳加考試,秉公侍讀典籍撰文,薦舉爲翰林矣,亦應考其舉業以定賞也。倘進學,便有揀擇之例明示其留學院也。諸生潛心肄業,宜身體力行,朝夕勤苦苦學業成立，可神實用，則教育有功。各國學院有書房書屋，含萬有餘本。蓋所撰之新書，每年幾萬，仍此加增四庫全書，漸漸爲弘文館也。是以聖人之道，高明廣大，昭垂萬世，以興道致治，敦倫善俗。

書中介紹了英國"倫敦的教堂"：

因百姓凜奉神天皇上帝，故此建公堂廟寺，所聚集聽皇上帝之聖言，兼鳴謝之。其京都之廟共四百二十八堂，但未知和尚，而教師而已。其以天啟傳民，及爲其行作之表儀表率其百姓，中外仰德也。至大之廟，爲保羅廟也，長五十丈，廣一十八丈，高二十丈，英吉利國未有其勝之房，及全歐邏巴爲一堂而已，所可比較焉。内外縹紗，高玄左右，亭牆壁圍，四方有裝飾，美麗巍巍其形也。其廡其廳，其壇其台，都耀燁可景仰之矣。另有西閣之廟，所古者建焉。廣殿崔嵬，萬壑間長廊詰曲，千岩看壁畫峥嵘，赤雲西日，腳下平地柴門，柴門鳥雀噪歸客，千里秉燭相對如夢寐。

書中有《詠倫敦五言律詩》十首，描述倫敦城市景觀、風俗，用詞淵雅，音調鏗鏘，堪稱倫敦中文第一頌：

海遥西北極，有國號英侖。地冷宜親火，樓高可摘星。意誠尊禮拜，心好尚持經。獨恨佛啷嘶，干戈不暫停。

山澤鍾靈秀，層巒展畫眉。賦人尊女貴，在地應坤滋。少女紅花臉，佳人白玉肌。由來樂愛重，夫婦情相依。

夏月村郊晚，行人不斷游。草長資牧馬，欄闊任棲牛。拾麥歌宜唱，尋花興未休。相呼早回首，煙霧恐迷留。

戲樓開永晝，燈後彩屏開。生旦姿容美，衣裝錦繡裁。曲歌琴笛和，跳舞鼓簫催。最是詼諧趣，人人笑臉回。

兩岸分南北，三橋隔水通。舟船步胯下，人馬過雲中。石磴千層疊，河流九派溶。洛陽天下冠，形勢略相同。

【作者】郭實臘（Karl Friedrich August Gützlaff, 1803—1851），亦作郭士立、郭施拉等，德國人，青年時在柏林仁涅克教會學院讀書，1823 年到鹿特丹的荷蘭傳道會受訓，1826 年受派到東方傳教，翌年 1 月抵巴達維亞，以後長期在東南亞和中國東南沿海一帶活動。他頗具語言才能，通曉中國官話、廣東話、福建話，曾被東印度公司聘爲翻譯，多次遊歷中國沿海，到過廈門、福州、寧波、上海、天津等地。爲了傳教方便，他用華名，着華裝，講華語。1851 年死於香港。香港有以他命名的"起士笠街"（Gutzlaff Street）。

【667】TA 3840 09 美理哥合省國志略(27 卷) C-0603 F34

008161919　FC7766　Film Mas 31709

道光十八年戊戌鐫

美理哥合省國志略

新加坡　堅夏書院藏板

　　有道光十八年孟夏高理文題書的《美理哥合省國志略‧序》,3 頁。半頁,框 13.5×19cm,8 行,行 16 字,白口,四周雙邊,單黑魚尾,版心上鐫“美理哥合省國志略”,中鐫“序”。

　　有《美理哥合省國志略目録》二十七卷,4 頁。半頁,9 行,版心上鐫“美理哥合省國志略”,中鐫“目録”。

　　有《美理哥合省國志略‧凡例》,十則,2 頁。半頁,9 行,版心上鐫“美理哥合省國志略凡例”。

　　正文分上下篇:

　　上篇卷之首地輿圖、地球圖,後美理哥合省國全圖言全國大略,言及美理哥國合省,總言全國大略,p.1-44。半頁,框 13.5×19cm,9 行,行 20 字,白口,四周雙邊,版心上鐫“美理哥合省國志略”,共 44 頁。

　　下篇將各省逐一紀其上所未備者,分 27 卷,p.1-69,分別評述美國的社會經濟和人文地理。半頁,框 13.5×19cm,9 行,行 20 字,白口,四周雙邊,版心上鐫“美理哥合省國志略”及卷次(“卷之一”……),共 69 頁。

　　《美理哥合省國志略》是目前所知第一部中文美國問題專著,對美國政治制度來源、組織與功能作扼要敘述,初版於 1836 年,署名高理文,清人文獻中亦作《美理哥志》、《合省國志》等。後數度易名再版,如《亞墨理格合省國志略》(1844 年)、《亞美理駕合省國志略》(1846 年)、《大美聯邦志略》(1862 年)、《聯邦志略》等。第三版開始署名裨治文。該書成爲以後三四十年間中國人對美國情況瞭解的主要來源。對魏源的《海國圖志》、梁廷枏的《合省國説》、徐繼畬的《瀛寰志略》等書有很大影響。該書對美國的形成和組織機構的基本情況的介紹在中國和日本產生了長遠的影響。

　　哈佛燕京圖書館藏縮微膠片收有裨治文《美理哥合省國志略》初版(膠片編號 F34),1844 年香港藏版(膠片編號 F35),1861 年滬邑墨海書館版(膠片編號 F36),以及日本江左老皂館藏本(膠片編號 F37)。

　　【作者】裨治文(Elijah Coleman Bridgman,1801—1861),又名高理文,是第一位來華美國新教傳教士。

　　cf. Wylie. Memorials. p.70.

【668】TA 3840 09.1 亞墨理格洲合省國志略(上卷) C-0604 F35

008161905

道光二十四年鐫

亞墨理格洲合省國志略(上卷)

香港藏板

正文直接從“亞墨理格洲合省國志略卷之一”開始。共 27 卷,72 頁。

半頁,框 13.5×18.5cm,9 行,行 20 字,白口,四周雙邊,版心上鐫“亞墨理格洲合省國志略”及卷次,1844 年。

【作者】高理文(E. C. Bridgman,1801—1861),即裨治文。

【669】TA 3840 09.4 大美聯邦志略 C-605 F36

008633384

辛酉夏續刻

大美聯邦志略

滬邑墨海書館活字板

反面有:馬邦畢禮遮邑裨治文撰

有辛酉夏裨治文撰《重刻聯邦志略敍》(還有聯邦號國旗)(1 頁)。半頁,框 21.8×15.2cm,10 行,行 21 字,白口,四周雙邊,單黑魚尾,版心上鎸“聯邦志略”,中鎸“自敍”。

有裨治文撰《原序》1 頁。半頁,框 21.8×15.2cm,10 行,行 21 字,白口,四周雙邊,單黑魚尾,版心上鎸“聯邦志略”,中鎸“原敍”。

有金陵宋小宋撰《序》1 頁。半頁,框 21.8×15.2cm,10 行,行 21 字,白口,四周雙邊,單黑魚尾,版心上鎸“聯邦志略”,中鎸“宋敍”。

有《發凡》(十則),2 頁。半頁,框 21.8×15.2cm,10 行,白口,四周雙邊,單黑魚尾,版心上鎸“聯邦志略”,中鎸“凡例”。

有《大美聯邦志略全目》上下卷(2 頁)。

上卷總體介紹地貌、道路、天時、地氣、土產、物類、建國史、語言文字、百工技藝、商貿、風俗人事等情況。半頁,框 21.8×15.2cm,10 行,行 21 字,白口,四周雙邊,單黑魚尾,版心上鎸“聯邦志略”,中鎸“上卷”,共 50 頁。

下卷介紹了 34 個邦的情況,並分別一一附上地圖。半頁,框 21.8×15.2cm,10 行,行 21 字,白口,四周雙邊,單黑魚尾,版心上鎸“聯邦志略”,中鎸“下卷”,共 48 頁。

卷末有辛酉夏受益端溪梁植(敬)寫的《跋》2 頁。

【作者】Elijah Coleman Bridgman, 1801—1861.

cf. Wylie. Memorials. p.70.

【670】TA 4122 81 支那人之氣質(文言文) C-0670 H15

008161910　FC7709　Film Mas 31736

《支那人之氣質》,(美國)斯密斯撰,上海:作新社譯,清光緒二十九年(1903)鉛印本,1 冊。

封面並扉頁:支那人之氣質　作新社藏版

有《弁言》(2 頁)。

有譯者撰《附摘本書要語》(2 頁)。

有《支那人之氣質》目次(27 章,3 頁)。

有《緒言》(7頁)。

卷末有"支那人之氣質終"之語。封底有"光緒二十九年八月二十六日印刷,光緒二十九年八月二十九日發行"。

10.5×16.2cm,12行,行32字,版心鐫章次及各篇名,白口,四周雙邊,含《緒言》,共319頁。

【作者】斯密斯(Arthur Henderson Smith),1845—1932,中文名明恩溥,美國傳教士。

【譯者兼發行者】作新社。1903年上海作新社出版的文言文版《支那人之氣質》由日文轉譯,日文本譯者爲涉江保(涉江保的譯本出版時間爲1896年);1937年社會學家潘光旦白話節譯了其中的十五章,收入他的《民族特性與民族衛生》一書。潘光旦的白話譯本海南出版社1998年再版。

哈佛大學費正清教授曾依據1890年的版本,將這本書翻譯爲《中國的特色》。指出明恩溥對中國社會的評價具有傳奇式的重要性,該書的確具有國際影響。它是西方的"進步"和中國的"落後"結合而成的幻滅傾向的頂峰。它影響了19世紀末20世紀初的幾代傳教土和商人。該書被譯成日文,又從日文轉譯成中文。(見林海、符致興等譯《費正清集》,天津人民出版社,1992年,251頁)

【671】TA 4157 54 清明掃墓之論 C-0464 C87

008162158　FC8164　Film Mas 32078

半頁,框10×16.8cm,9行,行26字,白口,四周雙邊,單黑魚尾,版心上鐫"特選撮要",中鐫"清明掃墓之論",下鐫頁碼和"卷三",共6頁。

據版心鐫"特選撮要",可推知本篇約是新嘉坡堅夏書院藏板1830年代的作品。

Pen note added on cover: On the Chinese custom of "repaiving the graves" – i. e. worshipping their ancestors.

【作者】麥都思(Walter Henry Medhurst,1796—1857),化名"尚德"。

cf. Wylie. Memorials. p. 28.

【672】TA 4157 54.1 普度施食之論(文言) C-0463 C86

008162161　FC8167　Film Mas 32081

封面:子曰非其鬼而祭之詔也

　　　普度施食之論

　　　尚德纂　新嘉坡書院藏板

半頁,框16.5×10.5cm,9行,行26字,白口,四周雙邊,單黑魚尾,版心上鐫"特選撮要",中鐫"普度施食之論",下鐫"卷一",共7頁。

據版心鐫"特選撮要",可推知本篇約是新嘉坡堅夏書院藏板1830年代的作品。

【作者】麥都思(Walter Henry Medhurst),1796—1857.

cf. Wylie. Memorials. p. 28.

【673】TA 4160 54 慶賀新禧文 C-0668 H13

008162167　FC8184　Film Mas 32061

封面:謹陳愚意奉送　新嘉坡書院藏板

　　　中華諸兄慶賀新禧文

　　　卑友尚德者拜

半頁,框 10×17cm,9 行,行 26 字,白口,四周雙邊,單黑魚尾,版心上鎸"特選撮要",中鎸"慶賀新禧文",共 6 頁。

據版心鎸"特選撮要",可推知本篇約是新嘉坡堅夏書院藏板 1830 年代的作品。

【作者】Walter Henry Medhurst, 1796—1857.

cf. Wylie. Memorials. p. 28. Appeared first in the Monthly magazine, i. e. 特選撮要, in 1826, 7 leaves, Batavia.

【674】TA 4229.8 80 牲畜罷工記(官話) C-0666 H11

008165365　(恊和書局,1917)

封面:牲畜罷工記　官話(配"兩馬圖")

扉頁:西曆一千九百十七年　發行所 上海河南路廣學會　上海北京路恊和書局

　　　牲畜罷工記　官話

　　　中華民國六年歲次丁巳

反面:The strike at Shane's

　　　Prize story of Indiana.

　　　Adapted and translated by Mrs. D. MacGillivray and Y. S. Loh.

　　　Mandarin edition.

　　　On Sale at MISSION BOOK COMPANY

　　　CHRISTIAN LITERATURE SOCIETY FOR CHINA 1917

有 PREFACE:

This is an amusing and instructive story of a supposed strike by the birds and animals on Farmer Shane's estate, as a protest against ill-treatment. ……

It is published under the auspices of The American Humane Education Society, Boston.

有《牲畜罷工記·序言》。大概説明原書是設想的並非真實,借此奉勸世人善待各種牲畜。這書風行美國,如今譯成官話。

有《牲畜罷工記》目次共十一章:

虐待老馬、老馬受病、群畜會集、議决方針、實行罷工、罷工情形、怒馬傷主、病中苦況、良友規勸、悔改前非、福禄齊臨

10.5×15.2cm,12 行,行 27 字,四周雙邊,版心上鎸"牲畜罷工記"及章次與篇名,中附動物圖狗、貓、鳥、雞、馬(5 幅),十一章,共 50 頁。

【作者】波特(Gene Stratton Porter),美國女作家,她的第一部小説《牲畜罷工記》(The Strike at Shane's),表達了愛護動物的理念。

【譯者】季理斐夫人。

【675】TA 4230 87 醒世要言 C-0656 H1

008165359　FC8156　Film Mas 32090　(口語淺文言)

封面:醒世要言(外有雙框)

扉頁:道光十八年歲次戊戌仲夏鎸

　　　　仁愛會纂

有道光十八年仁愛會纂《醒世要言小引》(2 頁)。

出版:仁愛會,新嘉坡,1838 年。

半頁,框 10×17cm,8 行,行 22 字,白口,四周雙邊,單黑魚尾,版心上鎸"醒世要言",中鎸依次爲"戒酒論"(1 頁)、"戒食鴉片煙"(3 頁)、"論賭博"(10 頁),共 14 頁。卷末有"醒世要言終"之語,有"天皇上帝"之語。

【作者】帝禮士(Ira Tracy,1806—1875),美國在華傳教士。

【合作者】梁阿發(1789—1855)。

【676】TA 4231 51 指迷編:勸戒鴉片時方 C-0663 H8

008165363

同治八年(1868)

指迷編　勸戒鴉片時方

福州太平街福音堂

有咸豐六年丙辰夏月望旭主人撰《指迷編序》(文言文)1 頁。

正文:《勸戒鴉片》(文言,1 頁)、《戒煙證驗》(1 頁,介福子謹勸、甬上緋卿氏謹勸)、《勸戒鴉片六則》(四明蓉棣居士謹勸,2 頁)、《勸戒鴉片明來歷事》(通靈子謹勸,1 頁)、《靈驗斷癮方》(6 則,2 頁)。卷末有"指迷編終"之語。

半頁,框 9×14cm,14 行,行 29 字,白口,四周單邊,單黑魚尾,版心鎸"指迷編",共 8 頁。

cf. Wylie. Memorials. p.183. 指迷編. Work by Robert Henry Cobhold. 15 leaves. Shanghae, 1857.

【677】TA 4231 55 戒烟醒世圖 C-0664 H9

008165766

封面(紅色):勸戒鴉片煙醒世圖(配圖)

扉頁:光緒二十六年歲次庚子

　　　戒煙醒世圖

　　　福州　閩北聖書會印發　福州美華書局活板

有《勸戒鴉片煙詞》。

有《勸戒鴉片煙十二圖詞目録》及附録。

共有 12 圖:迷途初步、貽父母憂、興盡悲來、癮成産敗、置若罔聞、積怨生憤、甚於飢渴、妻號子哭、室如懸磬、自貽伊戚、無以爲家、究竟如斯。(6 頁)16×9.5cm,單黑魚尾。

附録有鄂郡福音堂李修善撰寫的《耶穌聖教戒煙説略》,漢口福音會堂楊格非撰寫的《治心癮之法》。另附《禱告文》、京都施醫院德貞著《治身癮之法》、《戒煙各方》、《救吞煙之法》。

文字部分:半頁,框 10.5×15.5cm,13 行,行 31 字,白口,四周雙邊,單黑魚尾,版心上鎸"戒鴉片煙",共 6 頁。連同 12 圖,共 12 頁。

【678】TA 4231 87 鴉片速改文 C-0659 H4

008165361

封面:道光乙未冬鎸　新嘉坡堅夏書院藏板(1835)

　　　鴉片速改文　仁愛者纂

正文《鴉片六戒》(比較書面語)從"犯法、不孝、破家、捨身、壞俗、沉靈"六方面談食用鴉片的害處,並設置相關條文禁止鴉片交易食用。

半頁,框 9×15cm,7 行,行 17 字,白口,四周雙邊,單黑魚尾,版心上鎸"鴉片六戒",共 6 頁。

【作者】帝禮仕(Ira Tracy),1806—1875。

【合作者】梁阿發(1789—1855),化名"仁愛者"。

cf. Wylie. Memorials. p. 79.

【679】TA 4231 87.1 勸戒鴉片良言 C-0660 H5

008165362

封面:鴉片乃是毒蛇勿摸之鴉片乃是猛勇獅子勿近之

　　　勸戒鴉片良言

　　　鴉片乃是猛虎吞食快快走之惟爾要堅心思之

卷首有《勸戒鴉片煙警世良言小引》講述鴉片之害及其六戒。

正文《鴉片六戒》:犯法—不孝—破家—捨身—壞俗—沉靈。

半頁,框 13×19cm,9 行,行 22 字,白口,四周雙邊,版心上鎸"勸戒鴉片良言",共 4 頁。破損嚴重。

【按】内容同上條"C-0659 H4 鴉片速改文(仁愛者纂,堅夏書院,1835)",僅多了一個小引而已。

【作者】帝禮仕(Ira Tracy),1806—1875。

【680】TA 4236 55 賭博明論略講 C-0657 H2

008165360　(博愛者纂,1840,文言)

賭博明論略講

博愛者纂

正文卷首《賭博關係損益明論》。

半頁,框8×13.5cm,8 行,行 20 字,四周雙邊,單黑魚尾,版心上鐫"賭博明論",共 7 頁。卷末有"賭博明論終"之語。

【作者】米憐(William Milne),1785—1822。

cf. Wylie. Memorials. p. 16. 13 l. Malacca, 1819. Reprinted in Malacca, 1832；at Singapore 1840…

【按】又見1856 年版本單行本:"TA 4236 55 C2 賭博明論 C-0658 H3"

耶穌降生一千八百五十六年

賭博明論

亞比絲喜美總會鐫

正文《賭博明論》。

文字基本同於"C-0657 H2 賭博明論略講(博愛者纂,1840,文言)",但個別句子的表達詞語略有小動。

半頁,框 11×17cm,12 行,行 25 字,白口,四周雙邊,單黑魚尾,版心上鐫"賭博明論",共 13 頁。

【681】TA 4249.399 溺女論 C-0665 H10

008165364

一張紙。

上方:耶穌教要言醒世

34.5×20cm,26 行,行 22 字,首行"溺女論"三字,末行有"丁未在廈刊送"之字。

廈門出版,出版年代不詳。

本書又名《耶穌教要言醒世》。

【682】TA 4309 80 理財學 C-0676 H21

007537127　FC4711　FC-M189

耶穌降世一千九百零二年

理財學

光緒二十八年歲次壬寅

上海：美華書館鉛印

有光緒二十八年二月吳汝綸撰寫的《序》(草書,1 頁)。

有通州潞河書院院長子榮謝衛樓於京都至勤慎軒撰寫的《自序》(1 頁)。

有《理財學》目錄(3 頁)。

　　理財大旨

　　卷一論生財(三章)

　　卷二論易財(四章)

　　卷三論分財(五章)

　　卷四論用財(三章)

半頁,框 12.2×18cm,13 行,行 32 字,白口,四周雙邊,單黑魚尾,版心上鎸書名"理財學"及卷次,共 67 頁。卷末有"理財學終"之語。

卷末有 Political Economy by D. Z. SHEFFIELD. D. D.

English Introduction

North-China Colloeom Tungchou(near Beijing), January 1st 1900

有關於這本書的經濟術語的中英文對照表 Glossary of special Terms 1 頁。主要參照了美國 Francis Amasa Walker(1840—1897)Political Economy 一書。

【原著者】沃爾克(Francis Amasa Walker,1840—1897),19 世紀後期美國著名經濟學家,教育家。

【譯者】謝衛樓(Devello Zelotos Sheffield),美國公理會 1869 年派遣來華的傳教士。在華一直從事傳教和基督教教育活動 40 多年,先後擔任通州潞河中齋、潞河書院和華北協和書院的監督(校長)。積極介入西學輸入,他在 1902 年後相繼翻譯出版了《理財學》、《政治源流》、《是非要義》和《心靈學》四部西方人文社會科學方面的代表性作品,在中國近代經濟學、政治學、倫理學和心理學的草創時期具有重要的學術意義。他的主要譯作列表如下:

(1)萬國綱鑒(卷 4),上海：美華書館,1882

(2)理財學,上海：美華書館,1902

(3)政治源流,通州：協和書院印字館,1910

(4)是非要義,通州：華北協和書院,1907

(5)心靈學,通州：華北協和書院,1911

(6)泰西之學有益於中華論,《萬國公報》第 93 冊

(7)論基督教於中國學術變更之關係,《萬國公報》第 166 冊

(8)潞河書院名冊,通州,1893

【683】TA 4612 80 政治源流（謝衛樓著，文言文）C-0680 H25

007563301　FC4711　FC-M1890

封面:政治源流(外加雙框,豎寫)

扉頁:西曆一千九百十年

　　　政治源流

　　　大清宣統二年歲次庚戌

　　　北通州　協和書院印字館鎸

有 D. Z. Sheffield 在 North China Union College, Tungchou, SEP 15th 1910 年撰寫的"Preface"(2頁)。

有宣統二年歲次庚戌秋八月潞河管國全在華北協和書院寫的中文《序》(2頁)。

有西曆一千九百十年九月謝衛樓在華北協和書院寫的中文《自序》(2頁)。

有《政治源流》總目共22章(12頁)。

正文《政治源流》,華北協和書院謝衛樓子榮著,通州管國全輔臣氏筆述,武清諸葛汝楫巨川校訂。

12.6×18.5cm,16行,行38字,白口,四周雙邊,版心上鎸書名"政治源流",中鎸章次及篇名,共22章,172頁。

書末附《中西名詞對照表》Glossary of special Terms,used in this Political Science,按字母音序排列,6頁。

【原著者】謝衛樓(Devello Zelotos Sheffield),1841—1913。

With English preface. Pen note added on t. p.: Based upon Woodrow Wilson's "The State" to some extent, with an original chapter upon Chinese government.

【按】第18章《論中國之政治》、第19章《論清國之政治》,管國全筆述,諸葛汝楫校訂,1889年。

【684】TA 4713 3023 華洋義振會報告（賚樂安編譯1907）

009436050

扉頁:光緒丁未臘月

　　　華洋義振會報告

　　　英國賚樂安編譯

有中國譯科進士英國賚樂安光緒三十三年十二月撰寫的《序》:

華洋義賑之役,中西善士慨解囊金,爲數甚巨。……時余方總理山西大學譯書院事,承李德立君之命,屬爲整理。擇其要者,以次排比,都爲是編,復奧譯員許君默齋、張君鐵民譯以華文。……

有《目録》(2頁)。

江北水災記

災區之位置

災區之地形

災荒之原因

災狀之發見

華洋義賑會之設立

設立賑會之困難

……

鎮江義振分會報告

清江浦義振分會報告

安東義振分會報告

宿遷義振分會報告

窯灣義振分會報告

徐州義振分會報告

無錫義振分會報告

災荒最後之情狀

華洋義振會報銷清單

華洋義振會會員名單

華洋義振分會會員名單

隨文附加了災區地形圖、災民苦狀照片、領取賑災糧照片、運糧船卸糧之圖共 50 多幅。這些對我們瞭解光緒三十三年在江蘇蘇北至江南發生的水災情況、通報（電訊）災區災情情況、救災情況以及傳教士在其中的作用很有作用。

15×24cm，版心鐫"華洋義振會報告"，共 124 頁。

【685】TA 4723 2107 議會規則

009436898

書末有：著作者：天津公理會魏文舉牧師

出版者：華北公理會著作委員會（北京）

印刷者：利民印刷局

18.5×13cm（整個面積），17 行，行 38 字，規則共 29 則，每條下分甲、乙、丙、丁數項，共 9 頁。出版年代不確。

【686】TA 4890.83 99 亞美利加合省國之總律例 C-0681 H26

008164084

封面：亞美利加合省國之總律例（豎寫）

合省國即常云之合衆國。

卷首有《序》:

我們合省國百姓爲要成更尊美之合立公道,令各家和平,預備保佑大衆,叫家家興盛又得自由之福氣,在我們及子孫之身,所以定立亞美利加合省國之總律例。

第一段律例之門類。

半頁,框11.5×18.5cm,12行,行23字,白口,四周雙邊,單黑魚尾,共15段,每段下設若干節,共14頁。破損嚴重。頁碼不清。出版年代不確。收錄至修正第十五條。

【687】TA 4932 4022 創設學校議(1卷)

009434657

扉頁:西曆一千八百九十五年　李佳白著

　　　創設學校

　　　光緒二十一年歲次乙未

　　　尚賢會印

正文《創設學校議》,從四個方面談論創設學校:

第一端論學校之大致

第二端論各種之學問

第三端論各等學問之章法

第四端論考取各等之學問

9.5×16cm,7行,行20字,白口,四周單邊,單黑魚尾,版心上鎸"創設學校",共6頁。

【作者】李佳白(Gilbert Reid,1857—1927),美國傳教士,早期在山東傳教,維新時期創辦針對上層社會傳教的機構"尚賢堂"。從晚清至民國初年,李佳白通過尚賢堂聯絡中外人士、舉辦文化活動、宣傳和平主張和實行各教聯合,曾受到廣泛關注。

*【688】TA 4964 1104 北平育英中學校一九三四年度週年概況(1卷)

009429905　(北平育英中學校編)

北平育英中學校一九三四年度週年概況(油印本)

本校董事芳名(首列胡適)

有本年度特殊事項(中學會考得冠軍、圖書館博得好評)

組織

職員

關於課程及教授事項

關於訓教事項

關於衛生事項

關於學生事項

學生家長職業比較表

學生籍貫表

團體組織

宗教事項

半頁,框 17×28cm,共 6 頁。

INTERNET LINK：http：//nrs. harvard. edu/urn-3：FHCL：3353855

http：//purl. oclc. org/DLF/benchrepro0212

Other Titles：Harvard-Yenching Library Chinese Republican Period （1911—1949）
Digitization Project.

*【689】TA 4964 8642 **全國基督教中學臨時調查總結(1 卷)**

009436073 （中華基督教協會編,1950）

全國基督教中學臨時調查總結 1950 年春季

中華基督教協會編(上海圓明園路 169 號)

華北、東北、西北區基督教中等學校概況統計表

華東區基督教中等學校概況統計表

華中南區基督教中等學校概況統計表

西南區基督教中等學校概況統計表(附香港)

統計表共 6 張,正反 12 頁。連同封面與説明,共 8 張。統計表 26.5×21cm。

*【690】TA 964 8642.1 **全國基督教中等學校西元一九四九年至五〇年度統計(1
卷)**

009436100 （中華基督教教育協會編）

全國基督教中等學校西元一九四九年至五〇年度統計(油印本)

中華基督教教育協會編

材料説明

全國基督教中等學校概況統計表

全國基督教中等學校教職人員數統計表

全國基督教中等學校宗教情況統計表

全國基督教中等學校學生性別人數統計表

華北、東北、西北三區基督教中等學校概況統計表

華東區基督教中等學校概況統計表

華中南區基督教中等學校概況統計表

西南區基督教中等學校概況統計表(附香港澳門)

共 11 頁。32.5×21cm。

【691】TA 4997.26 4641 **南昌葆靈女書院章程**（1 卷，1908）

009434367

封面：葆靈女書院章程（竪寫，小篆）

扉頁：南昌葆靈女書院章程

反面：戊申四月重鐫（1908）

有大課堂照片一幅。

有美以美會南昌葆靈女書院院長韓撰寫的《南昌葆靈女書院章程》序（2 頁）。

章程分入學、學科、考驗、假期、規則五章，每章下若干條，共 6 頁。

12 行，32 字。文字空間 16×10.5cm。

卷末有幼稚園照片一。

附蒙學課程表、小學程度課程表、英文程度表、中學程度課程表。

【692】TA 4997.31 4424 **私立福建協和大學一覽**

007832103

封面：民國十七年至十八年

　　　私立福建協和大學一覽

　　　林景潤題

首頁爲私立福建協和大學一覽目錄。

插圖（13 幅）。

校史、校曆、校董題名、教職員題名。

普通概況：圖書館、醫藥部、大學書店、博物室、飼蠶試驗所、植物標本室、植物園等。

各學系研究會：時事研究會、音樂研究會、自然科學研究會、攝影事業研究會。

各種集會、學生組織、助學事業、推廣事業、學生通則（5 則：投考規則、學費及他費、畢業標準、醫學預科、記分法績點及分級法）。

學程一覽。

各科系：中國文學系、外國語及比較文學系、音樂藝術系、哲學及宗教學系、歷史學系、政治學系、經濟學及社會學系、心理學及教育學系、數學系、物理學系、化學系、生物學系。

畢業生名録。

學生名録。

17×22.5cm，共 106 頁。

＊【693】TA 49972088 **私立銘義中學校概覽**

009433654

封面：私立銘義中學校概覽（冀貢泉題，小篆）

扉頁：山西銘義中學校一覽（劉鼎銘題）

有民國二十六年一月十四日孫秉乾撰寫的《弁言》。

有小門照片一幅。

校歌。

山西教育廳長冀育堂先生像、董事長王景文先生像、諸董事像、校長孫秉乾先生像以及全校教師像、學校學生活動及宿舍像等 14 張。

19×26cm,文字部分竪排,包括校史、組織系統、學校概況、教務概況、女部概況、訓教概況、事務處概況、圖書館概況、勞作廠概況、章則與規程、統計表、畢業生概況、歷任校長一覽表、大事記、校曆,共 90 頁。

【694】TA 5137 94 **邵武話字母表** C-0648 G20

004440501

Shauu K'iong, Loma t'se

邵武話單音節字母表,共 29 頁,20cm。

封面有列印的字(Typescript note on cover):List of monosyllabic sounds of the Shaowu dialect. Prepared by Mr. & Mrs. Walker assisted by Messrs. Chang and Fan.

Foochow:M. E. Mission Press, 1887.

【作者】Joseph Elkavah Walker, 1844—?

【695】TA 5137 95 Hók-ciǔ Lò-mà cê huôi dù mùng hǒk(**福州方言**) C-0651 G23

004440502

Hók-ciǔ Lò-mà cê huôi dù mùng hǒk, Hannah Conklin Woodhull, 1906 年。

封面(有花草圖案):Hók-ciǔ Lò-mà cê huôi dù mùng hǒk

卷首有 Hannah C. Woodhull 的 Preface。

有 HO Ha-na 的 Seu(序)。

有 Suggestions to Teachers。

是學習福州話羅馬字的小冊子,圖文並茂的入門書。字母聲韻調系統,念念不忘宗教的旨意,p.59-60 有《聖經全書目録》(含《舊約》《新約》)。p.54-55 還有手寫體的羅馬字。

文字空間 11×14cm,横排,19 行,共 65 頁。版本保存良好,字跡大而清晰,是一個很好的資料。

【作者】Hannah Conklin Woodhull, 1844—1922.

【696】TA 5137 95.1 Lo-ma ing chiek ce loi(**閩南話** 1906) C-0652 G24

008164077

已經破損很嚴重。

封面：Lo-ma ing chiek ce loi

　　　Miss Hannah C. Woodhull

　　　Foochow City

　　　Printed by the Romanized Press

　　　1906

正文 Lo-ma ing chiek ce loi。

14×19cm，共 12 頁（橫排）。

羅馬字母拼音小冊子，聲母韻母聲調表以及單句。

福州：Romanized Press，1906 年。

【作者】Hannah Conklin Woodhull，1844—1922.

【697】TA 5137 941 邵武方言羅馬字 C-0649 G21

008164089

Alphabet of Romanized Shaowu / by Mrs. Walker and Mr. Chang.

List of Monosyllabic sounds of The Shaowu Dialect.

Prepared by Mrs Walker assisted by Messrs, Chang and Fan.

Printed at the M. E. Mission Press, Foochow(Shaowu).

扉頁：Shauu K'Iong Loma T'se.

卷首：字頭總目（20 個，類似聲母，1 頁）

字母總目（40 個，另有 4 個手寫後添的，類似韻母，1 頁）

正文：從"A 鴉"字開始，到"Vin 運"字結尾，p.3-29，是邵武話的聲韻調發音和漢字對照表。

10.5×15.5cm，每頁三格，每格 20 字，每頁 60 字，共 27 頁，1610 字。頁上標注頁碼數。

Title：Alphabet of Romanized Shaowu / by Mrs. Walker and Mr. Chang.

福州：M.E. Mission Press，1887 年。

【作者】Ada E. Walker，1843—1896.

【按】燕京圖書館另一個殘本是 4 頁的，編號亦爲"TA 5137 941"。

Title 是人工後加印上去的：Alphabet of Romanized Shaowu / by Mrs. Walker and Mr. Chang.

號大	號小	音	號大	號小	音
A	a	鴉	O	o	阿

其實就是大小寫字母，及其在邵武話中的羅馬拼音發音。

列聲母、韻母、聲調、聲韻調組合拼讀表。

14×21cm，21 行，共 4 頁（橫排）。

【698】TA 5137 952 Coi Sing Gi C-0653 G25

008164078

Southern Min dialects Coi sing gi Lo ma ce hok kuo

封面：Coi Sing Gi

Lo ma ce hok kuo

Eighth Thousand

The Stewart Peet Memorial Press, Foochow City, 1923

卷首有 Mrs. E. L. Ford, Mrs. C. M. L. Sites and Mrs. W. N. Lacy 聯名寫的英文《序》，指出這本小冊子 Prepared a committee appointed by the women's Evangelistic Society of the Methodist Mission，是直接爲讀《聖經》服務的。

接着有 Direction to Teachers（英文）4 頁。

羅馬字母《序》1 頁，教學指南 4 頁。

正文 25 課，每一課有幾個單詞，分列生詞的聲韻調，以及簡單的句子；25 課將閩南話的聲韻調系統基本介紹完畢。13.5×20.5cm，共 26 頁。全書連序文共 36 頁。

【699】TA 5141 34 官話萃珍 C-0644 G16

008164191　　FC7718　　Film Mas 31750　　（精裝）

耶穌降世一千八百九十八年

官話萃珍

光緒二十四年京都滙文書院藏板

正文直接把漢字按英語音序編排，漢字下有用法舉例，供英美人學習漢語用。漢字詞條大寫，每頁 8 行，每個詞條下雙行小字關於漢字用法舉例，行 39 字（連同舉例符號），並説明該條語義及用法。頁上有收字的拼音標注，全書漢字。半頁，框 12.5×19cm，白口，四周雙邊，單黑魚尾，共 263 頁。紙質好，保存好。卷末有“光緒二十四年二月印完”之語。卷末有富善 1898 年在通州寫的英文介紹“Introduction”和英文封面。

A Character Study in Mandarin Colloquial, Alphabetically arranged.

Prepared by Chauncey Goodrich, Peking University Press, 1898.

【700】TA 5154 34a 官話萃珍 C-0645 G17

008163858　　（再版）

耶穌降世一千八百九十六年　　美國　善富著

官話萃珍

中華民國五年上海美華書館鉛板

A Character Study in Mandarin Colloquial,

Alphabetically arranged

Prepared by Chauncey Goodrich

Second Edition

Shanghai

American Presbyterian Mission Press

1916

英文序含富善 1898 年在通州寫的"Introduction"和富善 1916 年 10 月在北京寫的再版序。

正文直接把漢字按英語音序編排,漢字下有用法舉例,供英美人學習漢語用。漢字詞條大寫,每頁 8 行,每個詞條下雙行小字關於漢字用法舉例,行 39 字(連同舉例的間隔符號),並説明該條語義及用法。全書漢字,與 1898 年版本略有改動,在每個字上注了 1、2、3、4,分別代表陰平、陽平、上聲、去聲四聲聲調。某些字序的編排隨語音的順序有所變動或刪減。

11.2×18.5cm,白口,四周雙邊,版心上鐫書名"官話萃珍",共 474 頁。卷末有"官話萃珍終"之語。

【701】TA 5154 34b 官話萃珍 C-0646 G18

008164192　(精裝,1915)

封面:KUAN HUA TS'UI CHEN

　　　　BUNKYUDO

　　　　美國善富原著

　　　　日本石山福治校訂

　　　　官話萃珍

　　　　東京　文求堂藏版

反面:大日本大正四年秋九月刊行於東京

正文《官話萃珍》。

8×13cm,白口,四周單邊,版心上鐫"官話萃珍",共 528 頁。

【按】這個版本是 1898 年版本的再版,内容完全相同,只是板式變小了。卷末有"官話萃珍畢"之語、"光緒二十四年二月印完,大正四年九月校訂"之語。可見其依用的版本是"光緒二十四年二月印完"的那個版本,不同的是省去了原書的英文封面和英文序。

【作者】善富(Chauncey Goodrich),1836—1925。

【702】TA 5155 99 鄞邑土音(寧波) C-0650 G22

008164076　(羅馬字母)

没有封面,正文第一行橫寫"鄞邑土音"四字。

半頁,框 22×12.5cm,20 行,羅馬字拼音,爲"鄞邑土音"的聲韻調表,共 7 頁。

聲母:k k' g ng h t t' d n l p p' b m ts ts' dz s z kw kw' gw whw w gy y

韻母:a ia ang ao æ æn e eng en eo i in ing iu o ong ũong ô ông u un ũ ũn ah iah eh ih ũih oh ũôh

【703】TA 5156 4721 廈門音新字典(1923) C-0654 G26

004420921　（精裝）

封面:A dictionary of the Amoy vernacular by W. Campbell

　　　廈門音新字典(全)

扉頁:A dictionary of the Amoy vernacular

　　　Spoken throughout the prefectures

　　　Of Chin-Chiu, Chiang-Chiu and Formosa

　　　By Rev. W. Campbell, F. R. G. S.

　　　Member of the Japan Society

　　　Shanghai

　　　Presbyterian Mission Press

　　　西曆壹仟玖佰拾叁年(1924 年再版)

　　　廈門音新字典

　　　臺南宣教師甘爲霖編

有 1913 年 7 月 Thomas Barclay、Formasa 撰寫的英文"preface"。

有甘爲霖(kam ui-lim)用廈門話寫的序。

有 1923 年 Formasa 爲第二版寫的英文序、廈門話序。

有 1924 年 8 月 Thomas Barclay 寫的英文補記、廈門話補記。

有目録。

E-mng im E Ji-Tian(廈門音新字典)

直接把漢字按英語音序編排,漢字下有廈門話該字的羅馬字讀音,作爲語素的詞,供英美人學習廈門話羅馬字用。頁上有書名和頁碼數。p.1-765。

附録 Pho-Thong E Te-ho Mia Kap Lang Mia.

世界各地地名的英文、中文和廈門話羅馬字對照表(p.769-820)。

Eeng-Keng E Te-ho Mia Kap Lang Mia(英文和廈門話羅馬字對照,p.823-860)。

Bin-ka e ji-si(漢字和廈門話的對照,p.863-883)。

Kah-Chi Kap Tsoeh-khui(六十甲子、二十四節氣中文與廈門話羅馬字對照表,p.887-889)。

Ji-Po Kap Han-Ji E Bok-Liok(漢字部首的中文和厦門話羅馬字拼音對照表,p. 893－1025)。

封底:時間:大正二年七月二十三日印刷

大正二年七月二十九日發行

大正十二年七月三十日再版

編輯者:臺南市宣教師甘爲霖

印刷者:(橫濱)村岡齊

發行者:(臺南市)新樓書房

大正十二年爲 1923 年。

框 12.5×19cm,橫排,頁上鎸書名及各附錄篇目名。正文部分及附錄各篇,共 1025 頁。

【作者】William Campbell, 1841—1921.

▲【704】TA 5161 1000 集新堂三字經集註

009435753

扉頁:三字經集註

集新堂藏板

正文《集新堂三字經集註》,宋王伯厚先生篹定。此爲中國傳統的《三字經》文,蒙學材料,收在 TA 之中很異類。

半頁,框 10.5×18.5cm,白口,四周單邊,版心上鎸書名"三字經集註",《三字經》文大字,《集註》雙行小字。大字 9 行(小字 18 行),行 12 字(小字行 24 字),共 15 頁。

【作者】王應麟(1223—1296)。

【按】這個版本應不在著録之列,姑依照順序存留於此。

【705】TA 5161 1002 繪圖蒙學捷徑:第三冊(王亨統編輯)

009433511

鉛印第九版,上海:美華書館,1910 年。内封題:耶穌降世一千八百八十五年。

封面:第九版

繪圖蒙學捷徑　第三冊(竪寫加外框)

反面:ILLUSTRATED CHINESE PRIMERS IN

FOUR VOLUMES

Volume III by Wang Hang T'ong

Revised Edition

Shanghai Printed at the Presbyterian Mission Press 1910

有上海廣學會中西教會報主筆英國 Donald MacGIL. LIvray(季理斐)撰寫的英文序。

有《繪圖蒙學捷徑　第三冊目録》100 篇課文。

祝福孩提：人物繪像是西洋人的模樣，開篇就提到耶穌：“有人携孩提就耶穌，欲其捫之者，門徒斥之，耶穌見而不悦曰：……”

其他篇名涉及的人物畫圖基本是中國式的，如男人的長辮子等。

但涉及西方故事還是用的西洋人物畫，如第 71 課“該隱亞伯”。

必須讀書、兒願讀書、日夜年月、母至明日、升斗斛石、寒日讀書、月分三旬、蜻蜓形性、野豬預備、獨一真神、負薪讀書、懶學被責、香煙之害、分寸尺丈、筆可作字、採掘茨菰、王育好學、師與弟子、狐駡葡萄、宜如孩提……

100 篇課文簡短精悍，書面語味道濃，大體是一篇課文一個頁面，或三篇課文兩個頁面。大多數課文配有圖畫。

每課介紹各種基本知識，涉及人文地理四季自然動物等，同時也介紹爲人道理等處事行爲的基本知識，適合小孩的知識結構。每篇課文後附雙行小字的思考問題，少則四問，多則五至六問。

半頁，框 10×15.5cm，8 行，行 18 字，白口，四周雙邊，單黑魚尾，版心上鎸書名“繪圖蒙學捷徑”，中鎸“第三冊”及每課的篇名，下鎸頁碼數。共 100 課，82 頁。

封底有王亨統編輯的各種課本的中英文廣告，包括《繪圖蒙學捷徑》1—4 冊、《繪圖蒙學本國地理志》、《女子國文課本》1—10 冊、《幼稚園國文入門》1—5 冊等共 34 種。可見王亨統在小學教材方面的貢獻，也可見其教本致力於體例改良。此《繪圖蒙學捷徑》，對於教學内容和難易進度作了詳細計劃，每一課的生字、筆畫、句子長短都有安排。

【706】TA 5161 3034 漢字舉例

009441208

這本手抄本，卻是洋裝。

直接是漢字，字下爲雙行小字解釋，用官話口語，同富善《官話萃珍》的方式，是與這漢字相關的釋義詞、俗語等。

開始部分大致收録 b、p、s、sh、d 這幾個聲母開頭的漢字，書中有“‘媪’至‘廬’一本完”，即收字從“媪”字至“廬”字。

接下來字跡比較規整，d、t、z、c、zh、ch、w、y 聲母開頭的漢字，書中有“從‘單’至‘用’一本完”，即收漢字從“單”字至“用”字。

16.5×25.5cm，收漢字大寫，字下爲雙行小字解釋或引例，小字 9 行。没有頁碼數。出版者、出版時間不詳。不知首頁是否有殘缺，因爲没有看到第一本起手的漢字“媪”。

【707】TA 5196 3435 漢英字典

009441244 （手抄本，未完稿本）

第一卷本的第一部分：

首頁:Pnitials(聲母)15個:

漢字	語音(羅馬字母部首偏旁字)	語音(羅馬字母)	聲母音(羅馬字母)
柳	(略,下同)	了	l
邊		匕	p
求		久	k
氣		丂	k'
低		大	d
波		皮	p'
他		土	t
曾		卩	ch
日		乃	n
時		屍	∫ ʤ ʤ ∫
鶯		已	y
蒙		木	m
語		午	ng
出		千	ch
喜		禾	h

Pinals(韻母)33個:

春 花 香 秋 山 開 嘉 賓 歡 歌 須 杯 孤 燈 光 輝 燒 銀 缸 之 東 郊 過 西 橋 雞 聲 催 初 天 奇 歪 溝

聲調符號(8個)。

第二頁:韻母字33個的聲調配合表。

第一卷本的第二部分:

第三頁開始,以韻母字爲綱,從“春”開始分別列出不同聲母相應的漢字,對每個漢字用英文進行簡單的對應解釋。p.1-242,其中p.1-194基本完成;而p.194-195的“東”字、p.197-200的“郊”字、p.201-205的“過”字、p.206-220的“西、雞、聲、催、初”沒有完成;p.232-244的“奇、歪、溝”三字下不同聲母漢字均未有英文解釋。是一個初稿本,未完成本。

第一卷本的第三部分:

是漢字及其注音字母注音對照表,按部首偏旁排列,共96頁。

第一卷本的第四部分:

是所有偏旁單字的漢字與羅馬字母注音,僅3頁。

第一卷共348頁。

第二卷本内容同第一卷本第二部分的内容,即是以33個韻母代表字爲綱,從“春”到“溝”,分列不同聲母字的聲韻調組合字,一一英文解釋,共300頁。這一部分可以結合第一卷的第二部分,彌補了那部分的缺憾。是一個簡單的漢英字典。

31×20cm,正文字典下,中分爲二,漢字條下注英語對應詞。

【708】TA 5730 6640 因果報應歌(2卷)

009441226

手抄本(没有封面,毛裝)。主題爲因果報應,年代不詳,作者不詳,字體手寫俗體,有些字體認讀比較困難。有兩首,第一首 p.1—3,第二首 p.4—6。

半頁,框 12.5×21cm,7 行,行 18 或 19 字,共 6 頁。

▲【709】TA 5759 7234 開闢衍繹(6卷80回)

009433838

卷首有王黌在崇禎歲乙亥年春正月寫的《開闢衍繹敘》,1 頁。

附録《占仙天地判説》,2 頁。

《新刻按鑑編纂開闢衍繹通俗志傳目録》六卷八十回,10 頁。

圖像 13 頁。

正文:《新刻按鑑編纂開闢衍繹通俗志傳》卷一,五嶽山人周遊仰止集、靖竹居士王黌子承釋。

其餘各卷二、三、四、五、六同此。

卷一(1—8 回)p.1—28

卷二(9—20 回)p.1—48

卷三(21—36 回)p.1—52

卷四(37—50 回)p.1—50

卷五(51—66 回)p.1—50

卷六(67—80 回,似乎有殘缺末頁之情況)p.1—51

半頁,框 9×12.2cm,9 行,行 18 字,白口,四周雙邊,單黑魚尾,版心上鐫書名"開闢衍繹",中依次鐫"序、附録、目録、圖像(洪文志刻)、卷一、卷二、卷三、卷四、卷五、卷六"。避"玄"字之諱。

【《新刻按鑑編纂開闢衍繹通俗志傳》】明代歷史演義小説,又簡稱《開闢衍繹通俗志傳》,共 6 卷,80 回。撰者周遊,字仰止,號五嶽山人。所記始於傳説中盤古氏開天闢地的故事,歷三皇、五帝、夏、商諸代,至周武王伐紂滅商而止。是一部依據各類民間傳説和史書、筆記記載,補明代講史小説所未備的上古歷史演義。此書意在演敘開闢以來的上古歷史,搜集了較爲豐富的神話傳説内容,但語言樸質,後世流傳不廣。(按:明清善本小説叢刊初編第 11 輯《按鑑編纂開闢衍繹通俗志傳》,巴蜀書社 1999 年第 1 版,平裝,270 頁。)

【按】同"【704】TA 5161 1000 集新堂三字經集註"一樣,不是新教傳教士的作品。

【710】TA 5988.01 98 華英言語撮要訓蒙日課 C-0647 G19

007869097　（粤英,油印本）

封面上是後加的書名"A first book for teaching English"（這是整理者加上去的）。

正文從左到右的竪寫題名:華英言語撮要訓蒙日課

卷首有幾句小引:

四方風氣不齊,言語所以各異。……然此之中以華英言語爲廣用。華人通英語文藝者少,故作此書以助學者,然後庶可對語言談文藝,由是可日進矣。……

將"A(誄)B(碑)C(颺)D(地)"等26字母以中文字標音。

半頁,13.2×18.5cm,四周單邊,版心鐫書名"訓蒙日課",共29課,以其一、其二、其三、其四爲順序標示,共12頁。

其一:二字相連成句者仿此(10個)

兩個字母和拼成詞的字母,ME　切音　me　尾　我

　　　　　　　　　　HE　切音　he　希　佢

其二:三字相連成句者仿此(10個)

三個字母和拼成詞的字母,AND　切音　and　晏　並兼之

　　　　　　　　　　MEN　切音　men　眠　人

其三:四字相連成句者仿此(10個)

Book　切音　book　蔔　書

其四:五六字相連成句者仿此(10個)

Stone　切音　stone　士敦　石

其五:第一第二人稱代詞單複數主格屬格所有格(10個)

其六:第三人稱代詞單複數主格屬格所有格(10個)

其七、其八、其九、其十:名詞從單詞到短語到句子的擴展(10個)

其十一、其十二、其十三、其十四:單詞學校(10個)

其十五、其十六:單詞及其複數法表達(10個)

其十七、其十八:複合詞(10個)

其十九、其二十:動詞從單詞到短語到句子的擴展(10個)

其二十一、其二十二、其二十三、其二十四、其二十五、其二十六:句子(10個,中文用的是廣東話)

其二十七:汪泉(W)與石歧(S)二人相遇,彼此寒暄的英文問答對話

其二十八:對其二十七中的字詞進行解釋

其二十九:汪泉(W)與石歧(S)二人相約再次相見,彼此寒暄的英文問答對話

從英文字母標音可見,是廣東話語音。從句子表達可見是英語和廣東話的對照。

cf. Wylie. Memorials. p.67. 訓蒙日課.

【作者】William Young.

【711】TA 6747 82 **幼稚園與初等小學詩歌** C-0655 G27

005819758

扉頁:耶穌降世一千九百十五年

　　　幼稚園與初等小學詩歌

　　　上海　美華書館印

總題目録:

相見並祈禱歌 1—6 篇

聖詩歌 7—13 篇

春夏季歌 14—22 篇

秋冬季歌 23—28 篇

聖誕詩歌 29—40 篇

排隊並跳舞歌 41—46 篇

圈上遊戲歌 47—55 篇(第 62—76 首)

手指遊戲歌 56—68 篇(第 77—93 首)

雜歌 69—79 篇(第 94—105 首)

手指歌玩法式樣 80—88 篇

圈上遊戲歌玩法 89—92 篇

有英文 preface。

Alphabetical Index(2 頁)。

Topical Index(2 頁)。

每一首歌有歌譜和歌詞,p.1-79 是 105 首歌詞歌譜,15×23.2cm,79 頁。

p.80-88 是手指歌玩法式樣(76 個圖形顯示和漢字概説),15×23.2cm,9 頁。

p.89-92 圈上遊戲歌玩法篇(九篇,全部文字概述説明),15×23.2cm,12 行,行 38 字,淺文言,4 頁。

版心上鎸書名"幼稚園與初等小學詩歌",中依次鎸歌的首數、"手指歌玩法式樣名"、"遊戲之玩法",全書共 92 頁。

【作者】Elizabeth Sheffield Stelle, 1875—1961.

INTERNET LINK:http://nrs. harvard. edu/urn-3:FHCL:3403076

http://purl. oclc. org/DLF/benchrepro0212

Added t. p. : Songs for Chinese children, kindergarten and primary grades. Prepared by Elizabeth S. Stelle. North China Mission of the A. B. C. F. M. 1915.

【712】TA 7017 53 **格物入門** C-0698 I1

008164080　FC4251　FC-M1799

一函七冊,含水學、氣學、火學、電學、力學、化學、測算舉隅等共 7 卷,較系統地介紹西方科技。

封面:**格物入門　卷一水學**

扉頁:戊辰仲春月鎸

格物入門(小篆)

京都同文館存板

Elements of natural philosophy and chemistry By W. A. P. Martin, D. D.

Professor of Hermeneutics, Political Economy and International Law in the university of Peking, Printed for the university, Peking, 1868.

有 1868 年 2 月董恂在天津寫的英文序 Preface(1 頁)。

1868 年 4 月作者在北京的序 Author's preface(1 頁)。

有同治七年(1868)董恂寫的《格物入門》中文序(2 頁)。

有同治七年徐繼畬寫的中文序(2 頁)。

凡例(七則,2 頁)。

各卷目録:

(第一卷水學目録 2 頁,分上章、下章)

(第二卷氣學目録 4 頁,分上章、中章、下章)

(第三卷火學目録 3 頁,分上章、下章)

(第四卷電學目録 4 頁,分上章、中章、下章)

(第五卷力學目録 4 頁,分上章、下章)

(第六卷化學目録 6 頁,分上章、二章、三章、四章)

(第七卷算學目録 4 頁,分上章、二章、三章、四章)

卷首爲第一卷水學上章論静水、下章論流水的 48 幅圖(4 頁)。

正文:半頁,框 15×21cm,10 行,行 21 字,白口,四周雙邊,單黑魚尾,版心上鎸"格物入門",中鎸卷一各篇篇名,共 32 頁。

第一卷正文連同序文、目録、圖案,共 71 頁。

格物入門　卷二氣學

卷首爲第二卷氣學上章論天氣(38 幅)、中章論蒸汽(22 幅)、下章論聲音(12 幅)的 72 幅圖(8 頁)。

正文:半頁,框 15×21cm,10 行,行 21 字,白口,四周雙邊,單黑魚尾,版心上鎸"格物入門",中鎸卷二各篇篇名,共 58 頁。第二卷共 70 頁。

格物入門　卷三火學

第三卷火學目録 3 頁,分上章、下章。

卷首爲第三卷火學上章論熱(13 幅)、下章論光(41 幅)的 57 幅圖(5 頁)。

半頁,框 15×21cm,10 行,行 21 字,白口,四周雙邊,單黑魚尾,版心上鎸"格物入門",中鎸卷三各篇篇名,共 56 頁。第三卷共 64 頁。

格物入門　卷四電學

第四卷電學目録 4 頁,分上章、中章、下章。

卷首爲第四卷電學上章論乾電、中章論濕電附論磁氣、下章論電報的 87 幅圖(8 頁)。

半頁,框 15×21cm,10 行,行 21 字,白口,四周雙邊,單黑魚尾,版心上鐫"格物入門",中鐫卷四各篇篇名,共 58 頁。第四卷共 70 頁。

格物入門　卷五力學

第五卷力學目録 4 頁,分上章、下章。

卷首爲第五卷力學上章論力推原、下章助力器具的 44 幅圖(4 頁)。

半頁,框 15×21cm,10 行,行 21 字,白口,四周雙邊,單黑魚尾,版心上鐫"格物入門",中鐫卷五各篇篇名,共 60 頁。

格物入門　卷六化學

第六卷化學目録 6 頁,分上章、二章、三章、四章。

卷首爲第六卷化學圖式 16 幅圖(1 頁)。

正文:第六卷化學,美國丁韙良著,分上章、二章、三章、四章,後附《化學總論》。

半頁,框 15×21cm,10 行,行 21 字,白口,四周雙邊,單黑魚尾,版心上鐫"格物入門",中鐫卷次各篇篇名,共 84 頁。第六卷共 91 頁。

格物入門　卷七算學

第七卷算學目録 4 頁,分上章、二章、三章、四章。

卷首第七卷《算學協助格物小引》(3 頁)。

正文:第七卷算學協助格物,美國丁韙良著,分上章測算水學、二章測算氣學、三章測算光學、四章測算力學,通過問答的形式,凡 59 問。

半頁,框 15×21cm,10 行,行 21 字,白口,四周雙邊,單黑魚尾,版心上鐫"格物入門",中鐫卷次各篇篇名,共 76 頁。

【按】1870—1880 年代,林樂知與中國學者鄭昌棪合作又陸續從英文中翻譯了《格致啟蒙》共 4 卷(化學、地理、天文、格物),由江南製造局刊行。丁韙良與同文館學生胡玉麟等合編《格物測算》8 卷(其中 3 卷爲力學,其餘各卷爲水學、氣學、火學、光學、電學),由同文館刊行。都屬於此類譯著。

【713】TA 7017 2447 **格致彙編**(1876—1892,26 卷) C-0699 I2

008256042　FC-M1816　FC4460

燕京圖書館收有 1876—1890 年共 26 卷。

(1)中曆光緒二年正月　每月出印一卷

西曆一千八百七十六年二月　此卷改正重印

格致彙編

是編補續中西聞見録　在上海格致書室發售　英國傅蘭雅輯

卷首有《格致彙編序》1頁。

内容有：

格致略論附圖

算器圖説

西國造糖法

相互問答

算學奇題

格物雜説

14.5×21cm,21行,行42字,白口,四周雙邊,單黑魚尾,版心上鐫書名“格致彙編”,中鐫各篇篇名,共14頁。

(2)中曆光緒二年二月　每月出印一卷

西曆一千八百七十六年三月

格致彙編

是編補續中西聞見録　在上海格致書室發售　英國傅蘭雅輯

格致略論附圖

汽機要説

西國瓷器原流

算學奇題

相互問答

格物雜説

14.5×21cm,21行,行42字,白口,四周雙邊,單黑魚尾,版心上鐫書名“格致彙編”,中鐫各篇篇名,共12頁。

(3)中曆光緒二年三月　每月出印一卷

西曆一千八百七十六年四月

格致彙編

是編補續中西聞見録　在上海格致書室發售　英國傅蘭雅輯

格致略論附圖

論輕氣球

印書機器圖説

水雷説等

算學奇題

相互問答

西書價目

格物雜説

14.5×21cm,21行,行42字,白口,四周雙邊,單黑魚尾,版心上鐫書名“格致彙編”,中鐫各篇篇名,共 11 頁。

(4)中曆光緒二年四月　每月出印一卷

西曆一千八百七十六年五月

格致彙編

是編補續中西聞見録　在上海格致書室發售　英國傅蘭雅輯

格致略論附圖

論專地覓煤法

風車圖説

水雷説等

算學奇題

相互問答

格物雜説附告白

14.5×21cm,21 行,行 42 字,白口,四周雙邊,單黑魚尾,版心上鐫書名"格致彙編",中鐫各篇篇名,共 11 頁。

(5)中曆光緒二年五月　每月出印一卷

西曆一千八百七十六年六月

格致彙編

是編補續中西聞見録　在上海格致書室發售　英國傅蘭雅輯

格致略論附圖

起水機器等

算學奇題

相互問答

格物雜説附告白

14.5×21cm,21 行,行 42 字,白口,四周雙邊,單黑魚尾,版心上鐫書名"格致彙編",中鐫各篇篇名,共 12 頁。

(6)中曆光緒二年六月月　每月出印一卷

西曆一千八百七十六年七月

格致彙編

是編補續中西聞見録　在上海格致書室發售　英國傅蘭雅輯

格致略論附圖

化學器具圖説等

算學奇題

相互問答

格物雜説附告白

14.5×21cm,21 行,行 42 字,白口,四周雙邊,單黑魚尾,版心上鐫書名"格致彙編",中鐫各篇篇名,共 12 頁。

(7)中曆光緒二年七月　每月出印一卷

西曆一千八百七十六年八月

格致彙編

是編補續中西聞見錄　在上海格致書室發售　英國傅蘭雅輯

格致略論附圖

化學器具圖説、寫字機器、造冰器具等

格致理論

相互問答

算學奇題

格物雜説

14.5×21cm,21 行,行 42 字,白口,四周雙邊,單黑魚尾,版心上鐫書名“格致彙編”,中鐫各篇篇名,共 12 頁。

(8)中曆光緒二年八月　每月出印一卷

西曆一千八百七十六年九月

格致彙編

是編補續中西聞見錄　在上海格致書室發售　英國傅蘭雅輯

格致略論附圖

西國造針法圖説、論牙齒等

格致理論

相互問答

算學奇題

格物雜説

14.5×21cm,21 行,行 42 字,白口,四周雙邊,單黑魚尾,版心上鐫書名“格致彙編”,中鐫各篇篇名,共 13 頁。

(9)中曆光緒二年九月　每月出印一卷

西曆一千八百七十六年十月

格致彙編

是編補續中西聞見錄　在上海格致書室發售　英國傅蘭雅輯

格致略論附圖

西國開煤圖法、測月新論等

相互問答

算學奇題

格物雜説附告白

14.5×21cm,21 行,行 42 字,白口,四周雙邊,單黑魚尾,版心上鐫書名“格致彙編”,中鎸各篇篇名,共 12 頁。

(10)中曆光緒二年十月　每月出印一卷

西曆一千八百七十六年十一月

格致彙編

是編補續中西聞見録　在上海格致書室發售　英國傅蘭雅輯

格致略論附圖

紡織廠各機器、織布廠各機器、西國養蜂法等

相互問答

算學奇題

格物雜説附告白

14.5×21cm,21 行,行 42 字,白口,四周雙邊,單黑魚尾,版心上鎸書名"格致彙編",中鎸各篇篇名,共 13 頁。

(11)中曆光緒二年十一月　每月出印一卷

西曆一千八百七十六年十二月

格致彙編

是編補續中西聞見録　在上海格致書室發售　英國傅蘭雅輯

格致略論附圖

西國養蜂法、求溺水者新法、論脈等

格致理論

相互問答

算學奇題

格物雜説附告白

14.5×21cm,21 行,行 42 字,白口,四周雙邊,單黑魚尾,版心上鎸書名"格致彙編",中鎸各篇篇名,共 12 頁。

(12)中曆光緒二年十二月　每月出印一卷

西曆一千八百七十七年一月

格致彙編

是編補續中西聞見録　在上海格致書室發售　英國傅蘭雅輯

格致略論附圖

西國養蜂法、求溺水者新法、論脈等

西國救火梯

格致理論

相互問答

算學奇題

格物雜説附戒吸鴉片煙方法啟(美國醫士馬高溫)

14.5×21cm,21 行,行 42 字,白口,四周雙邊,單黑魚尾,版心上鎸書名“格致彙編”,中鎸各篇篇名,共 12 頁。

(13)中曆光緒三年正月　每月出印一卷

西曆一千八百七十七年三月　每卷錢一百文

格致彙編

是編補續中西聞見録　在上海格致書室發售　英國傅蘭雅輯

反面有傅蘭雅寫的小引,對 1876 年 12 卷進行回顧,涉及雜志價格等,並附各通商口岸聯絡地址。

有傅蘭雅光緒三年正月寫的《光緒三年新啟示》。

美國百年大會記略

過冰山之險

西國百姓嬉戲格致器等

西國養蜂法

論脈、説蟲等

相互問答

算學奇題

格物雜説

14.5×21cm,21 行,行 42 字,白口,四周雙邊,單黑魚尾,版心上鎸書名“格致彙編”,中鎸各篇篇名,共 16 頁。

(14)中曆光緒三年二月　每月出印一卷

西曆一千八百七十七年四月　每卷錢一百文

格致彙編

是編補續中西聞見録　在上海格致書室發售　英國傅蘭雅輯

反面有傅蘭雅寫的小引,對 1876 年 12 卷進行回顧,涉及雜志價格等,並附各通商口岸聯絡地址。

有李伯相畫像及《李伯相畫像跋》。

火車與鐵路略論

西國養蜂法、論脈等

互相問答

算學奇題

格物雜説

14.5×21cm,21 行,行 42 字,白口,四周雙邊,單黑魚尾,版心上鎸書名“格致彙編”,中鎸各篇篇名,共 17 頁。

(15)中曆光緒三年三月　每月出印一卷

西曆一千八百七十七年五月　每卷錢一百文

格致彙編

是編補續中西聞見録　在上海格致書室發售　英國傅蘭雅輯

反面有傅蘭雅寫的小引,對 1876 年 12 卷進行回顧,涉及雜志價格等,並附各通商口岸聯絡地址。

西船略論

續格致新法

西國養蜂法

論舌等

互相問答

算學奇題

格物雜説附告白

14.5×21cm,21 行,行 42 字,白口,四周雙邊,單黑魚尾,版心上鎸書名"格致彙編",中鎸各篇篇名,共 16 頁。

(16)中曆光緒三年四月　每月出印一卷

西曆一千八百七十七年六月　每卷錢一百文

格致彙編

是編補續中西聞見録　在上海格致書室發售　英國傅蘭雅輯

反面有傅蘭雅寫的小引,對 1876 年 12 卷進行回顧,涉及雜志價格等,並附各通商口岸聯絡地址。

農事略論

紡織略説等

格致理論

互相問答

算學奇題

格物雜説附告白

14.5×21cm,21 行,行 42 字,白口,四周雙邊,單黑魚尾,版心上鎸書名"格致彙編",中鎸各篇篇名,共 15 頁。

(17)中曆光緒三年五月　每月出印一卷

西曆一千八百七十七年七月　每卷錢一百文

格致彙編

是編補續中西聞見録　在上海格致書室發售　英國傅蘭雅輯

反面有傅蘭雅寫的小引,對 1876 年 12 卷進行回顧,涉及雜志價格等,並附各通商口岸聯絡地址。

有李壬叔先生像及丁韙良光緒丁丑年寫的《李壬叔先生述》。

入水衣略論等

論呼吸氣

互相問答

算學奇題

格物雜説

14.5×21cm,21 行,行 42 字,白口,四周雙邊,單黑魚尾,版心上鎸書名"格致彙編",中鎸各篇篇名,共 16 頁。

(18)中曆光緒三年六月　每月出印一卷

西曆一千八百七十七年八月　每卷錢一百文

格致彙編

是編補續中西聞見録　在上海格致書室發售　英國傅蘭雅輯

反面有傅蘭雅寫的小引,對 1876 年 12 卷進行回顧,涉及雜志價格等,並附各通商口岸聯絡地址。

西炮説略等

論呼吸氣

互相問答

算學奇題

格物雜説

14.5×21cm,21 行,行 42 字,白口,四周雙邊,單黑魚尾,版心上鎸書名"格致彙編",中鎸各篇篇名,共 16 頁。

(19)中曆光緒三年七月　每月出印一卷

西曆一千八百七十七年九月　每卷錢一百文

格致彙編

是編補續中西聞見録　在上海格致書室發售　英國傅蘭雅輯

反面有傅蘭雅寫的小引,對 1876 年 12 卷進行回顧,涉及雜志價格等,並附各通商口岸聯絡地址。

西國煉鐵法略論、防火論等

混沌説

格致新法

互相問答

算學奇題

格物雜説

14.5×21cm,21 行,行 42 字,白口,四周雙邊,單黑魚尾,版心上鎸書名"格致彙編",中鎸各篇篇名,共 16 頁。

(20)中曆光緒三年八月　每月出印一卷

西曆一千八百七十七年十月　每卷錢一百文

格致彙編

是編補續中西聞見録　在上海格致書室發售　英國傅蘭雅輯

反面有傅蘭雅寫的小引,對1876年12卷進行回顧,涉及雜志價格等,並附各通商口岸聯絡地址。

西國造瓷機器、紡織廠圖説等

格致新法

原質化合愛力大小説、英國史新略論、裝運雞蛋之穩法

互相問答

格物説雜

14.5×21cm,21行,行42字,白口,四周雙邊,單黑魚尾,版心上鎸書名"格致彙編",中鎸各篇篇名,共16頁。

(21)中曆光緒三年九月　每月出印一卷

西曆一千八百七十七年十月　每卷錢一百文

格致彙編

是編補續中西聞見録　在上海格致書室發售　英國傅蘭雅輯

反面有傅蘭雅寫的小引,對1876年12卷進行回顧,涉及雜志價格等,並附各通商口岸聯絡地址。

有徐雪邨先生像及端甫程芳述的《徐雪邨先生述》。

西國造橋論略、小像之説等

格致新法等

互相問答

格物雜説

14.5×21cm,21行,行42字,白口,四周雙邊,單黑魚尾,版心上鎸書名"格致彙編",中鎸各篇篇名,共16頁。

(22)中曆光緒三年十月　每月出印一卷

西曆一千八百七十七年十二月　每卷錢一百文

格致彙編

是編補續中西聞見録　在上海格致書室發售　英國傅蘭雅輯

反面有傅蘭雅寫的小引,對1876年12卷進行回顧,涉及雜志價格等,並附各通商口岸聯絡地址。

西國造磚法、簡便汽車與鐵路、製鈕法、鑿石機器、石板印法等等

互相問答

格物雜説

14.5×21cm,21行,行42字,白口,四周雙邊,單黑魚尾,版心上鎸書名"格致彙編",中鎸各篇篇名,共16頁。

(23)中曆光緒三年十一月　每月出印一卷

西曆一千八百七十七年十二月　每卷錢一百文

格致彙編

是編補續中西聞見録　在上海格致書室發售　英國傅蘭雅輯

反面有傅蘭雅寫的小引,對1876 年12 卷進行回顧,涉及雜志價格等,並附各通商口岸聯絡地址。

滅火器説略、測繪器具、論土星、腫脹辯

互相問答

格物雜説

14.5×21cm,21 行,行 42 字,白口,四周雙邊,單黑魚尾,版心上鎸書名“格致彙編”,中鎸各篇篇名,共16 頁。

(24)中曆光緒三年十二月　每月出印一卷

西曆一千八百七十八年正月　每卷錢一百文

格致彙編

是編補續中西聞見録　在上海格致書室發售　英國傅蘭雅輯

反面有傅蘭雅光緒三年十二月二十日寫的《格致彙編擬停一年告白》。

磨麪器、傳聲器像聲器、西國造啤酒法、起水論、近時戰船論、生氣説、格致彙編論(抄録自《申報》)

互相問答

格物雜説

14.5×21cm,21 行,行 42 字,白口,四周雙邊,單黑魚尾,版心上鎸書名“格致彙編”,中鎸各篇篇名,共16 頁。

(25)中曆光緒十六年春季　每季出印一卷

西曆一千八百九十年春季　每卷洋二角半

格致彙編

是編補續中西聞見録　在上海格致書室發售　英國傅蘭雅輯

反面有《第五年春季格致彙編目録》、《格致彙編館告白》、《格致書室告白》。

卷首爲薛福成寫的《格致彙編序》、王韜《格致彙編序》、汪振聲《續輯格致彙編序》。

有俞越寫的馮焌光小傳。

正文有格致釋器重學器、西畫初學、開辦鐵路工程説略、脈表診病論、居宅衛生論、泰西本草撮要……互相問答、格物雜説、艾約瑟的《華語考原》,共53 頁。後附告白(4 頁)。

14.5×21cm,21 行,行 42 字,白口,四周雙邊,單黑魚尾,版心上鎸書名“格致彙編”,中鎸各篇篇名。

卷末有英文的書名及目録介紹。

(The Chinese Scientific and Industrial Magazine , A Quarterly Journal , VOL. Ⅴ . NO. 1 ,

1890）

（26）中曆光緒十六年夏季　每季出印一卷

西曆一千八百九十年夏季　每卷洋二角半

格致彙編

是編補續中西聞見録　在上海格致書室發售　英國傅蘭雅輯

反面有《第五年夏季格致彙編目録》、《格致彙編館告白》、《格致書室告白》。

正文有格致釋器重學器、西畫初學、脈表診病論、居宅衛生論、西國名菜嘉花論、艾約瑟的《華語考原》、汽機鍋爐圖説、黄河論、泰西本草撮要……算學奇題、互相問答。

14.5×21cm，21 行，行 42 字，白口，四周雙邊，單黑魚尾，版心上鎸書名“格致彙編”，中鎸各篇篇名，共 51 頁。

後附格致書室書畫價目（2 頁）、告白（3 頁）。

卷末有英文的書名及目録介紹。

（The Chinese Scientific and Industrial Magazine，A Quarterly Journal，VOL. V . NO. 2，1890）

哈佛燕京圖書館藏有 1876 年（中曆）12 期月刊，1877 年（中曆）12 期月刊，1890 年 2 期季刊（有英文封面附後）。共 26 期。

【《格致彙編》】1876 年創刊于上海，初爲月刊，後改爲季刊。由英國傳教士傅蘭雅編輯，格致書室發售，1892 年停刊。

【作者】John Fryer, 1839—1928.

【714】TA 7017 4007 格物探原（6 卷）

009432424

《格物探原》，6 卷，光緒六年（1880）歲在庚辰活字板印。此爲刻本，據光緒二年（1876）鉛印本翻刻。哈佛燕京圖書館缺第三卷單行本，中國國家圖書館有藏本。

扉頁：格物探原（小篆，上元葛玼題並有“臣玼”之活字版印）

反面：光緒六年歲在庚辰活字版印

《格物探原凡例》四則（1 頁）。

第一册

第一卷，《格物探原目録》首卷二十二論（1 頁）：

論天地、論物質、論地球形勢、論土宜、論山、論空氣、論水、論皮相、論首、論首、論咽喉胃腸、論形體、論骨、論胸膈、論筋肉、論食、論血、論心、論腦、論目、論耳、論鼻口耳

正文：半頁，框 14.5×21cm，12 行，行 27 字，白口，四周雙邊，單黑魚尾，版心上鎸書名“格物探原”，中鎸各篇篇名，共 57 頁。隨文附圖，文言文。

第二册

第二卷，《格物探原目録》二卷十三章，章目如下（1 頁）：

上帝必有、上帝惟一、上帝至大、上帝全能、上帝全志全仁、上帝仁愛、上帝無所不在、上帝無所不知、上帝乃神、上帝自然而有無死生無終始、上帝莫測、上帝非太極、靈魂説

正文：半頁，框 14.5×21cm，12 行，行 27 字，白口，四周雙邊，單黑魚尾，版心上鎸書名"格物探原"，中鎸各篇篇名，共 82 頁。隨文附圖，文言文。

哈佛燕京圖書館缺第三卷單行本。

第三册：四五六卷

《格物探原目録》第四卷十七章，章目如下（1 頁）：

上帝主理人事、論上帝步武世人、論上帝治世事有成算、論上帝監觀世人、論性、論自然之心、論品性癖性、論心之感應、論心疾有用、論人心之念、論人心之念、論上帝福善禍淫、論上帝以惡滅惡、論惡人自陷網羅、論上帝以惡人濟善用、論死後復活、論死後復活

正文：半頁，框 14.5×21cm，12 行，行 27 字，白口，四周雙邊，單黑魚尾，版心上鎸書名"格物探原"，中鎸各篇篇名，共 42 頁。隨文附圖，文言文。

《格物探原目録》第五卷，章目如下（1 頁，没有圖）：

論上帝創造萬物令人喜歡快樂、論人當知上帝令人喜歡快樂之意、論上帝生人爲己之意、論人當明白萬物之理當感謝上帝之恩、論上帝造人是令人於今生之時以預備來生之事

正文：半頁，框 14.5×21cm，12 行，行 27 字，白口，四周雙邊，單黑魚尾，版心上鎸書名"格物探原"，中鎸各篇篇名，共 14 頁。文言文。

《格物探原目録》第六卷，章目如下（1 頁，没有圖）：

論魔鬼必有、論魔鬼必有、論魔鬼之始、論魔鬼作用、論魔鬼爲害其中有天命焉、論魔鬼雖多究係因人而施

正文：半頁，14.5×21cm，12 行，行 27 字，論證之中有雙行小字，白口，四周雙邊，單黑魚尾，版心上鎸書名"格物探原"，中鎸各篇篇名，共 9 頁。文言文。

【作者】韋廉臣（Alexander Williamson，1829—1890），英國傳教士。

【《格物探原》】Natural Theology, And the method of Divine Government，6 卷 4 册，綫裝，大開本，光緒六年歲在庚辰活字版印。《格物探原》一書主要介紹了天文、地理、地質、生物、人體結構等多方面的知識，並附有大量的精美圖片，字體精美。此書因爲介紹人體，後來遭到查禁，傳世罕見。宗教爲體，科學爲用。書中首次出現中文"化學"一詞。

【715】TA 7045 39 心算指明 C-0701 I4

005938186

《心算指明》，何天爵著，京都（北京）燈市口書院，1874 年。

封面：心算指明（豎寫，外雙框）

扉頁：耶穌降世一千八百七十四年

　　　　心算指明

　　　　歲次甲戌　京都燈市口書院刷印

有同治十三年泰西何天爵撰寫的《凡例》(7 則)2 頁。

框 10.5×15cm,13 行,行 30 字,白口,四周雙邊,版心上鐫"心算指明",中鐫章次,共15 章,128 頁。卷末附《加法歌訣》6 頁、《乘法歌訣》5 頁。共 139 頁。

官話口語,其中就是算數題,採用自問自答的形式,不斷設問,不斷解答。

INTERNET LINK:http://nrs. harvard. edu/urn-3:HUL. FIG:005938186

【譯者】何天爵(Chester Holcombe,1844—1912),美國傳教士,外交官,"何天爵"是他的中文名。他 1869 年來華,在北京負責公理會所辦的教會學校,1871 年辭去教會職務,先後任美國駐華使館翻譯、頭等參贊、署理公使等職。

【716】TA 7045 56 演算法全書(香港聖保羅書院 1852) C-0700 I3

008164081　(淺文言)

扉頁:A Treatise on Arithmetic,

　　　in the Chinese language,

　　　for the use of St. Paul's College, Hongkong.

　　　By E. T. R. Moncrieff.

　　　Victoria,

　　　London Missin Press, 1852.

有 E. T. R. Moncrieff 於 1852 年 2 月在 St. Paul's College, Hongkong 撰寫的 English preface。

扉頁(中文):

　　咸豐二年孟春　聖保羅書院

　　演算法全書

　　降生一千八百五十二年鐫

中文《序》(2 頁)。

目録(六章)(1 頁)。

正文:半頁,框 12×18cm,18 行,行 40 字,共 35 頁,白口,四周雙邊,單黑魚尾,版心上鐫"演算法",中鐫各章篇名。其間竪行文字與橫排或竪排算式相間。全書 38 頁。

cf. Wylie. Memorials. p. 200.

【《演算法全書》】1852 年在香港出版,凡 38 頁。編者蒙克利(Edward T. R. Moncriff),英國傳教士。1849 年奉派到香港,任聖保羅書院高級教師,1852 年回英。《演算法全書》是他任教聖保羅書院時所編教科書,基本内容爲數的概念,加、減、乘、除四則運算,分數、小數、比和比例等,書末附有習題答案。這是第一部在中國境内出版的用西方數學體系編成的數學教科書。

【聖保羅書院】香港最早的英文學校,也是第一所聖公會學校。創建於 1851 年,位於香港般含道 69 號。1909 年由英國海外傳道會接辦,並委任史超域牧師爲首任校長,才逐漸走上正軌。1914 年,聖保羅在堅道創立聖保羅女書院,1919 年成爲政府補助學校,並開辦了聖保羅夜校,由學校寄宿生義務任教。

【717】TA 7045 95 西算啟蒙(福州平話) C-0702 I5

008164082

《西算啟蒙》,福州平話,吳思明譯著,1866 年。

卷首有同治十三年春美國傳教士吳思明序:"在福州起手是美國基順教士翻譯正文⋯⋯我僅翻譯平話,僅加裡幾件其法。"

問答體數學啟蒙教材,涉及加、減、乘、除法及各綜合演算法。半頁,框 11×17.5cm,10 行或 12 行不等,行 35 字,白口,四周雙邊,單黑魚尾,版心中鎸各篇篇名,共 60 頁。

早期福州宣教及其出版大致情況爲:1856 年福州茶亭之真神堂及倉前山天安堂先後落成奉獻,售出第一本《聖經》;開設英華書院,武林吉牧師譯出福州語聖詩,創辦義塾,招收寄宿生,設立醫館等;基順牧師譯福州語《聖經》,著《二約串珠》、《西算》等;萬爲牧師著地球圖、福州地理圖等。

【按】《西國算學》一卷,基順(Otis Gibson)翻譯成中文,福州,1866 年,44 頁。

cf. Wylie. Memorials. p. 236.

【譯者】吳思明(Simeon Foster Woodin,1833—1896)。他依據基順《西國算學》之漢文翻譯,再翻譯成福州平話。

【718】TA 7060 4610 微積溯源(8 卷) C-0705 I8

008164085

《微積溯源》,8 卷,華里司輯,傅蘭雅口譯,華蘅芳筆述,1874 年。

卷首有同治十三年九月十八日華蘅芳《序》。10 行,行 22 字,12×17cm,白口,單黑魚尾,2 頁。

《微積溯源》,前四卷爲微積分術,後四卷爲積分術,6 冊。

第一冊卷一【微積一】第一至第二十六款

英國華里司輯,英國傅蘭雅口譯,金匱華蘅芳筆述

半頁,框 12×17cm,10 行,行 22 字,白口,單黑魚尾,版心中鎸"微積一",下分鎸頁碼數和"天、元、卜、工"字,卷末有"興化劉彝程校算"之語,共 53 頁。(全冊 55 頁)

第二冊卷二【微積二】第二十七至第五十九款

英國華里司輯,英國傅蘭雅口譯,金匱華蘅芳筆述

半頁,框 12×17cm,10 行,行 22 字,白口,單黑魚尾,版心中鎸"微積二",下分鎸頁碼數和"士、山、天、元、卜"字,卷末有"興化劉彝程校算"之語,共 49 頁。

第三冊卷三【微積三】第六十至第八十一款

英國華里司輯,英國傅蘭雅口譯,金匱華蘅芳筆述

半頁,框 12×17cm,10 行,行 22 字,白口,單黑魚尾,版心中鐫“微積三”,下分鐫頁碼數和“十、天、工”字,卷末有“興化劉彝程校算”之語,共 53 頁。

第四冊卷四卷五【微積四、微積五】第八十二至第一百二十二款

英國華里司輯,英國傅蘭雅口譯,金匱華蘅芳筆述

半頁,框 12×17cm,10 行,行 22 字,白口,單黑魚尾,版心中鐫“微積四、微積五”,下分鐫頁碼數和“二、于、火、仁、丁、山”字,卷末有“興化劉彝程校算”之語,卷四 30 頁,卷五 37 頁,共 67 頁。

第五冊卷六卷七【微積六、微積七】第一百二十三款至第一百六十六款

英國華里司輯,英國傅蘭雅口譯,金匱華蘅芳筆述

半頁,框 12×17cm,10 行,行 22 字,白口,單黑魚尾,版心中鐫“微積六、微積七”,下分鐫頁碼數和“二、火、山、于、丁、仁”字,卷末有“興化劉彝程校算”之語。卷六 50 頁,卷七 36 頁,共 86 頁。

第六冊卷八【微積八】第一百六十七款至第一百九十一款

英國華里司輯,英國傅蘭雅口譯,金匱華蘅芳筆述

半頁,框 12×17cm,10 行,行 22 字,白口,單黑魚尾,版心中鐫“微積八”,下分鐫頁碼數和“二、火、山、于、丁、仁、木”字,卷末有“興化劉彝程校算”之語,共 57 頁。

【作者】華蘅芳(1833—1902),江蘇無錫人,愛好數學,1861 年到安慶曾國藩軍中佐理洋務,然後到上海,在江南製造局供職。他除參加地學等書籍翻譯之外,主要和英人傅蘭雅合譯數學著作。十餘年間譯書以下 6 種:《代數術》(1872 年)、《微積溯源》(1872 年)、《三角數理》(1877 年)、《代數難題解法》(1879 年)、《決疑數學》(1880 年)、《合數術》(1887 年)。其中《決疑數學》是我國第一本有關概率論的數學譯作。與李善蘭的譯作相比,華蘅芳翻譯的著作内容較爲豐富,語言更爲流暢,但使用的符號仍未有大的變化。

【719】TA 7060 4610b 微積溯源(8 卷)

008164227

《微積溯源》,8 卷,華里司輯,傅蘭雅口譯,華蘅芳筆述,1896 年。

扉頁:微積溯源(隸書體)

　　　繩伯洪葆榮書(有“葆榮”之印)

反面:光緒丙申仲春月上海璣衡堂石印

　　　經上海著易堂發兑

首頁爲同治十三年九月十八日華蘅芳《序》1 頁。

這個版式其實是同治十三年(1874)《微積溯源》(8 卷,華里司輯,傅蘭雅口譯,華蘅芳筆述)本的改寫袖珍本,將兩頁大字本縮小爲一頁小字本。

第一冊

卷一第一至第二十六款

英國華里司輯,英國傅蘭雅口譯,金匱華蘅芳筆述

半頁,框11.5×17.4cm,頁中分爲二,各自20行,行22字,(合計40行,行44字),白口,單黑魚尾,版心上鎸"微積溯源",中鎸卷次,卷末有"興化劉彝程校算"之語,共14頁。

卷二第二十七至第五十九款

英國華里司輯,英國傅蘭雅口譯,金匱華蘅芳筆述

半頁,框11.5×17.4cm,頁中分爲二,各自20行,行22字,(合計40行,行44字),白口,單黑魚尾,版心上鎸"微積溯源",中鎸卷次,卷末有"興化劉彝程校算"之語,共13頁。

第二冊

卷三第六十至第八十一款

英國華里司輯,英國傅蘭雅口譯,金匱華蘅芳筆述

半頁,框11.5×17.4cm,頁中分爲二,各自20行,行22字,(合計40行,行44字),白口,單黑魚尾,版心上鎸"微積溯源",中鎸卷次,卷末有"興化劉彝程校算"之語,共14頁。

卷四第八十二至第九十八款

英國華里司輯,英國傅蘭雅口譯,金匱華蘅芳筆述

半頁,框11.5×17.4cm,頁中分爲二,各自20行,行22字,(合計40行,行44字),白口,單黑魚尾,版心上鎸"微積溯源",中鎸卷次,卷末有"興化劉彝程校算"之語,共8頁。

第三冊

卷五第九十九至第一百二十二款

半頁,框11.5×17.4cm,頁中分爲二,各自20行,行22字,(合計40行,行44字),白口,單黑魚尾,版心上鎸"微積溯源",中鎸卷次,卷末有"興化劉彝程校算"之語,共10頁。

卷六第一百二十三至第一百五十五款

半頁,框11.5×17.4cm,頁中分爲二,各自20行,行22字,(合計40行,行44字),白口,單黑魚尾,版心上鎸"微積溯源",中鎸卷次,卷末有"興化劉彝程校算"之語,共13頁。

第四冊

卷七第一百五十六至第一百六十六款

半頁,框11.5×17.4cm,頁中分爲二,各自20行,行22字,(合計40行,行44字),白口,單黑魚尾,版心上鎸"微積溯源",中鎸卷次,卷末有"興化劉彝程校算"之語,共9頁。

卷八第一百六十七至第一百九十一款

半頁,框11.5×17.4cm,頁中分爲二,各自20行,行22字,(合計40行,行44字),白口,單黑魚尾,版心上鎸"微積溯源",中鎸卷次,卷末有"興化劉彝程校算"之語,共15頁。

【輯者】華里司(William Wallace),1768—1843。

【口譯】傅蘭雅(John Fryer),1839—1928。

【筆述】華蘅芳,1833—1902。

【720】TA 7060 6340 代微積拾級（18 卷） C-0704 I7

008164094

《代微積拾級》,18 卷,羅密士撰,英國偉烈亞力口譯,海甯李善蘭筆述,1859 年。

卷首簡單的英文介紹:Algebraic geometry, with differential and integral calculus.

"Translation of Loomis' Analytical geometry, and differential and integral calculus."

接着是 A. Wylie(偉烈亞力)在上海 1859 年 7 月所做的"英漢數學術語對照表(音序排列)"以及一些符號漢字的羅馬字拼音對照表(3 頁)。

扉頁:代微積拾級

反面:咸豐己未孟夏墨海刊行

有咸豐九年己未孟夏李善蘭的自序(2 頁)。

有咸豐九年己未孟夏偉烈亞力的序(3 頁)。

有《凡例》(8 則,3 頁)。

有《目録》(18 卷,3 頁),涉及《代數幾何》九卷、《微分》七卷、《積分》二卷。

第一冊《代數幾何》九卷,英國偉烈亞力口譯、海甯李善蘭筆述

半頁,框 13.5×20.5cm,9 行,行 20 字,白口,四周雙邊,版心上鐫"代微積拾級",中鐫卷次,30+11+16+18+19+12+13,共 129 頁。

第二冊《微分》七卷(第七至第十六卷),英國偉烈亞力口譯、海甯李善蘭筆述

半頁,框 13.5×20.5cm,9 行,行 20 字,白口,四周雙邊,版心上鐫"代微積拾級",中鐫卷次,4+8+16+7+12+21+23+8+8,共 107 頁,全冊 121 頁。

第三冊《積分》二卷(第十七、十八卷),英國偉烈亞力口譯、海甯李善蘭筆述

半頁,框 13.5×20.5cm,9 行,行 20 字,白口,四周雙邊,版心上鐫"代微積拾級",中鐫卷次,38+23,共 61 頁。

【《代微積拾級》】1859 年由墨海書館出版,凡 298 頁,由偉烈亞力與李善蘭合譯。原書爲美國數學家羅密士(Elias Loomis)所撰,名《解析幾何與微積分初步》(Elements of Analytical Geometry, and of the Differential and Integral Calculus),1850 年出版,分 18 卷,1 至 9 卷述代數、幾何,10 至 16 卷述微分學,17、18 卷述積分學。這是近代輸入中國的第一部高等數學著作。李善蘭與偉烈亞力在翻譯此書時,創立了許多譯名,如系數、函數、橢圓、級數、常數、變數、微分、積分等,被中國數學界一直沿用下來。

由是,一切曲綫、曲綫所函面、曲面、曲面所函體,昔之所謂無法者,今皆有法;一切八綫求弧背、弧背求八綫、真數求對數、對數求真數,昔之視爲至難者,今皆至易。嗚呼!算術至此觀止矣,蔑以加夾。　　　　　　　　　　　　　　——李善蘭:《代微積拾級·序》

《代微積拾級》漢文版出版,很快東渡到日本。1872 年,即明治五年,日本出版了《代微積拾級譯解》,用日文詳加解釋。日本數學中的初等數學部分大多源自徐光啟和利瑪竇翻譯的《幾何原本》,而高等數學部分則始源於《代微積拾級》。微分、積分,是至今共同使用的漢字。

　　李善蘭創造的"微分"與"積分"這兩個詞,極其準確地刻畫了數學分析學的特徵。時至今日,東方各國,凡使用漢字的地方,都採用"微分"、"積分"的名詞。類似的新名詞,還有代數、常數、變數、已知數、函數、系數、指數、級數、單項式、多項式、微分、横軸、縱軸、切綫、法綫、曲綫、漸近綫、相似等許多名詞,都出自偉列亞力和李善蘭之手。

　　《代微積拾級》採用過一些西方符號,如乘號"×",除號"÷",等號"＝",根號"$\sqrt{}$",指數(位於右上角)等,但更多是採用漢字替代西算符號。如阿拉伯數字(1,2,3……)改爲漢字的數目字(一,二,三……)。26個英文字母用甲乙丙丁戊己庚辛壬癸的10字天干取代 A–J,續用子丑寅卯辰巳午未申酉戌亥的12字地支取代 K–V,最後剩下的 XYZW 則代之以天地人元,希臘字母"α β γ……φ χ ψ ω",則用二十八星宿的名稱代替(即角、亢、氐等)。求和符號 ∑ 於是用"喎"代替。函數符號 f 用"函"表示,自然對數的底 e 用"訥"(代表對數的發明者納普爾 Napier)。加減號(＋、–)改爲⊥、丁(取上、下兩字之形狀)。特別是微分符號"d"及積分符號"∫",竟用微積兩字的偏旁"彳"、"禾"取代。

【721】TA 7070 2420 運規指約(3 卷) C–0706 I9

　　008474619

　　《運規指約》,3 卷,美國白起德輯,英國傅蘭雅口譯,無錫徐建寅筆述,江南製造局繙譯館,清同治九年(1870),版本據《江南製造局記》所載。

　　論各種形體,三卷共 136 題。從綫的概念開始,以引起作形諸法。涉及各種三角形、四邊形、圓形等形體。每題有圖形,分別進行圖形分析和計算。每卷卷末分別有"長洲沙英繪圖校字"之語。

　　半頁,框 13×18cm,黑口,雙黑魚尾,版心依次中鎸"運規一"、"運規二"、"運規三"。10 行,行 22 字。卷一 26 頁,卷二 19 頁,卷三 23 頁,全書共 68 頁。

【722】TA 7080 3040 三角數理(12 卷) C–0707 I10

　　008474618

　　《三角數理》,12 卷,海麻士撰,傅蘭雅口譯,華蘅芳筆述,1877 年。

　　每一卷卷末有"興化劉彝程算校、上海曹擷亭繪畫"之語。

　　第一冊:卷一(1—34 款),37 頁;卷二(35—57 款),23 頁。

　　第二冊:卷三(58—88 款),30 頁;卷四(89—129 款),38 頁。

　　第三冊:卷五(130—159 款),52 頁;卷六(1—35 款),42 頁。

　　第四冊:卷七(1—49 題),32 頁;卷八(50—100 題),41 頁。

　　第五冊:卷九(1—25 款),29 頁;卷十(26—52 款),30 頁。

　　第六冊:卷十一(53—72 款),27 頁;卷十二(1—27 題),共 29 頁。

　　半頁,框 13×18.5cm,10 行,行 22 字,黑口,四周單邊,雙黑魚尾,版心中鎸"三角"及各章次。

【723】TA 7109 4400 天文揭要（2 卷） C-0708 I11

008164079

《天文揭要》，上、下兩卷，赫士口譯，周文源筆述，1899 年。

扉頁：耶穌降世一千八百九十八年　登郡文會館譔

　　　　天文揭要

　　　光緒二十四年戊戌第五次印　上海美華書館鉛印

反面：益智書會校訂藏板

有辛卯年秋赫士在蓬萊文會館寫的《序》1 頁，《凡例》十則 4 頁，《年表》1 頁，《天文揭要目録》1 頁。

天文揭要外字序 Preface（by W. M. HAYES Tengchow College，March 1st 1897）1 頁。

有中英文人名、星座、明目（即術語）對照表 3 頁。

卷首部分共 10 頁。

正文：

上卷分冊共 10 章，美國教士赫士口譯，蓬萊瀛橋周文源筆述。

半頁，框 13×19.5cm，12 行，行 34 字，白口，四周雙邊，單黑魚尾，版心上鐫"天文揭要"，中鐫"上卷"及章次，下鐫頁碼數。上卷 87 頁。

下卷分冊第十一章—十八章，共 57 頁。有《雜問》、《表解》、《月地平視差表》、《太陽太陰及行星表》、《連星表》、《時差表》，全冊共 66 頁。

【作者】Watson M. Hayes，1857—1944.

【724】TA 7140.9 19.1 天文問答（21 回，福州平話） C-0711 I14

008164083

《天文問答》，21 回，福州平話，盧公義原本，夏察理更正，福州太平街福音堂，1871 年。

扉頁：同治十二年盧公義原本　夏察理更正

　　　　天文問答

　　　福州太平街福音堂印

有《天文問答》目録（1 頁）。

正文福州平話榕腔，以章回小説的形式，採用問答（"問——應"）的形式對天文知識進行傳播。

半頁，框 9×14cm，14 行，行 30 字，白口，四周單邊，單黑魚尾，版心上鐫"天文問答"，中鐫回數，共 24 頁。

第一回論地面樣式（8 問 8 應）

第二回論全球其樣式（13 問 13 應）

第三回論地球圖（14 問 14 應）

第四回論天中諸毛（36 問 36 應）

第五回論月圓缺(24 問 24 應)

第六回論日食月食(36 問 36 應)

……

【《天文問答》】美國傳教士哈巴安德(Andrew Patton Happer)著,在寧波出版,凡 36 頁。書中取問答體,分 22 回,每回包括一二十個問題。涉及的内容有大地之形、地球圖、地圓憑據、地是行星、月體形狀、月蝕日蝕、七色天虹成因、雨、露、風、行星、彗星、恒星、太陽引力、地球引力、萬有引力,等等。書中不但介紹了當時西方天文學普通常識,而且介紹了一些在今天看來屬於地理學、物理學範圍的内容。所述關於宇宙結構學説、萬有引力理論、日蝕月蝕緣由、風雨成因、彗星知識等,不但對中國知識界,而且對一般社會,均有一定啓蒙意義。

【作者】Justus Doolittle, 1824—1880. Charles Hartwell, 1825—1905.

【725】TA 7140 4720（1） 天文圖説（4 卷） C-0709 I12

008164086

《天文圖説》,4 卷,柯雅各原撰,摩嘉立、薛承恩同譯,1883 年。

扉頁:光緒九年新鐫

　　　　天文圖説

　　　　美國摩嘉立、薛承恩同譯

反面:益智書會校訂

卷首《序》:"繪圖四大幅細説天象之形勢……是書共四卷:第一卷論日月並各行星之次第,二卷論天文圖撮要,三卷論天空異相,四卷論天空星宿。……泰西人士多以此等書籍啓示童蒙爲初學天文者之捷徑。"

有《天文圖説》目録。

第一卷論日月並各行星之次第(13 章 70 節繪各行星並月與彗星之軌道圖次),共 20 頁,圖説第一幅圖:地並内行星軌道(彩圖)。

第二卷論天文圖撮要(16 章 117 節)共 27 頁,圖説第二幅圖。

第三卷論天空異相(14 章 92 節)共 18 頁,圖説第三幅圖。

第四卷論天空星宿(9 章 64 節)共 15 頁,圖説第四幅圖。

卷末附天球南北極並赤道諸星宿表(4 頁)。

卷末有"天文圖説終"之語。

13×18cm,10 行,行 22 字,黑口,左右雙邊,雙黑魚尾,版心依次中鐫"天文圖説"及卷次篇名。

【按】該書整個板式與《電學全書》、《重學》(二十卷)類似:黑口,左右雙邊,雙黑魚尾,版心依次中鐫書名及卷次篇名。

摩嘉立(Caleb Cook Baldwin,1820—1911),又譯摩憐,是最早進入中國福州的傳教士之一。摩嘉立的著作包括 1870 年與麥利和合作完成的《榕腔注音字典》，以及 1871 年完成的《榕腔初學撮要》。他和妻子還將大部分聖經翻譯成福州方言，並編寫《聖學問答》。

這一時期出版的近代天文譯著還有英國傳教士合信（B. Hobson，1816—1875）編譯的《天文略論》（1849 年），中國學者王韜（1828—1897）與偉烈亞力合譯的《天學圖說》（1880 年），以及京師同文館、登州文會館的天文教習和學生翻譯的一些書籍和教科書等。

【726】TA 7140 4720（2—5）談天（18 卷）C-0710 I13

008164087

《談天》，18 卷，附表，侯失勒原本，李善蘭刪述，偉烈亞力口譯，徐建寅續述，1883 年。

第一冊

卷首直接有咸豐己未年冬偉烈亞力在上海寫的《談天序》（4 頁）。

偉烈亞力介紹西方天文學説從古到今的變化軌跡，從托勒密地心體系，到第谷學説，再到哥白尼日心體系。也略述了中國古代天文學説的主要流派，即渾天説、蓋天説、宣夜説，還指出，中國天文學“測器未精，得數不密，此其缺陷也”。

咸豐己未年重陽節李善蘭在昆山寫的《談天序》（2 頁）。

李善蘭在序言中，介紹了哥白尼、刻卜勒、牛頓在天文學上的貢獻，説明行星軌道爲橢圓而非平圓、萬有引力等學説的科學性；批評了一些中國士大夫對西方科學不加考究、妄加議論的態度：“未嘗精心考察，而拘牽經義，妄生議論，甚無謂也。”“當今天算名家，非余而誰？近與偉烈君譯成數書，現將竣事。此書一出，海内談天者，必將奉爲宗師。李尚之、梅定九恐將瞠乎後矣。”

《談天凡例》（7 則）（3 頁）。

《談天目録》十八卷（2 頁）。

有《侯失勒約翰傳》（7 頁）。

談天卷首：英國侯失勒原本，海甯李善蘭刪述，英國偉烈亞力口譯，無錫徐建寅續述，益智書會 1883 年出版。

卷首《例》（5 頁）、卷一 17 頁、卷二 10 頁、卷三 25 頁、卷四 32 頁。

第二冊：卷五 15 頁、卷六 32 頁、卷七 18 頁、卷八 5 頁、卷九 28 頁、卷十 10 頁。

第三冊：卷十一 23 頁、卷十二 19 頁、卷十三 22 頁、卷十四 45 頁。

第三冊：卷十五 18 頁、卷十六 30 頁、卷十七 30 頁、卷十八 16 頁。

卷末附表 17 頁。十八卷每卷卷末有“談天卷一（二、三……）終”之語。二卷末附表後有“談天附表終”之語。

13×18cm，10 行，行 22 字，黑口，左右雙邊，雙黑魚尾，版心依次中鎸“談天”及卷次篇名。

整個板式與《電學全書》、《重學》很近：黑口，左右雙邊，雙黑魚尾，版心依次中鎸書名及卷次。

【作者】約翰·赫歇爾(John Frederick William,1792—1871),英國著名天文學家,其名著《天文學綱要》(The Outlines of Astronomy,1851)較早系統介紹西方近代天文學。李善蘭、偉烈亞力將之合譯,取名《談天》(上海墨海書館 1859 年版)。

《談天》全書分 18 卷,以哥白尼的日心地動説、開普勒行星運動定律和牛頓的萬有引力定律爲基礎,介紹了天體測量方法,天體力學的基本理論,太陽系的結構和天體的運動規律,以及恒星周年視差、光行差、小行星、天王星、海王星等一系列天文新發現,以及赫歇爾父子對雙星、變星、星團和星雲的觀測結果。在《談天》一書的序言中李善蘭還駁斥當時一些知識名流反對哥白尼學説的種種謬論,並以力學原理和恒星光行差、視差等事實證明日心地動説和開普勒行星軌道橢圓理論已是"定論如山,不可移矣"。《談天》出版後,受到中國社會的廣泛重視和歡迎,使哥白尼學説在中國站穩了腳跟,從此近代天文學得以在中國廣爲傳播,傳統天文學逐漸遭到淘汰,而以探索宇宙爲目的的現代意義上的天文學逐漸爲國人瞭解和接受,並日漸深入人心。

在《談天》刊出 15 年後,江南製造局翻譯館的徐建寅(1845—1901)與偉烈亞力又根據《天文學綱要》的最新版本(第 12 版)續譯其增訂部分,把截至 1871 年的最新天文學成果補充譯出,於 1879 年刊印《談天》增訂本。哈佛的這個藏版就是增訂本的重刊本。

【727】TA 7188 4228 華番和合通書(日月刻度通書,1847 年—1848 年 2 月)

009436156

【按】《華番和合通書》,係中西對照的年鑒,從 1843 年開始,至 1853 年,連續出版 11 年。這是 1847 年—1848 年 2 月的那本。

封面:日月刻度通書　道光二十七年即耶穌一千八百四十七年

扉頁:道光二十七番自耶穌降世至今一千八百四十七年至四十八年二月初四日止
　　　華番和合通書
　　　神天上帝已造成兩大光,乃日月也。日光者,理於晝。月光者,理於夜,而亦造
　　　星者也。

卷首是《禮拜日期》(丁未年禮拜)、論守禮拜日、常拜真神之道(1 頁),版心上鐫書名"禮拜日期"。

本書內容複雜,各部分語體不一,板式不盡相同:

(1)《真神耶穌之論》(p.1-7),含《論世間獨有一真神》《論真神無始無終》《論上帝降世爲耶穌》等,半頁,框 13×19cm,9 行,行 22 字,白口,四周雙邊,單黑魚尾,版心上鐫書名"真神耶穌之論",共 7 頁。淺文言。卷末有"終"字。

(2)《真神十誡》(p.1-3),半頁,框 13×19cm,9 行,行 22 字,四周雙邊,單黑魚尾,版心上鐫書名"真神十誡",共 3 頁。文言。卷末有"真神十誡終"之語。

(3)《論亂雜話音》,引經文爲大字,注解爲雙行小字。半頁,框 13×19cm,大字 9 行,行 22 字,小字則 18 行,行 21 字,白口,四周雙邊,單黑魚尾,版心上鐫書名"論亂雜話音",共

3 頁。淺文言。

　　(4)《爭進小門》,對馬太福音書中第 7 章 13、14 兩節的引文進行説解。引經文爲大字 2 行,其餘注解字體略小。半頁,框 13×19cm,9 行,行 22 字,白口,四周雙邊,單黑魚尾,版心上鎸書名"爭進小門",共 4 頁。白話。

　　(5)《論復興之理》,半頁,框 13×19cm,9 行,行 22 字,白口,四周雙邊,單黑魚尾,版心上鎸書名"論復興之理",共 4 頁。文言。

　　(6)《勸戒鴉片良言》,含《勸戒鴉片煙警世良言小引》、《鴉片六戒》,卷末有"終"之語。半頁,框 13×19cm,9 行,行 22 字,白口,四周雙邊,單黑魚尾,版心上鎸書名"勸戒鴉片良言",共 4 頁。文言。

　　(7)有《地球全圖》一幅。

　　(8)《東西半球圖》,介紹東西半球圖式,半頁,框 14×19.2cm,10 行,行 24 字,白口,四周雙邊,單黑魚尾,版心上鎸書名"東西半球圖",共 2 頁。文言。

　　(9)《地球圖式》,介紹三幅圖式,並續有半頁(18 行,行 22 字)的文字解釋,白口,四周雙邊,單黑魚尾,版心上鎸書名"地球圖式",共 2 頁。

　　(10)《萬國人民異同略説》對五種人種進行略説,1 頁。文言。

　　(11)《全骸髏骨圖形》,介紹人體,1 頁。

　　(12)《花旗亞美利駕國男婦老人高壽臚列於後》,對道光二十四年九月至道光二十五年八月高齡死亡人數的統計,2 頁。

　　(13)火焰運行式、火輪車式並圖,4 頁。

　　(14)《論星儀問答》(師生口語問答),半頁,14×18.5cm,10 行,行 24 字,白口,四周雙邊,單黑魚尾,版心上鎸書名"論星儀問答",共 4 頁。

　　(15)《千里鏡圖式》並圖,1 頁。文言。

　　(16)《日月交蝕定識文》,1 頁。

　　(17)《日月刻度通書》p.1–24。書的後半部分。半頁,框 13.2×19cm,四周雙邊,版心上鎸"日月刻度通書",中分鎸中西月份名,内容爲每月之每日中西時分對應表圖,每半頁爲一周七日(中西曆)息呌、香港、舟山三地日出卯正、入酉、月入的各自時分對照表,共 24 頁。

　　【按】這張卡片還有一個著録號:TA 9315 06(1847)　 C–0170 A62。

　　TA 9315 06(1847) 又見"TA 7188 4228 華番和合通書"的那張卡片,兩者重合。

　　【《平安通書》】麥嘉締著,從 1850 年到 1853 年,在寧波出版,年出 1 冊,凡 4 冊,每冊三四十頁。主要内容包括天文、地理常識,諸如太陽系知識、日晷圖説、日月蝕圖説、四時節氣圖説、時刻論、潮汐隨日月圖説、西洋曆法緣起、鎮海潮汐時刻表。每年日月蝕、節氣、潮汐皆有不同,故每年都要修訂。寧波、鎮海一帶多漁民,潮汐對漁民關係重大,這大概是取名《平安通書》的緣由。值得指出的是,麥嘉締編撰此書,因每年都要修訂,所以,他特別注意將世界上關於天文、地理的新發現、新學説補充進去。

1852 年以前的《平安通書》被魏源《海國圖志》徵引 11 段。《海國圖志》卷 100 的《地球天文合論五》,全由《平安通書》内容構成。

【《中西通書》】該書是包含科學、宗教等多種内容的年鑒,自 1852 年起,年出 1 册,在上海出版,1863 年以後移往天津、北京出版。頁數多少不等,一般爲 30 多頁。編者有艾約瑟、龐應台和偉烈亞力。内容有中西日曆對照,日食、月食表,世界各地 24 種時間對照表,中國陰曆節氣表,各年世界要事,科學發明,有時插入一些宣傳宗教的文章,有時插入一些介紹科學知識的圖文。例如,1853 年的一本,就有對太陽系、光學、星雲、行星等方面科學知識的介紹。《中西通書》頗受中國知識分子重視。

燕京圖書館所藏 "TA 9315 06" 有 1852—1855 年的《中西通書》、"TA 9315 19（1858）" 有 1858 年的《西洋中華通書》,可參看。

【728】TA 7220 4250 **重學**(20 卷) C-0712 I15

008164090

《重學》,20 卷,(英)胡威立撰,(英)艾約瑟口譯,李善蘭筆述,此爲 1866 刻本。内容包括剛體力學、流體力學、動力和運動學等。這是近代介紹進中國的第一部比較系統的西方力學著作。

扉頁:重學二十卷附曲綫説三卷(字體小篆)

反面:同治五年秋湘上左楨署

有咸豐乙未冬金山錢熙輔鼎卿寫的《序》(2 頁)。

有同治五年九月李善蘭《重學序》(2 頁)。序云:"……重學者權衡之也……胡氏所著凡 17 卷(按:7 卷論静重學,10 卷論動重學),益以流質重學 3 卷,都爲 20 卷。英國艾約瑟口譯,海甯李善蘭筆述。"

第一分册:重學卷一(此下七卷論静重學)17 頁、重學卷二 14 頁、重學卷三 22 頁、重學卷四 9 頁

第二分册:重學卷五 19 頁、重學卷六 40 頁、重學卷七 9 頁

第三分册:重學卷八(此下十卷論動重學)20 頁、重學卷九 25 頁、重學卷十 22 頁

第四分册:重學卷十一 15 頁、重學卷十二 13 頁、重學卷十三 11 頁、重學卷十四 20 頁

第五分册:重學卷十五 6 頁、重學卷十六 27 頁、重學卷十七 5 頁、重學卷十八 19 頁、重學卷十九 13 頁、重學卷二十 10 頁

13×18cm,10 行,行 22 字,黑口,左右雙邊,雙黑魚尾,版心依次中鎸 "重學" 及卷次,書中隨文附圖或公式。二十卷,每卷卷末有 "重學卷終" 之語。二十卷卷末還有 "南匯張文虎覆勘" 之語。

但書名頁所題 "附曲綫説三卷" 缺。

整個板式與《電學全書》很近:黑口,左右雙邊,雙黑魚尾,版心依次中鎸書名及卷次。

【原作者】(英)胡威立(W. Whewell)。

【譯者】英國傳教士艾約瑟與華人李善蘭合譯。

cf. Wylie. Memorials. p.188.

【按】近代中國在物理學方面有兩部譯作,除《重學》外,還有《重學淺説》。《重學淺説》偉烈亞力口譯,王韜筆述,1858 年由墨海書館出版,凡 14 頁,所據譯本是一本英文的普通力學。首述"重學原始",介紹力學之由來、力學的分類,諸如動力學、静力學、流體力學、氣體力學等,然後依次介紹重學總論、杠杆、輪軸、滑車、斜面、劈、螺旋,最後總論重學之理,説明重學與地球、重學與攝力(今稱引力)的關係、研究和掌握重學原理的意義等。

【729】TA 7280 1420 **電學(10 卷,含卷首一冊)** C-0714 I17

008165372

《電學》,瑙埃德著,傅蘭雅口譯,徐建寅筆述,上海:江南製造局,1879 年。

共 6 分冊。

第一分冊:卷首配抄部分含電學首及電學十卷目録 7 頁、卷首 41 頁

第二分冊:電學卷一上摩電氣 64 頁、電學卷一下摩電氣 53 頁

第三分冊:電學卷二論吸鐵氣 27 頁、電學卷三論生物電氣 18 頁

第四分冊:電學卷四論化電氣 100 頁

第五分冊:電學卷五論電氣吸鐵 25 頁、電學卷六論吸鐵氣雜理 13 頁、電學卷七論吸鐵電氣 48 頁、電學卷八論熱電氣 8 頁

第六分冊:電學卷九論電氣報 112 頁、電學卷十論電氣時辰鐘及諸雜法 26 頁

全書插圖 402 幅,從電學卷一上的第一節開始,全書共 255 節。

13×18.5cm,10 行,行 22 字,黑口,左右雙邊,雙黑魚尾,版心中依次鎸"電學首"、"電學一上"、"電學一下"、"電學二"等。

【按】近代上海的"江南製造局"在 1870—1890 年間出版了一批西學書籍,如:

(1)傅蘭雅口譯,周鬱筆述,《電器鍍金略法》,1880 年

(2)(英)瑙埃德著,傅蘭雅口譯,徐建寅筆述,《電學》,1880 年

(3)(英)田大理著,傅蘭雅口譯,周鬱筆述,《電學綱目》,1880 年

(4)金楷理口譯,徐華封筆述,《鍍金》,1884 年

(5)慶靄堂譯,《鍍金説》,1884 年

(6)慶靄堂譯,《鍍金機器圖説》,1884 年

(7)傅蘭雅口譯,徐華封筆述,《電器鍍鎳》,1886 年

(8)傅蘭雅輯,《電學圖説》,1887 年

(9)傅蘭雅口譯,徐壽筆述,《西藝知新》,1877 年

【730】TA 7309 99 Hua Hok Gi Li **(化學,福州話拼音本)** C-0718 I21

008165370

《化學》，福州話的羅馬字教材。

封面：Hua Hok Gi Li

　　　Foochow City

　　　Edited by The Romanized Press 1906

有目錄（muk lioh）。

共 11 章，9.5×15cm，橫排，22 行，頁上鎸羅馬字書名及頁碼，共 32 頁。全文爲羅馬字聲韻調福州土話。卷末有“Hua-Hok Cung（化學終）”之語。

【731】TA 7409 55 地質學（麥美德編） C-0721 I24

008167691　（北京協和女書院出版，1911，精裝，文言）

Text book of geology, by Luella Miner, M. A.

Principal of the North China Union Woman's College

Note

This book is not a translation, but is based on the Text books of Dana, LeConte, Tarr, and Gelkie, and the investigations of Richtofen, Pumpelly, Wright, and the Carnegie Institute.

1911 Peking, China.

扉頁：中學大學適用　麥美德著

　　　地質學

　　　吳芝瑛署檢

反面：北京協和女書院出版

卷首是吳芝瑛宣統三年手書之序（有小篆“小萬柳堂”之印、“桐城吳芝瑛”之印、“寫經室”之印）。

有《地質學總目》，列有卷首地質學總要，卷 1 地力學，卷 2 地歷學（以上收在本冊），卷 3 地石學，並分列了“地力學”目次八章及其頁碼、“地歷學”目次七章及其頁碼。

正文：地質學總要 p.1-5，地質學第一卷地力學 p.6-118，地質學第二卷地歷學 p.1-112，附地層總表、中國地層略表、植物名目表（中西文對照）、動物名目表（中西文對照）p.113-118。

卷末附地質第一、地質第二、地質第三、地質第四五六七常用化學名表（中英文化學術語對照表）1 頁，英華名詞表（地質類）8 頁。

12.5×19.5cm，16 行，12.5×1.8cm 爲頁上標注注語之空間，行 30 字，四周雙邊，版心上鎸書名“地質學”及卷次，中鎸篇名。卷一共 118 頁，卷二爲 118 頁。

封底：宣統三年六月出版

　　　編輯者：麥美德

　　　上海發售：美華書局文明書局

　　　北京發售：文明書局北京郭紀雲圖書館

【732】TA 7571 39 **活物學** C-0722 I25

　　008165373　　FC8329　　Film Mas 32212

　　《活物學》,厚美安著,1889 年。

　　扉頁:光緒十五年新鐫

　　　　活物學

　　　　美國厚醫士著

　　卷首有植物圖 36 幅、生物圖人體圖 45 幅、動物圖 4 幅,含胎生卵生從大地到河海的各種生物,共 17 頁。

　　有《活物學》目録 1 頁。上卷論植物四章,下卷論動物四章,共八章。

　　卷首爲《活物學引》,每章篇幅不大。14.5×21cm,18 行,行 43 字,四周雙邊,版心上鐫書名"活物學"及章次,正文共 29 頁,連同圖共 46 頁。

　　【作者】Mary Anna Holbrook, 1854—1910.

【733】TA 7830 66 **全體闡微(6 卷)** C-0775 J1

　　008165368　　FC4227　　FC-M705

　　《全體闡微》,柯爲良撰,精裝,福州美華書館,1881 年。

　　扉頁:Anatomy, descriptive and surgerical, by Dauphin W. Osggod,

　　　　illustrated by 265 electrotype plates, with a Vocabulary of English and Chinese

　　　　terms.

　　　　Foochow, American Board Mission. 1881.

　　　　Printed at the Methodist Episcopal Mission Press.

　　卷首有 H. T. Whitney & C. Hartwell 於 1881 年 1 月在福州寫的 Preface。

　　玉甫林鼎文光緒庚辰年寫的《序》(草書)3 頁(有"玉甫林鼎文"小篆之印)。

　　美國醫生柯爲良於光緒六年庚辰年春在保福山聖教醫院寫的《序》(草書)3 頁(有"柯爲良"小篆之印)。

　　有目録六卷,3 頁。

　　卷首《全體闡微》之總論;卷一骨部 p. 1-69;卷二肌部 p. 70-113;卷三心部、脈管部 p. 1-60;卷四論腦 p. 174-210;卷五臟腑論 p. 211-242;卷六論五官 p. 243-259。

　　後附中英文生理(解剖)學的詞彙術語對照表" Anatomic Vocabulary in English and Chinese",收録了將近 2000 個中英文詞彙,共 23 頁。

　　隨文附上人體各部點陣圖,共 265 幅。

　　12 行,行 27 字,14.5×21cm,白口,四周雙邊,單黑魚尾,版心上鐫書名"全體闡微",中鐫卷次和篇名,下分別鐫單卷的頁碼及全書的順次頁碼,共 3+3+259+23=288 頁。

【734】TA 7850 38 **全體入門問答**（10 課）C-0781 J8

008165369 （官話口語教材）

《全體入門問答》,10 課,賀路綏譯,宣紙,上海美華書館,1902 年。

封面:全體入門問答（竪寫雙框）

扉頁:耶穌降世一千九百零二年

　　　　全體入門問答

　　　大清光緒二十八年歲次壬寅　上海美華書館重印

有鎮江福音醫院賀路綏譯的《序》。

正文有《全體入門問答小引》(5 問 5 答)及十篇課文,十篇課文以問答和釋文組成。每篇課文"問——答"的長短不一,最後一課爲《論煙酒》。卷末有"全體入門問答終"之語。附人體骨骼圖一幅。

半頁,框 12×18.5cm,11 行,行 22 字,白口,四周雙邊,單黑魚尾,版心上鎸書名"全體入門問答",32 頁。

【作者】賀路綏,美國傳教士。1884 年美國基督教會派諾冰心、賀路綏在鎮江銀山門基督教堂創立女子中學,取名爲鎮江私立女子學堂,亦稱鎮江教會學堂。

【735】TA 7850 39 **全體新論** C-0776 J2

008213329　FC8562　Film Mas 32704

《全體新論》,合信、陳修堂同撰,文言,惠愛醫院,1851 年。

扉頁:咸豐元年新鎸

　　　全體新論（小篆）

卷首有咸豐元年辛亥秋合信在惠愛醫局寫的《序》。其中申明寫作緣由:"每見中土醫書所載骨肉臟腑經絡,多不知其體用,輒爲掩卷嘆惜。夫醫學一道,工夫甚巨,關係非輕。不知部位者,即不知病源;不知病源者,即不明治法。不明治法而用平常之藥,猶屬不致大害,若捕風捉影以藥試病,將有不忍言者矣。然以中華大國能者固不乏人,而庸醫碌碌唯利是圖者亦指不勝屈,深爲惜之。"有惠愛醫局印鑒、合信印鑒。2 頁。

有《全體新論例言》十三則(2 頁)。

有《全體新論目録》(1 頁)。

有各種人體部點陣圖(3 頁)。

正文:《全體新論》,西國醫士合信著、南海陳修堂同撰。

10 行,行 24 字,白口,四周雙邊,單黑魚尾,版心上鎸書名"全體新論",共 71 頁。

卷末:羊城西關金利　惠愛醫館刊印

後附 7 張人體部位分圖。

此書影響甚大。《王韜日記》:"合信始著《全體新論》,時遠近翕然稱之,購者不憚重價。"(中華書局,1987 年,第 111 頁)

【作者】合信（Benjamin Hobson，1816—1873），英國傳教士、醫生，1843 年被派往廣州，創辦惠愛醫館，施醫捨藥。合信在廣州用中文著作《博物新編》介紹西方知識，又著《全體新論》介紹人體生理學和人體解剖學。後，合信在上海與人合作翻譯英文科學技術書，先後著《西醫略論》、《婦嬰新説》、《內科新説》等醫學書籍在上海出版。合信中文醫學著作，流傳甚廣。

cf. Memorials of Protestant missionaries to the Chinese，p. 127–128.

【736】TA 7850 59 幼學保身要言 C-0780 J7

008165374

《幼學保身要言》，廣東話，伍梅氏撰，林程初述，1900 年。

耶穌降生壹仟九百年

幼學保身要言

大清光緒二十六年歲次庚午

卷末有：美國伍梅氏撰　粵東林程初述

半頁，框 11×18cm，8 行，行 20 字，白口，四周雙邊，單黑魚尾，版心上鐫"幼學保身要言"，中鐫各卷卷名。共 7 卷，含論骨、論肌肉、論皮膚、論胃、論血、論肺、論腦。每卷開始部分介紹各身體部位，最後提出問題供思考回答。共 34 頁。卷末有"幼學保身要言終"之語。

【作者】伍梅氏，美國傳教士伍賴信之妻，在廣州傳教，興辦教會學校。

【737】TA 7850 71A 省身指掌（9 卷） C-0778 J4

008165366　FC8330　Film Mas 32214

《省身指掌》，9 卷，文言文，博恒理撰，北京美華書院，1891 年。

扉頁：Elementary physiology：text book for schools by Henry D. Porter，M. D.

North China Mission of American Board. With index and vocabulary

Peking Mission Press，A. B. C. F. M

1891

卷首有英文的《序》。

中文書名頁：

耶穌降世一千八百九十一年

省身指掌（小篆）

光緒十七年歲次辛卯　京都燈市口美華書院印

有吳鳳儀乙酉年寫之《序》1 頁。

乙酉年賈乃真《序》2 頁。

乙酉年夏曹珍夏《序》2 頁。

《省身指掌目録》5 頁。

《全身骨架目録》及圖。

全書共分九卷 34 章,介紹了 219 個話題,附插圖 82 幅,詳盡分析人體內臟五官六府血氣胳脈。

半頁,框 12×19.5cm(其中上方 12×1.5cm 爲標注注語的空間),15 行,行 35 字,白口,四周雙邊,單黑魚尾,版心上鎸書名“省身指掌”,中鎸卷次及章次,共 68 頁。卷末有“省身指掌終”之語。

卷末附録有二:其一是以音序法編排的英漢對照的 INDEX,13 頁;其二是以音序法編排的 APPENDIX INDEX TO TERMS OF MENTAL PHYSIOLOGY,6 頁,共 19 頁。全書 19+68+11＝98 頁。

【作者】博恒理(Henry Dwight Porter,1845—1916),美國傳教士,傳教佈道同時行醫。

【738】TA 7850 71B 省身指掌(9 卷) C-0778 J5

008165367

《省身指掌》,博恒理撰,文言文,北京:美華書院,1897 年第 3 版。

扉頁:Elementary physiology: text book for schools

　　　By Henry D. Porter, M. D.

　　　Third Edition Enlarged, Peking American Board Mission Press, 1897

有 1886 年 9 月的第一版英文序、1897 年第三版的英文序。

中文書名頁:

　　　西曆一千八百九十七年

　　　省身指掌(隸書)

　　　光緒二十三年歲次丁酉　　京都美華書院擺印

有吳鳳儀乙酉年寫之《序》1 頁。

乙酉年賈乃真《序》2 頁。

乙酉年夏曹珍夏《序》2 頁

《省身指掌目録》5 頁及《全身骨架目録》1 頁。

有《省身指掌小引》2 頁,全身骨架圖 1 頁。

全書共分九卷 38 章,介紹了 267 個話題,附圖 105 幅,80 頁。

半頁,12×19cm(其中上方 12×1.5cm 爲標注注語的空間),15 行,行 35 字,白口,四周雙邊,單黑魚尾,版心上鎸書名“省身指掌”,中鎸卷次及章次,80 頁。卷末有“省身指掌終”之語。

這本的内容相較於上條“C-0778 J4 省身指掌(9 卷,博恒理撰,北京美華書院 1891,文言文)”,第一至第八章基本相同,後面略有增加,是增訂本。

【作者】博恒理(Henry Dwight Porter),1845—1916。

【739】TA 7850 93 **省身初學** C-0777 J3

008166444

《省身初學》,惠享通著,福州平話,福州美華書局,1891 年。

封面:省身初學(竪排)

扉頁:西曆一千八百九十一年

省身初學

大清光緒十七年　福州美華書局印

有美國醫士惠享通《自序》。

正文是 20 篇"問與應"的對話課文,半頁,框 11.5×19.5cm,10 行,行 22 字。問語用小字,應語用大字。白口,四周雙邊,單黑魚尾,版心上鎸書名,中鎸各課篇名,共 20 頁。

【作者】惠享通(Henry Thomas Whitney,1849—1924),美國傳教士,在福建傳教並行醫。

【740】TA 7850 93.1 **省身淺説** C-0782 J9

008166442　(福州土話教材,1905)

扉頁:大清光緒三十一年　著在南台寶福山

省身淺説

福州閩北聖書會印發　福州美華書局活板

有美國醫士惠享通光緒十六年正月用福州話撰寫的《序》1 頁,簡述翻譯此書爲福州平話的原因。

有福州話撰寫的《小引》1 頁。

目錄八章 1 頁:論骨、論肌、論皮、論聲音共呼吸家私、論血、論食乇、論腦、論五官。

正文八章,每章主體以介紹生理知識爲主,章末有幾十道問題(類似思考題)。半頁,框 10×15.5cm,9 行,行 20 字,白口,四周雙邊,單黑魚尾,版心上鎸書名"省身淺説",中鎸章節名稱,下鎸頁碼,56 頁。卷末有"省身淺説終"之語。

【作者】惠享通(Henry Thomas Whitney),1849—1924。

【741】TA 7870 80 **心靈學** C-0631 G3

006054814

扉頁:西曆一千九百十一年出版

心靈學

宣統三年歲次辛亥

北通州公理會印字館鎸

有宣統三年孟夏北通州管國全撰寫的《弁言》(2 頁)。

有 1911 年華北協和書院謝衛樓撰寫的《序》(2 頁)。

有《心靈學目録》三章(1 頁)。

以上共 5 頁。

正文《心靈學(psychology)》,華北公理會協和書院院長謝衛樓、管國全筆譯,諸葛汝楫校訂。

分總論 p. 1–10、第一章論思悟 p. 11–35、第二章論情欲 p. 36–48、第三章論定志 p. 49–56、結論 p. 57–61、全書各部分之思考問題 p. 63–69。卷末有《心靈學中西名詞對照表》,2 頁。

有 D. Z. Sheffield 於 1911 年 7 月在通州寫的英文《序》,2 頁。

中文譯本中同時保留了許多英文的術語。

12×18.5cm,14 行,行 32 字,文言,四周雙邊,版心上鎸書名"心靈學",中鎸章次及章名,下鎸頁碼數。全書共 78(69+5+4)頁。

【作者】謝衛樓(Devello Zelotos Sheffield),1841—1913。

【742】TA 7871 53 性學舉隅(上下卷) C–0630 G2

008166441　FC7815　Film Mas 31795

扉頁:救主一千八百九十八年

性學舉隅(小篆體)

大清光緒二十四年歲次戊戌

反面:上海廣學會藏版美華印書館擺印

卷首有光緒二十四年四月合肥李鴻章《序》。

光緒丁酉羅善智《序》。

光緒二十四年戊戌三月美國丁韙良《自序》:是編分上下兩卷,一論靈才,一論心德,都二十九章。

總論(問答式開篇)7 頁。

有《目録》,卷上論靈才,十五章;卷下論心德,十四章,1 頁。

正文:卷上論靈才,十五章,p. 1–70;卷下論心德,十四章,p. 1–75。通篇均是問答式。

10 行,行 19 字,黑口,四周萬字邊(同慈禧 60 歲的聖經本),單黑魚尾,版心上鎸書名"性學舉隅",中鎸章次及章名,全書上下卷。序 7 + 總論 7 + 目録 1 + 卷上 70 + 卷下 75 = 160 頁。

【作者】丁韙良(William Alexander Parsons Martin),1827—1916。

【743】TA 7905 4229 協和醫學堂徵信録 C–0792 J21

008166445

《協和醫學堂徵信録》,上海美華書館,1910 年。

封面:協和醫學堂徵信録(粉色)

扉頁:耶穌降世一千九百零十年

協和醫學堂徵信録

宣統二年歲次庚戌　上海美華書館排印

卷首爲醫院總圖。

序中有云:創設醫科大學以補吾國之所缺,專授華人子弟,供多士之研求。……孝欽顯皇后,賞銀萬兩,俾立始基。……自開學迄今,已幾四載。……

《捐啟》p.4-5、《醫院》p.6、養病房 p.9-10、割病房 p.11、協和醫學堂宿舍圖 p.12。

生徒、外科室、内科室、配藥室、生物學、考試並附有相關照片(共 8 幅,8 頁)。

10.5×17cm,9 行,行 25 字,版心上鐫書名"協和醫學堂徵信録"。

【744】TA 7908. 31 65 同治十一年聖教醫館施醫單 C-0790 J18

008166450

《同治十一年聖教醫館施醫單》,福州聖教醫館,1872 年。

一張佈告單,31.5×28.5cm,佈告内容爲框 28.5×24cm,分爲右中左三部分:

右上首半邊爲柯爲樑醫士治療廣告:美國耶穌教醫士柯爲樑知男女内外各症,治法精妙,效驗其速,每逢禮拜二禮拜五定在南台鋪前救主堂施醫,凡就診者宜早到,聽宣講聖經畢進内,視病下藥,如藥價高面議算還原本,至於重症須住本館醫治者,可帶鋪蓋伙食住歇。醫館在南台銀湘浦池邊。

正中間爲"同治十一年正月至六月間"柯爲樑醫士每逢禮拜二、五在南臺鋪前頂救主堂施醫的具體禮拜二禮拜五與日曆時間日期表。

左半邊爲宣教教義内容。

廣告下方有三則藥方廣告和一則醫書銷售廣告。

【作者】柯爲樑(Dauphin William Osgood,1845—1880),美部會牧師,行醫人員,曾將《全體闡微》、《醫館略述》等多部醫學作品翻譯成中文。

【745】TA 7908. 31 66 醫館略述 C-0789 J16

008166449

《醫館略述》,柯爲樑校訂,福州醫館,1871 年。

封面:同治十年孟冬

醫館略述

大美國醫士柯爲樑校訂

卷首有同治十年孟冬大美國醫士柯爲樑《序》(p.1-2)。

有柯爲樑撰寫的《西醫歷中國設院送診敘由》(p.3-5)、《西醫敘略》(p.6-7)、《論瘧疾》p.8-9、《救食生鴉片》p.10、《論戒鴉片》p.10、《論難産》並手術工具圖 p.10-11、《論小腸疝》並圖 p.12、《計診病症略將形圖繪出數幅》p.13-17,卷末有《本館有全體新論、西醫略論、婦嬰新説、内科新説、博物新編五書共一部發售》的廣告,以及社會各位捐贈銀元及藥材情況名單(p.18)。

半頁,框 10.5×17.5cm,8 行,行 19 字,白口,四周雙邊,單黑魚尾,版心上鎸書名“醫館略述”,中依次鎸各部分篇名“序”、“敘由”、“西醫敘略”、“論瘧疾”、“救食生鴉片”、“論戒鴉片”、“論難産”、“論小腸疝”、“診症治驗”、“捐輸數目”,共 18 頁。

【作者】柯爲樑(Dauphin William Osgood),1845—1880。

【746】TA 7908.31 66（1875） 醫館略述四書 C-0789 J17

008166452

光緒元年孟夏耶穌降生一千八百七十五年

醫館略述四書(小篆體)

大美國醫士柯爲樑校訂

卷首有光緒元年孟夏大美國醫士柯爲樑《序》(1 頁)。

正文卷首標題《送診敘由》,其中敘述各種治療病例病症、治療過程和經驗案例。隨文附録“心器官”結構圖三幅(12 頁),卷末有《計列各仕商捐輸數目》(2 頁),共計 14 頁。

半頁,框 11×17.5cm,9 行,行 19 字,白口,四周雙邊,單黑魚尾,版心上鎸書名“醫館略述四書”,共 14 頁。

【747】TA 7908.31 68（1892） 保福山聖教醫館略述十七編 C-0791 J19

008256056

《保福山聖教醫館略述十七編》,福州美華書局,1892 年。

封面:保福山聖教醫館略述十七編

扉頁:光緒十八年

　　　保福山聖教醫館略述

　　　西曆一千八百九十二年

　　　福州　美華書局活板

正文《保福山聖教醫館略述十七編》(文言),記載了光緒十七年十二月—十八年全年所有治療諸症病例,並加略述彙報。住館 398 人,就診 5141 人,共約 13307 人,開館以來 156000 人,各種病症種類及人數,受捐贈的情況,本館的收入及開支,有醫學成就者名單,西醫之書發售數目等。

11×17cm,9 行,行 22 字,白口,四周單邊,單黑魚尾,版心上鎸書名“保福山聖教醫館略述”,共 9 頁。鉛印。

【748】TA 7908.31 68（1893） 保福山聖教醫館略述十八編 C-0792 20

008256056

《保福山聖教醫館略述十八編》,福州美華書局,1893 年。

封面:保福山聖教醫館略述十八編

扉頁:光緒十九年

　　　　保福山聖教醫館略述

　　　　西曆一千八百九十三年

　　　　福州　美華書局活板

正文《保福山聖教醫館略述十八編》(文言),記載了光緒十八年十一月十四日—十九年十一月二十四日全年所有治療諸症病例,並加略述彙報。住館 298 人,就診等共約 14047 人。介紹本館的收入及開支經費情況,醫館開設書房目的作用等。有詳細各科病症病人情況統計,及捐贈者名單、有醫學成就者名單、西醫之書發售數目情況。

11×17cm,9 行,行 22 字,白口,四周單邊,單黑魚尾,版心上鐫書名"保福山聖教醫館略述",共 12 頁。鉛印。

【749】TA 7911.9 2295 救人良方(1 卷)

009435176

《救人良方》,1 卷,秀耀春著,上海美華書館,1891 年。

封面:救人良方(竪寫外雙框)

扉頁:中曆光緒辛卯十七年

　　　　救人良方

　　　　西曆一千八百九十一年　上海美華書局重印

卷首有光緒辛卯春英國救世會秀耀春於青州教堂撰寫的《自序》,講述該書得諸經驗、訪諸友朋、體諸身心、徵諸簡籍、采諸會報、多歷寒暑搜輯成編。

爰將西國醫書譯爲華文,並將經驗良方記諸簡冊,搜求德大夫、馬大夫、嘉大夫,所試驗良方,並夙蓄良方匯爲一編,名曰《救人良方》,於光緒十一年刊成。……兹復於濟南寓所,又徵以歷年所見聞者所細驗者欲所采諸閩省會報者,並數年前所刊成者合訂一編,仍名曰《救人良方》,較前所刊者,聊增數冊,思有益於人也。……

有《目錄》:保身十二法、救人良方、痘證、各種病症及藥方……

半頁,框 12.5×19.5cm,9 行,行 25 字,白口,四周雙邊,單黑魚尾,版心上鐫書名"救人良方",共 36 頁。

【作者】秀耀春(Francis Huberty James),1851—1900。

【750】TA 7912 95 衛身撮問 C-0783 J10

008166451　　(羅馬字母生理衛生問答篇)

《衛身撮問》,富克理著,羅馬拼音字,袖珍型,南方話。

封面:UOI-SING CHAUK-ONG Health tract No. 1

光緒二十八年(1902)　衛身撮問　富克理著

爲僅有 24 句問與答的羅馬拼音字簡單袖珍型的單行本。

11.7×7.5cm,15 行橫排,10 頁。內文全是羅馬拼音字。

【作者】富克理(Kate Cecilia Woodhull),1842—1926。

*【751】TA 7916 3321 家庭衛生劇

009437240

《家庭衛生劇》,北京華北公理會公共衛生事務處,1949 年。

1949 年 5 月

家庭衛生劇

華北公理會公共衛生事務處

13×18.5cm,18 行,行 32 字(竪行排列)。劇中人有劉太太、劉先生、劉蘭英、劉鐵柱、劉小寶、張太太,舞臺三幕衛生劇,7 頁。後附《滅蠅歌》一首(1 頁)。共 8 頁。

INTERNET LINK:http://nrs.harvard.edu/urn-3:FHCL:3353863

http://purl.oclc.org/DLF/benchrepro0212

【752】TA 7930 0101 痘症(1 張)

009446217

一張痘症症狀文告,描寫痘症的症狀及其各種藥方。出版年代不詳(1911 年前)。26 行,行 24 字,43×21.5cm。有各種藥方的廣告。

【753】TA 7947 85 屈光學 C-0785 J12

008166443

《屈光學》,盈亨利譯,陳桂清筆述,管國全校訂,精裝,博醫會,1914 年。

封面:屈光學全卷　Refraction　博醫會

扉頁:屈光學全卷

　　　美國醫學博士盈亨利譯

　　　北通縣左亭陳桂清筆述

　　　北通縣輔臣管國全校訂

　　　1914 年博醫會印發

英文:Refractiion and how to reflact,

　　　including sections on optics, retinoscopy, the fitting of spectacles and eye-glasses, etc.

　　　By James Thorington. Fifth rev. ed.

　　　Tr. by J. H. Ingram. Pub by Publication Committee China Medical Association. 1914.

有陳桂清民國二年《屈光學序》。

管國全《屈光學例言》10 則。

《屈光學目次》18 頁。

第一章光理,第二章目之功用,第三章驗目具,第四章中視、遠視、近視,第五章散視、辨散視法,第六章視影驗法,第七章目直肌,第八章視力虛弱等,第九章配鏡之例,第十章配鏡成規,第十二章量面配鏡。

15×23.5cm,26 行,行 20 字。卷上鎸書名和章次及章目名,隨文附有各種圖形,共 247 幅。全書正文 262 頁。卷末附錄英文 INDEX 8 頁。

版頁從左往右展開,現代式樣,字也是橫排從左往右。

【作者】梭林吞(James Thorington),美國人。詹姆士·盈亨利(James Henry Ingram, 1858—1934),公理會傳教士,1887 年來華。

【754】TA 7950 61 眼科證治 C–0784 J11

008167418

《眼科證治》,聶會東口述,尚寶臣筆述,精裝,上海美華書館,1895 年。

扉頁:光緒二十一年新鎸濟南施醫院校訂

眼科證治

上海　美華書館擺印

卷首有 JAS. B. Neal(聶會東)1894 年 2 月在濟南府(McILVaine Hospital)寫的英文《序》(PREFACE)1 頁。

有尚寶臣光緒甲午八月寫的中文《序》3 頁。

有佛山魯琪光寫的八句詩 1 頁。

有《眼科證治目録》卷一,十一章;卷二,十章,共 22 章,12 頁。

有治眼器具示圖 4 頁。有《論眼具》的論述 11 頁。

正文,12.5×18.5cm,10 行,行 24 字,白口,四周雙邊,單黑魚尾,版心上鎸書名“眼科證治”,中鎸卷次章次及每章篇名。隨文有 29 幅眼睛的圖形及治眼圖形。隨文有雙行小字注文。共 221 頁。

正文後附與眼科相關的中西文術語詞對照表,4 頁。

後有《試眼字》一幅,字分 40 碼、35 碼、30 碼、25 碼、20 碼、15 碼、10 碼、7.5 碼、5 碼大小排行分佈。

全書 5+12+4+221+4+11,共 257 頁。

【作者】William Fisher Norris,美國著名的眼科醫生。

【譯者】聶會東(James Boyd Neal,1855—1925),美國北長老會傳教醫師。1881 年到登州,後調濟南。1890 年在濟南建華美醫院並開設醫校。

【755】TA 7971 4500.1 **西藥大成藥品中西名目表** C-0787 J14

006018131

《西藥大成藥品中西名目表》,附人名地名兩表,江南製造總局編,横排,宣紙,從右到左編排,綫裝,光緒十三年(1887)。

卷首分七個條目介紹。

《西藥大成藥品中西名目表》附人名地名兩表的翻譯編撰過程、排列法、翻譯用字等細則。

有1887年5月 Kiangnan Arsknal 撰寫的英文 Vocabulary of names of materia medica occurring in the translation of "Royle's manual of materia medica, and therapeutics"。

此書編撰12載,主要内容來自英國醫士來拉著《西藥大成》一書内各種藥品名目並化學料與植物動物名,其中拉丁與英文俱依字母排列。人名地名兩表:有來拉著《西藥大成》一書内之人名地名,還有醫學化學等書内之人名地名。光緒十三年四月江南製造總局排印。

正文按音序排列法 A—Z。

文字空間15×23cm,英漢對照西藥名目表,術語每頁96條,中列爲二(48×2),共68頁。

【756】TA 7975 1123 **新增西藥略釋** C-0786 J13

008213330　FC4712　FC-M1891(B)

《新增西藥略釋》,繼良譯撰,嘉約翰校正,1886年。

扉頁:光緒十二年重刊

　　　新增西藥略釋

　　　羊城博濟醫局藏板

有1871年9月 J. G. Kerr 在通州撰寫的英文 Preface。

有1876年3月 J. G. Kerr 在通州撰寫的英文 Preface:To the Second Edition。

有1886年6月 J. G. Kerr 在通州撰寫的英文 Preface:To the Third Edition。

有光緒乙亥年冬林湘東寫的序文並原字跡。

正文《西藥略釋》,四卷本,孔繼良譯撰,嘉約翰校正。

總論 p.1-43

卷一瀉藥論等 p.47-75

卷二吐藥論等 p.1-79

卷三補藥論等 p.1-102

卷四平脈平腦論等 p.1-83

卷四之卷末附有《新增西藥略釋目録》,中西文對照,9頁。

文中所載各醫方,隨文附上藥草圖形多幅。説明藥性如何,功用如何。瀉劑、吐劑、補劑、斂劑、發表、化痰、殺蟲、改病、調經、平脈、平腦等。寫明藥方出處、制法、辨其形性、詳其功用。

　　10 行,行 24 字,11×15cm,白口,四周雙邊,單黑魚尾,版心上鎸書名,中鎸卷次及各篇篇名。

　　【作者】孔繼良,字體惠,山東人,孔子後裔,清末民國時期的著名醫生。嘉約翰(John Glasgow Kerr,1824—1901),美國長老會教徒,最早來華的著名傳教醫生之一,1859 年在廣州創辦了中國最早的教會醫院博濟醫院。

【757】TA 7976 4347 家用良藥(附康強指南)

　　009437809

　　《家用良藥 康強指南》,燕大闢撰,文言文。

　　封面:合衆國醫生　燕大闢制

　　　　　家用良藥

　　　　　康強指南

　　卷首有《燕醫生家用良藥序》(半頁)。

　　正文《燕醫生通書》附録《康強指南》。

　　半頁,框 12.4×19cm,14 行,行 33 字,白口,上下雙邊,單黑魚尾,版心上鎸書名"家用良藥",中鎸良藥或藥方名稱,20 頁。

　　【作者】David Jayne, 1799—1866.

【758】TA 7980 36 賀氏療學 C-0788 J15

　　008166405　FC4712　FC-M1891(A)

　　《賀氏療學》,精裝,上海中國博醫會,1916 年。

　　封面:賀氏療學　Therapeutics Hare　博醫會

　　扉頁:西曆一千九百十五年博醫會印發

　　　　　賀氏療學

　　　　　中華民國四年歲次乙卯第三次出板

　　美國醫士賀德著,盈亨利譯,北通縣管國全、陳桂清述稿,武清諸葛汝楫校訂,北京高志參校。

　　英文封頁:A Text-book of practical therapeutics

　　1907 年 12 月 J. H. I 在通州撰寫的英文第一版序、1911 年 5 月第二版序和 1915 年 12 月 31 日撰寫的第三版序。

　　光緒三十三年管國全在公理教會書舍寫的《原序》、宣統三年春陳桂清在公理教會書室寫的《重序》。

　　正文共 33 章,隨文有英漢對照的術語或一些圖形。16×18cm,横排,21 行,行 26 字,頁上鎸頁碼數、章次及每頁篇目名稱,共 577 頁。

附録有《ERRATA》2 頁,針對正文中的英文詞的中文術語對照説明。

有《藥味療法目次》(按音序排列法排列)針對正文中的英文詞的中文術語對照説明(有正文的頁碼標示),p. 580–620。

有《病症目録》p. 1–74。

有《博醫會最新醫書出版廣告》p. 1–7。

【作者】Hobart Amory Hare, 1862—1931.

【譯者】盈亨利。

【759】TA 7990 2522 山東德縣衛氏博濟醫院(報告書)(1 卷)

009429560　(油印本)

封面:山東德縣衛氏博濟醫院(有"衛氏博濟醫院"紅十字小篆標記)

　　1930

　　中華民國十九年

爲 1930 年即民國十九年的山東德縣衛氏博濟醫院報告書(油印本):

床位百張,治療各科千餘名,門診萬數千名,戰事則外科多,時疫流行則内科增多,民國十九年收入不足萬元,開支卻三萬七千餘元,希求各界捐款。

本院之設備。

山東德縣衛氏博濟醫院董事會章程:定名、宗旨、組織、會期、任職、經費、責任、附則,共八章。

衛氏博濟醫院門診住院簡章二十四條。

衛氏博濟醫院附屬護士學校(學校成立、程度、學期、課程、津貼、學費、假期、病期自備、奬金、護生宿舍、招生日期、通訊地點)。

1930 年實驗室報告表、1930 年門診住院及大小割症人數表、1930 年之支出及 1931 年之預算支出表、1930 年之收入及 1931 年之預算收入表。

衛氏博濟醫院董事會委員名録及職務表。

半頁,框 12×17cm,9 行,行 24 字,白口,四周雙邊,版心上鎸書名"山東德縣衛氏博濟醫院報告書",12 頁。

INTERNET LINK:http://nrs. harvard. edu/urn-3:FHCL:3353853

http://purl. oclc. org/DLF/benchrepro0212

*【760】TA 7999 2133 山西汾州汾陽醫院割疹室手術傢具統計

009441234　(手寫本)

《山西汾州汾陽醫院割疹室手術傢具統計》,汾州汾陽醫院,1941 年。

一個練習本子記載的統計表。

練習本封面毛筆,15×19cm,21 行,原爲汾陽醫院的 1941 年 12 月 15 日造的賬目本,有醫院和年月日的印章,賬本封面右毛筆字"山西汾州汾陽醫院割疹室手術傢具統計"、"民國三十年十二月十五日造"(竪寫),記載醫院所用手術工具、診病工具的物名、件數、價值。價值欄目用的是鋼筆。共 7 頁。

INTERNET LINK：http：//nrs. harvard. edu/urn-3：FHCL：3353864

http：//purl. oclc. org/DLF/benchrepro0212

＊【761】TA 7999 2133. 1 山西汾州汾陽醫院公用器具儀器建築物估价統計

009441240

《山西汾州汾陽醫院公用器具儀器建築物估價統計》,汾州汾陽醫院,1941 年。

一個練習本子記載的統計表。

練習本封面毛筆,15×19cm,原爲汾陽醫院的 1941 年 12 月 15 日造的賬目本,有醫院和年月日的印章,賬本封面右毛筆字"山西汾州汾陽醫院公用器具儀器建築物估價統計"、"民國三十年十二月十五日造"(竪寫)。

手工造表:汾陽醫院建築物表、公用器具、儀器、四層樓庫房,共 4 頁。

汾陽醫院公用器具儀器建築物價目(1 頁)。

公用器具價目(1 頁)。

儀器價目(1 頁)。

四層樓庫房價目(1 頁)。

INTERNET LINK：http：//nrs. harvard. edu/urn-3：FHCL：3442772

http：//purl. oclc. org/DLF/benchrepro0212

【762】TA 8640 1148 開礦器法圖説 C-0737 I40

008166453

《開礦器法圖説》,一函六冊,宣紙,綫裝,俺特累撰,傅蘭雅、王樹善合譯,華蘅芳、孫景康同校,上海江南製造局,1899 年。

扉頁:開礦器法圖説(隷書)

反面:光緒己亥春月江南製造局詳校石印

有光緒二十五年四月新甯劉坤一《序》(有劉坤一之印):

西國開礦多用機器,美國開礦工程家俺特累薈萃西國各處求礦開礦運礦及井礦中起水通風一切應用之器具機器、軋碎礦塊舂碾成粉淘澄金類之質所用各種之器各家造法各處之用法,均能直抉其利弊之所在,皆從閲歷試驗而得,非徒托空言也。江南製造局翻譯館覓得此書,延請英國儒士傅雅蘭口譯,上海王太守樹善筆譯未及半,續於美國金山翻譯續成,王樹善於金山歷觀各處開礦之廠,指示機器之作用,書中於機器之圖説言之最詳。

後華蘅芳、孫景康同校,以石板印行。

第一分冊

有《開礦器法》目録。

卷一論求礦器具 p. 1–12

卷二論開礦器具 p. 1–22

第二分冊

卷三論開礦器具 p. 1–14

卷四論運礦和起礦之器具 p. 1–14

第三分冊

卷五論運礦和起礦之器具 p. 1–17

卷六論起水機器 p. 1–17

第四分冊

卷七論通風機器 p. 1–7

卷八論軋礦機器 p. 1–10

卷九論預備金銀礦所用之機器舂礦碾礦分礦等器具 p. 1–11

卷十論預備錫銅鉛三種礦所用之舂分礦等器具 p. 1–6

卷末有光緒二十四年三月王樹善在美國金山寫的《開礦器法譯本序》和《開礦器法譯本跋》

　　文字部分在第一至第四冊,半頁,框 22×25cm,22 行,行 35 字,白口,四周雙邊,單黑魚尾,版心上鐫書名"開礦器法圖説",中鐫卷次。

第五分冊

開礦器法圖説(圖一至圖四百六十) p. 1–49

第六分冊

開礦器法圖説(圖四百六十一至圖六百九十一) p. 50–99

　　半頁,框 19.5×25cm,白口,四周單邊,版心上鐫"開礦器法圖",各圖保留有英文的標示,如"E & F. N. Spon London & New York",等等。

　　【原作者】俺特累(George Guillaume Andre)。

　　【譯者】傅蘭雅(John Fryer),1839—1928。

【763】TA 8954 71 營城揭要(2 卷) C–0771 I74

008166448

《營城揭要》,2 卷,儲意比撰,傅蘭雅口譯,徐壽筆述,江南製造局。

半頁,框 13×18.5cm,10 行,行 22 字,黑口,雙黑魚尾,上下卷版心中分鐫"營城上"、"營城下"。

第一分冊:營城揭要卷上:《營城上》40 頁,中附築壘各圖(見 p. 27),並説明各類圖形名稱(見 p. 28)。

第二分冊:營城揭要卷下:《營城下》45 頁,外加附圖 41 幅,共 57 頁。

【作者】儲意比(Joseph Ellison Portlock),1794—1864。

【764】TA 8977 69 **輪船佈陣** C-0766 I69

008166446

《輪船佈陣》(卷首附圖),裴路撰,傅蘭雅口譯,徐建寅筆述,上海:江南製造局,1873 年。

第一分冊

輪船佈陣卷首 p.1–19,英國賈密倫原著,英國傅蘭雅口譯,無錫徐建寅筆述

輪船佈陣卷一 p.1–9,英國裴路原著,英國傅蘭雅口譯,無錫徐建寅筆述

輪船佈陣卷二 p.1–5

輪船佈陣卷三 p.1–3

輪船佈陣卷四 p.1–2

輪船佈陣卷五 p.1–6

輪船佈陣卷六 p.1–16

輪船佈陣卷七 p.1–7

輪船佈陣卷八 p.1–7

輪船佈陣卷九 p.1–2

輪船佈陣卷十 p.1–7

輪船佈陣卷十一 p.1–4

輪船佈陣卷十二 p.1–4

第二分冊

輪船佈陣圖,共 67 頁。魚貫陣、雁行陣,以及另外 41 號佈陣法。

【作者】裴路(Pownoll Pellow)。

【765】TA 8977 79 **防海新論**(江南製造局,1873)

008474476

《防海新論》,希里哈撰,傅蘭雅口譯,華蘅芳述。

一函六冊(卷一至十八),但沒有封面,如果沒有《原序》,則難知道相關的出版信息。比如"江南製造局,1873"這個信息就在本書他處無法得到。

有 1868 年美國希理哈撰寫的《原序》。從原序可知:作者在美國南北戰爭之時於南方戎行見聞經歷水師戰守之事,節録南北各官之文報以爲證據,此書不僅講明花旗國南北交戰以來所得的各種新理新法,指出路徑以語後之督理工程管帶兵船者所當考究試驗之事。阻住敵船進口之路並于港口藏伏水雷,此爲近時防守水路之新法,此書論之最詳。此書一至八卷論今之船與駮比昔更精,但必用新法;九至十一卷論阻行船之路令敵船難入内地之

法;十二至十九卷論水雷之造法用法;末卷論作燈火以照明海面河口使黑夜能得光明,以免敵船偷渡之法。

有《防海新論目錄》,十八卷。

第一分冊:

卷一 p. 1–12,卷二 p. 1–23,卷三 p. 1–10,卷四 p. 1–9

第二分冊:

卷五 p. 1–60

第三分冊:

卷六 p. 1–22,卷七 p. 1–33

第四分冊:

卷八 p. 1–17,卷九 p. 1–8,卷十 p. 1–18,卷十一 p. 1–24

第五分冊:

卷十二 p. 1–20,卷十三 p. 1–13,卷十四 p. 1–15

第六分冊:

卷十五 p. 1–21,卷十六 p. 1–13,卷十七 p. 1–21,卷十八 p. 1–8

每卷末有"元和江衡校字"之語。

卷十八卷末有"陽湖趙宏繪圖、元和江衡校字、防海新論終"之語。

半頁,框 13×18cm,10 行,行 22 字,黑口,雙黑魚尾,版心中鎸"防海"及卷次。

【原作者】希理哈(Viktor Ernst Karl Rudolf Von Scheliha,1826—1899),德國海軍軍官。

【譯者】傅蘭雅(John Fryer,1839—1928),英國人。

【述者】華蘅芳。

【按】此爲中外雙方翻譯者的完美合作。江南製造局出版風格:雙黑魚尾,黑口,字體大,開本大。

【766】TA 8977 4662 水師操練(18 卷,卷首附卷) C–0768 I71

008166447

《水師操練》,三册,英國戰船部原書,傅蘭雅口譯,徐建寅筆述,江南製造局,1872 年。

第一分冊:水師操練卷首(總例)及各章

水師操練卷首(總例)p. 1–16

水師操練卷一 p. 1–25

水師操練卷二 p. 1–4

水師操練卷三 p. 1–11

水師操練卷四 p. 1–6

水師操練卷五 p. 1–5

水師操練卷六 p. 1–4

水師操練卷七 p.1–10

第二分冊:水師操練(卷八─卷十八)

水師操練卷八 p.1–22

水師操練卷九 p.1–2

水師操練卷十 p.1–2

水師操練卷十一 p.1–10

水師操練卷十二 p.1–3

水師操練卷十三 p.1–7

水師操練卷十四 p.1–3

水師操練卷十五 p.1–4

水師操練卷十六 p.1–4(喇叭號令,附有戰船喇叭常用各曲)

水師操練卷十七 p.1–3

水師操練卷十八 p.1–9

第三分冊:水師操練附卷(雜説)p.1–54(其中《彈遠表》p.39–54)

半頁,框 13×18cm,10 行,行 22 字,黑口,雙黑魚尾,版心中鐫"水師操練"及各頁篇名。

【767】TA 9100 1733 西學啟蒙十六種

008166436　FC-M1832　FC4463

封面:西學啟蒙十六種(西學略述)

扉頁:西學啟蒙十六種

西學啟蒙十六種總目(按:"十六種"分別有縮微膠片,詳見目録後與標題後數碼)

西學略述　　　　　C-0723 I26(1)

格致總學啟蒙　　　C-0724 I27(2)

地志啟蒙　　　　　C-0725 I28(3)

地理質學啟蒙　　　C-0726 I29(4)

地學啟蒙　　　　　C-0727 I30(5)

格致質學啟蒙　　　C-0728 I31(6)

身理啟蒙　　　　　C-0779 J6(7)

動物學啟蒙　　　　C-0729 I32(8)

化學啟蒙　　　　　C-0730 I33(9)

植物學啟蒙　　　　C-0731 I34(10)

天文啟蒙　　　　　C-0732 I35(11)

富國養民策　　　　C-0671 H16(12)

辯學啟蒙　　　　　C-0638 G10(13)

希臘志略　　　　　C-0588 F19(14)

羅馬志略　　　　　　　C-0589 F20（15）
歐洲史略　　　　　　　C-0590 F21（16）
有李鴻章撰寫的《西學十六種序》（1 頁）。
有曾紀澤劼剛氏撰寫的《序》（1 頁）。
有光緒乙酉年冬艾約瑟的《敍》（半頁）。
有光緒戊戌春黄協塤、夢畹生的《重刊西學啟蒙序》（半頁）。

第一分冊:西學略述 C-0723 I26（1）　光緒二十四年（1898）上海圖書集成印書局印
西學略述目録
第一卷訓蒙 p.1-4
第二卷方言 p.1-5
第三卷教會 p.1-5
第四卷文學 p.1-5
第五卷理學 p.1-5
第六卷史學 p.1-7
第七卷格致 p.1-7
第八卷經濟 p.1-5
第九卷工藝 p.1-10
第十卷遊覽 p.1-3
半頁,框 11×15.5cm,14 行,行 40 字,白口,雙黑魚尾,版心上鎸書名"西學略述",中鎸卷次及各頁篇名。

第二分冊:格致總學啟蒙 C-0724 I27（2）　光緒二十四年上海圖書集成印書局印
格致總學啟蒙目録卷上、卷中、卷下
卷上第一至第十一節 p.1-7,卷末有"格致總學卷上終"之語。
卷中第十二節至第六十五節 p.1-29,卷末有"格致總學卷中終"之語。
卷下第六十六節至第六十七節 p.1,卷末有"格致總學卷下終"之語。
半頁,框 11×15.5cm,14 行,行 40 字,白口,雙黑魚尾,版心上鎸書名"格致總學",中鎸卷次及各頁篇名。

第三分冊:地志啟蒙 C-0725 I28（3）　光緒二十四年上海圖書集成印書局印
地志啟蒙目録四卷
卷一 p.1-15,卷末有"地志啟蒙卷一終"之語。
卷二 p.1-9,卷末有"地志啟蒙卷二終"之語。
卷三 p.1-8,卷末有"地志啟蒙卷三終"之語。
卷四並表 p.1-23,卷末有"地志啟蒙卷四終"之語。
半頁,框 11×15.5cm,14 行,行 40 字,白口,雙黑魚尾,版心上鎸書名"地志啟蒙",中鎸卷次及各頁篇名。

第四分冊:地質學啟蒙 C-0726 I29（4）　光緒二十四年上海圖書集成印書局印

地理質學啟蒙目録七卷

卷一 p.1-7,卷末有"地理質學啟蒙卷一終"之語。

卷二 p.1-2,卷末有"地理質學啟蒙卷二終"之語。

卷三 p.1-2,卷末有"地理質學啟蒙卷三終"之語。

卷四 p.1-9,卷末有"地理質學啟蒙卷四終"之語。

卷五 p.1-18,卷末有"地理質學啟蒙卷五終"之語。

卷六 p.1-7,卷末有"地理質學啟蒙卷六終"之語。

卷七 p.1-4,卷末有"地理質學啟蒙卷七終"之語。

半頁,框 11×15.5cm,14 行,行 40 字,白口,雙黑魚尾,版心上鑴書名"地理質學啟蒙",中鑴卷次及各頁篇名。

第五分冊:地學啟蒙 C-0727 I30（5）　光緒二十四年上海圖書集成印書局印

地學啟蒙目録八卷(5 頁)

卷一 p.1-3,卷末有"地學啟蒙卷一終"之語。

卷二 p.1-3,卷末有"地學啟蒙卷二終"之語。

卷三 p.1-3,卷末有"地學啟蒙卷三終"之語。

卷四 p.1-16,卷末有"地學啟蒙卷四終"之語。

卷五 p.1-8,卷末有"地學啟蒙卷五終"之語。

卷六 p.1-8,卷末有"地學啟蒙卷六終"之語。

卷七 p.1-15,卷末有"地學啟蒙卷七終"之語。

卷八 p.1,卷末有"地學啟蒙卷八終"之語。

半頁,框 11×15.5cm,14 行,行 40 字,白口,雙黑魚尾,版心上鑴書名"地學啟蒙",中鑴卷次及各頁篇名。

第六分冊:格致質學啟蒙 C-0728 I31（6）　光緒二十四年上海圖書集成印書局印

格致質學啟蒙序

目録十一章(3 頁)

半頁,框 11×15.5cm,14 行,行 40 字,白口,雙黑魚尾,版心上鑴書名"格致質學啟蒙",中鑴章次及各頁篇名,共 59 頁。

第七分冊:身理啟蒙 C-0779 J6（7）　光緒二十四年上海圖書集成印書局印

身理啟蒙序

目録十章五十六節(2 頁)

半頁,框 11×15.5cm,14 行,行 40 字,白口,雙黑魚尾,版心上鑴書名"身理啟蒙",中鑴章次及各頁篇名,共 55 頁。

第八分冊:动物學啟蒙 C-0729 I32（8）　光緒二十四年上海圖書集成印書局印

動物學啟蒙目録八卷(2 頁)

卷一 p.1–10,卷末有“動物學啟蒙卷一終”之語。

卷二 p.1–2,卷末有“動物學啟蒙卷二終”之語。

卷三 p.1–28,卷末有“動物學啟蒙卷三終”之語。

卷四 p.1–16,卷末有“動物學啟蒙卷四終”之語。

卷五 p.1–9,卷末有“動物學啟蒙卷五終”之語。

卷六 p.1–2,卷末有“動物學啟蒙卷六終”之語。

卷七 p.1–3,卷末有“動物學啟蒙卷七終”之語。

卷八 p.11,卷末有“動物學啟蒙卷八終”之語。

半頁,框11×15.5cm,14 行,行 40 字,白口,雙黑魚尾,版心上鎸書名“動物學啟蒙”,中鎸卷次及各頁篇名。

第九分冊:化學啟蒙 C–0730 I33(9)　光緒二十四年上海圖書集成印書局印

化學啟蒙序

化學啟蒙目録二十二章並化學啟蒙圖(正文中的 36 幅)目録(4 頁)

後附《化學測驗須知》、《器具價目》、《材料價目》、《化學啟蒙考課諸問》。

半頁,框11×15.5cm,14 行,行 40 字,白口,雙黑魚尾,版心上鎸書名“化學啟蒙”,中鎸全卷及各章篇名,共 57 頁。

第十分冊:植物學啟蒙 C–0731 I34(10)　光緒二十四年上海圖書集成印書局印

植物學啟蒙目録三十章並植物學啟蒙圖目録(正文中的 68 幅)(2 頁)

半頁,框11×15.5cm,14 行,行 40 字,白口,雙黑魚尾,版心上鎸書名“植物學啟蒙”,中鎸全卷及各章篇名,共 67 頁。

第十一分冊:天文啟蒙 C–0732 I35(11)　光緒二十四年上海圖書集成印書局印

天文啟蒙序

天文啟蒙目録七卷並天文啟蒙圖目録(正文中的 48 幅)(3 頁)

卷首 p.1–2

卷一 p.1–15,卷末有“天文啟蒙卷一終”之語。

卷二 p.1–7,卷末有“天文啟蒙卷二終”之語。

卷三 p.1–11,卷末有“天文啟蒙卷三終”之語。

卷四 p.1–4,卷末有“天文啟蒙卷四終”之語。

卷五 p.1–7,卷末有“天文啟蒙卷五終”之語。

卷六 p.1–6,卷末有“天文啟蒙卷六終”之語。

卷七 p.1–3,卷末有“天文啟蒙卷七終”之語。

半頁,框11×15.5cm,14 行,行 40 字,白口,雙黑魚尾,版心上鎸書名“天文啟蒙”,中鎸卷次及各頁篇名。

第十二分冊:富國養民策 C–0671 H16(12)　光緒二十四年上海圖書集成印書局印

富國養民策序(1878 年正月於倫敦書院)

富國養民策目録十六章 100 節

半頁,框 11×15.5cm,14 行,行 40 字,白口,雙黑魚尾,版心上鐫書名"富國養民策",中鐫章次及各頁篇名,共 65 頁。卷末有"富國養民策終"之語。

第十三分冊:辯學啟蒙 C-0638 G10 (13) 光緒二十四年上海圖書集成印書局印

辯學啟蒙二十七章

卷末附《辯學考課諸問》就二十七章中的内容進行概述提問。

半頁,框 11×15.5cm,14 行,行 40 字,白口,雙黑魚尾,版心上鐫書名"辯學啟蒙",中鐫章次及各頁篇名,共 67 頁。卷末有"辯學啟蒙終"之語。

第十四分冊:希臘志略 C-0588 F19 (14) 光緒二十四年上海圖書集成印書局印

希臘志略目録七卷(4 頁)

有春秋至戰國時巴西希臘地圖。

卷一 p.1-7,卷末有"希臘志略卷一終"之語。

卷二 p.1-8,卷末有"希臘志略卷二終"之語。

卷三 p.1-7,卷末有"希臘志略卷三終"之語。

卷四 p.1-11,卷末有"希臘志略卷四終"之語。

卷五 p.1-14,卷末有"希臘志略卷五終"之語。

卷六 p.1-5,卷末有"希臘志略卷六終"之語。

卷七 p.1-10,卷末有希臘志略年表及"希臘志略卷七終"之語。

半頁,框 11×15.5cm,14 行,行 40 字,白口,雙黑魚尾,版心上鐫書名"希臘志略",中鐫卷次及各頁篇名。

第十五分冊:羅馬志略 C-0589 F20 (15) 光緒二十四年上海圖書集成印書局印

羅馬志略卷首

羅馬志略目録十三卷

卷一 p.1-7,卷末有"羅馬志略卷一終"之語。

卷二 p.1-6,卷末有"羅馬志略卷二終"之語。

卷三 p.1-6,卷末有"羅馬志略卷三終"之語。

卷四 p.1-2,卷末有"羅馬志略卷四終"之語。

卷五 p.1-3,卷末有"羅馬志略卷五終"之語。

卷六 p.1-2,卷末有"羅馬志略卷六終"之語。

卷七 p.1-3,卷末有"羅馬志略卷七終"之語。

卷八 p.1-9,卷末有"羅馬志略卷八終"之語。

卷九 p.1-6,卷末有"羅馬志略卷九終"之語。

卷十 p.1-4,卷末有"羅馬志略卷十終"之語。

卷十一 p.1-3,卷末有"羅馬志略卷十一終"之語。

卷十二 p.1-4,卷末有"羅馬志略卷十二終"之語。

卷十三 p.1-6,卷末有"羅馬志略卷十三終"之語。

半頁,框 11×15.5cm,14 行,行 40 字,白口,雙黑魚尾,版心上鐫書名"羅馬志略",中鐫卷次及各頁篇名。

第十六分冊:歐洲史略 C-0590 F21(16)　光緒二十四年上海圖書集成印書局印

《歐洲史略》總目十三卷

卷一 p.1-4,卷末有"歐洲史略卷一終"之語。

卷二 p.1-8,卷末有"歐洲史略卷二終"之語。

卷三 p.1-9,卷末有"歐洲史略卷三終"之語。

卷四 p.1-5,卷末有"歐洲史略卷四終"之語。

卷五 p.1-5,卷末有"歐洲史略卷五終"之語。

卷六 p.1-5,卷末有"歐洲史略卷六終"之語。

卷七 p.1-7,卷末有"歐洲史略卷七終"之語。

卷八 p.1-7,卷末有"歐洲史略卷八終"之語。

卷九 p.1-9,卷末有"歐洲史略卷九終"之語。

卷十 p.1-5,卷末有"歐洲史略卷十終"之語。

卷十一 p.1-6,卷末有"歐洲史略卷十一終"之語。

卷十二 p.1-6,卷末有"歐洲史略卷十二終"之語。

卷十三 p.1-6,卷末有"歐洲史略卷十三終"之語。

半頁,框 11×15.5cm,14 行,行 40 字,白口,雙黑魚尾,版心上鐫書名"歐洲史略",中鐫全卷及各章篇名,共 67 頁。

出版時間:1898 年 1 月。

【作者】艾約瑟(Joseph Edkins,1823—1905),英國傳教士。

【768】TA 9199 26(17) 修治道途

008166679

廣善書

修治道途　德國花之安著　廣東袁悟真釋

上海虹口閔行路墨海書局印

版心上鐫"自西徂東卷二義集",中鐫"第十七章修治道途"。

這是同文書會將《自西徂東》第二卷第十七章進行注釋的單行本。

9.5×13.5cm,10 行,行 27 字,文中大字爲《自西徂東》卷二第十七章原文,注解小字是對原文注音注義,小字注語雙行小字,白口,四周雙邊,共 9 頁。封底有同文書會今將《自西徂東》書注釋分七十四卷印發,每卷一章總目錄。

出版年限不清。

【作者】花之安(Ernst Faber)。

【769】TA 9199 53 **中西聞見録選編**（4 卷） C-0186 A86

008213708　FC7764　Film Mas 31707

《中西聞見録選編》，丁韙良輯。

《中西聞見録》停刊後，同治三年丁丑（1877），主編丁韙良把雜志上的文章加以篩選，編選成四卷本的《中西聞見選編》。丁韙良自序云："同治壬申（1872），予與數友共輯《中西聞見録》，月出一本，比及三年而止。其内所載事理頗繁，而文則雅俗不等，有採取零星新聞以資管窺，有寓言以娛目而警心，並有格致測算之論以爲實學之梯航，四方文士賜觀，屢蒙謬贊，兹欲刪其輕浮，撮其體要，成爲一集……"

光緒丁丑冬至月印（右）

中西聞見録選編（小篆，中間）

有《中西聞見録選編》序（草書體）3 頁，8 行，行 14 字。

自序（半頁），有小篆之印：WA 總教習 RM，光緒丁丑季夏丁韙良惪三氏自識。

目録（11 頁）共 36 號。

正文一函四冊。

第一冊：頁碼不连贯，按出版的月份

半頁，框 13×18.5cm，10 行，行 24 字，白口，四周單邊，單黑魚尾，版心上鐫書名"中西聞見録"，中鐫選編的不同篇名，下鐫月份數，共 88 頁。

第二冊：頁碼不连贯，按出版的月份

半頁，框 13×18.5cm，10 行，行 24 字，白口，四周單邊，單黑魚尾，版心上鐫書名"中西聞見録"，中鐫選編的不同篇名，下鐫月份數，共 81 頁。

第三冊：頁碼不连贯，按出版的月份

半頁，框 13×18.5cm，10 行，行 24 字，白口，四周單邊，單黑魚尾，版心上鐫書名"中西聞見録"，中鐫選編的不同篇名，下鐫月份數，共 75 頁。

第四冊：頁碼不连贯，按出版的月份

半頁，框 13×18.5cm，10 行，行 24 字，白口，四周單邊，單黑魚尾，版心上鐫書名"中西聞見録"，中鐫選編的不同篇名，下鐫月份數，共 85 頁。

【《中西聞見録》】1872 年 8 月在北京創刊，由京都施醫院主持，美國傳教士丁韙良（William Alexander Parsons Martin）、英國教士艾約瑟（Joseph Edkins）和包爾騰（John Burdon）等人主編。後來艾約瑟和包爾騰離開北京，主要的編輯工作便由丁韙良負責。

《中西聞見録》仿照西方刊物進行了封面設計，如第一期首先標明於"西曆耶穌降生一千八百七十二年八月 中曆同治十一年七月"出版。封二還爲自己作了一個兼作徵稿啟事的説明："《中西聞見録》係仿照西國新聞紙而作，書中雜録各國新聞近事，並講天文、地理、格物之學，每月出印一次。如中西士人有所見聞或自抒議論，亦可寫就送至米市施醫院諸先生處選擇，可登則登之，庶集思廣益，見聞日增焉。"《中西聞見録》"係仿照西國新聞紙而作，書中雜録各國新聞近事，並講天文、地理、格物之學"，設有天文、地理、物理、化學、醫學及各國近事等欄目。除刊載文章外,還附有插圖,圖文並茂,使得文中講解的知識更爲生動直觀。這份雜志由廣學會散發,在當時頗有影響。到 1875 年停刊時,共印刷 36 期。

除了介紹西方科學技術之外,《中西聞見録》還定期登載一些西方的法律知識以及案例故事,如與西方稅法、交通法、移民法、衛生法、教育法相關的内容。特別值得提出的是該書從第七期開始連載英國人德貞的《洗冤新説》,這是一部西方法醫學著作,翻譯者模仿中國傳統法醫檢驗中《洗冤録》一書的名稱,將這部英國人的著作定名爲《洗冤新説》,就目前所知,這是西方"法醫學"傳入中國的較早譯本。

《中西聞見録》還在封底刊登廣告,如"東海輪船公司傳單"等,這種做法同樣爲效仿西方近代雜志的出版風格,不但擴大了該書的影響,也爲出版方增加了收入。

《中西聞見録》中幾乎没有明顯的宗教説教,如第十六號上刊載的由丁韙良翻譯的一則《三神寓言》,開頭爲:"昔有人航海遇颶,飄抵某島,舟擱淺。衆登陸憑眺,則別有天地,山川秀麗,溪水縈回,林木蔚茂,鳥獸繁育,而杳無人煙,其地土肥沃,五穀之屬悉備。衆收之,苦無器以舂,乃取石擂碎充糧。暇則遊覽,無名利之憧擾,絶市井之喧囂,誠樂國矣。"雖言及神靈,實質卻是在體現改造自然之力,並非以宣揚宗教思想爲目的。

《中西聞見録》雖然存世不久,但其特殊的媒介橋樑形態,卻使這份刊物成爲研究近代中西文化交流的一個值得考察的個案。

【作者】丁韙良(William Alexander Parsons Martin),1827—1916,美國長老會傳教士,1850 年來中國,在浙江寧波傳教 10 年之久。1862 年進京,在同文館擔任總教習,主持館務 30 多年。1872 年 8 月起擔任《中西聞見録》的編者。

【770】TA 9199 259　自西徂東(5 卷,1884)　C-0445 C68

008166677　FC7798　Film Mas 31783

《自西徂東》,5 卷,花之安撰,1884 年。

扉頁:自西徂東(小篆)

　　　　廣東小書會真寶堂發售

反面:ERNST FABER

　　　　Civilization, Chinese and Christian

　　　　光緒十年歲次甲申德國花之安發刊

　　　　Hongkong　1884

卷首有花之安自撰的《自西徂東序》(5 頁):

《自西徂東》之書何爲而作也? 欲有以警醒中國之人也。噫! 中國之大勢,已有纍卵之危矣。在今日熙熙攘攘,似太平景象,然亦思強鄰環列,果能懷柔否乎? 夫當今之時勢,外邦多日益富強,然中國能改弦易轍,不拘于成跡,發奮爲雄,亦無不可共臻強盛,措天下于磐石之安,顧亦思所行者爲何如耳。今中國與外邦通商已久,不特列邦之人到中國者勢不能免,即中國人之到外國者亦實繁有徒。然第一要著,貴有以使列邦和平,不至有齟齬不合,而又須辨別列邦之人物,不至混而不分,則同歸交接之中,庶有以知列邦之好尚,而聲名民物政教有可得而考察焉。乃今中國人混而不分,統以外夷視之,豈待友邦之法乎?雖然,勿謂中國無人也,中國人亦有明白而警悟、謹慎而有爲、勤勉而學西國之學者,但學問失其要,徒得西學之皮毛,而不得西學精深之理,雖學亦無甚益耳。況中國人所學,徒欲精技藝以益己,而不能充所學以益人,安得仁愛之大道而致天下一家、遠人悦服耶?

昔有中國官員曾到外邦遊歷,亦知西國立法之善,欲回中國行之而終不果,甚可惜矣。古今一利害之局也,天下一勢利之場也,而利物足以和義,則利亦非聖賢所諱言,惟能以美利利天下,斯爲利甚普,而人皆受其益。故取利貴乎公平,佈利期於廣遠,即與人酬酢,亦可不專利於一,而能以利均於人矣。蓋凡天下之物皆有利之所在,而即有義以存乎其中。世人當明其利之源,而善爲推及,則利己利人,便爲合義。且言利者,不獨錢財一端而已也。今世人多不明其利之源,止知利己,曾亦思利字之義,利己利人,方得爲利,若利己而損於人,一有利即一有不利,安得爲利?然則狹隘者非利,而廣大者乃可言利也。曷言乎利之源也?無論屋宇、田園、貨物、錢財,皆有各沾其利之處。屋宇所以居人,當思其何以成此屋宇,田園所以養人,當思其何以獲此田園,則掌屋宇、田園者固有利,而租屋宇、田園亦無不利。推而至於貨物、錢財,當思其何以得此貨物、錢財,則賣貨物者固有利,而買貨物亦無不利,放錢財者固有利,而借錢財亦無不利。譬如或雇船艇而往他方,或搭渡船而歸鄉井,我不藉他,不能行動。知乎此,則船艇實所以利人,我既雇他,斷不可刻減其工錢。何也?蓋船艇固需本銀方能建造,況必借其人力而後可無遠弗屆,安可刻減其工錢耶?由是以推,則租屋宇、田園,及買貨借銀者,斷不可止知利己而刻減人之利,此皆兩利之事也。且知利之源,則以義爲衡,充類至盡,誠有無窮之利矣。蓋天下大利,必以衆人之利爲利,其利始廣,未有一己徒擁其利而能廣大者也。蓋一己擁數萬之資財,藏而不用,亦止此數萬而已。惟能放與親友以經營,雖取息甚微,我既得利,而親友亦獲利,其利豈不日廣?

《自西徂東書例》(十八則)p.6-8。

《自西徂東目録》p.9-11。

第一分冊:11+61,共72頁。

卷一:仁集(第1—13章),p.1-61

自序

凡例一

第七章　省刑罰

第八章　體恤獄囚

第九章　解息戰爭

第十章　論家主財東法則

第十一章　懷柔遠人

第十二章　愛憐仇敵

第十三章　仁及禽獸

卷末有"自西徂東卷一仁集終"之語。

12.5×20cm,10 行,行 23 字,白口,四周雙邊,雙黑魚尾,版心上鎸書名"自西徂東",中鎸卷次及篇名。

卷二:義集(第 14—29 章),p.62-149

卷二　義集

第十四章　慎理國財

第十五章　保護善良

第十六章　論綏靖地方

第十七章　論修治道途

第十八章　論整飭關稅

第十九章　論利貴相通

第二十章　懲戒奢侈

第二十一章　勸禁賭博

第二十二章　清除鴉片流弊總論

第二十三章　嚴禁買賣奴婢

第二十四章　論民盛則國強

第二十五章　禁溺女兒

第二十六章　廣行恕道

第二十七章　明正道權

第二十八章　臣道總論

第二十九章　萬國公法本旨

卷末有"自西徂東卷二義集終"之語。

12.5×20cm,10 行,行 23 字,白口,四周雙邊,雙黑魚尾,版心上鎸書名"自西徂東",中鎸卷次及篇名。

卷三:禮集(第 30—44 章),p.150-228

卷三　禮集

第三十章　吉禮歸真

第三十一章　凶禮貴中

第三十二章　嘉禮求正

第三十三章　賓禮主敬

第三十四章　軍禮示權

第三十五章　以樂濟禮論

第三十六章　假禮指謬

第三十七章　貴保原質論

第三十八章　辨論風水

第三十九章　齊家在修身

第四十章　孝本愛敬

第四十一章　勸戒輕生

第四十二章　謹慎言語

第四十三章　心防詐偽

第四十四章　清潔内外論

卷末有"自西徂東卷三禮集終"之語。

卷四：智集（第45—61章），p. 229–333

卷四　智集

第四十五章　學貴精通

第四十六章　經學體要

第四十七章　史學瑣談

第四十八章　子學探原

第四十九章　同文要學

第五十章　教化要言

第五十一章　博學有方

第五十二章　新聞紙論

第五十三章　農政善法

第五十四章　機器利用

第五十五章　辨明技藝工作

第五十六章　開礦富國

第五十七章　上藝之華美

第五十八章　國貴通商

第五十九章　武備發明

第六十章　精究醫術

第六十一章　格物功用

卷末有"自西徂東卷四智集終"之語。

卷五:信集(第62—72章),p.334-397

卷五　信集

第六十二章　正教會發明

第六十三章　傳道會

第六十四章　聖經會

第六十五章　善書會

第六十六章　歸道會

第六十七章　勸守安息會

第六十八章　戒酒會

第六十九章　西家準繩

第七十章　少壯會

第七十一章　女紅倡善會

第七十二章　合衆善會

末章　西法何能行於中國説

卷末有"自西徂東卷五信集終"之語。

12.5×20cm,10行,行23字,白口,四周雙邊,雙黑魚尾,版心上鎸書名"自西徂東",中鎸卷次及篇名。

《自西徂東》主要通過中西方文明的對比,指出中國社會、道德、文化的現狀與西方相比落後的地方,並提出改良方法。《自西徂東》分仁、義、禮、智、信五集。每集所述內容與中國道德信條"三綱五常"中的"五常"的涵蓋面緊密聯繫,共分爲72個問題,每個問題先討論其重要性,其次列數中國在該問題上的弊端和不是,再次介紹西方在該問題上的優越之處,最後從基督教教義的立場提出改良方法。作者在中國多年,對中國社會瞭解頗深入,所以《自西徂東》對當時中國影響較大。

該書的其他版本有:

自西徂東五卷,廣東:小書會真寶堂,清光緒十年(1884)

自西徂東五卷,上海:上海廣學會,清光緒十九年(1893)

自西徂東五集,上海:上海廣學會,清光緒二十三年(1897)

自西徂東五卷,上海:上海廣學會,清光緒二十五年(1899)

自西徂東五卷,上海:上海廣學會,清光緒二十八年(1902)

《自西徂東》(Civilization, China and Christian)國內有出版:《自西徂東》五卷(近代文獻叢刊),上海:上海書店出版社,2002年。網上亦有電子版。

花之安的其他著作有:

《德國學校論略》,清同治十二年(1873)

《德國學校論略》二卷附錄一卷,清同治十二年(1873)

《經學不厭精》五卷,上海美華書館,清光緒二十二、二十四年(1896、1898)

《明心圖官話》,上海:安保羅,民國三年(1914)

《教化議五卷》,羊城小書會真寶堂,清光緒元年(1875)

《馬可講義》,漢鎮英漢書館,清光緒二十五年(1899)

《泰西學校論略》、《教化議》,合刊,上海:商務印書館,清光緒二十三年(1897)

《教化議》,上海:商務印書館,清光緒二十三年(1897)

《精學不厭精》二卷,上海美華書館,清光緒二十二年(1896)

《經學不厭精遺編》二卷,上海美華書館,清光緒二十九年(1903)

【作者】花之安(Ernst Faber,1839—1899),德國傳教士,1865 年受巴色會派遣來華傳教,曾在廣東嶺南一帶工作 10 餘年,常通過行醫、辦學來傳播福音,專心研究漢學,從事文字工作,先後在聖教書會、同文書會任職。專門從事著述,用儒學思想詮釋基督教義。著述眾多,主要有《自西徂東》、《儒學匯纂》、《中國宗教科學導論》、《孟子的學説》、《性海淵源》、《玩索聖史》、《明心圖》、《泰西學校》、《教化議》等。花之安被認爲是 19 世紀傳教士中對漢學有造詣的學者。

【771】TA 9200 73 The Child's Paper 兒童月報(1883、1885)

007970262　FC5875　FC-M225

兩份材料:

【771-1】TA 9200 73 (9:2) The Child's Paper

封面:The Child's Paper

　　　　Vol. IX NO.2 JUNE

　　　　光緒九年癸未五月

　　　　月報(小篆)第九年第二期

　　　　中國聖教書會印發

　　　　Shanghai Chinese Religious Tract Society,1883

反面:教子讀書圖,並有文字講述女子讀書等同男子一樣重要。

一首贊美歌(含歌詞、曲譜):良言永遠珍藏、各國禮拜日讀聖經、聖經教義故事。

13.5×18cm,文字部分行數、字數各頁不等,白口,單黑魚尾,版心上鎸"月報",鉛印,綫裝,每月一期。

【771-2】TA 9200 73 (10:10) The Child's Paper

封面:The Child's Paper

　　　　Vol. X NO.10 FEBURARY

　　　　光緒十一年乙酉正月

　　　　月報(小篆)第十年第十期

　　　　中國聖教書會印發

　　　　Shanghai Chinese Religious Tract Society,1885

　　一首贊美歌(含歌詞、曲譜):耶穌領我、各國禮拜日讀聖經、聖經教義故事,有小孩所讀之書,列入每日一段聖經上的話,要求小讀者每日讀經,反映教會動態和各地教會信息。

　　13.5×18cm,文字部分行數、字數各頁不等,白口,單黑魚尾,版心上鎸"月報",鉛印,綫裝,每月一期。

　　【按】《小孩月報》是最早的一份兒童雜志,清同治十三年在福州創刊(福州,1874年,普洛姆夫人和胡巴爾夫人創辦),由美國教會學校主辦。大三十二本,鉛印,綫裝,每月一期。1875年(光緒元年)3月遷到上海繼續出版,美國長老會傳教士范約翰(清心書院院長,清心書院是教會學校,《新約》中"清心受福"之意)主編,清心書館以"中國聖教公會"名義印發出版。月刊,内容有詩歌、故事、名人傳記、博物、科學等。文字淺顯易懂,插圖均爲雕刻,銅版尤爲精美。是爲中國最早的近代兒童畫報。光緒七年(1881)五月改名《月報》,1914年再改名《開風報》,1915年12月進出5期,終刊。歷時40多年,出版40卷。該報文字淺近,圖文並茂,内容以傳佈教義爲主,介紹西方科學文化知識,兼有天文、地理、歷史、詩歌、故事、名人傳記、博物和科學等,每一期最後一首贊美歌(含歌詞、曲譜),有小孩所讀之書,列入每日一段聖經上的話,要求小讀者每日讀經,反映教會動態和各地教會信息。在傳播西方民主思想、科學知識以及西洋文化方面起了啓蒙作用。《小孩月報》爲我國最早的兒童報刊,享有近代"啓蒙第一報"的美譽。

【772】TA 9200 1048 飛龍報篇(NO.9,1866)

　　009442311

　　《飛龍報篇》,No.9,倫敦,1866年。

　　The Flying Dragon Reporter(每月在倫敦印) For China, Japan And The East.

　　Registered For Transmission Abroad, Office 3 George Yard Lombard Street.

　　第九號:同治丙寅年初八月,London, September 14,1866, NO.9

　　中文報紙 Paper in poor condition。有去糠機、耕田機器、滅火器等並圖介紹、麗加銀行廣告、輪船公司廣告、格物窮理論(續)等信息。38.5×50.5cm,共2頁。

【773】TA 9200 2304 上海新報(6份,1868—1869)

　　009441188

　　《上海新報》六份(1868—1869):

　　(1)上海新報　每逢礼拜二四六发　上海字林洋行

　　戊辰年玖月貳拾捌日,新式第123號,禮拜四

　　New Series, NO.123

　　Shanghai, Thursday, 12th, November,1868.

　　第一版告白。

　　第二版中外新聞。

第三版新到西國船隻、船往各地信息及告白。

第四版物品價目,頁下有海外新式耕田器具之圖一幅。

35×45.5cm,一張四版。

(2)上海新報　每逢礼拜二四六发　上海字林洋行

戊辰年拾月壹日,新式第128號,禮拜二

New Series, NO.128

Shanghai, Thursday, 24th, November, 1868.

第一版告白,船隻信息、銷售信息等。

第二版中外新聞。

第三版新到西國船隻、船往各地信息及告白。

第四版物品價目,頁下有海外新式運貨馬車之圖一幅。

35×45.5cm,一張四版。

(3)上海新報　每逢礼拜二四六发　上海字林洋行

戊辰年拾月貳拾柒日,新式第135號,禮拜四

New Series, NO.135

Shanghai, Thursday, 10th, December, 1868.

第一版告白,船隻信息、銷售信息等。

第二版中外新聞。

第三版新到西國船隻、船往各地信息及告白。

第四版物品價目,頁下有海外新式引帶貨車之圖一幅。

35×45.5cm,一張四版。

(4)上海新報　每逢礼拜二四六发　上海字林洋行

戊辰年拾壹月叁拾日,新式第147號,禮拜二

New Series, NO.147

Shanghai, Thursday, 12th, January, 1869.

第一版告白,船隻信息、銷售信息等。

第二版中外新聞。

第三版新到西國船隻、船往各地信息及告白。

第四版物品價目,頁下有英國博物院之圖一幅。

35×45.5cm,一張四版。

(5)上海新報　每逢礼拜二四六发　上海字林洋行

己巳年正月拾伍日,新式第164號,禮拜四

New Series, NO.164

Shanghai, Thursday, 25th, February, 1869.

第一版告白,船隻信息、銷售信息等。

第二版中外新聞。

第三版新到西國船隻、船往各地信息及告白。

第四版物品價目,頁下有海外所制蜜蜂窩之圖一幅。

35×45.5cm,一張四版。

(6)上海新報　每逢礼拜二四六发　上海字林洋行

己巳年貳月初捌日,新式第 174 號,禮拜六

New Series，NO.174

Shanghai，Saturday，20th，March，1869.

第一版告白,船隻信息、銷售信息等。

第二版中外新聞。

第三版新到西國船隻、船往各地信息及告白。

第四版物品價目,頁下有海外風琴之圖一幅。

35×45.5cm,一張四版。

【774】TA 9200 2352 香港中外新報(1870 年 2 月 16 日)

009443312

香港《中外新報》,1870 年 2 月 16 日。

一三五行情紙二四六新聞紙

香港中外新報並附船頭貨價行情第 1925 號　庚午年二月十六日禮拜四

一版:各種廣告

二版:中外新聞

三版:各款雜録

四版:來往商船

35×55cm,一張四版。

【775】TA 9200 4122 格致彙編(12 冊)

009442648

收録了《格致彙編》1877 年出版的共 12 期。

(1)中曆光緒二年十二月　每月出印一卷

西曆一千八百七十七年正月

格致彙編

是編補續中西聞見録　在上海格致書室發售　英國傅蘭雅輯

格致略論附圖,西國養蜂法,求溺水者新法,論脈等,西國救火梯,格致理論,相互問答,算學奇題,格物雜説附戒吸鴉片煙方法啟(美國醫士馬高温)。

　14.5×21cm,21 行,行 42 字,白口,四周雙邊,單黑魚尾,版心上鐫書名“格致彙編”,中

鑴各篇篇名,共 12 頁。

(2)中曆光緒三年正月　每月出印一卷

西曆一千八百七十七年三月　每卷錢一百文

格致彙編

是編補續中西聞見録　在上海格致書室發售　英國傅蘭雅輯

反面有傅蘭雅寫的小引,對 1876 年 12 卷進行回顧,涉及雜志價格等,並附各通商口岸聯絡地址。

有傅蘭雅光緒三年正月寫的《光緒三年新啟示》。

美國百年大會記略,過冰山之險,西國百姓嬉戲格致器等,西國養蜂法,論脈、説蟲等,相互問答,算學奇題,格物雜説。

14.5×21cm,21 行,行 42 字,白口,四周雙邊,單黑魚尾,版心上鑴書名“格致彙編”,中鑴各篇篇名,共 16 頁。

(3)中曆光緒三年二月　每月出印一卷

西曆一千八百七十七年四月　每卷錢一百文

格致彙編

是編補續中西聞見録　在上海格致書室發售　英國傅蘭雅輯

反面有傅蘭雅寫的小引,對 1876 年 12 卷進行回顧,涉及雜志價格等,並附各通商口岸聯絡地址。

有李伯相畫像及《李伯相畫像跋》。

火車與鐵路略論,西國養蜂法,論脈等,互相問答,算學奇題,格物雜説。

14.5×21cm,21 行,行 42 字,白口,四周雙邊,單黑魚尾,版心上鑴書名“格致彙編”,中鑴各篇篇名,共 17 頁。

(4)中曆光緒三年三月　每月出印一卷

西曆一千八百七十七年五月　每卷錢一百文

格致彙編

是編補續中西聞見録　在上海格致書室發售　英國傅蘭雅輯

反面有傅蘭雅寫的小引,對 1876 年 12 卷進行回顧,涉及雜志價格等,並附各通商口岸聯絡地址。

西船略論,續格致新法,西國養蜂法,論舌等,互相問答,算學奇題,格物雜説附告白。

14.5×21cm,21 行,行 42 字,白口,四周雙邊,單黑魚尾,版心上鑴書名“格致彙編”,中鑴各篇篇名,共 16 頁。

(5)中曆光緒三年四月　每月出印一卷

西曆一千八百七十七年六月　每卷錢一百文

格致彙編

是編補續中西聞見録　在上海格致書室發售　英國傅蘭雅輯

反面有傅蘭雅寫的小引,對1876年12卷進行回顧,涉及雜志價格等,並附各通商口岸聯絡地址。

農事略論,紡織略説等,格致理論,互相問答,算學奇題,格物雜説附告白。

14.5×21cm,21行,行42字,白口,四周雙邊,單黑魚尾,版心上鎸書名"格致彙編",中鎸各篇篇名,共15頁。

(6)中曆光緒三年五月　每月出印一卷

西曆一千八百七十七年七月　每卷錢一百文

格致彙編

是編補續中西聞見録　在上海格致書室發售　英國傅蘭雅輯

反面有傅蘭雅寫的小引,對1876年12卷進行回顧,涉及雜志價格等,並附各通商口岸聯絡地址。

有李壬叔先生像及丁韙良光緒丁丑年寫的《李壬叔先生序》。

入水衣略論等,論呼吸氣,互相問答,算學奇題,格物雜説。

14.5×21cm,21行,行42字,白口,四周雙邊,單黑魚尾,版心上鎸書名"格致彙編",中鎸各篇篇名,共16頁。

(7)中曆光緒三年六月　每月出印一卷

西曆一千八百七十七年八月　每卷錢一百文

格致彙編

是編補續中西聞見録　在上海格致書室發售　英國傅蘭雅輯

反面有傅蘭雅寫的小引,對1876年12卷進行回顧,涉及雜志價格等,並附各通商口岸聯絡地址。

西炮説略等,論呼吸氣,互相問答,算學奇題,格物雜説。

14.5×21cm,21行,行42字,白口,四周雙邊,單黑魚尾,版心上鎸書名"格致彙編",中鎸各篇篇名,共16頁。

(8)中曆光緒三年七月　每月出印一卷

西曆一千八百七十七年九月　每卷錢一百文

格致彙編

是編補續中西聞見録　在上海格致書室發售　英國傅蘭雅輯

反面有傅蘭雅寫的小引,對1876年12卷進行回顧,涉及雜志價格等,並附各通商口岸聯絡地址。

西國煉鐵法略論、防火論等,混沌説,格致新法,互相問答,算學奇題,格物雜説。

14.5×21cm,21行,行42字,白口,四周雙邊,單黑魚尾,版心上鎸書名"格致彙編",中鎸各篇篇名,共16頁。

(9)中曆光緒三年八月　每月出印一卷

西曆一千八百七十七年十月　每卷錢一百文

格致彙編

是編補續中西聞見録　在上海格致書室發售　英國傅蘭雅輯

反面有傅蘭雅寫的小引,對 1876 年 12 卷進行回顧,涉及雜志價格等,並附各通商口岸聯絡地址。

西國造瓷機器、紡織廠圖説等,格致新法,原質化合愛力大小説,英國史新略論,裝運雞蛋之穩法,互相問答,格物説雜。

14.5×21cm,21 行,行 42 字,白口,四周雙邊,單黑魚尾,版心上鎸書名"格致彙編",中鎸各篇篇名,共 16 頁。

(10)中曆光緒三年九月　每月出印一卷

西曆一千八百七十七年十月　每卷錢一百文

格致彙編

是編補續中西聞見録　在上海格致書室發售　英國傅蘭雅輯

反面有傅蘭雅寫的小引,對 1876 年 12 卷進行回顧,涉及雜志價格等,並附各通商口岸聯絡地址。

有徐雪邨先生像及端甫程芳述的《徐雪邨先生序》。

西國造橋論略、小像之説等,格致新法等,互相問答,格物雜説。

14.5×21cm,21 行,行 42 字,白口,四周雙邊,單黑魚尾,版心上鎸書名"格致彙編",中鎸各篇篇名,共 16 頁。

(11)中曆光緒三年十月　每月出印一卷

西曆一千八百七十七年十二月　每卷錢一百文

格致彙編

是編補續中西聞見録　在上海格致書室發售　英國傅蘭雅輯

反面有傅蘭雅寫的小引,對 1876 年 12 卷進行回顧,涉及雜志價格等,並附各通商口岸聯絡地址。

西國造磚法、簡便汽車與鐵路、制鈕法、鑿石機器、石板印法等,互相問答,格物雜説。

14.5×21cm,21 行,行 42 字,白口,四周雙邊,單黑魚尾,版心上鎸書名"格致彙編",中鎸各篇篇名,共 16 頁。

(12)中曆光緒三年十一月　每月出印一卷

西曆一千八百七十七年十二月　每卷錢一百文

格致彙編

是編補續中西聞見録　在上海格致書室發售　英國傅蘭雅輯

反面有傅蘭雅寫的小引,對 1876 年 12 卷進行回顧,涉及雜志價格等,並附各通商口岸聯絡地址。

滅火器説略、測繪器具、論土星、腫脹辯,互相問答,格物雜説。

14.5×21cm,21 行,行 42 字,白口,四周雙邊,單黑魚尾,版心上鎸書名"格致彙編",中鎸各篇篇名,共 16 頁。

＊【776】TA 9200 4314 真理報（2 份,No. 18、No. 19）

008141783

《真理報》出版於 1954 年 7 月。燕京圖書館藏《真理報》NO. 18、NO. 19, 1963 and 1964。

（1）真理報（第 18 号,共四版）,1963 年 7 月 20 日（香港）

Published since 4 July 1954 by MR. James T. T. Hoe of The Truth Press, Hong Kong.

有天主教教宗若望廿三世逝世、新教宗選出命名爲保禄六世之信息。

27×39.5cm,有要聞彙報、懸獎論文比賽、本報社致各位讀者的信、皮魯博士作品選譯、本報社公佈"懸獎論文比賽"結果等内容,共四版,2 頁。

（2）真理報（第 19 号,共四版）,NO. 19,1963 and 1964

Published since 4 July 1954 by MR. James T. T. Hoe of The Truth Press, Hong Kong.

27×39.5cm,有天主教大公會議第二議程去秋舉行竣事之信息、在華僑中展開推行國語的運動、卜維廉傳、皮魯博士作品選譯兩篇等内容,共四版,2 頁。

【777】TA 9200 5134 東西洋考每月統記傳 C-0178 A78

008256063　FC8193　Film Mas 32056　（清道光間,between 1833 and 1837）

燕京圖書館藏 39 份（含複本 5 册）。

（1）癸巳六月

1833 年六月《东西洋考每月统記傳》創刊。

目録

序（道光十三年（1833）六月,3 頁）:"序明矣。故湯之盤銘曰苟日新日日新又日新致明明德窮至事。子曰。多聞闕疑。慎言其餘。則寡尤多見闕殆。慎行其餘。則寡悔物之理焉。百寡尤。行寡悔。禄在其中矣。亦曰。多開擇其善者而從也。故必蓋學問渺茫。……"

東西史記和合 p. 4

地理

新聞

附東南洋並南洋圖一幅。

半頁,框 12×19cm,10 行,行 24 字,白口,四周雙邊,單黑魚尾,版心題"東西洋考每月統記傳",下鎸頁數。含序共 12 頁,文言文。

（2）癸巳七月

序（道光十三年（1833）七月,3 頁）

東西史記和合 p. 4

地理

新聞

附東南洋並南洋圖一幅。

半頁,框 12×19cm,10 行,行 24 字,白口,四周雙邊,單黑魚尾,版心題"東西洋考每月統記傳",下鎸"上"字及頁數。含序共 12 頁,文言文。

(3)癸巳八月

論東西史記和合

地理

新聞

煞語

半頁,框 12×19cm,10 行,行 24 字,白口,四周雙邊,單黑魚尾,版心題"東西洋考每月統記傳",下鎸"上"字及頁數。頁碼連接七月,p. 14–27,共 14 頁,文言文。

(4)癸巳九月

論東西史記和合

地理

新聞

煞語

大清一統全圖説(附"大清一統全圖")

半頁,框 12×19cm,10 行,行 24 字,白口,四周雙邊,單黑魚尾,版心題"東西洋考每月統記傳",下鎸"上"字及頁數。頁碼連接八月,p. 29–41,共 13 頁,文言文。

(5)癸巳十月

論東西史記和合

地理

新聞

煞語

半頁,框 12×19cm,10 行,行 24 字,白口,四周雙邊,單黑魚尾,版心題"東西洋考每月統記傳",下鎸"上"字及頁數。頁碼連接九月,p. 42–55,共 14 頁,文言文。

(6)癸巳十一月

論東西史記和合

地理

新聞

煞語

哦羅斯通天下全圖説(附"哦羅斯通天下全圖")

半頁 12×19cm,10 行,行 24 字,白口,四周雙邊,單黑魚尾,版心題"東西洋考每月統記傳",下鎸"上"字及頁數。頁碼連接十月,p. 57–70,共 14 頁,文言文。

（7）**癸巳十二月**

論敘語

東西史記和合

地理

新聞

蘭墪十詠

北極星圖説（附“北極星圖”）

半頁，框 12×19cm，10 行，行 24 字，白口，四周雙邊，單黑魚尾，版心題“東西洋考每月統記傳”，下鎸“上”字及頁數。頁碼連接十一月，p.72-82，共 11 頁，文言文。

（8）**道光甲午年正月**（1834）

半頁，框 12×19cm，10 行，行 24 字，白口，四周雙邊，版心題“東西洋考每月統記傳”，下鎸頁碼，共 10 頁，文言文。卷後附《省城洋商與各國遠商相交買賣各貨現時市價入口的貨》的《市價篇》。半頁，框 12×19cm，單黑魚尾，白口，四周雙邊，版心上鎸“東西洋考每月統記傳”，中鎸“市價篇”，共 5 頁。全冊 15 頁。

（9）**道光甲午年二月**（1834）

半頁，框 12×19cm，10 行，行 24 字，白口，四周雙邊，版心題“東西洋考每月統記傳”，下鎸頁碼，p.11-27，共 17 頁，文言文。卷後附《省城洋商與各國遠商相交買賣各貨現時市價入口的貨》的《市價篇》。半頁，框 12×19cm，單黑魚尾，白口，四周雙邊，版心上鎸“東西洋考每月統記傳”，中鎸“市價篇”，共 5 頁。全冊 22 頁。

（10）**道光甲午年三月**（1834）

半頁，框 12×19cm，10 行，行 24 字，白口，四周雙邊，單黑魚尾，版心題“東西洋考每月統記傳”，下鎸頁碼，p.28-39，共 11 頁，文言文。卷後附《省城洋商與各國遠商相交買賣各貨現時市價入口的貨》的《市價篇》，共 5 頁。全冊 16 頁。

（11）**道光甲午年四月**（1834）

半頁，框 12×19cm，10 行，行 24 字，白口，四周雙邊，單黑魚尾，版心題“東西洋考每月統記傳”，下鎸頁碼，p.40-52，共 13 頁，文言文。卷後附《省城洋商與各國遠商相交買賣各貨現時市價入口的貨》的《市價篇》，共 5 頁。全冊 18 頁。

（12）**道光甲午年五月**（1834）

半頁，框 12×19cm，10 行，行 24 字，白口，四周雙邊，版心題“東西洋考每月統記傳”，下鎸頁碼，p.53-62，共 10 頁，文言文。卷後附《省城洋商與各國遠商相交買賣各貨現時市價入口的貨》的《市價篇》。半頁，框 12×19cm，單黑魚尾，白口，四周雙邊，版心上鎸“東西洋考每月統記傳”，中鎸“市價篇”，共 5 頁。全冊 15 頁。

（13）**丁酉正月**（1837）

有序。

半頁，框 12×19cm，10 行，行 24 字，白口，四周雙邊，版心題“東西洋考每月統記傳”，下鐫頁碼,共 15 頁,文言文。

（14）丁酉二月（1837）

半頁,框 12×19cm,10 行,行 24 字,白口,四周雙邊,版心題"東西洋考每月統記傳",下鐫頁碼,共 14 頁,文言文。

（15）丁酉三月

半頁,框 12×19cm,10 行,行 24 字,白口,四周雙邊,版心題"東西洋考每月統記傳",下鐫頁碼,共 13 頁,文言文。

（16）丁酉四月

半頁,框 12×19cm,10 行,行 24 字,白口,四周雙邊,版心題"東西洋考每月統記傳",下鐫頁碼,共 16 頁,文言文。

（17）丁酉五月

半頁,框 12×19cm,10 行,行 24 字,白口,四周雙邊,版心題"東西洋考每月統記傳",下鐫頁碼和"丁酉五月",共 13 頁,文言文。

（18）丁酉六月

半頁,框 12×19cm,10 行,行 24 字,白口,四周雙邊,版心題"東西洋考每月統記傳",下鐫頁碼和"丁酉六月",共 15 頁,文言文。

（19）丁酉七月

半頁,框 12×19cm,10 行,行 24 字,白口,四周雙邊,版心題"東西洋考每月統記傳",下鐫頁碼和"丁酉七月",共 14 頁,文言文。

（20）丁酉八月

半頁,框 12×19cm,10 行,行 24 字,白口,四周雙邊,版心題"東西洋考每月統記傳",下鐫頁碼和"丁酉八月",p. 101–115,共 16 頁,文言文。

（21）丁酉九月

半頁,框 12×19cm,10 行,行 24 字,白口,四周雙邊,版心題"東西洋考每月統記傳",下鐫頁碼和"丁酉九月",p. 116–129,共 14 頁,文言文。

（22）丁酉十月

半頁,框 12×19cm,10 行,行 24 字,白口,四周雙邊,版心題"東西洋考每月統記傳",下鐫頁碼和"丁酉十月",p. 130–144,共 15 頁,文言文。

（23）丁酉十一月

半頁,框 12×19cm,10 行,行 24 字,白口,四周雙邊,版心題"東西洋考每月統記傳",下鐫頁碼和"丁酉十一月",p. 145–159,共 15 頁,文言文。

（24）丁酉十二月

半頁,框 12×19cm,10 行,行 24 字,白口,四周雙邊,版心題"東西洋考每月統記傳",下鐫頁碼和"丁酉十二月",p. 160–175,共 15 頁,文言文。

（25）甲午正月

半頁,框 12×19cm,10 行,行 24 字,白口,四周雙邊,版心題"東西洋考每月統記傳",下鐫"甲午正月",p. 1–17,共 17 頁,文言文。

（26）甲午二月

半頁,框 12×19cm,10 行,行 24 字,白口,四周雙邊,單黑魚尾,版心題"東西洋考每月統記傳",下鐫"甲午二月",p. 1–12,共 12 頁,文言文。

（27）甲午三月

半頁,框 12×19cm,10 行,行 24 字,白口,四周雙邊,單黑魚尾,版心題"東西洋考每月統記傳",下鐫"甲午三月",p. 1–13,共 13 頁,文言文。

（28）甲午四月

半頁,框 12×19cm,10 行,行 24 字,白口,四周雙邊,單黑魚尾,版心題"東西洋考每月統記傳",下鐫"甲午四月",p. 1–10,共 10 頁,文言文。

（29）乙未五月

半頁,框 12×19cm,10 行,行 24 字,白口,四周雙邊,版心題"東西洋考每月統記傳",下鐫"乙未五月",p. 1–13,共 13 頁,文言文。後附北痕都斯坦全圖一幅。

（30）乙未六月

半頁,框 12×19cm,10 行,行 24 字,白口,四周雙邊,版心題"東西洋考每月統記傳",下鐫"乙未六月",p. 1–14,共 14 頁,文言文。

#(31)道光戊戌六月(1838)（複製本）

孟子曰非禮之禮非義之義大人弗爲

英吉利國政公會

猶太國史　以色列王紀　周紀　大尼國志略

顯理號第四　貿易　慈愛衆人　蘇東坡詩　新聞　雜聞

東西洋考每月統記傳(外加雙框)戊戌六月

半頁,框 12×19cm,10 行,行 24 字,白口,四周雙邊,單黑魚尾,版心題"東西洋考",下鐫"戊戌六月",共 16 頁,文言文。

（32）戊戌七月

詩云民之所好好之民之所惡惡之

北亞默利加辦國民之會　（史)以色列王紀　周紀

遷外國之民　貿易

尋新地　察視骨節之學　銀錢　佺答叔書　新聞　英國

東西洋考每月統記傳(外加雙框)戊戌七月

半頁,框 12×19cm,10 行,行 24 字,白口,四周雙邊,單黑魚尾,版心題"東西洋考",中鐫"七月",下鐫"戊戌",共 19 頁,文言文。

(33)戊戌八月

道也不可須臾離也

論詩　詩史　猶太國王紀　周紀　醫院　批判士

貿易　佉奉叔　新聞　雜聞

東西洋考每月統記傳(外加雙框)戊戌八月

半頁,框 12×19cm,10 行,行 24 字,白口,四周雙邊,單黑魚尾,版心題"東西洋考",下鐫"戊戌八月",共 19 頁,文言文。

#(34)戊戌九月(複製本)

修身則道立尊賢則不惑

回回之教史　周朝略志　西國古史　亞書耳國

貿易　公班衙　醫家　佉復叔　新聞　雜聞

東西洋考每月統記傳(外加雙框)戊戌九月

半頁,框 12×19cm,10 行,行 24 字,白口,四周雙邊,單黑魚尾,版心題"東西洋考",下鐫"戊戌八月",共 22 頁,文言文。

【《東西洋考每月統記傳》】道光十三年(1833)六月,德籍傳教士郭士立(又譯郭實臘)在廣州創辦《東西洋考每月統記傳》,是爲外國人在中國境內創辦的第一家中文報。外形很像《察世俗》,採用中國紀年,引用儒家語錄,套用"孔子加耶穌"模式,內容由宗教、倫理道德和科學文化知識組成。該刊在出版了十二期後移交給"在華實用知識傳播會",曾休刊數年,道光十七年繼續出版,不久停刊。

【按】浙江大學黃時鑑教授將哈佛大學燕京圖書館藏的《東西洋考每月統記傳》彙編,在中華書局影印出版(1997 年)。

【778】TA 9200 5250 中外新報(NO.2、NO.4、NO.10 寧波) C-0179 A79

008239525　FC9582　Film Mas 35975

《中外新報》,寧波大府前禮拜堂,1854—1861 年,三份。

(1)封面:第二號 CHONG WEI SING PAO

Printed wooden

On Blocks

(右)拜真神尊帝王畏官長親愛兄弟聖經之要旨也故是報以此數者爲宗旨不敢悖理安錄且據道光二十四年九月十三日萬年和奉約宣宗成皇帝欽定章程第二十四條內准議彼此書籍可以互相發賣云云然其中所言惟謹守名分耳

(中)中外新報

(左)咸豐戊午年或每月或間月編售定於寧波大府前禮拜堂內發售每本計錢十文凡外府縣書莊來兌可至本堂另議

浙甯大府前應先生撰

第二號耶穌救世後一千八百五十九年,咸豐八年十二月十五日刊

共四個標題——寧波、南京、鄞縣公案、辨教説

半頁,框 13×20.5cm,15 行,行 32 字,白口,四周雙邊,單黑魚尾,版心上鎸"十二月十五日新報",共 9 頁。

(2)封面:第四號 CHONG WEI SING PAO

Printed wooden

On Blocks

(右)拜真神尊帝王畏官長親愛兄弟聖經之要旨也故是報以此數者爲宗旨不敢悖理妄録且據道光二十四年九月十三日萬年和奉約宣宗成皇帝欽定章程第二十四條内准議彼此書籍可以互相發賣云云然其中所言惟謹守名分耳

(中)中外新報

(左)咸豐戊午年或每月或間月編售定於寧波大府前禮拜堂内發售每本計錢十文凡外府縣書莊來兑可至本堂另議

浙甯大府前應先生撰

反面有:勸讀耶穌聖經説

第四號耶穌救世後一千八百五十九年,咸豐九年六月初一日刊

共四個標題——寧波、上海、南京、廣東、日本、外國新聞、亞美利加土人、附寧波

半頁,框 13×20.5cm,15 行,行 32 字,白口,四周雙邊,單黑魚尾,版心上鎸"六月初一新報",共 4 頁。

(3)封面:第十號 CHONG WEI SING PAO

Printed wooden

On Blocks

(右)拜真神尊帝王畏官長親愛兄弟聖經之要旨也故是報以此數者爲宗旨不敢悖理妄録且據道光二十四年九月十三日萬年和奉約宣宗成皇帝欽定章程第二十四條内准議彼此書籍可以互相發賣云云然其中所言惟謹守名分耳

(中)中外新報

(左)咸豐己未年或每月或間月編售定於寧波每本計錢十文凡外府縣書莊來兑可至本堂另議

浙寧應思理撰

反面有:勸讀耶穌聖經説

第十號耶穌救世後一千八百六十年,咸豐十年四月初一日刊

共四個標題——寧波、舟山、杭州、上海、潮州、香港、黑龍江、日本、天竺、薩爾蓋西亞、西班牙、茄佛島、英吉利、佛蘭西、花旗、造醋法、造網法、回心向道説、附蘇州

半頁,框 13×20.5cm,15 行,行 32 字,白口,四周雙邊,單黑魚尾,版心上鎸"第十號中外新報",共 5 頁。

【《中外新報》】1854 年 5 月 11 日，《中外新報》（Chinese and Foreign Gazette）在寧波創刊，中文雜志型半月刊，1856 年（咸豐六年）後改爲月刊。美國傳教士瑪高溫（Daniel Jerome Macgowan）、應思理曾任主編，每期四頁。其所載内容包括新聞、宗教、科學和文學，以報導國内外新聞爲主。國内新聞以新聞發生的地點如寧波、餘姚、厦門、香港、南京、天津、上海、廣東等爲題，如"科場作弊案"、"鄞縣東鄉案"、"摘心致祭事件"、寧波多乞丐的現狀等報導。部分内容報導太平軍和捻軍動態信息。該刊登載過一則英法聯軍攻打京津遭到強烈抵抗的消息。《中外新報》也以"國外新聞"爲題，報導過日本、新加坡、歐羅巴、亞美利加、亞非利加等世界各地的重大新聞。還登載過如"硝皮説"、"金剛石"等"新學"或"西學"信息。該刊 1861 年 2 月 10 日停刊。

【按】據日本東海大學文學部山本文雄教授考證，這份在寧波出版的《中外新報》，於 1858 年就傳入日本。該刊被譯成日文後，改稱《官版中外新報》，在日本約發行四年時間，共翻刻十三册。現今日本國會圖書館收藏有十一册，出版時間分別爲 1858 年 12 月，1859 年 1 月、4 月、6 月、8 月、10 月、11 月，1860 年 9 月、12 月和 1861 年 1 月。其中 1858 年 12 月 19 日印行的一册，是應思理主持該刊後出的第 1 號。翻印本用黄色棉紙作封面，綫裝，一册爲一期，長寬爲 20×14cm，每册均注明出版年月，中西曆並刊。在每行漢字的右側，都加有日文的訓讀符號和假名，以便利日本讀者閲讀。

#【779】TA 9200 5605 花圖新報（後改名《畫圖新報》，原版影印，1880-1881，17 卷）
008256086

《花圖新報》創刊於 1880 年 5 月（清光緒六年四月），爲美國北長老會教士范約翰（John Marshall Willoughby Farnham）所創辦，上海清心書館印行。該報用上等連史紙精印，配以美妙的繪畫，圖文並茂。《花圖新報》1881 年 5 月第二年第一卷起改名《畫圖新報》。潘治準在此報第一卷上作了一篇序言，仿中國古籍依筆者原稿手跡刻印。原稿用行草體書寫，其文云："且夫圖畫之與筆自伏羲八卦，而大文則言舜漩磯，地興則夏禹象鼎，下追商周，文教日新，繪事日盛，秦漢以降，踵事增華，上而朝廷溺良，下而閭閻耕織，靡不供施座右，觸目驚心，固非特逞筆墨，恍神志也。美國范約翰先生，學問淹博，性靈穎敏，來寓中華，將姍載於茲矣。思欲以道義之訓，格致之理，裨益中土。況西國圖畫，悉皆用玻璃鏡在日光中印照，故山川房屋，以及人物巨細等形，無不酷肖，較諸用筆鉤勒者更加精巧。爰廣集繪圖，編輯成書，凡道義格致之學，無不悉備。稿初成，倩序于余，余淤陋庸才，不足以顯揚先生之志，而先生口講指畫之暇，復推以公諸遐邇……（參見葛伯熙《小孩月報》的姐妹刊《花圖新報》，《新聞與傳播研究》1985 年第 5 期）

哈佛燕京圖書館收藏的是臺灣的影印本（1966 年縮小影印），見臺灣中國史學叢書《花圖新報》，含 1880—1881 年 17 卷。

（1）耶穌降世一千八百八十年第二卷
花圖新報

光緒陸年歲次庚辰五月

上海清心書館印發

反面：科發藥方秘制靈藥出售

天竺浮圖 p. 11

天文略論（論地球圓體）

Vol. 1 No. 2 June. The Chinese Illustrated News, 1880［No. 2］Moral, Religious, Scientific, Shanghai：Illustrated News office.

【縮印版】半頁，框 11×15cm，15 行，行 37 字，白口，四周雙邊，單黑魚尾，版心上鐫“花圖新報”，p. 11–21，共 10 頁。

【按】原版從 p. 11 開始，p. 21 結束，後面一個底封，開頭一個首封。1966 年縮小影印 p. 1–26。

（2）耶穌降世一千八百八十年第三卷

花圖新報

光緒陸年歲次庚辰六月

上海清心書館印發

反面：三井洋行出售筆褥板、通道妙藥、小孩月報、自鳴鐘出售等廣告

首頁是四幅圖（1 頁）並説明（1 頁）：第一幅喇理石像、第二幅石膏人、第三幅埃及古棺、第四幅閩省墳墓、得律風圖解（第一圖第二圖並説明）等一則則新聞，包括各國印信圖、論蜘蛛等

天文略論（論地球旋轉）、私制止痛藥、廣告等

英文封底：

Vol. 1 No. 3 July

The Chinese Illustrated News, Moral, Religious, Scientific, 1880［No. 3］

Shanghai：Illustrated News office.

【縮印版】半頁，框 11×15cm，15 行，行 37 字，白口，四周雙邊，單黑魚尾，版心上鐫“花圖新報”，p. 22–30，共 9 頁。

【按】原版從 p. 22 開始，p. 30 結束，後面一個底封，開頭一個首封。1966 年縮小影印 p. 27–54。

（3）耶穌降世一千八百八十年第四卷

花圖新報

光緒陸年歲次庚辰七月

上海清心書館印發

反面：科發藥方秘制靈藥出售等廣告

首頁流星衆多圖並流星隕石考（文字）、東人論戰事等一則則新聞，包括各國人數、電報記中俄事等、膚類論、擣衣曲等

嘉峪關外鎮迪伊犁合圖,記載中俄伊犁邊境問題等

【縮印版】半頁,框 11×15cm,15 行,行 37 字,白口,四周雙邊,單黑魚尾,版心上鎸"花圖新報",p.31-40,共 10 頁。

Vol. 1 No. 4 August

The Chinese Illustrated News, Moral, Religious,Scientific, 1880[No. 4]

Shanghai：Illustrated News office.

【按】原版從 p.31 開始,p.40 結束,後面一個底封,開頭一個首封。1966 年縮小影印 p.55-74。

(4)耶穌降世一千八百八十年第五卷

花圖新報

光緒陸年歲次庚辰八月

上海清心書館印發

反面:三井洋行出售筆褶板、通道妙藥、小孩月報、自鳴鐘出售等廣告

首頁印度佛車圖並印度國俗考(文字)

盂蘭盆會、購買腳踏車等一則則新聞,包括各國方里表、電報記中俄事等、船論、中俄議和略論,有中俄交界地圖等

科發藥方秘制靈藥出售等廣告

Vol. 1 No. 5 September

The Chinese Illustrated News, Moral, Religious,Scientific, 1880[No. 5]

Shanghai：Illustrated News office.

【縮印版】半頁,框 11×15cm,15 行,行 37 字,白口,四周雙邊,單黑魚尾,版心上鎸"花圖新報",p.41-50,共 10 頁。

【按】原版從 p.41 開始,p.50 結束,後面一個底封,開頭一個首封。1966 年縮小影印 p.75-100。

(5)耶穌降世一千八百八十年第六卷

花圖新報

光緒陸年歲次庚辰九月

上海清心書館印發

反面:三井洋行出售筆褶板、通道妙藥、小孩月報、自鳴鐘出售等廣告

首頁白頭人義塚、續印度國俗考(文字)

榕樹、德律風有益,包括各國每方里所住人數表、中俄議和、論野牛等一則則新聞,格物問答等

科發藥方秘制靈藥出售等廣告

Vol. 1 No. 6 October

The Chinese Illustrated News, Moral, Religious,Scientific, 1880[No. 6]

Shanghai：Illustrated News office.

【縮印版】半頁,框 11×15cm,15 行,行 37 字,白口,四周雙邊,單黑魚尾,版心上鐫"花圖新報",p.51-60,共 10 頁。

【按】原版從 p.51 開始,p.60 結束,後面一個底封,開頭一個首封。1966 年縮小影印 p.101-126。

(6)耶穌降世一千八百八十年第七卷

封面:花圖新報

　　　光緒陸年歲次庚辰十月

　　　上海清心書館印發

反面:三井洋行出售筆褥板、通道妙藥、小孩月報、自鳴鐘出售等廣告

首頁麻打拉莎大廟、續印度國俗考(文字)、民拜佛牙

一則則各地新聞、獅子論、盛行德律風、良馬圖説、科發藥方秘制靈藥出售等廣告

Vol. 1 No. 7 November

The Chinese Illustrated News，Moral，Religious，Scientific，1880［No. 7］

Shanghai：Illustrated News office.

【縮印版】半頁,框 11×15cm,15 行,行 37 字,白口,四周雙邊,單黑魚尾,版心上鐫"花圖新報",p.61-70,共 10 頁。

【按】原版從 p.61 開始,p.70 結束,後面一個底封,開頭一個首封。1966 年縮小影印 p.127-150。

(7)耶穌降世一千八百八十年第八卷

封面:花圖新報

　　　光緒陸年歲次庚辰十一月

　　　上海清心書館印發

反面:科發藥方秘制靈藥出售等廣告

首頁輕氣球圖並輕氣球圖説(文字),有紐約城圖、各國鐵路清單、俄國浩罕省圖並浩罕介紹、噴煙笑談各圖、三井洋行出售筆褥板、通道妙藥、小孩月報、自鳴鐘出售等廣告

封底:大英醫院告白

Vol. 1 No. 8 December

The Chinese Illustrated News，Moral，Religious，Scientific，1880［No. 3］

Shanghai：Illustrated News office.

【縮印版】半頁,框 11×15cm,15 行,行 37 字,白口,四周雙邊,單黑魚尾,版心上鐫"花圖新報",p.71-80,共 10 頁。

【按】原版從 p.71 開始,p.80 結束,後面一個底封,開頭一個首封。1966 年縮小影印 p.151-172。

（8）耶穌降世一千八百八十年第九卷

封面：花圖新報

　　　光緒陸年歲次庚辰十二月

　　　上海清心書館印發

反面：大英醫院告白

首頁鹿車北曉等圖並俄國北疆紀（文字）

有各地新聞：預分遺産、日本近事匯記、電綫説、各國電綫路表格、移營異聞、電報節録、大沽船塢告成，以及各種廣告、科發藥方秘制靈藥出售等廣告

Vol. 1 No. 9 January

The Chinese Illustrated News, Moral, Religious, Scientific, 1880［No. 9］

Shanghai: Illustrated News office.

【縮印版】半頁，框 11×15cm，15 行，行 37 字，白口，四周雙邊，單黑魚尾，版心上鎸“花圖新報”，p. 81–90，共 10 頁。

【按】原版從 p. 81 開始，p. 90 結束，後面一個底封，開頭一個首封。1966 年縮小影印 p. 173–196。

（9）耶穌降世一千八百八十一年第十卷

封面：花圖新報

　　　光緒柒年歲次辛巳新正月

　　　上海清心書館印發

反面：大英醫院告白

首頁上海邑廟豫園圖並介紹（文字）

論海馬鯨魚並約拿投海、忍饑延生妙訣、入水不沉新法、挖河泥船圖、變通學校論、電報、天文略論（論地球環日）

有各地新聞：寧波防務、請建鐵路、外國茶市等

有各種廣告、科發藥方秘制靈藥出售等廣告

Vol. 1 No. 10 February

The Chinese Illustrated News, Moral, Religious,Scientific, 1881

Shanghai：Illustrated News office.

【縮印版】半頁，框 11×15cm，15 行，行 37 字，白口，四周雙邊，單黑魚尾，版心上鎸“花圖新報”，p. 91–100，共 10 頁。

【按】原版從 p. 91 開始，p. 100 結束，後面一個底封，開頭一個首封。1966 年縮小影印 p. 197–220。

（10）耶穌降世一千八百八十一年第十一卷

封面：花圖新報

　　　光緒柒年歲次辛巳二月

上海清心書館印發

反面：大英醫院告白

首頁北京阜成門圖並帝城勝景介紹（文字）、有恭親王小像

新聞：印書迅速、有紫禁城午門圖、大石橋圖、備書便覽、辨日俄偏交、新出西醫新報、和議傳聞、鐵路奇聞

天文略論（論月）、中美改約、設德律風

還有各種小新聞及廣告、科發藥方秘制靈藥出售等廣告

Vol. 1 No. 11 March

The Chinese Illustrated News, Moral, Religious, Scientific, 1881

Shanghai：Illustrated News office.

【縮印版】半頁，框 11×15cm，15 行，行 37 字，白口，四周雙邊，單黑魚尾，版心上鎸“花圖新報”，p. 101–110，共 10 頁。

【按】原版從 p. 101 開始，p. 110 結束，後面一個底封，開頭一個首封。1966 年縮小影印 p. 198–246。

(11)耶穌降世一千八百八十一年第十二卷

封面：花圖新報

　　　光緒柒年歲次辛巳三月

　　　上海清心書館印發

反面：大英醫院告白

首頁殺鯊魚圖並論鯊魚、上海清心堂圖並清心堂圖記

從《清心堂圖記》可知清心堂有男女生徒學習之所，期滿出塾，或傳道或授徒或工商各隨其便，光緒元年創《小孩月報》月印 3500 本，光緒七年又創《花圖新報》月印三千本，刻圖排字範模刷印裝訂出自期滿之生徒。

新聞：俄皇崩逝、節録、推廣信局説、各國京城名、暹羅考等、推廣市道、增造電綫，還有各種小新聞及廣告、科發藥方秘制靈藥出售等廣告

Vol. 1 No. 12 April

The Chinese Illustrated News, Moral, Religious, Scientific, 1881

Shanghai：Illustrated News office.

【縮印版】半頁，框 11×15cm，15 行，行 37 字，白口，四周雙邊，單黑魚尾，版心上鎸“花圖新報”，p. 111–120，共 10 頁。

【按】原版從 p. 111 開始，p. 120 結束，後面一個底封，開頭一個首封。1966 年縮小影印 p. 147–270。

(12)大清光緒七年岁次辛巳四月第二年第一卷

畫圖新報

西暦一千八百八十一年

上海畫圖新報館印發

反面:光緒七年三月慈安皇太后升遐諭告(也有節選新聞:督署懸掛半旗、升炮 21 門)

首頁貓頭鷹圖並貓頭鷹類圖説

論中國宜早設博覽會、英國水晶宮、香港考並香港圖、喪葬儀規

各地新聞、東半地球圖並介紹、英相考終、流星、開通海道圖、壩門圖式

各種廣告、科發藥方秘制靈藥出售等廣告

Vol. 2 No. 1 May

The Chinese Illustrated News, Moral, Religious, Scientific, 1881

Shanghai:Illustrated News office.

【縮印版】半頁,框 11×15cm,15 行,行 37 字,白口,四周雙邊,單黑魚尾,版心上鐫"畫圖新報",p. 121–130,共 10 頁。

【按】原版從 p. 121 開始,p. 130 結束,後面一個底封,開頭一個首封。1966 年縮小影印 p. 271–296。

(13)大清光緒七年岁次辛巳五月第二年第二卷

畫圖新報

西曆一千八百八十一年

上海畫圖新報館印發

反面:大英醫院告白

首頁猴類圖並猴類圖説

新加坡考並新加坡圖、考驗海物、和議餘聞等新聞節錄、西半球圖並介紹、論歐洲近事、小兒好問

國內外新聞等

本報告白、各種廣告

Vol. II No. 2 JUNE

The Chinese Illustrated News, Moral, Religious, Scientific, 1881

Shanghai:Illustrated News office.

【縮印版】半頁,框 11×15cm,15 行,行 37 字,白口,四周雙邊,單黑魚尾,版心上鐫"畫圖新報",p. 131–140,共 10 頁。

【按】原版從 p. 131 開始,p. 140 結束,後面一個底封,開頭一個首封。1966 年縮小影印 p. 297–322。

(14)大清光緒七年岁次辛巳六月第二年第三卷

畫圖新報

西曆一千八百八十一年

上海畫圖新報館印發

反面:大英醫院告白

首頁蒸釜爆裂圖並汽機爆裂説、馴象類志、鴉片問答論、亞細亞地圖並介紹、作氧氣之法、續小兒好問第二次、中俄合約章程、各種廣告

Vol. II No. 3 July

The Chinese Illustrated News, Moral, Religious, Scientific, 1881

Shanghai：Illustrated News office.

【縮印版】半頁,框 11×15cm,15 行,行 37 字,白口,四周雙邊,單黑魚尾,版心上鐫“畫圖新報”,p. 141–150,共 10 頁。

【按】原版從 p. 141 開始,p. 150 結束,後面一個底封,開頭一個首封。1966 年縮小影印 p. 323–350。

(15)大清光緒七年岁次辛巳七月第二年第四卷

畫圖新報

西曆一千八百八十一年

上海畫圖新報館印發

反面:大英醫院告白

首頁華盛頓小像並華盛頓小傳、華盛頓京城圖、蝙蝠大清國地圖並介紹、續論作氧氣之法、續小兒好問第三次、中俄陸路合約新章、各種廣告

Vol. II No. 4 August

The Chinese Illustrated News, Moral, Religious, Scientific, 1881

Shanghai：Illustrated News office.

【縮印版】半頁,框 11×15cm,15 行,行 37 字,白口,四周雙邊,單黑魚尾,版心上鐫“畫圖新報”,p. 151–160,共 10 頁。

【按】原版從 p. 151 開始,p. 160 結束,後面一個底封,開頭一個首封。1966 年縮小影印 p. 351–370。

(16)大清光緒七年岁次辛巳八月第二年第五卷

畫圖新報

西曆一千八百八十一年

上海畫圖新報館印發

反面:大英醫院告白

首頁莫爾斯石像

蘇滬電綫已成

信紙格式、鐵甲船、論強弱、東北四省圖並考略、牙醫西法、各種時事新聞、本報告白

蝙蝠大清國地圖並介紹、續論作氧氣之法

續小兒好問第三次、中俄陸路合約新章、各種廣告

Vol. II No. 5 September

The Chinese Illustrated News, Moral, Religious, Scientific, 1881

Shanghai：Illustrated News office.

【縮印版】半頁，框 11×15cm，15 行，行 37 字，白口，四周雙邊，單黑魚尾，版心上鎸"畫圖新報"，p. 161–170，共 10 頁。

【按】原版從 p. 161 開始，p. 170 結束，後面一個底封，開頭一個首封。1966 年縮小影印 p. 371–394。

（17）大清光緒七年岁次辛巳九月第二年第六卷

畫圖新報

西曆一千八百八十一年

上海畫圖新報館印發

反面：大英醫院告白

首頁大英君主真容並介紹、倫敦京城圖、瑞士國羅算城、瑞士國古橋、東五省圖並考略、論電氣、自來水等新法、各種時事新聞、本報告白

Vol. II No. 6 October

The Chinese Illustrated News，Moral，Religious，Scientific，1881

Shanghai：Illustrated News office.

【縮印版】半頁，框 11×15cm，15 行，行 37 字，白口，四周雙邊，單黑魚尾，版心上鎸"畫圖新報"，p. 171–180，共 10 頁。

【按】原版從 p. 171 開始，p. 180 結束，後面一個底封，開頭一個首封。1966 年縮小影印 p. 395–422。

【按】《花圖新報》記載那個時代很多新鮮的事物。如 1880 年《花圖新報》上有一篇文章就稱郵票爲"信印"和"國印"。1885 年，葛顯禮翻譯英國皇家郵政章程，曾將郵票譯爲"信資圖記"。

1881 年 12 月《花圖新報》載："中國之設電綫（電報綫）也，始于同治十二年，由上海達吳淞，長三十餘里，接連海底電綫。……至中國自設之電綫，則于同治十三年，由福州城內通至製造局，長三十六里。其經費出自中國，操持仍屬西國。後因臺灣有事，力籌防禦，電綫公司請於閩督……光緒七年，將造電之物料，運至臺灣。自臺灣府城直達大高（地名），約百里，皆電報局學生經辦，無西人襄助。"

【780】TA 9200 5605b 畫圖新報（月報 3 卷，1883 年、1885 年）

008256086 （月報）

《畫圖新報》，上海：聖教書會，1880—1913，月報。

Chinese Illustrated News．Shanghai：The Chinese Tract Society

Publications of the Chinese Tract Society…are the organs of the Christian Endeavour Society in China.

燕京圖書館存 3 卷原本。

（1）大清光緒九年岁次癸未二月第三年第十一卷

畫圖新報

西曆一千八百八十三年三月

中國聖教書會印發

論犬——大小犬圖、英王加拉奪被俘紀並圖、野豕——大小豕圖、碘、論上海新年風景、立馮斯東大閘像、琉球近事、電音録要、請作新聞小啟、聖經書會支會定例、告白。

Vol. VIII. The Chinese Illustrated News, march, 1883［No. 11］Moral, Religious, Scientific, 1883

半頁，框 13×18cm，17 行，行 37 字，白口，四周雙邊，單黑魚尾，版心上鎸"畫圖新報"，p. 101–110，共 10 頁。

（2）Vol. VI. The Chinese Illustrated News, may, 1885［No. 1］

第六年第一卷大清光緒十一年歲次乙酉四月

畫圖新報

西曆一千八百八十五年五月

中國聖教書會印發

Published by the Chinese Religious Tract Society, Shanghai

反面有英文封面：Vol. VI. May, 1885, The Chinese Illustrated News, July, 1885［No. 1］Moral, Religious, Scientific

第一卷目録：

不拜金像圖、拔而陪克城圖、續萬國各教匯考、續養目宜周後、論輪車鐵軌之益並圖、各國近聞、制靛新法、全體功用論略、論糖之如何生長及如何做成、書會聚議、電音録要、請作新聞小啟、聖經書會支會定例、告白。

半頁，框 13×19.5cm，15 行，行 40 字，白口，四周雙邊，單黑魚尾，版心上鎸"畫圖新報"，共 11 頁。

（3）Vol. VI. The Chinese Illustrated News, July, 1885［No. 3］

第六年第三卷大清光緒十一年歲次乙酉六月

畫圖新報

西曆一千八百八十五年七月

中國聖教書會印發

Published by the Chinese Religious Tract Society, Shanghai

反面有英文封面：Vol. VI. July, 1885, The Chinese Illustrated News, July, 1885［No. 3］Moral, Religious, Scientific

第三卷目録：

伯利賽圖、腓尼基紀略、萬國各教匯考並圖、颶風圖、化莠爲良、猶太國筵宴圖、各種新聞、靠天吃飯論、論目並圖、熱心勸道、藍翅鳥圖、電報録要、請作新聞小啟、聖經書會支會定例、告白。

半頁,框13×19.5cm,15行,行40字,白口,四周雙邊,單黑魚尾,版心上鎸"畫圖新報",p.21–31,共11頁。

【781】TA 9200 6040 **國語報**(1919年7月28日第242期)

009442056

《國語報》,1919年第242期,已經破損,大約56×46cm,一張紙,但是左下角有"未完"二字。

民國八年七月二十八日星期一(舊曆)七月初二

整版是國語字母,有"要聞、雜評、筆記、實業、字母叢談"等欄目。

中間有山西國語研究會的《國語參考書出版的信息》等。

＊【782】TA 9200 6294 **民衆快報**(1936年4月12日)

009443305

民衆快報(趙仁泉題,附印章)

中華民國二十五年四月十二日星期日

第1552號,臨清考鵬街中間路北(山東臨清)

28×38.5cm,四個版面

第四版:本市基督教公理會昨開慶祝會趙指揮親往參加講演、在基督教公理會成立五十週年紀念會上的講演、蔣院長訓令《正官邪當除貪污》等一些政府新聞快訊

第二版:各縣通訊及少數廣告

第三版:生活信息、生活常識及廣告

第一版:時政信息

【783】TA 9236.83 2441 **美國博物大會圖説**

009432365

《美國博物大會圖説》,6卷,傅蘭雅輯。

扉頁:光緒十八年新鎸

美國博物大會圖説

上海格致書室發售　英國傅蘭雅輯

反面有格致書室常售書圖價目。

正文:

美國博物大會,有文藝院、機器院、工藝院、政務院四幅照片,p.35–37。

(續秋季)介紹理事院、種植院、農務院、魚務院等並圖,農務院略章細目等,共16幅圖,p.1–25。

半頁,框 14.5×20.5cm,21 行,行 42 字,白口,四周雙邊,單黑魚尾,版心上鐫"格致彙編",中鐫"美國博物大會"。全書共 28 頁。

【作者】傅蘭雅(John Fryer,1839—1928),英國人,長期在江南製造局任翻譯,他一生翻譯了大量科學、技術書籍,以及一些社會科學著作,爲科學在近代中國的傳播和發展做出了重要貢獻。1861 年在香港任聖保羅書院校長,1863 年在北京同文館任英文教習,1868 年脱離教會。江南製造局翻譯館開館,傅蘭雅爲首席口譯人。他在那裏專譯自然科學、技術書籍。1874 年在上海參與創辦格致書院,1876 年編輯《格致彙編》期刊,任主編,該刊是中國首份科普期刊。1885 年在上海辦格致書室,是中國首間科技書店。1896 年赴美,任加州大學首任中國語言與文化教授。

【784】TA 9315 06 華番和合通書(1843—1855) C-0166 A58—C-0171 A63

008633497

《華番和合通書》,1843—1855 年各年度的分冊,共 6 冊。

編者有波乃耶(Dyer Ball,1796—1866);John Booth French,1822—1859。

cf. Wylie. Memorials, p.110, 157-158. 另一個標題是:《日月刻度通書》。

【按】第一本中國中西對照的年鑒《華番和合通書》,由美國傳教士波乃耶(Dyer Ball)等人編撰,於 1843 年在香港首次出版,此後也在廣州、澳門出版。每年篇幅不等,長則 90 多頁,短僅 20 餘頁。内容爲中國農曆和西方日曆對照、中西政治、經濟、社會、宗教,以及中國與英法美等國所簽訂的條約。每期後面通常附有一些地圖。此書在中國通商口岸流通,是時人瞭解國際大事的重要工具書。

下面是哈佛燕京圖書館所藏 1843 年至 1855 年間的六本材料。六份材料均有縮微號(C-0166 A58—C-0171 A63),但索書號共用一個。

分別著録如下:

(1)TA 9315 06《華番和合通書》之 1843 年 C-0166 A58

TA 9315 06(1843)/ C-0166 A58

封面:日月刻度通書

　　　道光二十三年即英一千八百四十三年

扉頁:道光二十三年英一千八百四十三年至四十四年二月十七日止

　　　英華和合通書

　　　日月刻度　香港刊發

有英文序。

開篇爲"恭賀新禧文"。

(1)造天地略論(文言,半頁,框 14.5×18.5cm,引經文大字 10 行,略論文雙行小字,行 24 字,四周單邊,版心上鐫"造天地略論",4 頁)

(2)日月七政星儀並圖(口語,半頁,框 14×19.5cm,10 行,行 24 字,四周單邊,版心上

鐫"日月七政星儀",3 頁）

（3）日月交蝕定識文（1 頁）

（4）日月刻度通書（半頁,框 13.5×18cm,四周雙邊,版心上鐫"日月刻度通書",中分鐫中西月份名,内容爲每月之每日中西時分對應表圖,每半頁爲一周七日（中西曆）息叻、暹羅、廈門三地日出卯正、入西、月入的各自時分對照表,共 26 頁）

東西半球圖一幅

（2）TA 9315 06《華番和合通書》之 1844 年 C-0167 A59

TA 9315 06（1844）／ C-0167 A59（整本書破損嚴重）

封面：日月刻度通書

　　　道光二十四年即番一千八百四十四年

扉頁：道光二十四年番一千八百四十四年至四十五年二月初六日止

　　　華番和合通書

　　　日月刻度　香港刊發

正文：

（1）東西半球圖一幅並東西半球圖式（文字部分：文言,半頁,框 14×19cm,10 行,行 24 字,白口,四周雙邊,單黑魚尾,版心上鐫"東西半球圖",2 頁）

（2）天下禽獸鱗介物産圖一幅並天地出産禽獸略（1 頁）

（3）論星儀問答（文言,半頁,框 14×19cm,10 行,行 24 字,白口,四周雙邊,單黑魚尾,版心上鐫"論星儀問答",用"神天",4 頁）

（4）古今紀事録（文言,半頁,框 14×19.5cm,11 行,行 26 字,白口,四周雙邊,單黑魚尾,版心上鐫"古今紀事録",2 頁）

（5）真神天皇上帝親諭十條聖誡略解（文言,半頁,框 14×19cm,聖誡大字 5 行,行 24 字;略解雙行小字 10 行,行 24 字;白口,四周雙邊,單黑魚尾,版心上鐫"真神十誡",5 頁）

（6）論悔罪信耶穌（文言,半頁,框 14×18.5cm,10 行,行 24 字,白口,四周雙邊,單黑魚尾,版心上鐫"論悔罪信耶穌",6 頁）

（7）論罪之報（文言,半頁,框 14×18.5cm,10 行,行 24 字,白口,四周雙邊,單黑魚尾,版心上鐫"論罪之報",7 頁）

（8）鴉片來中國統計若干例（自丙辰年至壬寅年止,32037 箱均用現錢交易,約計 160001850 銀,2 頁）

（9）戒鴉片文（文言,半頁,框 13.5×18.5cm,10 行,行 24 字,白口,四周雙邊,單黑魚尾,版心上鐫"戒鴉片文",2 頁）

（10）豆莞樹略論（英國人羅於道光二十三年癸卯年撰,文言,半頁,14×19cm,12 行,行 25 字,白口,四周雙邊,單黑魚尾,版心上鐫"豆莞樹略論",1 頁）

（11）戒酒文（文言,半頁,框 14×19cm,11 行,行 25 字,白口,四周雙邊,單黑魚尾,版心上鐫"戒酒文",1 頁）

（12）論過年之道（文言,半頁,框14×19cm,10行,行24字,白口,四周雙邊,單黑魚尾,版心上鐫"論過年之道",4頁）

（13）日月交蝕定識文（1頁）

（14）日月刻度通書（半頁,框13.5×18cm,四周雙邊,版心上鐫"日月刻度通書",中分鐫中西月份名,内容爲每月之每日中西時分對應表圖,每半頁爲一周七日（中西曆）息叻、香港、舟山三地日出卯正、入酉、月入的各自時分對照表,共24頁）

（3）TA 9315 06《華番和合通書》之1845年 C-0168 A60

TA 9315 06（1845）/ C-0168 A60

封面:日月刻度通書

　　　　道光二十五年即番一千八百四十五年

扉頁:道光二十五年番自耶穌降世至今一千八百四十五年至四十六年正月二十六日止

　　　華番和合通書

　　　神天上帝已造成兩大光,乃日月也。日光者,理於晝。月光者,理於夜。而亦造星者也

正文:

（1）禮拜日期及禮拜日（版心上鐫書名"禮拜日期",1頁）

（2）論守禮拜日（4頁,13.5×18.5cm,12行,行24字）

（3）常拜真神之道（8頁）

（4）靈魂略論（8頁,13.5×18.5cm,12行,行25字）

（5）耶穌比喻之語（1頁,13.5×18.5cm,12行,行24字）

（6）戒酒文（1頁）

（7）東西半球圖一幅並東西半球圖式（文字部分:文言,半頁,14×19cm,10行,行24字,白口,四周雙邊,單黑魚尾,版心上鐫"東西半球圖",2頁）

（8）天下禽獸鱗介物産圖一幅並天地出産禽獸略（1頁）

（9）論星儀問答（文言,半頁,框14×19cm,10行,行24字,白口,四周雙邊,單黑魚尾,版心上鐫"論星儀問答",用"神天",4頁）

（10）鴉片來中國統計若干例（自丙辰年至壬寅年止,336077箱均用現錢交易,約計168038500銀,2頁）

（11）戒鴉片文（文言,半頁,框13.5×18.5cm,10行,行24字,白口,四周雙邊,單黑魚尾,版心上鐫"戒鴉片文",2頁）

（12）北亞美理駕全圖一幅並亞美理駕聯邦國説略並人口統計表（文言,半頁,14×18.5cm,10行,行20字,白口,四周雙邊,單黑魚尾,版心上鐫"聯邦國説略制説",3頁）

（13）新訂種痘奇法詳悉（文言,半頁,框14×18.5cm,12行,行25字,白口,四周雙邊,單黑魚尾,版心上鐫"新種痘奇法",3頁）

（14）豆莞樹略論（英國人羅於道光二十三年癸卯年撰，文言，半頁，框 14×19cm，12 行，行 25 字，白口，四周雙邊，單黑魚尾，版心上鎸"豆莞樹略論"，1 頁）

（15）日月交蝕定識文（1 頁）

（16）日月刻度通書（半頁，框 13.5×18cm，四周雙邊，版心上鎸"日月刻度通書"，中分 鎸中西月份名，內容爲每月之每日中西時分對應表圖，每半頁爲一周七日（中西曆）息叻、香港、舟山三地日出卯正、入酉、月入的各自時分對照表，共 24 頁）

（4）TA 9315 06《華番和合通書》之 1846 年 C–0169 A61

TA 9315 06（1846）／C–0169 A61

扉頁：道光二十六年番自耶穌降世至今一千八百四十六年至四十七年二月初四日止

　　　　華番和合通書

　　　　神天上帝已造成兩大光，乃日月也。日光者，理於晝。月光者，理於夜。而亦造

　　　　星者也

內附英吉利花旗咈嘣哂（法蘭西）合約章程。

首頁爲亞洲地圖一幅。

禮拜日期（丙午年禮拜）、論守禮拜日、常拜真神之道（1 頁），版心上鎸書名"禮拜日 期"。

本書內容複雜，各部分語體不一，版式不盡相同：

（1）論造天地之事（半頁，框 13.5×18.5cm，經文原文大字 12 行，行 24 字，注文小字雙 行，行 24 字，白口，四周雙邊，單黑魚尾，版心上鎸篇名"論造天地之事"，7 頁）

（2）朝廷准行正教錄（半頁，框 13×19cm，9 行，行 22 字，白口，四周雙邊，單黑魚尾，版 心上鎸篇名"朝廷准行正教錄"，3 頁）

（3）廣佈福音（半頁，框 13×19cm，9 行，行 22 字，白口，四周雙邊，單黑魚尾，版心上鎸 篇名"廣佈福音"，6 頁）

（4）深愛世人之論（半頁，框 13×19cm，9 行，行 22 字，白口，四周雙邊，單黑魚尾，版心 上鎸篇名"深愛世人之論"，4 頁）

（5）論世間獨有一真神（半頁，框 13×19cm，9 行，行 22 字，白口，四周雙邊，單黑魚尾，版心上鎸篇名"論世間獨有一真神"，7 頁）

（6）真神十誡（半頁，框 13×19cm，9 行，行 22 字，四周雙邊，單黑魚尾，版心上鎸書名 "真神十誡"，共 3 頁，文言，卷末有"真神十誡終"之語）

（7）和約（半頁，框 13×19cm，18 行，行 22 字，四周雙邊，單黑魚尾，版心上鎸書名"和 約"，共 8 頁）

（8）酌定貿易章程（半頁，框 13×19cm，18 行，行 22 字，四周雙邊，單黑魚尾，版心上鎸 書名"酌定貿易章程"，共 7 頁）

（9）火輪車式並圖（半頁，框 13×19cm，12 行，行 24 字，四周雙邊，單黑魚尾，版心上鎸 書名"火輪車式"，共 3 頁）

（10）東西半球圖並圖式（介紹東西半球圖式，文言，半頁，框 14×19.2cm，10 行，行 24 字，白口，四周雙邊，單黑魚尾，版心上鐫書名"東西半球圖"，共 2 頁）

（11）地球圖式（介紹三幅圖式，並續有半頁（18 行，行 22 字）的文字解釋，白口，四周雙邊，單黑魚尾，版心上鐫書名"地球圖式"，共 2 頁）

（12）火焰運行式圖並介紹（1 頁）

（13）論星儀師生問答（師生口語問答，半頁，框 14×18.5cm，10 行，行 24 字，白口，四周雙邊，單黑魚尾，版心上鐫書名"論星儀問答"，共 4 頁）

（14）新訂種痘奇法詳悉（文言，半頁，框 14×18.5cm，12 行，行 25 字，白口，四周雙邊，單黑魚尾，版心上鐫"新種痘奇法"，3 頁）

（15）日月交蝕定識文（1 頁）

（16）日月刻度通書（半頁，框 13.5×18cm，四周雙邊，版心上鐫"日月刻度通書"，中分鐫中西月份名，內容爲每月之每日中西時分對應表圖，每半頁爲一周七日（中西曆）息叻、香港、舟山三地日出卯正、入酉、月入的各自時分對照表，共 24 頁）

（5）TA 9315 06《華番和合通書》之 1847 年 C-0170 A62

TA 9315 06（1847）/ C-0170 A62

這張卡片同"TA 7188 4228 華番和合通書"的那張卡片（兩者重合）。

扉頁：道光二十七年番自耶穌降世至今一千八百四十七年至四十八年二月初四日止
　　　華番和合通書
　　　神天上帝已造成兩大光，乃日月也。日光者，理於晝。月光者，理於夜。而亦造星者也

卷首是禮拜日期（丁未年禮拜）、論守禮拜日、常拜真神之道（1 頁），版心上鐫書名"禮拜日期"。

本書內容複雜，各部分語體不一，版式不盡相同：

（1）真神耶穌之論（半頁，框 13×19cm，9 行，行 22 字，白口，四周雙邊，單黑魚尾，版心上鐫書名"真神耶穌之論"。《真神耶穌之論》含《論世間獨有一真神》、《論真神無始無終》、《論上帝降世爲耶穌》等，共 7 頁。淺文言，卷末有"終"字）

（2）真神十誡（半頁，框 13×19cm，9 行，行 22 字，四周雙邊，單黑魚尾，版心上鐫書名"真神十誡"，共 3 頁，文言，卷末有"真神十誡終"之語）

（3）論亂雜話音（引經文爲大字，注解爲雙行小字，半頁，框 13×19cm，大字 9 行，行 22 字，小字則 18 行，行 21 字，白口，四周雙邊，單黑魚尾，版心上鐫書名"論亂雜話音"，共 3 頁，淺文言）

（4）争進小門（對馬太福音書中第 7 章 13、14 兩節的引文進行解釋說解。引經文爲大字 2 行，其餘注解字體略小。半頁，框 13×19cm，9 行，行 22 字，白口，四周雙邊，單黑魚尾，版心上鐫書名"争進小門"，共 4 頁，白話）

（5）論復興之理（半頁，框 13×19cm，9 行，行 22 字，白口，四周雙邊，單黑魚尾，版心上

鐫書名"論復興之理",共 4 頁,文言)

(6)勸戒鴉片良言(含《勸戒鴉片煙警世良言小引》、《鴉片六戒》,卷末有"終"之語。半頁,框 13×19cm,9 行,行 22 字,白口,四周雙邊,單黑魚尾,版心上鐫書名"勸戒鴉片良言",共 4 頁,文言)

(7)地球全圖一幅

(8)東西半球圖(介紹東西半球圖式,文言,半頁,框 14×19.2cm,10 行,行 24 字,白口,四周雙邊,單黑魚尾,版心上鐫書名"東西半球圖",共 2 頁)

(9)地球圖式(介紹三幅圖式,並續有半頁(18 行,行 22 字)的文字解釋,白口,四周雙邊,單黑魚尾,版心上鐫書名"地球圖式",共 2 頁)

(10)萬國人民異同略説(1 頁,對五種人種進行略説,文言)

(11)全骸髏骨圖形(介紹人體,1 頁)

(12)花旗亞美利駕國男婦老人高壽臚列於後(道光二十四年九月至道光二十五年八月高齡死亡人數統計,2 頁)

(13)火焰運行式、火輪車式並圖(4 頁)

(14)論星儀問答(師生口語問答,半頁,框 14×18.5cm,10 行,行 24 字,白口,四周雙邊,單黑魚尾,版心上鐫書名"論星儀問答",共 4 頁)

(15)千里鏡圖式並圖(1 頁,文言)

(16)日月交蝕定識文(1 頁)

(17)日月刻度通書(p.1-24,半頁,框 13.2×19cm,四周雙邊,版心上鐫"日月刻度通書",中分鐫中西月份名,内容爲每月之每日中西時分對應表圖,每半頁爲一周七日(中西曆)息叻、香港、舟山三地日出卯正、入酉、月入的各自時分對照表,共 24 頁)

(6)TA 9315 06《華番和合通書》之 1855 年 C-0171 A63

TA 9315 06(1855)／C-0171 A63

扉頁:耶穌降世一千八百五十五年

　　　和合通書

　　　咸豐五年歲次乙卯

地球全圖並介紹,1 頁。

乙卯年《日月刻度通書》並安息日期、節氣日期表,半頁,框 13.2×19cm,四周雙邊,版心上鐫"日月刻度通書",中鐫"乙卯年",内容爲每月之每日中西時分對應表圖,每半頁爲一周七日(中西曆)的各自時分對照表,共 4 頁。

廣東省全圖、廣西省圖、廣東全省道府州縣名目、十八省舉督撫府縣選各款各名數臚列、猶太國全圖並猶太國全圖紀略,共 5 頁。

聖誡,1 頁。

火輪車圖、亞美理駕人士、老虎、駱駝、光頸鶴、像圖、貓兒頭鷹、纜橋,4 頁。

耶穌教要訣,半頁,框 13×19cm,9 行,行 24 字,白口,四周雙邊,單黑魚尾,版心上鐫

“日月刻度通書”,中鎸“耶穌教要訣”,7 頁。

　　聖經真理撮要,半頁,框 13×19cm,10 行,行 25 字,白口,四周雙邊,單黑魚尾,版心上鎸“日月刻度通書”,中鎸“聖經真理撮要”,3 頁。

【785】TA 9315 19（1858）**西洋中華通書** C-0167 A64

　　008316600　FC4290　FC-M1804

《西洋中華通書》,編者:Justus Doolittle,福州南堂保福山出版,1858 年。

封面:咸豐八年即耶穌降生一千八百五十八年

　　　　中西華洋通書

　　　　共刻工銅錢三萬五千文　板藏南台堡福州

本書内容涵蓋複雜,各篇版式不一,共 38 頁。

　　(1)咸豐八年《中西華洋通書》,半頁,框 22×13cm,版心上鎸“中西華洋通書”,中鎸“咸豐八年曆日並西洋曆日”。每半頁分三部分,每部分爲 30 行,爲一個月内西曆與農曆的對照表,並注明禮拜七天,尤其是禮拜日時間。2 頁 12 個月。白口,四周雙邊,單黑魚尾,版心上鎸書名“西洋中華通書”,共 2 頁。

　　(2)《地球全圖》1 頁。

　　(3)地球圓體論(此篇係天文略論撮録編次)、算日月年論(共三十三條)、閩邑主給示曉諭、合衆國又名花旗國論、往金山採金要略(金山,夏威夷)、由香港出遊外國採金船規論、花旗國金山新設條例增收華客餉銀論、馬禮遜傳、勸戒鴉片論、解食生鴉片方、神十誡、耶穌教要訣、入耶穌教規矩要條、附録問答、猶太國全圖並猶太國全圖紀略、四字經、聖經真理撮要、廈門人入耶穌教論、人類五種小論、華盛頓與櫻樹論、朝廷准行正教考、歷代事實考、真神總論、耶穌言行四字便文、各種動物圖形、喻言數則、使徒宣教所歷地圖、神道篇三字經、聖經爲天示論、火輪船機制述略、西洋字母雜語音譯、福州八音翻西國字、茶葉通用述概、泰西種痘奇法、棄假歸真論、論復興之理、浪子悔改等内容。文字部分,半頁,12.5×18.5cm,20 行,行 38 字,白口,四周雙邊,單黑魚尾,版心上鎸“中西華洋通書”,中鎸各篇篇名。

　　cf. Wylie. Memorials, p. 202. "European Chinese Almanac" by Rev. Justus Doolittle. 30 leaves.

【786】TA 9315 36 **日用指明**(3 冊) C-0168 A65—C-0170 A67

　　008256098

《日用指明》,赫顯理著,上海:上海美華書館擺板,清末至民國間(between 1903 and 1949)。

　　下面是哈佛燕京圖書館所藏 1909 年至 1930 年間的三本材料。三份材料均有縮微號(C-0168 A65—C-0170 A67),但索書號共用一個。《日用指明》類似我們今天的檯曆加廣告及生活常識。

(1)TA 9315 36(1909) **日用指明** C-0168 A65

008256098 （鉛印本）

封面：宣統元年1909年日用指明（有宣統元年皇帝御容）監國攝政王殿下

反面：大獎賞廣告

扉頁：西曆耶穌降世一千九百零九年　日用指明主人印發

　　　日用指明

　　　大清宣統元年歲次己酉通書　長老公會赫顯理

　　　中華民國十八年歲次己巳曆書　日用指明主人赫顯理著　美華書館代印

　　　上海美華書館擺板

　　　Published by H. G. C. Hallock, Ph. D.

　　　Printed at the American Presbyterian Mission Press.

反面：廣告：

　　　p.1,禮和洋行告白、瑞生洋行告白。

　　　p.2,有半頁廣告,半頁《日用指明目錄》。

　　　p.3,利康洋行告白、縫衣機公司告白。

正文：

宣統元年月份牌、日月食時期p.1-28,每頁分爲三部分：上半部分是每月之日曆,中間和下半部分是各種海內外新聞、生活信息、衛生常識、聖經的教義、新科技信息等,內容長短不等。每頁頁上頁下有爲人爲事的名言（中文大字英文小字）,多數引自聖經或富有教義。

　　　p.28,開始廣告。

　　　p.29,《聖日功課》春季、秋季、夏季、冬季。

　　　p.30 衛生舉要。

　　　p.31 忠告。

　　　p.34-56 爲各種廣告及相關信息如牧師講臺語文等。

半頁,框13.5×19cm,27行,行約48字,白口,四周雙邊,版心上鐫書名“日用指明”,中鐫月份名和每頁的主要篇目名,下鐫頁碼,共3+56＝59頁。

(2)TA 9315 36(1929) **日用指明** C-0169 A66

008256098

封面：1929　日用指明（小篆體）　中華民國十八年曆書

中間有人像畫：頭戴“救恩”帽,身穿“公義”服,左手拿“德信”盾牌,右手拿“聖靈之劍”,右左兩邊有“須穿戴真神所賜的全副軍裝”的字語。

反面：節錄聖經以弗所書第六章十至十七節的一段話。

扉頁：耶穌降世一千九百二十九年　日用指明（小篆體）

　　　　中華民國十八年歲次己巳曆書　日用指明主人赫顯理著　美華書館代印

　　Hallock's Almanac

　　Published by Rev. H. G. C. Hallock, Ph. D.

　反面:美商利達洋行廣告

　有喊時表(半頁)、新孚洋行(半頁)。

　民國十八年陰陽合曆、日月食時期 p.3–30,每頁分爲三部分:上半部分是每月之日曆,中間和下半部分是各種海内外新聞、聖經的教義、新科技信息等,内容長短不等。每頁頁上頁下有爲人爲事的名言(中文大字英文小字),多數引自聖經或富有教義。p.31 是廣告。底封爲《聖日學課》春季、秋季、夏季、冬季。

　半頁,框 13.5×19cm,27 行,行約 48 字,白口,四周雙邊,版心上鎸書名"日用指明",中鎸月份名和每頁的主要篇目名,下鎸頁碼,共 32 頁。

　(3)TA 9315 36(1930)　**日用指明** C–0170 A67

　008256098

　封面:1930　日用指明(小篆體)　中華民國十八年曆書

　中間有畫:一本打開的《聖經》書上有"你的話是我腳前的燈,是我路上的光"(詩篇百十九百五節)、眼鏡、一盞燈"聖經爲國家與人類的光"。

　反面節錄聖經馬太福音第五章三至十二節的一段話。

　扉頁:耶穌降世一千九百三十年　日用指明(小篆體)

　　　　中華民國十九年歲次庚午曆書　日用指明主人赫顯理著　美華書館代印

　反面:大英醫院有限公司廣告

　民國十九年陰陽合曆、日月食時期 p.1–30,每頁分爲三部分:上半部分是每月之日曆,中間和下半部分是《雜問》300 問(p.4–13)、《雜問》300 答(p.13–29)等,内容涉及各種海外新科技信息、新聞、聖經的教義等。每頁頁上頁下有爲人爲事的名言(中文大字英文小字),多數引自聖經或富有教義。

　底封爲民國十九年《聖日學課》春季、秋季、夏季、冬季。

　半頁,框 13.5×19cm,27 行,行約 48 字,白口,四周雙邊,版心上鎸書名"日用指明",中鎸月份名和每頁的主要篇目名,下鎸頁碼,共 30 頁。

　【編者】赫顯理(H. G. C. Hallock),美國傳教士。

霍頓圖書館(Houghton Rare Book Library)藏 新教傳教士中文譯著(18 種)

引 言

從 19 世紀初到 20 世紀 20 年代,美國公理會(American Board of Commissioners of Foreign Missions,ABCFM),搜集了大量由基督教傳教士撰寫編印的各種宗教宣傳品及其他讀物和翻譯的中文著作,將它們運回在波士頓的辦事處。1949 年和 1962 年分兩次捐獻給了哈佛大學,手稿和中文圖書分別由霍頓圖書館(Houghton Rare Book Library)和哈佛燕京學社保存,部分散存在哈佛大學外德納圖書館(Widener Library),圖書出版時間大約在 1810 至 1927 年間。館藏少數爲 20 世紀 30 年代後出版的。

霍頓圖書館館藏基督教傳教士翻譯的中文聖經和編印的中文(含方言羅馬字)讀物有 18 種,數量雖少,但意義非凡。

(一)最早的《聖經》中文全譯本"二馬譯本"

馬士曼和拉沙最早譯出並出版的中文《聖經》爲《新約》。第一章《馬太福音》於 1810 年在塞蘭坡出版,1811 年又印行了《新約》第二章《馬可福音》。《新約全書》於該年全部譯畢,進入修改、待印階段。到 1813 年,《舊約全書》也已翻譯過半。1822 年馬士曼和拉沙把整部《聖經》全部譯成中文,以《聖經》爲名,在塞蘭坡出版。這是世界上第一部《聖經》中文全譯本,即《聖經》馬士曼譯本(Marshman's Version)。這是目前所知的第一本完整的漢語《聖經》,是《聖經》流傳史上的一座豐碑。1813 年以後用鉛字活版印刷的各單行本《聖經》又陸續幾次加印。這些中文《聖經》的一部分,通過不同的途徑流傳到中國,對中國教會產生了一定的影響,尤其浸禮會一派,曾長期使用馬士曼、拉沙的《聖經》中譯本。

馬禮遜(Robert Morrison,1782—1834)是第一位來華新教傳教士。1798 年馬禮遜加入長老會,成爲基督徒。馬禮遜來華的首要目的是翻譯《聖經》。《新約》爲馬禮遜獨自完成,《舊約》則是和米憐合譯,其中米憐翻譯的部分是《申命記》、《約書亞記》、《士師記》、《撒母耳記》、《約伯記》、《列王記》、《歷代志》、《以斯帖記》、《尼希米記》等。全部《聖經》於 1819 年 11 月譯完,1823 年,馬禮遜以《神天聖書》爲名,用木版雕刻一次性刊印了《新約》和《舊約》,凡 21 卷,《舊約》稱《舊遺詔書》,《新約》稱《新遺詔書》。這是在中國境内出版的第一部《聖經》中文全譯本,史稱"馬禮遜譯本(Morrison's Version)"。

　　1822 年和 1823 年,歷史上最早的兩部完整漢語《聖經》,即馬士曼譯本(Marshman's Version)和馬禮遜譯本(Morrison's Version),統稱"二馬譯本",分別在印度和中國出版。"二馬譯本"是近代基督教事業一大成功的標志。"二馬譯本"爲以後新教徒從事《聖經》中譯提供了藍本。它們在霍頓圖書館分別有藏。這是北美傳教會第一次轉送給霍頓圖書館的材料,也説明了其在哈佛大學新教傳教士藏書中的重要地位。

　　(1)霍頓圖書館館藏的馬士曼譯本中的《若翰所書之福音》(Bible. N. T. John—The Gospel of the Apostle John: translated into Chinese)(參見下文目録提要第 1 種),1813 年單行譯本。這本書很重要,可以説是最早期的單篇《新約·約翰傳福音書》的翻譯本。作爲第一本鉛字活版印刷的漢語書籍,比國内最早的鉛字活版印刷漢語書籍早了 9 年,在漢語印刷出版史上的意義非同尋常。

　　(2)霍頓圖書館館藏馬禮遜的《神天聖書》(The Holy Bible. Chinese. Morrison. 1823)(參見下文目録提要第 2 種)是在中國境内出版的第一部《聖經》中文全譯本。《神天聖書》(Bible. Chinese. Morrison. 1825)(參見下文目録提要第 3 種)是馬禮遜《聖經》中文全譯本之再版本。

(二)新教傳教士在福州傳教的基督教譯作

1.中文漢字聖經譯作:

　　(1)The Old Testament / Bible. E. T. Genesis / 舊約. Chinese. 1855. 福州.(參見下文目録提要第 4 種)

　　(2)Bible. E. T. Genesis / 創世記. Chinese. 1855. 福州.(參見下文目録提要第 5 種)

2.方言土字聖經譯作:

　　(3)The New Testament / Bible. N. T. Chinese. 1866. / 新約.榕腔.(參見下文目録提要第 6 種)

　　(4)Bible. E. T. Job / Yuebo ji lue / translated by R. S. Maclay. 1866. / 約伯記略.榕腔.(參見下文目録提要第 7 種)

　　(5)Shi pian quan shu. 1868. / 詩篇全書. 榕腔.(參見下文目録提要第 8 種)

　　(6)Bible. E. T. Psalms. Chinese. 1868. / 詩篇全書.榕腔.(參見下文目録提要第 9 種)

　　(7)Bible. E. T. Proverbs. 1868. / 箴言全書. 榕腔.(參見下文目録提要第 10 種)

　　(8)Bible. E. T. Psalms / 創世記. 榕腔.(參見下文目録提要第 11 種)

（三）新教傳教士基督教宣傳讀物

（1）"Holy instructions of Jesus" in Chinese（參見下文目録提要第 12 種）

（2）Life of Moses（參見下文目録提要第 13 種）

（3）Pilgrim's progress（參見下文目録提要第 14 種）

（四）新教傳教士寧波方言羅馬字譯作

（1）Di li shu lin væn-koh kwu-kying z-tì yiu-tin kong-tsing（漢語教材）1855（參見下文目録提要第 15 種）

（2）Nying-po tù-wô tsù-ôh（參見下文目録提要第 16 種）

（3）A primer of the Ningbo（Chinese）language（參見下文目録提要第 17 種）

（五）新教傳教士漢語讀本

Dialogues：Dialogue 1. with a shopman & visitor：manuscript（參見下文目録提要第 18 種）

目録提要

相對而言,霍頓圖書館的著録太簡單,只有英文著録,在此我們增加中文著録,用"/"符號標示。

我們現按"Houghton 號碼——題名（英文/中文）——索書號——出版地——作者"順序將目前散存在霍頓圖書館的書目整理如下（如果該書在燕京圖書館有藏,附加説明）:

【1】Houghton f Typ 883.13.2105 Bible. N. T. John / **若翰所書之福音**（The Gospel of the Apostle John,1813）

009472343 （塞蘭坡）

題名:《若翰所書之福音》（《新約·約翰福音》）中文譯本 1813。（這是第一本鉛字活版印刷的漢語書籍。）出版地:印度塞蘭坡（Baptist Mission Press,Serampore, India）。扉頁鉛筆題詞:賴蘭德藏書於布里斯托爾教育學會博物館。封面、底封,無字,硬裝。扉頁題名:The Gospel of the Apostle John Translated into Chinese. Serampore：Printed at the Mission Press, 1813. Pencil inscription on front flyleaf："For Dr. Ryland（賴蘭德）",with the bookplate of the Bristol Education Society Museum.

正文爲中文。半頁,27×21.5cm,10 行,行約 25 字,白口,四周雙邊,版心上鐫書名"若翰所書之福音",中鐫章數,共 68 頁。

Language note：In Chinese；title page and headlines in English.

【譯者】（1）馬士曼（Joshua Marshman, 1768—1837）,英國人。（2）拉沙（Joannes Lassar）。馬士曼的翻譯工作自始至終得到了拉沙的幫助,馬士曼和拉沙最早譯出並出版的中文《聖經》爲《新約》。

傳教士賴蘭德(John Ryland,1753—1825)以及浸禮會、印度塞蘭坡浸禮會、Bristol 教育學會等曾藏有該書(former owner)並轉贈該書。

【2】Houghton　*42-5441 The Holy Bible ／ **歷代史記書傳**(綫裝,1823)

　　006811393

　　綫裝。封面中:載所屬第 4、5、7、9、10、11、12、13、14、15、17、18、20 本及其分冊書名;封面左:神天聖書第幾(分冊數)本。

　　扉頁:麻六甲英華書院藏板(右);神天聖書(中);依本言譯出(左)

　　半頁,26.6×15.5cm,8 行,行 22 字,白口,四周雙邊,版心上鎸書名,單魚尾,中鎸章數,下鎸頁碼和卷數,一共 21 冊,缺少第 1、2、3、6、8、16、19、21 冊。

　　【按】馬禮遜譯本(Morrison's Version)1823 年出版,取名爲《神天聖書》,凡 21 卷。《舊約》稱《舊遺詔書》,《新約》稱《新遺詔書》。由馬禮遜和米憐翻譯。出版地麻六甲。

　　【譯者】(1)馬禮遜(Morrison)。(2)米憐(Milne)。

【3】Houghton　*42-6171 Bible ／ **神天聖書**(1825)

　　006811406

　　綫裝,共 23 冊。以第一冊爲例:

　　封面:醫師伯駕氏傳(右);第一本(中);神天聖書第一本(左)

　　扉頁:道光七年孟夏重鎸(右);神天聖書載舊遺詔書兼新遺詔書(中);具從本文譯述,英華書院藏板(左)

　　【按】從第二本開始扉頁之右:(空白無字);中:傳名;左:依本文翻譯。

　　半頁,27×16cm,8 行,行 22 字,白口,四周雙邊,版心上鎸書名,單魚尾,中鎸章數,下鎸頁碼和卷數,共 23 冊。

　　【譯者】(1)馬禮遜(Morrison)。(2)米憐(Milne)。

【4】Houghton　*42-5582 The Old Testament ／ **聖經舊約**(初集《創世記》)

　　007700922

　　封面無字,綫裝。扉頁:耶穌降生一千八百六十三年(右),聖經舊約(中),初集 亞比絲喜美總會鎸(左)。

　　這初集的内容就是《創世記》。半頁,21.2×13.2cm,12 行,行 27 字,白口,四周雙邊,版心上鎸書名"聖經舊約",中鎸章名和章數,下鎸頁碼,共 76 頁。

　　【按】霍頓圖書館著録該書的出版年代"1855"有誤,應爲 1863 年。

【5】Houghton　*42-5902 Bible. E. T. Genesis ／ **聖經舊約**(初集《創世記》)

　　007732298

　　封面無字,綫裝。扉頁:耶穌降生一千八百六十三年(右),聖經舊約(中),初集 亞比絲喜美總會鎸(左)。底封無字。

半頁,21.2×13.2cm,12 行,行 27 字,白口,四周雙邊,版心上鎸書名"聖經舊約",中鎸章名"創世傳"和章數,下鎸頁碼,共 76 頁。

《創世記》,《舊約》之單行本。1855 年第一版,出版地:福州。霍頓圖書館所藏的書是 1863 年版,其著録該書的出版年代"1855"(Bible. E. T. Genesis. Chinese. 1855)有誤。

【按】哈佛燕京圖書館存有此分冊:TA 1977. 21 CF1863 創世傳(福州平話)C-0282 B69

【6】Houghton　*42-5583 The New Testament ／ 聖經新約(榕腔)

007700951

藍色封面,無字,精裝。扉頁:同治五年 使徒行傳至腓立比(右),聖經新約(中),福州美華書局印(左)。

榕腔《新約》含三冊:上冊《福音四書》p. 1-301,中冊《使徒行傳》p. 302-388、中冊《保羅至腓立比》p. 1-131,下冊《哥羅西至啟示録》p. 1-156。而這本是其中的"中冊"單行本。共分兩個部分:第一部分爲《使徒行傳》,起始頁爲第 302 頁,終止頁爲第 388 頁;第二部分爲《保羅寄羅馬人書》,起始頁爲第 1 頁,終止頁爲第 131 頁。同治五年即 1866 年。

半頁,20.4×13cm,8 行,行 17 字,白口,四周雙邊,版心上鎸書名"新約全書",中鎸章名,下鎸章數和頁碼。

【譯者】(1)鮑德温(C. C. Baldwin,1820—1911,又譯作"摩嘉立"、"摩憐"),生於美國紐約州,就讀於當地學校,1848 年受美國基督教衛理公會派遣,携妻子來到福州傳教,直至 1895 年告老回鄉,1911 年在紐約家中去世。他在福州生活了近半個世紀,其間只在 1859 年、1871 年、1885 年短期回國。精通福州話,和麥利和編撰《福州方言拼音字典》(The Alphabetic Dictionary in the Foochow Dialect,1870 年福州美華書局出版)、《榕腔初學撮要》(Manual of the Foochow Dialect,同治十年(1871)福州美華書局出版)。(2)麥利和(R. S. Maclay,1824—1907,又譯作"馬克來"),生於美國賓夕法尼亞州,1845 年畢業於 Dickinson 學院,獲神學博士學位,次年進入基督教衛理公會,1847 年 10 月被派遣到福州傳教。他是把《新約全書》翻譯成福州話的委員會成員之一,並曾擔任福州教團的總監和司庫。於 1881 年協助創辦了福州的英華學院。

【按】哈佛燕京圖書館有 1866 年福州出版的《新約》(榕腔)及其單行本:TA 1977. 5 CF1866 ／ C-0254 C41,福州:美華書局,同治五年(1866)。上冊《福音四書》p. 1-301,中冊《使徒行傳》p. 302-388、中冊《保羅至腓立比》p. 1-131,下冊《哥羅西至啟示録》p. 1-156。

【7】Houghton　*42-5580 Yuebo ji lue ／ 約伯記略

007701038

封面無字,綫裝。扉頁:同治五年(右),約伯記略(中),福州美華書局印(左)。

半頁,20.6×13.7cm,8 行,行 19 字,白口,四周雙邊,版心上鐫書名"聖經全書",中鐫"約伯記"和章數,下鐫頁碼,共 62 頁。福州土話,1866 年福州美華書局印。

【譯者】(1)麥利和(Robert Samuel Maclay,1824—1907),又名"馬克來",美國人。(2)弼來滿(Lyman Burt Peet)。麥利和先將全文翻譯成中文,弼來滿在麥利和中文翻譯的基礎上將《聖經全書》翻譯成福州榕腔。

【按】該書哈佛燕京圖書館有藏:福州土話榕腔《約伯記略》,TA 1977.31 CF1866／C-0312 B100,同治五年(1866)福州美華書局印,共 42 章,62 頁。

【8】Houghton ＊42-5578 Shi pian quan shu／**詩篇全書**

007695929

封面無字,綫裝。扉頁:同治七年(右),詩篇全書(中),福州美華書局印(左)。

半頁,24.3×14.7cm,10 行,行約 22 字,白口,四周雙邊,版心上鐫書名"舊約詩篇",中鐫篇數,下鐫頁碼,共 132 頁。福州榕腔,福州美華書局 1868 年雕版印刷,吳思明、弼來滿翻譯。

【譯者】(1)吳思明(Simeon Foster Woodin,1833—1896)。(2)弼來滿(Lyman Burt Peet,1809—1878)。

【按】該書哈佛燕京圖書館有藏:TA 1977.32 CF1868 詩篇全書(榕腔) C-0314 B102。

【9】Houghton ＊42-5904 Bible. E.T. Psalms／**詩篇全書**

007700978

封面無字,綫裝。扉頁:同治七年(右),詩篇全書(中),福州美華書局印(左)。

半頁,24.3×14.7cm,10 行,行約 22 字,白口,四周雙邊,版心上鐫書名"舊約詩篇",中鐫篇數,下鐫頁碼,共 132 頁。福州榕腔,福州美華書局 1868 年雕版印刷,吳思明、弼來滿翻譯。

【按】該書哈佛燕京圖書館有藏:TA 1977.32 CF1868 詩篇全書(榕腔)C-0314 B102。Shi pian quan shu: Rong qiang／translated by Peet. 1868.

同治七年(1868),福州美華書局印,有《詩篇序》一頁(福州土話)。

共百五十篇,24cm,132 頁。頁內有小字注。S.F. 伍定(S.F. Woodin)翻譯第 1—115 首;弼來滿(Lyman Burt Peet)翻譯第 116—150 首。

【10】Houghton ＊42-5581 Bible. E.T. Proverbs／**箴言全書**

007701143

《箴言全書》,福州美華書局雕版印刷 1868,保靈譯。

封面無字,綫裝。扉頁:同治七年(右),箴言全書(中),福州美華書局印(左)。

半頁,24.2×14.5cm,10 行,行 22 字,白口,四周雙邊,版心上鐫書名"舊約箴言",中鐫章數,下鎸頁碼,共 39 頁。

【譯者】保靈(Stephen Livingstone Baldwin,1835—1902),美國美以美會牧師。1858 年來華,在福州傳教,曾任美華印書館監督。1868 年在福州出版《教務雜志》,任總編輯(1868—1882)。

【按】該書哈佛燕京圖書館有藏:TA 1977. 37 CF1868 ／ C-0322 B110。Shi pian quan shu：Rong qiang ／ translated by Peet. 1868.

同治七年(1868),福州美華書局印,共 39 頁。

弼來滿(Lyman Burt Peet,1809—1878)又譯爲"萊曼·伯特"或"皮特·萊曼"。

【11】Houghton ＊42-5579 Bible. E. T. Psalms ／ **創世記**

007695941

封面:創世記。扉頁:耶穌降生一千八百七十五年(右),創世記(中),光緒元年福州美華書局印(左)。

半頁,23.8×14.1cm,10 行,行 22 字,白口,四周雙邊,版心上鎸書名"舊約全書",單魚尾,中鎸"創世記"和章數,下鎸頁碼,共 96 頁。

【譯者】鮑德温(Caleb Cook Baldwin),又譯作"摩嘉立",1820—1911。

【按】該書哈佛燕京圖書館有藏:TA 1977. 21 CF1875 ／ C-0283 B70。Chuang shi ji ／ translated by C. C. Baldwin. 1875.

光緒元年(1875),福州美華書局印(福州平話),共 96 頁。

【12】Houghton ＊42-5907 Life of Moses ／ **救世主耶穌之聖訓**

006815915

《救世主耶穌之聖訓》,廣州出版。

封面無字,綫裝。扉頁:道光十六年鎸 新嘉坡堅夏書院藏板(右),救世主耶穌之聖訓(中),愛漢者纂(左)。

半頁,24×13.2cm,10 行,行 25 字,白口,四周雙邊,版心上鎸書名"耶穌之聖訓",單魚尾,下鎸頁碼,共 27 頁。

【作者】郭實臘(Karl Friedrich August Gützlaff),1803—1851。

【13】Houghton ＊42-5909 Holy instructions of Jesus ／ **摩西言行全傳**

006823341

封面無字,綫裝。扉頁:道光十六年鎸 新嘉坡堅夏書院藏板(右),救世主耶穌之聖訓(中),愛漢者纂(左)。底封無字。

半頁,24.4×13.6cm,8 行,行約 22 字,白口,四周雙邊,版心上鎸書名"耶穌之聖訓",單魚尾,中鎸卷數,下鎸頁碼,共 63 頁。

【作者】郭實臘(Karl Friedrich August Gützlaff),1803—1851。

【按】哈佛燕京圖書館有藏:TA 1983.11 35.1 摩西言行全傳(7 卷,道光十六年)。

【14】Houghton ＊42-5911 Pilgrim's progress / **天路歷程**

006815810

封面無字,綫裝。扉頁:咸豐三年春月鐫(右),天路歷程(中)。

半頁,22.7×12.9cm,10 行,行 23 字,白口,四周雙邊,版心上鐫書名"天路歷程",單魚尾,中鐫卷數,下鐫頁碼,共 99 頁。初刻本,厦門(Amoy)出版。咸豐三年即 1853 年。

【原著者】(英)約翰・班揚(John Bunyan),1628—1688。

【譯者】賓爲霖(William Chalmers Burns,1815—1868),又稱"賓爲林",英國長老會派傳教士,長期在厦門活動,創編了厦門話羅馬字母方案。

《天路歷程》五卷。作者受冤入獄,但不怨恨,而將聖經之理,輯成一書,書中之意盡是聖經真實要理,"今故繪製圖像,作一小引,使知其所由來,而索其奧蘊"。《天路歷程》卷一內容:"始就天路、入窄門、脱罪任。"

【按】《天路歷程》厦門出版情況:

(A)文理本,99 頁,厦門 1853 年初刻本。其重刊版有:香港 1856 年據 1853 年厦門版重刊,99 頁;福州 1856 年據 1853 年厦門版重刊,99 頁。

(B)Thian lo lek theng,厦門土白,綫裝,310 頁,厦門 1853 年刻本,牛津大學圖書館館藏。

哈佛燕京圖書館藏有兩個漢語版本(另有方言譯本):

(1)"TA 1980.3 10.1 天路歷程(5 卷) C-0639 G11"1856 年本,據 1853 年美華書局版重刊,淺文理,綫裝 1 册,五卷,104 頁。

(2)"TA 1980.3 10.2 天路歷程(5 卷) C-0640 G12"1869 年本。

【15】Houghton ＊42-5913 / Houghton ＊42-5914 / Houghton ＊AC85.Sy521.852d Di li shu lin væn-koh kwu-kying z-tì yiu-tin kong-tsing(**寧波土話**)(1)

004374841

(1)Houghton ＊42-5913 DI LI SU(地理書)

封面無字,綫裝。扉頁:(有插圖)相土所宜、利有攸往、以古爲鑒、動往不臧,1852 NINGPO。

寧波話羅馬字地理教材。半頁,21.2×14.7cm,20 行,寧波羅馬字拼音,白口,上有單邊,鐫書名,上鐫頁碼,從 121 頁到 185 頁。

(2)Houghton ＊42-5914

只有插圖和地圖,1852 NINGPO。

半頁,21.2×14.7cm,20 行,寧波羅馬字拼音,白口,上有單邊,鐫書名,上鐫頁碼,從 76

頁到 120 頁。

【按】寧波土話羅馬字教材,介紹希臘歷史,附有地圖,共三部分:第一篇（Di ih peng）p. 1-75,第二篇（Di nyi peng）p. 76-120,第三篇（Kyün s）p. 121-185。共 185 頁。霍頓圖書館缺第一篇。

附有 map;Printed in Romanized Ningbo colloquial dialect.

Wylie suggests that this was printed in four books, but gives 185 p. as the total pagination.

Wylie, A. Memorials of Protestant missionaries to the Chinese, 204.

【作者】愛德華德·賽（Edward W. Syle,1817—1891）,英國人。

【16】Houghton ＊42-5915 Nying-po tù-wô tsù-ôh / **寧波土話初學**（2）

004374845

Nying-po tù-wô tsù-ôh《寧波土話初學》,屬基礎教學用書（入門書）,封面無字,綫裝,卷首有漢字。此書以中國地理、歷史等內容爲主幹,用寧波方言寫成,並用羅馬字母注音,以方便來華傳教士學習寧波方言和瞭解寧波風土人情,是早期傳教士所編關於寧波方言書中最有影響的一本,華花聖經書房 1857 年出版。半頁,24.5×15cm,20 行,行約 11 詞（寧波話羅馬拼音）,白口,上有單邊,鎸書名"NYING-PO TU WO"和"TS'U OH",上鎸頁碼,共92 頁。

【作者】丁韙良（William Alexander Parsons Martin）,1827—1916。

【17】Houghton f ＊42-5916 A primer of the Ningbo（Chinese）language / **寧波話入門**

004374850

封面無字,綫裝,全書羅馬拼音,無漢字。《寧波話入門》是一部寧波方言口語教材,出版年代不詳（19 世紀後半期）。半頁,27×16.7cm,14 行,行約 7 詞（羅馬拼音）,白口,上下雙邊,上邊書頁碼,共 54 頁。

【作者】丁韙良（William Alexander Parsons Martin）,1827—1916。

【18】Houghton MS Chinese 2:Dialogues:Dialogue 1 / **漢語會話一**（1943）

009894187

會話教程一（店員和顧客對話）,手寫稿,美國美部會館藏,1943 年。26×21.5cm,每頁 1 行,行約 2 字,白口,四周無邊,共 52 頁。以漢語會話短語爲主,還有英語會話與中文注解（未注日期）。作者不詳,寫作年代不詳。

外德納圖書館(Widener Library)藏
新教傳教士中文譯著(19 種)

　　爲了迅速傳播教義,使教徒能够閱讀《聖經》,基督教來華傳教士制訂和推行了各種方言的羅馬字母(拉丁字母)拼音方案,把《聖經》等用羅馬字拼寫。這些方言羅馬字在各地推行了幾十年,19 世紀末 20 世紀初達到鼎盛時期,出版過 17 種方言的《聖經》,銷數達 10 多萬部。教會羅馬字最早產生于福建廈門,廈門話羅馬字"廈門白話字",於 1850 年制訂。在這之後,陸續出現了寧波話、潮州話、海南話、興化話、神州話、莆田話、客家話、上海話、台州話、建甌話、溫州話、官話(北京話)等方言羅馬字。從《聖經》、《聖經故事》、《贊美詩》到學習用的歷史、化學、地理、生理、數學等課本,方言羅馬字起到一定的傳播媒介作用。新教傳教士聖經類羅馬字書籍、方言羅馬字著作以及雙語類著作部分散存于哈佛大學外德納圖書館(Widener Library),大致原因有二:(1)因符號羅馬字形體而被誤以爲外語而收藏;(2)英漢、粵英雙語資料。其中溫州話、杭州話、建寧話羅馬字資料因罕見而珍貴。今整理如下:

(一)《聖經》類

《舊約》單行本(2 種):海南話、潮州話

《新約》全本(3 種):廈門話、台州話、建寧話

《新約》單行本(4 種):溫州話、杭州話、汕頭話、福州話

祈禱文(1 種):廈門話

漢英:《新約》單行本五經。其中尤以 1850 年麥都思中文聖經譯本爲重要:An inquiry into the proper mode of translating Ruach and Pneuma in the Chinese version of the Scriptures(聖經)／by W. H. Medhurst.(Widener 1285.46)

《舊約》單行本（2 種）

【1】海南話 Widener 1285.11 Mô-si dao-it tu sàg-s'i-k'i

002893106

Sàg-s'i-k'i：Ku-iok h'ai-nâm b'æ-oe（《創世記》舊約海南話）

London：Doa Eg-kok Tèg-tu Kho⁵k tó in kâi, 1899

London, printed for the British and foreign Bible society, 1899.

In the Hainan Colloquial dialect of Chinese Min Nan. In Romanized Chinese. British and Foreign Bible Society. 61 p.；21cm.

Other Titles：Harvard College Library Preservation Digitization Program

Genesis（Hainanese Dialect）. Printed for the British and Foreign Bible Society. --p. facing t. p.

海南土白《舊約·創世記》，倫敦大英國海外聖經公會1899年出版。21cm,61頁。

哈佛學院圖書館保存數位化計劃，可以找到信息。

【2】潮州平話 Widener 1285.11.5 Kū-ieh：sàn-bú-zṳ ê-kńg tshûan-tsṳ ék-tsò

002893092

Kū-ieh（舊約）sàn-bú-zṳ ê-kńg tshûan-tsṳ（全書）ék-tsò

Printed for the British and Foreign Bible Society at the English Presbyterian Mission Press, 1898.

出版地：Sùa-thâu：LOI-PAI-TNG HONG-SOH HUN IN-HUAT

潮州白話《舊約全書》之《撒母耳記下》，汕頭：禮拜堂，HONG-SOH HUN 印發，倫敦大英國海外聖經公會1899年出版。書上記載了其入藏時間和來源：“Harvard College Library Sept. 3, 1913 Bequest of Jeremash Curtin.”

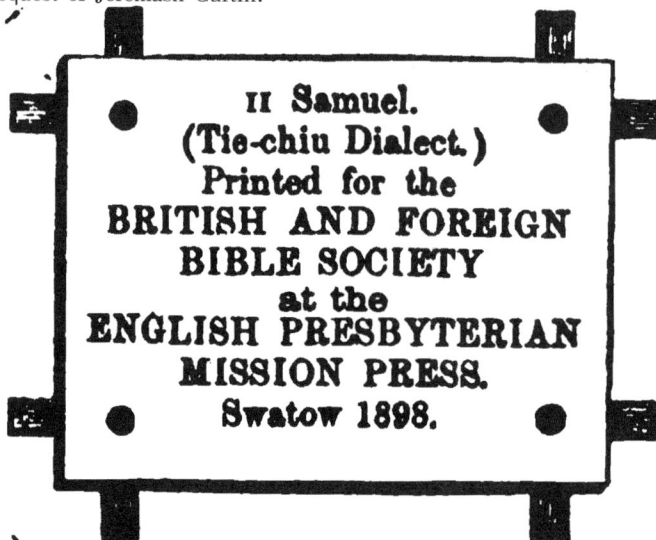

KŬ-IEH

SÀN-BÚ-ZṴ Ĕ-KŃG

TSHÛAN-TSṴ

ÈK-TSÒ

TIÊ-CHIU PĖH-ŪE.

———

SÙAᴺ-THÂU:

LOÍ-PÀI-TŃG, HOŃG-SOH-HṴN ÌN.

1898.

[Kè-chiᴺ 50 bán]   [Price .25 cents.]

附錄二　外德納圖書館（Widener Library）藏新教傳教士中文譯著（19種）

II SÀN-BÚ-ZŲ.

1　Sàu-lô sí-āu, Tã-phek iā tshông-tõ kong-khek A-má-lẻk nâng tńg--lâi, Tã-

2　phek iā ū-khiā tõ Sek-lẻk nõ-jĭt, āu tõiⁿ-saⁿ jĭt ū chẻk-kâi nâng tshông-tõ Sàu-lô kâi iãⁿ--kò lâi, i-kâi i-hỏk lĭh-phùa, thâu--chiẽⁿ ū thôu. Kàu Tã-phek mīn-tsôiⁿ chiũ

3　phak-lỏh tī kũiⁿ-pài. Tã-phek chiũ kāng-i tàⁿ, Lṳ́ tshông tî-kò lâi? I chiũ tùi-i tàⁿ, Uá tshông Íⁿ-sek-liẻt iãⁿ-lāi thut-tsáu lâi.

4　Tã-phek chiũ tùi-i tàⁿ, Sṳ-chhêng tsãi-seⁿ? chhiáⁿ kàu uá tsai. I chiũ tàⁿ, Peh-sèⁿ tshông tīn-chiẽⁿ tô-tsáu, peh-sèⁿ iā ū ke-ke nâng sieⁿ-puảh chiũ sí, kũa Sàu-

5　lô, kũa i-kâi kiáⁿ Iak-ná-tan, iā sí--liáu. Tã-phek chiũ tùi kàu i tsai kâi siàu-nîⁿ-nâng tàⁿ, Lṳ́ tsò-nî tsai Sàu-lô kũa i-kâi

6　kiáⁿ Iak-ná-tan sí, né? Kàu i tsai kâi

《新約》全本（3 種）

【1】台州話 Widener 1285. 15 SING-IAH-SHÜ 新約書

002893091　（Bible. N. T.）

NGÔ-HE KYIU-CÜ YIA-SU KYI-TOH-KEH SING-IAH-SHÜ(我許救主耶穌基督個新約書)

T'E-TSIU T'U-WA；DI-NYI-T'AO ING（台州土話；第二套印）

DA-ING PENG-KOH TEH NGA-KOH SING-SHÜ WE ING 1897(大英本國搭外國聖書會 1897 印本)（sq. 24to）Dial. -Taichow Foo

INTERNET LINK：http://nrs. harvard. edu/urn-3：HUL. FIG：002893091

Description：sq. 24to

台州土話《我許救主耶穌基督個新約書》，大英本國搭外國聖書會 1897 印本，第二套印。有電子書在網上，網址：http://nrs. harvard. edu/urn-3：HUL. FIG：002893091

【譯者】路惠理（W. D. Rudland），內地會傳教士。設計了台州話羅馬字。1880 年出版的其翻譯的《馬太福音》是最早的版本。1881 年出版《新約全書》；1897 年大英聖書公會修訂《新約全書》出版；1914 年出版由其翻譯、湯姆普（C. Thompon）完成的《聖經全書》。

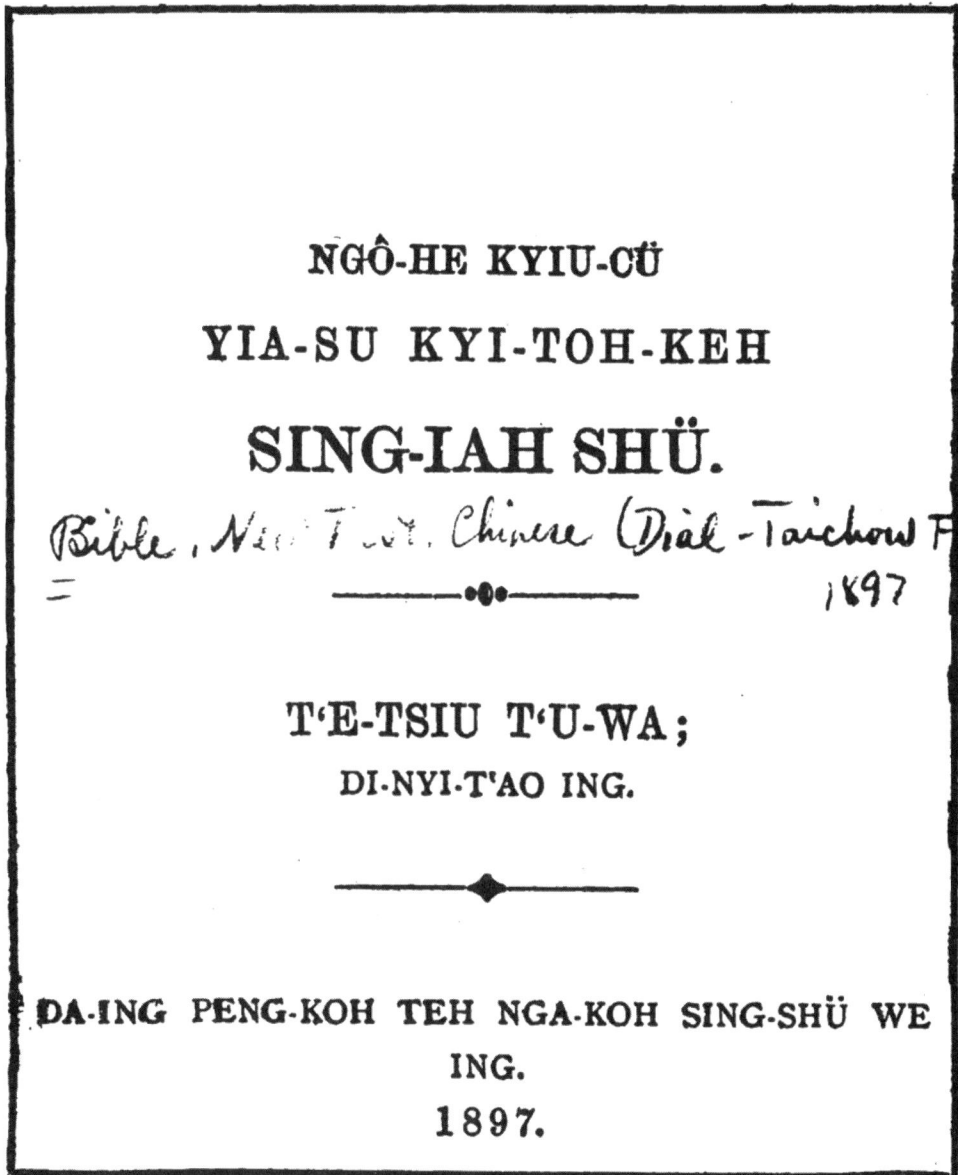

NGÔ-HE KYIU-CÜ

YIA-SU KYI-TOH-KEH

SING-IAH SHÜ.

Bible, New Test. Chinese (Dial -Taichow Foo 1897

T'E-TSIU T'U-WA;

DI-NYI-T'AO ING.

DA-ING PENG-KOH TEH NGA-KOH SING-SHÜ WE ING.

1897.

SING-SHÜ MOH-LOH.

GYIU IAH SHÜ.

Tön-sia.	Tsông-su.	Tön-sia.	Tsông-su.
Ts.	Ts'iang-si kyi..........50	Dj.	Djün - dao.............12
C.	C'ih Yi-gyih kyi.........40	Ko.	Ngô-ko................8
Lv.	Li-vi kyi.................27	Y.	Yi-se-ô shü...........66
Ms.	Ming-su kyi-liah.........36	Yl.	Yia-li-mi shü.........52
Sm.	Sing-ming kyi...........34	E.	Yia-li-mi e-ko.........5
Is.	Iah-shü-ô kyi...........24	Ys	Yi-si-kyih shü.........48
Z.	Z-s kyi.................21	Dy.	Dæn-yi-li shü.........12
Lt.	Lu-teh kyi...............4	'O.	'O-si shü.............14
1 S.	1 Sæh-meo-z kyi.........31	Iz.	Iah-z shü.............3
2 S.	2 Sæh-meo-z kyi.........24	Ô.	Ô-mo-z shü.............9
1 W.	1 Lih-wông kyi-liah......22	Op.	O-pô-ti shü...........1
2 W.	2 Lih-wông kyi-liah......25	In.	Iah-nô shü............4
1 L.	1 Lih-de ts-liah.........29	Mi.	Mi-kô shü............7
2 L.	2 Lih-de ts-liah.........36	No.	Nô-ong shü...........3
Yzl.	Yi-z-læh kyi............10	Hp.	Hah-pô-kôh shü........3
Nh.	Nyi-hyi-mi kyi..........13	Sf.	Si-fæn-ngô shü.........3
Yzt.	Yi-z-t'ih kyi...........10	Hk.	Hah-kyi shü...........2
Ip.	Iah-pah kyi.............42	Sk.	Sæh-kô-li-ô shü........14
S.	S - p'in................150	Ml.	Mô-læh-kyi shü........4
Tn.	Tseng-nyin.............31		

SING IAH SHÜ.

Tön-sia.	Tsông-su.	Tön-sia.	Tsông-su.
Mt.	Mô-t'a djün foh-ing shü ... 28	1 D.	1 Di-mo-t'a shü-sing....6
Mk.	Mô-k'o djün foh-ing shü ... 16	2 D.	2 Di-mo-t'a shü-sing....4
Lk.	Lu-kô djün foh-ing shü ... 24	Dt.	Di-to shü-sing........3
I'ö.	Iah-'ön djün foh-ing shü .. 21	Flm.	Fi-li-meng shü-sing....1
Sd.	S-du 'ang-djün...........28	H.	Hyi-pah-le shü-sing....13
Lm.	Lo-mô shü-sing.....16	Nk.	Ngô-kôh shü-sing......5
1 K.	1 Ko-ling-to shü-sing....16	1 P.	1 Pi-teh shü-sing.......5
2 K.	2 Ko-ling-to shü-sing....13	2 P.	2 Pi-teh shü-sing.......3
Kô.	Kô-læh-t'a shü-sing......6	1 I'ö.	1 Iah-'ön shü-sing.......5
Yf.	Yi-feh-su shü-sing.......6	2 I'ö.	2 Iah-'ön shü-sing.......1
Fl.	Fi-lih-pi shü-sing.......4	3 I'ö.	3 Iah-'ön shü-sing.......1
Kl.	Ko-lo-si shü-sing.......4	Yd.	Yiu-da shü-sing........1
1 T.	1 T'ih-sæh-lo-nyi-kô shü-sing.....5	Mz.	Iah-'ön-keh Moh-z-loh....22
2 T.	2 T'ih-sæh-lo-nyi-kô shü-sing.....3		

【2】建寧話 Widener 1285. 18 S'eng i'ọ cǔing s'ụ 新約全書
002893090

S'eng i'ọ cǔing s'ụ（新約全書）Gūing mǎing hǔ gtǔ-ki'ong. Lộ mệ cī（建寧話土腔羅馬字）

London，British and foreign Bible society，1896（大英聖書公會 1896 年出版）。655 頁，Kienning 話。

INTERNET LINK：http://nrs. harvard. edu/urn-3：HUL. FIG：002893090

【3】**厦門話** Widener 1285.2 Lán ê kiù-tsu Iâ-so Ki-tok ê Sin Iok. Tsoân su.

002893100　（Amoy vernacular New Testament 厦門土話新約）

Lán ê kiù-tsu Iâ-so Ki-tok ê Sin Iok. Tsoân su.

Sèng-chhek kong-hōe oah pán ìn，1898.

我個救主耶穌基督個新約全書，（大英）聖書公會印發,1898 年。

INTERNET LINK：http：//nrs. harvard. edu/urn−3：HUL. FIG：002893100

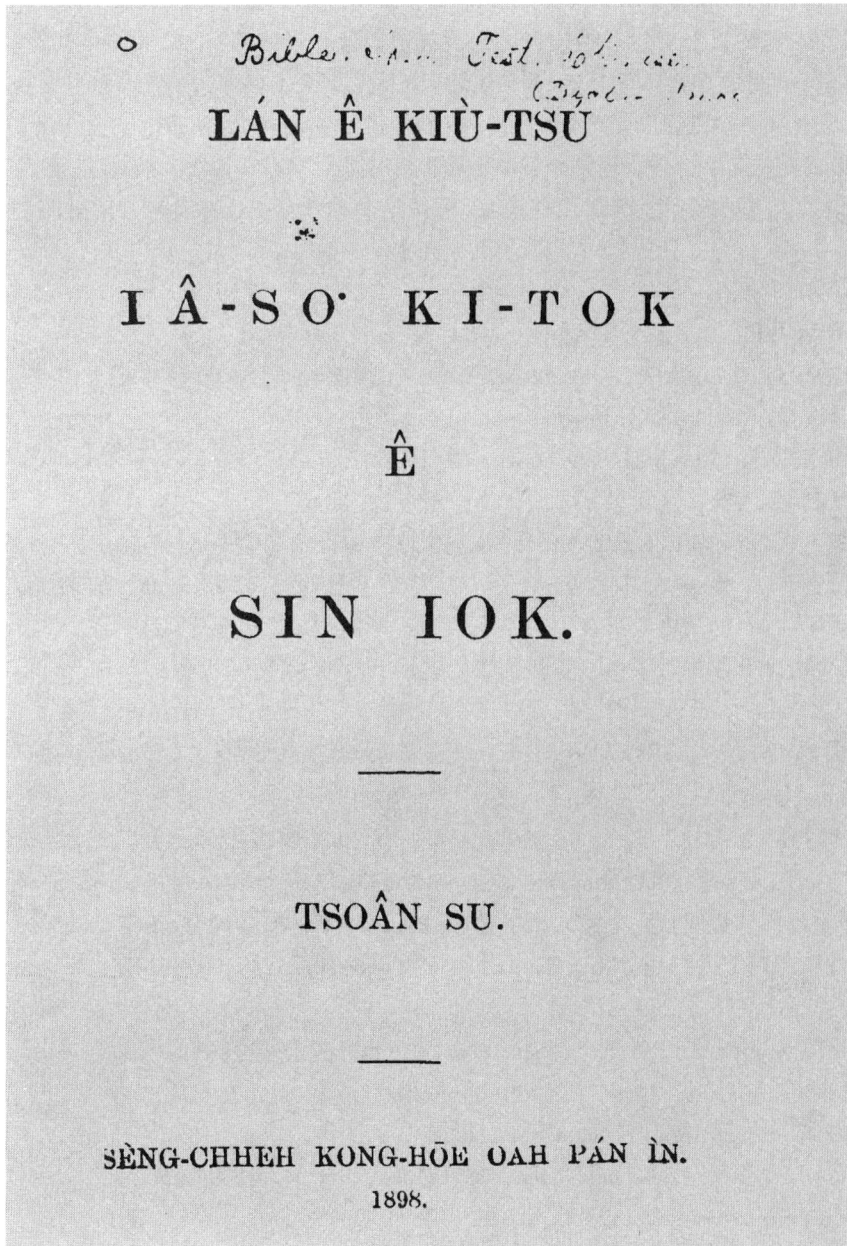

《新約》單行本(4 種)

【1】**温州話** Widener 1285.26 Chaò-chî yi-sû chi-tuh sang iah sing shi；sź fuh-iang tà sź-du ae-djüe fa üe-tsiu tû (**新約福音書和使徒行傳**)

　　002893086　(Bible. N. T. Gospels and Acts. Translated by W. E. Soothil. Wenchow Dialect)

　　Chaò-chî yi-sû chi-tuh sang iah sing shi；sź fuh-iang tà sź-du ae-djüe fa üe-tsiu tû

　　Dà-iang sìng-shǐ whaýi yiáng-ge，1894

　　INTERNET LINK：http：//nrs. harvard. edu/urn-3：HUL. FIG：002893086

　　温州話《新約》(福音書和使徒行傳)，大英聖書公會 1894 年出版，共 564 頁。

　　【譯者】蘇慧廉(William Edward Soothill，1861—1935)，音譯另有"蘇西爾·威廉"或"威廉·愛德華·蘇西爾"。英國偕我會(後改名爲"循道公會")傳教士，"蘇慧廉"可能是他自己取的中文名字。他學習温州話，半年後試以温州話講道，1882 年，根據温州方言發音規律，創編了"用拉丁字拼音代替漢字"的甌音拼音文字，並以温州方言試譯《聖經》。光緒二十九年(1903)，完成《新約》温州話全譯本。

【2】**杭州話** Widener 1285.3 An sen Ma-t'ai dzun foh-in sö.

　　002893056　(Bible. N. T. Matthew. Hangchow dialect)

　　An sen Ma-t'ai dzun foh-in sö.

　　London：Society for promoting Christian knowledge，[n. d.]

　　杭州話《馬太福音》，倫敦基督教知識促進會，共 103 頁。

　　莫爾主教(Bishop George Evans Moule，也譯爲"慕稼穀")從 1864 年起在杭州長期經營一個附屬于傳教士協會的傳教團。40 多年間莫爾主教編寫過兩本杭州方言教程，這個拼寫系統被用在《新約·馬太福音》的杭州方言譯本中。1880 年出版《馬太福音》羅馬字譯本。據記載，1879 年出版了由慕稼穀翻譯的杭州土白譯本《約翰福音》。

【3】**汕頭話** Widener 1285. 19 Ki'u-ts'u iâ-sou ki-tokkâi sin-ieh tshuân-tsu chien-k'ng M'a-th'ai k'au S'ai-thû

　　002893077　(Bible. N. T. Gospels and Acts. Swatow Dialect)

　　Ki'u-ts'u iâ-sou ki-tokkâi sin-ieh tshuân-tsu chien-k'ng M'a-th'ai k'au S'ai-thû.

　　《救主耶穌基督個新約全書》，出版地 Su-kat-lân，1892 年，共 275 頁。

　　INTERNET LINK：http：//nrs. harvard. edu/urn-3：HUL. FIG：002893077

【4】**福州話** Widener 1285.5.12 Séu-dú h'eng diông(**使徒行傳**)

　　002893071　(Bible. N. T. Acts. Chinese. 1890)

　　Acts of the Apostles in Foochow vernacular.

　　In the Foochow Colloquial dialect of Chinese，in Roman characters. Northern Min dialects—China—Fujian Sheng.

　　British and Foreign Bible Society.

London：Printed for the British and Foreign Bible Society，1890．Harvard College Library Preservation Digitization Program.

福州羅馬字土白《使徒行傳》，倫敦大英聖書公會 1890 年出版。79 p.；22cm.

（二）廈門話祈禱文（1 種）

【1】廈門話 Widener 1285.10 教會祈禱文附聖禮文

003007738 （閩南語：Hok-Kien dialect Amoy colloquial）

書名：The order for morning and evening prayer，and administration of the sacraments，and other rites and ceremonies of the church，according to the use of the Church of England；in the Hok-kien dialect（Amoy colloquial）.（Book of Common Prayer）

出版地：Singapore，printed at the Amer. mission press for the Society for promoting Christian knowledge，London，1901．

INTERNET LINK：http://nrs. harvard. edu/urn-3：HUL. FIG：003007738

廈門方言口語，根據英國教堂禮文所編的教會祈禱文、贊禮文，含早禱、晚禱、教會聖禮儀式等，由 W. H. Gomes 翻譯，L. C. Biggs 協助，英格蘭教堂 1901 年出版。

（三）漢英雙語聖經及方言詞典

【1】漢英 Widener 1285.25 馬太福音（1884）

002893068 （Bible. N. T. Matthew）

封面：馬太福音書（右首起字）；The Gospel of Matthewin English and Mandarin（左首起字）；Published by the American Bible Society. Shanghai：American Presbyterian Mission Press，1884．

Chinese title at head of title-page. English and Chinese in parallel columns.

《新約》之《馬太福音書》漢英對譯本。

無框，14.5×22cm，每頁一半爲豎行漢字，9 行，行 40 字（以節數爲限），一半爲英文橫行，按照中文的節數對應排列，共 86 頁。上海美華書局 1884 年版，美國聖經會。

【按】該書哈佛燕京圖書館有藏：TA 1977. 62 EM1884（008127605）Harvard College Library Preservation Digitization Program.

【2】漢英 Widener 1285.25.3 路加福音書（1884）

005824694 （Bible. N. T. Luke. ）

封面：路加福音書（右首起字）；The Gospel of Luke in English and Mandarin（左首起字）；Published by the American Bible Society. Shanghai：American Presbyterian Mission Press，1884．

Chinese title at head of title-page. English and Chinese in parallel columns.

《新約》之《路加福音書》漢英對譯本。

無框，14.5×22cm，每頁一半爲豎行漢字，9 行，行 40 字（以節數爲限），一半爲英文橫行,按照中文的節數對應排列。中英文標題,章節頁碼縮寫,92 頁(p. 142–233),22cm。

【按】該書哈佛燕京圖書館有藏:Harvard-Yenching Rare(W)BS315. C57 L8 1884x

【3】漢英 Widener 1285.25.4 約翰福音書(1884)

002893059　(Bible. N. T. John)

封面:約翰福音書(右首起字);The gospel of John in English and Mandarin(左首起字);Published by the American Bible Society. Shanghai:American Presbyterian Mission Press,1884.

Chinese title at head of title-page. English and Chinese in parallel columns

《新約》之《約翰福音書》漢英對譯本。

無框,14.5×22cm,每頁一半爲竪行漢字,9 行,行 40 字(以節數爲限),一半爲英文橫行,按照中文的節數對應排列。中英文標題,章節頁碼縮寫,共 68 頁(p. 235–302)。

【按】該書哈佛燕京圖書館有藏:TA 1977.65 EM1884

【4】漢英 Widener 1285.25.5 使徒行傳(1884)

002893057　(Bible. N. T. Acts)

封面:使徒行傳(右首起字);The Acts in English and Mandarin(左首起字);Published by the American Bible Society. Shanghai:American Presbyterian Mission Press,1884.

English and Chinese text in parallel columns.

《新約》之《使徒行傳》漢英對譯本。

無框,14.5×22cm,每頁一半爲竪行漢字,9 行,行 40 字(以節數爲限),一半爲英文橫行,按照中文的節數對應排列。中英文標題,章節頁碼縮寫,共 90 頁(p. 303–392)。

【5】漢英 Widener 1285.25.2 馬可福音書(1884)

002893066　(Bible. N. T. Mark.)

封面:馬可福音書(右首起字);The Gospel of Mark in English and Mandarin(左首起字);Published by the American Bible Society. Shanghai:American Presbyterian Mission Press,1884.

Chinese title at head of title-page. English and Chinese in parallel columns.

《新約》之《馬可福音書》漢英對譯本。

無框,14.5×22cm,每頁一半爲竪行漢字,9 行,行 40 字(以節數爲限),一半爲英文橫行,按照中文的節數對應排列,共 55 頁(p. 87–141)。

INTERNET LINK:http://nrs. harvard. edu/urn–3:HUL. FIG:002893066

【按】該書哈佛燕京圖書館有藏:TA 1977.63 EM1884 & Harvard-Yenching Rare(W)BS315. C57 M2 1884x

附録二 外德納圖書館（Widener Library）藏新教傳教士中文譯著（19種）

書音福可馬

THE GOSPEL OF MARK

IN

ENGLISH AND MANDARIN

PUBLISHED BY THE

AMERICAN BIBLE SOCIETY.

SHANGHAI:

AMERICAN PRESBYTERIAN MISSION PRESS.

—

1884.

書音福傳可馬

THE GOSPEL ACCORDING TO MARK.

CHAPTER I.

THE beginning of the gospel of Jesus Christ, the Son of God ;

2 As it is written in the prophets, Behold, I send my messenger before thy face, which shall prepare thy way before thee.

3 The voice of one crying in the wilderness, Prepare ye the way of the Lord, make his paths straight.

4 John did baptize in the wilderness, and preach the baptism of repentance for the remission of sins.

5 And there went out unto him all the land of Judea, and they of Jerusalem, and were all baptized of him in the river of Jordan, confessing their sins.

6 And John was clothed with camel's hair, and with a girdle of a skin about his loins ; and he did eat locusts and wild honey ;

7 And preached, saying, There cometh one mightier than I after me, the latchet of whose shoes I am not worthy to stoop down and unloose.

8 I indeed have baptized you with water : but he shall baptize you with the Holy Ghost.

9 And it came to pass in those days, that Jesus came from Nazareth of Galilee, and was baptized of John in Jordan.

10 And straightway coming up out of the water, he saw the heavens opened, and the Spirit like a dove descending upon him :

11 And there came a voice from heaven, *saying*, Thou art my beloved Son, in whom I am well pleased.

第一章

神的兒子耶穌基督福音的起頭先知書上記著說我要差遣我的使者在你面前、預備你的道路、在

曠野有人聲喊叫說預備　主的道、修直了他的路。

約翰在曠野施洗傳悔改的洗禮、使罪得救猶太全地、和耶路撒冷的人出去到約翰那裏都承認自己的罪惡、在約但河受他的洗。約翰穿駱駝

毛的衣服、腰繫皮帶、吃的是蝗蟲野蜜他傳道說有比我能力更大的、在我以後來、我就是屈身爲他解

鞋帶、也是不配的。我是用水與你們施洗他將用　聖靈與你們施洗○那時候耶穌從加利利的拏撒

勒來、在約但河裏受了約翰的洗他從水裏上來、就看見天開了、　聖靈彷神鴿子降在他頭上

【6】漢英 Widener 1285.91 馬可福音書(1907)

002893123 （Bible. N. T. Mark.）

封面：The Gospel according to Saint Mark. Shanghai：British and Foreign Bible Society，1907.

INTERNET LINK：http://nrs. harvard. edu/urn-3：HUL. FIG：002893123

Photoreproduction of Harvard College Library Copy.

8.4×13cm,4.2cm 爲漢字,4.2cm 爲英文;單頁漢字 7 行,行 32 字;雙頁或漢字 8 行,行 32 字。框架上有中英文標題,章節頁碼縮寫,共 76 頁。

【7】漢英 Widener 1285.46 An inquiry into the proper mode of translating Ruach and Pneuma in the Chinese version of the Scriptures(聖經) / by W. H. Medhurst(1850 年麥都思譯本)

003513724

封面：An inquiry into the proper mode of translating Ruach（The Hebrew word）& Pneuma（The Greek word）in the Chinese version of the Scriptures

Text in English and Chinese. Bible—Translating—China.

Shanghae：Printed at the Mission Press，1850.

根據希伯來文、希臘文翻譯的中文聖經。75 p.；21cm,封面肢解,文本損失。

INTERNET LINK：http://purl. oclc. org/DLF/benchrepro0212

【譯者】麥都思(Walter Henry Medhurst),1796—1857。

【8】漢英 Widener 1285.7.5 An Analytical Vocabulary of the New Testament(新約聖經詞彙詞典)

002842276

封面：An Analytical Vocabulary of the New Testament, by F. W. Baller. Shanghai：China inland mission and American Presbyterian mission press，1893.

INTERNET LINK：http://nrs. harvard. edu/urn-3：HUL. FIG：002842276

《新約聖經詞彙詞典》,1893 年,專門爲在中國傳教的中等人員所編(Prepared for the use of junior members of the China inland mission)。（Errata slip inserted between p. 226 – 227.）264 p.；25cm.

【編者】Frederick William Baller, 1852—1922.

【9】漢英 Widener 1285.16 A Chinese and English Vocabulary in the Tie-chiu Dialect
003240372

封面：A Chinese and English Vocabulary in the Tie-chiu Dialect. Shanghai：American Presbyterian Mission press，1883.

《漢英潮州方言詞彙》，1847 年曼谷首版。Josiah Goddard（1768—1836）改編，1883 年上海美華書局第二版。有前言，書後附"List of Syllables Representing the Sounds Used in Pronouncing the Tiechiu Dialect"（潮州方言音節表）。全書 248 頁，正文 174 頁。

【編者】Josiah Goddard（1768—1836），傳教士。

燕京圖書館藏滿文、蒙文聖經(21 種)

(一) 滿文 3 種

《新約》滿文大約從 1822 年開始出版單行本,整本出版大約在 1835 年。之後 1911 年、1929 年又重版。

日人渡部薰太郎 1932 年曾對日本天理圖書館藏滿洲語《新約全書》做了提要。

1822 年,俄國人(即 Stepan Lipovtsov)譯完《馬太傳》的最初七章。1823 年《馬太傳》印刷 550 部。1825 年《新約》全部譯完,俄國没有出版。1833 年,George Borrow 爲印刷此《新約》,被聘到俄首都都聖彼德堡。1835 年印刷 1000 部滿文《新約全書》。1855 年,此滿文譯本《新約全書》的 200 部航運上海,途徑爪哇,發生海難,200 部《新約全書》全部丟失。(參見(日)渡部薰太郎編著:《增訂滿洲語圖書目録》,大阪東洋學會,昭和七年(1932),第43—44 頁)

韓國金東昭指出,鉛印本滿文《新約全書》只一個版本,由 S. V. Lipovtsov 于 1825 年翻譯成滿文,1835 年在聖彼德堡出版。目前此書在英國大英圖書館藏 5 部,大英聖書公會藏 3 部,倫敦的"印度圖書檔案局"藏 1 部,俄羅斯科學院亞細亞民族研究所收藏 1 部(1864年收集)。著録爲 8 卷,每卷的頁數分別爲 61、37、57、40、52、60、130 和 50,每頁記有 12 行滿文。(詳見(韓)金東昭著、金貞愛譯:《東洋文庫藏現存滿文聖經稿本介紹》,《滿族研究》2001 年第 4 期,第 92—96 頁)

可見 1835 年滿文《新約全書》的珍貴性。

燕京圖書館亦藏有 1835 年版(詳見下文目録提要之第 1 種),頁碼與韓國金東昭考證的不一,倒與大連圖書館滿語《新約全書》相同:

滿文,一冊,精裝,鉛印本,版式爲"中西合璧"。頁面高 23.2cm,寬 15.3cm,厚度爲4.1cm;版框高 16.9cm,寬 13.9cm;四周雙邊,半頁 13 行,行字不等,版心依次爲滿文

"enduringge ewanggelium"（拉丁字轉寫,下同）和漢文頁碼;全書共分 8 章節,各章頁數分別
是 63、39、68、53、69、86、72 和 66 頁;無版權頁;書名頁印滿文"ice hese"。滿文《新約全書》
是歷史上第一部鉛印的滿文圖書,傳世稀少。（詳見薛蓮:《大連圖書館藏"滿鐵資料"中
珍稀本滿語、滿學圖書撮要》,《文獻季刊》2008 年第 2 期）

【1】TMA 1977. 65 1911c Musei ejen isus heristos-i tutabuha ice hese
　　009523267
　　滿文《新約》,1835 年,一函七卷本,缺第一卷。
　　【按】哈佛著録爲 TMA 1977. 65 1911c（7 v. in 1 case）,我認爲應著録爲 TMA 1977. 65
1835。
　　Musei ejen isus heristos–i tutabuha ice hese
　　Musei ejen Isus Heristos–I tutabuha ice hese（Bible. N. T. Manchu. 1835,Man wen xin
yue）
　　出版地:St. Petersburg（聖彼德堡）: British and Foreign Bible Society, 1835.
　　這是 1835 年的本子。原來是八卷本,現存七卷。第一卷《馬太福音》缺（《馬太福音》
p. 1–63）。這個本子與 1911 年的本子是完全一樣的,只是版式不一而已,這一套版式大。
　　第一卷《馬太福音》（p. 1–63,缺失）
　　第二卷《馬可福音》p. 1–39
　　第三卷《路加福音》p. 1–68
　　第四卷《約翰福音》p. 1–53
　　第五卷《使徒行記》p. 1–69
　　第六卷 p. 1–86
　　第七卷 p. 1–72
　　第八卷 p. 1–66
　　滿譯《新約全書》有章無節,只分二十七卷爲八部,每一部分頁數大致相同。
　　半頁,16. 5×22cm,13 行,白口,四周雙邊,單黑魚尾,版心上鎸書名。整本書共 475 頁。
　　【按】大連圖書館藏本同此版式（但版權頁不詳）。

【2】TMA 1977. 65 1911b Musei ejen isus heristos-i tutabuha ice hese
　　009523281　（縮微 194,1911）
　　這是滿文《新約聖經》,八卷是單獨成冊,匯總成一卷本。
　　第一卷《馬太福音》p. 1–63
　　第二卷《馬可福音》p. 1–39
　　第三卷《路加福音》p. 1–68
　　第四卷《約翰福音》p. 1–53（其中《約翰福音》的單行本另有,爲 TMA 1977. 65 1911,

Blockprint）

　　第五卷《使徒行記》p. 1–69

　　第六卷 p. 1–86

　　第七卷 p. 1–72

　　第八卷 p. 1–66

　　半頁，框 12.2×17cm，13 行，白口，四周雙邊，單黑魚尾，版心上鎸書名。全書共
516 頁。

　　這個八卷本的 1911 年的滿文《新約》，是 1835 年八卷本的滿文《新約》的再版，只是版
式比原來小。1835 年的八卷本缺第一卷《馬太福音》p. 1–63，這個 1911 年的本子可以
彌補。

　　Massachusetts Bible Society（麻州聖經會），41 Bromfield ST，Boston（美國波士頓）.

　　這是在波士頓印刷的本子。

【3】TMA 1977.65 1911 Musei ejen isus heristos-i tutabuha ice hese，duici debtelin

009606019　（縮微 194）

滿文《約翰福音》，1911 年，綫裝。

iowang i ulaha songkoi

musei ejen isus heristos i tutabuha ice gese. duici debtelin. enduringge ewanggelium iowang
i ulaha songkoi.

我主耶穌基督所留新約. 第四卷. 聖約翰所傳事蹟（即約翰福音）.

封面：（滿文）

扉頁：ST. JOHN（約翰福音）

Manchou（滿洲）

British & Foreign Bible Society Shanghai 1911

Ed. 989

半頁，框 13.2×17.2cm，13 行，白口，四周雙邊，單黑魚尾，版心上鎸書名。共 53 頁。

　　【按】這個單行本在滿文《新約》TMA 1977.65 1911b 中已經收錄，也是以單行本的頁
碼出現，年代完全相同。

（二）蒙文 18 種
《舊約》單行本（4 種）

【1】TMO 1977.21 1932 Mos-yin genesis kemegči nigedüger nom（創世記）

009673895

Mosi-yin genesis kemegči nigedüger nom, Bible. O. T. Genesis. Mongolian. Shanghai：
British and Foreign Bible Society, 1932. 23cm；1 v. In Mongolian. Blockprint.

蒙文《舊約》之《創世記》，1932 年，上海：英國和外國聖經公會，23cm，1 卷。

【2】TMO 1977. 22 1933 Mosi-yin iksodus kemegči qoyqduyar nom（出埃及記）

009673896

Mosi-yin iksodus kemegči qoyqduyar nom, Bible. O. T. Exodus. Mongolian. Shanghai：British and Foreign Bible Society, 1933. In Mongolian. Blockprint.

蒙文《舊約》之《出埃及記》,1932 年,上海：英國和外國聖經公會,23cm,1 卷。

【3】TMO 1977. 37 1921 Solomoen-u erdeni üges（箴言）

009673898

Solomoen-u erdeni üges, Bible. O. T. Proverbs. Mongolian. 1921. In Mongolian. Blockprint. 1 v. ; 23cm.

蒙文《舊約》之《箴言》,1921 年,上海：英國和外國聖經公會,23cm,1 卷。

【4】TMO 1977. 492 1913 Jona kemegči phorophid nom（約拿書）

009674693

Jona kemegči phorophid nom, Bible. O. T. Jonah. Mongolian. Shanghai：British and Foreign Bible Society, 1913. In Mongolian. Blockprint. 1 v. ; 15cm.

蒙文《舊約》之《約拿書》,1913 年,上海：英國和外國聖經公會,15cm,1 卷。

《新約全書》總本（2 種）

【1】TMO 1977. 51846 Bible. N. T. Mongolian（1846）

009674174

The New Testament of our Lord and Savior Jesus Christ：translated out of the original Greek into the Mongolian language, by Edward Stallybrass and William Swan, many years missionaries residing in siberia；for, and at the expense of, the British and Foreign Bible Society. London：British and Foreign Bible Society, 1846. In Mongolian. Blockprint.

蒙文《新約全書》,從希臘文翻譯,1846 年,上海：英國和外國聖經公會,25cm,925 頁。

【作者】施德華（Edward Stallybrass）；史維廉（William Swan）。

【2】TMO 1977. 5 1880 Sine testament Bible. N. T. Mongolian（1880）

009163460　（W）BS315. M65 1880x

Sine testament

The New Testament of our Lord and Saviour Jesus Christ；tr. out of the original Greek into the Mongolian language, by Edward Stallybrass and William Swan for the British and Foreign Bible Society.

Published：St. Petersburg, British and Foreign Bible Society, 1880.

INTERNET LINK：http://nrs. harvard. edu/urn-3：HUL. FIG：009163460.

蒙文《新約全書》,從希臘文翻譯,1880 年英國和外國聖經公會在聖彼德堡出版,封面頁加蒙文,25cm,目録 6 頁,正文 658 頁。

【譯者】施德華(Edward Stallybrass);史維廉(William Swan,1791—1866);席夫納(Franz Anton von Schiefner,1817—1879),俄國研究亞歐北方語文的大學者。

《新約》單行本(12 種)

【1】TMO 1977. 62 1872 Matthei-yin bayar-un čimege kemegči nom(**馬太福音書**)

009674215　　(縮微 304、305、306)

The Gospel of ST. MATTHEW in Mongolian,Shanghai:British and Foreign Bible Society, 1872. British and Foreign Bible Society. To Rev. C. alconilie with compts of the Translators,1 卷,30cm.

蒙文《馬太福音書》,1872 年,英國和外國聖經公會在上海出版。半頁,框21×15.5cm, 白口,四周雙邊,單黑魚尾,共 141 頁。

【2】TMO 1977. 62 1872 c. 2 Matthei-yin bayar-un čimege kemegči nom(**馬太福音書**)

009674215

是蒙文《馬太福音書》1872 年版本的另一個複本。著録同上條"TMO 1977. 62 1872 Matthei-yin bayar-un čimege kemegči nom"。

【3】TMO 1977. 62 1929 Madtei-yin bayar-un medege kemegči nom(**馬太福音書**)

009674462

封面:

蒙文:Madtei-yin bayar-un medege kemegči nom

中文:馬太福音書

反面:

The Gospel of ST. MATTHEW in Mongolian(Revised)　Ed. 2581

British and Foreign Bible Society,Shanghai,1929.

Bible. N. T. Matthew. Mongolian. 1929.

1 v. ;22cm. In Mongolian. Blockprint.

蒙文《新約全書》之《馬太福音書》,28 章,11.5×19.5cm,17 行,白口,四周雙邊,版心上鐫蒙文書名,下鐫中文卷次(馬太一……)及頁碼,共 78 頁,上海英國和外國聖經公會1929 年版。

【4】TMO 1977. 62 1933 Madtei-yin bayar-un medege kemegči nom(**馬太福音書**)

009674736

封面:

蒙文:Madtei-yin bayar-un medege kemegči nom

中文:馬太福音書

反面:

The Gospel of ST. MATTHEW in Mongolian(Revised)　Ed. 2914

British and Foreign Bible Society, Shanghai, 1933.

Bible. N. T. Matthew. Mongolian. 1933.

1 v. ; 22cm. In Mongolian. Blockprint.

蒙文《新約全書》之《馬太福音書》,28 章,11.5×19.5cm,17 行,白口,四周雙邊,版心上鎸蒙文書名,下鎸中文卷次(馬太一……)及頁碼,共 78 頁,上海英國和外國聖經公會1933 年版。

【5】TMO 1977. 63 1929 Marka-yin bayar-un medege kemegči nom(**馬可福音書**)

009674477　(縮微 203)

封面:

蒙文:Marka-yin bayar-un medege kemegči nom

中文:馬可福音書

反面:

The Gospel of ST. MARK in Mongolian(Revised)　Ed. 2581

British and Foreign Bible Society, Shanghai, 1929.

Bible. N. T. Mark. Mongolian. 1929.

1 v. ; 22cm.

蒙文《新約全書》之《馬可福音書》,16 章,11.5×19.5cm,17 行,白口,四周雙邊,版心上鎸蒙文書名,下鎸中文卷次(馬可一……)及頁碼,共 48 頁,上海英國和外國聖經公會1929 年版。

【6】TMO 1977. 63 1933 Marka-yin bayar-un medege kemegči nom(**馬可福音書**)

009674477

封面:

蒙文:Marka-yin bayar-un medege kemegči nom

中文:馬可福音書

反面:

The Gospel of ST. MARK in Mongolian(Revised)　Ed. 2914

British and Foreign Bible Society, Shanghai, 1933.

Bible. N. T. Mark. Mongolian. 1933.

1 v. ; 22cm.

蒙文《新約全書》之《馬可福音書》,16 章,11.5×19.5cm,17 行,白口,四周雙邊,版心上鎸蒙文書名,下鎸中文卷次(馬可一……)及頁碼,共 48 頁,上海英國和外國聖經公會

1933 年再版。這是 1929 年版本之再版。

【7】TMO 1977. 64 1900 Lüka-yin bayar-un ivanggeli kemegči nom（**路加福音書**）

009674507

封面：

蒙文：Lüka-yin bayar-un ivanggeli kemegči nom

中文：路加福音書

反面：

The Gospel of ST. LUKE in Classical Mongolian.

British and Foreign Bible Society, Shanghai, 1900.

1 v. ; 25cm.

蒙文《新約全書》之《路加福音書》，24 章，11.5×19.5cm，17 行，白口，四周雙邊，版心上鐫蒙文書名，下鐫中文卷次及頁碼，共 92 頁（p. 138–229），上海英國和外國聖經公會 1900 年版。

【8】TMO 1977. 64 1933 Lüka-yin bayar-un medege kemegči nom（**路加福音書**）

009674517　（縮微 206）

封面：

蒙文：Lüka-yin bayar-un medege kemegči nom

中文：路加福音書

反面：

The Gospel of ST. LUKE in Mongolian. (Revised)　Ed. 2914

British and Foreign Bible Society, Shanghai, 1933.

1 v. ; 22cm.

蒙文《新約全書》之《路加福音書》，24 章，11.5×19.5cm，17 行，白口，四周雙邊，版心上鐫蒙文書名，下鐫中文卷次及頁碼，共 86 頁，上海英國和外國聖經公會 1933 年版。

【9】TMO 1977. 67 1902 Aphostol-ud-un üyiledbüri kemegči nom（**使徒行傳**）

009674628

封面：

蒙文：Aphostol-ud-un üyiledbüri kemegči nom

中文：使徒行傳書

反面：

The Acts of the Apostles in Classical Mongolian.

British and Foreign Bible Society, Shanghai, 1902.

Bible. N. T. Acts. Mongolian. 1902. In Mongolian. Blockprint. 1 v. ; 25cm.

　　蒙文《新約全書》之《使徒行傳》,28 章,11.5×19.5cm,17 行,白口,四周雙邊,版心上鐫蒙文書名,下鐫中文卷次及頁碼,共 87 頁(p.300-386),上海英國和外國聖經公會 1902 年版。

　　【按】1902 年、1900 年的版式比較一致。

【10】TMO 1977.67 1933 Elči-ner-ün üyiledbüri kemegči nom(**使徒行傳**)

009674642 （縮微 208）

封面:

蒙文:Elči-ner-ün üyiledbüri kemegči nom

中文:使徒行傳書

反面:

The Acts of the Apostles in Mongolian. (Revised)　Ed. 2914

British and Foreign Bible Society, Shanghai, 1933.

Bible. N. T. Acts. Mongolian. 1933. In Mongolian. Blockprint. 1 v. ; 22cm.

　　蒙文《新約全書》之《使徒行傳》,28 章,11.5×19.5cm,17 行,白口,四周雙邊,版心上鐫蒙文書名,下鐫中文卷次及頁碼,共 88 頁,上海英國和外國聖經公會 1933 年版。

【11】TMO 1977.65 1900 Iovan-u ivanggeli kemegči nom(**約翰福音書**)

009674547

The Gospel of S. JOHN in Classical Mongolian.

British and Foreign Bible Society, Shanghai, 1900.

Bible. N. T. John. Mongolian. 1900. In Mongolian. Blockprint. 1 v. ; 25cm.

　　蒙文《新約全書》之《約翰福音書》,21 章,11.5×19.5cm,17 行,白口,四周雙邊,版心上鐫蒙文書名,下鐫中文卷次及頁碼,共 70 頁,上海英國和外國聖經公會 1900 年版。

【12】TMO 1977.65 1929 Iovan-u bayar-un medege kemegči nom(**約翰福音書**)

009674613

封面:

蒙文:Iovan-u bayar-un medege kemegči nom

中文:約翰福音書

反面:

The Gospel of ST. JOHN in Mongolian. (Revised)　Ed. 2914

British and Foreign Bible Society, Shanghai, 1929.

Bible. N. T. John. Mongolian. 1929. In Mongolian. Blockprint. 1 v. ; 22cm.

　　蒙文《新約全書》之《約翰福音書》,21 章,11.5×19.5cm,17 行,白口,四周雙邊,版心上鐫蒙文書名,下鐫中文卷次及頁碼,共 69 頁,上海英國和外國聖經公會 1929 年版。

本書著録聖經譯本（含各單行本）一覽（296 種）

【43】TA 1977.1 0821 舊約六經新解（1927） C-0237 B23

【44】TA 1977.1 C1861 舊約全書（卷六至十七，1861）

【45】TA 1977.1 C1863 舊約全書（全四冊，1863） C-0248 B35

【46】TA 1977.1 C1864 舊約全書（一函六冊，1864）

【47】TA 1977.1 C1865 舊約全書（三卷，1865） C-0249 B36

【48】TA 1977.1 CA1894 Kū Iok Ê Sèng Keng（舊約的聖經） C-0381 B169

【49】TA 1977.1 CF1874 路得至詩篇（福州美華書局印）

【50】TA 1977.1 CF1906 Go iok ciong cu：Hok-ciu tu kiong 舊約全書（福州土話羅馬字母本 1906） C-0272 B59

【51】TA 1977.1 CM1874 舊約全書（施約瑟 1874） C-0256 B43

【52】TA 1977.1 CM1886 舊約全書（上下卷，官話） C-0257 B44

【53】TA 1977.1 CM1930 新舊約聖經（上帝）

【54】TA 1977.03 03 聖經要言（1890） C-0230 B16

【55】TA 1977.03 70 天道鏡要（寧波 1858）

【56】TA 1977.03 80 聖經擇要（1869） C-0228 B14

【57】TA 1977.03 81 Seng ging du siok kie mung 聖經圖説啟蒙 C-0226 B12

【58】TA 1977.03 99 聖經要言（1871，官話） C-0229 B15

【64】TA 1977.5 C1813 耶穌基利士督我主救者新遺詔書（1813） C-0238 B24

【65】TA 1977.5 C1836 救世主耶穌新遺詔書（1836） C-0240 B27

【66】TA 1977.5 C1839 救世主耶穌新遺詔書(1839) C-0241 B28

【67】TA 1977.5 C1853 聖經新遺詔全書 C-0243 B30

【68】TA 1977.5 C1854 新約全書(香港英華書院,1854) C-0244 B31

【69】TA 1977.5 C1855 聖經新遺詔全書

【70】TA 1977.5 C1855.02 新約全書五卷(1855)

【71】TA 1977.5 C1863 新約聖書(1863) C-0246 B33

【72】TA 1977.5 C1864 新約全書(綫裝,1864) C-0247 B34

【73】TA 1977.5 C1864.1 新遺詔聖經(2 卷,北京北堂圖書館 1864)

【74】TA 1977.5 C1864.1 (1)(新遺詔聖經)福音經(文言)

【75】TA 1977.5 C1864.1 (2)(新遺詔聖經)宗徒經(文言)

【76】TA 1977.5 C1865.1 新約串珠(1865) C-0250 B37

【77】TA 1977.5 C1866 聖經新約:使徒行傳至腓立比 C-0254 C41

【78】TA 1977.5 C1866.1 聖經新約:哥羅西至默示録

【79】TA 1977.5 C1868 新約全書 C-0251 B38

【80】TA 1977.5 C1868.1 新約串珠(福州美華書院) C-0252 B39

【81】TA 1977.5 c1881 新約全書(橫濱:北英國聖書會社,明治十四年)

【82】TA 1977.5 C1881 新約全書(橫濱:北英國聖書會社,明治十四年)

【83】TA 1977.5 C1889 新約聖經(北京官話) C-0258 B45

【84】TA 1977.5 C1894 新約全書(君王版) C-0261 B48

【85】TA 1977.5 C1895 新約聖經 C-0262 B49

【86】TA 1977.5 C1902 新約全書(上海大美國聖經會)

【87】TA 1977.5 C1905 新約聖書(文理)

【88】TA 1977.5 C1906 新約全書

#【89】TA 1977.5 CB19(9 v.) 新約全書(台語點字盲文版)

【90】TA 1977.5 CC(1912—1949) 馬可福音(廣東土白)

【91】TA 1977.5 CC1900 新約全書(廣東土白) C-0266 B53

【92】TA 1977.5 CC1924 馬太福音(廣東土白)

【93】TA 1977.5 CF1863 聖經新約全書 C-0253 B40

【94】TA 1977.5 CF1866 新約全書(榕腔,綫裝) C-0254 C41

【95】TA 1977.5 CF1869 新約全書(榕腔,福州美華書局 1869)

【96】TA 1977.5 CF1900 Sing Iok Cu(新約書):Hok-ciu Tu Kiong C-0270 B57

【97】TA 1977.5 CF1904 Sing Iok Cu(新約書,榕腔) C-0271 B58

【98】TA 1977.5 CM1872 新約全書(北京官話,1872) C-0255 B42

【99】TA 1977.5 CM1872.1 新約全書(官話)

【100】TA 1977.5 CM1879 新約全書(上海美華書馆擺印 1879)

【101】TA 1977.5 CM1889 新約全書(官話) C-0259 B46

【102】TA 1977.5 CM1889.1 新約全書(官話)

【103】TA 1977.5 CM1898 新約全書(官話,聖書公會)

【104】TA 1977.5 CM1903 新約全書(官話,上海大美國聖經會)

【105】TA 1977.5 CM1904 新約全書(官話)

【106】TA 1977.5 CM1919 馬可福音(新約聖書卷二,官話和合譯本)

【107】TA 1977.5 CM1920 馬太福音(新約聖書卷一,官話和合譯本)

【108】TA 1977.5 CM1920.1 約翰福音(新約聖書卷四,官話和合譯本)

【109】TA 1977.5 CN1898 Sing iah shü 新約書(寧波土話) C-0273 B60

【110】TA 1977.5 CP1921 新約全書(1921) C-0274 B61

【111】TA 1977.5 EC1908 The New Testament in English and Canton Colloquial 粵英新約全書(橫浜 Fukuin 印刷公司 1908) C-0276 B63

【112】TA 1977.5 EC1913 新約全書 The New Testament in English and Canton Colloquial

【113】TA 1977.5 EM1904 新約全書 The New Testament in English and Mandarin C-0275 B62

【115】TA 1977.6 C1855 新約全書(1855) C-0245 B32

【116】TA 1977.6 CF1866 福音四書(福州 1866)

【117】TA 1977.6 CF1866.1 福音四書(榕腔)

【118】TA 1977.6 CP1924 福音書 C-0331 B119

【119】TA 1977.6 EM1899 新約五經(官話與英語對照)

【120】TA 1977.7 C1836 聖差保羅信(上、中、下) C-0371 B159

【121】TA 1977.08 56 古時如氏亞國歷代略傳(歷史) C-0224 B10

【122】TA 1977.08 73 聖經圖記 C-0223 B9

【123】TA 1977.08 73.1 聖經圖記(文言,配圖,卦德明著)

【124】TA 1977.8 C1836 聖人約翰天啓之傳 C-0240 B27

【125】TA 1977 8B 舊新約聖經(美國施約瑟 1913)

【126】TA 1977.09 03 聖書論畧(葉韙良著 1870) C-0221 B7

【127】TA 1977.09 14 聖書憑據總論(種德者纂 1827) C-0215 B1

【128】TA 1977.09 14.1 新纂聖經釋義(1830) C-0217 B3

【129】TA 1977.09 14.1 新纂聖經釋義(1835)

【130】TA 1977.09 39 聖經證據(福州 1870) C-0218 B4

【131】TA 1977. 09 80 舊約預表（神學 1903） C-0225 B11

【132】TA 1977 9A 新舊約全書（官話 1899） C-0264 B51

【133】TA 1977 9B 新舊約全書（官話 1899）

【134】TA 1977 9C 新舊約全書（官話 1899）

【135】TA 1977. 21 C1814 舊遺詔書（第一章） C-0277 B64

【136】TA 1977. 21 C1849 原始傳 C-0278 B65

【137】TA 1977. 21 C1866 創世記（殘卷） C-0279 B66

【138】TA 1977. 21 CF1863 創世傳（福州平話） C-0282 B69

【139】TA 1977. 21 CF1875 創世記（福州平話） C-0283 B70

【140】TA 1977. 21 CF1892 Cháung Sié Gé（創世記） C-0284 B71

【141】TA 1977. 21 CM1872 創世記（官話 1872） C-0281 B68

【142】TA 1977. 21 CN1899 Ts'ông Shü Kyi（創世記，寧波腔拼音本） C-0285 B72

【143】TA 1977. 21 CW1888 Tshàng Sì Kì（潮州話） C-0286 B73

【144】TA 1977. 21 CW1888. 1 Tshang Si Ki（創世記） C-0286 B74

【145】TA 1977. 22 CF1893 Chók Aì-gǐk Ge（出埃及記） C-0287 B75

【146】TA 1977. 22 CF1902 Chok Ai-gik（出埃及） C-0288 B76

【147】TA 1977. 22 CN1899 C'ih Yiae-gyiu Kyi（出埃及記） C-0289 B77

【148】TA 1977. 23 C1823 神天上帝啟示舊遺詔書 C-239 B25-B26

【149】TA 1977. 23 C1823 利未氏古傳書（《神天聖書》第三本） C-0296 B84

【150】TA 1977. 23 C1854 舊約全書利未記 C-0297 B85

【151】TA 1977. 24 C1854 民數記略（1854） C-0298 B86

【152】TA 1977. 24 CN1895 Ming Su Kyi Liah（民數記略） C-0299 B87

【153】TA 1977. 26 CF1904 Iók Cǔ Ǎ（約書亞） C-0300 B88

【154】TA 1977. 26 CN1899 Iah-Shü-Üô Kyi（約書亞記） C-0301 B89

【155】TA 1977. 27 CN1900 Z-S kyi（士師記，寧波話） C-0302 B90

【156】TA 1977. 28 CF1879 列王紀略上卷（榕腔 1879）

【157】TA 1977. 28 CF1880 列王紀略下卷（榕腔）

【158】TA 1977. 28 CN1900 Lih Wong Kyi Liah（列王紀略）I、II（寧波話） C-0309 B97

【159】TA 1977. 29 CF1881 歷代志略上卷（榕腔） C-0310 B98

【160】TA 1977. 29 CF1882 歷代志略下卷（榕腔） C-0311 B99

【161】TA 1977. 31 CF1866 Yuebo Ji Lue（約伯記略，榕腔） C-0312 B100

【163】TA 1977. 32 C1830 神詩書（1830） C-0313 B101

【164】TA 1977. 32 C1874 舊約聖詩

【165】TA 1977.32 CF1868 詩篇全書（榕腔）C-0314 B102

【166】TA 1977.32 CF1892 Sǐ Piěng（詩篇）C-0318 B106

【167】TA 1977.32 CF1902 Si Pieng（詩篇）C-0319 B107

【168】TA 1977.32 CM1874 舊約聖詩（官話1874）C-0316 B104

【169】TA 1977.32 CM1900 舊約詩篇（官話1900）C-0317 B105

【170】TA 1977.32 CN1857 Sing S（聖詩,寧波話）C-0320 B108

【171】TA 1977.32 CS1882 舊約詩篇（上海話1882）C-0315 B103

【172】TA 1977.37 CF1868 箴言全書（福州1868）C-0322 B110

【173】TA 1977.37 CF1892 Cing Ngiong（箴言）C-0323 B111

【174】TA 1977.37 CF1904 Cing Ngiong（箴言,閩腔）C-0324 B112

【175】TA 1977.41 CF1882 以賽亞書 C-0325 B113

【176】TA 1977.44 CF1883 以西結書 C-0326 B114

【177】TA 1977.62 C1836 馬太傳福音書 C-0332 B120

【178】TA 1977.62 C1851 馬太傳福音書 C-0333 B121

【179】TA 1977.62 C1851.1 馬太福音 C-0334 B122

【180】TA 1977.62 C1852 聖經新遺詔・馬太福音傳 C-0335 B123

【181】TA 1977.62 C1886 馬太福音 C-0337 B125

【182】TA 1977.62 CF1863 馬太傳福音書（榕腔）

【183】TA 1977.62 CF1866 馬太傳福音書

【184】TA 1977.62 CM1868 馬太福音書 C-0336 B124

【185】TA 1977.62 CM1909 馬太福音略解 C-0338 B126

【186】TA 1977.62 CS1861 Mota（馬太,上海話）C-0341 B129

【187】TA 1977.62 CS1895 馬太傳福音書（上海土白）C-0340 B128

【188】TA 1977.62 CW1889 Má-Thài Hok Im Tsu（馬太福音書,潮語羅馬拼音本）
C-0342 B130

【189】TA 1977.62 EC1910 馬太福音（粵英對照）

【190】TA 1977.62 EM1884 馬太福音書（英漢對照）

【191】TA 1977.63 C1836 馬可傳福音書

【192】TA 1977.63 C1837 聖馬耳可傳福音書 C-0343 B131

【193】TA 1977.63 CC1894 Ma-hok Ch'uen Fuk Yam Shue（馬可傳福音書,粵語）
C-0347 B135

【194】TA 1977.63 CF1866 馬可傳福音書（榕腔）

【195】TA 1977.63 CK1883 馬可福音傳（客家話）C-0344 B132

【196】TA 1977.63 CM1873 馬可福音

【197】TA 1977.63 CM1909 馬可福音略解 C-0346 B134

【198】TA 1977.63 EC1910 馬可福音（粵英對照）

【199】TA 1977.63 EM1884 馬可福音書（英漢對照）

【200】TA 1977.64 C1836 路加傳福音書（新嘉坡 1836）C-0348 B136

【201】TA 1977.64 C1844 路加傳福音書（文言）C-0349 B137

【202】TA 1977.64 C1845 路加傳福音書（文言）C-0350 B138

【203】TA 1977.64 CC1924 路加福音（广东土白）C-0354 B142

【204】TA 1977.64 CF1866 路加傳福音書（榕腔）

【205】TA 1977.64 CM1865 路加傳福音書（官話 1865）C-0352 B140

【206】TA 1977.64 CM1873 路加福音（官話 1873）C-0351 B139

【207】TA 1977.64 CM1910 路加福音（官話 1910）C-0353 B141

【208】TA 1977.64 CN1853 Lu-kyuo Djun Foh Ing Shu（路加傳福音書，寧波羅馬字，1853）C-0356 B144

【209】TA 1977.64 CP1920 路加福音（注音字母本）

【210】TA 1977.64 CS1886 路加傳福音書（上海土白）C-0355 B143

【211】TA 1977.64 EC1900 路加福音（粵英對照）

【212】TA 1977.64 EC1910 路加福音（粵英對照）

【213】TA 1977.64 EM1884 Gospel of Luke in English and Mandarin 路加福音書（英漢對照）

【214】TA 1977.65 39 約翰聖經釋解（合信、慕德註略）C-0360 B148

【215】TA 1977.65 C1839 約翰傳福音書

【216】TA 1977.65 C1845 約翰傳福音書 C-0357 B145

【217】TA 1977.65 CF1866 約翰傳福音書

【218】TA 1977.65 CF1881 Iok-hang Tiong Hok Ing Chu（約翰傳福音書）C-0362 B150

【219】TA 1977.65 CM1868 約翰福音書 C-0358 B146

【220】TA 1977.65 CM1874 約翰福音 C-0359 B147

【221】TA 1977.65 CM1895 約翰福音書 C-0363 B151

【222】TA 1977.65 CM1910 約翰福音略解 C-0361 B149

【223】TA 1977.65 CP1920 約翰福音（官話和合譯本，注音字母）

【224】TA 1977.65 EC1900 約翰福音（粵英對照本）

【225】TA 1977.65 EM1905 約翰福音（中西字）

【226】TA 1977.66 C1834 救世主坐山教訓 C-0364 B152

【227】TA 1977.66 CF1862 耶穌上山傳道（榕腔 1862）C-0365 B153

【228】TA 1977.66 CF1868 耶穌上山教訓（榕腔 1868）C-0366 B154

【230】TA 1977.67 C1836 聖差言行傳

【231】TA 1977.67 C1845 聖差言行傳 C-0368 B156

【232】TA 1977.67 CM1874 使徒行傳 C-0369 B157

【233】TA 1977.67 CM1910 使徒行傳略解（漢口 1910）C-0370 B158

【234】TA 1977.67 EM1913 使徒行傳（中西字,官話和合）

【235】TA 1977.71 C1836 聖差保羅寄羅馬人書

【236】TA 1977.71 C1886 使徒保羅達羅馬人書 C-0373 B161

【237】TA 1977.71 CM1867 使徒保羅達羅馬人書 C-0372 B160

【238】TA 1977.72 C1836 聖差保羅寄哥林多人書（上、下）

【239】TA 1977.72 C1858 歌林多書註解 C-0374 B162

【240】TA 1977.72 C1886 使徒保羅達歌林多人前書 C-0376 B164

【241】TA 1977.72 CM1867 使徒保羅達歌林多人前書（1867）C-0375 B163

【242】TA 1977.74 C1836 聖差保羅寄伽拉太人書

【243】TA 1977.75 C1825 新增聖經節解 C-0377 B165

【244】TA 1977.75 C1836 聖差保羅寄以弗所人書

【245】TA 1977.76 C1836 聖差保羅達非利比人書

【246】TA 1977.77 C1836 聖差保羅達哥羅西人書

【247】TA 1977.083 03 聖書地理（葉韙良 1871）C-0222 B8

【248】TA 1977.91 1898 聖經外傳 C-0379 B167

【249】TA 1977.095 14 新纂聖道備全 C-0216 B2

【250】TA 1977.095 35 聖書註疏（1839）C-0220 B6

【251】TA 1977.095 55 聖書日課初學便用（1831）C-0219 B5

【259】TA 1977.274 CF1874 路得記（榕腔）C-0303 B91

【260】TA 1977.276 CF1875 撒母耳前書 C-0304 B92

【261】TA 1977.276 CF1878 撒母耳後書（1878）C-0305 B93

【262】TA 1977.276 CN1900 I. II. SAH-MEO-R KYI（撒母耳記）C-0308 B96

【263】TA 1977.492 C1866 約拿書 C-0327 B115

【264】TA 1977.492 CW1888 IAK-NA TSU（TIEJIU PEH UE）（約拿書,潮語拼音本）C-0328 B116

【265】TA 1977.497 CW1895 HAP-KI, SAT-KA-LǏ-A, MA-LAH-KI（潮州話）C-0329 B117

【266】TA 1977.781 C1836 保羅達帖撒羅尼迦人書

【267】TA 1977.784 C1836 保羅寄提摩太書

【268】TA 1977.784 C1877 保羅達提摩太前後書 C-0378 B166

【269】TA 1977.786 C1836 保羅達提都之書

【270】TA 1977.787 C1836 保羅寄非利門之書

【271】TA 1977.788 C1836 聖差保羅寄希伯來人之書

【272】TA 1977.791 C1836 耶哥伯之書 C-0240 B27

【273】TA 1977.792 C1836 彼得羅書（上、下）

【274】TA 1977.794 C1836 約翰三書（上、中、下）

【275】TA 1977.798 C1836 猶大士之書

#【276】TA 1977 1853x 舊遺詔聖書·新遺詔聖書（太平天國叢書） C-0242 B29

▲【277】TA 1977 C1790 聖經直解十四卷（重刊 1642 年藏版本）

【278】TA 1977 C1832 (0) 神天聖書目錄

【279】TA 1977 C1832 (1) 創世歷代傳

【280】TA 1977 C1832 (8) 列王傳書

【281】TA 1977 C1832 (16) 依西其理書

【282】TA 1977 C1875 新約聖經

【283】TA 1977 C1902 舊新約聖經（施約瑟 1902） C-0265 B52

【284】TA 1977 CA1921 Sin Kū Iok Ê Sèng-Keng：Tsoân Su C-0380 B168

【285】TA 1977 CC1907 Sheng-keng（聖經） C-0267 B54

【286】TA 1977 CC1913 舊新約全書（廣東土白） C-0268 B55

【287】TA 1977 CF1898 舊新約全書（福州平話） C-0263 B50

【288】TA 1977 CK1931 新舊約全書（客話）

【289】TA 1977 CM1891 聖經全書（官話 1891） C-0260 B47

【290】TA 1977 CM1899 新舊約全書（官話 1899） C-0264 B51

【291】TA 1977 CM1903 新舊約聖經（官話,上海）

【292】TA 1977 CM1907 新舊約全書（官話）

【293】TA 1977 CM1920 新舊約全書（官話和合譯本,上海）

【294】TA 1977 CM1921 新舊約全書（官話和合譯本,大美國聖經會,1921）

【295】TA 1977 CM1923 新舊約全書串珠（官話和合譯本,上帝）

【296】TA 1977 CM1937 新舊約全書（國語,聖經公會）

【351】TA 1978.29 95 救主行傳（榕腔） C-0406 C26

【626】TA 1983.11 35 聖書列祖全傳（5 卷） C-0533 E4

【627】TA 1983.11 35.1 摩西言行全傳（7 卷，道光十六年）C-0534 E5

【628】TA 1983.16 35 彼得羅言行全傳（2 卷）C-0535 E6

【629】TA 1983.16 35.1 約翰言行録 C-0536 E7

【630】TA 1983.17 03 保羅言行 C-0538 E9

【631】TA 1983.17 35 保羅言行録 C-0537 E8

【1】Houghton f Typ 883.13.2105 Bible. N. T. John／若翰所書之福音（The Gospel of the Apostle John，1813）

【2】Houghton ＊42-5441 The Holy Bible／歷代史記書傳（綫裝，1823）

【3】Houghton ＊42-6171 Bible／神天聖書（1825）

【4】Houghton ＊42-5582 The Old Testament／聖經舊約（初集《創世紀》）

【5】Houghton ＊42-5902 Bible. E. T. Genesis／聖經舊約（初集《創世紀》）

【6】Houghton ＊42-5583 The New Testament／聖經新約（榕腔）

【7】Houghton ＊42-5580 Yuebo ji lue／約伯記略

【8】Houghton ＊42-5578 Shi pian quan shu／詩篇全書

【9】Houghton ＊42-5904 Bible. E. T. Psalms／詩篇全書

【10】Houghton ＊42-5581 Bible. E. T. Proverbs／箴言全書

【11】Houghton ＊42-5579 Bible. E. T. Psalms／創世紀

【12】Houghton ＊42-5907 Life of Moses／救世主耶穌之聖訓

【13】Houghton ＊42-5909 Holy instructions of Jesus／摩西言行全傳

【1】海南話 Widener 1285.11 Mô-si dao-it tu såg-s‘i-k‘i

【2】潮州平話 Widener 1285.11.5 Kū-ieh：sàn-bú-zṳ ê-kńg tshûan-tsṳ ék-tsò

【3】台州話 Widener 1285.15 SING-IAH-SHÜ 新約書

【4】建寧話 Widener 1285.18 S‘eng i‘o cčng s‘u 新約全書

【5】厦門話 Widener 1285.2 Lán ê kiù-tsu Iâ-so Ki-tok ê Sin Iok. Tsoân su.

【6】Widener 1285.26 Chaò-chî yi-sû chi-tuh sang iah sing shi；sź fuh-iang tà sź-du ae-djüe fa üe-tsiu tû（新約福音書和使徒行傳）

【7】杭州話 Widener 1285.3 An sen Ma-t‘ai dzun foh-in sö.

【8】汕頭話 Widener 1285.19 Ki‘u-ts‘u iâ-sou ki-tokkâi sin-ieh tshuân-tsu chien-k‘ng M‘a-th‘ai k‘au S‘ai-thû

【9】福州話 Widener 1285.5.12 Séu-dú h‘eng diông（使徒行傳）

【10】漢英 Widener 1285.25 馬太福音（1884）

【11】漢英 Widener 1285.25.3 路加福音書（1884）

【12】漢英 Widener 1285.25.4 約翰福音書（1884）

【13】漢英 Widener 1285.25.5 使徒行傳（1884）

【14】漢英 Widener 1285.25.2 馬可福音書（1884）

【15】漢英 Widener 1285.91 馬可福音書（1907）

【16】漢英 Widener 1285.46 An inquiry into the proper mode of translating Ruach and Pneuma in the Chinese version of the Scriptures（聖經）／ by W. H. Medhurst（1850 年麥都思譯本）

【1】TMA 1977.65 1911c Musei ejen isus heristos-i tutabuha ice hese（滿文）

【2】TMA 1977.65 1911b Musei ejen isus heristos-i tutabuha ice hese（滿文）

【3】TMA 1977.65 1911 Musei ejen isus heristos-i tutabuha ice hese, duici debtelin（滿文）

【1】TMO 1977.21 1932 Mosi-yin genesis kemegč nigedüger nom（創世記,蒙文）

【2】TMO 1977.22 1933 Mosi-yin iksodus kemegč qoyqduyar nom（出埃及記,蒙文）

【3】TMO 1977.37 1921 Solomoen-u erdeni üges（箴言,蒙文）

【4】TMO 1977.492 1913 Jona kemegč phorophid nom（約拿,蒙文）

【5】TMO 1977.5 1846 Bible. N.T. Mongolian（蒙文）

【6】TMO 1977.5 1880 Sine testament Bible. N.T. Mongolian（蒙文）

【7】TMO 1977.62 1872 Matthei-yin bayar-un čmege kemegč nom（馬太福音書,蒙文）

【8】TMO 1977.62 1872c.2 Matthei-yin bayar-un čmege kemegč nom（馬太福音書,蒙文）

【9】TMO 1977.62 1929 Madtei-yin bayar-un medege kemegč nom（馬太福音書,蒙文）

【10】TMO 1977.62 1933 Madtei-yin bayar-un medege kemegči nom（馬太福音書,蒙文）

【11】TMO 1977.63 1929 Marka-yin bayar-un medege kemegč nom（馬可福音書,蒙文）

【12】TMO 1977.63 1933 Marka-yin bayar-un medege kemegč nom（馬可福音書,蒙文）

【13】TMO 1977.64 1900 Lüka-yin bayar-un ivanggeli kemegč nom（路加福音書,蒙文）

【14】TMO 1977.64 1933 Lüka-yin bayar-un medege kemegč nom（路加福音書,蒙文）

【15】TMO 1977.67 1902 Aphostol-ud-un üyiledbüri kemegč nom（使徒行傳,蒙文）

【16】TMO 1977.67 1933 Elč-ner-ün üyiledbüri kemegč nom（使徒行傳,蒙文）

【17】TMO 1977.65 1900 Iovan-u ivanggeli kemegč nom（約翰福音書,蒙文）

【18】TMO 1977.65 1929 Iovan-u bayar-un medege kemegč nom（約翰福音書,蒙文）

後　記

　　哈佛燕京圖書館收藏的這批早期基督教新教傳教士的中文譯著,其種數之多、品質之高,堪稱世界之冠。它們充分反映了新教傳教士在華傳教和譯經活動的主要面貌,揭示了傳教士的傳教策略及其對近代中國的影響。將這批珍貴的中文典籍以提要著錄的形式呈現出來,是一件十分有價值的工作。

　　我完成的這部《美國哈佛大學哈佛燕京圖書館藏晚清民國間新教傳教士中文譯著目錄提要》,是哈佛大學燕京學社與燕京圖書館在 2010 年立項的一個項目。該項目源自燕京圖書館楊麗瑄女士的一項動議。哈佛燕京圖書館館長鄭炯文先生爲我在哈佛燕京圖書館的書目整理研究工作提供了條件。哈佛大學燕京學社裴宜理社長也一直予以關注和支持。

　　感謝哈佛燕京圖書館館長鄭炯文先生和哈佛大學東亞系韓南教授的推薦和指導,使我有幸參與該項目,來到哈佛大學燕京學社,做了爲期半年的訪問研究。利用這個機會,我對在華新教傳教士傳教的歷史,有了一個總體的瞭解;對 19 世紀新教傳教士筆下創制的中國羅馬字語音系統及其方言分佈的特點,有了初步的印象;對傳教士在漢語口語白話翻譯歷史中的地位,有了新的認識。此外,作爲 20 世紀異域宗教文化的傳播者,許多在華傳教士具有廣博的知識結構和不懈努力的堅韌毅力,他們順應時變,不斷根據中國文化和民情的變化來調整他們的傳播策略,這是我在閱讀過程中常常能夠感覺到的。

　　還要感謝楊麗瑄女士、馬小鶴先生和 Mrs. Kang(Mikyung Kang)。2011 年 5 月至

10月,我主要在哈佛燕京圖書館三樓的珍稀圖書閱覽室(Rare Book Readingroom)翻閱新教傳教士的中文譯著。這些書稿文冊藏於由專人刷卡管理的善本書庫。在長達半年的時間裡,是他們不厭其煩地協助我調出和歸還這批文獻。

Rare Book Readingroom 是一間玻璃房屋,同樣由專門工作人員刷卡管理。管理員通過監控系統全程監管。由於受時間、空間的限制,在這裡閱讀就顯得有些異樣和緊張。感謝 Jennifer Chou、Annie Wang 和 Jian Li,儘可能給予我閱讀上的方便。

我白天在燕京圖書館工作,業餘時間則閱讀相關文獻和信息。在此期間,同在燕京圖書館訪學的南京大學圖書館古籍部主任李丹女士一直給予多方幫助和精神鼓勵。正在波士頓訪學的北京師範大學文學院博士學位候選人李文濤,幫助我做著錄工作達一個月之久。在此一併致謝。

對於我來説,著錄這批資料也是一個學習圖書館學的過程。因缺乏相關經驗,在對已著錄材料的 Word 文本進行整合時,耗時太久。其間,清華大學博士生劉華麗,碩士生戴利、顏玉君、穆勇,以及友人李媛、謝銀燕等,幫忙解決了一系列問題。對於他們,也在這裡致謝。

特別感謝在此期間給予我理解和支持的一家人,尤其是我的惠林哥哥。

由於時間關係,本書稿沒有附上題名索引、著者索引等。好在哈佛燕京圖書館鄭炯文館長已有系統整理和影印出版這批珍貴資料的計劃。這是嘉惠學界和圖書館界的大手筆。

陳寅恪曾在《陳垣敦煌劫餘錄序》中説:"一時代之學術,必有其新材料與新問題。取用此材料以研求問題,則爲此時代學術之新潮流。"

我們期待這批文獻能夠在更大的範圍內傳播,期待基督教新教傳教士的這批"新資料",有助於促進和深化該領域的相關研究。

張美蘭

2012 年 5 月 30 日,北京清華大學